CTBA
中国招标投标协会
CHINA TENDERING & BIDDING ASSOCIATION

中国招标采购常用法规选编

（2020）

中国招标投标协会　编

中国计划出版社

图书在版编目（CIP）数据

中国招标采购常用法规选编. 2020 / 中国招标投标协会编. -- 北京 : 中国计划出版社, 2020.6（2021.1重印）
ISBN 978-7-5182-1193-7

Ⅰ. ①中… Ⅱ. ①中… Ⅲ. ①采购－招标投标法－汇编－中国 Ⅳ. ①D922.297.9

中国版本图书馆CIP数据核字(2020)第096183号

中国招标采购常用法规选编（2020）
中国招标投标协会　编

中国计划出版社出版发行
网址：www.jhpress.com
地址：北京市西城区木樨地北里甲11号国宏大厦C座3层
邮政编码：100038　电话：(010) 63906433（发行部）
北京市科星印刷有限责任公司印刷

787mm×1092mm　1/16　38.25印张　1122千字
2020年6月第1版　2021年1月第2次印刷

ISBN 978-7-5182-1193-7
定价：128.00元

《中国招标采购常用法规选编（2020）》
编 辑 说 明

为方便广大招标采购从业者熟悉和掌握招标采购有关法律法规，中国招标投标协会编辑出版了《中国招标采购常用法规选编（2020）》。

《中国招标采购常用法规选编（2020）》主要汇编了2019年7月1日至2020年3月31日全国人大、国务院及有关部委发布的85个与招标采购相关的法律、规章和规范性文件，特别是国务院有关部门修改的法律、法规及修改和废止的部分规章决定，其中包括招标采购综合管理、工程建设、政府采购、政府和社会资本合作（PPP）、市场监管等与招标采购工作密切相关的政策文件。同时，仍按以往惯例，将《中华人民共和国招标投标法》及其实施条例、《中华人民共和国政府采购法》及其实施条例以及《政府投资条例》《优化营商环境条例》等收录其中，以便于对照查阅。此外，还特别收录了2020年5月28日第十三届全国人民代表大会第三次会议通过的《中华人民共和国民法典》。

由于时间仓促，不免有疏漏，敬请批评指正。

中国招标投标协会

二〇二〇年六月

目　录

第一部分　招标采购的法律和行政法规

第二部分　招标采购相关的部门规章及规范性文件

综 合 管 理

工程建设

政 府 采 购

政府和社会资本合作

市场监管

第三部分　招标采购相关的法规与政策

第一部分

招标采购的法律和行政法规

中华人民共和国招标投标法

（1999 年 8 月 30 日第九届全国人民代表大会常务委员会第十一次会议通过，根据 2017 年 12 月 27 日第十二届全国人民代表大会常务委员会第三十一次会议《关于修改〈中华人民共和国招标投标法〉、〈中华人民共和国计量法〉的决定》修正，2017 年 12 月 27 日中华人民共和国主席令第 86 号）

第一章　总则

第一条　为了规范招标投标活动，保护国家利益、社会公共利益和招标投标活动当事人的合法权益，提高经济效益，保证项目质量，制定本法。

第二条　在中华人民共和国境内进行招标投标活动，适用本法。

第三条　在中华人民共和国境内进行下列工程建设项目包括项目的勘察、设计、施工、监理以及与工程建设有关的重要设备、材料等的采购，必须进行招标：

（一）大型基础设施、公用事业等关系社会公共利益、公众安全的项目；

（二）全部或者部分使用国有资金投资或者国家融资的项目；

（三）使用国际组织或者外国政府贷款、援助资金的项目。

前款所列项目的具体范围和规模标准，由国务院发展计划部门会同国务院有关部门制订，报国务院批准。

法律或者国务院对必须进行招标的其他项目的范围有规定的，依照其规定。

第四条　任何单位和个人不得将依法必须进行招标的项目化整为零或者以其他任何方式规避招标。

第五条　招标投标活动应当遵循公开、公平、公正和诚实信用的原则。

第六条　依法必须进行招标的项目，其招标投标活动不受地区或者部门的限制。任何单位和个人不得违法限制或者排斥本地区、本系统以外的法人或者其他组织参加投标，不得以任何方式非法干涉招标投标活动。

第七条　招标投标活动及其当事人应当接受依法实施的监督。

有关行政监督部门依法对招标投标活动实施监督，依法查处招标投标活动中的违法行为。

对招标投标活动的行政监督及有关部门的具体职权划分，由国务院规定。

第二章　招标

第八条　招标人是依照本法规定提出招标项目、进行招标的法人或者其他组织。

第九条　招标项目按照国家有关规定需要履行项目审批手续的，应当先履行审批手续，取得批准。

招标人应当有进行招标项目的相应资金或者资金来源已经落实，并应当在招标文件中如实载明。

第十条　招标分为公开招标和邀请招标。

公开招标，是指招标人以招标公告的方式邀请不特定的法人或者其他组织投标。

邀请招标，是指招标人以投标邀请书的方式邀请特定的法人或者其他组织投标。

第十一条　国务院发展计划部门确定的国家重点项目和省、自治区、直辖市人民政府确定的地方重点项目不适宜公开招标的，经国务院发展计划部门或者省、自治区、直辖市人民政府批准，可以进行邀请招标。

第十二条　招标人有权自行选择招标代理机构，委托其办理招标事宜。任何单位和个人不得以任何方式为招标人指定招标代理机构。

招标人具有编制招标文件和组织评标能力的，可以自行办理招标事宜。任何单位和个人不得强制其委托招标代理机构办理招标事宜。

依法必须进行招标的项目，招标人自行办理招标事宜的，应当向有关行政监督部门备案。

第十三条 招标代理机构是依法设立、从事招标代理业务并提供相关服务的社会中介组织。

招标代理机构应当具备下列条件：

（一）有从事招标代理业务的营业场所和相应资金；

（二）有能够编制招标文件和组织评标的相应专业力量。

第十四条 招标代理机构与行政机关和其他国家机关不得存在隶属关系或者其他利益关系。

第十五条 招标代理机构应当在招标人委托的范围内办理招标事宜，并遵守本法关于招标人的规定。

第十六条 招标人采用公开招标方式的，应当发布招标公告。依法必须进行招标的项目的招标公告，应当通过国家指定的报刊、信息网络或者其他媒介发布。

招标公告应当载明招标人的名称和地址、招标项目的性质、数量、实施地点和时间以及获取招标文件的办法等事项。

第十七条 招标人采用邀请招标方式的，应当向三个以上具备承担招标项目的能力、资信良好的特定的法人或者其他组织发出投标邀请书。

投标邀请书应当载明本法第十六条第二款规定的事项。

第十八条 招标人可以根据招标项目本身的要求，在招标公告或者投标邀请书中，要求潜在投标人提供有关资质证明文件和业绩情况，并对潜在投标人进行资格审查；国家对投标人的资格条件有规定的，依照其规定。

招标人不得以不合理的条件限制或者排斥潜在投标人，不得对潜在投标人实行歧视待遇。

第十九条 招标人应当根据招标项目的特点和需要编制招标文件。招标文件应当包括招标项目的技术要求、对投标人资格审查的标准、投标报价要求和评标标准等所有实质性要求和条件以及拟签订合同的主要条款。

国家对招标项目的技术、标准有规定的，招标人应当按照其规定在招标文件中提出相应要求。

招标项目需要划分标段、确定工期的，招标人应当合理划分标段、确定工期，并在招标文件中载明。

第二十条 招标文件不得要求或者标明特定的生产供应者以及含有倾向或者排斥潜在投标人的其他内容。

第二十一条 招标人根据招标项目的具体情况，可以组织潜在投标人踏勘项目现场。

第二十二条 招标人不得向他人透露已获取招标文件的潜在投标人的名称、数量以及可能影响公平竞争的有关招标投标的其他情况。

招标人设有标底的，标底必须保密。

第二十三条 招标人对已发出的招标文件进行必要的澄清或者修改的，应当在招标文件要求提交投标文件截止时间至少十五日前，以书面形式通知所有招标文件收受人。该澄清或者修改的内容为招标文件的组成部分。

第二十四条 招标人应当确定投标人编制投标文件所需要的合理时间；但是，依法必须进行招标的项目，自招标文件开始发出之日起至投标人提交投标文件截止之日止，最短不得少于二十日。

第三章 投标

第二十五条 投标人是响应招标、参加投标竞争的法人或者其他组织。

依法招标的科研项目允许个人参加投标的，投标的个人适用本法有关投标人的规定。

第二十六条 投标人应当具备承担招标项目的能力；国家有关规定对投标人资格条件或者招标文件对投标人资格条件有规定的，投标人应当具备规定的资格条件。

第二十七条 投标人应当按照招标文件的要求编制投标文件。投标文件应当对招标文件提出的实质性要求和条件作出响应。

招标项目属于建设施工的，投标文件的内容应当包括拟派出的项目负责人与主要技术人员的简历、业绩和拟用于完成招标项目的机械设备等。

第二十八条　投标人应当在招标文件要求提交投标文件的截止时间前，将投标文件送达投标地点。招标人收到投标文件后，应当签收保存，不得开启。投标人少于三个的，招标人应当依照本法重新招标。

在招标文件要求提交投标文件的截止时间后送达的投标文件，招标人应当拒收。

第二十九条　投标人在招标文件要求提交投标文件的截止时间前，可以补充、修改或者撤回已提交的投标文件，并书面通知招标人。补充、修改的内容为投标文件的组成部分。

第三十条　投标人根据招标文件载明的项目实际情况，拟在中标后将中标项目的部分非主体、非关键性工作进行分包的，应当在投标文件中载明。

第三十一条　两个以上法人或者其他组织可以组成一个联合体，以一个投标人的身份共同投标。

联合体各方均应当具备承担招标项目的相应能力；国家有关规定或者招标文件对投标人资格条件有规定的，联合体各方均应当具备规定的相应资格条件。由同一专业的单位组成的联合体，按照资质等级较低的单位确定资质等级。

联合体各方应当签订共同投标协议，明确约定各方拟承担的工作和责任，并将共同投标协议连同投标文件一并提交招标人。联合体中标的，联合体各方应当共同与招标人签订合同，就中标项目向招标人承担连带责任。

招标人不得强制投标人组成联合体共同投标，不得限制投标人之间的竞争。

第三十二条　投标人不得相互串通投标报价，不得排挤其他投标人的公平竞争，损害招标人或者其他投标人的合法权益。

投标人不得与招标人串通投标，损害国家利益、社会公共利益或者他人的合法权益。

禁止投标人以向招标人或者评标委员会成员行贿的手段谋取中标。

第三十三条　投标人不得以低于成本的报价竞标，也不得以他人名义投标或者以其他方式弄虚作假，骗取中标。

第四章　开标、评标和中标

第三十四条　开标应当在招标文件确定的提交投标文件截止时间的同一时间公开进行；开标地点应当为招标文件中预先确定的地点。

第三十五条　开标由招标人主持，邀请所有投标人参加。

第三十六条　开标时，由投标人或者其推选的代表检查投标文件的密封情况，也可以由招标人委托的公证机构检查并公证；经确认无误后，由工作人员当众拆封，宣读投标人名称、投标价格和投标文件的其他主要内容。

招标人在招标文件要求提交投标文件的截止时间前收到的所有投标文件，开标时都应当当众予以拆封、宣读。

开标过程应当记录，并存档备查。

第三十七条　评标由招标人依法组建的评标委员会负责。

依法必须进行招标的项目，其评标委员会由招标人的代表和有关技术、经济等方面的专家组成，成员人数为五人以上单数，其中技术、经济等方面的专家不得少于成员总数的三分之二。

前款专家应当从事相关领域工作满八年并具有高级职称或者具有同等专业水平，由招标人从国务院有关部门或者省、自治区、直辖市人民政府有关部门提供的专家名册或者招标代理机构的专家库内的相关专业的专家名单中确定；一般招标项目可以采取随机抽取方式，特殊招标项目可以由招标人直接确定。

与投标人有利害关系的人不得进入相关项目的评标委员会；已经进入的应当更换。

评标委员会成员的名单在中标结果确定前应当保密。

第三十八条　招标人应当采取必要的措施，保证评标在严格保密的情况下进行。

任何单位和个人不得非法干预、影响评标的过程和结果。

第三十九条　评标委员会可以要求投标人对投标文件中含义不明确的内容作必要的澄清或者说明，但是澄清或者说明不得超出投标文件的范围或者改变投标文件的实质性内容。

第四十条　评标委员会应当按照招标文件确定的评标标准和方法，对投标文件进行评审和比较；设有标底的，应当参考标底。评标委员会完成评标后，应当向招标人提出书面评标报告，并推荐合格的中标候选人。

招标人根据评标委员会提出的书面评标报告和推荐的中标候选人确定中标人。招标人也可以授权评标委员会直接确定中标人。

国务院对特定招标项目的评标有特别规定的，从其规定。

第四十一条　中标人的投标应当符合下列条件之一：

（一）能够最大限度地满足招标文件中规定的各项综合评价标准；

（二）能够满足招标文件的实质性要求，并且经评审的投标价格最低；但是投标价格低于成本的除外。

第四十二条　评标委员会经评审，认为所有投标都不符合招标文件要求的，可以否决所有投标。

依法必须进行招标的项目的所有投标被否决的，招标人应当依照本法重新招标。

第四十三条　在确定中标人前，招标人不得与投标人就投标价格、投标方案等实质性内容进行谈判。

第四十四条　评标委员会成员应当客观、公正地履行职务，遵守职业道德，对所提出的评审意见承担个人责任。

评标委员会成员不得私下接触投标人，不得收受投标人的财物或者其他好处。

评标委员会成员和参与评标的有关工作人员不得透露对投标文件的评审和比较、中标候选人的推荐情况以及与评标有关的其他情况。

第四十五条　中标人确定后，招标人应当向中标人发出中标通知书，并同时将中标结果通知所有未中标的投标人。

中标通知书对招标人和中标人具有法律效力。中标通知书发出后，招标人改变中标结果的，或者中标人放弃中标项目的，应当依法承担法律责任。

第四十六条　招标人和中标人应当自中标通知书发出之日起三十日内，按照招标文件和中标人的投标文件订立书面合同。招标人和中标人不得再行订立背离合同实质性内容的其他协议。

招标文件要求中标人提交履约保证金的，中标人应当提交。

第四十七条　依法必须进行招标的项目，招标人应当自确定中标人之日起十五日内，向有关行政监督部门提交招标投标情况的书面报告。

第四十八条　中标人应当按照合同约定履行义务，完成中标项目。中标人不得向他人转让中标项目，也不得将中标项目肢解后分别向他人转让。

中标人按照合同约定或者经招标人同意，可以将中标项目的部分非主体、非关键性工作分包给他人完成。接受分包的人应当具备相应的资格条件，并不得再次分包。

中标人应当就分包项目向招标人负责，接受分包的人就分包项目承担连带责任。

第五章　法律责任

第四十九条　违反本法规定，必须进行招标的项目而不招标的，将必须进行招标的项目化整为零或者以其他任何方式规避招标的，责令限期改正，可以处项目合同金额千分之五以上千分之十以下的罚款；对全部或者部分使用国有资金的项目，可以暂停项目执行或者暂停资金拨付；对单位直接负责的主管人员和其他直接责任人员依法给予处分。

第五十条　招标代理机构违反本法规定，泄露应当保密的与招标投标活动有关的情况和资料的，或者与招标人、投标人串通损害国家利益、社会公共利益或者他人合法权益的，处五万元以上二十五万元以下的罚款；对单位直接负责的主管人员和其他直接责任人员处单位罚款数额百分之五以上百分之十以下的罚款；有违法所得的，并处没收违法所得；情节严重的，禁止其一年至二年内代理依法必须进行招标的项目并予以公告，直至由工商行政管理机关吊销营业执照；构成犯罪的，依法追究刑事责任。给他人造成损失的，依法承担赔偿责任。

前款所列行为影响中标结果的，中标无效。

第五十一条　招标人以不合理的条件限制或者排斥潜在投标人的，对潜在投标人实行歧视待遇的，强制要求投标人组成联合体共同投标的，或者限制投标人之间竞争的，责令改正，可以处一万元以上五万元以下的罚款。

第五十二条　依法必须进行招标的项目的招标人向他人透露已获取招标文件的潜在投标人的名称、数量或者可能影响公平竞争的有关招标投标的其他情况的，或者泄露标底的，给予警告，可以并处一万元以上十万元以下的罚款；对单位直接负责的主管人员和其他直接责任人员依法给予处分；构成犯罪的，依法追究刑事责任。

前款所列行为影响中标结果的，中标无效。

第五十三条　投标人相互串通投标或者与招标人串通投标的，投标人以向招标人或者评标委员会成员行贿的手段谋取中标的，中标无效，处中标项目金额千分之五以上千分之十以下的罚款，对单位直接负责的主管人员和其他直接责任人员处单位罚款数额百分之五以上百分之十以下的罚款；有违法所得的，并处没收违法所得；情节严重的，取消其一年至二年内参加依法必须进行招标的项目的投标资格并予以公告，直至由工商行政管理机关吊销营业执照；构成犯罪的，依法追究刑事责任。给他人造成损失的，依法承担赔偿责任。

第五十四条　投标人以他人名义投标或者以其他方式弄虚作假，骗取中标的，中标无效，给招标人造成损失的，依法承担赔偿责任；构成犯罪的，依法追究刑事责任。

依法必须进行招标的项目的投标人有前款所列行为尚未构成犯罪的，处中标项目金额千分之五以上千分之十以下的罚款，对单位直接负责的主管人员和其他直接责任人员处单位罚款数额百分之五以上百分之十以下的罚款；有违法所得的，并处没收违法所得；情节严重的，取消其一年至三年内参加依法必须进行招标的项目的投标资格并予以公告，直至由工商行政管理机关吊销营业执照。

第五十五条　依法必须进行招标的项目，招标人违反本法规定，与投标人就投标价格、投标方案等实质性内容进行谈判的，给予警告，对单位直接负责的主管人员和其他直接责任人员依法给予处分。

前款所列行为影响中标结果的，中标无效。

第五十六条　评标委员会成员收受投标人的财物或者其他好处的，评标委员会成员或者参加评标的有关工作人员向他人透露对投标文件的评审和比较、中标候选人的推荐以及与评标有关的其他情况的，给予警告，没收收受的财物，可以并处三千元以上五万元以下的罚款，对有所列违法行为的评标委员会成员取消担任评标委员会成员的资格，不得再参加任何依法必须进行招标的项目的评标；构成犯罪的，依法追究刑事责任。

第五十七条　招标人在评标委员会依法推荐的中标候选人以外确定中标人的，依法必须进行招标的项目在所有投标被评标委员会否决后自行确定中标人的，中标无效，责令改正，可以处中标项目金额千分之五以上千分之十以下的罚款；对单位直接负责的主管人员和其他直接责任人员依法给予处分。

第五十八条　中标人将中标项目转让给他人的，将中标项目肢解后分别转让给他人的，违反本法规定将中标项目的部分主体、关键性工作分包给他人的，或者分包人再次分包的，转让、分包无效，处转让、分包项目金额千分之五以上千分之十以下的罚款；有违法所得的，并处没收违法所得；可以责令停业整顿；情节严重的，由工商行政管理机关吊销营业执照。

第五十九条　招标人与中标人不按照招标文件和中标人的投标文件订立合同的，或者招标人、中标人订立背离合同实质性内容的协议的，责令改正；可以处中标项目金额千分之五以上千分之十以下的罚款。

第六十条　中标人不履行与招标人订立的合同的，履约保证金不予退还，给招标人造成的损失超过履约保证金数额的，还应当对超过部分予以赔偿；没有提交履约保证金的，应当对招标人的损失承担赔偿责任。

中标人不按照与招标人订立的合同履行义务，情节严重的，取消其二年至五年内参加依法必须进行招标的项目的投标资格并予以公告，直至由工商行政管理机关吊销营业执照。

因不可抗力不能履行合同的，不适用前两款规定。

第六十一条　本章规定的行政处罚，由国务院规定的有关行政监督部门决定。本法已对实施行政处罚的机关作出规定的除外。

第六十二条　任何单位违反本法规定，限制或者排斥本地区、本系统以外的法人或者其他组织参加投标的，为招标人指定招标代理机构的，强制招标人委托招标代理机构办理招标事宜的，或者以其他方式干涉招标投标活动的，责令改正；对单位直接负责的主管人员和其他直接责任人员依法给予警告、记过、记大过的处分，情节较重的，依法给予降级、撤职、开除的处分。

个人利用职权进行前款违法行为的，依照前款规定追究责任。

第六十三条　对招标投标活动依法负有行政监督职责的国家机关工作人员徇私舞弊、滥用职权或者玩忽职守，构成犯罪的，依法追究刑事责任；不构成犯罪的，依法给予行政处分。

第六十四条　依法必须进行招标的项目违反本法规定，中标无效的，应当依照本法规定的中标条件从其余投标人中重新确定中标人或者依照本法重新进行招标。

第六章　附则

第六十五条　投标人和其他利害关系人认为招标投标活动不符合本法有关规定的，有权向招标人提出异议或者依法向有关行政监督部门投诉。

第六十六条　涉及国家安全、国家秘密、抢险救灾或者属于利用扶贫资金实行以工代赈、需要使用农民工等特殊情况，不适宜进行招标的项目，按照国家有关规定可以不进行招标。

第六十七条　使用国际组织或者外国政府贷款、援助资金的项目进行招标，贷款方、资金提供方对招标投标的具体条件和程序有不同规定的，可以适用其规定，但违背中华人民共和国的社会公共利益的除外。

第六十八条　本法自2000年1月1日起施行。

中华人民共和国招标投标法实施条例

（国务院令第613号，2011年12月20日发布；国务院令第676号，2017年3月1日修改；国务院令第698号，2018年3月19日修改；国务院令第709号，2019年3月2日修改）

第一章　总则

第一条　为了规范招标投标活动，根据《中华人民共和国招标投标法》（以下简称招标投标法），制定本条例。

第二条　招标投标法第三条所称工程建设项目，是指工程以及与工程建设有关的货物、服务。

前款所称工程，是指建设工程，包括建筑物和构筑物的新建、改建、扩建及其相关的装修、拆除、修缮等；所称与工程建设有关的货物，是指构成工程不可分割的组成部分，且为实现工程基本功能所必需的设备、材料等；所称与工程建设有关的服务，是指为完成工程所需的勘察、设计、监理等服务。

第三条　依法必须进行招标的工程建设项目的具体范围和规模标准，由国务院发展改革部门会同国务院有关部门制订，报国务院批准后公布施行。

第四条　国务院发展改革部门指导和协调全国招标投标工作，对国家重大建设项目的工程招标投标活动实施监督检查。国务院工业和信息化、住房城乡建设、交通运输、铁道、水利、商务等部门，按照规定的职责分工对有关招标投标活动实施监督。

县级以上地方人民政府发展改革部门指导和协调本行政区域的招标投标工作。县级以上地方人民政府有关部门按照规定的职责分工，对招标投标活动实施监督，依法查处招标投标活动中的违法行为。县级以上地方人民政府对其所属部门有关招标投标活动的监督职责分工另有规定的，从其规定。

财政部门依法对实行招标投标的政府采购工程建设项目的预算执行情况和政府采购政策执行情况实施监督。

监察机关依法对与招标投标活动有关的监察对象实施监察。

第五条　设区的市级以上地方人民政府可以根据实际需要，建立统一规范的招标投标交易场所，为招标投标活动提供服务。招标投标交易场所不得与行政监督部门存在隶属关系，不得以营利为目的。

国家鼓励利用信息网络进行电子招标投标。

第六条　禁止国家工作人员以任何方式非法干涉招标投标活动。

第二章　招标

第七条　按照国家有关规定需要履行项目审批、核准手续的依法必须进行招标的项目，其招标范围、招标方式、招标组织形式应当报项目审批、核准部门审批、核准。项目审批、核准部门应当及时将审批、核准确定的招标范围、招标方式、招标组织形式通报有关行政监督部门。

第八条　国有资金占控股或者主导地位的依法必须进行招标的项目，应当公开招标；但有下列情形之一的，可以邀请招标：

（一）技术复杂、有特殊要求或者受自然环境限制，只有少量潜在投标人可供选择；

（二）采用公开招标方式的费用占项目合同金额的比例过大。

有前款第二项所列情形，属于本条例第七条规定的项目，由项目审批、核准部门在审批、核准项目时作出认定；其他项目由招标人申请有关行政监督部门作出认定。

第九条　除招标投标法第六十六条规定的可以不进行招标的特殊情况外，有下列情形之一的，可以不进行招标：

（一）需要采用不可替代的专利或者专有技术；

（二）采购人依法能够自行建设、生产或者提供；

（三）已通过招标方式选定的特许经营项目投资人依法能够自行建设、生产或者提供；

（四）需要向原中标人采购工程、货物或者服务，否则将影响施工或者功能配套要求；

（五）国家规定的其他特殊情形。

招标人为适用前款规定弄虚作假的，属于招标投标法第四条规定的规避招标。

第十条　招标投标法第十二条第二款规定的招标人具有编制招标文件和组织评标能力，是指招标人具有与招标项目规模和复杂程度相适应的技术、经济等方面的专业人员。

第十一条　国务院住房城乡建设、商务、发展改革、工业和信息化等部门，按照规定的职责分工对招标代理机构依法实施监督管理。

第十二条　招标代理机构应当拥有一定数量的具备编制招标文件、组织评标等相应能力的专业人员。

第十三条　招标代理机构在招标人委托的范围内开展招标代理业务，任何单位和个人不得非法干涉。

招标代理机构代理招标业务，应当遵守招标投标法和本条例关于招标人的规定。招标代理机构不得在所代理的招标项目中投标或者代理投标，也不得为所代理的招标项目的投标人提供咨询。

招标代理机构不得涂改、出租、出借、转让资格证书。

第十四条　招标人应当与被委托的招标代理机构签订书面委托合同，合同约定的收费标准应当符合国家有关规定。

第十五条　公开招标的项目，应当依照招标投标法和本条例的规定发布招标公告、编制招标文件。

招标人采用资格预审办法对潜在投标人进行资格审查的，应当发布资格预审公告、编制资格预审文件。

依法必须进行招标的项目的资格预审公告和招标公告，应当在国务院发展改革部门依法指定的媒介发布。在不同媒介发布的同一招标项目的资格预审公告或者招标公告的内容应当一致。指定媒介发布依法必须进行招标的项目的境内资格预审公告、招标公告，不得收取费用。

编制依法必须进行招标的项目的资格预审文件和招标文件，应当使用国务院发展改革部门会同有关行政监督部门制定的标准文本。

第十六条 招标人应当按照资格预审公告、招标公告或者投标邀请书规定的时间、地点发售资格预审文件或者招标文件。资格预审文件或者招标文件的发售期不得少于5日。

招标人发售资格预审文件、招标文件收取的费用应当限于补偿印刷、邮寄的成本支出，不得以营利为目的。

第十七条 招标人应当合理确定提交资格预审申请文件的时间。依法必须进行招标的项目提交资格预审申请文件的时间，自资格预审文件停止发售之日起不得少于5日。

第十八条 资格预审应当按照资格预审文件载明的标准和方法进行。

国有资金占控股或者主导地位的依法必须进行招标的项目，招标人应当组建资格审查委员会审查资格预审申请文件。资格审查委员会及其成员应当遵守招标投标法和本条例有关评标委员会及其成员的规定。

第十九条 资格预审结束后，招标人应当及时向资格预审申请人发出资格预审结果通知书。未通过资格预审的申请人不具有投标资格。

通过资格预审的申请人少于3个的，应当重新招标。

第二十条 招标人采用资格后审办法对投标人进行资格审查的，应当在开标后由评标委员会按照招标文件规定的标准和方法对投标人的资格进行审查。

第二十一条 招标人可以对已发出的资格预审文件或者招标文件进行必要的澄清或者修改。澄清或者修改的内容可能影响资格预审申请文件或者投标文件编制的，招标人应当在提交资格预审申请文件截止时间至少3日前，或者投标截止时间至少15日前，以书面形式通知所有获取资格预审文件或者招标文件的潜在投标人；不足3日或者15日的，招标人应当顺延提交资格预审申请文件或者投标文件的截止时间。

第二十二条 潜在投标人或者其他利害关系人对资格预审文件有异议的，应当在提交资格预审申请文件截止时间2日前提出；对招标文件有异议的，应当在投标截止时间10日前提出。招标人应当自收到异议之日起3日内作出答复；作出答复前，应当暂停招标投标活动。

第二十三条 招标人编制的资格预审文件、招标文件的内容违反法律、行政法规的强制性规定，违反公开、公平、公正和诚实信用原则，影响资格预审结果或者潜在投标人投标的，依法必须进行招标的项目的招标人应当在修改资格预审文件或者招标文件后重新招标。

第二十四条 招标人对招标项目划分标段的，应当遵守招标投标法的有关规定，不得利用划分标段限制或者排斥潜在投标人。依法必须进行招标的项目的招标人不得利用划分标段规避招标。

第二十五条 招标人应当在招标文件中载明投标有效期。投标有效期从提交投标文件的截止之日起算。

第二十六条 招标人在招标文件中要求投标人提交投标保证金的，投标保证金不得超过招标项目估算价的2%。投标保证金有效期应当与投标有效期一致。

依法必须进行招标的项目的境内投标单位，以现金或者支票形式提交的投标保证金应当从其基本账户转出。

招标人不得挪用投标保证金。

第二十七条 招标人可以自行决定是否编制标底。一个招标项目只能有一个标底。标底必须保密。

接受委托编制标底的中介机构不得参加受托编制标底项目的投标，也不得为该项目的投标人编制投标文件或者提供咨询。

招标人设有最高投标限价的，应当在招标文件中明确最高投标限价或者最高投标限价的计算方法。招标人不得规定最低投标限价。

第二十八条　招标人不得组织单个或者部分潜在投标人踏勘项目现场。

第二十九条　招标人可以依法对工程以及与工程建设有关的货物、服务全部或者部分实行总承包招标。以暂估价形式包括在总承包范围内的工程、货物、服务属于依法必须进行招标的项目范围且达到国家规定规模标准的，应当依法进行招标。

前款所称暂估价，是指总承包招标时不能确定价格而由招标人在招标文件中暂时估定的工程、货物、服务的金额。

第三十条　对技术复杂或者无法精确拟定技术规格的项目，招标人可以分两阶段进行招标。

第一阶段，投标人按照招标公告或者投标邀请书的要求提交不带报价的技术建议，招标人根据投标人提交的技术建议确定技术标准和要求，编制招标文件。

第二阶段，招标人向在第一阶段提交技术建议的投标人提供招标文件，投标人按照招标文件的要求提交包括最终技术方案和投标报价的投标文件。

招标人要求投标人提交投标保证金的，应当在第二阶段提出。

第三十一条　招标人终止招标的，应当及时发布公告，或者以书面形式通知被邀请的或者已经获取资格预审文件、招标文件的潜在投标人。已经发售资格预审文件、招标文件或者已经收取投标保证金的，招标人应当及时退还所收取的资格预审文件、招标文件的费用，以及所收取的投标保证金及银行同期存款利息。

第三十二条　招标人不得以不合理的条件限制、排斥潜在投标人或者投标人。

招标人有下列行为之一的，属于以不合理条件限制、排斥潜在投标人或者投标人：

（一）就同一招标项目向潜在投标人或者投标人提供有差别的项目信息；

（二）设定的资格、技术、商务条件与招标项目的具体特点和实际需要不相适应或者与合同履行无关；

（三）依法必须进行招标的项目以特定行政区域或者特定行业的业绩、奖项作为加分条件或者中标条件；

（四）对潜在投标人或者投标人采取不同的资格审查或者评标标准；

（五）限定或者指定特定的专利、商标、品牌、原产地或者供应商；

（六）依法必须进行招标的项目非法限定潜在投标人或者投标人的所有制形式或者组织形式；

（七）以其他不合理条件限制、排斥潜在投标人或者投标人。

第三章　投标

第三十三条　投标人参加依法必须进行招标的项目的投标，不受地区或者部门的限制，任何单位和个人不得非法干涉。

第三十四条　与招标人存在利害关系可能影响招标公正性的法人、其他组织或者个人，不得参加投标。

单位负责人为同一人或者存在控股、管理关系的不同单位，不得参加同一标段投标或者未划分标段的同一招标项目投标。

违反前两款规定的，相关投标均无效。

第三十五条　投标人撤回已提交的投标文件，应当在投标截止时间前书面通知招标人。招标人已收取投标保证金的，应当自收到投标人书面撤回通知之日起5日内退还。

投标截止后投标人撤销投标文件的，招标人可以不退还投标保证金。

第三十六条　未通过资格预审的申请人提交的投标文件，以及逾期送达或者不按照招标文件要求密封的投标文件，招标人应当拒收。

招标人应当如实记载投标文件的送达时间和密封情况，并存档备查。

第三十七条　招标人应当在资格预审公告、招标公告或者投标邀请书中载明是否接受联合体投标。

招标人接受联合体投标并进行资格预审的，联合体应当在提交资格预审申请文件前组成。资格预审后联合体增减、更换成员的，其投标无效。

联合体各方在同一招标项目中以自己名义单独投标或者参加其他联合体投标的，相关投标均无效。

第三十八条 投标人发生合并、分立、破产等重大变化的，应当及时书面告知招标人。投标人不再具备资格预审文件、招标文件规定的资格条件或者其投标影响招标公正性的，其投标无效。

第三十九条 禁止投标人相互串通投标。

有下列情形之一的，属于投标人相互串通投标：

（一）投标人之间协商投标报价等投标文件的实质性内容；

（二）投标人之间约定中标人；

（三）投标人之间约定部分投标人放弃投标或者中标；

（四）属于同一集团、协会、商会等组织成员的投标人按照该组织要求协同投标；

（五）投标人之间为谋取中标或者排斥特定投标人而采取的其他联合行动。

第四十条 有下列情形之一的，视为投标人相互串通投标：

（一）不同投标人的投标文件由同一单位或者个人编制；

（二）不同投标人委托同一单位或者个人办理投标事宜；

（三）不同投标人的投标文件载明的项目管理成员为同一人；

（四）不同投标人的投标文件异常一致或者投标报价呈规律性差异；

（五）不同投标人的投标文件相互混装；

（六）不同投标人的投标保证金从同一单位或者个人的账户转出。

第四十一条 禁止招标人与投标人串通投标。

有下列情形之一的，属于招标人与投标人串通投标：

（一）招标人在开标前开启投标文件并将有关信息泄露给其他投标人；

（二）招标人直接或者间接向投标人泄露标底、评标委员会成员等信息；

（三）招标人明示或者暗示投标人压低或者抬高投标报价；

（四）招标人授意投标人撤换、修改投标文件；

（五）招标人明示或者暗示投标人为特定投标人中标提供方便；

（六）招标人与投标人为谋求特定投标人中标而采取的其他串通行为。

第四十二条 使用通过受让或者租借等方式获取的资格、资质证书投标的，属于招标投标法第三十三条规定的以他人名义投标。

投标人有下列情形之一的，属于招标投标法第三十三条规定的以其他方式弄虚作假的行为：

（一）使用伪造、变造的许可证件；

（二）提供虚假的财务状况或者业绩；

（三）提供虚假的项目负责人或者主要技术人员简历、劳动关系证明；

（四）提供虚假的信用状况；

（五）其他弄虚作假的行为。

第四十三条 提交资格预审申请文件的申请人应当遵守招标投标法和本条例有关投标人的规定。

第四章　开标、评标和中标

第四十四条 招标人应当按照招标文件规定的时间、地点开标。

投标人少于3个的，不得开标；招标人应当重新招标。

投标人对开标有异议的，应当在开标现场提出，招标人应当当场作出答复，并制作记录。

第四十五条 国家实行统一的评标专家专业分类标准和管理办法。具体标准和办法由国务院发展改革部门会同国务院有关部门制定。

省级人民政府和国务院有关部门应当组建综合评标专家库。

第四十六条 除招标投标法第三十七条第三款规定的特殊招标项目外，依法必须进行招标的项目，其评标委员会的专家成员应当从评标专家库内相关专业的专家名单中以随机抽取方式确定。任何单位和个人不得以明示、暗示等任何方式指定或者变相指定参加评标委员会的专家成员。

依法必须进行招标的项目的招标人非因招标投标法和本条例规定的事由，不得更换依法确定的评标委员会成员。更换评标委员会的专家成员应当依照前款规定进行。

评标委员会成员与投标人有利害关系的，应当主动回避。

有关行政监督部门应当按照规定的职责分工，对评标委员会成员的确定方式、评标专家的抽取和评标活动进行监督。行政监督部门的工作人员不得担任本部门负责监督项目的评标委员会成员。

第四十七条　招标投标法第三十七条第三款所称特殊招标项目，是指技术复杂、专业性强或者国家有特殊要求，采取随机抽取方式确定的专家难以保证胜任评标工作的项目。

第四十八条　招标人应当向评标委员会提供评标所必需的信息，但不得明示或者暗示其倾向或者排斥特定投标人。

招标人应当根据项目规模和技术复杂程度等因素合理确定评标时间。超过三分之一的评标委员会成员认为评标时间不够的，招标人应当适当延长。

评标过程中，评标委员会成员有回避事由、擅离职守或者因健康等原因不能继续评标的，应当及时更换。被更换的评标委员会成员作出的评审结论无效，由更换后的评标委员会成员重新进行评审。

第四十九条　评标委员会成员应当依照招标投标法和本条例的规定，按照招标文件规定的评标标准和方法，客观、公正地对投标文件提出评审意见。招标文件没有规定的评标标准和方法不得作为评标的依据。

评标委员会成员不得私下接触投标人，不得收受投标人给予的财物或者其他好处，不得向招标人征询确定中标人的意向，不得接受任何单位或者个人明示或者暗示提出的倾向或者排斥特定投标人的要求，不得有其他不客观、不公正履行职务的行为。

第五十条　招标项目设有标底的，招标人应当在开标时公布。标底只能作为评标的参考，不得以投标报价是否接近标底作为中标条件，也不得以投标报价超过标底上下浮动范围作为否决投标的条件。

第五十一条　有下列情形之一的，评标委员会应当否决其投标：

（一）投标文件未经投标单位盖章和单位负责人签字；

（二）投标联合体没有提交共同投标协议；

（三）投标人不符合国家或者招标文件规定的资格条件；

（四）同一投标人提交两个以上不同的投标文件或者投标报价，但招标文件要求提交备选投标的除外；

（五）投标报价低于成本或者高于招标文件设定的最高投标限价；

（六）投标文件没有对招标文件的实质性要求和条件作出响应；

（七）投标人有串通投标、弄虚作假、行贿等违法行为。

第五十二条　投标文件中有含义不明确的内容、明显文字或者计算错误，评标委员会认为需要投标人作出必要澄清、说明的，应当书面通知该投标人。投标人的澄清、说明应当采用书面形式，并不得超出投标文件的范围或者改变投标文件的实质性内容。

评标委员会不得暗示或者诱导投标人作出澄清、说明，不得接受投标人主动提出的澄清、说明。

第五十三条　评标完成后，评标委员会应当向招标人提交书面评标报告和中标候选人名单。中标候选人应当不超过3个，并标明排序。

评标报告应当由评标委员会全体成员签字。对评标结果有不同意见的评标委员会成员应当以书面形式说明其不同意见和理由，评标报告应当注明该不同意见。评标委员会成员拒绝在评标报告上签字又不书面说明其不同意见和理由的，视为同意评标结果。

第五十四条　依法必须进行招标的项目，招标人应当自收到评标报告之日起3日内公示中标候选人，公示期不得少于3日。

投标人或者其他利害关系人对依法必须进行招标的项目的评标结果有异议的，应当在中标候选人公示期间提出。招标人应当自收到异议之日起3日内作出答复；作出答复前，应当暂停招标投标活动。

第五十五条 国有资金占控股或者主导地位的依法必须进行招标的项目，招标人应当确定排名第一的中标候选人为中标人。排名第一的中标候选人放弃中标、因不可抗力不能履行合同、不按照招标文件要求提交履约保证金，或者被查实存在影响中标结果的违法行为等情形，不符合中标条件的，招标人可以按照评标委员会提出的中标候选人名单排序依次确定其他中标候选人为中标人，也可以重新招标。

第五十六条 中标候选人的经营、财务状况发生较大变化或者存在违法行为，招标人认为可能影响其履约能力的，应当在发出中标通知书前由原评标委员会按照招标文件规定的标准和方法审查确认。

第五十七条 招标人和中标人应当依照招标投标法和本条例的规定签订书面合同，合同的标的、价款、质量、履行期限等主要条款应当与招标文件和中标人的投标文件的内容一致。招标人和中标人不得再行订立背离合同实质性内容的其他协议。

招标人最迟应当在书面合同签订后5日内向中标人和未中标的投标人退还投标保证金及银行同期存款利息。

第五十八条 招标文件要求中标人提交履约保证金的，中标人应当按照招标文件的要求提交。履约保证金不得超过中标合同金额的10%。

第五十九条 中标人应当按照合同约定履行义务，完成中标项目。中标人不得向他人转让中标项目，也不得将中标项目肢解后分别向他人转让。

中标人按照合同约定或者经招标人同意，可以将中标项目的部分非主体、非关键性工作分包给他人完成。接受分包的人应当具备相应的资格条件，并不得再次分包。

中标人应当就分包项目向招标人负责，接受分包的人就分包项目承担连带责任。

第五章 投诉与处理

第六十条 投标人或者其他利害关系人认为招标投标活动不符合法律、行政法规规定的，可以自知道或者应当知道之日起10日内向有关行政监督部门投诉。投诉应当有明确的请求和必要的证明材料。

就本条例第二十二条、第四十四条、第五十四条规定事项投诉的，应当先向招标人提出异议，异议答复期间不计算在前款规定的期限内。

第六十一条 投诉人就同一事项向两个以上有权受理的行政监督部门投诉的，由最先收到投诉的行政监督部门负责处理。

行政监督部门应当自收到投诉之日起3个工作日内决定是否受理投诉，并自受理投诉之日起30个工作日内作出书面处理决定；需要检验、检测、鉴定、专家评审的，所需时间不计算在内。

投诉人捏造事实、伪造材料或者以非法手段取得证明材料进行投诉的，行政监督部门应当予以驳回。

第六十二条 行政监督部门处理投诉，有权查阅、复制有关文件、资料，调查有关情况，相关单位和人员应当予以配合。必要时，行政监督部门可以责令暂停招标投标活动。

行政监督部门的工作人员对监督检查过程中知悉的国家秘密、商业秘密，应当依法予以保密。

第六章 法律责任

第六十三条 招标人有下列限制或者排斥潜在投标人行为之一的，由有关行政监督部门依照招标投标法第五十一条的规定处罚：

（一）依法应当公开招标的项目不按照规定在指定媒介发布资格预审公告或者招标公告；

（二）在不同媒介发布的同一招标项目的资格预审公告或者招标公告的内容不一致，影响潜在投标人申请资格预审或者投标。

依法必须进行招标的项目的招标人不按照规定发布资格预审公告或者招标公告，构成规避招标的，依照招标投标法第四十九条的规定处罚。

第六十四条 招标人有下列情形之一的，

由有关行政监督部门责令改正，可以处10万元以下的罚款：

（一）依法应当公开招标而采用邀请招标；

（二）招标文件、资格预审文件的发售、澄清、修改的时限，或者确定的提交资格预审申请文件、投标文件的时限不符合招标投标法和本条例规定；

（三）接受未通过资格预审的单位或者个人参加投标；

（四）接受应当拒收的投标文件。

招标人有前款第一项、第三项、第四项所列行为之一的，对单位直接负责的主管人员和其他直接责任人员依法给予处分。

第六十五条　招标代理机构在所代理的招标项目中投标、代理投标或者向该项目投标人提供咨询的，接受委托编制标底的中介机构参加受托编制标底项目的投标或者为该项目的投标人编制投标文件、提供咨询的，依照招标投标法第五十条的规定追究法律责任。

第六十六条　招标人超过本条例规定的比例收取投标保证金、履约保证金或者不按照规定退还投标保证金及银行同期存款利息的，由有关行政监督部门责令改正，可以处5万元以下的罚款；给他人造成损失的，依法承担赔偿责任。

第六十七条　投标人相互串通投标或者与招标人串通投标的，投标人向招标人或者评标委员会成员行贿谋取中标的，中标无效；构成犯罪的，依法追究刑事责任；尚不构成犯罪的，依照招标投标法第五十三条的规定处罚。投标人未中标的，对单位的罚款金额按照招标项目合同金额依照招标投标法规定的比例计算。

投标人有下列行为之一的，属于招标投标法第五十三条规定的情节严重行为，由有关行政监督部门取消其1年至2年内参加依法必须进行招标的项目的投标资格：

（一）以行贿谋取中标；

（二）3年内2次以上串通投标；

（三）串通投标行为损害招标人、其他投标人或者国家、集体、公民的合法利益，造成直接经济损失30万元以上；

（四）其他串通投标情节严重的行为。

投标人自本条第二款规定的处罚执行期限届满之日起3年内又有该款所列违法行为之一的，或者串通投标、以行贿谋取中标情节特别严重的，由工商行政管理机关吊销营业执照。

法律、行政法规对串通投标报价行为的处罚另有规定的，从其规定。

第六十八条　投标人以他人名义投标或者以其他方式弄虚作假骗取中标的，中标无效；构成犯罪的，依法追究刑事责任；尚不构成犯罪的，依照招标投标法第五十四条的规定处罚。依法必须进行招标的项目的投标人未中标的，对单位的罚款金额按照招标项目合同金额依照招标投标法规定的比例计算。

投标人有下列行为之一的，属于招标投标法第五十四条规定的情节严重行为，由有关行政监督部门取消其1年至3年内参加依法必须进行招标的项目的投标资格：

（一）伪造、变造资格、资质证书或者其他许可证件骗取中标；

（二）3年内2次以上使用他人名义投标；

（三）弄虚作假骗取中标给招标人造成直接经济损失30万元以上；

（四）其他弄虚作假骗取中标情节严重的行为。

投标人自本条第二款规定的处罚执行期限届满之日起3年内又有该款所列违法行为之一的，或者弄虚作假骗取中标情节特别严重的，由工商行政管理机关吊销营业执照。

第六十九条　出让或者出租资格、资质证书供他人投标的，依照法律、行政法规的规定给予行政处罚；构成犯罪的，依法追究刑事责任。

第七十条　依法必须进行招标的项目的招标人不按照规定组建评标委员会，或者确定、更换评标委员会成员违反招标投标法和本条例规定的，由有关行政监督部门责令改正，可以处10万元以下的罚款，对单位直接负责的主管人员和其他直接责任人员依法给予处分；违法确定或者更换的评标委员会成员作出的评审结论无效，依法重新进行评审。

国家工作人员以任何方式非法干涉选取评标委员会成员的，依照本条例第八十一条的规定追究法律责任。

第七十一条 评标委员会成员有下列行为之一的，由有关行政监督部门责令改正；情节严重的，禁止其在一定期限内参加依法必须进行招标的项目的评标；情节特别严重的，取消其担任评标委员会成员的资格：

（一）应当回避而不回避；

（二）擅离职守；

（三）不按照招标文件规定的评标标准和方法评标；

（四）私下接触投标人；

（五）向招标人征询确定中标人的意向或者接受任何单位或者个人明示或者暗示提出的倾向或者排斥特定投标人的要求；

（六）对依法应当否决的投标不提出否决意见；

（七）暗示或者诱导投标人作出澄清、说明或者接受投标人主动提出的澄清、说明；

（八）其他不客观、不公正履行职务的行为。

第七十二条 评标委员会成员收受投标人的财物或者其他好处的，没收收受的财物，处 3000 元以上 5 万元以下的罚款，取消担任评标委员会成员的资格，不得再参加依法必须进行招标的项目的评标；构成犯罪的，依法追究刑事责任。

第七十三条 依法必须进行招标的项目的招标人有下列情形之一的，由有关行政监督部门责令改正，可以处中标项目金额 10‰以下的罚款；给他人造成损失的，依法承担赔偿责任；对单位直接负责的主管人员和其他直接责任人员依法给予处分：

（一）无正当理由不发出中标通知书；

（二）不按照规定确定中标人；

（三）中标通知书发出后无正当理由改变中标结果；

（四）无正当理由不与中标人订立合同；

（五）在订立合同时向中标人提出附加条件。

第七十四条 中标人无正当理由不与招标人订立合同，在签订合同时向招标人提出附加条件，或者不按照招标文件要求提交履约保证金的，取消其中标资格，投标保证金不予退还。对依法必须进行招标的项目的中标人，由有关行政监督部门责令改正，可以处中标项目金额 10‰以下的罚款。

第七十五条 招标人和中标人不按照招标文件和中标人的投标文件订立合同，合同的主要条款与招标文件、中标人的投标文件的内容不一致，或者招标人、中标人订立背离合同实质性内容的协议的，由有关行政监督部门责令改正，可以处中标项目金额 5‰以上 10‰以下的罚款。

第七十六条 中标人将中标项目转让给他人的，将中标项目肢解后分别转让给他人的，违反招标投标法和本条例规定将中标项目的部分主体、关键性工作分包给他人的，或者分包人再次分包的，转让、分包无效，处转让、分包项目金额 5‰以上 10‰以下的罚款；有违法所得的，并处没收违法所得；可以责令停业整顿；情节严重的，由工商行政管理机关吊销营业执照。

第七十七条 投标人或者其他利害关系人捏造事实、伪造材料或者以非法手段取得证明材料进行投诉，给他人造成损失的，依法承担赔偿责任。

招标人不按照规定对异议作出答复，继续进行招标投标活动的，由有关行政监督部门责令改正，拒不改正或者不能改正并影响中标结果的，依照本条例第八十二条的规定处理。

第七十八条 国家建立招标投标信用制度。有关行政监督部门应当依法公告对招标人、招标代理机构、投标人、评标委员会成员等当事人违法行为的行政处理决定。

第七十九条 项目审批、核准部门不依法审批、核准项目招标范围、招标方式、招标组织形式的，对单位直接负责的主管人员和其他直接责任人员依法给予处分。

有关行政监督部门不依法履行职责，对违反招标投标法和本条例规定的行为不依法查处，或者不按照规定处理投诉、不依法公告对招标投标当事人违法行为的行政处理决定的，对直接负责的主管人员和其他直接责任人员依法给予处分。

项目审批、核准部门和有关行政监督部门的工作人员徇私舞弊、滥用职权、玩忽职守，构成犯罪的，依法追究刑事责任。

第八十条　国家工作人员利用职务便利，以直接或者间接、明示或者暗示等任何方式非法干涉招标投标活动，有下列情形之一的，依法给予记过或者记大过处分；情节严重的，依法给予降级或者撤职处分；情节特别严重的，依法给予开除处分；构成犯罪的，依法追究刑事责任：

（一）要求对依法必须进行招标的项目不招标，或者要求对依法应当公开招标的项目不公开招标；

（二）要求评标委员会成员或者招标人以其指定的投标人作为中标候选人或者中标人，或者以其他方式非法干涉评标活动，影响中标结果；

（三）以其他方式非法干涉招标投标活动。

第八十一条　依法必须进行招标的项目的招标投标活动违反招标投标法和本条例的规定，对中标结果造成实质性影响，且不能采取补救措施予以纠正的，招标、投标、中标无效，应当依法重新招标或者评标。

第七章　附则

第八十二条　招标投标协会按照依法制定的章程开展活动，加强行业自律和服务。

第八十三条　政府采购的法律、行政法规对政府采购货物、服务的招标投标另有规定的，从其规定。

第八十四条　本条例自2012年2月1日起施行。

中华人民共和国政府采购法

（2002年6月29日第九届全国人民代表大会常务委员会第二十八次会议通过，中华人民共和国主席令第68号；2014年8月31日第十二届全国人民代表大会常务委员会第十次会议通过，中华人民共和国主席令第14号）

第一章　总则

第一条　为了规范政府采购行为，提高政府采购资金的使用效益，维护国家利益和社会公共利益，保护政府采购当事人的合法权益，促进廉政建设，制定本法。

第二条　在中华人民共和国境内进行的政府采购适用本法。

本法所称政府采购，是指各级国家机关、事业单位和团体组织，使用财政性资金采购依法制定的集中采购目录以内的或者采购限额标准以上的货物、工程和服务的行为。

政府集中采购目录和采购限额标准依照本法规定的权限制定。

本法所称采购，是指以合同方式有偿取得货物、工程和服务的行为，包括购买、租赁、委托、雇用等。

本法所称货物，是指各种形态和种类的物品，包括原材料、燃料、设备、产品等。

本法所称工程，是指建设工程，包括建筑物和构筑物的新建、改建、扩建、装修、拆除、修缮等。

本法所称服务，是指除货物和工程以外的其他政府采购对象。

第三条　政府采购应当遵循公开透明原则、公平竞争原则、公正原则和诚实信用原则。

第四条　政府采购工程进行招标投标的，适用招标投标法。

第五条　任何单位和个人不得采用任何方式，阻挠和限制供应商自由进入本地区和本行业的政府采购市场。

第六条　政府采购应当严格按照批准的预算执行。

第七条　政府采购实行集中采购和分散采购相结合。集中采购的范围由省级以上人民政府公布的集中采购目录确定。

属于中央预算的政府采购项目，其集中采购目录由国务院确定并公布；属于地方预算的政府采购项目，其集中采购目录由省、自治区、直辖市人民政府或者其授权的机构确定并公布。

纳入集中采购目录的政府采购项目，应当实行集中采购。

第八条 政府采购限额标准，属于中央预算的政府采购项目，由国务院确定并公布；属于地方预算的政府采购项目，由省、自治区、直辖市人民政府或者其授权的机构确定并公布。

第九条 政府采购应当有助于实现国家的经济和社会发展政策目标，包括保护环境，扶持不发达地区和少数民族地区，促进中小企业发展等。

第十条 政府采购应当采购本国货物、工程和服务。但有下列情形之一的除外：

（一）需要采购的货物、工程或者服务在中国境内无法获取或者无法以合理的商业条件获取的；

（二）为在中国境外使用而进行采购的；

（三）其他法律、行政法规另有规定的。

前款所称本国货物、工程和服务的界定，依照国务院有关规定执行。

第十一条 政府采购的信息应当在政府采购监督管理部门指定的媒体上及时向社会公开发布，但涉及商业秘密的除外。

第十二条 在政府采购活动中，采购人员及相关人员与供应商有利害关系的，必须回避。供应商认为采购人员及相关人员与其他供应商有利害关系的，可以申请其回避。

前款所称相关人员，包括招标采购中评标委员会的组成人员，竞争性谈判采购中谈判小组的组成人员，询价采购中询价小组的组成人员等。

第十三条 各级人民政府财政部门是负责政府采购监督管理的部门，依法履行对政府采购活动的监督管理职责。

各级人民政府其他有关部门依法履行与政府采购活动有关的监督管理职责。

第二章　政府采购当事人

第十四条 政府采购当事人是指在政府采购活动中享有权利和承担义务的各类主体，包括采购人、供应商和采购代理机构等。

第十五条 采购人是指依法进行政府采购的国家机关、事业单位、团体组织。

第十六条 集中采购机构为采购代理机构。设区的市、自治州以上人民政府根据本级政府采购项目组织集中采购的需要设立集中采购机构。

集中采购机构是非营利事业法人，根据采购人的委托办理采购事宜。

第十七条 集中采购机构进行政府采购活动，应当符合采购价格低于市场平均价格、采购效率更高、采购质量优良和服务良好的要求。

第十八条 采购人采购纳入集中采购目录的政府采购项目，必须委托集中采购机构代理采购；采购未纳入集中采购目录的政府采购项目，可以自行采购，也可以委托集中采购机构在委托的范围内代理采购。

纳入集中采购目录属于通用的政府采购项目的，应当委托集中采购机构代理采购；属于本部门、本系统有特殊要求的项目，应当实行部门集中采购；属于本单位有特殊要求的项目，经省级以上人民政府批准，可以自行采购。

第十九条 采购人可以委托集中采购机构以外的采购代理机构，在委托的范围内办理政府采购事宜。

采购人有权自行选择采购代理机构，任何单位和个人不得以任何方式为采购人指定采购代理机构。

第二十条 采购人依法委托采购代理机构办理采购事宜的，应当由采购人与采购代理机构签订委托代理协议，依法确定委托代理的事项，约定双方的权利义务。

第二十一条 供应商是指向采购人提供货物、工程或者服务的法人、其他组织或者自然人。

第二十二条 供应商参加政府采购活动应当具备下列条件：

（一）具有独立承担民事责任的能力；

（二）具有良好的商业信誉和健全的财务会计制度；

（三）具有履行合同所必需的设备和专业技术能力；

（四）有依法缴纳税收和社会保障资金的良好记录；

（五）参加政府采购活动前三年内，在经营活动中没有重大违法记录；

（六）法律、行政法规规定的其他条件。

采购人可以根据采购项目的特殊要求，规定供应商的特定条件，但不得以不合理的条件对供应商实行差别待遇或者歧视待遇。

第二十三条 采购人可以要求参加政府采购的供应商提供有关资质证明文件和业绩情况，并根据本法规定的供应商条件和采购项目对供应商的特定要求，对供应商的资格进行审查。

第二十四条 两个以上的自然人、法人或者其他组织可以组成一个联合体，以一个供应商的身份共同参加政府采购。

以联合体形式进行政府采购的，参加联合体的供应商均应当具备本法第二十二条规定的条件，并应当向采购人提交联合协议，载明联合体各方承担的工作和义务。联合体各方应当共同与采购人签订采购合同，就采购合同约定的事项对采购人承担连带责任。

第二十五条 政府采购当事人不得相互串通损害国家利益、社会公共利益和其他当事人的合法权益；不得以任何手段排斥其他供应商参与竞争。

供应商不得以向采购人、采购代理机构、评标委员会的组成人员、竞争性谈判小组的组成人员、询价小组的组成人员行贿或者采取其他不正当手段谋取中标或者成交。

采购代理机构不得以向采购人行贿或者采取其他不正当手段谋取非法利益。

第三章 政府采购方式

第二十六条 政府采购采用以下方式：

（一）公开招标；

（二）邀请招标；

（三）竞争性谈判；

（四）单一来源采购；

（五）询价；

（六）国务院政府采购监督管理部门认定的其他采购方式。

公开招标应作为政府采购的主要采购方式。

第二十七条 采购人采购货物或者服务应当采用公开招标方式的，其具体数额标准，属于中央预算的政府采购项目，由国务院规定；属于地方预算的政府采购项目，由省、自治区、直辖市人民政府规定；因特殊情况需要采用公开招标以外的采购方式的，应当在采购活动开始前获得设区的市、自治州以上人民政府采购监督管理部门的批准。

第二十八条 采购人不得将应当以公开招标方式采购的货物或者服务化整为零或者以其他任何方式规避公开招标采购。

第二十九条 符合下列情形之一的货物或者服务，可以依照本法采用邀请招标方式采购：

（一）具有特殊性，只能从有限范围的供应商处采购的；

（二）采用公开招标方式的费用占政府采购项目总价值的比例过大的。

第三十条 符合下列情形之一的货物或者服务，可以依照本法采用竞争性谈判方式采购：

（一）招标后没有供应商投标或者没有合格标的或者重新招标未能成立的；

（二）技术复杂或者性质特殊，不能确定详细规格或者具体要求的；

（三）采用招标所需时间不能满足用户紧急需要的；

（四）不能事先计算出价格总额的。

第三十一条 符合下列情形之一的货物或者服务，可以依照本法采用单一来源方式采购：

（一）只能从唯一供应商处采购的；

（二）发生了不可预见的紧急情况不能从其他供应商处采购的；

（三）必须保证原有采购项目一致性或者服务配套的要求，需要继续从原供应商处添购，且添购资金总额不超过原合同采购金额百分之十的。

第三十二条 采购的货物规格、标准统

一、现货货源充足且价格变化幅度小的政府采购项目，可以依照本法采用询价方式采购。

第四章　政府采购程序

第三十三条　负有编制部门预算职责的部门在编制下一财政年度部门预算时，应当将该财政年度政府采购的项目及资金预算列出，报本级财政部门汇总。部门预算的审批，按预算管理权限和程序进行。

第三十四条　货物或者服务项目采取邀请招标方式采购的，采购人应当从符合相应资格条件的供应商中，通过随机方式选择三家以上的供应商，并向其发出投标邀请书。

第三十五条　货物和服务项目实行招标方式采购的，自招标文件开始发出之日起至投标人提交投标文件截止之日止，不得少于二十日。

第三十六条　在招标采购中，出现下列情形之一的，应予废标：

（一）符合专业条件的供应商或者对招标文件作实质响应的供应商不足三家的；

（二）出现影响采购公正的违法、违规行为的；

（三）投标人的报价均超过了采购预算，采购人不能支付的；

（四）因重大变故，采购任务取消的。

废标后，采购人应当将废标理由通知所有投标人。

第三十七条　废标后，除采购任务取消情形外，应当重新组织招标；需要采取其他方式采购的，应当在采购活动开始前获得设区的市、自治州以上人民政府采购监督管理部门或者政府有关部门批准。

第三十八条　采用竞争性谈判方式采购的，应当遵循下列程序：

（一）成立谈判小组。谈判小组由采购人的代表和有关专家共三人以上的单数组成，其中专家的人数不得少于成员总数的三分之二。

（二）制定谈判文件。谈判文件应当明确谈判程序、谈判内容、合同草案的条款以及评定成交的标准等事项。

（三）确定邀请参加谈判的供应商名单。谈判小组从符合相应资格条件的供应商名单中确定不少于三家的供应商参加谈判，并向其提供谈判文件。

（四）谈判。谈判小组所有成员集中与单一供应商分别进行谈判。在谈判中，谈判的任何一方不得透露与谈判有关的其他供应商的技术资料、价格和其他信息。谈判文件有实质性变动的，谈判小组应当以书面形式通知所有参加谈判的供应商。

（五）确定成交供应商。谈判结束后，谈判小组应当要求所有参加谈判的供应商在规定时间内进行最后报价，采购人从谈判小组提出的成交候选人中根据符合采购需求、质量和服务相等且报价最低的原则确定成交供应商，并将结果通知所有参加谈判的未成交的供应商。

第三十九条　采取单一来源方式采购的，采购人与供应商应当遵循本法规定的原则，在保证采购项目质量和双方商定合理价格的基础上进行采购。

第四十条　采取询价方式采购的，应当遵循下列程序：

（一）成立询价小组。询价小组由采购人的代表和有关专家共三人以上的单数组成，其中专家的人数不得少于成员总数的三分之二。询价小组应当对采购项目的价格构成和评定成交的标准等事项作出规定。

（二）确定被询价的供应商名单。询价小组根据采购需求，从符合相应资格条件的供应商名单中确定不少于三家的供应商，并向其发出询价通知书让其报价。

（三）询价。询价小组要求被询价的供应商一次报出不得更改的价格。

（四）确定成交供应商。采购人根据符合采购需求、质量和服务相等且报价最低的原则确定成交供应商，并将结果通知所有被询价的未成交的供应商。

第四十一条　采购人或者其委托的采购代理机构应当组织对供应商履约的验收。大型或者复杂的政府采购项目，应当邀请国家认可的质量检测机构参加验收工作。验收方成员应当在验收书上签字，并承担相应的法律责任。

第四十二条　采购人、采购代理机构对政府采购项目每项采购活动的采购文件应当妥善保存，不得伪造、变造、隐匿或者销毁。采购文件的保存期限为从采购结束之日起至少保存十五年。

采购文件包括采购活动记录、采购预算、招标文件、投标文件、评标标准、评估报告、定标文件、合同文本、验收证明、质疑答复、投诉处理决定及其他有关文件、资料。

采购活动记录至少应当包括下列内容：

（一）采购项目类别、名称；

（二）采购项目预算、资金构成和合同价格；

（三）采购方式，采用公开招标以外的采购方式的，应当载明原因；

（四）邀请和选择供应商的条件及原因；

（五）评标标准及确定中标人的原因；

（六）废标的原因；

（七）采用招标以外采购方式的相应记载。

第五章　政府采购合同

第四十三条　政府采购合同适用合同法。采购人和供应商之间的权利和义务，应当按照平等、自愿的原则以合同方式约定。

采购人可以委托采购代理机构代表其与供应商签订政府采购合同。由采购代理机构以采购人名义签订合同的，应当提交采购人的授权委托书，作为合同附件。

第四十四条　政府采购合同应当采用书面形式。

第四十五条　国务院政府采购监督管理部门应当会同国务院有关部门，规定政府采购合同必须具备的条款。

第四十六条　采购人与中标、成交供应商应当在中标、成交通知书发出之日起三十日内，按照采购文件确定的事项签订政府采购合同。

中标、成交通知书对采购人和中标、成交供应商均具有法律效力。中标、成交通知书发出后，采购人改变中标、成交结果的，或者中标、成交供应商放弃中标、成交项目的，应当依法承担法律责任。

第四十七条　政府采购项目的采购合同自签订之日起七个工作日内，采购人应当将合同副本报同级政府采购监督管理部门和有关部门备案。

第四十八条　经采购人同意，中标、成交供应商可以依法采取分包方式履行合同。

政府采购合同分包履行的，中标、成交供应商就采购项目和分包项目向采购人负责，分包供应商就分包项目承担责任。

第四十九条　政府采购合同履行中，采购人需追加与合同标的相同的货物、工程或者服务的，在不改变合同其他条款的前提下，可以与供应商协商签订补充合同，但所有补充合同的采购金额不得超过原合同采购金额的百分之十。

第五十条　政府采购合同的双方当事人不得擅自变更、中止或者终止合同。

政府采购合同继续履行将损害国家利益和社会公共利益的，双方当事人应当变更、中止或者终止合同。有过错的一方应当承担赔偿责任，双方都有过错的，各自承担相应的责任。

第六章　质疑与投诉

第五十一条　供应商对政府采购活动事项有疑问的，可以向采购人提出询问，采购人应当及时作出答复，但答复的内容不得涉及商业秘密。

第五十二条　供应商认为采购文件、采购过程和中标、成交结果使自己的权益受到损害的，可以在知道或者应知其权益受到损害之日起七个工作日内，以书面形式向采购人提出质疑。

第五十三条　采购人应当在收到供应商的书面质疑后七个工作日内作出答复，并以书面形式通知质疑供应商和其他有关供应商，但答复的内容不得涉及商业秘密。

第五十四条　采购人委托采购代理机构采购的，供应商可以向采购代理机构提出询问或者质疑，采购代理机构应当依照本法第五十一条、第五十三条的规定就采购人委托授权范围内的事项作出答复。

第五十五条　质疑供应商对采购人、采购代理机构的答复不满意或者采购人、采购代理机构未在规定的时间内作出答复的，可以在答复期满后十五个工作日内向同级政府采购监督管理部门投诉。

第五十六条　政府采购监督管理部门应当在收到投诉后三十个工作日内，对投诉事项作出处理决定，并以书面形式通知投诉人和与投诉事项有关的当事人。

第五十七条　政府采购监督管理部门在处理投诉事项期间，可以视具体情况书面通知采购人暂停采购活动，但暂停时间最长不得超过三十日。

第五十八条　投诉人对政府采购监督管理部门的投诉处理决定不服或者政府采购监督管理部门逾期未作处理的，可以依法申请行政复议或者向人民法院提起行政诉讼。

第七章　监督检查

第五十九条　政府采购监督管理部门应当加强对政府采购活动及集中采购机构的监督检查。

监督检查的主要内容是：

（一）有关政府采购的法律、行政法规和规章的执行情况；

（二）采购范围、采购方式和采购程序的执行情况；

（三）政府采购人员的职业素质和专业技能。

第六十条　政府采购监督管理部门不得设置集中采购机构，不得参与政府采购项目的采购活动。

采购代理机构与行政机关不得存在隶属关系或者其他利益关系。

第六十一条　集中采购机构应当建立健全内部监督管理制度。采购活动的决策和执行程序应当明确，并相互监督、相互制约。经办采购的人员与负责采购合同审核、验收人员的职责权限应当明确，并相互分离。

第六十二条　集中采购机构的采购人员应当具有相关职业素质和专业技能，符合政府采购监督管理部门规定的专业岗位任职要求。

集中采购机构对其工作人员应当加强教育和培训；对采购人员的专业水平、工作实绩和职业道德状况定期进行考核。采购人员经考核不合格的，不得继续任职。

第六十三条　政府采购项目的采购标准应当公开。

采用本法规定的采购方式的，采购人在采购活动完成后，应当将采购结果予以公布。

第六十四条　采购人必须按照本法规定的采购方式和采购程序进行采购。

任何单位和个人不得违反本法规定，要求采购人或者采购工作人员向其指定的供应商进行采购。

第六十五条　政府采购监督管理部门应当对政府采购项目的采购活动进行检查，政府采购当事人应当如实反映情况，提供有关材料。

第六十六条　政府采购监督管理部门应当对集中采购机构的采购价格、节约资金效果、服务质量、信誉状况、有无违法行为等事项进行考核，并定期如实公布考核结果。

第六十七条　依照法律、行政法规的规定对政府采购负有行政监督职责的政府有关部门，应当按照其职责分工，加强对政府采购活动的监督。

第六十八条　审计机关应当对政府采购进行审计监督。政府采购监督管理部门、政府采购各当事人有关政府采购活动，应当接受审计机关的审计监督。

第六十九条　监察机关应当加强对参与政府采购活动的国家机关、国家公务员和国家行政机关任命的其他人员实施监察。

第七十条　任何单位和个人对政府采购活动中的违法行为，有权控告和检举，有关部门、机关应当依照各自职责及时处理。

第八章　法律责任

第七十一条　采购人、采购代理机构有下列情形之一的，责令限期改正，给予警告，可以并处罚款，对直接负责的主管人员和其他直接责任人员，由其行政主管部门或者有关机关给予处分，并予通报：

（一）应当采用公开招标方式而擅自采用其他方式采购的；

（二）擅自提高采购标准的；

（三）以不合理的条件对供应商实行差别

待遇或者歧视待遇的；

（四）在招标采购过程中与投标人进行协商谈判的；

（五）中标、成交通知书发出后不与中标、成交供应商签订采购合同的；

（六）拒绝有关部门依法实施监督检查的。

第七十二条　采购人、采购代理机构及其工作人员有下列情形之一，构成犯罪的，依法追究刑事责任；尚不构成犯罪的，处以罚款，有违法所得的，并处没收违法所得，属于国家机关工作人员的，依法给予行政处分：

（一）与供应商或者采购代理机构恶意串通的；

（二）在采购过程中接受贿赂或者获取其他不正当利益的；

（三）在有关部门依法实施的监督检查中提供虚假情况的；

（四）开标前泄露标底的。

第七十三条　有前两条违法行为之一影响中标、成交结果或者可能影响中标、成交结果的，按下列情况分别处理：

（一）未确定中标、成交供应商的，终止采购活动；

（二）中标、成交供应商已经确定但采购合同尚未履行的，撤销合同，从合格的中标、成交候选人中另行确定中标、成交供应商；

（三）采购合同已经履行的，给采购人、供应商造成损失的，由责任人承担赔偿责任。

第七十四条　采购人对应当实行集中采购的政府采购项目，不委托集中采购机构实行集中采购的，由政府采购监督管理部门责令改正；拒不改正的，停止按预算向其支付资金，由其上级行政主管部门或者有关机关依法给予其直接负责的主管人员和其他直接责任人员处分。

第七十五条　采购人未依法公布政府采购项目的采购标准和采购结果的，责令改正，对直接负责的主管人员依法给予处分。

第七十六条　采购人、采购代理机构违反本法规定隐匿、销毁应当保存的采购文件或者伪造、变造采购文件的，由政府采购监督管理部门处以二万元以上十万元以下的罚款，对其直接负责的主管人员和其他直接责任人员依法给予处分；构成犯罪的，依法追究刑事责任。

第七十七条　供应商有下列情形之一的，处以采购金额千分之五以上千分之十以下的罚款，列入不良行为记录名单，在一至三年内禁止参加政府采购活动，有违法所得的，并处没收违法所得，情节严重的，由工商行政管理机关吊销营业执照；构成犯罪的，依法追究刑事责任：

（一）提供虚假材料谋取中标、成交的；

（二）采取不正当手段诋毁、排挤其他供应商的；

（三）与采购人、其他供应商或者采购代理机构恶意串通的；

（四）向采购人、采购代理机构行贿或者提供其他不正当利益的；

（五）在招标采购过程中与采购人进行协商谈判的；

（六）拒绝有关部门监督检查或者提供虚假情况的。

供应商有前款第（一）至（五）项情形之一的，中标、成交无效。

第七十八条　采购代理机构在代理政府采购业务中有违法行为的，按照有关法律规定处以罚款，可以在一至三年内禁止其代理政府采购业务，构成犯罪的，依法追究刑事责任。

第七十九条　政府采购当事人有本法第七十一条、第七十二条、第七十七条违法行为之一，给他人造成损失的，并应依照有关民事法律规定承担民事责任。

第八十条　政府采购监督管理部门的工作人员在实施监督检查中违反本法规定滥用职权，玩忽职守，徇私舞弊的，依法给予行政处分；构成犯罪的，依法追究刑事责任。

第八十一条　政府采购监督管理部门对供应商的投诉逾期未作处理的，给予直接负责的主管人员和其他直接责任人员行政处分。

第八十二条　政府采购监督管理部门对集中采购机构业绩的考核，有虚假陈述，隐瞒真实情况的，或者不作定期考核和公布考核结果的，应当及时纠正，由其上级机关或者监察机关对其负责人进行通报，并对直接负责的人员依法给予行政处分。

集中采购机构在政府采购监督管理部门考核中，虚报业绩，隐瞒真实情况的，处以二万元以上二十万元以下的罚款，并予以通报；情节严重的，取消其代理采购的资格。

第八十三条 任何单位或者个人阻挠和限制供应商进入本地区或者本行业政府采购市场的，责令限期改正；拒不改正的，由该单位、个人的上级行政主管部门或者有关机关给予单位责任人或者个人处分。

第九章 附则

第八十四条 使用国际组织和外国政府贷款进行的政府采购，贷款方、资金提供方与中方达成的协议对采购的具体条件另有规定的，可以适用其规定，但不得损害国家利益和社会公共利益。

第八十五条 对因严重自然灾害和其他不可抗力事件所实施的紧急采购和涉及国家安全和秘密的采购，不适用本法。

第八十六条 军事采购法规由中央军事委员会另行制定。

第八十七条 本法实施的具体步骤和办法由国务院规定。

第八十八条 本法自 2003 年 1 月 1 日起施行。

中华人民共和国政府采购法实施条例

（国务院令第 658 号，2015 年 1 月 30 日）

第一章 总则

第一条 根据《中华人民共和国政府采购法》（以下简称政府采购法），制定本条例。

第二条 政府采购法第二条所称财政性资金是指纳入预算管理的资金。

以财政性资金作为还款来源的借贷资金，视同财政性资金。

国家机关、事业单位和团体组织的采购项目既使用财政性资金又使用非财政性资金的，使用财政性资金采购的部分，适用政府采购法及本条例；财政性资金与非财政性资金无法分割采购的，统一适用政府采购法及本条例。

政府采购法第二条所称服务，包括政府自身需要的服务和政府向社会公众提供的公共服务。

第三条 集中采购目录包括集中采购机构采购项目和部门集中采购项目。

技术、服务等标准统一，采购人普遍使用的项目，列为集中采购机构采购项目；采购人本部门、本系统基于业务需要有特殊要求，可以统一采购的项目，列为部门集中采购项目。

第四条 政府采购法所称集中采购，是指采购人将列入集中采购目录的项目委托集中采购机构代理采购或者进行部门集中采购的行为；所称分散采购，是指采购人将采购限额标准以上的未列入集中采购目录的项目自行采购或者委托采购代理机构代理采购的行为。

第五条 省、自治区、直辖市人民政府或者其授权的机构根据实际情况，可以确定分别适用于本行政区域省级、设区的市级、县级的集中采购目录和采购限额标准。

第六条 国务院财政部门应当根据国家的经济和社会发展政策，会同国务院有关部门制定政府采购政策，通过制定采购需求标准、预留采购份额、价格评审优惠、优先采购等措施，实现节约能源、保护环境、扶持不发达地区和少数民族地区、促进中小企业发展等目标。

第七条 政府采购工程以及与工程建设有关的货物、服务，采用招标方式采购的，适用《中华人民共和国招标投标法》及其实施条例；采用其他方式采购的，适用政府采购法及本条例。

前款所称工程，是指建设工程，包括建筑物和构筑物的新建、改建、扩建及其相关的装修、拆除、修缮等；所称与工程建设有关的货物，是指构成工程不可分割的组成部分，且为实现工程基本功能所必需的设备、材料等；所称与工程建设有关的服务，是指为完成工程所需的勘察、设计、监理等服务。

政府采购工程以及与工程建设有关的货物、服务，应当执行政府采购政策。

第八条　政府采购项目信息应当在省级以上人民政府财政部门指定的媒体上发布。采购项目预算金额达到国务院财政部门规定标准的，政府采购项目信息应当在国务院财政部门指定的媒体上发布。

第九条　在政府采购活动中，采购人员及相关人员与供应商有下列利害关系之一的，应当回避：

（一）参加采购活动前 3 年内与供应商存在劳动关系；

（二）参加采购活动前 3 年内担任供应商的董事、监事；

（三）参加采购活动前 3 年内是供应商的控股股东或者实际控制人；

（四）与供应商的法定代表人或者负责人有夫妻、直系血亲、三代以内旁系血亲或者近姻亲关系；

（五）与供应商有其他可能影响政府采购活动公平、公正进行的关系。

供应商认为采购人员及相关人员与其他供应商有利害关系的，可以向采购人或者采购代理机构书面提出回避申请，并说明理由。采购人或者采购代理机构应当及时询问被申请回避人员，有利害关系的被申请回避人员应当回避。

第十条　国家实行统一的政府采购电子交易平台建设标准，推动利用信息网络进行电子化政府采购活动。

第二章　政府采购当事人

第十一条　采购人在政府采购活动中应当维护国家利益和社会公共利益，公正廉洁，诚实守信，执行政府采购政策，建立政府采购内部管理制度，厉行节约，科学合理确定采购需求。

采购人不得向供应商索要或者接受其给予的赠品、回扣或者与采购无关的其他商品、服务。

第十二条　政府采购法所称采购代理机构，是指集中采购机构和集中采购机构以外的采购代理机构。

集中采购机构是设区的市级以上人民政府依法设立的非营利事业法人，是代理集中采购项目的执行机构。集中采购机构应当根据采购人委托制定集中采购项目的实施方案，明确采购规程，组织政府采购活动，不得将集中采购项目转委托。集中采购机构以外的采购代理机构，是从事采购代理业务的社会中介机构。

第十三条　采购代理机构应当建立完善的政府采购内部监督管理制度，具备开展政府采购业务所需的评审条件和设施。

采购代理机构应当提高确定采购需求，编制招标文件、谈判文件、询价通知书，拟订合同文本和优化采购程序的专业化服务水平，根据采购人委托在规定的时间内及时组织采购人与中标或者成交供应商签订政府采购合同，及时协助采购人对采购项目进行验收。

第十四条　采购代理机构不得以不正当手段获取政府采购代理业务，不得与采购人、供应商恶意串通操纵政府采购活动。

采购代理机构工作人员不得接受采购人或者供应商组织的宴请、旅游、娱乐，不得收受礼品、现金、有价证券等，不得向采购人或者供应商报销应当由个人承担的费用。

第十五条　采购人、采购代理机构应当根据政府采购政策、采购预算、采购需求编制采购文件。

采购需求应当符合法律法规以及政府采购政策规定的技术、服务、安全等要求。政府向社会公众提供的公共服务项目，应当就确定采购需求征求社会公众的意见。除因技术复杂或者性质特殊，不能确定详细规格或者具体要求外，采购需求应当完整、明确。必要时，应当就确定采购需求征求相关供应商、专家的意见。

第十六条　政府采购法第二十条规定的委托代理协议，应当明确代理采购的范围、权限和期限等具体事项。

采购人和采购代理机构应当按照委托代理

协议履行各自义务，采购代理机构不得超越代理权限。

第十七条 参加政府采购活动的供应商应当具备政府采购法第二十二条第一款规定的条件，提供下列材料：

（一）法人或者其他组织的营业执照等证明文件，自然人的身份证明；

（二）财务状况报告，依法缴纳税收和社会保障资金的相关材料；

（三）具备履行合同所必需的设备和专业技术能力的证明材料；

（四）参加政府采购活动前 3 年内在经营活动中没有重大违法记录的书面声明；

（五）具备法律、行政法规规定的其他条件的证明材料。

采购项目有特殊要求的，供应商还应当提供其符合特殊要求的证明材料或者情况说明。

第十八条 单位负责人为同一人或者存在直接控股、管理关系的不同供应商，不得参加同一合同项下的政府采购活动。

除单一来源采购项目外，为采购项目提供整体设计、规范编制或者项目管理、监理、检测等服务的供应商，不得再参加该采购项目的其他采购活动。

第十九条 政府采购法第二十二条第一款第五项所称重大违法记录，是指供应商因违法经营受到刑事处罚或者责令停产停业、吊销许可证或者执照、较大数额罚款等行政处罚。

供应商在参加政府采购活动前 3 年内因违法经营被禁止在一定期限内参加政府采购活动，期限届满的，可以参加政府采购活动。

第二十条 采购人或者采购代理机构有下列情形之一的，属于以不合理的条件对供应商实行差别待遇或者歧视待遇：

（一）就同一采购项目向供应商提供有差别的项目信息；

（二）设定的资格、技术、商务条件与采购项目的具体特点和实际需要不相适应或者与合同履行无关；

（三）采购需求中的技术、服务等要求指向特定供应商、特定产品；

（四）以特定行政区域或者特定行业的业绩、奖项作为加分条件或者中标、成交条件；

（五）对供应商采取不同的资格审查或者评审标准；

（六）限定或者指定特定的专利、商标、品牌或者供应商；

（七）非法限定供应商的所有制形式、组织形式或者所在地；

（八）以其他不合理条件限制或者排斥潜在供应商。

第二十一条 采购人或者采购代理机构对供应商进行资格预审的，资格预审公告应当在省级以上人民政府财政部门指定的媒体上发布。已进行资格预审的，评审阶段可以不再对供应商资格进行审查。资格预审合格的供应商在评审阶段资格发生变化的，应当通知采购人和采购代理机构。

资格预审公告应当包括采购人和采购项目名称、采购需求、对供应商的资格要求以及供应商提交资格预审申请文件的时间和地点。提交资格预审申请文件的时间自公告发布之日起不得少于 5 个工作日。

第二十二条 联合体中有同类资质的供应商按照联合体分工承担相同工作的，应当按照资质等级较低的供应商确定资质等级。

以联合体形式参加政府采购活动的，联合体各方不得再单独参加或者与其他供应商另外组成联合体参加同一合同项下的政府采购活动。

第三章 政府采购方式

第二十三条 采购人采购公开招标数额标准以上的货物或者服务，符合政府采购法第二十九条、第三十条、第三十一条、第三十二条规定情形或者有需要执行政府采购政策等特殊情况的，经设区的市级以上人民政府财政部门批准，可以依法采用公开招标以外的采购方式。

第二十四条 列入集中采购目录的项目，适合实行批量集中采购的，应当实行批量集中采购，但紧急的小额零星货物项目和有特殊要求的服务、工程项目除外。

第二十五条　政府采购工程依法不进行招标的，应当依照政府采购法和本条例规定的竞争性谈判或者单一来源采购方式采购。

第二十六条　政府采购法第三十条第三项规定的情形，应当是采购人不可预见的或者非因采购人拖延导致的；第四项规定的情形，是指因采购艺术品或者因专利、专有技术或者因服务的时间、数量事先不能确定等导致不能事先计算出价格总额。

第二十七条　政府采购法第三十一条第一项规定的情形，是指因货物或者服务使用不可替代的专利、专有技术，或者公共服务项目具有特殊要求，导致只能从某一特定供应商处采购。

第二十八条　在一个财政年度内，采购人将一个预算项目下的同一品目或者类别的货物、服务采用公开招标以外的方式多次采购，累计资金数额超过公开招标数额标准的，属于以化整为零方式规避公开招标，但项目预算调整或者经批准采用公开招标以外方式采购除外。

第四章　政府采购程序

第二十九条　采购人应当根据集中采购目录、采购限额标准和已批复的部门预算编制政府采购实施计划，报本级人民政府财政部门备案。

第三十条　采购人或者采购代理机构应当在招标文件、谈判文件、询价通知书中公开采购项目预算金额。

第三十一条　招标文件的提供期限自招标文件开始发出之日起不得少于5个工作日。

采购人或者采购代理机构可以对已发出的招标文件进行必要的澄清或者修改。澄清或者修改的内容可能影响投标文件编制的，采购人或者采购代理机构应当在投标截止时间至少15日前，以书面形式通知所有获取招标文件的潜在投标人；不足15日的，采购人或者采购代理机构应当顺延提交投标文件的截止时间。

第三十二条　采购人或者采购代理机构应当按照国务院财政部门制定的招标文件标准文本编制招标文件。

招标文件应当包括采购项目的商务条件、采购需求、投标人的资格条件、投标报价要求、评标方法、评标标准以及拟签订的合同文本等。

第三十三条　招标文件要求投标人提交投标保证金的，投标保证金不得超过采购项目预算金额的2%。投标保证金应当以支票、汇票、本票或者金融机构、担保机构出具的保函等非现金形式提交。投标人未按照招标文件要求提交投标保证金的，投标无效。

采购人或者采购代理机构应当自中标通知书发出之日起5个工作日内退还未中标供应商的投标保证金，自政府采购合同签订之日起5个工作日内退还中标供应商的投标保证金。

竞争性谈判或者询价采购中要求参加谈判或者询价的供应商提交保证金的，参照前两款的规定执行。

第三十四条　政府采购招标评标方法分为最低评标价法和综合评分法。

最低评标价法，是指投标文件满足招标文件全部实质性要求且投标报价最低的供应商为中标候选人的评标方法。综合评分法，是指投标文件满足招标文件全部实质性要求且按照评审因素的量化指标评审得分最高的供应商为中标候选人的评标方法。

技术、服务等标准统一的货物和服务项目，应当采用最低评标价法。

采用综合评分法的，评审标准中的分值设置应当与评审因素的量化指标相对应。

招标文件中没有规定的评标标准不得作为评审的依据。

第三十五条　谈判文件不能完整、明确列明采购需求，需要由供应商提供最终设计方案或者解决方案的，在谈判结束后，谈判小组应当按照少数服从多数的原则投票推荐3家以上供应商的设计方案或者解决方案，并要求其在规定时间内提交最后报价。

第三十六条　询价通知书应当根据采购需求确定政府采购合同条款。在询价过程中，询价小组不得改变询价通知书所确定的政府采购合同条款。

第三十七条　政府采购法第三十八条第五

项、第四十条第四项所称质量和服务相等，是指供应商提供的产品质量和服务均能满足采购文件规定的实质性要求。

第三十八条 达到公开招标数额标准，符合政府采购法第三十一条第一项规定情形，只能从唯一供应商处采购的，采购人应当将采购项目信息和唯一供应商名称在省级以上人民政府财政部门指定的媒体上公示，公示期不得少于5个工作日。

第三十九条 除国务院财政部门规定的情形外，采购人或者采购代理机构应当从政府采购评审专家库中随机抽取评审专家。

第四十条 政府采购评审专家应当遵守评审工作纪律，不得泄露评审文件、评审情况和评审中获悉的商业秘密。

评标委员会、竞争性谈判小组或者询价小组在评审过程中发现供应商有行贿、提供虚假材料或者串通等违法行为的，应当及时向财政部门报告。

政府采购评审专家在评审过程中受到非法干预的，应当及时向财政、监察等部门举报。

第四十一条 评标委员会、竞争性谈判小组或者询价小组成员应当按照客观、公正、审慎的原则，根据采购文件规定的评审程序、评审方法和评审标准进行独立评审。采购文件内容违反国家有关强制性规定的，评标委员会、竞争性谈判小组或者询价小组应当停止评审并向采购人或者采购代理机构说明情况。

评标委员会、竞争性谈判小组或者询价小组成员应当在评审报告上签字，对自己的评审意见承担法律责任。对评审报告有异议的，应当在评审报告上签署不同意见，并说明理由，否则视为同意评审报告。

第四十二条 采购人、采购代理机构不得向评标委员会、竞争性谈判小组或者询价小组的评审专家作倾向性、误导性的解释或者说明。

第四十三条 采购代理机构应当自评审结束之日起2个工作日内将评审报告送交采购人。采购人应当自收到评审报告之日起5个工作日内在评审报告推荐的中标或者成交候选人中按顺序确定中标或者成交供应商。

采购人或者采购代理机构应当自中标、成交供应商确定之日起2个工作日内，发出中标、成交通知书，并在省级以上人民政府财政部门指定的媒体上公告中标、成交结果，招标文件、竞争性谈判文件、询价通知书随中标、成交结果同时公告。

中标、成交结果公告内容应当包括采购人和采购代理机构的名称、地址、联系方式，项目名称和项目编号，中标或者成交供应商名称、地址和中标或者成交金额，主要中标或者成交标的的名称、规格型号、数量、单价、服务要求以及评审专家名单。

第四十四条 除国务院财政部门规定的情形外，采购人、采购代理机构不得以任何理由组织重新评审。采购人、采购代理机构按照国务院财政部门的规定组织重新评审的，应当书面报告本级人民政府财政部门。

采购人或者采购代理机构不得通过对样品进行检测、对供应商进行考察等方式改变评审结果。

第四十五条 采购人或者采购代理机构应当按照政府采购合同规定的技术、服务、安全标准组织对供应商履约情况进行验收，并出具验收书。验收书应当包括每一项技术、服务、安全标准的履约情况。

政府向社会公众提供的公共服务项目，验收时应当邀请服务对象参与并出具意见，验收结果应当向社会公告。

第四十六条 政府采购法第四十二条规定的采购文件，可以用电子档案方式保存。

第五章 政府采购合同

第四十七条 国务院财政部门应当会同国务院有关部门制定政府采购合同标准文本。

第四十八条 采购文件要求中标或者成交供应商提交履约保证金的，供应商应当以支票、汇票、本票或者金融机构、担保机构出具的保函等非现金形式提交。履约保证金的数额不得超过政府采购合同金额的10%。

第四十九条 中标或者成交供应商拒绝与采购人签订合同的，采购人可以按照评审报告推荐的中标或者成交候选人名单排序，确定下一候选人为中标或者成交供应商，也可以重新开展政府采购活动。

第五十条　采购人应当自政府采购合同签订之日起2个工作日内，将政府采购合同在省级以上人民政府财政部门指定的媒体上公告，但政府采购合同中涉及国家秘密、商业秘密的内容除外。

第五十一条　采购人应当按照政府采购合同规定，及时向中标或者成交供应商支付采购资金。

政府采购项目资金支付程序，按照国家有关财政资金支付管理的规定执行。

第六章　质疑与投诉

第五十二条　采购人或者采购代理机构应当在3个工作日内对供应商依法提出的询问作出答复。

供应商提出的询问或者质疑超出采购人对采购代理机构委托授权范围的，采购代理机构应当告知供应商向采购人提出。

政府采购评审专家应当配合采购人或者采购代理机构答复供应商的询问和质疑。

第五十三条　政府采购法第五十二条规定的供应商应知其权益受到损害之日，是指：

（一）对可以质疑的采购文件提出质疑的，为收到采购文件之日或者采购文件公告期限届满之日；

（二）对采购过程提出质疑的，为各采购程序环节结束之日；

（三）对中标或者成交结果提出质疑的，为中标或者成交结果公告期限届满之日。

第五十四条　询问或者质疑事项可能影响中标、成交结果的，采购人应当暂停签订合同，已经签订合同的，应当中止履行合同。

第五十五条　供应商质疑、投诉应当有明确的请求和必要的证明材料。供应商投诉的事项不得超出已质疑事项的范围。

第五十六条　财政部门处理投诉事项采用书面审查的方式，必要时可以进行调查取证或者组织质证。

对财政部门依法进行的调查取证，投诉人和与投诉事项有关的当事人应当如实反映情况，并提供相关材料。

第五十七条　投诉人捏造事实、提供虚假材料或者以非法手段取得证明材料进行投诉的，财政部门应当予以驳回。

财政部门受理投诉后，投诉人书面申请撤回投诉的，财政部门应当终止投诉处理程序。

第五十八条　财政部门处理投诉事项，需要检验、检测、鉴定、专家评审以及需要投诉人补正材料的，所需时间不计算在投诉处理期限内。

财政部门对投诉事项作出的处理决定，应当在省级以上人民政府财政部门指定的媒体上公告。

第七章　监督检查

第五十九条　政府采购法第六十三条所称政府采购项目的采购标准，是指项目采购所依据的经费预算标准、资产配置标准和技术、服务标准等。

第六十条　除政府采购法第六十六条规定的考核事项外，财政部门对集中采购机构的考核事项还包括：

（一）政府采购政策的执行情况；

（二）采购文件编制水平；

（三）采购方式和采购程序的执行情况；

（四）询问、质疑答复情况；

（五）内部监督管理制度建设及执行情况；

（六）省级以上人民政府财政部门规定的其他事项。

财政部门应当制定考核计划，定期对集中采购机构进行考核，考核结果有重要情况的，应当向本级人民政府报告。

第六十一条　采购人发现采购代理机构有违法行为的，应当要求其改正。采购代理机构拒不改正的，采购人应当向本级人民政府财政部门报告，财政部门应当依法处理。

采购代理机构发现采购人的采购需求存在以不合理条件对供应商实行差别待遇、歧视待遇或者其他不符合法律、法规和政府采购政策规定内容，或者发现采购人有其他违法行为的，应当建议其改正。采购人拒不改正的，采购代理机构应当向采购人的本级人民政府财政部门报告，财政部门应当依法处理。

第六十二条 省级以上人民政府财政部门应当对政府采购评审专家库实行动态管理，具体管理办法由国务院财政部门制定。

采购人或者采购代理机构应当对评审专家在政府采购活动中的职责履行情况予以记录，并及时向财政部门报告。

第六十三条 各级人民政府财政部门和其他有关部门应当加强对参加政府采购活动的供应商、采购代理机构、评审专家的监督管理，对其不良行为予以记录，并纳入统一的信用信息平台。

第六十四条 各级人民政府财政部门对政府采购活动进行监督检查，有权查阅、复制有关文件、资料，相关单位和人员应当予以配合。

第六十五条 审计机关、监察机关以及其他有关部门依法对政府采购活动实施监督，发现采购当事人有违法行为的，应当及时通报财政部门。

第八章　法律责任

第六十六条 政府采购法第七十一条规定的罚款，数额为10万元以下。

政府采购法第七十二条规定的罚款，数额为5万元以上25万元以下。

第六十七条 采购人有下列情形之一的，由财政部门责令限期改正，给予警告，对直接负责的主管人员和其他直接责任人员依法给予处分，并予以通报：

（一）未按照规定编制政府采购实施计划或者未按照规定将政府采购实施计划报本级人民政府财政部门备案；

（二）将应当进行公开招标的项目化整为零或者以其他任何方式规避公开招标；

（三）未按照规定在评标委员会、竞争性谈判小组或者询价小组推荐的中标或者成交候选人中确定中标或者成交供应商；

（四）未按照采购文件确定的事项签订政府采购合同；

（五）政府采购合同履行中追加与合同标的相同的货物、工程或者服务的采购金额超过原合同采购金额10%；

（六）擅自变更、中止或者终止政府采购合同；

（七）未按照规定公告政府采购合同；

（八）未按照规定时间将政府采购合同副本报本级人民政府财政部门和有关部门备案。

第六十八条 采购人、采购代理机构有下列情形之一的，依照政府采购法第七十一条、第七十八条的规定追究法律责任：

（一）未依照政府采购法和本条例规定的方式实施采购；

（二）未依法在指定的媒体上发布政府采购项目信息；

（三）未按照规定执行政府采购政策；

（四）违反本条例第十五条的规定导致无法组织对供应商履约情况进行验收或者国家财产遭受损失；

（五）未依法从政府采购评审专家库中抽取评审专家；

（六）非法干预采购评审活动；

（七）采用综合评分法时评审标准中的分值设置未与评审因素的量化指标相对应；

（八）对供应商的询问、质疑逾期未作处理；

（九）通过对样品进行检测、对供应商进行考察等方式改变评审结果；

（十）未按照规定组织对供应商履约情况进行验收。

第六十九条 集中采购机构有下列情形之一的，由财政部门责令限期改正，给予警告，有违法所得的，并处没收违法所得，对直接负责的主管人员和其他直接责任人员依法给予处分，并予以通报：

（一）内部监督管理制度不健全，对依法应当分设、分离的岗位、人员未分设、分离；

（二）将集中采购项目委托其他采购代理机构采购；

（三）从事营利活动。

第七十条 采购人员与供应商有利害关系而不依法回避的，由财政部门给予警告，并处2000元以上2万元以下的罚款。

第七十一条　有政府采购法第七十一条、第七十二条规定的违法行为之一，影响或者可能影响中标、成交结果的，依照下列规定处理：

（一）未确定中标或者成交供应商的，终止本次政府采购活动，重新开展政府采购活动。

（二）已确定中标或者成交供应商但尚未签订政府采购合同的，中标或者成交结果无效，从合格的中标或者成交候选人中另行确定中标或者成交供应商；没有合格的中标或者成交候选人的，重新开展政府采购活动。

（三）政府采购合同已签订但尚未履行的，撤销合同，从合格的中标或者成交候选人中另行确定中标或者成交供应商；没有合格的中标或者成交候选人的，重新开展政府采购活动。

（四）政府采购合同已经履行，给采购人、供应商造成损失的，由责任人承担赔偿责任。

政府采购当事人有其他违反政府采购法或者本条例规定的行为，经改正后仍然影响或者可能影响中标、成交结果或者依法被认定为中标、成交无效的，依照前款规定处理。

第七十二条　供应商有下列情形之一的，依照政府采购法第七十七条第一款的规定追究法律责任：

（一）向评标委员会、竞争性谈判小组或者询价小组成员行贿或者提供其他不正当利益；

（二）中标或者成交后无正当理由拒不与采购人签订政府采购合同；

（三）未按照采购文件确定的事项签订政府采购合同；

（四）将政府采购合同转包；

（五）提供假冒伪劣产品；

（六）擅自变更、中止或者终止政府采购合同。

供应商有前款第一项规定情形的，中标、成交无效。评审阶段资格发生变化，供应商未依照本条例第二十一条的规定通知采购人和采购代理机构的，处以采购金额5‰的罚款，列入不良行为记录名单，中标、成交无效。

第七十三条　供应商捏造事实、提供虚假材料或者以非法手段取得证明材料进行投诉的，由财政部门列入不良行为记录名单，禁止其1至3年内参加政府采购活动。

第七十四条　有下列情形之一的，属于恶意串通，对供应商依照政府采购法第七十七条第一款的规定追究法律责任，对采购人、采购代理机构及其工作人员依照政府采购法第七十二条的规定追究法律责任：

（一）供应商直接或者间接从采购人或者采购代理机构处获得其他供应商的相关情况并修改其投标文件或者响应文件；

（二）供应商按照采购人或者采购代理机构的授意撤换、修改投标文件或者响应文件；

（三）供应商之间协商报价、技术方案等投标文件或者响应文件的实质性内容；

（四）属于同一集团、协会、商会等组织成员的供应商按照该组织要求协同参加政府采购活动；

（五）供应商之间事先约定由某一特定供应商中标、成交；

（六）供应商之间商定部分供应商放弃参加政府采购活动或者放弃中标、成交；

（七）供应商与采购人或者采购代理机构之间、供应商相互之间，为谋求特定供应商中标、成交或者排斥其他供应商的其他串通行为。

第七十五条　政府采购评审专家未按照采购文件规定的评审程序、评审方法和评审标准进行独立评审或者泄露评审文件、评审情况的，由财政部门给予警告，并处2000元以上2万元以下的罚款；影响中标、成交结果的，处2万元以上5万元以下的罚款，禁止其参加政府采购评审活动。

政府采购评审专家与供应商存在利害关系未回避的，处2万元以上5万元以下的罚款，禁止其参加政府采购评审活动。

政府采购评审专家收受采购人、采购代理机构、供应商贿赂或者获取其他不正当利益，构成犯罪的，依法追究刑事责任；尚不构成犯罪的，处2万元以上5万元以下的罚款，禁止其参加政府采购评审活动。

政府采购评审专家有上述违法行为的，其评审意见无效，不得获取评审费；有违法所得的，没收违法所得；给他人造成损失的，依法承担民事责任。

第七十六条　政府采购当事人违反政府采购法和本条例规定，给他人造成损失的，依法承担民事责任。

第七十七条　财政部门在履行政府采购监督管理职责中违反政府采购法和本条例规定，滥用职权、玩忽职守、徇私舞弊的，对直接负责的主管人员和其他直接责任人员依法给予处分；直接负责的主管人员和其他直接责任人员构成犯罪的，依法追究刑事责任。

第九章　附则

第七十八条　财政管理实行省直接管理的县级人民政府可以根据需要并报经省级人民政府批准，行使政府采购法和本条例规定的设区的市级人民政府批准变更采购方式的职权。

第七十九条　本条例自2015年3月1日起施行。

政府投资条例

（国务院令第712号，2019年4月14日）

第一章　总则

第一条　为了充分发挥政府投资作用，提高政府投资效益，规范政府投资行为，激发社会投资活力，制定本条例。

第二条　本条例所称政府投资，是指在中国境内使用预算安排的资金进行固定资产投资建设活动，包括新建、扩建、改建、技术改造等。

第三条　政府投资资金应当投向市场不能有效配置资源的社会公益服务、公共基础设施、农业农村、生态环境保护、重大科技进步、社会管理、国家安全等公共领域的项目，以非经营性项目为主。

国家完善有关政策措施，发挥政府投资资金的引导和带动作用，鼓励社会资金投向前款规定的领域。

国家建立政府投资范围定期评估调整机制，不断优化政府投资方向和结构。

第四条　政府投资应当遵循科学决策、规范管理、注重绩效、公开透明的原则。

第五条　政府投资应当与经济社会发展水平和财政收支状况相适应。

国家加强对政府投资资金的预算约束。政府及其有关部门不得违法违规举借债务筹措政府投资资金。

第六条　政府投资资金按项目安排，以直接投资方式为主；对确需支持的经营性项目，主要采取资本金注入方式，也可以适当采取投资补助、贷款贴息等方式。

安排政府投资资金，应当符合推进中央与地方财政事权和支出责任划分改革的有关要求，并平等对待各类投资主体，不得设置歧视性条件。

国家通过建立项目库等方式，加强对使用政府投资资金项目的储备。

第七条　国务院投资主管部门依照本条例和国务院的规定，履行政府投资综合管理职责。国务院其他有关部门依照本条例和国务院规定的职责分工，履行相应的政府投资管理职责。

县级以上地方人民政府投资主管部门和其他有关部门依照本条例和本级人民政府规定的职责分工，履行相应的政府投资管理职责。

第二章　政府投资决策

第八条　县级以上人民政府应当根据国民经济和社会发展规划、中期财政规划和国家宏观调控政策，结合财政收支状况，统筹安排使用政府投资资金的项目，规范使用各类政府投资资金。

第九条　政府采取直接投资方式、资本金注入方式投资的项目（以下统称政府投资项目），项目单位应当编制项目建议书、可行性研究报告、初步设计，按照政府投资管理权限和规定的程序，报投资主管部门或者其他有关部门审批。

项目单位应当加强政府投资项目的前期工作，保证前期工作的深度达到规定的要求，并对项目建议书、可行性研究报告、初步设计以及依法应当附具的其他文件的真实性负责。

第十条　除涉及国家秘密的项目外，投资主管部门和其他有关部门应当通过投资项目在线审批监管平台（以下简称在线平台），使用在线平台生成的项目代码办理政府投资项目审批手续。

投资主管部门和其他有关部门应当通过在线平台列明与政府投资有关的规划、产业政策等，公开政府投资项目审批的办理流程、办理时限等，并为项目单位提供相关咨询服务。

第十一条　投资主管部门或者其他有关部门应当根据国民经济和社会发展规划、相关领域专项规划、产业政策等，从下列方面对政府投资项目进行审查，作出是否批准的决定：

（一）项目建议书提出的项目建设的必要性；

（二）可行性研究报告分析的项目的技术经济可行性、社会效益以及项目资金等主要建设条件的落实情况；

（三）初步设计及其提出的投资概算是否符合可行性研究报告批复以及国家有关标准和规范的要求；

（四）依照法律、行政法规和国家有关规定应当审查的其他事项。

投资主管部门或者其他有关部门对政府投资项目不予批准的，应当书面通知项目单位并说明理由。

对经济社会发展、社会公众利益有重大影响或者投资规模较大的政府投资项目，投资主管部门或者其他有关部门应当在中介服务机构评估、公众参与、专家评议、风险评估的基础上作出是否批准的决定。

第十二条　经投资主管部门或者其他有关部门核定的投资概算是控制政府投资项目总投资的依据。

初步设计提出的投资概算超过经批准的可行性研究报告提出的投资估算10%的，项目单位应当向投资主管部门或者其他有关部门报告，投资主管部门或者其他有关部门可以要求项目单位重新报送可行性研究报告。

第十三条　对下列政府投资项目，可以按照国家有关规定简化需要报批的文件和审批程序：

（一）相关规划中已经明确的项目；

（二）部分扩建、改建项目；

（三）建设内容单一、投资规模较小、技术方案简单的项目；

（四）为应对自然灾害、事故灾难、公共卫生事件、社会安全事件等突发事件需要紧急建设的项目。

前款第三项所列项目的具体范围，由国务院投资主管部门会同国务院其他有关部门规定。

第十四条　采取投资补助、贷款贴息等方式安排政府投资资金的，项目单位应当按照国家有关规定办理手续。

第三章　政府投资年度计划

第十五条　国务院投资主管部门对其负责安排的政府投资编制政府投资年度计划，国务院其他有关部门对其负责安排的本行业、本领域的政府投资编制政府投资年度计划。

县级以上地方人民政府有关部门按照本级人民政府的规定，编制政府投资年度计划。

第十六条　政府投资年度计划应当明确项目名称、建设内容及规模、建设工期、项目总投资、年度投资额及资金来源等事项。

第十七条　列入政府投资年度计划的项目应当符合下列条件：

（一）采取直接投资方式、资本金注入方式的，可行性研究报告已经批准或者投资概算已经核定；

（二）采取投资补助、贷款贴息等方式的，已经按照国家有关规定办理手续；

（三）县级以上人民政府有关部门规定的其他条件。

第十八条　政府投资年度计划应当和本级

预算相衔接。

第十九条 财政部门应当根据经批准的预算，按照法律、行政法规和国库管理的有关规定，及时、足额办理政府投资资金拨付。

第四章 政府投资项目实施

第二十条 政府投资项目开工建设，应当符合本条例和有关法律、行政法规规定的建设条件；不符合规定的建设条件的，不得开工建设。

国务院规定应当审批开工报告的重大政府投资项目，按照规定办理开工报告审批手续后方可开工建设。

第二十一条 政府投资项目应当按照投资主管部门或者其他有关部门批准的建设地点、建设规模和建设内容实施；拟变更建设地点或者拟对建设规模、建设内容等作较大变更的，应当按照规定的程序报原审批部门审批。

第二十二条 政府投资项目所需资金应当按照国家有关规定确保落实到位。

政府投资项目不得由施工单位垫资建设。

第二十三条 政府投资项目建设投资原则上不得超过经核定的投资概算。

因国家政策调整、价格上涨、地质条件发生重大变化等原因确需增加投资概算的，项目单位应当提出调整方案及资金来源，按照规定的程序报原初步设计审批部门或者投资概算核定部门核定；涉及预算调整或者调剂的，依照有关预算的法律、行政法规和国家有关规定办理。

第二十四条 政府投资项目应当按照国家有关规定合理确定并严格执行建设工期，任何单位和个人不得非法干预。

第二十五条 政府投资项目建成后，应当按照国家有关规定进行竣工验收，并在竣工验收合格后及时办理竣工财务决算。

政府投资项目结余的财政资金，应当按照国家有关规定缴回国库。

第二十六条 投资主管部门或者其他有关部门应当按照国家有关规定选择有代表性的已建成政府投资项目，委托中介服务机构对所选项目进行后评价。后评价应当根据项目建成后的实际效果，对项目审批和实施进行全面评价并提出明确意见。

第五章 监督管理

第二十七条 投资主管部门和依法对政府投资项目负有监督管理职责的其他部门应当采取在线监测、现场核查等方式，加强对政府投资项目实施情况的监督检查。

项目单位应当通过在线平台如实报送政府投资项目开工建设、建设进度、竣工的基本信息。

第二十八条 投资主管部门和依法对政府投资项目负有监督管理职责的其他部门应当建立政府投资项目信息共享机制，通过在线平台实现信息共享。

第二十九条 项目单位应当按照国家有关规定加强政府投资项目档案管理，将项目审批和实施过程中的有关文件、资料存档备查。

第三十条 政府投资年度计划、政府投资项目审批和实施以及监督检查的信息应当依法公开。

第三十一条 政府投资项目的绩效管理、建设工程质量管理、安全生产管理等事项，依照有关法律、行政法规和国家有关规定执行。

第六章 法律责任

第三十二条 有下列情形之一的，责令改正，对负有责任的领导人员和直接责任人员依法给予处分：

（一）超越审批权限审批政府投资项目；

（二）对不符合规定的政府投资项目予以批准；

（三）未按照规定核定或者调整政府投资项目的投资概算；

（四）为不符合规定的项目安排投资补助、贷款贴息等政府投资资金；

（五）履行政府投资管理职责中其他玩忽职守、滥用职权、徇私舞弊的情形。

第三十三条 有下列情形之一的，依照有关预算的法律、行政法规和国家有关规定追究法律责任：

（一）政府及其有关部门违法违规举借债务筹措政府投资资金；

（二）未按照规定及时、足额办理政府投资资金拨付；

（三）转移、侵占、挪用政府投资资金。

第三十四条 项目单位有下列情形之一的，责令改正，根据具体情况，暂停、停止拨付资金或者收回已拨付的资金，暂停或者停止建设活动，对负有责任的领导人员和直接责任人员依法给予处分：

（一）未经批准或者不符合规定的建设条件开工建设政府投资项目；

（二）弄虚作假骗取政府投资项目审批或者投资补助、贷款贴息等政府投资资金；

（三）未经批准变更政府投资项目的建设地点或者对建设规模、建设内容等作较大变更；

（四）擅自增加投资概算；

（五）要求施工单位对政府投资项目垫资建设；

（六）无正当理由不实施或者不按照建设工期实施已批准的政府投资项目。

第三十五条 项目单位未按照规定将政府投资项目审批和实施过程中的有关文件、资料存档备查，或者转移、隐匿、篡改、毁弃项目有关文件、资料的，责令改正，对负有责任的领导人员和直接责任人员依法给予处分。

第三十六条 违反本条例规定，构成犯罪的，依法追究刑事责任。

第七章 附则

第三十七条 国防科技工业领域政府投资的管理办法，由国务院国防科技工业管理部门根据本条例规定的原则另行制定。

第三十八条 中国人民解放军和中国人民武装警察部队的固定资产投资管理，按照中央军事委员会的规定执行。

第三十九条 本条例自 2019 年 7 月 1 日起施行。

企业投资项目核准和备案管理条例

（国务院令第 673 号，2016 年 11 月 30 日）

第一条 为了规范政府对企业投资项目的核准和备案行为，加快转变政府的投资管理职能，落实企业投资自主权，制定本条例。

第二条 本条例所称企业投资项目（以下简称项目），是指企业在中国境内投资建设的固定资产投资项目。

第三条 对关系国家安全、涉及全国重大生产力布局、战略性资源开发和重大公共利益等项目，实行核准管理。具体项目范围以及核准机关、核准权限依照政府核准的投资项目目录执行。政府核准的投资项目目录由国务院投资主管部门会同国务院有关部门提出，报国务院批准后实施，并适时调整。国务院另有规定的，依照其规定。

对前款规定以外的项目，实行备案管理。除国务院另有规定的，实行备案管理的项目按照属地原则备案，备案机关及其权限由省、自治区、直辖市和计划单列市人民政府规定。

第四条 除涉及国家秘密的项目外，项目核准、备案通过国家建立的项目在线监管平台（以下简称在线平台）办理。

核准机关、备案机关以及其他有关部门统一使用在线平台生成的项目代码办理相关手续。

国务院投资主管部门会同有关部门制定在线平台管理办法。

第五条 核准机关、备案机关应当通过在线平台列明与项目有关的产业政策，公开项目核准的办理流程、办理时限等，并为企业提供相关咨询服务。

第六条 企业办理项目核准手续，应当向核准机关提交项目申请书；由国务院核准的项目，向国务院投资主管部门提交项目申请书。项目申请书应当包括下列内容：

（一）企业基本情况；

（二）项目情况，包括项目名称、建设地点、建设规模、建设内容等；

（三）项目利用资源情况分析以及对生态环境的影响分析；

（四）项目对经济和社会的影响分析。

企业应当对项目申请书内容的真实性负责。

法律、行政法规规定办理相关手续作为项目核准前置条件的，企业应当提交已经办理相关手续的证明文件。

第七条 项目申请书由企业自主组织编制，任何单位和个人不得强制企业委托中介服务机构编制项目申请书。

核准机关应当制定并公布项目申请书示范文本，明确项目申请书编制要求。

第八条 由国务院有关部门核准的项目，企业可以通过项目所在地省、自治区、直辖市和计划单列市人民政府有关部门（以下称地方人民政府有关部门）转送项目申请书，地方人民政府有关部门应当自收到项目申请书之日起5个工作日内转送核准机关。

由国务院核准的项目，企业通过地方人民政府有关部门转送项目申请书的，地方人民政府有关部门应当在前款规定的期限内将项目申请书转送国务院投资主管部门，由国务院投资主管部门审核后报国务院核准。

第九条 核准机关应当从下列方面对项目进行审查：

（一）是否危害经济安全、社会安全、生态安全等国家安全；

（二）是否符合相关发展建设规划、技术标准和产业政策；

（三）是否合理开发并有效利用资源；

（四）是否对重大公共利益产生不利影响。

项目涉及有关部门或者项目所在地地方人民政府职责的，核准机关应当书面征求其意见，被征求意见单位应当及时书面回复。

核准机关委托中介服务机构对项目进行评估的，应当明确评估重点；除项目情况复杂的，评估时限不得超过30个工作日。评估费用由核准机关承担。

第十条 核准机关应当自受理申请之日起20个工作日内，作出是否予以核准的决定；项目情况复杂或者需要征求有关单位意见的，经本机关主要负责人批准，可以延长核准期限，但延长的期限不得超过40个工作日。核准机关委托中介服务机构对项目进行评估的，评估时间不计入核准期限。

核准机关对项目予以核准的，应当向企业出具核准文件；不予核准的，应当书面通知企业并说明理由。由国务院核准的项目，由国务院投资主管部门根据国务院的决定向企业出具核准文件或者不予核准的书面通知。

第十一条 企业拟变更已核准项目的建设地点，或者拟对建设规模、建设内容等作较大变更的，应当向核准机关提出变更申请。核准机关应当自受理申请之日起20个工作日内，作出是否同意变更的书面决定。

第十二条 项目自核准机关作出予以核准决定或者同意变更决定之日起2年内未开工建设，需要延期开工建设的，企业应当在2年期限届满的30个工作日前，向核准机关申请延期开工建设。核准机关应当自受理申请之日起20个工作日内，作出是否同意延期开工建设的决定。开工建设只能延期一次，期限最长不得超过1年。国家对项目延期开工建设另有规定的，依照其规定。

第十三条 实行备案管理的项目，企业应当在开工建设前通过在线平台将下列信息告知备案机关：

（一）企业基本情况；

（二）项目名称、建设地点、建设规模、建设内容；

（三）项目总投资额；

（四）项目符合产业政策的声明。

企业应当对备案项目信息的真实性负责。

备案机关收到本条第一款规定的全部信息即为备案；企业告知的信息不齐全的，备案机关应当指导企业补正。

企业需要备案证明的，可以要求备案机关出具或者通过在线平台自行打印。

第十四条 已备案项目信息发生较大变更的，企业应当及时告知备案机关。

第十五条 备案机关发现已备案项目属于产业政策禁止投资建设或者实行核准管理的，

应当及时告知企业予以纠正或者依法办理核准手续，并通知有关部门。

第十六条　核准机关、备案机关以及依法对项目负有监督管理职责的其他有关部门应当加强事中事后监管，按照谁审批谁监管、谁主管谁监管的原则，落实监管责任，采取在线监测、现场核查等方式，加强对项目实施的监督检查。

企业应当通过在线平台如实报送项目开工建设、建设进度、竣工的基本信息。

第十七条　核准机关、备案机关以及依法对项目负有监督管理职责的其他有关部门应当建立项目信息共享机制，通过在线平台实现信息共享。

企业在项目核准、备案以及项目实施中的违法行为及其处理信息，通过国家社会信用信息平台向社会公示。

第十八条　实行核准管理的项目，企业未依照本条例规定办理核准手续开工建设或者未按照核准的建设地点、建设规模、建设内容等进行建设的，由核准机关责令停止建设或者责令停产，对企业处项目总投资额1‰以上5‰以下的罚款；对直接负责的主管人员和其他直接责任人员处2万元以上5万元以下的罚款，属于国家工作人员的，依法给予处分。

以欺骗、贿赂等不正当手段取得项目核准文件，尚未开工建设的，由核准机关撤销核准文件，处项目总投资额1‰以上5‰以下的罚款；已经开工建设的，依照前款规定予以处罚；构成犯罪的，依法追究刑事责任。

第十九条　实行备案管理的项目，企业未依照本条例规定将项目信息或者已备案项目的信息变更情况告知备案机关，或者向备案机关提供虚假信息的，由备案机关责令限期改正；逾期不改正的，处2万元以上5万元以下的罚款。

第二十条　企业投资建设产业政策禁止投资建设项目的，由县级以上人民政府投资主管部门责令停止建设或者责令停产并恢复原状，对企业处项目总投资额5‰以上10‰以下的罚款；对直接负责的主管人员和其他直接责任人员处5万元以上10万元以下的罚款，属于国家工作人员的，依法给予处分。法律、行政法规另有规定的，依照其规定。

第二十一条　核准机关、备案机关及其工作人员在项目核准、备案工作中玩忽职守、滥用职权、徇私舞弊的，对负有责任的领导人员和直接责任人员依法给予处分；构成犯罪的，依法追究刑事责任。

第二十二条　事业单位、社会团体等非企业组织在中国境内投资建设的固定资产投资项目适用本条例，但通过预算安排的固定资产投资项目除外。

第二十三条　国防科技工业企业在中国境内投资建设的固定资产投资项目核准和备案管理办法，由国务院国防科技工业管理部门根据本条例的原则另行制定。

第二十四条　本条例自2017年2月1日起施行。

优化营商环境条例

（国务院令第722号，2019年10月22日）

第一章　总则

第一条　为了持续优化营商环境，不断解放和发展社会生产力，加快建设现代化经济体系，推动高质量发展，制定本条例。

第二条　本条例所称营商环境，是指企业等市场主体在市场经济活动中所涉及的体制机制性因素和条件。

第三条　国家持续深化简政放权、放管结合、优化服务改革，最大限度减少政府对市场资源的直接配置，最大限度减少政府对市场活动的直接干预，加强和规范事中事后监管，着力提升政务服务能力和水平，切实降低制度性交易成本，更大激发市场活力和社会创造力，增强发展动力。

各级人民政府及其部门应当坚持政务公开透明，以公开为常态、不公开为例外，全面推进决策、执行、管理、服务、结果公开。

第四条 优化营商环境应当坚持市场化、法治化、国际化原则，以市场主体需求为导向，以深刻转变政府职能为核心，创新体制机制、强化协同联动、完善法治保障，对标国际先进水平，为各类市场主体投资兴业营造稳定、公平、透明、可预期的良好环境。

第五条 国家加快建立统一开放、竞争有序的现代市场体系，依法促进各类生产要素自由流动，保障各类市场主体公平参与市场竞争。

第六条 国家鼓励、支持、引导非公有制经济发展，激发非公有制经济活力和创造力。

国家进一步扩大对外开放，积极促进外商投资，平等对待内资企业、外商投资企业等各类市场主体。

第七条 各级人民政府应当加强对优化营商环境工作的组织领导，完善优化营商环境的政策措施，建立健全统筹推进、督促落实优化营商环境工作的相关机制，及时协调、解决优化营商环境工作中的重大问题。

县级以上人民政府有关部门应当按照职责分工，做好优化营商环境的相关工作。县级以上地方人民政府根据实际情况，可以明确优化营商环境工作的主管部门。

国家鼓励和支持各地区、各部门结合实际情况，在法治框架内积极探索原创性、差异化的优化营商环境具体措施；对探索中出现失误或者偏差，符合规定条件的，可以予以免责或者减轻责任。

第八条 国家建立和完善以市场主体和社会公众满意度为导向的营商环境评价体系，发挥营商环境评价对优化营商环境的引领和督促作用。

开展营商环境评价，不得影响各地区、各部门正常工作，不得影响市场主体正常生产经营活动或者增加市场主体负担。

任何单位不得利用营商环境评价谋取利益。

第九条 市场主体应当遵守法律法规，恪守社会公德和商业道德，诚实守信、公平竞争，履行安全、质量、劳动者权益保护、消费者权益保护等方面的法定义务，在国际经贸活动中遵循国际通行规则。

第二章　市场主体保护

第十条 国家坚持权利平等、机会平等、规则平等，保障各种所有制经济平等受到法律保护。

第十一条 市场主体依法享有经营自主权。对依法应当由市场主体自主决策的各类事项，任何单位和个人不得干预。

第十二条 国家保障各类市场主体依法平等使用资金、技术、人力资源、土地使用权及其他自然资源等各类生产要素和公共服务资源。

各类市场主体依法平等适用国家支持发展的政策。政府及其有关部门在政府资金安排、土地供应、税费减免、资质许可、标准制定、项目申报、职称评定、人力资源政策等方面，应当依法平等对待各类市场主体，不得制定或者实施歧视性政策措施。

第十三条 招标投标和政府采购应当公开透明、公平公正，依法平等对待各类所有制和不同地区的市场主体，不得以不合理条件或者产品产地来源等进行限制或者排斥。

政府有关部门应当加强招标投标和政府采购监管，依法纠正和查处违法违规行为。

第十四条 国家依法保护市场主体的财产权和其他合法权益，保护企业经营者人身和财产安全。

严禁违反法定权限、条件、程序对市场主体的财产和企业经营者个人财产实施查封、冻结和扣押等行政强制措施；依法确需实施前述行政强制措施的，应当限定在所必需的范围内。

禁止在法律、法规规定之外要求市场主体提供财力、物力或者人力的摊派行为。市场主体有权拒绝任何形式的摊派。

第十五条　国家建立知识产权侵权惩罚性赔偿制度，推动建立知识产权快速协同保护机制，健全知识产权纠纷多元化解决机制和知识产权维权援助机制，加大对知识产权的保护力度。

国家持续深化商标注册、专利申请便利化改革，提高商标注册、专利申请审查效率。

第十六条　国家加大中小投资者权益保护力度，完善中小投资者权益保护机制，保障中小投资者的知情权、参与权，提升中小投资者维护合法权益的便利度。

第十七条　除法律、法规另有规定外，市场主体有权自主决定加入或者退出行业协会商会等社会组织，任何单位和个人不得干预。

除法律、法规另有规定外，任何单位和个人不得强制或者变相强制市场主体参加评比、达标、表彰、培训、考核、考试以及类似活动，不得借前述活动向市场主体收费或者变相收费。

第十八条　国家推动建立全国统一的市场主体维权服务平台，为市场主体提供高效、便捷的维权服务。

第三章　市场环境

第十九条　国家持续深化商事制度改革，统一企业登记业务规范，统一数据标准和平台服务接口，采用统一社会信用代码进行登记管理。

国家推进“证照分离”改革，持续精简涉企经营许可事项，依法采取直接取消审批、审批改为备案、实行告知承诺、优化审批服务等方式，对所有涉企经营许可事项进行分类管理，为企业取得营业执照后开展相关经营活动提供便利。除法律、行政法规规定的特定领域外，涉企经营许可事项不得作为企业登记的前置条件。

政府有关部门应当按照国家有关规定，简化企业从申请设立到具备一般性经营条件所需办理的手续。在国家规定的企业开办时限内，各地区应当确定并公开具体办理时间。

企业申请办理住所等相关变更登记的，有关部门应当依法及时办理，不得限制。除法律、法规、规章另有规定外，企业迁移后其持有的有效许可证件不再重复办理。

第二十条　国家持续放宽市场准入，并实行全国统一的市场准入负面清单制度。市场准入负面清单以外的领域，各类市场主体均可以依法平等进入。

各地区、各部门不得另行制定市场准入性质的负面清单。

第二十一条　政府有关部门应当加大反垄断和反不正当竞争执法力度，有效预防和制止市场经济活动中的垄断行为、不正当竞争行为以及滥用行政权力排除、限制竞争的行为，营造公平竞争的市场环境。

第二十二条　国家建立健全统一开放、竞争有序的人力资源市场体系，打破城乡、地区、行业分割和身份、性别等歧视，促进人力资源有序社会性流动和合理配置。

第二十三条　政府及其有关部门应当完善政策措施、强化创新服务，鼓励和支持市场主体拓展创新空间，持续推进产品、技术、商业模式、管理等创新，充分发挥市场主体在推动科技成果转化中的作用。

第二十四条　政府及其有关部门应当严格落实国家各项减税降费政策，及时研究解决政策落实中的具体问题，确保减税降费政策全面、及时惠及市场主体。

第二十五条　设立政府性基金、涉企行政事业性收费、涉企保证金，应当有法律、行政法规依据或者经国务院批准。对政府性基金、涉企行政事业性收费、涉企保证金以及实行政府定价的经营服务性收费，实行目录清单管理并向社会公开，目录清单之外的前述收费和保证金一律不得执行。推广以金融机构保函替代现金缴纳涉企保证金。

第二十六条　国家鼓励和支持金融机构加大对民营企业、中小企业的支持力度，降低民营企业、中小企业综合融资成本。

金融监督管理部门应当完善对商业银行等金融机构的监管考核和激励机制，鼓励、引导其增加对民营企业、中小企业的信贷投放，并合理增加中长期贷款和信用贷款支持，提高贷款审批效率。

商业银行等金融机构在授信中不得设置不合理条件，不得对民营企业、中小企业设置歧视性要求。商业银行等金融机构应当按照国家有关规定规范收费行为，不得违规向服务对象收取不合理费用。商业银行应当向社会公开开设企业账户的服务标准、资费标准和办理时限。

第二十七条 国家促进多层次资本市场规范健康发展，拓宽市场主体融资渠道，支持符合条件的民营企业、中小企业依法发行股票、债券以及其他融资工具，扩大直接融资规模。

第二十八条 供水、供电、供气、供热等公用企事业单位应当向社会公开服务标准、资费标准等信息，为市场主体提供安全、便捷、稳定和价格合理的服务，不得强迫市场主体接受不合理的服务条件，不得以任何名义收取不合理费用。各地区应当优化报装流程，在国家规定的报装办理时限内确定并公开具体办理时间。

政府有关部门应当加强对公用企事业单位运营的监督管理。

第二十九条 行业协会商会应当依照法律、法规和章程，加强行业自律，及时反映行业诉求，为市场主体提供信息咨询、宣传培训、市场拓展、权益保护、纠纷处理等方面的服务。

国家依法严格规范行业协会商会的收费、评比、认证等行为。

第三十条 国家加强社会信用体系建设，持续推进政务诚信、商务诚信、社会诚信和司法公信建设，提高全社会诚信意识和信用水平，维护信用信息安全，严格保护商业秘密和个人隐私。

第三十一条 地方各级人民政府及其有关部门应当履行向市场主体依法作出的政策承诺以及依法订立的各类合同，不得以行政区划调整、政府换届、机构或者职能调整以及相关责任人更替等为由违约毁约。因国家利益、社会公共利益需要改变政策承诺、合同约定的，应当依照法定权限和程序进行，并依法对市场主体因此受到的损失予以补偿。

第三十二条 国家机关、事业单位不得违约拖欠市场主体的货物、工程、服务等账款，大型企业不得利用优势地位拖欠中小企业账款。

县级以上人民政府及其有关部门应当加大对国家机关、事业单位拖欠市场主体账款的清理力度，并通过加强预算管理、严格责任追究等措施，建立防范和治理国家机关、事业单位拖欠市场主体账款的长效机制。

第三十三条 政府有关部门应当优化市场主体注销办理流程，精简申请材料、压缩办理时间、降低注销成本。对设立后未开展生产经营活动或者无债权债务的市场主体，可以按照简易程序办理注销。对有债权债务的市场主体，在债权债务依法解决后及时办理注销。

县级以上地方人民政府应当根据需要建立企业破产工作协调机制，协调解决企业破产过程中涉及的有关问题。

第四章 政务服务

第三十四条 政府及其有关部门应当进一步增强服务意识，切实转变工作作风，为市场主体提供规范、便利、高效的政务服务。

第三十五条 政府及其有关部门应当推进政务服务标准化，按照减环节、减材料、减时限的要求，编制并向社会公开政务服务事项（包括行政权力事项和公共服务事项，下同）标准化工作流程和办事指南，细化量化政务服务标准，压缩自由裁量权，推进同一事项实行无差别受理、同标准办理。没有法律、法规、规章依据，不得增设政务服务事项的办理条件和环节。

第三十六条 政府及其有关部门办理政务服务事项，应当根据实际情况，推行当场办结、一次办结、限时办结等制度，实现集中办理、就近办理、网上办理、异地可办。需要市场主体补正有关材料、手续的，应当一次性告知需要补正的内容；需要进行现场踏勘、现场核查、技术审查、听证论证的，应当及时安排、限时办结。

法律、法规、规章以及国家有关规定对政

务服务事项办理时限有规定的，应当在规定的时限内尽快办结；没有规定的，应当按照合理、高效的原则确定办理时限并按时办结。各地区可以在国家规定的政务服务事项办理时限内进一步压减时间，并应当向社会公开；超过办理时间的，办理单位应当公开说明理由。

地方各级人民政府已设立政务服务大厅的，本行政区域内各类政务服务事项一般应当进驻政务服务大厅统一办理。对政务服务大厅中部门分设的服务窗口，应当创造条件整合为综合窗口，提供一站式服务。

第三十七条 国家加快建设全国一体化在线政务服务平台（以下称一体化在线平台），推动政务服务事项在全国范围内实现“一网通办”。除法律、法规另有规定或者涉及国家秘密等情形外，政务服务事项应当按照国务院确定的步骤，纳入一体化在线平台办理。

国家依托一体化在线平台，推动政务信息系统整合，优化政务流程，促进政务服务跨地区、跨部门、跨层级数据共享和业务协同。政府及其有关部门应当按照国家有关规定，提供数据共享服务，及时将有关政务服务数据上传至一体化在线平台，加强共享数据使用全过程管理，确保共享数据安全。

国家建立电子证照共享服务系统，实现电子证照跨地区、跨部门共享和全国范围内互信互认。各地区、各部门应当加强电子证照的推广应用。

各地区、各部门应当推动政务服务大厅与政务服务平台全面对接融合。市场主体有权自主选择政务服务办理渠道，行政机关不得限定办理渠道。

第三十八条 政府及其有关部门应当通过政府网站、一体化在线平台，集中公布涉及市场主体的法律、法规、规章、行政规范性文件和各类政策措施，并通过多种途径和方式加强宣传解读。

第三十九条 国家严格控制新设行政许可。新设行政许可应当按照行政许可法和国务院的规定严格设定标准，并进行合法性、必要性和合理性审查论证。对通过事中事后监管或者市场机制能够解决以及行政许可法和国务院规定不得设立行政许可的事项，一律不得设立行政许可，严禁以备案、登记、注册、目录、规划、年检、年报、监制、认定、认证、审定以及其他任何形式变相设定或者实施行政许可。

法律、行政法规和国务院决定对相关管理事项已作出规定，但未采取行政许可管理方式的，地方不得就该事项设定行政许可。对相关管理事项尚未制定法律、行政法规的，地方可以依法就该事项设定行政许可。

第四十条 国家实行行政许可清单管理制度，适时调整行政许可清单并向社会公布，清单之外不得违法实施行政许可。

国家大力精简已有行政许可。对已取消的行政许可，行政机关不得继续实施或者变相实施，不得转由行业协会商会或者其他组织实施。

对实行行政许可管理的事项，行政机关应当通过整合实施、下放审批层级等多种方式，优化审批服务，提高审批效率，减轻市场主体负担。符合相关条件和要求的，可以按照有关规定采取告知承诺的方式办理。

第四十一条 县级以上地方人民政府应当深化投资审批制度改革，根据项目性质、投资规模等分类规范投资审批程序，精简审批要件，简化技术审查事项，强化项目决策与用地、规划等建设条件落实的协同，实行与相关审批在线并联办理。

第四十二条 设区的市级以上地方人民政府应当按照国家有关规定，优化工程建设项目（不包括特殊工程和交通、水利、能源等领域的重大工程）审批流程，推行并联审批、多图联审、联合竣工验收等方式，简化审批手续，提高审批效能。

在依法设立的开发区、新区和其他有条件的区域，按照国家有关规定推行区域评估，由设区的市级以上地方人民政府组织对一定区域内压覆重要矿产资源、地质灾害危险性等事项进行统一评估，不再对区域内的市场主体单独提出评估要求。区域评估的费用不得由市场主体承担。

第四十三条 作为办理行政审批条件的中介服务事项（以下称法定行政审批中介服务）

应当有法律、法规或者国务院决定依据；没有依据的，不得作为办理行政审批的条件。中介服务机构应当明确办理法定行政审批中介服务的条件、流程、时限、收费标准，并向社会公开。

国家加快推进中介服务机构与行政机关脱钩。行政机关不得为市场主体指定或者变相指定中介服务机构；除法定行政审批中介服务外，不得强制或者变相强制市场主体接受中介服务。行政机关所属事业单位、主管的社会组织及其举办的企业不得开展与本机关所负责行政审批相关的中介服务，法律、行政法规另有规定的除外。

行政机关在行政审批过程中需要委托中介服务机构开展技术性服务的，应当通过竞争性方式选择中介服务机构，并自行承担服务费用，不得转嫁给市场主体承担。

第四十四条 证明事项应当有法律、法规或者国务院决定依据。

设定证明事项，应当坚持确有必要、从严控制的原则。对通过法定证照、法定文书、书面告知承诺、政府部门内部核查和部门间核查、网络核验、合同凭证等能够办理，能够被其他材料涵盖或者替代，以及开具单位无法调查核实的，不得设定证明事项。

政府有关部门应当公布证明事项清单，逐项列明设定依据、索要单位、开具单位、办理指南等。清单之外，政府部门、公用企事业单位和服务机构不得索要证明。各地区、各部门之间应当加强证明的互认共享，避免重复索要证明。

第四十五条 政府及其有关部门应当按照国家促进跨境贸易便利化的有关要求，依法削减进出口环节审批事项，取消不必要的监管要求，优化简化通关流程，提高通关效率，清理规范口岸收费，降低通关成本，推动口岸和国际贸易领域相关业务统一通过国际贸易“单一窗口”办理。

第四十六条 税务机关应当精简办税资料和流程，简并申报缴税次数，公开涉税事项办理时限，压减办税时间，加大推广使用电子发票的力度，逐步实现全程网上办税，持续优化纳税服务。

第四十七条 不动产登记机构应当按照国家有关规定，加强部门协作，实行不动产登记、交易和缴税一窗受理、并行办理，压缩办理时间，降低办理成本。在国家规定的不动产登记时限内，各地区应当确定并公开具体办理时间。

国家推动建立统一的动产和权利担保登记公示系统，逐步实现市场主体在一个平台上办理动产和权利担保登记。纳入统一登记公示系统的动产和权利范围另行规定。

第四十八条 政府及其有关部门应当按照构建亲清新型政商关系的要求，建立畅通有效的政企沟通机制，采取多种方式及时听取市场主体的反映和诉求，了解市场主体生产经营中遇到的困难和问题，并依法帮助其解决。

建立政企沟通机制，应当充分尊重市场主体意愿，增强针对性和有效性，不得干扰市场主体正常生产经营活动，不得增加市场主体负担。

第四十九条 政府及其有关部门应当建立便利、畅通的渠道，受理有关营商环境的投诉和举报。

第五十条 新闻媒体应当及时、准确宣传优化营商环境的措施和成效，为优化营商环境创造良好舆论氛围。

国家鼓励对营商环境进行舆论监督，但禁止捏造虚假信息或者歪曲事实进行不实报道。

第五章 监管执法

第五十一条 政府有关部门应当严格按照法律法规和职责，落实监管责任，明确监管对象和范围、厘清监管事权，依法对市场主体进行监管，实现监管全覆盖。

第五十二条 国家健全公开透明的监管规则和标准体系。国务院有关部门应当分领域制定全国统一、简明易行的监管规则和标准，并向社会公开。

第五十三条 政府及其有关部门应当按照国家关于加快构建以信用为基础的新型监管机制的要求，创新和完善信用监管，强化信用监管的支撑保障，加强信用监管的组织实施，不断提升信用监管效能。

第五十四条　国家推行“双随机、一公开”监管，除直接涉及公共安全和人民群众生命健康等特殊行业、重点领域外，市场监管领域的行政检查应当通过随机抽取检查对象、随机选派执法检查人员、抽查事项及查处结果及时向社会公开的方式进行。针对同一检查对象的多个检查事项，应当尽可能合并或者纳入跨部门联合抽查范围。

对直接涉及公共安全和人民群众生命健康等特殊行业、重点领域，依法依规实行全覆盖的重点监管，并严格规范重点监管的程序；对通过投诉举报、转办交办、数据监测等发现的问题，应当有针对性地进行检查并依法依规处理。

第五十五条　政府及其有关部门应当按照鼓励创新的原则，对新技术、新产业、新业态、新模式等实行包容审慎监管，针对其性质、特点分类制定和实行相应的监管规则和标准，留足发展空间，同时确保质量和安全，不得简单化予以禁止或者不予监管。

第五十六条　政府及其有关部门应当充分运用互联网、大数据等技术手段，依托国家统一建立的在线监管系统，加强监管信息归集共享和关联整合，推行以远程监管、移动监管、预警防控为特征的非现场监管，提升监管的精准化、智能化水平。

第五十七条　国家建立健全跨部门、跨区域行政执法联动响应和协作机制，实现违法线索互联、监管标准互通、处理结果互认。

国家统筹配置行政执法职能和执法资源，在相关领域推行综合行政执法，整合精简执法队伍，减少执法主体和执法层级，提高基层执法能力。

第五十八条　行政执法机关应当按照国家有关规定，全面落实行政执法公示、行政执法全过程记录和重大行政执法决定法制审核制度，实现行政执法信息及时准确公示、行政执法全过程留痕和可回溯管理、重大行政执法决定法制审核全覆盖。

第五十九条　行政执法中应当推广运用说服教育、劝导示范、行政指导等非强制性手段，依法慎重实施行政强制。采用非强制性手段能够达到行政管理目的的，不得实施行政强制；违法行为情节轻微或者社会危害较小的，可以不实施行政强制；确需实施行政强制的，应当尽可能减少对市场主体正常生产经营活动的影响。

开展清理整顿、专项整治等活动，应当严格依法进行，除涉及人民群众生命安全、发生重特大事故或者举办国家重大活动，并报经有权机关批准外，不得在相关区域采取要求相关行业、领域的市场主体普遍停产、停业的措施。

禁止将罚没收入与行政执法机关利益挂钩。

第六十条　国家健全行政执法自由裁量基准制度，合理确定裁量范围、种类和幅度，规范行政执法自由裁量权的行使。

第六章　法治保障

第六十一条　国家根据优化营商环境需要，依照法定权限和程序及时制定或者修改、废止有关法律、法规、规章、行政规范性文件。

优化营商环境的改革措施涉及调整实施现行法律、行政法规等有关规定的，依照法定程序经有权机关授权后，可以先行先试。

第六十二条　制定与市场主体生产经营活动密切相关的行政法规、规章、行政规范性文件，应当按照国务院的规定，充分听取市场主体、行业协会商会的意见。

除依法需要保密外，制定与市场主体生产经营活动密切相关的行政法规、规章、行政规范性文件，应当通过报纸、网络等向社会公开征求意见，并建立健全意见采纳情况反馈机制。向社会公开征求意见的期限一般不少于30日。

第六十三条　制定与市场主体生产经营活动密切相关的行政法规、规章、行政规范性文件，应当按照国务院的规定进行公平竞争审查。

制定涉及市场主体权利义务的行政规范性文件，应当按照国务院的规定进行合法性审核。

市场主体认为地方性法规同行政法规相抵触，或者认为规章同法律、行政法规相抵触的，可以向国务院书面提出审查建议，由有关机关按照规定程序处理。

第六十四条 没有法律、法规或者国务院决定和命令依据的，行政规范性文件不得减损市场主体合法权益或者增加其义务，不得设置市场准入和退出条件，不得干预市场主体正常生产经营活动。

涉及市场主体权利义务的行政规范性文件应当按照法定要求和程序予以公布，未经公布的不得作为行政管理依据。

第六十五条 制定与市场主体生产经营活动密切相关的行政法规、规章、行政规范性文件，应当结合实际，确定是否为市场主体留出必要的适应调整期。

政府及其有关部门应当统筹协调、合理把握规章、行政规范性文件等的出台节奏，全面评估政策效果，避免因政策叠加或者相互不协调对市场主体正常生产经营活动造成不利影响。

第六十六条 国家完善调解、仲裁、行政裁决、行政复议、诉讼等有机衔接、相互协调的多元化纠纷解决机制，为市场主体提供高效、便捷的纠纷解决途径。

第六十七条 国家加强法治宣传教育，落实国家机关普法责任制，提高国家工作人员依法履职能力，引导市场主体合法经营、依法维护自身合法权益，不断增强全社会的法治意识，为营造法治化营商环境提供基础性支撑。

第六十八条 政府及其有关部门应当整合律师、公证、司法鉴定、调解、仲裁等公共法律服务资源，加快推进公共法律服务体系建设，全面提升公共法律服务能力和水平，为优化营商环境提供全方位法律服务。

第六十九条 政府和有关部门及其工作人员有下列情形之一的，依法依规追究责任：

（一）违法干预应当由市场主体自主决策的事项；

（二）制定或者实施政策措施不依法平等对待各类市场主体；

（三）违反法定权限、条件、程序对市场主体的财产和企业经营者个人财产实施查封、冻结和扣押等行政强制措施；

（四）在法律、法规规定之外要求市场主体提供财力、物力或者人力；

（五）没有法律、法规依据，强制或者变相强制市场主体参加评比、达标、表彰、培训、考核、考试以及类似活动，或者借前述活动向市场主体收费或者变相收费；

（六）违法设立或者在目录清单之外执行政府性基金、涉企行政事业性收费、涉企保证金；

（七）不履行向市场主体依法作出的政策承诺以及依法订立的各类合同，或者违约拖欠市场主体的货物、工程、服务等账款；

（八）变相设定或者实施行政许可，继续实施或者变相实施已取消的行政许可，或者转由行业协会商会或者其他组织实施已取消的行政许可；

（九）为市场主体指定或者变相指定中介服务机构，或者违法强制市场主体接受中介服务；

（十）制定与市场主体生产经营活动密切相关的行政法规、规章、行政规范性文件时，不按照规定听取市场主体、行业协会商会的意见；

（十一）其他不履行优化营商环境职责或者损害营商环境的情形。

第七十条 公用企事业单位有下列情形之一的，由有关部门责令改正，依法追究法律责任：

（一）不向社会公开服务标准、资费标准、办理时限等信息；

（二）强迫市场主体接受不合理的服务条件；

（三）向市场主体收取不合理费用。

第七十一条 行业协会商会、中介服务机构有下列情形之一的，由有关部门责令改正，依法追究法律责任：

（一）违法开展收费、评比、认证等行为；

（二）违法干预市场主体加入或者退出行业协会商会等社会组织；

（三）没有法律、法规依据，强制或者变相强制市场主体参加评比、达标、表彰、培训、考核、考试以及类似活动，或者借前述活动向市场主体收费或者变相收费；

（四）不向社会公开办理法定行政审批中介服务的条件、流程、时限、收费标准；

（五）违法强制或者变相强制市场主体接受中介服务。

第七章　附则

第七十二条　本条例自2020年1月1日起施行。

中华人民共和国民法典

（2020年5月28日第十三届全国人民代表大会第三次会议通过，中华人民共和国主席令第45号）

目　　录

第一编　总则

第一章　基本规定

第一条　为了保护民事主体的合法权益，调整民事关系，维护社会和经济秩序，适应中国特色社会主义发展要求，弘扬社会主义核心价值观，根据宪法，制定本法。

第二条　民法调整平等主体的自然人、法人和非法人组织之间的人身关系和财产关系。

第三条　民事主体的人身权利、财产权利以及其他合法权益受法律保护，任何组织或者个人不得侵犯。

第四条　民事主体在民事活动中的法律地位一律平等。

第五条　民事主体从事民事活动，应当遵循自愿原则，按照自己的意思设立、变更、终止民事法律关系。

第六条　民事主体从事民事活动，应当遵循公平原则，合理确定各方的权利和义务。

第七条　民事主体从事民事活动，应当遵循诚信原则，秉持诚实，恪守承诺。

第八条　民事主体从事民事活动，不得违反法律，不得违背公序良俗。

第九条　民事主体从事民事活动，应当有利于节约资源、保护生态环境。

第十条　处理民事纠纷，应当依照法律；法律没有规定的，可以适用习惯，但是不得违背公序良俗。

第十一条　其他法律对民事关系有特别规定的，依照其规定。

第十二条　中华人民共和国领域内的民事活动，适用中华人民共和国法律。法律另有规定的，依照其规定。

第二章　自然人

第一节　民事权利能力和民事行为能力

第十三条　自然人从出生时起到死亡时止，具有民事权利能力，依法享有民事权利，承担民事义务。

第十四条　自然人的民事权利能力一律平等。

第十五条　自然人的出生时间和死亡时间，以出生证明、死亡证明记载的时间为准；没有出生证明、死亡证明的，以户籍登记或者其他有效身份登记记载的时间为准。有其他证据足以推翻以上记载时间的，以该证据证明的时间为准。

第十六条　涉及遗产继承、接受赠与等胎儿利益保护的，胎儿视为具有民事权利能力。但是，胎儿娩出时为死体的，其民事权利能力自始不存在。

第十七条　十八周岁以上的自然人为成年人。不满十八周岁的自然人为未成年人。

第十八条　成年人为完全民事行为能力人，可以独立实施民事法律行为。

十六周岁以上的未成年人，以自己的劳动收入为主要生活来源的，视为完全民事行为能力人。

第十九条　八周岁以上的未成年人为限制民事行为能力人，实施民事法律行为由其法定代理人代理或者经其法定代理人同意、追认；但是，可以独立实施纯获利益的民事法律行为或者与其年龄、智力相适应的民事法律行为。

第二十条　不满八周岁的未成年人为无民事行为能力人，由其法定代理人代理实施民事法律行为。

第二十一条　不能辨认自己行为的成年人为无民事行为能力人，由其法定代理人代理实施民事法律行为。

八周岁以上的未成年人不能辨认自己行为的，适用前款规定。

第二十二条　不能完全辨认自己行为的成年人为限制民事行为能力人，实施民事法律行为由其法定代理人代理或者经其法定代理人同意、追认；但是，可以独立实施纯获利益的民事法律行为或者与其智力、精神健康状况相适应的民事法律行为。

第二十三条　无民事行为能力人、限制民事行为能力人的监护人是其法定代理人。

第二十四条　不能辨认或者不能完全辨认自己行为的成年人，其利害关系人或者有关组织，可以向人民法院申请认定该成年人为无民事行为能力人或者限制民事行为能力人。

被人民法院认定为无民事行为能力人或者限制民事行为能力人的，经本人、利害关系人或者有关组织申请，人民法院可以根据其智力、精神健康恢复的状况，认定该成年人恢复为限制民事行为能力人或者完全民事行为能力人。

本条规定的有关组织包括：居民委员会、

村民委员会、学校、医疗机构、妇女联合会、残疾人联合会、依法设立的老年人组织、民政部门等。

第二十五条 自然人以户籍登记或者其他有效身份登记记载的居所为住所；经常居所与住所不一致的，经常居所视为住所。

第二节 监护

第二十六条 父母对未成年子女负有抚养、教育和保护的义务。

成年子女对父母负有赡养、扶助和保护的义务。

第二十七条 父母是未成年子女的监护人。

未成年人的父母已经死亡或者没有监护能力的，由下列有监护能力的人按顺序担任监护人：

（一）祖父母、外祖父母；

（二）兄、姐；

（三）其他愿意担任监护人的个人或者组织，但是须经未成年人住所地的居民委员会、村民委员会或者民政部门同意。

第二十八条 无民事行为能力或者限制民事行为能力的成年人，由下列有监护能力的人按顺序担任监护人：

（一）配偶；

（二）父母、子女；

（三）其他近亲属；

（四）其他愿意担任监护人的个人或者组织，但是须经被监护人住所地的居民委员会、村民委员会或者民政部门同意。

第二十九条 被监护人的父母担任监护人的，可以通过遗嘱指定监护人。

第三十条 依法具有监护资格的人之间可以协议确定监护人。协议确定监护人应当尊重被监护人的真实意愿。

第三十一条 对监护人的确定有争议的，由被监护人住所地的居民委员会、村民委员会或者民政部门指定监护人，有关当事人对指定不服的，可以向人民法院申请指定监护人；有关当事人也可以直接向人民法院申请指定监护人。

居民委员会、村民委员会、民政部门或者人民法院应当尊重被监护人的真实意愿，按照最有利于被监护人的原则在依法具有监护资格的人中指定监护人。

依据本条第一款规定指定监护人前，被监护人的人身权利、财产权利以及其他合法权益处于无人保护状态的，由被监护人住所地的居民委员会、村民委员会、法律规定的有关组织或者民政部门担任临时监护人。

监护人被指定后，不得擅自变更；擅自变更的，不免除被指定的监护人的责任。

第三十二条 没有依法具有监护资格的人的，监护人由民政部门担任，也可以由具备履行监护职责条件的被监护人住所地的居民委员会、村民委员会担任。

第三十三条 具有完全民事行为能力的成年人，可以与其近亲属、其他愿意担任监护人的个人或者组织事先协商，以书面形式确定自己的监护人，在自己丧失或者部分丧失民事行为能力时，由该监护人履行监护职责。

第三十四条 监护人的职责是代理被监护人实施民事法律行为，保护被监护人的人身权利、财产权利以及其他合法权益等。

监护人依法履行监护职责产生的权利，受法律保护。

监护人不履行监护职责或者侵害被监护人合法权益的，应当承担法律责任。

因发生突发事件等紧急情况，监护人暂时无法履行监护职责，被监护人的生活处于无人照料状态的，被监护人住所地的居民委员会、村民委员会或者民政部门应当为被监护人安排必要的临时生活照料措施。

第三十五条 监护人应当按照最有利于被监护人的原则履行监护职责。监护人除为维护被监护人利益外，不得处分被监护人的财产。

未成年人的监护人履行监护职责，在作出与被监护人利益有关的决定时，应当根据被监护人的年龄和智力状况，尊重被监护人的真实意愿。

成年人的监护人履行监护职责，应当最大程度地尊重被监护人的真实意愿，保障并协助被监护人实施与其智力、精神健康状况相适应的民事法律行为。对被监护人有能力独立处理的事务，监护人不得干涉。

第三十六条 监护人有下列情形之一的，

人民法院根据有关个人或者组织的申请，撤销其监护人资格，安排必要的临时监护措施，并按照最有利于被监护人的原则依法指定监护人：

（一）实施严重损害被监护人身心健康的行为；

（二）怠于履行监护职责，或者无法履行监护职责且拒绝将监护职责部分或者全部委托给他人，导致被监护人处于危困状态；

（三）实施严重侵害被监护人合法权益的其他行为。

本条规定的有关个人、组织包括：其他依法具有监护资格的人，居民委员会、村民委员会、学校、医疗机构、妇女联合会、残疾人联合会、未成年人保护组织、依法设立的老年人组织、民政部门等。

前款规定的个人和民政部门以外的组织未及时向人民法院申请撤销监护人资格的，民政部门应当向人民法院申请。

第三十七条 依法负担被监护人抚养费、赡养费、扶养费的父母、子女、配偶等，被人民法院撤销监护人资格后，应当继续履行负担的义务。

第三十八条 被监护人的父母或者子女被人民法院撤销监护人资格后，除对被监护人实施故意犯罪的外，确有悔改表现的，经其申请，人民法院可以在尊重被监护人真实意愿的前提下，视情况恢复其监护人资格，人民法院指定的监护人与被监护人的监护关系同时终止。

第三十九条 有下列情形之一的，监护关系终止：

（一）被监护人取得或者恢复完全民事行为能力；

（二）监护人丧失监护能力；

（三）被监护人或者监护人死亡；

（四）人民法院认定监护关系终止的其他情形。

监护关系终止后，被监护人仍然需要监护的，应当依法另行确定监护人。

第三节 宣告失踪和宣告死亡

第四十条 自然人下落不明满二年的，利害关系人可以向人民法院申请宣告该自然人为失踪人。

第四十一条 自然人下落不明的时间自其失去音讯之日起计算。战争期间下落不明的，下落不明的时间自战争结束之日或者有关机关确定的下落不明之日起计算。

第四十二条 失踪人的财产由其配偶、成年子女、父母或者其他愿意担任财产代管人的人代管。

代管有争议，没有前款规定的人，或者前款规定的人无代管能力的，由人民法院指定的人代管。

第四十三条 财产代管人应当妥善管理失踪人的财产，维护其财产权益。

失踪人所欠税款、债务和应付的其他费用，由财产代管人从失踪人的财产中支付。

财产代管人因故意或者重大过失造成失踪人财产损失的，应当承担赔偿责任。

第四十四条 财产代管人不履行代管职责、侵害失踪人财产权益或者丧失代管能力的，失踪人的利害关系人可以向人民法院申请变更财产代管人。

财产代管人有正当理由的，可以向人民法院申请变更财产代管人。

人民法院变更财产代管人的，变更后的财产代管人有权请求原财产代管人及时移交有关财产并报告财产代管情况。

第四十五条 失踪人重新出现，经本人或者利害关系人申请，人民法院应当撤销失踪宣告。

失踪人重新出现，有权请求财产代管人及时移交有关财产并报告财产代管情况。

第四十六条 自然人有下列情形之一的，利害关系人可以向人民法院申请宣告该自然人死亡：

（一）下落不明满四年；

（二）因意外事件，下落不明满二年。

因意外事件下落不明，经有关机关证明该自然人不可能生存的，申请宣告死亡不受二年时间的限制。

第四十七条 对同一自然人，有的利害关系人申请宣告死亡，有的利害关系人申请宣告失踪，符合本法规定的宣告死亡条件的，人民法院应当宣告死亡。

第四十八条 被宣告死亡的人，人民法院宣告死亡的判决作出之日视为其死亡的日期；因意外事件下落不明宣告死亡的，意外事件发生之日视为其死亡的日期。

第四十九条 自然人被宣告死亡但是并未死亡的，不影响该自然人在被宣告死亡期间实施的民事法律行为的效力。

第五十条 被宣告死亡的人重新出现，经本人或者利害关系人申请，人民法院应当撤销死亡宣告。

第五十一条 被宣告死亡的人的婚姻关系，自死亡宣告之日起消除。死亡宣告被撤销的，婚姻关系自撤销死亡宣告之日起自行恢复。但是，其配偶再婚或者向婚姻登记机关书面声明不愿意恢复的除外。

第五十二条 被宣告死亡的人在被宣告死亡期间，其子女被他人依法收养的，在死亡宣告被撤销后，不得以未经本人同意为由主张收养行为无效。

第五十三条 被撤销死亡宣告的人有权请求依照本法第六编取得其财产的民事主体返还财产；无法返还的，应当给予适当补偿。

利害关系人隐瞒真实情况，致使他人被宣告死亡而取得其财产的，除应当返还财产外，还应当对由此造成的损失承担赔偿责任。

第四节 个体工商户和农村承包经营户

第五十四条 自然人从事工商业经营，经依法登记，为个体工商户。个体工商户可以起字号。

第五十五条 农村集体经济组织的成员，依法取得农村土地承包经营权，从事家庭承包经营的，为农村承包经营户。

第五十六条 个体工商户的债务，个人经营的，以个人财产承担；家庭经营的，以家庭财产承担；无法区分的，以家庭财产承担。

农村承包经营户的债务，以从事农村土地承包经营的农户财产承担；事实上由农户部分成员经营的，以该部分成员的财产承担。

第三章 法人

第一节 一般规定

第五十七条 法人是具有民事权利能力和民事行为能力，依法独立享有民事权利和承担民事义务的组织。

第五十八条 法人应当依法成立。

法人应当有自己的名称、组织机构、住所、财产或者经费。法人成立的具体条件和程序，依照法律、行政法规的规定。

设立法人，法律、行政法规规定须经有关机关批准的，依照其规定。

第五十九条 法人的民事权利能力和民事行为能力，从法人成立时产生，到法人终止时消灭。

第六十条 法人以其全部财产独立承担民事责任。

第六十一条 依照法律或者法人章程的规定，代表法人从事民事活动的负责人，为法人的法定代表人。

法定代表人以法人名义从事的民事活动，其法律后果由法人承受。

法人章程或者法人权力机构对法定代表人代表权的限制，不得对抗善意相对人。

第六十二条 法定代表人因执行职务造成他人损害的，由法人承担民事责任。

法人承担民事责任后，依照法律或者法人章程的规定，可以向有过错的法定代表人追偿。

第六十三条 法人以其主要办事机构所在地为住所。依法需要办理法人登记的，应当将主要办事机构所在地登记为住所。

第六十四条 法人存续期间登记事项发生变化的，应当依法向登记机关申请变更登记。

第六十五条 法人的实际情况与登记的事项不一致的，不得对抗善意相对人。

第六十六条 登记机关应当依法及时公示法人登记的有关信息。

第六十七条 法人合并的，其权利和义务由合并后的法人享有和承担。

法人分立的，其权利和义务由分立后的法人享有连带债权，承担连带债务，但是债权人和债务人另有约定的除外。

第六十八条 有下列原因之一并依法完成清算、注销登记的，法人终止：

（一）法人解散；

（二）法人被宣告破产；

（三）法律规定的其他原因。

法人终止，法律、行政法规规定须经有关机关批准的，依照其规定。

第六十九条　有下列情形之一的，法人解散：

（一）法人章程规定的存续期间届满或者法人章程规定的其他解散事由出现；

（二）法人的权力机构决议解散；

（三）因法人合并或者分立需要解散；

（四）法人依法被吊销营业执照、登记证书，被责令关闭或者被撤销；

（五）法律规定的其他情形。

第七十条　法人解散的，除合并或者分立的情形外，清算义务人应当及时组成清算组进行清算。

法人的董事、理事等执行机构或者决策机构的成员为清算义务人。法律、行政法规另有规定的，依照其规定。

清算义务人未及时履行清算义务，造成损害的，应当承担民事责任；主管机关或者利害关系人可以申请人民法院指定有关人员组成清算组进行清算。

第七十一条　法人的清算程序和清算组职权，依照有关法律的规定；没有规定的，参照适用公司法律的有关规定。

第七十二条　清算期间法人存续，但是不得从事与清算无关的活动。

法人清算后的剩余财产，按照法人章程的规定或者法人权力机构的决议处理。法律另有规定的，依照其规定。

清算结束并完成法人注销登记时，法人终止；依法不需要办理法人登记的，清算结束时，法人终止。

第七十三条　法人被宣告破产的，依法进行破产清算并完成法人注销登记时，法人终止。

第七十四条　法人可以依法设立分支机构。法律、行政法规规定分支机构应当登记的，依照其规定。

分支机构以自己的名义从事民事活动，产生的民事责任由法人承担；也可以先以该分支机构管理的财产承担，不足以承担的，由法人承担。

第七十五条　设立人为设立法人从事的民事活动，其法律后果由法人承受；法人未成立的，其法律后果由设立人承受，设立人为二人以上的，享有连带债权，承担连带债务。

设立人为设立法人以自己的名义从事民事活动产生的民事责任，第三人有权选择请求法人或者设立人承担。

第二节　营利法人

第七十六条　以取得利润并分配给股东等出资人为目的成立的法人，为营利法人。

营利法人包括有限责任公司、股份有限公司和其他企业法人等。

第七十七条　营利法人经依法登记成立。

第七十八条　依法设立的营利法人，由登记机关发给营利法人营业执照。营业执照签发日期为营利法人的成立日期。

第七十九条　设立营利法人应当依法制定法人章程。

第八十条　营利法人应当设权力机构。

权力机构行使修改法人章程，选举或者更换执行机构、监督机构成员，以及法人章程规定的其他职权。

第八十一条　营利法人应当设执行机构。

执行机构行使召集权力机构会议，决定法人的经营计划和投资方案，决定法人内部管理机构的设置，以及法人章程规定的其他职权。

执行机构为董事会或者执行董事的，董事长、执行董事或者经理按照法人章程的规定担任法定代表人；未设董事会或者执行董事的，法人章程规定的主要负责人为其执行机构和法定代表人。

第八十二条　营利法人设监事会或者监事等监督机构的，监督机构依法行使检查法人财务，监督执行机构成员、高级管理人员执行法人职务的行为，以及法人章程规定的其他职权。

第八十三条　营利法人的出资人不得滥用出资人权利损害法人或者其他出资人的利益；滥用出资人权利造成法人或者其他出资人损失的，应当依法承担民事责任。

营利法人的出资人不得滥用法人独立地位和出资人有限责任损害法人债权人的利益；滥用法人独立地位和出资人有限责任，逃避债务，严重损害法人债权人的利益的，应当对法人债务承担连带责任。

第八十四条 营利法人的控股出资人、实际控制人、董事、监事、高级管理人员不得利用其关联关系损害法人的利益；利用关联关系造成法人损失的，应当承担赔偿责任。

第八十五条 营利法人的权力机构、执行机构作出决议的会议召集程序、表决方式违反法律、行政法规、法人章程，或者决议内容违反法人章程的，营利法人的出资人可以请求人民法院撤销该决议。但是，营利法人依据该决议与善意相对人形成的民事法律关系不受影响。

第八十六条 营利法人从事经营活动，应当遵守商业道德，维护交易安全，接受政府和社会的监督，承担社会责任。

第三节 非营利法人

第八十七条 为公益目的或者其他非营利目的成立，不向出资人、设立人或者会员分配所取得利润的法人，为非营利法人。

非营利法人包括事业单位、社会团体、基金会、社会服务机构等。

第八十八条 具备法人条件，为适应经济社会发展需要，提供公益服务设立的事业单位，经依法登记成立，取得事业单位法人资格；依法不需要办理法人登记的，从成立之日起，具有事业单位法人资格。

第八十九条 事业单位法人设理事会的，除法律另有规定外，理事会为其决策机构。事业单位法人的法定代表人依照法律、行政法规或者法人章程的规定产生。

第九十条 具备法人条件，基于会员共同意愿，为公益目的或者会员共同利益等非营利目的设立的社会团体，经依法登记成立，取得社会团体法人资格；依法不需要办理法人登记的，从成立之日起，具有社会团体法人资格。

第九十一条 设立社会团体法人应当依法制定法人章程。

社会团体法人应当设会员大会或者会员代表大会等权力机构。

社会团体法人应当设理事会等执行机构。理事长或者会长等负责人按照法人章程的规定担任法定代表人。

第九十二条 具备法人条件，为公益目的以捐助财产设立的基金会、社会服务机构等，经依法登记成立，取得捐助法人资格。

依法设立的宗教活动场所，具备法人条件的，可以申请法人登记，取得捐助法人资格。法律、行政法规对宗教活动场所有规定的，依照其规定。

第九十三条 设立捐助法人应当依法制定法人章程。

捐助法人应当设理事会、民主管理组织等决策机构，并设执行机构。理事长等负责人按照法人章程的规定担任法定代表人。

捐助法人应当设监事会等监督机构。

第九十四条 捐助人有权向捐助法人查询捐助财产的使用、管理情况，并提出意见和建议，捐助法人应当及时、如实答复。

捐助法人的决策机构、执行机构或者法定代表人作出决定的程序违反法律、行政法规、法人章程，或者决定内容违反法人章程的，捐助人等利害关系人或者主管机关可以请求人民法院撤销该决定。但是，捐助法人依据该决定与善意相对人形成的民事法律关系不受影响。

第九十五条 为公益目的成立的非营利法人终止时，不得向出资人、设立人或者会员分配剩余财产。剩余财产应当按照法人章程的规定或者权力机构的决议用于公益目的；无法按照法人章程的规定或者权力机构的决议处理的，由主管机关主持转给宗旨相同或者相近的法人，并向社会公告。

第四节 特别法人

第九十六条 本节规定的机关法人、农村集体经济组织法人、城镇农村的合作经济组织法人、基层群众性自治组织法人，为特别法人。

第九十七条 有独立经费的机关和承担行政职能的法定机构从成立之日起，具有机关法人资格，可以从事为履行职能所需要的民事活动。

第九十八条 机关法人被撤销的，法人终止，其民事权利和义务由继任的机关法人享有和承担；没有继任的机关法人的，由作出撤销决定的机关法人享有和承担。

第九十九条 农村集体经济组织依法取得法人资格。

法律、行政法规对农村集体经济组织有规定的，依照其规定。

第一百条　城镇农村的合作经济组织依法取得法人资格。

法律、行政法规对城镇农村的合作经济组织有规定的，依照其规定。

第一百零一条　居民委员会、村民委员会具有基层群众性自治组织法人资格，可以从事为履行职能所需要的民事活动。

未设立村集体经济组织的，村民委员会可以依法代行村集体经济组织的职能。

第四章　非法人组织

第一百零二条　非法人组织是不具有法人资格，但是能够依法以自己的名义从事民事活动的组织。

非法人组织包括个人独资企业、合伙企业、不具有法人资格的专业服务机构等。

第一百零三条　非法人组织应当依照法律的规定登记。

设立非法人组织，法律、行政法规规定须经有关机关批准的，依照其规定。

第一百零四条　非法人组织的财产不足以清偿债务的，其出资人或者设立人承担无限责任。法律另有规定的，依照其规定。

第一百零五条　非法人组织可以确定一人或者数人代表该组织从事民事活动。

第一百零六条　有下列情形之一的，非法人组织解散：

（一）章程规定的存续期间届满或者章程规定的其他解散事由出现；

（二）出资人或者设立人决定解散；

（三）法律规定的其他情形。

第一百零七条　非法人组织解散的，应当依法进行清算。

第一百零八条　非法人组织除适用本章规定外，参照适用本编第三章第一节的有关规定。

第五章　民事权利

第一百零九条　自然人的人身自由、人格尊严受法律保护。

第一百一十条　自然人享有生命权、身体权、健康权、姓名权、肖像权、名誉权、荣誉权、隐私权、婚姻自主权等权利。

法人、非法人组织享有名称权、名誉权和荣誉权。

第一百一十一条　自然人的个人信息受法律保护。任何组织或者个人需要获取他人个人信息的，应当依法取得并确保信息安全，不得非法收集、使用、加工、传输他人个人信息，不得非法买卖、提供或者公开他人个人信息。

第一百一十二条　自然人因婚姻家庭关系等产生的人身权利受法律保护。

第一百一十三条　民事主体的财产权利受法律平等保护。

第一百一十四条　民事主体依法享有物权。

物权是权利人依法对特定的物享有直接支配和排他的权利，包括所有权、用益物权和担保物权。

第一百一十五条　物包括不动产和动产。法律规定权利作为物权客体的，依照其规定。

第一百一十六条　物权的种类和内容，由法律规定。

第一百一十七条　为了公共利益的需要，依照法律规定的权限和程序征收、征用不动产或者动产的，应当给予公平、合理的补偿。

第一百一十八条　民事主体依法享有债权。

债权是因合同、侵权行为、无因管理、不当得利以及法律的其他规定，权利人请求特定义务人为或者不为一定行为的权利。

第一百一十九条　依法成立的合同，对当事人具有法律约束力。

第一百二十条　民事权益受到侵害的，被侵权人有权请求侵权人承担侵权责任。

第一百二十一条　没有法定的或者约定的义务，为避免他人利益受损失而进行管理的人，有权请求受益人偿还由此支出的必要费用。

第一百二十二条　因他人没有法律根据，取得不当利益，受损失的人有权请求其返还不当利益。

第一百二十三条 民事主体依法享有知识产权。

知识产权是权利人依法就下列客体享有的专有的权利：

（一）作品；

（二）发明、实用新型、外观设计；

（三）商标；

（四）地理标志；

（五）商业秘密；

（六）集成电路布图设计；

（七）植物新品种；

（八）法律规定的其他客体。

第一百二十四条 自然人依法享有继承权。

自然人合法的私有财产，可以依法继承。

第一百二十五条 民事主体依法享有股权和其他投资性权利。

第一百二十六条 民事主体享有法律规定的其他民事权利和利益。

第一百二十七条 法律对数据、网络虚拟财产的保护有规定的，依照其规定。

第一百二十八条 法律对未成年人、老年人、残疾人、妇女、消费者等的民事权利保护有特别规定的，依照其规定。

第一百二十九条 民事权利可以依据民事法律行为、事实行为、法律规定的事件或者法律规定的其他方式取得。

第一百三十条 民事主体按照自己的意愿依法行使民事权利，不受干涉。

第一百三十一条 民事主体行使权利时，应当履行法律规定的和当事人约定的义务。

第一百三十二条 民事主体不得滥用民事权利损害国家利益、社会公共利益或者他人合法权益。

第六章 民事法律行为

第一节 一般规定

第一百三十三条 民事法律行为是民事主体通过意思表示设立、变更、终止民事法律关系的行为。

第一百三十四条 民事法律行为可以基于双方或者多方的意思表示一致成立，也可以基于单方的意思表示成立。

法人、非法人组织依照法律或者章程规定的议事方式和表决程序作出决议的，该决议行为成立。

第一百三十五条 民事法律行为可以采用书面形式、口头形式或者其他形式；法律、行政法规规定或者当事人约定采用特定形式的，应当采用特定形式。

第一百三十六条 民事法律行为自成立时生效，但是法律另有规定或者当事人另有约定的除外。

行为人非依法律规定或者未经对方同意，不得擅自变更或者解除民事法律行为。

第二节 意思表示

第一百三十七条 以对话方式作出的意思表示，相对人知道其内容时生效。

以非对话方式作出的意思表示，到达相对人时生效。以非对话方式作出的采用数据电文形式的意思表示，相对人指定特定系统接收数据电文的，该数据电文进入该特定系统时生效；未指定特定系统的，相对人知道或者应当知道该数据电文进入其系统时生效。当事人对采用数据电文形式的意思表示的生效时间另有约定的，按照其约定。

第一百三十八条 无相对人的意思表示，表示完成时生效。法律另有规定的，依照其规定。

第一百三十九条 以公告方式作出的意思表示，公告发布时生效。

第一百四十条 行为人可以明示或者默示作出意思表示。

沉默只有在有法律规定、当事人约定或者符合当事人之间的交易习惯时，才可以视为意思表示。

第一百四十一条 行为人可以撤回意思表示。撤回意思表示的通知应当在意思表示到达相对人前或者与意思表示同时到达相对人。

第一百四十二条 有相对人的意思表示的解释，应当按照所使用的词句，结合相关条款、行为的性质和目的、习惯以及诚信原则，确定意思表示的含义。

无相对人的意思表示的解释，不能完全拘泥于所使用的词句，而应当结合相关条款、行为的性质和目的、习惯以及诚信原则，确定行为人的真实意思。

第三节 民事法律行为的效力

第一百四十三条 具备下列条件的民事法律行为有效：

（一）行为人具有相应的民事行为能力；

（二）意思表示真实；

（三）不违反法律、行政法规的强制性规定，不违背公序良俗。

第一百四十四条 无民事行为能力人实施的民事法律行为无效。

第一百四十五条 限制民事行为能力人实施的纯获利益的民事法律行为或者与其年龄、智力、精神健康状况相适应的民事法律行为有效；实施的其他民事法律行为经法定代理人同意或者追认后有效。

相对人可以催告法定代理人自收到通知之日起三十日内予以追认。法定代理人未作表示的，视为拒绝追认。民事法律行为被追认前，善意相对人有撤销的权利。撤销应当以通知的方式作出。

第一百四十六条 行为人与相对人以虚假的意思表示实施的民事法律行为无效。

以虚假的意思表示隐藏的民事法律行为的效力，依照有关法律规定处理。

第一百四十七条 基于重大误解实施的民事法律行为，行为人有权请求人民法院或者仲裁机构予以撤销。

第一百四十八条 一方以欺诈手段，使对方在违背真实意思的情况下实施的民事法律行为，受欺诈方有权请求人民法院或者仲裁机构予以撤销。

第一百四十九条 第三人实施欺诈行为，使一方在违背真实意思的情况下实施的民事法律行为，对方知道或者应当知道该欺诈行为的，受欺诈方有权请求人民法院或者仲裁机构予以撤销。

第一百五十条 一方或者第三人以胁迫手段，使对方在违背真实意思的情况下实施的民事法律行为，受胁迫方有权请求人民法院或者仲裁机构予以撤销。

第一百五十一条 一方利用对方处于危困状态、缺乏判断能力等情形，致使民事法律行为成立时显失公平的，受损害方有权请求人民法院或者仲裁机构予以撤销。

第一百五十二条 有下列情形之一的，撤销权消灭：

（一）当事人自知道或者应当知道撤销事由之日起一年内、重大误解的当事人自知道或者应当知道撤销事由之日起九十日内没有行使撤销权；

（二）当事人受胁迫，自胁迫行为终止之日起一年内没有行使撤销权；

（三）当事人知道撤销事由后明确表示或者以自己的行为表明放弃撤销权。

当事人自民事法律行为发生之日起五年内没有行使撤销权的，撤销权消灭。

第一百五十三条 违反法律、行政法规的强制性规定的民事法律行为无效。但是，该强制性规定不导致该民事法律行为无效的除外。

违背公序良俗的民事法律行为无效。

第一百五十四条 行为人与相对人恶意串通，损害他人合法权益的民事法律行为无效。

第一百五十五条 无效的或者被撤销的民事法律行为自始没有法律约束力。

第一百五十六条 民事法律行为部分无效，不影响其他部分效力的，其他部分仍然有效。

第一百五十七条 民事法律行为无效、被撤销或者确定不发生效力后，行为人因该行为取得的财产，应当予以返还；不能返还或者没有必要返还的，应当折价补偿。有过错的一方应当赔偿对方由此所受到的损失；各方都有过错的，应当各自承担相应的责任。法律另有规定的，依照其规定。

第四节 民事法律行为的附条件和附期限

第一百五十八条 民事法律行为可以附条件，但是根据其性质不得附条件的除外。附生效条件的民事法律行为，自条件成就时生效。附解除条件的民事法律行为，自条件成就时失效。

第一百五十九条 附条件的民事法律行为，当事人为自己的利益不正当地阻止条件成就的，视为条件已经成就；不正当地促成条件成就的，视为条件不成就。

第一百六十条 民事法律行为可以附期限

限，但是根据其性质不得附期限的除外。附生效期限的民事法律行为，自期限届至时生效。附终止期限的民事法律行为，自期限届满时失效。

第七章　代理

第一节　一般规定

第一百六十一条　民事主体可以通过代理人实施民事法律行为。

依照法律规定、当事人约定或者民事法律行为的性质，应当由本人亲自实施的民事法律行为，不得代理。

第一百六十二条　代理人在代理权限内，以被代理人名义实施的民事法律行为，对被代理人发生效力。

第一百六十三条　代理包括委托代理和法定代理。

委托代理人按照被代理人的委托行使代理权。法定代理人依照法律的规定行使代理权。

第一百六十四条　代理人不履行或者不完全履行职责，造成被代理人损害的，应当承担民事责任。

代理人和相对人恶意串通，损害被代理人合法权益的，代理人和相对人应当承担连带责任。

第二节　委托代理

第一百六十五条　委托代理授权采用书面形式的，授权委托书应当载明代理人的姓名或者名称、代理事项、权限和期限，并由被代理人签名或者盖章。

第一百六十六条　数人为同一代理事项的代理人的，应当共同行使代理权，但是当事人另有约定的除外。

第一百六十七条　代理人知道或者应当知道代理事项违法仍然实施代理行为，或者被代理人知道或者应当知道代理人的代理行为违法未作反对表示的，被代理人和代理人应当承担连带责任。

第一百六十八条　代理人不得以被代理人的名义与自己实施民事法律行为，但是被代理人同意或者追认的除外。

代理人不得以被代理人的名义与自己同时代理的其他人实施民事法律行为，但是被代理的双方同意或者追认的除外。

第一百六十九条　代理人需要转委托第三人代理的，应当取得被代理人的同意或者追认。

转委托代理经被代理人同意或者追认的，被代理人可以就代理事务直接指示转委托的第三人，代理人仅就第三人的选任以及对第三人的指示承担责任。

转委托代理未经被代理人同意或者追认的，代理人应当对转委托的第三人的行为承担责任；但是，在紧急情况下代理人为了维护被代理人的利益需要转委托第三人代理的除外。

第一百七十条　执行法人或者非法人组织工作任务的人员，就其职权范围内的事项，以法人或者非法人组织的名义实施的民事法律行为，对法人或者非法人组织发生效力。

法人或者非法人组织对执行其工作任务的人员职权范围的限制，不得对抗善意相对人。

第一百七十一条　行为人没有代理权、超越代理权或者代理权终止后，仍然实施代理行为，未经被代理人追认的，对被代理人不发生效力。

相对人可以催告被代理人自收到通知之日起三十日内予以追认。被代理人未作表示的，视为拒绝追认。行为人实施的行为被追认前，善意相对人有撤销的权利。撤销应当以通知的方式作出。

行为人实施的行为未被追认的，善意相对人有权请求行为人履行债务或者就其受到的损害请求行为人赔偿。但是，赔偿的范围不得超过被代理人追认时相对人所能获得的利益。

相对人知道或者应当知道行为人无权代理的，相对人和行为人按照各自的过错承担责任。

第一百七十二条　行为人没有代理权、超越代理权或者代理权终止后，仍然实施代理行为，相对人有理由相信行为人有代理权的，代理行为有效。

第三节　代理终止

第一百七十三条　有下列情形之一的，委托代理终止：

（一）代理期限届满或者代理事务完成；

（二）被代理人取消委托或者代理人辞去委托；

（三）代理人丧失民事行为能力；

（四）代理人或者被代理人死亡；

（五）作为代理人或者被代理人的法人、非法人组织终止。

第一百七十四条　被代理人死亡后，有下列情形之一的，委托代理人实施的代理行为有效：

（一）代理人不知道且不应当知道被代理人死亡；

（二）被代理人的继承人予以承认；

（三）授权中明确代理权在代理事务完成时终止；

（四）被代理人死亡前已经实施，为了被代理人的继承人的利益继续代理。

作为被代理人的法人、非法人组织终止的，参照适用前款规定。

第一百七十五条　有下列情形之一的，法定代理终止：

（一）被代理人取得或者恢复完全民事行为能力；

（二）代理人丧失民事行为能力；

（三）代理人或者被代理人死亡；

（四）法律规定的其他情形。

第八章　民事责任

第一百七十六条　民事主体依照法律规定或者按照当事人约定，履行民事义务，承担民事责任。

第一百七十七条　二人以上依法承担按份责任，能够确定责任大小的，各自承担相应的责任；难以确定责任大小的，平均承担责任。

第一百七十八条　二人以上依法承担连带责任的，权利人有权请求部分或者全部连带责任人承担责任。

连带责任人的责任份额根据各自责任大小确定；难以确定责任大小的，平均承担责任。实际承担责任超过自己责任份额的连带责任人，有权向其他连带责任人追偿。

连带责任，由法律规定或者当事人约定。

第一百七十九条　承担民事责任的方式主要有：

（一）停止侵害；

（二）排除妨碍；

（三）消除危险；

（四）返还财产；

（五）恢复原状；

（六）修理、重作、更换；

（七）继续履行；

（八）赔偿损失；

（九）支付违约金；

（十）消除影响、恢复名誉；

（十一）赔礼道歉。

法律规定惩罚性赔偿的，依照其规定。

本条规定的承担民事责任的方式，可以单独适用，也可以合并适用。

第一百八十条　因不可抗力不能履行民事义务的，不承担民事责任。法律另有规定的，依照其规定。

不可抗力是不能预见、不能避免且不能克服的客观情况。

第一百八十一条　因正当防卫造成损害的，不承担民事责任。

正当防卫超过必要的限度，造成不应有的损害的，正当防卫人应当承担适当的民事责任。

第一百八十二条　因紧急避险造成损害的，由引起险情发生的人承担民事责任。

危险由自然原因引起的，紧急避险人不承担民事责任，可以给予适当补偿。

紧急避险采取措施不当或者超过必要的限度，造成不应有的损害的，紧急避险人应当承担适当的民事责任。

第一百八十三条　因保护他人民事权益使自己受到损害的，由侵权人承担民事责任，受益人可以给予适当补偿。没有侵权人、侵权人逃逸或者无力承担民事责任，受害人请求补偿的，受益人应当给予适当补偿。

第一百八十四条　因自愿实施紧急救助行为造成受助人损害的，救助人不承担民事责任。

第一百八十五条 侵害英雄烈士等的姓名、肖像、名誉、荣誉，损害社会公共利益的，应当承担民事责任。

第一百八十六条 因当事人一方的违约行为，损害对方人身权益、财产权益的，受损害方有权选择请求其承担违约责任或者侵权责任。

第一百八十七条 民事主体因同一行为应当承担民事责任、行政责任和刑事责任的，承担行政责任或者刑事责任不影响承担民事责任；民事主体的财产不足以支付的，优先用于承担民事责任。

第九章 诉讼时效

第一百八十八条 向人民法院请求保护民事权利的诉讼时效期间为三年。法律另有规定的，依照其规定。

诉讼时效期间自权利人知道或者应当知道权利受到损害以及义务人之日起计算。法律另有规定的，依照其规定。但是，自权利受到损害之日起超过二十年的，人民法院不予保护，有特殊情况的，人民法院可以根据权利人的申请决定延长。

第一百八十九条 当事人约定同一债务分期履行的，诉讼时效期间自最后一期履行期限届满之日起计算。

第一百九十条 无民事行为能力人或者限制民事行为能力人对其法定代理人的请求权的诉讼时效期间，自该法定代理终止之日起计算。

第一百九十一条 未成年人遭受性侵害的损害赔偿请求权的诉讼时效期间，自受害人年满十八周岁之日起计算。

第一百九十二条 诉讼时效期间届满的，义务人可以提出不履行义务的抗辩。

诉讼时效期间届满后，义务人同意履行的，不得以诉讼时效期间届满为由抗辩；义务人已经自愿履行的，不得请求返还。

第一百九十三条 人民法院不得主动适用诉讼时效的规定。

第一百九十四条 在诉讼时效期间的最后六个月内，因下列障碍，不能行使请求权的，诉讼时效中止：

（一）不可抗力；

（二）无民事行为能力人或者限制民事行为能力人没有法定代理人，或者法定代理人死亡、丧失民事行为能力、丧失代理权；

（三）继承开始后未确定继承人或者遗产管理人；

（四）权利人被义务人或者其他人控制；

（五）其他导致权利人不能行使请求权的障碍。

自中止时效的原因消除之日起满六个月，诉讼时效期间届满。

第一百九十五条 有下列情形之一的，诉讼时效中断，从中断、有关程序终结时起，诉讼时效期间重新计算：

（一）权利人向义务人提出履行请求；

（二）义务人同意履行义务；

（三）权利人提起诉讼或者申请仲裁；

（四）与提起诉讼或者申请仲裁具有同等效力的其他情形。

第一百九十六条 下列请求权不适用诉讼时效的规定：

（一）请求停止侵害、排除妨碍、消除危险；

（二）不动产物权和登记的动产物权的权利人请求返还财产；

（三）请求支付抚养费、赡养费或者扶养费；

（四）依法不适用诉讼时效的其他请求权。

第一百九十七条 诉讼时效的期间、计算方法以及中止、中断的事由由法律规定，当事人约定无效。

当事人对诉讼时效利益的预先放弃无效。

第一百九十八条 法律对仲裁时效有规定的，依照其规定；没有规定的，适用诉讼时效的规定。

第一百九十九条 法律规定或者当事人约定的撤销权、解除权等权利的存续期间，除法律另有规定外，自权利人知道或者应当知道权利产生之日起计算，不适用有关诉讼时效中止、中断和延长的规定。存续期间届满，撤销权、解除权等权利消灭。

第十章　期间计算

第二百条　民法所称的期间按照公历年、月、日、小时计算。

第二百零一条　按照年、月、日计算期间的，开始的当日不计入，自下一日开始计算。

按照小时计算期间的，自法律规定或者当事人约定的时间开始计算。

第二百零二条　按照年、月计算期间的，到期月的对应日为期间的最后一日；没有对应日的，月末日为期间的最后一日。

第二百零三条　期间的最后一日是法定休假日的，以法定休假日结束的次日为期间的最后一日。

期间的最后一日的截止时间为二十四时；有业务时间的，停止业务活动的时间为截止时间。

第二百零四条　期间的计算方法依照本法的规定，但是法律另有规定或者当事人另有约定的除外。

第二编　物权

第一分编　通则

第一章　一般规定

第二百零五条　本编调整因物的归属和利用产生的民事关系。

第二百零六条　国家坚持和完善公有制为主体、多种所有制经济共同发展，按劳分配为主体、多种分配方式并存，社会主义市场经济体制等社会主义基本经济制度。

国家巩固和发展公有制经济，鼓励、支持和引导非公有制经济的发展。

国家实行社会主义市场经济，保障一切市场主体的平等法律地位和发展权利。

第二百零七条　国家、集体、私人的物权和其他权利人的物权受法律平等保护，任何组织或者个人不得侵犯。

第二百零八条　不动产物权的设立、变更、转让和消灭，应当依照法律规定登记。动产物权的设立和转让，应当依照法律规定交付。

第二章　物权的设立、变更、转让和消灭

第一节　不动产登记

第二百零九条　不动产物权的设立、变更、转让和消灭，经依法登记，发生效力；未经登记，不发生效力，但是法律另有规定的除外。

依法属于国家所有的自然资源，所有权可以不登记。

第二百一十条　不动产登记，由不动产所在地的登记机构办理。

国家对不动产实行统一登记制度。统一登记的范围、登记机构和登记办法，由法律、行政法规规定。

第二百一十一条　当事人申请登记，应当根据不同登记事项提供权属证明和不动产界址、面积等必要材料。

第二百一十二条　登记机构应当履行下列职责：

（一）查验申请人提供的权属证明和其他必要材料；

（二）就有关登记事项询问申请人；

（三）如实、及时登记有关事项；

（四）法律、行政法规规定的其他职责。

申请登记的不动产的有关情况需要进一步证明的，登记机构可以要求申请人补充材料，必要时可以实地查看。

第二百一十三条　登记机构不得有下列行为：

（一）要求对不动产进行评估；

（二）以年检等名义进行重复登记；

（三）超出登记职责范围的其他行为。

第二百一十四条　不动产物权的设立、变更、转让和消灭，依照法律规定应当登记的，自记载于不动产登记簿时发生效力。

第二百一十五条　当事人之间订立有关设立、变更、转让和消灭不动产物权的合同，除法律另有规定或者当事人另有约定外，自合同成立时生效；未办理物权登记的，不影响合同

效力。

第二百一十六条 不动产登记簿是物权归属和内容的根据。

不动产登记簿由登记机构管理。

第二百一十七条 不动产权属证书是权利人享有该不动产物权的证明。不动产权属证书记载的事项，应当与不动产登记簿一致；记载不一致的，除有证据证明不动产登记簿确有错误外，以不动产登记簿为准。

第二百一十八条 权利人、利害关系人可以申请查询、复制不动产登记资料，登记机构应当提供。

第二百一十九条 利害关系人不得公开、非法使用权利人的不动产登记资料。

第二百二十条 权利人、利害关系人认为不动产登记簿记载的事项错误的，可以申请更正登记。不动产登记簿记载的权利人书面同意更正或者有证据证明登记确有错误的，登记机构应当予以更正。

不动产登记簿记载的权利人不同意更正的，利害关系人可以申请异议登记。登记机构予以异议登记，申请人自异议登记之日起十五日内不提起诉讼的，异议登记失效。异议登记不当，造成权利人损害的，权利人可以向申请人请求损害赔偿。

第二百二十一条 当事人签订买卖房屋的协议或者签订其他不动产物权的协议，为保障将来实现物权，按照约定可以向登记机构申请预告登记。预告登记后，未经预告登记的权利人同意，处分该不动产的，不发生物权效力。

预告登记后，债权消灭或者自能够进行不动产登记之日起九十日内未申请登记的，预告登记失效。

第二百二十二条 当事人提供虚假材料申请登记，造成他人损害的，应当承担赔偿责任。

因登记错误，造成他人损害的，登记机构应当承担赔偿责任。登记机构赔偿后，可以向造成登记错误的人追偿。

第二百二十三条 不动产登记费按件收取，不得按照不动产的面积、体积或者价款的比例收取。

第二节 动产交付

第二百二十四条 动产物权的设立和转让，自交付时发生效力，但是法律另有规定的除外。

第二百二十五条 船舶、航空器和机动车等的物权的设立、变更、转让和消灭，未经登记，不得对抗善意第三人。

第二百二十六条 动产物权设立和转让前，权利人已经占有该动产的，物权自民事法律行为生效时发生效力。

第二百二十七条 动产物权设立和转让前，第三人占有该动产的，负有交付义务的人可以通过转让请求第三人返还原物的权利代替交付。

第二百二十八条 动产物权转让时，当事人又约定由出让人继续占有该动产的，物权自该约定生效时发生效力。

第三节 其他规定

第二百二十九条 因人民法院、仲裁机构的法律文书或者人民政府的征收决定等，导致物权设立、变更、转让或者消灭的，自法律文书或者征收决定等生效时发生效力。

第二百三十条 因继承取得物权的，自继承开始时发生效力。

第二百三十一条 因合法建造、拆除房屋等事实行为设立或者消灭物权的，自事实行为成就时发生效力。

第二百三十二条 处分依照本节规定享有的不动产物权，依照法律规定需要办理登记的，未经登记，不发生物权效力。

第三章 物权的保护

第二百三十三条 物权受到侵害的，权利人可以通过和解、调解、仲裁、诉讼等途径解决。

第二百三十四条 因物权的归属、内容发生争议的，利害关系人可以请求确认权利。

第二百三十五条 无权占有不动产或者动产的，权利人可以请求返还原物。

第二百三十六条 妨害物权或者可能妨害物权的，权利人可以请求排除妨害或者消除危险。

第二百三十七条　造成不动产或者动产毁损的，权利人可以依法请求修理、重作、更换或者恢复原状。

第二百三十八条　侵害物权，造成权利人损害的，权利人可以依法请求损害赔偿，也可以依法请求承担其他民事责任。

第二百三十九条　本章规定的物权保护方式，可以单独适用，也可以根据权利被侵害的情形合并适用。

第二分编　所有权

第四章　一般规定

第二百四十条　所有权人对自己的不动产或者动产，依法享有占有、使用、收益和处分的权利。

第二百四十一条　所有权人有权在自己的不动产或者动产上设立用益物权和担保物权。用益物权人、担保物权人行使权利，不得损害所有权人的权益。

第二百四十二条　法律规定专属于国家所有的不动产和动产，任何组织或者个人不能取得所有权。

第二百四十三条　为了公共利益的需要，依照法律规定的权限和程序可以征收集体所有的土地和组织、个人的房屋以及其他不动产。

征收集体所有的土地，应当依法及时足额支付土地补偿费、安置补助费以及农村村民住宅、其他地上附着物和青苗等的补偿费用，并安排被征地农民的社会保障费用，保障被征地农民的生活，维护被征地农民的合法权益。

征收组织、个人的房屋以及其他不动产，应当依法给予征收补偿，维护被征收人的合法权益；征收个人住宅的，还应当保障被征收人的居住条件。

任何组织或者个人不得贪污、挪用、私分、截留、拖欠征收补偿费等费用。

第二百四十四条　国家对耕地实行特殊保护，严格限制农用地转为建设用地，控制建设用地总量。不得违反法律规定的权限和程序征收集体所有的土地。

第二百四十五条　因抢险救灾、疫情防控等紧急需要，依照法律规定的权限和程序可以征用组织、个人的不动产或者动产。被征用的不动产或者动产使用后，应当返还被征用人。组织、个人的不动产或者动产被征用或者征用后毁损、灭失的，应当给予补偿。

第五章　国家所有权和集体所有权、私人所有权

第二百四十六条　法律规定属于国家所有的财产，属于国家所有即全民所有。

国有财产由国务院代表国家行使所有权。法律另有规定的，依照其规定。

第二百四十七条　矿藏、水流、海域属于国家所有。

第二百四十八条　无居民海岛属于国家所有，国务院代表国家行使无居民海岛所有权。

第二百四十九条　城市的土地，属于国家所有。法律规定属于国家所有的农村和城市郊区的土地，属于国家所有。

第二百五十条　森林、山岭、草原、荒地、滩涂等自然资源，属于国家所有，但是法律规定属于集体所有的除外。

第二百五十一条　法律规定属于国家所有的野生动植物资源，属于国家所有。

第二百五十二条　无线电频谱资源属于国家所有。

第二百五十三条　法律规定属于国家所有的文物，属于国家所有。

第二百五十四条　国防资产属于国家所有。

铁路、公路、电力设施、电信设施和油气管道等基础设施，依照法律规定为国家所有的，属于国家所有。

第二百五十五条　国家机关对其直接支配的不动产和动产，享有占有、使用以及依照法律和国务院的有关规定处分的权利。

第二百五十六条　国家举办的事业单位对其直接支配的不动产和动产，享有占有、使用以及依照法律和国务院的有关规定收益、处分的权利。

第二百五十七条　国家出资的企业，由国务院、地方人民政府依照法律、行政法规规定

分别代表国家履行出资人职责，享有出资人权益。

第二百五十八条 国家所有的财产受法律保护，禁止任何组织或者个人侵占、哄抢、私分、截留、破坏。

第二百五十九条 履行国有财产管理、监督职责的机构及其工作人员，应当依法加强对国有财产的管理、监督，促进国有财产保值增值，防止国有财产损失；滥用职权，玩忽职守，造成国有财产损失的，应当依法承担法律责任。

违反国有财产管理规定，在企业改制、合并分立、关联交易等过程中，低价转让、合谋私分、擅自担保或者以其他方式造成国有财产损失的，应当依法承担法律责任。

第二百六十条 集体所有的不动产和动产包括：

（一）法律规定属于集体所有的土地和森林、山岭、草原、荒地、滩涂；

（二）集体所有的建筑物、生产设施、农田水利设施；

（三）集体所有的教育、科学、文化、卫生、体育等设施；

（四）集体所有的其他不动产和动产。

第二百六十一条 农民集体所有的不动产和动产，属于本集体成员集体所有。

下列事项应当依照法定程序经本集体成员决定：

（一）土地承包方案以及将土地发包给本集体以外的组织或者个人承包；

（二）个别土地承包经营权人之间承包地的调整；

（三）土地补偿费等费用的使用、分配办法；

（四）集体出资的企业的所有权变动等事项；

（五）法律规定的其他事项。

第二百六十二条 对于集体所有的土地和森林、山岭、草原、荒地、滩涂等，依照下列规定行使所有权：

（一）属于村农民集体所有的，由村集体经济组织或者村民委员会依法代表集体行使所有权；

（二）分别属于村内两个以上农民集体所有的，由村内各该集体经济组织或者村民小组依法代表集体行使所有权；

（三）属于乡镇农民集体所有的，由乡镇集体经济组织代表集体行使所有权。

第二百六十三条 城镇集体所有的不动产和动产，依照法律、行政法规的规定由本集体享有占有、使用、收益和处分的权利。

第二百六十四条 农村集体经济组织或者村民委员会、村民小组应当依照法律、行政法规以及章程、村规民约向本集体成员公布集体财产的状况。集体成员有权查阅、复制相关资料。

第二百六十五条 集体所有的财产受法律保护，禁止任何组织或者个人侵占、哄抢、私分、破坏。

农村集体经济组织、村民委员会或者其负责人作出的决定侵害集体成员合法权益的，受侵害的集体成员可以请求人民法院予以撤销。

第二百六十六条 私人对其合法的收入、房屋、生活用品、生产工具、原材料等不动产和动产享有所有权。

第二百六十七条 私人的合法财产受法律保护，禁止任何组织或者个人侵占、哄抢、破坏。

第二百六十八条 国家、集体和私人依法可以出资设立有限责任公司、股份有限公司或者其他企业。国家、集体和私人所有的不动产或者动产投到企业的，由出资人按照约定或者出资比例享有资产收益、重大决策以及选择经营管理者等权利并履行义务。

第二百六十九条 营利法人对其不动产和动产依照法律、行政法规以及章程享有占有、使用、收益和处分的权利。

营利法人以外的法人，对其不动产和动产的权利，适用有关法律、行政法规以及章程的规定。

第二百七十条 社会团体法人、捐助法人依法所有的不动产和动产，受法律保护。

第六章 业主的建筑物区分所有权

第二百七十一条 业主对建筑物内的住

宅、经营性用房等专有部分享有所有权，对专有部分以外的共有部分享有共有和共同管理的权利。

第二百七十二条 业主对其建筑物专有部分享有占有、使用、收益和处分的权利。业主行使权利不得危及建筑物的安全，不得损害其他业主的合法权益。

第二百七十三条 业主对建筑物专有部分以外的共有部分，享有权利，承担义务；不得以放弃权利为由不履行义务。

业主转让建筑物内的住宅、经营性用房，其对共有部分享有的共有和共同管理的权利一并转让。

第二百七十四条 建筑区划内的道路，属于业主共有，但是属于城镇公共道路的除外。建筑区划内的绿地，属于业主共有，但是属于城镇公共绿地或者明示属于个人的除外。建筑区划内的其他公共场所、公用设施和物业服务用房，属于业主共有。

第二百七十五条 建筑区划内，规划用于停放汽车的车位、车库的归属，由当事人通过出售、附赠或者出租等方式约定。

占用业主共有的道路或者其他场地用于停放汽车的车位，属于业主共有。

第二百七十六条 建筑区划内，规划用于停放汽车的车位、车库应当首先满足业主的需要。

第二百七十七条 业主可以设立业主大会，选举业主委员会。业主大会、业主委员会成立的具体条件和程序，依照法律、法规的规定。

地方人民政府有关部门、居民委员会应当对设立业主大会和选举业主委员会给予指导和协助。

第二百七十八条 下列事项由业主共同决定：

（一）制定和修改业主大会议事规则；

（二）制定和修改管理规约；

（三）选举业主委员会或者更换业主委员会成员；

（四）选聘和解聘物业服务企业或者其他管理人；

（五）使用建筑物及其附属设施的维修资金；

（六）筹集建筑物及其附属设施的维修资金；

（七）改建、重建建筑物及其附属设施；

（八）改变共有部分的用途或者利用共有部分从事经营活动；

（九）有关共有和共同管理权利的其他重大事项。

业主共同决定事项，应当由专有部分面积占比三分之二以上的业主且人数占比三分之二以上的业主参与表决。决定前款第六项至第八项规定的事项，应当经参与表决专有部分面积四分之三以上的业主且参与表决人数四分之三以上的业主同意。决定前款其他事项，应当经参与表决专有部分面积过半数的业主且参与表决人数过半数的业主同意。

第二百七十九条 业主不得违反法律、法规以及管理规约，将住宅改变为经营性用房。业主将住宅改变为经营性用房的，除遵守法律、法规以及管理规约外，应当经有利害关系的业主一致同意。

第二百八十条 业主大会或者业主委员会的决定，对业主具有法律约束力。

业主大会或者业主委员会作出的决定侵害业主合法权益的，受侵害的业主可以请求人民法院予以撤销。

第二百八十一条 建筑物及其附属设施的维修资金，属于业主共有。经业主共同决定，可以用于电梯、屋顶、外墙、无障碍设施等共有部分的维修、更新和改造。建筑物及其附属设施的维修资金的筹集、使用情况应当定期公布。

紧急情况下需要维修建筑物及其附属设施的，业主大会或者业主委员会可以依法申请使用建筑物及其附属设施的维修资金。

第二百八十二条 建设单位、物业服务企业或者其他管理人等利用业主的共有部分产生的收入，在扣除合理成本之后，属于业主共有。

第二百八十三条 建筑物及其附属设施的费用分摊、收益分配等事项，有约定的，按照约定；没有约定或者约定不明确的，按照业主专有部分面积所占比例确定。

第二百八十四条 业主可以自行管理建筑物及其附属设施，也可以委托物业服务企业或者其他管理人管理。

对建设单位聘请的物业服务企业或者其他管理人，业主有权依法更换。

第二百八十五条 物业服务企业或者其他管理人根据业主的委托，依照本法第三编有关物业服务合同的规定管理建筑区划内的建筑物及其附属设施，接受业主的监督，并及时答复业主对物业服务情况提出的询问。

物业服务企业或者其他管理人应当执行政府依法实施的应急处置措施和其他管理措施，积极配合开展相关工作。

第二百八十六条 业主应当遵守法律、法规以及管理规约，相关行为应当符合节约资源、保护生态环境的要求。对于物业服务企业或者其他管理人执行政府依法实施的应急处置措施和其他管理措施，业主应当依法予以配合。

业主大会或者业主委员会，对任意弃置垃圾、排放污染物或者噪声、违反规定饲养动物、违章搭建、侵占通道、拒付物业费等损害他人合法权益的行为，有权依照法律、法规以及管理规约，请求行为人停止侵害、排除妨碍、消除危险、恢复原状、赔偿损失。

业主或者其他行为人拒不履行相关义务的，有关当事人可以向有关行政主管部门报告或者投诉，有关行政主管部门应当依法处理。

第二百八十七条 业主对建设单位、物业服务企业或者其他管理人以及其他业主侵害自己合法权益的行为，有权请求其承担民事责任。

第七章 相邻关系

第二百八十八条 不动产的相邻权利人应当按照有利生产、方便生活、团结互助、公平合理的原则，正确处理相邻关系。

第二百八十九条 法律、法规对处理相邻关系有规定的，依照其规定；法律、法规没有规定的，可以按照当地习惯。

第二百九十条 不动产权利人应当为相邻权利人用水、排水提供必要的便利。

对自然流水的利用，应当在不动产的相邻权利人之间合理分配。对自然流水的排放，应当尊重自然流向。

第二百九十一条 不动产权利人对相邻权利人因通行等必须利用其土地的，应当提供必要的便利。

第二百九十二条 不动产权利人因建造、修缮建筑物以及铺设电线、电缆、水管、暖气和燃气管线等必须利用相邻土地、建筑物的，该土地、建筑物的权利人应当提供必要的便利。

第二百九十三条 建造建筑物，不得违反国家有关工程建设标准，不得妨碍相邻建筑物的通风、采光和日照。

第二百九十四条 不动产权利人不得违反国家规定弃置固体废物，排放大气污染物、水污染物、土壤污染物、噪声、光辐射、电磁辐射等有害物质。

第二百九十五条 不动产权利人挖掘土地、建造建筑物、铺设管线以及安装设备等，不得危及相邻不动产的安全。

第二百九十六条 不动产权利人因用水、排水、通行、铺设管线等利用相邻不动产的，应当尽量避免对相邻的不动产权利人造成损害。

第八章 共有

第二百九十七条 不动产或者动产可以由两个以上组织、个人共有。共有包括按份共有和共同共有。

第二百九十八条 按份共有人对共有的不动产或者动产按照其份额享有所有权。

第二百九十九条 共同共有人对共有的不动产或者动产共同享有所有权。

第三百条 共有人按照约定管理共有的不动产或者动产；没有约定或者约定不明确的，各共有人都有管理的权利和义务。

第三百零一条 处分共有的不动产或者动产以及对共有的不动产或者动产作重大修缮、变更性质或者用途的，应当经占份额三分之二以上的按份共有人或者全体共同共有人同意，但是共有人之间另有约定的除外。

第三百零二条　共有人对共有物的管理费用以及其他负担，有约定的，按照其约定；没有约定或者约定不明确的，按份共有人按照其份额负担，共同共有人共同负担。

第三百零三条　共有人约定不得分割共有的不动产或者动产，以维持共有关系的，应当按照约定，但是共有人有重大理由需要分割的，可以请求分割；没有约定或者约定不明确的，按份共有人可以随时请求分割，共同共有人在共有的基础丧失或者有重大理由需要分割时可以请求分割。因分割造成其他共有人损害的，应当给予赔偿。

第三百零四条　共有人可以协商确定分割方式。达不成协议，共有的不动产或者动产可以分割且不会因分割减损价值的，应当对实物予以分割；难以分割或者因分割会减损价值的，应当对折价或者拍卖、变卖取得的价款予以分割。

共有人分割所得的不动产或者动产有瑕疵的，其他共有人应当分担损失。

第三百零五条　按份共有人可以转让其享有的共有的不动产或者动产份额。其他共有人在同等条件下享有优先购买的权利。

第三百零六条　按份共有人转让其享有的共有的不动产或者动产份额的，应当将转让条件及时通知其他共有人。其他共有人应当在合理期限内行使优先购买权。

两个以上其他共有人主张行使优先购买权的，协商确定各自的购买比例；协商不成的，按照转让时各自的共有份额比例行使优先购买权。

第三百零七条　因共有的不动产或者动产产生的债权债务，在对外关系上，共有人享有连带债权、承担连带债务，但是法律另有规定或者第三人知道共有人不具有连带债权债务关系的除外；在共有人内部关系上，除共有人另有约定外，按份共有人按照份额享有债权、承担债务，共同共有人共同享有债权、承担债务。偿还债务超过自己应当承担份额的按份共有人，有权向其他共有人追偿。

第三百零八条　共有人对共有的不动产或者动产没有约定为按份共有或者共同共有，或者约定不明确的，除共有人具有家庭关系等外，视为按份共有。

第三百零九条　按份共有人对共有的不动产或者动产享有的份额，没有约定或者约定不明确的，按照出资额确定；不能确定出资额的，视为等额享有。

第三百一十条　两个以上组织、个人共同享有用益物权、担保物权的，参照适用本章的有关规定。

第九章　所有权取得的特别规定

第三百一十一条　无处分权人将不动产或者动产转让给受让人的，所有权人有权追回；除法律另有规定外，符合下列情形的，受让人取得该不动产或者动产的所有权：

（一）受让人受让该不动产或者动产时是善意；

（二）以合理的价格转让；

（三）转让的不动产或者动产依照法律规定应当登记的已经登记，不需要登记的已经交付给受让人。

受让人依据前款规定取得不动产或者动产的所有权的，原所有权人有权向无处分权人请求损害赔偿。

当事人善意取得其他物权的，参照适用前两款规定。

第三百一十二条　所有权人或者其他权利人有权追回遗失物。该遗失物通过转让被他人占有的，权利人有权向无处分权人请求损害赔偿，或者自知道或者应当知道受让人之日起二年内向受让人请求返还原物；但是，受让人通过拍卖或者向具有经营资格的经营者购得该遗失物的，权利人请求返还原物时应当支付受让人所付的费用。权利人向受让人支付所付费用后，有权向无处分权人追偿。

第三百一十三条　善意受让人取得动产后，该动产上的原有权利消灭。但是，善意受让人在受让时知道或者应当知道该权利的除外。

第三百一十四条　拾得遗失物，应当返还权利人。拾得人应当及时通知权利人领取，或者送交公安等有关部门。

第三百一十五条　有关部门收到遗失物，

知道权利人的，应当及时通知其领取；不知道的，应当及时发布招领公告。

第三百一十六条 拾得人在遗失物送交有关部门前，有关部门在遗失物被领取前，应当妥善保管遗失物。因故意或者重大过失致使遗失物毁损、灭失的，应当承担民事责任。

第三百一十七条 权利人领取遗失物时，应当向拾得人或者有关部门支付保管遗失物等支出的必要费用。

权利人悬赏寻找遗失物的，领取遗失物时应当按照承诺履行义务。

拾得人侵占遗失物的，无权请求保管遗失物等支出的费用，也无权请求权利人按照承诺履行义务。

第三百一十八条 遗失物自发布招领公告之日起一年内无人认领的，归国家所有。

第三百一十九条 拾得漂流物、发现埋藏物或者隐藏物的，参照适用拾得遗失物的有关规定。法律另有规定的，依照其规定。

第三百二十条 主物转让的，从物随主物转让，但是当事人另有约定的除外。

第三百二十一条 天然孳息，由所有权人取得；既有所有权人又有用益物权人的，由用益物权人取得。当事人另有约定的，按照其约定。

法定孳息，当事人有约定的，按照约定取得；没有约定或者约定不明确的，按照交易习惯取得。

第三百二十二条 因加工、附合、混合而产生的物的归属，有约定的，按照约定；没有约定或者约定不明确的，依照法律规定；法律没有规定的，按照充分发挥物的效用以及保护无过错当事人的原则确定。因一方当事人的过错或者确定物的归属造成另一方当事人损害的，应当给予赔偿或者补偿。

第三分编 用益物权

第十章 一般规定

第三百二十三条 用益物权人对他人所有的不动产或者动产，依法享有占有、使用和收益的权利。

第三百二十四条 国家所有或者国家所有由集体使用以及法律规定属于集体所有的自然资源，组织、个人依法可以占有、使用和收益。

第三百二十五条 国家实行自然资源有偿使用制度，但是法律另有规定的除外。

第三百二十六条 用益物权人行使权利，应当遵守法律有关保护和合理开发利用资源、保护生态环境的规定。所有权人不得干涉用益物权人行使权利。

第三百二十七条 因不动产或者动产被征收、征用致使用益物权消灭或者影响用益物权行使的，用益物权人有权依据本法第二百四十三条、第二百四十五条的规定获得相应补偿。

第三百二十八条 依法取得的海域使用权受法律保护。

第三百二十九条 依法取得的探矿权、采矿权、取水权和使用水域、滩涂从事养殖、捕捞的权利受法律保护。

第十一章 土地承包经营权

第三百三十条 农村集体经济组织实行家庭承包经营为基础、统分结合的双层经营体制。

农民集体所有和国家所有由农民集体使用的耕地、林地、草地以及其他用于农业的土地，依法实行土地承包经营制度。

第三百三十一条 土地承包经营权人依法对其承包经营的耕地、林地、草地等享有占有、使用和收益的权利，有权从事种植业、林业、畜牧业等农业生产。

第三百三十二条 耕地的承包期为三十年。草地的承包期为三十年至五十年。林地的承包期为三十年至七十年。

前款规定的承包期限届满，由土地承包经营权人依照农村土地承包的法律规定继续承包。

第三百三十三条 土地承包经营权自土地承包经营权合同生效时设立。

登记机构应当向土地承包经营权人发放土地承包经营权证、林权证等证书，并登记造册，确认土地承包经营权。

第三百三十四条 土地承包经营权人依照法律规定，有权将土地承包经营权互换、转让。未经依法批准，不得将承包地用于非农建设。

第三百三十五条 土地承包经营权互换、转让的，当事人可以向登记机构申请登记；未经登记，不得对抗善意第三人。

第三百三十六条 承包期内发包人不得调整承包地。

因自然灾害严重毁损承包地等特殊情形，需要适当调整承包的耕地和草地的，应当依照农村土地承包的法律规定办理。

第三百三十七条 承包期内发包人不得收回承包地。法律另有规定的，依照其规定。

第三百三十八条 承包地被征收的，土地承包经营权人有权依据本法第二百四十三条的规定获得相应补偿。

第三百三十九条 土地承包经营权人可以自主决定依法采取出租、入股或者其他方式向他人流转土地经营权。

第三百四十条 土地经营权人有权在合同约定的期限内占有农村土地，自主开展农业生产经营并取得收益。

第三百四十一条 流转期限为五年以上的土地经营权，自流转合同生效时设立。当事人可以向登记机构申请土地经营权登记；未经登记，不得对抗善意第三人。

第三百四十二条 通过招标、拍卖、公开协商等方式承包农村土地，经依法登记取得权属证书的，可以依法采取出租、入股、抵押或者其他方式流转土地经营权。

第三百四十三条 国家所有的农用地实行承包经营的，参照适用本编的有关规定。

第十二章 建设用地使用权

第三百四十四条 建设用地使用权人依法对国家所有的土地享有占有、使用和收益的权利，有权利用该土地建造建筑物、构筑物及其附属设施。

第三百四十五条 建设用地使用权可以在土地的地表、地上或者地下分别设立。

第三百四十六条 设立建设用地使用权，应当符合节约资源、保护生态环境的要求，遵守法律、行政法规关于土地用途的规定，不得损害已经设立的用益物权。

第三百四十七条 设立建设用地使用权，可以采取出让或者划拨等方式。

工业、商业、旅游、娱乐和商品住宅等经营性用地以及同一土地有两个以上意向用地者的，应当采取招标、拍卖等公开竞价的方式出让。

严格限制以划拨方式设立建设用地使用权。

第三百四十八条 通过招标、拍卖、协议等出让方式设立建设用地使用权的，当事人应当采用书面形式订立建设用地使用权出让合同。

建设用地使用权出让合同一般包括下列条款：

（一）当事人的名称和住所；

（二）土地界址、面积等；

（三）建筑物、构筑物及其附属设施占用的空间；

（四）土地用途、规划条件；

（五）建设用地使用权期限；

（六）出让金等费用及其支付方式；

（七）解决争议的方法。

第三百四十九条 设立建设用地使用权的，应当向登记机构申请建设用地使用权登记。建设用地使用权自登记时设立。登记机构应当向建设用地使用权人发放权属证书。

第三百五十条 建设用地使用权人应当合理利用土地，不得改变土地用途；需要改变土地用途的，应当依法经有关行政主管部门批准。

第三百五十一条 建设用地使用权人应当依照法律规定以及合同约定支付出让金等费用。

第三百五十二条 建设用地使用权人建造的建筑物、构筑物及其附属设施的所有权属于建设用地使用权人，但是有相反证据证明的除外。

第三百五十三条 建设用地使用权人有权将建设用地使用权转让、互换、出资、赠与或者抵押，但是法律另有规定的除外。

第三百五十四条 建设用地使用权转让、互换、出资、赠与或者抵押的，当事人应当采用书面形式订立相应的合同。使用期限由当事人约定，但是不得超过建设用地使用权的剩余期限。

第三百五十五条 建设用地使用权转让、互换、出资或者赠与的，应当向登记机构申请变更登记。

第三百五十六条 建设用地使用权转让、互换、出资或者赠与的，附着于该土地上的建筑物、构筑物及其附属设施一并处分。

第三百五十七条 建筑物、构筑物及其附属设施转让、互换、出资或者赠与的，该建筑物、构筑物及其附属设施占用范围内的建设用地使用权一并处分。

第三百五十八条 建设用地使用权期限届满前，因公共利益需要提前收回该土地的，应当依据本法第二百四十三条的规定对该土地上的房屋以及其他不动产给予补偿，并退还相应的出让金。

第三百五十九条 住宅建设用地使用权期限届满的，自动续期。续期费用的缴纳或者减免，依照法律、行政法规的规定办理。

非住宅建设用地使用权期限届满后的续期，依照法律规定办理。该土地上的房屋以及其他不动产的归属，有约定的，按照约定；没有约定或者约定不明确的，依照法律、行政法规的规定办理。

第三百六十条 建设用地使用权消灭的，出让人应当及时办理注销登记。登记机构应当收回权属证书。

第三百六十一条 集体所有的土地作为建设用地的，应当依照土地管理的法律规定办理。

第十三章 宅基地使用权

第三百六十二条 宅基地使用权人依法对集体所有的土地享有占有和使用的权利，有权依法利用该土地建造住宅及其附属设施。

第三百六十三条 宅基地使用权的取得、行使和转让，适用土地管理的法律和国家有关规定。

第三百六十四条 宅基地因自然灾害等原因灭失的，宅基地使用权消灭。对失去宅基地的村民，应当依法重新分配宅基地。

第三百六十五条 已经登记的宅基地使用权转让或者消灭的，应当及时办理变更登记或者注销登记。

第十四章 居住权

第三百六十六条 居住权人有权按照合同约定，对他人的住宅享有占有、使用的用益物权，以满足生活居住的需要。

第三百六十七条 设立居住权，当事人应当采用书面形式订立居住权合同。

居住权合同一般包括下列条款：

（一）当事人的姓名或者名称和住所；

（二）住宅的位置；

（三）居住的条件和要求；

（四）居住权期限；

（五）解决争议的方法。

第三百六十八条 居住权无偿设立，但是当事人另有约定的除外。设立居住权的，应当向登记机构申请居住权登记。居住权自登记时设立。

第三百六十九条 居住权不得转让、继承。设立居住权的住宅不得出租，但是当事人另有约定的除外。

第三百七十条 居住权期限届满或者居住权人死亡的，居住权消灭。居住权消灭的，应当及时办理注销登记。

第三百七十一条 以遗嘱方式设立居住权的，参照适用本章的有关规定。

第十五章 地役权

第三百七十二条 地役权人有权按照合同约定，利用他人的不动产，以提高自己的不动产的效益。

前款所称他人的不动产为供役地，自己的不动产为需役地。

第三百七十三条 设立地役权，当事人应当采用书面形式订立地役权合同。

地役权合同一般包括下列条款：

（一）当事人的姓名或者名称和住所；
（二）供役地和需役地的位置；
（三）利用目的和方法；
（四）地役权期限；
（五）费用及其支付方式；
（六）解决争议的方法。

第三百七十四条　地役权自地役权合同生效时设立。当事人要求登记的，可以向登记机构申请地役权登记；未经登记，不得对抗善意第三人。

第三百七十五条　供役地权利人应当按照合同约定，允许地役权人利用其不动产，不得妨害地役权人行使权利。

第三百七十六条　地役权人应当按照合同约定的利用目的和方法利用供役地，尽量减少对供役地权利人物权的限制。

第三百七十七条　地役权期限由当事人约定；但是，不得超过土地承包经营权、建设用地使用权等用益物权的剩余期限。

第三百七十八条　土地所有权人享有地役权或者负担地役权的，设立土地承包经营权、宅基地使用权等用益物权时，该用益物权人继续享有或者负担已经设立的地役权。

第三百七十九条　土地上已经设立土地承包经营权、建设用地使用权、宅基地使用权等用益物权的，未经用益物权人同意，土地所有权人不得设立地役权。

第三百八十条　地役权不得单独转让。土地承包经营权、建设用地使用权等转让的，地役权一并转让，但是合同另有约定的除外。

第三百八十一条　地役权不得单独抵押。土地经营权、建设用地使用权等抵押的，在实现抵押权时，地役权一并转让。

第三百八十二条　需役地以及需役地上的土地承包经营权、建设用地使用权等部分转让时，转让部分涉及地役权的，受让人同时享有地役权。

第三百八十三条　供役地以及供役地上的土地承包经营权、建设用地使用权等部分转让时，转让部分涉及地役权的，地役权对受让人具有法律约束力。

第三百八十四条　地役权人有下列情形之一的，供役地权利人有权解除地役权合同，地役权消灭：

（一）违反法律规定或者合同约定，滥用地役权；

（二）有偿利用供役地，约定的付款期限届满后在合理期限内经两次催告未支付费用。

第三百八十五条　已经登记的地役权变更、转让或者消灭的，应当及时办理变更登记或者注销登记。

第四分编　担保物权

第十六章　一般规定

第三百八十六条　担保物权人在债务人不履行到期债务或者发生当事人约定的实现担保物权的情形，依法享有就担保财产优先受偿的权利，但是法律另有规定的除外。

第三百八十七条　债权人在借贷、买卖等民事活动中，为保障实现其债权，需要担保的，可以依照本法和其他法律的规定设立担保物权。

第三人为债务人向债权人提供担保的，可以要求债务人提供反担保。反担保适用本法和其他法律的规定。

第三百八十八条　设立担保物权，应当依照本法和其他法律的规定订立担保合同。担保合同包括抵押合同、质押合同和其他具有担保功能的合同。担保合同是主债权债务合同的从合同。主债权债务合同无效的，担保合同无效，但是法律另有规定的除外。

担保合同被确认无效后，债务人、担保人、债权人有过错的，应当根据其过错各自承担相应的民事责任。

第三百八十九条　担保物权的担保范围包括主债权及其利息、违约金、损害赔偿金、保管担保财产和实现担保物权的费用。当事人另有约定的，按照其约定。

第三百九十条　担保期间，担保财产毁损、灭失或者被征收等，担保物权人可以就获得的保险金、赔偿金或者补偿金等优先受偿。被担保债权的履行期限未届满的，也可以提存该保险金、赔偿金或者补偿金等。

第三百九十一条　第三人提供担保，未经其书面同意，债权人允许债务人转移全部或者部分债务的，担保人不再承担相应的担保责任。

第三百九十二条　被担保的债权既有物的担保又有人的担保的，债务人不履行到期债务或者发生当事人约定的实现担保物权的情形，债权人应当按照约定实现债权；没有约定或者约定不明确，债务人自己提供物的担保的，债权人应当先就该物的担保实现债权；第三人提供物的担保的，债权人可以就物的担保实现债权，也可以请求保证人承担保证责任。提供担保的第三人承担担保责任后，有权向债务人追偿。

第三百九十三条　有下列情形之一的，担保物权消灭：

（一）主债权消灭；

（二）担保物权实现；

（三）债权人放弃担保物权；

（四）法律规定担保物权消灭的其他情形。

第十七章　抵押权

第一节　一般抵押权

第三百九十四条　为担保债务的履行，债务人或者第三人不转移财产的占有，将该财产抵押给债权人的，债务人不履行到期债务或者发生当事人约定的实现抵押权的情形，债权人有权就该财产优先受偿。

前款规定的债务人或者第三人为抵押人，债权人为抵押权人，提供担保的财产为抵押财产。

第三百九十五条　债务人或者第三人有权处分的下列财产可以抵押：

（一）建筑物和其他土地附着物；

（二）建设用地使用权；

（三）海域使用权；

（四）生产设备、原材料、半成品、产品；

（五）正在建造的建筑物、船舶、航空器；

（六）交通运输工具；

（七）法律、行政法规未禁止抵押的其他财产。

抵押人可以将前款所列财产一并抵押。

第三百九十六条　企业、个体工商户、农业生产经营者可以将现有的以及将有的生产设备、原材料、半成品、产品抵押，债务人不履行到期债务或者发生当事人约定的实现抵押权的情形，债权人有权就抵押财产确定时的动产优先受偿。

第三百九十七条　以建筑物抵押的，该建筑物占用范围内的建设用地使用权一并抵押。以建设用地使用权抵押的，该土地上的建筑物一并抵押。

抵押人未依据前款规定一并抵押的，未抵押的财产视为一并抵押。

第三百九十八条　乡镇、村企业的建设用地使用权不得单独抵押。以乡镇、村企业的厂房等建筑物抵押的，其占用范围内的建设用地使用权一并抵押。

第三百九十九条　下列财产不得抵押：

（一）土地所有权；

（二）宅基地、自留地、自留山等集体所有土地的使用权，但是法律规定可以抵押的除外；

（三）学校、幼儿园、医疗机构等为公益目的成立的非营利法人的教育设施、医疗卫生设施和其他公益设施；

（四）所有权、使用权不明或者有争议的财产；

（五）依法被查封、扣押、监管的财产；

（六）法律、行政法规规定不得抵押的其他财产。

第四百条　设立抵押权，当事人应当采用书面形式订立抵押合同。

抵押合同一般包括下列条款：

（一）被担保债权的种类和数额；

（二）债务人履行债务的期限；

（三）抵押财产的名称、数量等情况；

（四）担保的范围。

第四百零一条　抵押权人在债务履行期限届满前，与抵押人约定债务人不履行到期债务时抵押财产归债权人所有的，只能依法就抵押财产优先受偿。

第四百零二条　以本法第三百九十五条第一款第一项至第三项规定的财产或者第五项规定的正在建造的建筑物抵押的，应当办理抵押登记。抵押权自登记时设立。

第四百零三条　以动产抵押的，抵押权自抵押合同生效时设立；未经登记，不得对抗善意第三人。

第四百零四条　以动产抵押的，不得对抗正常经营活动中已经支付合理价款并取得抵押财产的买受人。

第四百零五条　抵押权设立前，抵押财产已经出租并转移占有的，原租赁关系不受该抵押权的影响。

第四百零六条　抵押期间，抵押人可以转让抵押财产。当事人另有约定的，按照其约定。抵押财产转让的，抵押权不受影响。

抵押人转让抵押财产的，应当及时通知抵押权人。抵押权人能够证明抵押财产转让可能损害抵押权的，可以请求抵押人将转让所得的价款向抵押权人提前清偿债务或者提存。转让的价款超过债权数额的部分归抵押人所有，不足部分由债务人清偿。

第四百零七条　抵押权不得与债权分离而单独转让或者作为其他债权的担保。债权转让的，担保该债权的抵押权一并转让，但是法律另有规定或者当事人另有约定的除外。

第四百零八条　抵押人的行为足以使抵押财产价值减少的，抵押权人有权请求抵押人停止其行为；抵押财产价值减少的，抵押权人有权请求恢复抵押财产的价值，或者提供与减少的价值相应的担保。抵押人不恢复抵押财产的价值，也不提供担保的，抵押权人有权请求债务人提前清偿债务。

第四百零九条　抵押权人可以放弃抵押权或者抵押权的顺位。抵押权人与抵押人可以协议变更抵押权顺位以及被担保的债权数额等内容。但是，抵押权的变更未经其他抵押权人书面同意的，不得对其他抵押权人产生不利影响。

债务人以自己的财产设定抵押，抵押权人放弃该抵押权、抵押权顺位或者变更抵押权的，其他担保人在抵押权人丧失优先受偿权益的范围内免除担保责任，但是其他担保人承诺仍然提供担保的除外。

第四百一十条　债务人不履行到期债务或者发生当事人约定的实现抵押权的情形，抵押权人可以与抵押人协议以抵押财产折价或者以拍卖、变卖该抵押财产所得的价款优先受偿。协议损害其他债权人利益的，其他债权人可以请求人民法院撤销该协议。

抵押权人与抵押人未就抵押权实现方式达成协议的，抵押权人可以请求人民法院拍卖、变卖抵押财产。

抵押财产折价或者变卖的，应当参照市场价格。

第四百一十一条　依据本法第三百九十六条规定设定抵押的，抵押财产自下列情形之一发生时确定：

（一）债务履行期限届满，债权未实现；

（二）抵押人被宣告破产或者解散；

（三）当事人约定的实现抵押权的情形；

（四）严重影响债权实现的其他情形。

第四百一十二条　债务人不履行到期债务或者发生当事人约定的实现抵押权的情形，致使抵押财产被人民法院依法扣押的，自扣押之日起，抵押权人有权收取该抵押财产的天然孳息或者法定孳息，但是抵押权人未通知应当清偿法定孳息义务人的除外。

前款规定的孳息应当先充抵收取孳息的费用。

第四百一十三条　抵押财产折价或者拍卖、变卖后，其价款超过债权数额的部分归抵押人所有，不足部分由债务人清偿。

第四百一十四条　同一财产向两个以上债权人抵押的，拍卖、变卖抵押财产所得的价款依照下列规定清偿：

（一）抵押权已经登记的，按照登记的时间先后确定清偿顺序；

（二）抵押权已经登记的先于未登记的受偿；

（三）抵押权未登记的，按照债权比例清偿。

其他可以登记的担保物权，清偿顺序参照适用前款规定。

第四百一十五条　同一财产既设立抵押权又设立质权的，拍卖、变卖该财产所得的价款按照登记、交付的时间先后确定清偿顺序。

第四百一十六条　动产抵押担保的主债权是抵押物的价款，标的物交付后十日内办理抵押登记的，该抵押权人优先于抵押物买受人的其他担保物权人受偿，但是留置权人除外。

第四百一十七条　建设用地使用权抵押后，该土地上新增的建筑物不属于抵押财产。该建设用地使用权实现抵押权时，应当将该土地上新增的建筑物与建设用地使用权一并处分。但是，新增建筑物所得的价款，抵押权人无权优先受偿。

第四百一十八条　以集体所有土地的使用权依法抵押的，实现抵押权后，未经法定程序，不得改变土地所有权的性质和土地用途。

第四百一十九条　抵押权人应当在主债权诉讼时效期间行使抵押权；未行使的，人民法院不予保护。

第二节　最高额抵押权

第四百二十条　为担保债务的履行，债务人或者第三人对一定期间内将要连续发生的债权提供担保财产的，债务人不履行到期债务或者发生当事人约定的实现抵押权的情形，抵押权人有权在最高债权额限度内就该担保财产优先受偿。

最高额抵押权设立前已经存在的债权，经当事人同意，可以转入最高额抵押担保的债权范围。

第四百二十一条　最高额抵押担保的债权确定前，部分债权转让的，最高额抵押权不得转让，但是当事人另有约定的除外。

第四百二十二条　最高额抵押担保的债权确定前，抵押权人与抵押人可以通过协议变更债权确定的期间、债权范围以及最高债权额。但是，变更的内容不得对其他抵押权人产生不利影响。

第四百二十三条　有下列情形之一的，抵押权人的债权确定：

（一）约定的债权确定期间届满；

（二）没有约定债权确定期间或者约定不明确，抵押权人或者抵押人自最高额抵押权设立之日起满二年后请求确定债权；

（三）新的债权不可能发生；

（四）抵押权人知道或者应当知道抵押财产被查封、扣押；

（五）债务人、抵押人被宣告破产或者解散；

（六）法律规定债权确定的其他情形。

第四百二十四条　最高额抵押权除适用本节规定外，适用本章第一节的有关规定。

第十八章　质权

第一节　动产质权

第四百二十五条　为担保债务的履行，债务人或者第三人将其动产出质给债权人占有的，债务人不履行到期债务或者发生当事人约定的实现质权的情形，债权人有权就该动产优先受偿。

前款规定的债务人或者第三人为出质人，债权人为质权人，交付的动产为质押财产。

第四百二十六条　法律、行政法规禁止转让的动产不得出质。

第四百二十七条　设立质权，当事人应当采用书面形式订立质押合同。

质押合同一般包括下列条款：

（一）被担保债权的种类和数额；

（二）债务人履行债务的期限；

（三）质押财产的名称、数量等情况；

（四）担保的范围；

（五）质押财产交付的时间、方式。

第四百二十八条　质权人在债务履行期限届满前，与出质人约定债务人不履行到期债务时质押财产归债权人所有的，只能依法就质押财产优先受偿。

第四百二十九条　质权自出质人交付质押财产时设立。

第四百三十条　质权人有权收取质押财产的孳息，但是合同另有约定的除外。

前款规定的孳息应当先充抵收取孳息的费用。

第四百三十一条　质权人在质权存续期间，未经出质人同意，擅自使用、处分质押财产，造成出质人损害的，应当承担赔偿责任。

第四百三十二条　质权人负有妥善保管质押财产的义务；因保管不善致使质押财产毁损、灭失的，应当承担赔偿责任。

质权人的行为可能使质押财产毁损、灭失的，出质人可以请求质权人将质押财产提存，或者请求提前清偿债务并返还质押财产。

第四百三十三条　因不可归责于质权人的事由可能使质押财产毁损或者价值明显减少，足以危害质权人权利的，质权人有权请求出质人提供相应的担保；出质人不提供的，质权人可以拍卖、变卖质押财产，并与出质人协议将拍卖、变卖所得的价款提前清偿债务或者提存。

第四百三十四条　质权人在质权存续期间，未经出质人同意转质，造成质押财产毁损、灭失的，应当承担赔偿责任。

第四百三十五条　质权人可以放弃质权。债务人以自己的财产出质，质权人放弃该质权的，其他担保人在质权人丧失优先受偿权益的范围内免除担保责任，但是其他担保人承诺仍然提供担保的除外。

第四百三十六条　债务人履行债务或者出质人提前清偿所担保的债权的，质权人应当返还质押财产。

债务人不履行到期债务或者发生当事人约定的实现质权的情形，质权人可以与出质人协议以质押财产折价，也可以就拍卖、变卖质押财产所得的价款优先受偿。

质押财产折价或者变卖的，应当参照市场价格。

第四百三十七条　出质人可以请求质权人在债务履行期限届满后及时行使质权；质权人不行使的，出质人可以请求人民法院拍卖、变卖质押财产。

出质人请求质权人及时行使质权，因质权人怠于行使权利造成出质人损害的，由质权人承担赔偿责任。

第四百三十八条　质押财产折价或者拍卖、变卖后，其价款超过债权数额的部分归出质人所有，不足部分由债务人清偿。

第四百三十九条　出质人与质权人可以协议设立最高额质权。

最高额质权除适用本节有关规定外，参照适用本编第十七章第二节的有关规定。

第二节　权利质权

第四百四十条　债务人或者第三人有权处分的下列权利可以出质：

（一）汇票、本票、支票；

（二）债券、存款单；

（三）仓单、提单；

（四）可以转让的基金份额、股权；

（五）可以转让的注册商标专用权、专利权、著作权等知识产权中的财产权；

（六）现有的以及将有的应收账款；

（七）法律、行政法规规定可以出质的其他财产权利。

第四百四十一条　以汇票、本票、支票、债券、存款单、仓单、提单出质的，质权自权利凭证交付质权人时设立；没有权利凭证的，质权自办理出质登记时设立。法律另有规定的，依照其规定。

第四百四十二条　汇票、本票、支票、债券、存款单、仓单、提单的兑现日期或者提货日期先于主债权到期的，质权人可以兑现或者提货，并与出质人协议将兑现的价款或者提取的货物提前清偿债务或者提存。

第四百四十三条　以基金份额、股权出质的，质权自办理出质登记时设立。

基金份额、股权出质后，不得转让，但是出质人与质权人协商同意的除外。出质人转让基金份额、股权所得的价款，应当向质权人提前清偿债务或者提存。

第四百四十四条　以注册商标专用权、专利权、著作权等知识产权中的财产权出质的，质权自办理出质登记时设立。

知识产权中的财产权出质后，出质人不得转让或者许可他人使用，但是出质人与质权人协商同意的除外。出质人转让或者许可他人使用出质的知识产权中的财产权所得的价款，应当向质权人提前清偿债务或者提存。

第四百四十五条　以应收账款出质的，质权自办理出质登记时设立。

应收账款出质后，不得转让，但是出质人与质权人协商同意的除外。出质人转让应收账款所得的价款，应当向质权人提前清偿债务或者提存。

第四百四十六条　权利质权除适用本节规定外，适用本章第一节的有关规定。

第十九章　留置权

第四百四十七条　债务人不履行到期债务，债权人可以留置已经合法占有的债务人的动产，并有权就该动产优先受偿。

前款规定的债权人为留置权人，占有的动

产为留置财产。

第四百四十八条 债权人留置的动产，应当与债权属于同一法律关系，但是企业之间留置的除外。

第四百四十九条 法律规定或者当事人约定不得留置的动产，不得留置。

第四百五十条 留置财产为可分物的，留置财产的价值应当相当于债务的金额。

第四百五十一条 留置权人负有妥善保管留置财产的义务；因保管不善致使留置财产毁损、灭失的，应当承担赔偿责任。

第四百五十二条 留置权人有权收取留置财产的孳息。

前款规定的孳息应当先充抵收取孳息的费用。

第四百五十三条 留置权人与债务人应当约定留置财产后的债务履行期限；没有约定或者约定不明确的，留置权人应当给债务人六十日以上履行债务的期限，但是鲜活易腐等不易保管的动产除外。债务人逾期未履行的，留置权人可以与债务人协议以留置财产折价，也可以就拍卖、变卖留置财产所得的价款优先受偿。

留置财产折价或者变卖的，应当参照市场价格。

第四百五十四条 债务人可以请求留置权人在债务履行期限届满后行使留置权；留置权人不行使的，债务人可以请求人民法院拍卖、变卖留置财产。

第四百五十五条 留置财产折价或者拍卖、变卖后，其价款超过债权数额的部分归债务人所有，不足部分由债务人清偿。

第四百五十六条 同一动产上已经设立抵押权或者质权，该动产又被留置的，留置权人优先受偿。

第四百五十七条 留置权人对留置财产丧失占有或者留置权人接受债务人另行提供担保的，留置权消灭。

第五分编　占有

第二十章　占有

第四百五十八条 基于合同关系等产生的占有，有关不动产或者动产的使用、收益、违约责任等，按照合同约定；合同没有约定或者约定不明确的，依照有关法律规定。

第四百五十九条 占有人因使用占有的不动产或者动产，致使该不动产或者动产受到损害的，恶意占有人应当承担赔偿责任。

第四百六十条 不动产或者动产被占有人占有的，权利人可以请求返还原物及其孳息；但是，应当支付善意占有人因维护该不动产或者动产支出的必要费用。

第四百六十一条 占有的不动产或者动产毁损、灭失，该不动产或者动产的权利人请求赔偿的，占有人应当将因毁损、灭失取得的保险金、赔偿金或者补偿金等返还给权利人；权利人的损害未得到足够弥补的，恶意占有人还应当赔偿损失。

第四百六十二条 占有的不动产或者动产被侵占的，占有人有权请求返还原物；对妨害占有的行为，占有人有权请求排除妨害或者消除危险；因侵占或者妨害造成损害的，占有人有权依法请求损害赔偿。

占有人返还原物的请求权，自侵占发生之日起一年内未行使的，该请求权消灭。

第三编　合同

第一分编　通则

第一章　一般规定

第四百六十三条 本编调整因合同产生的民事关系。

第四百六十四条 合同是民事主体之间设立、变更、终止民事法律关系的协议。

婚姻、收养、监护等有关身份关系的协议，适用有关该身份关系的法律规定；没有规定的，可以根据其性质参照适用本编规定。

第四百六十五条 依法成立的合同，受法律保护。

依法成立的合同，仅对当事人具有法律约束力，但是法律另有规定的除外。

第四百六十六条 当事人对合同条款的理解有争议的，应当依据本法第一百四十二条第一款的规定，确定争议条款的含义。

合同文本采用两种以上文字订立并约定具有同等效力的，对各文本使用的词句推定具有相同含义。各文本使用的词句不一致的，应当根据合同的相关条款、性质、目的以及诚信原则等予以解释。

第四百六十七条　本法或者其他法律没有明文规定的合同，适用本编通则的规定，并可以参照适用本编或者其他法律最相类似合同的规定。

在中华人民共和国境内履行的中外合资经营企业合同、中外合作经营企业合同、中外合作勘探开发自然资源合同，适用中华人民共和国法律。

第四百六十八条　非因合同产生的债权债务关系，适用有关该债权债务关系的法律规定；没有规定的，适用本编通则的有关规定，但是根据其性质不能适用的除外。

第二章　合同的订立

第四百六十九条　当事人订立合同，可以采用书面形式、口头形式或者其他形式。

书面形式是合同书、信件、电报、电传、传真等可以有形地表现所载内容的形式。

以电子数据交换、电子邮件等方式能够有形地表现所载内容，并可以随时调取查用的数据电文，视为书面形式。

第四百七十条　合同的内容由当事人约定，一般包括下列条款：

（一）当事人的姓名或者名称和住所；

（二）标的；

（三）数量；

（四）质量；

（五）价款或者报酬；

（六）履行期限、地点和方式；

（七）违约责任；

（八）解决争议的方法。

当事人可以参照各类合同的示范文本订立合同。

第四百七十一条　当事人订立合同，可以采取要约、承诺方式或者其他方式。

第四百七十二条　要约是希望与他人订立合同的意思表示，该意思表示应当符合下列条件：

（一）内容具体确定；

（二）表明经受要约人承诺，要约人即受该意思表示约束。

第四百七十三条　要约邀请是希望他人向自己发出要约的表示。拍卖公告、招标公告、招股说明书、债券募集办法、基金招募说明书、商业广告和宣传、寄送的价目表等为要约邀请。

商业广告和宣传的内容符合要约条件的，构成要约。

第四百七十四条　要约生效的时间适用本法第一百三十七条的规定。

第四百七十五条　要约可以撤回。要约的撤回适用本法第一百四十一条的规定。

第四百七十六条　要约可以撤销，但是有下列情形之一的除外：

（一）要约人以确定承诺期限或者其他形式明示要约不可撤销；

（二）受要约人有理由认为要约是不可撤销的，并已经为履行合同做了合理准备工作。

第四百七十七条　撤销要约的意思表示以对话方式作出的，该意思表示的内容应当在受要约人作出承诺之前为受要约人所知道；撤销要约的意思表示以非对话方式作出的，应当在受要约人作出承诺之前到达受要约人。

第四百七十八条　有下列情形之一的，要约失效：

（一）要约被拒绝；

（二）要约被依法撤销；

（三）承诺期限届满，受要约人未作出承诺；

（四）受要约人对要约的内容作出实质性变更。

第四百七十九条　承诺是受要约人同意要约的意思表示。

第四百八十条　承诺应当以通知的方式作出；但是，根据交易习惯或者要约表明可以通过行为作出承诺的除外。

第四百八十一条　承诺应当在要约确定的期限内到达要约人。

要约没有确定承诺期限的，承诺应当依照

下列规定到达：

（一）要约以对话方式作出的，应当即时作出承诺；

（二）要约以非对话方式作出的，承诺应当在合理期限内到达。

第四百八十二条 要约以信件或者电报作出的，承诺期限自信件载明的日期或者电报交发之日开始计算。信件未载明日期的，自投寄该信件的邮戳日期开始计算。要约以电话、传真、电子邮件等快速通讯方式作出的，承诺期限自要约到达受要约人时开始计算。

第四百八十三条 承诺生效时合同成立，但是法律另有规定或者当事人另有约定的除外。

第四百八十四条 以通知方式作出的承诺，生效的时间适用本法第一百三十七条的规定。

承诺不需要通知的，根据交易习惯或者要约的要求作出承诺的行为时生效。

第四百八十五条 承诺可以撤回。承诺的撤回适用本法第一百四十一条的规定。

第四百八十六条 受要约人超过承诺期限发出承诺，或者在承诺期限内发出承诺，按照通常情形不能及时到达要约人的，为新要约；但是，要约人及时通知受要约人该承诺有效的除外。

第四百八十七条 受要约人在承诺期限内发出承诺，按照通常情形能够及时到达要约人，但是因其他原因致使承诺到达要约人时超过承诺期限的，除要约人及时通知受要约人因承诺超过期限不接受该承诺外，该承诺有效。

第四百八十八条 承诺的内容应当与要约的内容一致。受要约人对要约的内容作出实质性变更的，为新要约。有关合同标的、数量、质量、价款或者报酬、履行期限、履行地点和方式、违约责任和解决争议方法等的变更，是对要约内容的实质性变更。

第四百八十九条 承诺对要约的内容作出非实质性变更的，除要约人及时表示反对或者要约表明承诺不得对要约的内容作出任何变更外，该承诺有效，合同的内容以承诺的内容为准。

第四百九十条 当事人采用合同书形式订立合同的，自当事人均签名、盖章或者按指印时合同成立。在签名、盖章或者按指印之前，当事人一方已经履行主要义务，对方接受时，该合同成立。

法律、行政法规规定或者当事人约定合同应当采用书面形式订立，当事人未采用书面形式但是一方已经履行主要义务，对方接受时，该合同成立。

第四百九十一条 当事人采用信件、数据电文等形式订立合同要求签订确认书的，签订确认书时合同成立。

当事人一方通过互联网等信息网络发布的商品或者服务信息符合要约条件的，对方选择该商品或者服务并提交订单成功时合同成立，但是当事人另有约定的除外。

第四百九十二条 承诺生效的地点为合同成立的地点。

采用数据电文形式订立合同的，收件人的主营业地为合同成立的地点；没有主营业地的，其住所地为合同成立的地点。当事人另有约定的，按照其约定。

第四百九十三条 当事人采用合同书形式订立合同的，最后签名、盖章或者按指印的地点为合同成立的地点，但是当事人另有约定的除外。

第四百九十四条 国家根据抢险救灾、疫情防控或者其他需要下达国家订货任务、指令性任务的，有关民事主体之间应当依照有关法律、行政法规规定的权利和义务订立合同。

依照法律、行政法规的规定负有发出要约义务的当事人，应当及时发出合理的要约。

依照法律、行政法规的规定负有作出承诺义务的当事人，不得拒绝对方合理的订立合同要求。

第四百九十五条 当事人约定在将来一定期限内订立合同的认购书、订购书、预订书等，构成预约合同。

当事人一方不履行预约合同约定的订立合同义务的，对方可以请求其承担预约合同的违约责任。

第四百九十六条 格式条款是当事人为了重复使用而预先拟定，并在订立合同时未与对方协商的条款。

采用格式条款订立合同的，提供格式条款的一方应当遵循公平原则确定当事人之间的权利和义务，并采取合理的方式提示对方注意免除或者减轻其责任等与对方有重大利害关系的条款，按照对方的要求，对该条款予以说明。提供格式条款的一方未履行提示或者说明义务，致使对方没有注意或者理解与其有重大利害关系的条款的，对方可以主张该条款不成为合同的内容。

第四百九十七条　有下列情形之一的，该格式条款无效：

（一）具有本法第一编第六章第三节和本法第五百零六条规定的无效情形；

（二）提供格式条款一方不合理地免除或者减轻其责任、加重对方责任、限制对方主要权利；

（三）提供格式条款一方排除对方主要权利。

第四百九十八条　对格式条款的理解发生争议的，应当按照通常理解予以解释。对格式条款有两种以上解释的，应当作出不利于提供格式条款一方的解释。格式条款和非格式条款不一致的，应当采用非格式条款。

第四百九十九条　悬赏人以公开方式声明对完成特定行为的人支付报酬的，完成该行为的人可以请求其支付。

第五百条　当事人在订立合同过程中有下列情形之一，造成对方损失的，应当承担赔偿责任：

（一）假借订立合同，恶意进行磋商；

（二）故意隐瞒与订立合同有关的重要事实或者提供虚假情况；

（三）有其他违背诚信原则的行为。

第五百零一条　当事人在订立合同过程中知悉的商业秘密或者其他应当保密的信息，无论合同是否成立，不得泄露或者不正当地使用；泄露、不正当地使用该商业秘密或者信息，造成对方损失的，应当承担赔偿责任。

第三章　合同的效力

第五百零二条　依法成立的合同，自成立时生效，但是法律另有规定或者当事人另有约定的除外。

依照法律、行政法规的规定，合同应当办理批准等手续的，依照其规定。未办理批准等手续影响合同生效的，不影响合同中履行报批等义务条款以及相关条款的效力。应当办理申请批准等手续的当事人未履行义务的，对方可以请求其承担违反该义务的责任。

依照法律、行政法规的规定，合同的变更、转让、解除等情形应当办理批准等手续的，适用前款规定。

第五百零三条　无权代理人以被代理人的名义订立合同，被代理人已经开始履行合同义务或者接受相对人履行的，视为对合同的追认。

第五百零四条　法人的法定代表人或者非法人组织的负责人超越权限订立的合同，除相对人知道或者应当知道其超越权限外，该代表行为有效，订立的合同对法人或者非法人组织发生效力。

第五百零五条　当事人超越经营范围订立的合同的效力，应当依照本法第一编第六章第三节和本编的有关规定确定，不得仅以超越经营范围确认合同无效。

第五百零六条　合同中的下列免责条款无效：

（一）造成对方人身损害的；

（二）因故意或者重大过失造成对方财产损失的。

第五百零七条　合同不生效、无效、被撤销或者终止的，不影响合同中有关解决争议方法的条款的效力。

第五百零八条　本编对合同的效力没有规定的，适用本法第一编第六章的有关规定。

第四章　合同的履行

第五百零九条　当事人应当按照约定全面履行自己的义务。

当事人应当遵循诚信原则，根据合同的性质、目的和交易习惯履行通知、协助、保密等义务。

当事人在履行合同过程中，应当避免浪费资源、污染环境和破坏生态。

第五百一十条　合同生效后，当事人就质量、价款或者报酬、履行地点等内容没有约定或者约定不明确的，可以协议补充；不能达成补充协议的，按照合同相关条款或者交易习惯确定。

第五百一十一条　当事人就有关合同内容约定不明确，依据前条规定仍不能确定的，适用下列规定：

（一）质量要求不明确的，按照强制性国家标准履行；没有强制性国家标准的，按照推荐性国家标准履行；没有推荐性国家标准的，按照行业标准履行；没有国家标准、行业标准的，按照通常标准或者符合合同目的的特定标准履行。

（二）价款或者报酬不明确的，按照订立合同时履行地的市场价格履行；依法应当执行政府定价或者政府指导价的，依照规定履行。

（三）履行地点不明确，给付货币的，在接受货币一方所在地履行；交付不动产的，在不动产所在地履行；其他标的，在履行义务一方所在地履行。

（四）履行期限不明确的，债务人可以随时履行，债权人也可以随时请求履行，但是应当给对方必要的准备时间。

（五）履行方式不明确的，按照有利于实现合同目的的方式履行。

（六）履行费用的负担不明确的，由履行义务一方负担；因债权人原因增加的履行费用，由债权人负担。

第五百一十二条　通过互联网等信息网络订立的电子合同的标的为交付商品并采用快递物流方式交付的，收货人的签收时间为交付时间。电子合同的标的为提供服务的，生成的电子凭证或者实物凭证中载明的时间为提供服务时间；前述凭证没有载明时间或者载明时间与实际提供服务时间不一致的，以实际提供服务的时间为准。

电子合同的标的物为采用在线传输方式交付的，合同标的物进入对方当事人指定的特定系统且能够检索识别的时间为交付时间。

电子合同当事人对交付商品或者提供服务的方式、时间另有约定的，按照其约定。

第五百一十三条　执行政府定价或者政府指导价的，在合同约定的交付期限内政府价格调整时，按照交付时的价格计价。逾期交付标的物的，遇价格上涨时，按照原价格执行；价格下降时，按照新价格执行。逾期提取标的物或者逾期付款的，遇价格上涨时，按照新价格执行；价格下降时，按照原价格执行。

第五百一十四条　以支付金钱为内容的债，除法律另有规定或者当事人另有约定外，债权人可以请求债务人以实际履行地的法定货币履行。

第五百一十五条　标的有多项而债务人只需履行其中一项的，债务人享有选择权；但是，法律另有规定、当事人另有约定或者另有交易习惯的除外。

享有选择权的当事人在约定期限内或者履行期限届满未作选择，经催告后在合理期限内仍未选择的，选择权转移至对方。

第五百一十六条　当事人行使选择权应当及时通知对方，通知到达对方时，标的确定。标的确定后不得变更，但是经对方同意的除外。

可选择的标的发生不能履行情形的，享有选择权的当事人不得选择不能履行的标的，但是该不能履行的情形是由对方造成的除外。

第五百一十七条　债权人为二人以上，标的可分，按照份额各自享有债权的，为按份债权；债务人为二人以上，标的可分，按照份额各自负担债务的，为按份债务。

按份债权人或者按份债务人的份额难以确定的，视为份额相同。

第五百一十八条　债权人为二人以上，部分或者全部债权人均可以请求债务人履行债务的，为连带债权；债务人为二人以上，债权人可以请求部分或者全部债务人履行全部债务的，为连带债务。

连带债权或者连带债务，由法律规定或者当事人约定。

第五百一十九条　连带债务人之间的份额难以确定的，视为份额相同。

实际承担债务超过自己份额的连带债务人，有权就超出部分在其他连带债务人未履行的份额范围内向其追偿，并相应地享有债权人的权利，但是不得损害债权人的利益。其他连带债务人对债权人的抗辩，可以向该债务人主张。

被追偿的连带债务人不能履行其应分担份额的，其他连带债务人应当在相应范围内按比例分担。

第五百二十条　部分连带债务人履行、抵销债务或者提存标的物的，其他债务人对债权人的债务在相应范围内消灭；该债务人可以依据前条规定向其他债务人追偿。

部分连带债务人的债务被债权人免除的，在该连带债务人应当承担的份额范围内，其他债务人对债权人的债务消灭。

部分连带债务人的债务与债权人的债权同归于一人的，在扣除该债务人应当承担的份额后，债权人对其他债务人的债权继续存在。

债权人对部分连带债务人的给付受领迟延的，对其他连带债务人发生效力。

第五百二十一条　连带债权人之间的份额难以确定的，视为份额相同。

实际受领债权的连带债权人，应当按比例向其他连带债权人返还。

连带债权参照适用本章连带债务的有关规定。

第五百二十二条　当事人约定由债务人向第三人履行债务，债务人未向第三人履行债务或者履行债务不符合约定的，应当向债权人承担违约责任。

法律规定或者当事人约定第三人可以直接请求债务人向其履行债务，第三人未在合理期限内明确拒绝，债务人未向第三人履行债务或者履行债务不符合约定的，第三人可以请求债务人承担违约责任；债务人对债权人的抗辩，可以向第三人主张。

第五百二十三条　当事人约定由第三人向债权人履行债务，第三人不履行债务或者履行债务不符合约定的，债务人应当向债权人承担违约责任。

第五百二十四条　债务人不履行债务，第三人对履行该债务具有合法利益的，第三人有权向债权人代为履行；但是，根据债务性质、按照当事人约定或者依照法律规定只能由债务人履行的除外。

债权人接受第三人履行后，其对债务人的债权转让给第三人，但是债务人和第三人另有约定的除外。

第五百二十五条　当事人互负债务，没有先后履行顺序的，应当同时履行。一方在对方履行之前有权拒绝其履行请求。一方在对方履行债务不符合约定时，有权拒绝其相应的履行请求。

第五百二十六条　当事人互负债务，有先后履行顺序，应当先履行债务一方未履行的，后履行一方有权拒绝其履行请求。先履行一方履行债务不符合约定的，后履行一方有权拒绝其相应的履行请求。

第五百二十七条　应当先履行债务的当事人，有确切证据证明对方有下列情形之一的，可以中止履行：

（一）经营状况严重恶化；

（二）转移财产、抽逃资金，以逃避债务；

（三）丧失商业信誉；

（四）有丧失或者可能丧失履行债务能力的其他情形。

当事人没有确切证据中止履行的，应当承担违约责任。

第五百二十八条　当事人依据前条规定中止履行的，应当及时通知对方。对方提供适当担保的，应当恢复履行。中止履行后，对方在合理期限内未恢复履行能力且未提供适当担保的，视为以自己的行为表明不履行主要债务，中止履行的一方可以解除合同并可以请求对方承担违约责任。

第五百二十九条　债权人分立、合并或者变更住所没有通知债务人，致使履行债务发生困难的，债务人可以中止履行或者将标的物提存。

第五百三十条　债权人可以拒绝债务人提前履行债务，但是提前履行不损害债权人利益的除外。

债务人提前履行债务给债权人增加的费用，由债务人负担。

第五百三十一条　债权人可以拒绝债务人部分履行债务，但是部分履行不损害债权人利益的除外。

债务人部分履行债务给债权人增加的费用，由债务人负担。

第五百三十二条 合同生效后，当事人不得因姓名、名称的变更或者法定代表人、负责人、承办人的变动而不履行合同义务。

第五百三十三条 合同成立后，合同的基础条件发生了当事人在订立合同时无法预见的、不属于商业风险的重大变化，继续履行合同对于当事人一方明显不公平的，受不利影响的当事人可以与对方重新协商；在合理期限内协商不成的，当事人可以请求人民法院或者仲裁机构变更或者解除合同。

人民法院或者仲裁机构应当结合案件的实际情况，根据公平原则变更或者解除合同。

第五百三十四条 对当事人利用合同实施危害国家利益、社会公共利益行为的，市场监督管理和其他有关行政主管部门依照法律、行政法规的规定负责监督处理。

第五章 合同的保全

第五百三十五条 因债务人怠于行使其债权或者与该债权有关的从权利，影响债权人的到期债权实现的，债权人可以向人民法院请求以自己的名义代位行使债务人对相对人的权利，但是该权利专属于债务人自身的除外。

代位权的行使范围以债权人的到期债权为限。债权人行使代位权的必要费用，由债务人负担。

相对人对债务人的抗辩，可以向债权人主张。

第五百三十六条 债权人的债权到期前，债务人的债权或者与该债权有关的从权利存在诉讼时效期间即将届满或者未及时申报破产债权等情形，影响债权人的债权实现的，债权人可以代位向债务人的相对人请求其向债务人履行、向破产管理人申报或者作出其他必要的行为。

第五百三十七条 人民法院认定代位权成立的，由债务人的相对人向债权人履行义务，债权人接受履行后，债权人与债务人、债务人与相对人之间相应的权利义务终止。债务人对相对人的债权或者与该债权有关的从权利被采取保全、执行措施，或者债务人破产的，依照相关法律的规定处理。

第五百三十八条 债务人以放弃其债权、放弃债权担保、无偿转让财产等方式无偿处分财产权益，或者恶意延长其到期债权的履行期限，影响债权人的债权实现的，债权人可以请求人民法院撤销债务人的行为。

第五百三十九条 债务人以明显不合理的低价转让财产、以明显不合理的高价受让他人财产或者为他人的债务提供担保，影响债权人的债权实现，债务人的相对人知道或者应当知道该情形的，债权人可以请求人民法院撤销债务人的行为。

第五百四十条 撤销权的行使范围以债权人的债权为限。债权人行使撤销权的必要费用，由债务人负担。

第五百四十一条 撤销权自债权人知道或者应当知道撤销事由之日起一年内行使。自债务人的行为发生之日起五年内没有行使撤销权的，该撤销权消灭。

第五百四十二条 债务人影响债权人的债权实现的行为被撤销的，自始没有法律约束力。

第六章 合同的变更和转让

第五百四十三条 当事人协商一致，可以变更合同。

第五百四十四条 当事人对合同变更的内容约定不明确的，推定为未变更。

第五百四十五条 债权人可以将债权的全部或者部分转让给第三人，但是有下列情形之一的除外：

（一）根据债权性质不得转让；

（二）按照当事人约定不得转让；

（三）依照法律规定不得转让。

当事人约定非金钱债权不得转让的，不得对抗善意第三人。当事人约定金钱债权不得转让的，不得对抗第三人。

第五百四十六条 债权人转让债权，未通知债务人的，该转让对债务人不发生效力。

债权转让的通知不得撤销，但是经受让人同意的除外。

第五百四十七条 债权人转让债权的，受让人取得与债权有关的从权利，但是该从权利专属于债权人自身的除外。

受让人取得从权利不因该从权利未办理转移登记手续或者未转移占有而受到影响。

第五百四十八条　债务人接到债权转让通知后，债务人对让与人的抗辩，可以向受让人主张。

第五百四十九条　有下列情形之一的，债务人可以向受让人主张抵销：

（一）债务人接到债权转让通知时，债务人对让与人享有债权，且债务人的债权先于转让的债权到期或者同时到期；

（二）债务人的债权与转让的债权是基于同一合同产生。

第五百五十条　因债权转让增加的履行费用，由让与人负担。

第五百五十一条　债务人将债务的全部或者部分转移给第三人的，应当经债权人同意。

债务人或者第三人可以催告债权人在合理期限内予以同意，债权人未作表示的，视为不同意。

第五百五十二条　第三人与债务人约定加入债务并通知债权人，或者第三人向债权人表示愿意加入债务，债权人未在合理期限内明确拒绝的，债权人可以请求第三人在其愿意承担的债务范围内和债务人承担连带债务。

第五百五十三条　债务人转移债务的，新债务人可以主张原债务人对债权人的抗辩；原债务人对债权人享有债权的，新债务人不得向债权人主张抵销。

第五百五十四条　债务人转移债务的，新债务人应当承担与主债务有关的从债务，但是该从债务专属于原债务人自身的除外。

第五百五十五条　当事人一方经对方同意，可以将自己在合同中的权利和义务一并转让给第三人。

第五百五十六条　合同的权利和义务一并转让的，适用债权转让、债务转移的有关规定。

第七章　合同的权利义务终止

第五百五十七条　有下列情形之一的，债权债务终止：

（一）债务已经履行；

（二）债务相互抵销；

（三）债务人依法将标的物提存；

（四）债权人免除债务；

（五）债权债务同归于一人；

（六）法律规定或者当事人约定终止的其他情形。

合同解除的，该合同的权利义务关系终止。

第五百五十八条　债权债务终止后，当事人应当遵循诚信等原则，根据交易习惯履行通知、协助、保密、旧物回收等义务。

第五百五十九条　债权债务终止时，债权的从权利同时消灭，但是法律另有规定或者当事人另有约定的除外。

第五百六十条　债务人对同一债权人负担的数项债务种类相同，债务人的给付不足以清偿全部债务的，除当事人另有约定外，由债务人在清偿时指定其履行的债务。

债务人未作指定的，应当优先履行已经到期的债务；数项债务均到期的，优先履行对债权人缺乏担保或者担保最少的债务；均无担保或者担保相等的，优先履行债务人负担较重的债务；负担相同的，按照债务到期的先后顺序履行；到期时间相同的，按照债务比例履行。

第五百六十一条　债务人在履行主债务外还应当支付利息和实现债权的有关费用，其给付不足以清偿全部债务的，除当事人另有约定外，应当按照下列顺序履行：

（一）实现债权的有关费用；

（二）利息；

（三）主债务。

第五百六十二条　当事人协商一致，可以解除合同。

当事人可以约定一方解除合同的事由。解除合同的事由发生时，解除权人可以解除合同。

第五百六十三条　有下列情形之一的，当事人可以解除合同：

（一）因不可抗力致使不能实现合同目的；

（二）在履行期限届满前，当事人一方明确表示或者以自己的行为表明不履行主要债务；

（三）当事人一方迟延履行主要债务，经催告后在合理期限内仍未履行；

（四）当事人一方迟延履行债务或者有其他违约行为致使不能实现合同目的；

（五）法律规定的其他情形。

以持续履行的债务为内容的不定期合同，当事人可以随时解除合同，但是应当在合理期限之前通知对方。

第五百六十四条 法律规定或者当事人约定解除权行使期限，期限届满当事人不行使的，该权利消灭。

法律没有规定或者当事人没有约定解除权行使期限，自解除权人知道或者应当知道解除事由之日起一年内不行使，或者经对方催告后在合理期限内不行使的，该权利消灭。

第五百六十五条 当事人一方依法主张解除合同的，应当通知对方。合同自通知到达对方时解除；通知载明债务人在一定期限内不履行债务则合同自动解除，债务人在该期限内未履行债务的，合同自通知载明的期限届满时解除。对方对解除合同有异议的，任何一方当事人均可以请求人民法院或者仲裁机构确认解除行为的效力。

当事人一方未通知对方，直接以提起诉讼或者申请仲裁的方式依法主张解除合同，人民法院或者仲裁机构确认该主张的，合同自起诉状副本或者仲裁申请书副本送达对方时解除。

第五百六十六条 合同解除后，尚未履行的，终止履行；已经履行的，根据履行情况和合同性质，当事人可以请求恢复原状或者采取其他补救措施，并有权请求赔偿损失。

合同因违约解除的，解除权人可以请求违约方承担违约责任，但是当事人另有约定的除外。

主合同解除后，担保人对债务人应当承担的民事责任仍应当承担担保责任，但是担保合同另有约定的除外。

第五百六十七条 合同的权利义务关系终止，不影响合同中结算和清理条款的效力。

第五百六十八条 当事人互负债务，该债务的标的物种类、品质相同的，任何一方可以将自己的债务与对方的到期债务抵销；但是，根据债务性质、按照当事人约定或者依照法律规定不得抵销的除外。

当事人主张抵销的，应当通知对方。通知自到达对方时生效。抵销不得附条件或者附期限。

第五百六十九条 当事人互负债务，标的物种类、品质不相同的，经协商一致，也可以抵销。

第五百七十条 有下列情形之一，难以履行债务的，债务人可以将标的物提存：

（一）债权人无正当理由拒绝受领；

（二）债权人下落不明；

（三）债权人死亡未确定继承人、遗产管理人，或者丧失民事行为能力未确定监护人；

（四）法律规定的其他情形。

标的物不适于提存或者提存费用过高的，债务人依法可以拍卖或者变卖标的物，提存所得的价款。

第五百七十一条 债务人将标的物或者将标的物依法拍卖、变卖所得价款交付提存部门时，提存成立。

提存成立的，视为债务人在其提存范围内已经交付标的物。

第五百七十二条 标的物提存后，债务人应当及时通知债权人或者债权人的继承人、遗产管理人、监护人、财产代管人。

第五百七十三条 标的物提存后，毁损、灭失的风险由债权人承担。提存期间，标的物的孳息归债权人所有。提存费用由债权人负担。

第五百七十四条 债权人可以随时领取提存物。但是，债权人对债务人负有到期债务的，在债权人未履行债务或者提供担保之前，提存部门根据债务人的要求应当拒绝其领取提存物。

债权人领取提存物的权利，自提存之日起五年内不行使而消灭，提存物扣除提存费用后归国家所有。但是，债权人未履行对债务人的到期债务，或者债权人向提存部门书面表示放弃领取提存物权利的，债务人负担提存费用后有权取回提存物。

第五百七十五条 债权人免除债务人部分或者全部债务的，债权债务部分或者全部终止，但是债务人在合理期限内拒绝的除外。

第五百七十六条　债权和债务同归于一人的，债权债务终止，但是损害第三人利益的除外。

第八章　违约责任

第五百七十七条　当事人一方不履行合同义务或者履行合同义务不符合约定的，应当承担继续履行、采取补救措施或者赔偿损失等违约责任。

第五百七十八条　当事人一方明确表示或者以自己的行为表明不履行合同义务的，对方可以在履行期限届满前请求其承担违约责任。

第五百七十九条　当事人一方未支付价款、报酬、租金、利息，或者不履行其他金钱债务的，对方可以请求其支付。

第五百八十条　当事人一方不履行非金钱债务或者履行非金钱债务不符合约定的，对方可以请求履行，但是有下列情形之一的除外：

（一）法律上或者事实上不能履行；

（二）债务的标的不适于强制履行或者履行费用过高；

（三）债权人在合理期限内未请求履行。

有前款规定的除外情形之一，致使不能实现合同目的的，人民法院或者仲裁机构可以根据当事人的请求终止合同权利义务关系，但是不影响违约责任的承担。

第五百八十一条　当事人一方不履行债务或者履行债务不符合约定，根据债务的性质不得强制履行的，对方可以请求其负担由第三人替代履行的费用。

第五百八十二条　履行不符合约定的，应当按照当事人的约定承担违约责任。对违约责任没有约定或者约定不明确，依据本法第五百一十条的规定仍不能确定的，受损害方根据标的的性质以及损失的大小，可以合理选择请求对方承担修理、重作、更换、退货、减少价款或者报酬等违约责任。

第五百八十三条　当事人一方不履行合同义务或者履行合同义务不符合约定的，在履行义务或者采取补救措施后，对方还有其他损失的，应当赔偿损失。

第五百八十四条　当事人一方不履行合同义务或者履行合同义务不符合约定，造成对方损失的，损失赔偿额应当相当于因违约所造成的损失，包括合同履行后可以获得的利益；但是，不得超过违约一方订立合同时预见到或者应当预见到的因违约可能造成的损失。

第五百八十五条　当事人可以约定一方违约时应当根据违约情况向对方支付一定数额的违约金，也可以约定因违约产生的损失赔偿额的计算方法。

约定的违约金低于造成的损失的，人民法院或者仲裁机构可以根据当事人的请求予以增加；约定的违约金过分高于造成的损失的，人民法院或者仲裁机构可以根据当事人的请求予以适当减少。

当事人就迟延履行约定违约金的，违约方支付违约金后，还应当履行债务。

第五百八十六条　当事人可以约定一方向对方给付定金作为债权的担保。定金合同自实际交付定金时成立。

定金的数额由当事人约定；但是，不得超过主合同标的额的百分之二十，超过部分不产生定金的效力。实际交付的定金数额多于或者少于约定数额的，视为变更约定的定金数额。

第五百八十七条　债务人履行债务的，定金应当抵作价款或者收回。给付定金的一方不履行债务或者履行债务不符合约定，致使不能实现合同目的的，无权请求返还定金；收受定金的一方不履行债务或者履行债务不符合约定，致使不能实现合同目的的，应当双倍返还定金。

第五百八十八条　当事人既约定违约金，又约定定金的，一方违约时，对方可以选择适用违约金或者定金条款。

定金不足以弥补一方违约造成的损失的，对方可以请求赔偿超过定金数额的损失。

第五百八十九条　债务人按照约定履行债务，债权人无正当理由拒绝受领的，债务人可以请求债权人赔偿增加的费用。

在债权人受领迟延期间，债务人无须支付利息。

第五百九十条 当事人一方因不可抗力不能履行合同的，根据不可抗力的影响，部分或者全部免除责任，但是法律另有规定的除外。因不可抗力不能履行合同的，应当及时通知对方，以减轻可能给对方造成的损失，并应当在合理期限内提供证明。

当事人迟延履行后发生不可抗力的，不免除其违约责任。

第五百九十一条 当事人一方违约后，对方应当采取适当措施防止损失的扩大；没有采取适当措施致使损失扩大的，不得就扩大的损失请求赔偿。

当事人因防止损失扩大而支出的合理费用，由违约方负担。

第五百九十二条 当事人都违反合同的，应当各自承担相应的责任。

当事人一方违约造成对方损失，对方对损失的发生有过错的，可以减少相应的损失赔偿额。

第五百九十三条 当事人一方因第三人的原因造成违约的，应当依法向对方承担违约责任。当事人一方和第三人之间的纠纷，依照法律规定或者按照约定处理。

第五百九十四条 因国际货物买卖合同和技术进出口合同争议提起诉讼或者申请仲裁的时效期间为四年。

第二分编 典型合同

第九章 买卖合同

第五百九十五条 买卖合同是出卖人转移标的物的所有权于买受人，买受人支付价款的合同。

第五百九十六条 买卖合同的内容一般包括标的物的名称、数量、质量、价款、履行期限、履行地点和方式、包装方式、检验标准和方法、结算方式、合同使用的文字及其效力等条款。

第五百九十七条 因出卖人未取得处分权致使标的物所有权不能转移的，买受人可以解除合同并请求出卖人承担违约责任。

法律、行政法规禁止或者限制转让的标的物，依照其规定。

第五百九十八条 出卖人应当履行向买受人交付标的物或者交付提取标的物的单证，并转移标的物所有权的义务。

第五百九十九条 出卖人应当按照约定或者交易习惯向买受人交付提取标的物单证以外的有关单证和资料。

第六百条 出卖具有知识产权的标的物的，除法律另有规定或者当事人另有约定外，该标的物的知识产权不属于买受人。

第六百零一条 出卖人应当按照约定的时间交付标的物。约定交付期限的，出卖人可以在该交付期限内的任何时间交付。

第六百零二条 当事人没有约定标的物的交付期限或者约定不明确的，适用本法第五百一十条、第五百一十一条第四项的规定。

第六百零三条 出卖人应当按照约定的地点交付标的物。

当事人没有约定交付地点或者约定不明确，依据本法第五百一十条的规定仍不能确定的，适用下列规定：

（一）标的物需要运输的，出卖人应当将标的物交付给第一承运人以运交给买受人；

（二）标的物不需要运输，出卖人和买受人订立合同时知道标的物在某一地点的，出卖人应当在该地点交付标的物；不知道标的物在某一地点的，应当在出卖人订立合同时的营业地交付标的物。

第六百零四条 标的物毁损、灭失的风险，在标的物交付之前由出卖人承担，交付之后由买受人承担，但是法律另有规定或者当事人另有约定的除外。

第六百零五条 因买受人的原因致使标的物未按照约定的期限交付的，买受人应当自违反约定时起承担标的物毁损、灭失的风险。

第六百零六条 出卖人出卖交由承运人运输的在途标的物，除当事人另有约定外，毁损、灭失的风险自合同成立时起由买受人承担。

第六百零七条 出卖人按照约定将标的物运送至买受人指定地点并交付给承运人后，标的物毁损、灭失的风险由买受人承担。

当事人没有约定交付地点或者约定不明

确，依据本法第六百零三条第二款第一项的规定标的物需要运输的，出卖人将标的物交付给第一承运人后，标的物毁损、灭失的风险由买受人承担。

第六百零八条　出卖人按照约定或者依据本法第六百零三条第二款第二项的规定将标的物置于交付地点，买受人违反约定没有收取的，标的物毁损、灭失的风险自违反约定时起由买受人承担。

第六百零九条　出卖人按照约定未交付有关标的物的单证和资料的，不影响标的物毁损、灭失风险的转移。

第六百一十条　因标的物不符合质量要求，致使不能实现合同目的的，买受人可以拒绝接受标的物或者解除合同。买受人拒绝接受标的物或者解除合同的，标的物毁损、灭失的风险由出卖人承担。

第六百一十一条　标的物毁损、灭失的风险由买受人承担的，不影响因出卖人履行义务不符合约定，买受人请求其承担违约责任的权利。

第六百一十二条　出卖人就交付的标的物，负有保证第三人对该标的物不享有任何权利的义务，但是法律另有规定的除外。

第六百一十三条　买受人订立合同时知道或者应当知道第三人对买卖的标的物享有权利的，出卖人不承担前条规定的义务。

第六百一十四条　买受人有确切证据证明第三人对标的物享有权利的，可以中止支付相应的价款，但是出卖人提供适当担保的除外。

第六百一十五条　出卖人应当按照约定的质量要求交付标的物。出卖人提供有关标的物质量说明的，交付的标的物应当符合该说明的质量要求。

第六百一十六条　当事人对标的物的质量要求没有约定或者约定不明确，依据本法第五百一十条的规定仍不能确定的，适用本法第五百一十一条第一项的规定。

第六百一十七条　出卖人交付的标的物不符合质量要求的，买受人可以依据本法第五百八十二条至第五百八十四条的规定请求承担违约责任。

第六百一十八条　当事人约定减轻或者免除出卖人对标的物瑕疵承担的责任，因出卖人故意或者重大过失不告知买受人标的物瑕疵的，出卖人无权主张减轻或者免除责任。

第六百一十九条　出卖人应当按照约定的包装方式交付标的物。对包装方式没有约定或者约定不明确，依据本法第五百一十条的规定仍不能确定的，应当按照通用的方式包装；没有通用方式的，应当采取足以保护标的物且有利于节约资源、保护生态环境的包装方式。

第六百二十条　买受人收到标的物时应当在约定的检验期限内检验。没有约定检验期限的，应当及时检验。

第六百二十一条　当事人约定检验期限的，买受人应当在检验期限内将标的物的数量或者质量不符合约定的情形通知出卖人。买受人怠于通知的，视为标的物的数量或者质量符合约定。

当事人没有约定检验期限的，买受人应当在发现或者应当发现标的物的数量或者质量不符合约定的合理期限内通知出卖人。买受人在合理期限内未通知或者自收到标的物之日起二年内未通知出卖人的，视为标的物的数量或者质量符合约定；但是，对标的物有质量保证期的，适用质量保证期，不适用该二年的规定。

出卖人知道或者应当知道提供的标的物不符合约定的，买受人不受前两款规定的通知时间的限制。

第六百二十二条　当事人约定的检验期限过短，根据标的物的性质和交易习惯，买受人在检验期限内难以完成全面检验的，该期限仅视为买受人对标的物的外观瑕疵提出异议的期限。

约定的检验期限或者质量保证期短于法律、行政法规规定期限的，应当以法律、行政法规规定的期限为准。

第六百二十三条　当事人对检验期限未作约定，买受人签收的送货单、确认单等载明标的物数量、型号、规格的，推定买受人已经对数量和外观瑕疵进行检验，但是有相关证据足以推翻的除外。

第六百二十四条　出卖人依照买受人的指示向第三人交付标的物，出卖人和买受人约定的检验标准与买受人和第三人约定的检验标准不一致的，以出卖人和买受人约定的检验标准为准。

第六百二十五条　依照法律、行政法规的规定或者按照当事人的约定，标的物在有效使用年限届满后应予回收的，出卖人负有自行或者委托第三人对标的物予以回收的义务。

第六百二十六条　买受人应当按照约定的数额和支付方式支付价款。对价款的数额和支付方式没有约定或者约定不明确的，适用本法第五百一十条、第五百一十一条第二项和第五项的规定。

第六百二十七条　买受人应当按照约定的地点支付价款。对支付地点没有约定或者约定不明确，依据本法第五百一十条的规定仍不能确定的，买受人应当在出卖人的营业地支付；但是，约定支付价款以交付标的物或者交付提取标的物单证为条件的，在交付标的物或者交付提取标的物单证的所在地支付。

第六百二十八条　买受人应当按照约定的时间支付价款。对支付时间没有约定或者约定不明确，依据本法第五百一十条的规定仍不能确定的，买受人应当在收到标的物或者提取标的物单证的同时支付。

第六百二十九条　出卖人多交标的物的，买受人可以接收或者拒绝接收多交的部分。买受人接收多交部分的，按照约定的价格支付价款；买受人拒绝接收多交部分的，应当及时通知出卖人。

第六百三十条　标的物在交付之前产生的孳息，归出卖人所有；交付之后产生的孳息，归买受人所有。但是，当事人另有约定的除外。

第六百三十一条　因标的物的主物不符合约定而解除合同的，解除合同的效力及于从物。因标的物的从物不符合约定被解除的，解除的效力不及于主物。

第六百三十二条　标的物为数物，其中一物不符合约定的，买受人可以就该物解除。但是，该物与他物分离使标的物的价值显受损害的，买受人可以就数物解除合同。

第六百三十三条　出卖人分批交付标的物的，出卖人对其中一批标的物不交付或者交付不符合约定，致使该批标的物不能实现合同目的的，买受人可以就该批标的物解除。

出卖人不交付其中一批标的物或者交付不符合约定，致使之后其他各批标的物的交付不能实现合同目的的，买受人可以就该批以及之后其他各批标的物解除。

买受人如果就其中一批标的物解除，该批标的物与其他各批标的物相互依存的，可以就已经交付和未交付的各批标的物解除。

第六百三十四条　分期付款的买受人未支付到期价款的数额达到全部价款的五分之一，经催告后在合理期限内仍未支付到期价款的，出卖人可以请求买受人支付全部价款或者解除合同。

出卖人解除合同的，可以向买受人请求支付该标的物的使用费。

第六百三十五条　凭样品买卖的当事人应当封存样品，并可以对样品质量予以说明。出卖人交付的标的物应当与样品及其说明的质量相同。

第六百三十六条　凭样品买卖的买受人不知道样品有隐蔽瑕疵的，即使交付的标的物与样品相同，出卖人交付的标的物的质量仍然应当符合同种物的通常标准。

第六百三十七条　试用买卖的当事人可以约定标的物的试用期限。对试用期限没有约定或者约定不明确，依据本法第五百一十条的规定仍不能确定的，由出卖人确定。

第六百三十八条　试用买卖的买受人在试用期内可以购买标的物，也可以拒绝购买。试用期限届满，买受人对是否购买标的物未作表示的，视为购买。

试用买卖的买受人在试用期内已经支付部分价款或者对标的物实施出卖、出租、设立担保物权等行为的，视为同意购买。

第六百三十九条　试用买卖的当事人对标的物使用费没有约定或者约定不明确的，出卖人无权请求买受人支付。

第六百四十条　标的物在试用期内毁损、灭失的风险由出卖人承担。

第六百四十一条　当事人可以在买卖合同中约定买受人未履行支付价款或者其他义务的，标的物的所有权属于出卖人。

出卖人对标的物保留的所有权，未经登记，不得对抗善意第三人。

第六百四十二条　当事人约定出卖人保留合同标的物的所有权，在标的物所有权转移前，买受人有下列情形之一，造成出卖人损害的，除当事人另有约定外，出卖人有权取回标的物：

（一）未按照约定支付价款，经催告后在合理期限内仍未支付；

（二）未按照约定完成特定条件；

（三）将标的物出卖、出质或者作出其他不当处分。

出卖人可以与买受人协商取回标的物；协商不成的，可以参照适用担保物权的实现程序。

第六百四十三条　出卖人依据前条第一款的规定取回标的物后，买受人在双方约定或者出卖人指定的合理回赎期限内，消除出卖人取回标的物的事由的，可以请求回赎标的物。

买受人在回赎期限内没有回赎标的物，出卖人可以以合理价格将标的物出卖给第三人，出卖所得价款扣除买受人未支付的价款以及必要费用后仍有剩余的，应当返还买受人；不足部分由买受人清偿。

第六百四十四条　招标投标买卖的当事人的权利和义务以及招标投标程序等，依照有关法律、行政法规的规定。

第六百四十五条　拍卖的当事人的权利和义务以及拍卖程序等，依照有关法律、行政法规的规定。

第六百四十六条　法律对其他有偿合同有规定的，依照其规定；没有规定的，参照适用买卖合同的有关规定。

第六百四十七条　当事人约定易货交易，转移标的物的所有权的，参照适用买卖合同的有关规定。

第十章　供用电、水、气、热力合同

第六百四十八条　供用电合同是供电人向用电人供电，用电人支付电费的合同。

向社会公众供电的供电人，不得拒绝用电人合理的订立合同要求。

第六百四十九条　供用电合同的内容一般包括供电的方式、质量、时间，用电容量、地址、性质，计量方式，电价、电费的结算方式，供用电设施的维护责任等条款。

第六百五十条　供用电合同的履行地点，按照当事人约定；当事人没有约定或者约定不明确的，供电设施的产权分界处为履行地点。

第六百五十一条　供电人应当按照国家规定的供电质量标准和约定安全供电。供电人未按照国家规定的供电质量标准和约定安全供电，造成用电人损失的，应当承担赔偿责任。

第六百五十二条　供电人因供电设施计划检修、临时检修、依法限电或者用电人违法用电等原因，需要中断供电时，应当按照国家有关规定事先通知用电人；未事先通知用电人中断供电，造成用电人损失的，应当承担赔偿责任。

第六百五十三条　因自然灾害等原因断电，供电人应当按照国家有关规定及时抢修；未及时抢修，造成用电人损失的，应当承担赔偿责任。

第六百五十四条　用电人应当按照国家有关规定和当事人的约定及时支付电费。用电人逾期不支付电费的，应当按照约定支付违约金。经催告用电人在合理期限内仍不支付电费和违约金的，供电人可以按照国家规定的程序中止供电。

供电人依据前款规定中止供电的，应当事先通知用电人。

第六百五十五条　用电人应当按照国家有关规定和当事人的约定安全、节约和计划用电。用电人未按照国家有关规定和当事人的约定用电，造成供电人损失的，应当承担赔偿责任。

第六百五十六条　供用水、供用气、供用热力合同，参照适用供用电合同的有关规定。

第十一章　赠与合同

第六百五十七条　赠与合同是赠与人将自己的财产无偿给予受赠人，受赠人表示接受赠与的合同。

第六百五十八条　赠与人在赠与财产的权

利转移之前可以撤销赠与。

经过公证的赠与合同或者依法不得撤销的具有救灾、扶贫、助残等公益、道德义务性质的赠与合同，不适用前款规定。

第六百五十九条 赠与的财产依法需要办理登记或者其他手续的，应当办理有关手续。

第六百六十条 经过公证的赠与合同或者依法不得撤销的具有救灾、扶贫、助残等公益、道德义务性质的赠与合同，赠与人不交付赠与财产的，受赠人可以请求交付。

依据前款规定应当交付的赠与财产因赠与人故意或者重大过失致使毁损、灭失的，赠与人应当承担赔偿责任。

第六百六十一条 赠与可以附义务。

赠与附义务的，受赠人应当按照约定履行义务。

第六百六十二条 赠与的财产有瑕疵的，赠与人不承担责任。附义务的赠与，赠与的财产有瑕疵的，赠与人在附义务的限度内承担与出卖人相同的责任。

赠与人故意不告知瑕疵或者保证无瑕疵，造成受赠人损失的，应当承担赔偿责任。

第六百六十三条 受赠人有下列情形之一的，赠与人可以撤销赠与：

（一）严重侵害赠与人或者赠与人近亲属的合法权益；

（二）对赠与人有扶养义务而不履行；

（三）不履行赠与合同约定的义务。

赠与人的撤销权，自知道或者应当知道撤销事由之日起一年内行使。

第六百六十四条 因受赠人的违法行为致使赠与人死亡或者丧失民事行为能力的，赠与人的继承人或者法定代理人可以撤销赠与。

赠与人的继承人或者法定代理人的撤销权，自知道或者应当知道撤销事由之日起六个月内行使。

第六百六十五条 撤销权人撤销赠与的，可以向受赠人请求返还赠与的财产。

第六百六十六条 赠与人的经济状况显著恶化，严重影响其生产经营或者家庭生活的，可以不再履行赠与义务。

第十二章 借款合同

第六百六十七条 借款合同是借款人向贷款人借款，到期返还借款并支付利息的合同。

第六百六十八条 借款合同应当采用书面形式，但是自然人之间借款另有约定的除外。

借款合同的内容一般包括借款种类、币种、用途、数额、利率、期限和还款方式等条款。

第六百六十九条 订立借款合同，借款人应当按照贷款人的要求提供与借款有关的业务活动和财务状况的真实情况。

第六百七十条 借款的利息不得预先在本金中扣除。利息预先在本金中扣除的，应当按照实际借款数额返还借款并计算利息。

第六百七十一条 贷款人未按照约定的日期、数额提供借款，造成借款人损失的，应当赔偿损失。

借款人未按照约定的日期、数额收取借款的，应当按照约定的日期、数额支付利息。

第六百七十二条 贷款人按照约定可以检查、监督借款的使用情况。借款人应当按照约定向贷款人定期提供有关财务会计报表或者其他资料。

第六百七十三条 借款人未按照约定的借款用途使用借款的，贷款人可以停止发放借款、提前收回借款或者解除合同。

第六百七十四条 借款人应当按照约定的期限支付利息。对支付利息的期限没有约定或者约定不明确，依据本法第五百一十条的规定仍不能确定，借款期间不满一年的，应当在返还借款时一并支付；借款期间一年以上的，应当在每届满一年时支付，剩余期间不满一年的，应当在返还借款时一并支付。

第六百七十五条 借款人应当按照约定的期限返还借款。对借款期限没有约定或者约定不明确，依据本法第五百一十条的规定仍不能确定的，借款人可以随时返还；贷款人可以催告借款人在合理期限内返还。

第六百七十六条 借款人未按照约定的期限返还借款的，应当按照约定或者国家有关规定支付逾期利息。

第六百七十七条　借款人提前返还借款的，除当事人另有约定外，应当按照实际借款的期间计算利息。

第六百七十八条　借款人可以在还款期限届满前向贷款人申请展期；贷款人同意的，可以展期。

第六百七十九条　自然人之间的借款合同，自贷款人提供借款时成立。

第六百八十条　禁止高利放贷，借款的利率不得违反国家有关规定。

借款合同对支付利息没有约定的，视为没有利息。

借款合同对支付利息约定不明确，当事人不能达成补充协议的，按照当地或者当事人的交易方式、交易习惯、市场利率等因素确定利息；自然人之间借款的，视为没有利息。

第十三章　保证合同

第一节　一般规定

第六百八十一条　保证合同是为保障债权的实现，保证人和债权人约定，当债务人不履行到期债务或者发生当事人约定的情形时，保证人履行债务或者承担责任的合同。

第六百八十二条　保证合同是主债权债务合同的从合同。主债权债务合同无效的，保证合同无效，但是法律另有规定的除外。

保证合同被确认无效后，债务人、保证人、债权人有过错的，应当根据其过错各自承担相应的民事责任。

第六百八十三条　机关法人不得为保证人，但是经国务院批准为使用外国政府或者国际经济组织贷款进行转贷的除外。

以公益为目的的非营利法人、非法人组织不得为保证人。

第六百八十四条　保证合同的内容一般包括被保证的主债权的种类、数额，债务人履行债务的期限，保证的方式、范围和期间等条款。

第六百八十五条　保证合同可以是单独订立的书面合同，也可以是主债权债务合同中的保证条款。

第三人单方以书面形式向债权人作出保证，债权人接收且未提出异议的，保证合同成立。

第六百八十六条　保证的方式包括一般保证和连带责任保证。

当事人在保证合同中对保证方式没有约定或者约定不明确的，按照一般保证承担保证责任。

第六百八十七条　当事人在保证合同中约定，债务人不能履行债务时，由保证人承担保证责任的，为一般保证。

一般保证的保证人在主合同纠纷未经审判或者仲裁，并就债务人财产依法强制执行仍不能履行债务前，有权拒绝向债权人承担保证责任，但是有下列情形之一的除外：

（一）债务人下落不明，且无财产可供执行；

（二）人民法院已经受理债务人破产案件；

（三）债权人有证据证明债务人的财产不足以履行全部债务或者丧失履行债务能力；

（四）保证人书面表示放弃本款规定的权利。

第六百八十八条　当事人在保证合同中约定保证人和债务人对债务承担连带责任的，为连带责任保证。

连带责任保证的债务人不履行到期债务或者发生当事人约定的情形时，债权人可以请求债务人履行债务，也可以请求保证人在其保证范围内承担保证责任。

第六百八十九条　保证人可以要求债务人提供反担保。

第六百九十条　保证人与债权人可以协商订立最高额保证的合同，约定在最高债权额限度内就一定期间连续发生的债权提供保证。

最高额保证除适用本章规定外，参照适用本法第二编最高额抵押权的有关规定。

第二节　保证责任

第六百九十一条　保证的范围包括主债权及其利息、违约金、损害赔偿金和实现债权的费用。当事人另有约定的，按照其约定。

第六百九十二条　保证期间是确定保证人承担保证责任的期间，不发生中止、中断和延长。

债权人与保证人可以约定保证期间，但是

约定的保证期间早于主债务履行期限或者与主债务履行期限同时届满的，视为没有约定；没有约定或者约定不明确的，保证期间为主债务履行期限届满之日起六个月。

债权人与债务人对主债务履行期限没有约定或者约定不明确的，保证期间自债权人请求债务人履行债务的宽限期届满之日起计算。

第六百九十三条 一般保证的债权人未在保证期间对债务人提起诉讼或者申请仲裁的，保证人不再承担保证责任。

连带责任保证的债权人未在保证期间请求保证人承担保证责任的，保证人不再承担保证责任。

第六百九十四条 一般保证的债权人在保证期间届满前对债务人提起诉讼或者申请仲裁的，从保证人拒绝承担保证责任的权利消灭之日起，开始计算保证债务的诉讼时效。

连带责任保证的债权人在保证期间届满前请求保证人承担保证责任的，从债权人请求保证人承担保证责任之日起，开始计算保证债务的诉讼时效。

第六百九十五条 债权人和债务人未经保证人书面同意，协商变更主债权债务合同内容，减轻债务的，保证人仍对变更后的债务承担保证责任；加重债务的，保证人对加重的部分不承担保证责任。

债权人和债务人变更主债权债务合同的履行期限，未经保证人书面同意的，保证期间不受影响。

第六百九十六条 债权人转让全部或者部分债权，未通知保证人的，该转让对保证人不发生效力。

保证人与债权人约定禁止债权转让，债权人未经保证人书面同意转让债权的，保证人对受让人不再承担保证责任。

第六百九十七条 债权人未经保证人书面同意，允许债务人转移全部或者部分债务，保证人对未经其同意转移的债务不再承担保证责任，但是债权人和保证人另有约定的除外。

第三人加入债务的，保证人的保证责任不受影响。

第六百九十八条 一般保证的保证人在主债务履行期限届满后，向债权人提供债务人可供执行财产的真实情况，债权人放弃或者怠于行使权利致使该财产不能被执行的，保证人在其提供可供执行财产的价值范围内不再承担保证责任。

第六百九十九条 同一债务有两个以上保证人的，保证人应当按照保证合同约定的保证份额，承担保证责任；没有约定保证份额的，债权人可以请求任何一个保证人在其保证范围内承担保证责任。

第七百条 保证人承担保证责任后，除当事人另有约定外，有权在其承担保证责任的范围内向债务人追偿，享有债权人对债务人的权利，但是不得损害债权人的利益。

第七百零一条 保证人可以主张债务人对债权人的抗辩。债务人放弃抗辩的，保证人仍有权向债权人主张抗辩。

第七百零二条 债务人对债权人享有抵销权或者撤销权的，保证人可以在相应范围内拒绝承担保证责任。

第十四章　租赁合同

第七百零三条 租赁合同是出租人将租赁物交付承租人使用、收益，承租人支付租金的合同。

第七百零四条 租赁合同的内容一般包括租赁物的名称、数量、用途、租赁期限、租金及其支付期限和方式、租赁物维修等条款。

第七百零五条 租赁期限不得超过二十年。超过二十年的，超过部分无效。

租赁期限届满，当事人可以续订租赁合同；但是，约定的租赁期限自续订之日起不得超过二十年。

第七百零六条 当事人未依照法律、行政法规规定办理租赁合同登记备案手续的，不影响合同的效力。

第七百零七条 租赁期限六个月以上的，应当采用书面形式。当事人未采用书面形式，无法确定租赁期限的，视为不定期租赁。

第七百零八条 出租人应当按照约定将租赁物交付承租人，并在租赁期限内保持租赁物符合约定的用途。

第七百零九条 承租人应当按照约定的方法使用租赁物。对租赁物的使用方法没有约定或者约定不明确，依据本法第五百一十条的规定仍不能确定的，应当根据租赁物的性质使用。

第七百一十条 承租人按照约定的方法或者根据租赁物的性质使用租赁物，致使租赁物受到损耗的，不承担赔偿责任。

第七百一十一条 承租人未按照约定的方法或者未根据租赁物的性质使用租赁物，致使租赁物受到损失的，出租人可以解除合同并请求赔偿损失。

第七百一十二条 出租人应当履行租赁物的维修义务，但是当事人另有约定的除外。

第七百一十三条 承租人在租赁物需要维修时可以请求出租人在合理期限内维修。出租人未履行维修义务的，承租人可以自行维修，维修费用由出租人负担。因维修租赁物影响承租人使用的，应当相应减少租金或者延长租期。

因承租人的过错致使租赁物需要维修的，出租人不承担前款规定的维修义务。

第七百一十四条 承租人应当妥善保管租赁物，因保管不善造成租赁物毁损、灭失的，应当承担赔偿责任。

第七百一十五条 承租人经出租人同意，可以对租赁物进行改善或者增设他物。

承租人未经出租人同意，对租赁物进行改善或者增设他物的，出租人可以请求承租人恢复原状或者赔偿损失。

第七百一十六条 承租人经出租人同意，可以将租赁物转租给第三人。承租人转租的，承租人与出租人之间的租赁合同继续有效；第三人造成租赁物损失的，承租人应当赔偿损失。

承租人未经出租人同意转租的，出租人可以解除合同。

第七百一十七条 承租人经出租人同意将租赁物转租给第三人，转租期限超过承租人剩余租赁期限的，超过部分的约定对出租人不具有法律约束力，但是出租人与承租人另有约定的除外。

第七百一十八条 出租人知道或者应当知道承租人转租，但是在六个月内未提出异议的，视为出租人同意转租。

第七百一十九条 承租人拖欠租金的，次承租人可以代承租人支付其欠付的租金和违约金，但是转租合同对出租人不具有法律约束力的除外。

次承租人代为支付的租金和违约金，可以充抵次承租人应当向承租人支付的租金；超出其应付的租金数额的，可以向承租人追偿。

第七百二十条 在租赁期限内因占有、使用租赁物获得的收益，归承租人所有，但是当事人另有约定的除外。

第七百二十一条 承租人应当按照约定的期限支付租金。对支付租金的期限没有约定或者约定不明确，依据本法第五百一十条的规定仍不能确定，租赁期限不满一年的，应当在租赁期限届满时支付；租赁期限一年以上的，应当在每届满一年时支付，剩余期限不满一年的，应当在租赁期限届满时支付。

第七百二十二条 承租人无正当理由未支付或者迟延支付租金的，出租人可以请求承租人在合理期限内支付；承租人逾期不支付的，出租人可以解除合同。

第七百二十三条 因第三人主张权利，致使承租人不能对租赁物使用、收益的，承租人可以请求减少租金或者不支付租金。

第三人主张权利的，承租人应当及时通知出租人。

第七百二十四条 有下列情形之一，非因承租人原因致使租赁物无法使用的，承租人可以解除合同：

（一）租赁物被司法机关或者行政机关依法查封、扣押；

（二）租赁物权属有争议；

（三）租赁物具有违反法律、行政法规关于使用条件的强制性规定情形。

第七百二十五条 租赁物在承租人按照租赁合同占有期限内发生所有权变动的，不影响租赁合同的效力。

第七百二十六条 出租人出卖租赁房屋的，应当在出卖之前的合理期限内通知承租人，承租人享有以同等条件优先购买的权利；但是，房屋按份共有人行使优先购买权或者出租人将房屋出卖给近亲属的除外。

出租人履行通知义务后，承租人在十五日内未明确表示购买的，视为承租人放弃优先购买权。

第七百二十七条 出租人委托拍卖人拍卖租赁房屋的，应当在拍卖五日前通知承租人。承租人未参加拍卖的，视为放弃优先购买权。

第七百二十八条 出租人未通知承租人或者有其他妨害承租人行使优先购买权情形的，承租人可以请求出租人承担赔偿责任。但是，出租人与第三人订立的房屋买卖合同的效力不受影响。

第七百二十九条 因不可归责于承租人的事由，致使租赁物部分或者全部毁损、灭失的，承租人可以请求减少租金或者不支付租金；因租赁物部分或者全部毁损、灭失，致使不能实现合同目的的，承租人可以解除合同。

第七百三十条 当事人对租赁期限没有约定或者约定不明确，依据本法第五百一十条的规定仍不能确定的，视为不定期租赁；当事人可以随时解除合同，但是应当在合理期限之前通知对方。

第七百三十一条 租赁物危及承租人的安全或者健康的，即使承租人订立合同时明知该租赁物质量不合格，承租人仍然可以随时解除合同。

第七百三十二条 承租人在房屋租赁期限内死亡的，与其生前共同居住的人或者共同经营人可以按照原租赁合同租赁该房屋。

第七百三十三条 租赁期限届满，承租人应当返还租赁物。返还的租赁物应当符合按照约定或者根据租赁物的性质使用后的状态。

第七百三十四条 租赁期限届满，承租人继续使用租赁物，出租人没有提出异议的，原租赁合同继续有效，但是租赁期限为不定期。

租赁期限届满，房屋承租人享有以同等条件优先承租的权利。

第十五章 融资租赁合同

第七百三十五条 融资租赁合同是出租人根据承租人对出卖人、租赁物的选择，向出卖人购买租赁物，提供给承租人使用，承租人支付租金的合同。

第七百三十六条 融资租赁合同的内容一般包括租赁物的名称、数量、规格、技术性能、检验方法，租赁期限，租金构成及其支付期限和方式、币种，租赁期限届满租赁物的归属等条款。

融资租赁合同应当采用书面形式。

第七百三十七条 当事人以虚构租赁物方式订立的融资租赁合同无效。

第七百三十八条 依照法律、行政法规的规定，对于租赁物的经营使用应当取得行政许可的，出租人未取得行政许可不影响融资租赁合同的效力。

第七百三十九条 出租人根据承租人对出卖人、租赁物的选择订立的买卖合同，出卖人应当按照约定向承租人交付标的物，承租人享有与受领标的物有关的买受人的权利。

第七百四十条 出卖人违反向承租人交付标的物的义务，有下列情形之一的，承租人可以拒绝受领出卖人向其交付的标的物：

（一）标的物严重不符合约定；

（二）未按照约定交付标的物，经承租人或者出租人催告后在合理期限内仍未交付。

承租人拒绝受领标的物的，应当及时通知出租人。

第七百四十一条 出租人、出卖人、承租人可以约定，出卖人不履行买卖合同义务的，由承租人行使索赔的权利。承租人行使索赔权利的，出租人应当协助。

第七百四十二条 承租人对出卖人行使索赔权利，不影响其履行支付租金的义务。但是，承租人依赖出租人的技能确定租赁物或者出租人干预选择租赁物的，承租人可以请求减免相应租金。

第七百四十三条 出租人有下列情形之一，致使承租人对出卖人行使索赔权利失败的，承租人有权请求出租人承担相应的责任：

（一）明知租赁物有质量瑕疵而不告知承租人；

（二）承租人行使索赔权利时，未及时提供必要协助。

出租人怠于行使只能由其对出卖人行使的

索赔权利，造成承租人损失的，承租人有权请求出租人承担赔偿责任。

第七百四十四条 出租人根据承租人对出卖人、租赁物的选择订立的买卖合同，未经承租人同意，出租人不得变更与承租人有关的合同内容。

第七百四十五条 出租人对租赁物享有的所有权，未经登记，不得对抗善意第三人。

第七百四十六条 融资租赁合同的租金，除当事人另有约定外，应当根据购买租赁物的大部分或者全部成本以及出租人的合理利润确定。

第七百四十七条 租赁物不符合约定或者不符合使用目的的，出租人不承担责任。但是，承租人依赖出租人的技能确定租赁物或者出租人干预选择租赁物的除外。

第七百四十八条 出租人应当保证承租人对租赁物的占有和使用。

出租人有下列情形之一的，承租人有权请求其赔偿损失：

（一）无正当理由收回租赁物；

（二）无正当理由妨碍、干扰承租人对租赁物的占有和使用；

（三）因出租人的原因致使第三人对租赁物主张权利；

（四）不当影响承租人对租赁物占有和使用的其他情形。

第七百四十九条 承租人占有租赁物期间，租赁物造成第三人人身损害或者财产损失的，出租人不承担责任。

第七百五十条 承租人应当妥善保管、使用租赁物。

承租人应当履行占有租赁物期间的维修义务。

第七百五十一条 承租人占有租赁物期间，租赁物毁损、灭失的，出租人有权请求承租人继续支付租金，但是法律另有规定或者当事人另有约定的除外。

第七百五十二条 承租人应当按照约定支付租金。承租人经催告后在合理期限内仍不支付租金的，出租人可以请求支付全部租金；也可以解除合同，收回租赁物。

第七百五十三条 承租人未经出租人同意，将租赁物转让、抵押、质押、投资入股或者以其他方式处分的，出租人可以解除融资租赁合同。

第七百五十四条 有下列情形之一的，出租人或者承租人可以解除融资租赁合同：

（一）出租人与出卖人订立的买卖合同解除、被确认无效或者被撤销，且未能重新订立买卖合同；

（二）租赁物因不可归责于当事人的原因毁损、灭失，且不能修复或者确定替代物；

（三）因出卖人的原因致使融资租赁合同的目的不能实现。

第七百五十五条 融资租赁合同因买卖合同解除、被确认无效或者被撤销而解除，出卖人、租赁物系由承租人选择的，出租人有权请求承租人赔偿相应损失；但是，因出租人原因致使买卖合同解除、被确认无效或者被撤销的除外。

出租人的损失已经在买卖合同解除、被确认无效或者被撤销时获得赔偿的，承租人不再承担相应的赔偿责任。

第七百五十六条 融资租赁合同因租赁物交付承租人后意外毁损、灭失等不可归责于当事人的原因解除的，出租人可以请求承租人按照租赁物折旧情况给予补偿。

第七百五十七条 出租人和承租人可以约定租赁期限届满租赁物的归属；对租赁物的归属没有约定或者约定不明确，依据本法第五百一十条的规定仍不能确定的，租赁物的所有权归出租人。

第七百五十八条 当事人约定租赁期限届满租赁物归承租人所有，承租人已经支付大部分租金，但是无力支付剩余租金，出租人因此解除合同收回租赁物，收回的租赁物的价值超过承租人欠付的租金以及其他费用的，承租人可以请求相应返还。

当事人约定租赁期限届满租赁物归出租人所有，因租赁物毁损、灭失或者附合、混合于他物致使承租人不能返还的，出租人有权请求承租人给予合理补偿。

第七百五十九条 当事人约定租赁期限届满，承租人仅需向出租人支付象征性价款的，视为约定的租金义务履行完毕后租赁物的所有权归承租人。

第七百六十条　融资租赁合同无效，当事人就该情形下租赁物的归属有约定的，按照其约定；没有约定或者约定不明确的，租赁物应当返还出租人。但是，因承租人原因致使合同无效，出租人不请求返还或者返还后会显著降低租赁物效用的，租赁物的所有权归承租人，由承租人给予出租人合理补偿。

第十六章　保理合同

第七百六十一条　保理合同是应收账款债权人将现有的或者将有的应收账款转让给保理人，保理人提供资金融通、应收账款管理或者催收、应收账款债务人付款担保等服务的合同。

第七百六十二条　保理合同的内容一般包括业务类型、服务范围、服务期限、基础交易合同情况、应收账款信息、保理融资款或者服务报酬及其支付方式等条款。

保理合同应当采用书面形式。

第七百六十三条　应收账款债权人与债务人虚构应收账款作为转让标的，与保理人订立保理合同的，应收账款债务人不得以应收账款不存在为由对抗保理人，但是保理人明知虚构的除外。

第七百六十四条　保理人向应收账款债务人发出应收账款转让通知的，应当表明保理人身份并附有必要凭证。

第七百六十五条　应收账款债务人接到应收账款转让通知后，应收账款债权人与债务人无正当理由协商变更或者终止基础交易合同，对保理人产生不利影响的，对保理人不发生效力。

第七百六十六条　当事人约定有追索权保理的，保理人可以向应收账款债权人主张返还保理融资款本息或者回购应收账款债权，也可以向应收账款债务人主张应收账款债权。保理人向应收账款债务人主张应收账款债权，在扣除保理融资款本息和相关费用后有剩余的，剩余部分应当返还给应收账款债权人。

第七百六十七条　当事人约定无追索权保理的，保理人应当向应收账款债务人主张应收账款债权，保理人取得超过保理融资款本息和相关费用的部分，无需向应收账款债权人返还。

第七百六十八条　应收账款债权人就同一应收账款订立多个保理合同，致使多个保理人主张权利的，已经登记的先于未登记的取得应收账款；均已经登记的，按照登记时间的先后顺序取得应收账款；均未登记的，由最先到达应收账款债务人的转让通知中载明的保理人取得应收账款；既未登记也未通知的，按照保理融资款或者服务报酬的比例取得应收账款。

第七百六十九条　本章没有规定的，适用本编第六章债权转让的有关规定。

第十七章　承揽合同

第七百七十条　承揽合同是承揽人按照定作人的要求完成工作，交付工作成果，定作人支付报酬的合同。

承揽包括加工、定作、修理、复制、测试、检验等工作。

第七百七十一条　承揽合同的内容一般包括承揽的标的、数量、质量、报酬，承揽方式，材料的提供，履行期限，验收标准和方法等条款。

第七百七十二条　承揽人应当以自己的设备、技术和劳力，完成主要工作，但是当事人另有约定的除外。

承揽人将其承揽的主要工作交由第三人完成的，应当就该第三人完成的工作成果向定作人负责；未经定作人同意的，定作人也可以解除合同。

第七百七十三条　承揽人可以将其承揽的辅助工作交由第三人完成。承揽人将其承揽的辅助工作交由第三人完成的，应当就该第三人完成的工作成果向定作人负责。

第七百七十四条　承揽人提供材料的，应当按照约定选用材料，并接受定作人检验。

第七百七十五条　定作人提供材料的，应当按照约定提供材料。承揽人对定作人提供的材料应当及时检验，发现不符合约定时，应当及时通知定作人更换、补齐或者采取其他补救措施。

承揽人不得擅自更换定作人提供的材料，不得更换不需要修理的零部件。

第七百七十六条　承揽人发现定作人提供的图纸或者技术要求不合理的，应当及时通知定作人。因定作人怠于答复等原因造成承揽人损失的，应当赔偿损失。

第七百七十七条　定作人中途变更承揽工作的要求，造成承揽人损失的，应当赔偿损失。

第七百七十八条　承揽工作需要定作人协助的，定作人有协助的义务。定作人不履行协助义务致使承揽工作不能完成的，承揽人可以催告定作人在合理期限内履行义务，并可以顺延履行期限；定作人逾期不履行的，承揽人可以解除合同。

第七百七十九条　承揽人在工作期间，应当接受定作人必要的监督检验。定作人不得因监督检验妨碍承揽人的正常工作。

第七百八十条　承揽人完成工作的，应当向定作人交付工作成果，并提交必要的技术资料和有关质量证明。定作人应当验收该工作成果。

第七百八十一条　承揽人交付的工作成果不符合质量要求的，定作人可以合理选择请求承揽人承担修理、重作、减少报酬、赔偿损失等违约责任。

第七百八十二条　定作人应当按照约定的期限支付报酬。对支付报酬的期限没有约定或者约定不明确，依据本法第五百一十条的规定仍不能确定的，定作人应当在承揽人交付工作成果时支付；工作成果部分交付的，定作人应当相应支付。

第七百八十三条　定作人未向承揽人支付报酬或者材料费等价款的，承揽人对完成的工作成果享有留置权或者有权拒绝交付，但是当事人另有约定的除外。

第七百八十四条　承揽人应当妥善保管定作人提供的材料以及完成的工作成果，因保管不善造成毁损、灭失的，应当承担赔偿责任。

第七百八十五条　承揽人应当按照定作人的要求保守秘密，未经定作人许可，不得留存复制品或者技术资料。

第七百八十六条　共同承揽人对定作人承担连带责任，但是当事人另有约定的除外。

第七百八十七条　定作人在承揽人完成工作前可以随时解除合同，造成承揽人损失的，应当赔偿损失。

第十八章　建设工程合同

第七百八十八条　建设工程合同是承包人进行工程建设，发包人支付价款的合同。

建设工程合同包括工程勘察、设计、施工合同。

第七百八十九条　建设工程合同应当采用书面形式。

第七百九十条　建设工程的招标投标活动，应当依照有关法律的规定公开、公平、公正进行。

第七百九十一条　发包人可以与总承包人订立建设工程合同，也可以分别与勘察人、设计人、施工人订立勘察、设计、施工承包合同。发包人不得将应当由一个承包人完成的建设工程支解成若干部分发包给数个承包人。

总承包人或者勘察、设计、施工承包人经发包人同意，可以将自己承包的部分工作交由第三人完成。第三人就其完成的工作成果与总承包人或者勘察、设计、施工承包人向发包人承担连带责任。承包人不得将其承包的全部建设工程转包给第三人或者将其承包的全部建设工程支解以后以分包的名义分别转包给第三人。

禁止承包人将工程分包给不具备相应资质条件的单位。禁止分包单位将其承包的工程再分包。建设工程主体结构的施工必须由承包人自行完成。

第七百九十二条　国家重大建设工程合同，应当按照国家规定的程序和国家批准的投资计划、可行性研究报告等文件订立。

第七百九十三条　建设工程施工合同无效，但是建设工程经验收合格的，可以参照合同关于工程价款的约定折价补偿承包人。

建设工程施工合同无效，且建设工程经验收不合格的，按照以下情形处理：

（一）修复后的建设工程经验收合格的，发包人可以请求承包人承担修复费用；

（二）修复后的建设工程经验收不合格的，承包人无权请求参照合同关于工程价款的约定折价补偿。

发包人对因建设工程不合格造成的损失有过错的，应当承担相应的责任。

第七百九十四条 勘察、设计合同的内容一般包括提交有关基础资料和概预算等文件的期限、质量要求、费用以及其他协作条件等条款。

第七百九十五条 施工合同的内容一般包括工程范围、建设工期、中间交工工程的开工和竣工时间、工程质量、工程造价、技术资料交付时间、材料和设备供应责任、拨款和结算、竣工验收、质量保修范围和质量保证期、相互协作等条款。

第七百九十六条 建设工程实行监理的，发包人应当与监理人采用书面形式订立委托监理合同。发包人与监理人的权利和义务以及法律责任，应当依照本编委托合同以及其他有关法律、行政法规的规定。

第七百九十七条 发包人在不妨碍承包人正常作业的情况下，可以随时对作业进度、质量进行检查。

第七百九十八条 隐蔽工程在隐蔽以前，承包人应当通知发包人检查。发包人没有及时检查的，承包人可以顺延工程日期，并有权请求赔偿停工、窝工等损失。

第七百九十九条 建设工程竣工后，发包人应当根据施工图纸及说明书、国家颁发的施工验收规范和质量检验标准及时进行验收。验收合格的，发包人应当按照约定支付价款，并接收该建设工程。

建设工程竣工经验收合格后，方可交付使用；未经验收或者验收不合格的，不得交付使用。

第八百条 勘察、设计的质量不符合要求或者未按照期限提交勘察、设计文件拖延工期，造成发包人损失的，勘察人、设计人应当继续完善勘察、设计，减收或者免收勘察、设计费并赔偿损失。

第八百零一条 因施工人的原因致使建设工程质量不符合约定的，发包人有权请求施工人在合理期限内无偿修理或者返工、改建。经过修理或者返工、改建后，造成逾期交付的，施工人应当承担违约责任。

第八百零二条 因承包人的原因致使建设工程在合理使用期限内造成人身损害和财产损失的，承包人应当承担赔偿责任。

第八百零三条 发包人未按照约定的时间和要求提供原材料、设备、场地、资金、技术资料的，承包人可以顺延工程日期，并有权请求赔偿停工、窝工等损失。

第八百零四条 因发包人的原因致使工程中途停建、缓建的，发包人应当采取措施弥补或者减少损失，赔偿承包人因此造成的停工、窝工、倒运、机械设备调迁、材料和构件积压等损失和实际费用。

第八百零五条 因发包人变更计划，提供的资料不准确，或者未按照期限提供必需的勘察、设计工作条件而造成勘察、设计的返工、停工或者修改设计，发包人应当按照勘察人、设计人实际消耗的工作量增付费用。

第八百零六条 承包人将建设工程转包、违法分包的，发包人可以解除合同。

发包人提供的主要建筑材料、建筑构配件和设备不符合强制性标准或者不履行协助义务，致使承包人无法施工，经催告后在合理期限内仍未履行相应义务的，承包人可以解除合同。

合同解除后，已经完成的建设工程质量合格的，发包人应当按照约定支付相应的工程价款；已经完成的建设工程质量不合格的，参照本法第七百九十三条的规定处理。

第八百零七条 发包人未按照约定支付价款的，承包人可以催告发包人在合理期限内支付价款。发包人逾期不支付的，除根据建设工程的性质不宜折价、拍卖外，承包人可以与发包人协议将该工程折价，也可以请求人民法院将该工程依法拍卖。建设工程的价款就该工程折价或者拍卖的价款优先受偿。

第八百零八条 本章没有规定的，适用承揽合同的有关规定。

第十九章　运输合同

第一节　一般规定

第八百零九条 运输合同是承运人将旅客

或者货物从起运地点运输到约定地点，旅客、托运人或者收货人支付票款或者运输费用的合同。

第八百一十条　从事公共运输的承运人不得拒绝旅客、托运人通常、合理的运输要求。

第八百一十一条　承运人应当在约定期限或者合理期限内将旅客、货物安全运输到约定地点。

第八百一十二条　承运人应当按照约定的或者通常的运输路线将旅客、货物运输到约定地点。

第八百一十三条　旅客、托运人或者收货人应当支付票款或者运输费用。承运人未按照约定路线或者通常路线运输增加票款或者运输费用的，旅客、托运人或者收货人可以拒绝支付增加部分的票款或者运输费用。

第二节　客运合同

第八百一十四条　客运合同自承运人向旅客出具客票时成立，但是当事人另有约定或者另有交易习惯的除外。

第八百一十五条　旅客应当按照有效客票记载的时间、班次和座位号乘坐。旅客无票乘坐、超程乘坐、越级乘坐或者持不符合减价条件的优惠客票乘坐的，应当补交票款，承运人可以按照规定加收票款；旅客不支付票款的，承运人可以拒绝运输。

实名制客运合同的旅客丢失客票的，可以请求承运人挂失补办，承运人不得再次收取票款和其他不合理费用。

第八百一十六条　旅客因自己的原因不能按照客票记载的时间乘坐的，应当在约定的期限内办理退票或者变更手续；逾期办理的，承运人可以不退票款，并不再承担运输义务。

第八百一十七条　旅客随身携带行李应当符合约定的限量和品类要求；超过限量或者违反品类要求携带行李的，应当办理托运手续。

第八百一十八条　旅客不得随身携带或者在行李中夹带易燃、易爆、有毒、有腐蚀性、有放射性以及可能危及运输工具上人身和财产安全的危险物品或者违禁物品。

旅客违反前款规定的，承运人可以将危险物品或者违禁物品卸下、销毁或者送交有关部门。旅客坚持携带或者夹带危险物品或者违禁物品的，承运人应当拒绝运输。

第八百一十九条　承运人应当严格履行安全运输义务，及时告知旅客安全运输应当注意的事项。旅客对承运人为安全运输所作的合理安排应当积极协助和配合。

第八百二十条　承运人应当按照有效客票记载的时间、班次和座位号运输旅客。承运人迟延运输或者有其他不能正常运输情形的，应当及时告知和提醒旅客，采取必要的安置措施，并根据旅客的要求安排改乘其他班次或者退票；由此造成旅客损失的，承运人应当承担赔偿责任，但是不可归责于承运人的除外。

第八百二十一条　承运人擅自降低服务标准的，应当根据旅客的请求退票或者减收票款；提高服务标准的，不得加收票款。

第八百二十二条　承运人在运输过程中，应当尽力救助患有急病、分娩、遇险的旅客。

第八百二十三条　承运人应当对运输过程中旅客的伤亡承担赔偿责任；但是，伤亡是旅客自身健康原因造成的或者承运人证明伤亡是旅客故意、重大过失造成的除外。

前款规定适用于按照规定免票、持优待票或者经承运人许可搭乘的无票旅客。

第八百二十四条　在运输过程中旅客随身携带物品毁损、灭失，承运人有过错的，应当承担赔偿责任。

旅客托运的行李毁损、灭失的，适用货物运输的有关规定。

第三节　货运合同

第八百二十五条　托运人办理货物运输，应当向承运人准确表明收货人的姓名、名称或者凭指示的收货人，货物的名称、性质、重量、数量，收货地点等有关货物运输的必要情况。

因托运人申报不实或者遗漏重要情况，造成承运人损失的，托运人应当承担赔偿责任。

第八百二十六条　货物运输需要办理审批、检验等手续的，托运人应当将办理完有关手续的文件提交承运人。

第八百二十七条　托运人应当按照约定的方式包装货物。对包装方式没有约定或者约定不明确的，适用本法第六百一十九条的规定。

托运人违反前款规定的，承运人可以拒绝运输。

第八百二十八条 托运人托运易燃、易爆、有毒、有腐蚀性、有放射性等危险物品的，应当按照国家有关危险物品运输的规定对危险物品妥善包装，做出危险物品标志和标签，并将有关危险物品的名称、性质和防范措施的书面材料提交承运人。

托运人违反前款规定的，承运人可以拒绝运输，也可以采取相应措施以避免损失的发生，因此产生的费用由托运人负担。

第八百二十九条 在承运人将货物交付收货人之前，托运人可以要求承运人中止运输、返还货物、变更到达地或者将货物交给其他收货人，但是应当赔偿承运人因此受到的损失。

第八百三十条 货物运输到达后，承运人知道收货人的，应当及时通知收货人，收货人应当及时提货。收货人逾期提货的，应当向承运人支付保管费等费用。

第八百三十一条 收货人提货时应当按照约定的期限检验货物。对检验货物的期限没有约定或者约定不明确，依据本法第五百一十条的规定仍不能确定的，应当在合理期限内检验货物。收货人在约定的期限或者合理期限内对货物的数量、毁损等未提出异议的，视为承运人已经按照运输单证的记载交付的初步证据。

第八百三十二条 承运人对运输过程中货物的毁损、灭失承担赔偿责任。但是，承运人证明货物的毁损、灭失是因不可抗力、货物本身的自然性质或者合理损耗以及托运人、收货人的过错造成的，不承担赔偿责任。

第八百三十三条 货物的毁损、灭失的赔偿额，当事人有约定的，按照其约定；没有约定或者约定不明确，依据本法第五百一十条的规定仍不能确定的，按照交付或者应当交付时货物到达地的市场价格计算。法律、行政法规对赔偿额的计算方法和赔偿限额另有规定的，依照其规定。

第八百三十四条 两个以上承运人以同一运输方式联运的，与托运人订立合同的承运人应当对全程运输承担责任；损失发生在某一运输区段的，与托运人订立合同的承运人和该区段的承运人承担连带责任。

第八百三十五条 货物在运输过程中因不可抗力灭失，未收取运费的，承运人不得请求支付运费；已经收取运费的，托运人可以请求返还。法律另有规定的，依照其规定。

第八百三十六条 托运人或者收货人不支付运费、保管费或者其他费用的，承运人对相应的运输货物享有留置权，但是当事人另有约定的除外。

第八百三十七条 收货人不明或者收货人无正当理由拒绝受领货物的，承运人依法可以提存货物。

第四节 多式联运合同

第八百三十八条 多式联运经营人负责履行或者组织履行多式联运合同，对全程运输享有承运人的权利，承担承运人的义务。

第八百三十九条 多式联运经营人可以与参加多式联运的各区段承运人就多式联运合同的各区段运输约定相互之间的责任；但是，该约定不影响多式联运经营人对全程运输承担的义务。

第八百四十条 多式联运经营人收到托运人交付的货物时，应当签发多式联运单据。按照托运人的要求，多式联运单据可以是可转让单据，也可以是不可转让单据。

第八百四十一条 因托运人托运货物时的过错造成多式联运经营人损失的，即使托运人已经转让多式联运单据，托运人仍然应当承担赔偿责任。

第八百四十二条 货物的毁损、灭失发生于多式联运的某一运输区段的，多式联运经营人的赔偿责任和责任限额，适用调整该区段运输方式的有关法律规定；货物毁损、灭失发生的运输区段不能确定的，依照本章规定承担赔偿责任。

第二十章 技术合同

第一节 一般规定

第八百四十三条 技术合同是当事人就技术开发、转让、许可、咨询或者服务订立的确立相互之间权利和义务的合同。

第八百四十四条　订立技术合同，应当有利于知识产权的保护和科学技术的进步，促进科学技术成果的研发、转化、应用和推广。

第八百四十五条　技术合同的内容一般包括项目的名称，标的的内容、范围和要求，履行的计划、地点和方式，技术信息和资料的保密，技术成果的归属和收益的分配办法，验收标准和方法，名词和术语的解释等条款。

与履行合同有关的技术背景资料、可行性论证和技术评价报告、项目任务书和计划书、技术标准、技术规范、原始设计和工艺文件，以及其他技术文档，按照当事人的约定可以作为合同的组成部分。

技术合同涉及专利的，应当注明发明创造的名称、专利申请人和专利权人、申请日期、申请号、专利号以及专利权的有效期限。

第八百四十六条　技术合同价款、报酬或者使用费的支付方式由当事人约定，可以采取一次总算、一次总付或者一次总算、分期支付，也可以采取提成支付或者提成支付附加预付入门费的方式。

约定提成支付的，可以按照产品价格、实施专利和使用技术秘密后新增的产值、利润或者产品销售额的一定比例提成，也可以按照约定的其他方式计算。提成支付的比例可以采取固定比例、逐年递增比例或者逐年递减比例。

约定提成支付的，当事人可以约定查阅有关会计账目的办法。

第八百四十七条　职务技术成果的使用权、转让权属于法人或者非法人组织的，法人或者非法人组织可以就该项职务技术成果订立技术合同。法人或者非法人组织订立技术合同转让职务技术成果时，职务技术成果的完成人享有以同等条件优先受让的权利。

职务技术成果是执行法人或者非法人组织的工作任务，或者主要是利用法人或者非法人组织的物质技术条件所完成的技术成果。

第八百四十八条　非职务技术成果的使用权、转让权属于完成技术成果的个人，完成技术成果的个人可以就该项非职务技术成果订立技术合同。

第八百四十九条　完成技术成果的个人享有在有关技术成果文件上写明自己是技术成果完成者的权利和取得荣誉证书、奖励的权利。

第八百五十条　非法垄断技术或者侵害他人技术成果的技术合同无效。

第二节　技术开发合同

第八百五十一条　技术开发合同是当事人之间就新技术、新产品、新工艺、新品种或者新材料及其系统的研究开发所订立的合同。

技术开发合同包括委托开发合同和合作开发合同。

技术开发合同应当采用书面形式。

当事人之间就具有实用价值的科技成果实施转化订立的合同，参照适用技术开发合同的有关规定。

第八百五十二条　委托开发合同的委托人应当按照约定支付研究开发经费和报酬，提供技术资料，提出研究开发要求，完成协作事项，接受研究开发成果。

第八百五十三条　委托开发合同的研究开发人应当按照约定制定和实施研究开发计划，合理使用研究开发经费，按期完成研究开发工作，交付研究开发成果，提供有关的技术资料和必要的技术指导，帮助委托人掌握研究开发成果。

第八百五十四条　委托开发合同的当事人违反约定造成研究开发工作停滞、延误或者失败的，应当承担违约责任。

第八百五十五条　合作开发合同的当事人应当按照约定进行投资，包括以技术进行投资，分工参与研究开发工作，协作配合研究开发工作。

第八百五十六条　合作开发合同的当事人违反约定造成研究开发工作停滞、延误或者失败的，应当承担违约责任。

第八百五十七条　作为技术开发合同标的的技术已经由他人公开，致使技术开发合同的履行没有意义的，当事人可以解除合同。

第八百五十八条　技术开发合同履行过程中，因出现无法克服的技术困难，致使研究开发失败或者部分失败的，该风险由当事人约定；没有约定或者约定不明确，依据本法第五百一十条的规定仍不能确定的，风险由当事人合理分担。

当事人一方发现前款规定的可能致使研究开发失败或者部分失败的情形时，应当及时通知另一方并采取适当措施减少损失；没有及时通知并采取适当措施，致使损失扩大的，应当就扩大的损失承担责任。

第八百五十九条 委托开发完成的发明创造，除法律另有规定或者当事人另有约定外，申请专利的权利属于研究开发人。研究开发人取得专利权的，委托人可以依法实施该专利。

研究开发人转让专利申请权的，委托人享有以同等条件优先受让的权利。

第八百六十条 合作开发完成的发明创造，申请专利的权利属于合作开发的当事人共有；当事人一方转让其共有的专利申请权的，其他各方享有以同等条件优先受让的权利。但是，当事人另有约定的除外。

合作开发的当事人一方声明放弃其共有的专利申请权的，除当事人另有约定外，可以由另一方单独申请或者由其他各方共同申请。申请人取得专利权的，放弃专利申请权的一方可以免费实施该专利。

合作开发的当事人一方不同意申请专利的，另一方或者其他各方不得申请专利。

第八百六十一条 委托开发或者合作开发完成的技术秘密成果的使用权、转让权以及收益的分配办法，由当事人约定；没有约定或者约定不明确，依据本法第五百一十条的规定仍不能确定的，在没有相同技术方案被授予专利权前，当事人均有使用和转让的权利。但是，委托开发的研究开发人不得在向委托人交付研究开发成果之前，将研究开发成果转让给第三人。

第三节 技术转让合同和技术许可合同

第八百六十二条 技术转让合同是合法拥有技术的权利人，将现有特定的专利、专利申请、技术秘密的相关权利让与他人所订立的合同。

技术许可合同是合法拥有技术的权利人，将现有特定的专利、技术秘密的相关权利许可他人实施、使用所订立的合同。

技术转让合同和技术许可合同中关于提供实施技术的专用设备、原材料或者提供有关的技术咨询、技术服务的约定，属于合同的组成部分。

第八百六十三条 技术转让合同包括专利权转让、专利申请权转让、技术秘密转让等合同。

技术许可合同包括专利实施许可、技术秘密使用许可等合同。

技术转让合同和技术许可合同应当采用书面形式。

第八百六十四条 技术转让合同和技术许可合同可以约定实施专利或者使用技术秘密的范围，但是不得限制技术竞争和技术发展。

第八百六十五条 专利实施许可合同仅在该专利权的存续期限内有效。专利权有效期限届满或者专利权被宣告无效的，专利权人不得就该专利与他人订立专利实施许可合同。

第八百六十六条 专利实施许可合同的许可人应当按照约定许可被许可人实施专利，交付实施专利有关的技术资料，提供必要的技术指导。

第八百六十七条 专利实施许可合同的被许可人应当按照约定实施专利，不得许可约定以外的第三人实施该专利，并按照约定支付使用费。

第八百六十八条 技术秘密转让合同的让与人和技术秘密使用许可合同的许可人应当按照约定提供技术资料，进行技术指导，保证技术的实用性、可靠性，承担保密义务。

前款规定的保密义务，不限制许可人申请专利，但是当事人另有约定的除外。

第八百六十九条 技术秘密转让合同的受让人和技术秘密使用许可合同的被许可人应当按照约定使用技术，支付转让费、使用费，承担保密义务。

第八百七十条 技术转让合同的让与人和技术许可合同的许可人应当保证自己是所提供的技术的合法拥有者，并保证所提供的技术完整、无误、有效，能够达到约定的目标。

第八百七十一条 技术转让合同的受让人和技术许可合同的被许可人应当按照约定的范围和期限，对让与人、许可人提供的技术中尚未公开的秘密部分，承担保密义务。

第八百七十二条 许可人未按照约定许可技术的，应当返还部分或者全部使用费，并应当承担违约责任；实施专利或者使用技术秘密超越约定的范围的，违反约定擅自许可第三人实施该项专利或者使用该项技术秘密的，应当停止违约行为，承担违约责任；违反约定的保密义务的，应当承担违约责任。

让与人承担违约责任，参照适用前款规定。

第八百七十三条 被许可人未按照约定支付使用费的，应当补交使用费并按照约定支付违约金；不补交使用费或者支付违约金的，应当停止实施专利或者使用技术秘密，交还技术资料，承担违约责任；实施专利或者使用技术秘密超越约定的范围的，未经许可人同意擅自许可第三人实施该专利或者使用该技术秘密的，应当停止违约行为，承担违约责任；违反约定的保密义务的，应当承担违约责任。

受让人承担违约责任，参照适用前款规定。

第八百七十四条 受让人或者被许可人按照约定实施专利、使用技术秘密侵害他人合法权益的，由让与人或者许可人承担责任，但是当事人另有约定的除外。

第八百七十五条 当事人可以按照互利的原则，在合同中约定实施专利、使用技术秘密后续改进的技术成果的分享办法；没有约定或者约定不明确，依据本法第五百一十条的规定仍不能确定的，一方后续改进的技术成果，其他各方无权分享。

第八百七十六条 集成电路布图设计专有权、植物新品种权、计算机软件著作权等其他知识产权的转让和许可，参照适用本节的有关规定。

第八百七十七条 法律、行政法规对技术进出口合同或者专利、专利申请合同另有规定的，依照其规定。

第四节 技术咨询合同和技术服务合同

第八百七十八条 技术咨询合同是当事人一方以技术知识为对方就特定技术项目提供可行性论证、技术预测、专题技术调查、分析评价报告等所订立的合同。

技术服务合同是当事人一方以技术知识为对方解决特定技术问题所订立的合同，不包括承揽合同和建设工程合同。

第八百七十九条 技术咨询合同的委托人应当按照约定阐明咨询的问题，提供技术背景材料及有关技术资料，接受受托人的工作成果，支付报酬。

第八百八十条 技术咨询合同的受托人应当按照约定的期限完成咨询报告或者解答问题，提出的咨询报告应当达到约定的要求。

第八百八十一条 技术咨询合同的委托人未按照约定提供必要的资料，影响工作进度和质量，不接受或者逾期接受工作成果的，支付的报酬不得追回，未支付的报酬应当支付。

技术咨询合同的受托人未按期提出咨询报告或者提出的咨询报告不符合约定的，应当承担减收或者免收报酬等违约责任。

技术咨询合同的委托人按照受托人符合约定要求的咨询报告和意见作出决策所造成的损失，由委托人承担，但是当事人另有约定的除外。

第八百八十二条 技术服务合同的委托人应当按照约定提供工作条件，完成配合事项，接受工作成果并支付报酬。

第八百八十三条 技术服务合同的受托人应当按照约定完成服务项目，解决技术问题，保证工作质量，并传授解决技术问题的知识。

第八百八十四条 技术服务合同的委托人不履行合同义务或者履行合同义务不符合约定，影响工作进度和质量，不接受或者逾期接受工作成果的，支付的报酬不得追回，未支付的报酬应当支付。

技术服务合同的受托人未按照约定完成服务工作的，应当承担免收报酬等违约责任。

第八百八十五条 技术咨询合同、技术服务合同履行过程中，受托人利用委托人提供的技术资料和工作条件完成的新的技术成果，属于受托人。委托人利用受托人的工作成果完成的新的技术成果，属于委托人。当事人另有约定的，按照其约定。

第八百八十六条 技术咨询合同和技术服务合同对受托人正常开展工作所需费用的负担没有约定或者约定不明确的，由受托人负担。

第八百八十七条 法律、行政法规对技术中介合同、技术培训合同另有规定的，依照其规定。

第二十一章 保管合同

第八百八十八条 保管合同是保管人保管寄存人交付的保管物，并返还该物的合同。

寄存人到保管人处从事购物、就餐、住宿等活动，将物品存放在指定场所的，视为保管，但是当事人另有约定或者另有交易习惯的除外。

第八百八十九条 寄存人应当按照约定向保管人支付保管费。

当事人对保管费没有约定或者约定不明确，依据本法第五百一十条的规定仍不能确定的，视为无偿保管。

第八百九十条 保管合同自保管物交付时成立，但是当事人另有约定的除外。

第八百九十一条 寄存人向保管人交付保管物的，保管人应当出具保管凭证，但是另有交易习惯的除外。

第八百九十二条 保管人应当妥善保管保管物。

当事人可以约定保管场所或者方法。除紧急情况或者为维护寄存人利益外，不得擅自改变保管场所或者方法。

第八百九十三条 寄存人交付的保管物有瑕疵或者根据保管物的性质需要采取特殊保管措施的，寄存人应当将有关情况告知保管人。寄存人未告知，致使保管物受损失的，保管人不承担赔偿责任；保管人因此受损失的，除保管人知道或者应当知道且未采取补救措施外，寄存人应当承担赔偿责任。

第八百九十四条 保管人不得将保管物转交第三人保管，但是当事人另有约定的除外。

保管人违反前款规定，将保管物转交第三人保管，造成保管物损失的，应当承担赔偿责任。

第八百九十五条 保管人不得使用或者许可第三人使用保管物，但是当事人另有约定的除外。

第八百九十六条 第三人对保管物主张权利的，除依法对保管物采取保全或者执行措施外，保管人应当履行向寄存人返还保管物的义务。

第三人对保管人提起诉讼或者对保管物申请扣押的，保管人应当及时通知寄存人。

第八百九十七条 保管期内，因保管人保管不善造成保管物毁损、灭失的，保管人应当承担赔偿责任。但是，无偿保管人证明自己没有故意或者重大过失的，不承担赔偿责任。

第八百九十八条 寄存人寄存货币、有价证券或者其他贵重物品的，应当向保管人声明，由保管人验收或者封存；寄存人未声明的，该物品毁损、灭失后，保管人可以按照一般物品予以赔偿。

第八百九十九条 寄存人可以随时领取保管物。

当事人对保管期限没有约定或者约定不明确的，保管人可以随时请求寄存人领取保管物；约定保管期限的，保管人无特别事由，不得请求寄存人提前领取保管物。

第九百条 保管期限届满或者寄存人提前领取保管物的，保管人应当将原物及其孳息归还寄存人。

第九百零一条 保管人保管货币的，可以返还相同种类、数量的货币；保管其他可替代物的，可以按照约定返还相同种类、品质、数量的物品。

第九百零二条 有偿的保管合同，寄存人应当按照约定的期限向保管人支付保管费。

当事人对支付期限没有约定或者约定不明确，依据本法第五百一十条的规定仍不能确定的，应当在领取保管物的同时支付。

第九百零三条 寄存人未按照约定支付保管费或者其他费用的，保管人对保管物享有留置权，但是当事人另有约定的除外。

第二十二章 仓储合同

第九百零四条 仓储合同是保管人储存存货人交付的仓储物，存货人支付仓储费的合同。

第九百零五条 仓储合同自保管人和存货人意思表示一致时成立。

第九百零六条　储存易燃、易爆、有毒、有腐蚀性、有放射性等危险物品或者易变质物品的，存货人应当说明该物品的性质，提供有关资料。

存货人违反前款规定的，保管人可以拒收仓储物，也可以采取相应措施以避免损失的发生，因此产生的费用由存货人负担。

保管人储存易燃、易爆、有毒、有腐蚀性、有放射性等危险物品的，应当具备相应的保管条件。

第九百零七条　保管人应当按照约定对入库仓储物进行验收。保管人验收时发现入库仓储物与约定不符合的，应当及时通知存货人。保管人验收后，发生仓储物的品种、数量、质量不符合约定的，保管人应当承担赔偿责任。

第九百零八条　存货人交付仓储物的，保管人应当出具仓单、入库单等凭证。

第九百零九条　保管人应当在仓单上签名或者盖章。仓单包括下列事项：

（一）存货人的姓名或者名称和住所；

（二）仓储物的品种、数量、质量、包装及其件数和标记；

（三）仓储物的损耗标准；

（四）储存场所；

（五）储存期限；

（六）仓储费；

（七）仓储物已经办理保险的，其保险金额、期间以及保险人的名称；

（八）填发人、填发地和填发日期。

第九百一十条　仓单是提取仓储物的凭证。存货人或者仓单持有人在仓单上背书并经保管人签名或者盖章的，可以转让提取仓储物的权利。

第九百一十一条　保管人根据存货人或者仓单持有人的要求，应当同意其检查仓储物或者提取样品。

第九百一十二条　保管人发现入库仓储物有变质或者其他损坏的，应当及时通知存货人或者仓单持有人。

第九百一十三条　保管人发现入库仓储物有变质或者其他损坏，危及其他仓储物的安全和正常保管的，应当催告存货人或者仓单持有人作出必要的处置。因情况紧急，保管人可以作出必要的处置；但是，事后应当将该情况及时通知存货人或者仓单持有人。

第九百一十四条　当事人对储存期限没有约定或者约定不明确的，存货人或者仓单持有人可以随时提取仓储物，保管人也可以随时请求存货人或者仓单持有人提取仓储物，但是应当给予必要的准备时间。

第九百一十五条　储存期限届满，存货人或者仓单持有人应当凭仓单、入库单等提取仓储物。存货人或者仓单持有人逾期提取的，应当加收仓储费；提前提取的，不减收仓储费。

第九百一十六条　储存期限届满，存货人或者仓单持有人不提取仓储物的，保管人可以催告其在合理期限内提取；逾期不提取的，保管人可以提存仓储物。

第九百一十七条　储存期内，因保管不善造成仓储物毁损、灭失的，保管人应当承担赔偿责任。因仓储物本身的自然性质、包装不符合约定或者超过有效储存期造成仓储物变质、损坏的，保管人不承担赔偿责任。

第九百一十八条　本章没有规定的，适用保管合同的有关规定。

第二十三章　委托合同

第九百一十九条　委托合同是委托人和受托人约定，由受托人处理委托人事务的合同。

第九百二十条　委托人可以特别委托受托人处理一项或者数项事务，也可以概括委托受托人处理一切事务。

第九百二十一条　委托人应当预付处理委托事务的费用。受托人为处理委托事务垫付的必要费用，委托人应当偿还该费用并支付利息。

第九百二十二条　受托人应当按照委托人的指示处理委托事务。需要变更委托人指示的，应当经委托人同意；因情况紧急，难以和委托人取得联系的，受托人应当妥善处理委托事务，但是事后应当将该情况及时报告委托人。

第九百二十三条　受托人应当亲自处理委托事务。经委托人同意，受托人可以转委托。

转委托经同意或者追认的，委托人可以就委托事务直接指示转委托的第三人，受托人仅就第三人的选任及其对第三人的指示承担责任。转委托未经同意或者追认的，受托人应当对转委托的第三人的行为承担责任；但是，在紧急情况下受托人为了维护委托人的利益需要转委托第三人的除外。

第九百二十四条 受托人应当按照委托人的要求，报告委托事务的处理情况。委托合同终止时，受托人应当报告委托事务的结果。

第九百二十五条 受托人以自己的名义，在委托人的授权范围内与第三人订立的合同，第三人在订立合同时知道受托人与委托人之间的代理关系的，该合同直接约束委托人和第三人；但是，有确切证据证明该合同只约束受托人和第三人的除外。

第九百二十六条 受托人以自己的名义与第三人订立合同时，第三人不知道受托人与委托人之间的代理关系的，受托人因第三人的原因对委托人不履行义务，受托人应当向委托人披露第三人，委托人因此可以行使受托人对第三人的权利。但是，第三人与受托人订立合同时如果知道该委托人就不会订立合同的除外。

受托人因委托人的原因对第三人不履行义务，受托人应当向第三人披露委托人，第三人因此可以选择受托人或者委托人作为相对人主张其权利，但是第三人不得变更选定的相对人。

委托人行使受托人对第三人的权利的，第三人可以向委托人主张其对受托人的抗辩。第三人选定委托人作为其相对人的，委托人可以向第三人主张其对受托人的抗辩以及受托人对第三人的抗辩。

第九百二十七条 受托人处理委托事务取得的财产，应当转交给委托人。

第九百二十八条 受托人完成委托事务的，委托人应当按照约定向其支付报酬。

因不可归责于受托人的事由，委托合同解除或者委托事务不能完成的，委托人应当向受托人支付相应的报酬。当事人另有约定的，按照其约定。

第九百二十九条 有偿的委托合同，因受托人的过错造成委托人损失的，委托人可以请求赔偿损失。无偿的委托合同，因受托人的故意或者重大过失造成委托人损失的，委托人可以请求赔偿损失。

受托人超越权限造成委托人损失的，应当赔偿损失。

第九百三十条 受托人处理委托事务时，因不可归责于自己的事由受到损失的，可以向委托人请求赔偿损失。

第九百三十一条 委托人经受托人同意，可以在受托人之外委托第三人处理委托事务。因此造成受托人损失的，受托人可以向委托人请求赔偿损失。

第九百三十二条 两个以上的受托人共同处理委托事务的，对委托人承担连带责任。

第九百三十三条 委托人或者受托人可以随时解除委托合同。因解除合同造成对方损失的，除不可归责于该当事人的事由外，无偿委托合同的解除方应当赔偿因解除时间不当造成的直接损失，有偿委托合同的解除方应当赔偿对方的直接损失和合同履行后可以获得的利益。

第九百三十四条 委托人死亡、终止或者受托人死亡、丧失民事行为能力、终止的，委托合同终止；但是，当事人另有约定或者根据委托事务的性质不宜终止的除外。

第九百三十五条 因委托人死亡或者被宣告破产、解散，致使委托合同终止将损害委托人利益的，在委托人的继承人、遗产管理人或者清算人承受委托事务之前，受托人应当继续处理委托事务。

第九百三十六条 因受托人死亡、丧失民事行为能力或者被宣告破产、解散，致使委托合同终止的，受托人的继承人、遗产管理人、法定代理人或者清算人应当及时通知委托人。因委托合同终止将损害委托人利益的，在委托人作出善后处理之前，受托人的继承人、遗产管理人、法定代理人或者清算人应当采取必要措施。

第二十四章　物业服务合同

第九百三十七条 物业服务合同是物业服

务人在物业服务区域内，为业主提供建筑物及其附属设施的维修养护、环境卫生和相关秩序的管理维护等物业服务，业主支付物业费的合同。

物业服务人包括物业服务企业和其他管理人。

第九百三十八条　物业服务合同的内容一般包括服务事项、服务质量、服务费用的标准和收取办法、维修资金的使用、服务用房的管理和使用、服务期限、服务交接等条款。

物业服务人公开作出的有利于业主的服务承诺，为物业服务合同的组成部分。

物业服务合同应当采用书面形式。

第九百三十九条　建设单位依法与物业服务人订立的前期物业服务合同，以及业主委员会与业主大会依法选聘的物业服务人订立的物业服务合同，对业主具有法律约束力。

第九百四十条　建设单位依法与物业服务人订立的前期物业服务合同约定的服务期限届满前，业主委员会或者业主与新物业服务人订立的物业服务合同生效的，前期物业服务合同终止。

第九百四十一条　物业服务人将物业服务区域内的部分专项服务事项委托给专业性服务组织或者其他第三人的，应当就该部分专项服务事项向业主负责。

物业服务人不得将其应当提供的全部物业服务转委托给第三人，或者将全部物业服务支解后分别转委托给第三人。

第九百四十二条　物业服务人应当按照约定和物业的使用性质，妥善维修、养护、清洁、绿化和经营管理物业服务区域内的业主共有部分，维护物业服务区域内的基本秩序，采取合理措施保护业主的人身、财产安全。

对物业服务区域内违反有关治安、环保、消防等法律法规的行为，物业服务人应当及时采取合理措施制止、向有关行政主管部门报告并协助处理。

第九百四十三条　物业服务人应当定期将服务的事项、负责人员、质量要求、收费项目、收费标准、履行情况，以及维修资金使用情况、业主共有部分的经营与收益情况等以合理方式向业主公开并向业主大会、业主委员会报告。

第九百四十四条　业主应当按照约定向物业服务人支付物业费。物业服务人已经按照约定和有关规定提供服务的，业主不得以未接受或者无需接受相关物业服务为由拒绝支付物业费。

业主违反约定逾期不支付物业费的，物业服务人可以催告其在合理期限内支付；合理期限届满仍不支付的，物业服务人可以提起诉讼或者申请仲裁。

物业服务人不得采取停止供电、供水、供热、供燃气等方式催交物业费。

第九百四十五条　业主装饰装修房屋的，应当事先告知物业服务人，遵守物业服务人提示的合理注意事项，并配合其进行必要的现场检查。

业主转让、出租物业专有部分、设立居住权或者依法改变共有部分用途的，应当及时将相关情况告知物业服务人。

第九百四十六条　业主依照法定程序共同决定解聘物业服务人的，可以解除物业服务合同。决定解聘的，应当提前六十日书面通知物业服务人，但是合同对通知期限另有约定的除外。

依据前款规定解除合同造成物业服务人损失的，除不可归责于业主的事由外，业主应当赔偿损失。

第九百四十七条　物业服务期限届满前，业主依法共同决定续聘的，应当与原物业服务人在合同期限届满前续订物业服务合同。

物业服务期限届满前，物业服务人不同意续聘的，应当在合同期限届满前九十日书面通知业主或者业主委员会，但是合同对通知期限另有约定的除外。

第九百四十八条　物业服务期限届满后，业主没有依法作出续聘或者另聘物业服务人的决定，物业服务人继续提供物业服务的，原物业服务合同继续有效，但是服务期限为不定期。

当事人可以随时解除不定期物业服务合同，但是应当提前六十日书面通知对方。

第九百四十九条　物业服务合同终止的，原物业服务人应当在约定期限或者合理期限内退出物业服务区域，将物业服务用房、相关设施、物业服务所必需的相关资料等交还给业主委员会、决定自行管理的业主或者其指定的人，配合新物业服务人做好交接工作，并如实告知物业的使用和管理状况。

原物业服务人违反前款规定的，不得请求业主支付物业服务合同终止后的物业费；造成业主损失的，应当赔偿损失。

第九百五十条 物业服务合同终止后，在业主或者业主大会选聘的新物业服务人或者决定自行管理的业主接管之前，原物业服务人应当继续处理物业服务事项，并可以请求业主支付该期间的物业费。

第二十五章 行纪合同

第九百五十一条 行纪合同是行纪人以自己的名义为委托人从事贸易活动，委托人支付报酬的合同。

第九百五十二条 行纪人处理委托事务支出的费用，由行纪人负担，但是当事人另有约定的除外。

第九百五十三条 行纪人占有委托物的，应当妥善保管委托物。

第九百五十四条 委托物交付给行纪人时有瑕疵或者容易腐烂、变质的，经委托人同意，行纪人可以处分该物；不能与委托人及时取得联系的，行纪人可以合理处分。

第九百五十五条 行纪人低于委托人指定的价格卖出或者高于委托人指定的价格买入的，应当经委托人同意；未经委托人同意，行纪人补偿其差额的，该买卖对委托人发生效力。

行纪人高于委托人指定的价格卖出或者低于委托人指定的价格买入的，可以按照约定增加报酬；没有约定或者约定不明确，依据本法第五百一十条的规定仍不能确定的，该利益属于委托人。

委托人对价格有特别指示的，行纪人不得违背该指示卖出或者买入。

第九百五十六条 行纪人卖出或者买入具有市场定价的商品，除委托人有相反的意思表示外，行纪人自己可以作为买受人或者出卖人。

行纪人有前款规定情形的，仍然可以请求委托人支付报酬。

第九百五十七条 行纪人按照约定买入委托物，委托人应当及时受领。经行纪人催告，委托人无正当理由拒绝受领的，行纪人依法可以提存委托物。

委托物不能卖出或者委托人撤回出卖，经行纪人催告，委托人不取回或者不处分该物的，行纪人依法可以提存委托物。

第九百五十八条 行纪人与第三人订立合同的，行纪人对该合同直接享有权利、承担义务。

第三人不履行义务致使委托人受到损害的，行纪人应当承担赔偿责任，但是行纪人与委托人另有约定的除外。

第九百五十九条 行纪人完成或者部分完成委托事务的，委托人应当向其支付相应的报酬。委托人逾期不支付报酬的，行纪人对委托物享有留置权，但是当事人另有约定的除外。

第九百六十条 本章没有规定的，参照适用委托合同的有关规定。

第二十六章 中介合同

第九百六十一条 中介合同是中介人向委托人报告订立合同的机会或者提供订立合同的媒介服务，委托人支付报酬的合同。

第九百六十二条 中介人应当就有关订立合同的事项向委托人如实报告。

中介人故意隐瞒与订立合同有关的重要事实或者提供虚假情况，损害委托人利益的，不得请求支付报酬并应当承担赔偿责任。

第九百六十三条 中介人促成合同成立的，委托人应当按照约定支付报酬。对中介人的报酬没有约定或者约定不明确，依据本法第五百一十条的规定仍不能确定的，根据中介人的劳务合理确定。因中介人提供订立合同的媒介服务而促成合同成立的，由该合同的当事人平均负担中介人的报酬。

中介人促成合同成立的，中介活动的费用，由中介人负担。

第九百六十四条 中介人未促成合同成立

的，不得请求支付报酬；但是，可以按照约定请求委托人支付从事中介活动支出的必要费用。

第九百六十五条　委托人在接受中介人的服务后，利用中介人提供的交易机会或者媒介服务，绕开中介人直接订立合同的，应当向中介人支付报酬。

第九百六十六条　本章没有规定的，参照适用委托合同的有关规定。

第二十七章　合伙合同

第九百六十七条　合伙合同是两个以上合伙人为了共同的事业目的，订立的共享利益、共担风险的协议。

第九百六十八条　合伙人应当按照约定的出资方式、数额和缴付期限，履行出资义务。

第九百六十九条　合伙人的出资、因合伙事务依法取得的收益和其他财产，属于合伙财产。

合伙合同终止前，合伙人不得请求分割合伙财产。

第九百七十条　合伙人就合伙事务作出决定的，除合伙合同另有约定外，应当经全体合伙人一致同意。

合伙事务由全体合伙人共同执行。按照合伙合同的约定或者全体合伙人的决定，可以委托一个或者数个合伙人执行合伙事务；其他合伙人不再执行合伙事务，但是有权监督执行情况。

合伙人分别执行合伙事务的，执行事务合伙人可以对其他合伙人执行的事务提出异议；提出异议后，其他合伙人应当暂停该项事务的执行。

第九百七十一条　合伙人不得因执行合伙事务而请求支付报酬，但是合伙合同另有约定的除外。

第九百七十二条　合伙的利润分配和亏损分担，按照合伙合同的约定办理；合伙合同没有约定或者约定不明确的，由合伙人协商决定；协商不成的，由合伙人按照实缴出资比例分配、分担；无法确定出资比例的，由合伙人平均分配、分担。

第九百七十三条　合伙人对合伙债务承担连带责任。清偿合伙债务超过自己应当承担份额的合伙人，有权向其他合伙人追偿。

第九百七十四条　除合伙合同另有约定外，合伙人向合伙人以外的人转让其全部或者部分财产份额的，须经其他合伙人一致同意。

第九百七十五条　合伙人的债权人不得代位行使合伙人依照本章规定和合伙合同享有的权利，但是合伙人享有的利益分配请求权除外。

第九百七十六条　合伙人对合伙期限没有约定或者约定不明确，依据本法第五百一十条的规定仍不能确定的，视为不定期合伙。

合伙期限届满，合伙人继续执行合伙事务，其他合伙人没有提出异议的，原合伙合同继续有效，但是合伙期限为不定期。

合伙人可以随时解除不定期合伙合同，但是应当在合理期限之前通知其他合伙人。

第九百七十七条　合伙人死亡、丧失民事行为能力或者终止的，合伙合同终止；但是，合伙合同另有约定或者根据合伙事务的性质不宜终止的除外。

第九百七十八条　合伙合同终止后，合伙财产在支付因终止而产生的费用以及清偿合伙债务后有剩余的，依据本法第九百七十二条的规定进行分配。

第三分编　准合同

第二十八章　无因管理

第九百七十九条　管理人没有法定的或者约定的义务，为避免他人利益受损失而管理他人事务的，可以请求受益人偿还因管理事务而支出的必要费用；管理人因管理事务受到损失的，可以请求受益人给予适当补偿。

管理事务不符合受益人真实意思的，管理人不享有前款规定的权利；但是，受益人的真实意思违反法律或者违背公序良俗的除外。

第九百八十条　管理人管理事务不属于前条规定的情形，但是受益人享有管理利益的，受益人应当在其获得的利益范围内向管理人承担前条第一款规定的义务。

第九百八十一条 管理人管理他人事务，应当采取有利于受益人的方法。中断管理对受益人不利的，无正当理由不得中断。

第九百八十二条 管理人管理他人事务，能够通知受益人的，应当及时通知受益人。管理的事务不需要紧急处理的，应当等待受益人的指示。

第九百八十三条 管理结束后，管理人应当向受益人报告管理事务的情况。管理人管理事务取得的财产，应当及时转交给受益人。

第九百八十四条 管理人管理事务经受益人事后追认的，从管理事务开始时起，适用委托合同的有关规定，但是管理人另有意思表示的除外。

第二十九章 不当得利

第九百八十五条 得利人没有法律根据取得不当利益的，受损失的人可以请求得利人返还取得的利益，但是有下列情形之一的除外：

（一）为履行道德义务进行的给付；

（二）债务到期之前的清偿；

（三）明知无给付义务而进行的债务清偿。

第九百八十六条 得利人不知道且不应当知道取得的利益没有法律根据，取得的利益已经不存在的，不承担返还该利益的义务。

第九百八十七条 得利人知道或者应当知道取得的利益没有法律根据的，受损失的人可以请求得利人返还其取得的利益并依法赔偿损失。

第九百八十八条 得利人已经将取得的利益无偿转让给第三人的，受损失的人可以请求第三人在相应范围内承担返还义务。

第四编 人格权

第一章 一般规定

第九百八十九条 本编调整因人格权的享有和保护产生的民事关系。

第九百九十条 人格权是民事主体享有的生命权、身体权、健康权、姓名权、名称权、肖像权、名誉权、荣誉权、隐私权等权利。

除前款规定的人格权外，自然人享有基于人身自由、人格尊严产生的其他人格权益。

第九百九十一条 民事主体的人格权受法律保护，任何组织或者个人不得侵害。

第九百九十二条 人格权不得放弃、转让或者继承。

第九百九十三条 民事主体可以将自己的姓名、名称、肖像等许可他人使用，但是依照法律规定或者根据其性质不得许可的除外。

第九百九十四条 死者的姓名、肖像、名誉、荣誉、隐私、遗体等受到侵害的，其配偶、子女、父母有权依法请求行为人承担民事责任；死者没有配偶、子女且父母已经死亡的，其他近亲属有权依法请求行为人承担民事责任。

第九百九十五条 人格权受到侵害的，受害人有权依照本法和其他法律的规定请求行为人承担民事责任。受害人的停止侵害、排除妨碍、消除危险、消除影响、恢复名誉、赔礼道歉请求权，不适用诉讼时效的规定。

第九百九十六条 因当事人一方的违约行为，损害对方人格权并造成严重精神损害，受损害方选择请求其承担违约责任的，不影响受损害方请求精神损害赔偿。

第九百九十七条 民事主体有证据证明行为人正在实施或者即将实施侵害其人格权的违法行为，不及时制止将使其合法权益受到难以弥补的损害的，有权依法向人民法院申请采取责令行为人停止有关行为的措施。

第九百九十八条 认定行为人承担侵害除生命权、身体权和健康权外的人格权的民事责任，应当考虑行为人和受害人的职业、影响范围、过错程度，以及行为的目的、方式、后果等因素。

第九百九十九条 为公共利益实施新闻报道、舆论监督等行为的，可以合理使用民事主体的姓名、名称、肖像、个人信息等；使用不合理侵害民事主体人格权的，应当依法承担民事责任。

第一千条 行为人因侵害人格权承担消除

影响、恢复名誉、赔礼道歉等民事责任的，应当与行为的具体方式和造成的影响范围相当。

行为人拒不承担前款规定的民事责任的，人民法院可以采取在报刊、网络等媒体上发布公告或者公布生效裁判文书等方式执行，产生的费用由行为人负担。

第一千零一条　对自然人因婚姻家庭关系等产生的身份权利的保护，适用本法第一编、第五编和其他法律的相关规定；没有规定的，可以根据其性质参照适用本编人格权保护的有关规定。

第二章　生命权、身体权和健康权

第一千零二条　自然人享有生命权。自然人的生命安全和生命尊严受法律保护。任何组织或者个人不得侵害他人的生命权。

第一千零三条　自然人享有身体权。自然人的身体完整和行动自由受法律保护。任何组织或者个人不得侵害他人的身体权。

第一千零四条　自然人享有健康权。自然人的身心健康受法律保护。任何组织或者个人不得侵害他人的健康权。

第一千零五条　自然人的生命权、身体权、健康权受到侵害或者处于其他危难情形的，负有法定救助义务的组织或者个人应当及时施救。

第一千零六条　完全民事行为能力人有权依法自主决定无偿捐献其人体细胞、人体组织、人体器官、遗体。任何组织或者个人不得强迫、欺骗、利诱其捐献。

完全民事行为能力人依据前款规定同意捐献的，应当采用书面形式，也可以订立遗嘱。

自然人生前未表示不同意捐献的，该自然人死亡后，其配偶、成年子女、父母可以共同决定捐献，决定捐献应当采用书面形式。

第一千零七条　禁止以任何形式买卖人体细胞、人体组织、人体器官、遗体。

违反前款规定的买卖行为无效。

第一千零八条　为研制新药、医疗器械或者发展新的预防和治疗方法，需要进行临床试验的，应当依法经相关主管部门批准并经伦理委员会审查同意，向受试者或者受试者的监护人告知试验目的、用途和可能产生的风险等详细情况，并经其书面同意。

进行临床试验的，不得向受试者收取试验费用。

第一千零九条　从事与人体基因、人体胚胎等有关的医学和科研活动，应当遵守法律、行政法规和国家有关规定，不得危害人体健康，不得违背伦理道德，不得损害公共利益。

第一千零一十条　违背他人意愿，以言语、文字、图像、肢体行为等方式对他人实施性骚扰的，受害人有权依法请求行为人承担民事责任。

机关、企业、学校等单位应当采取合理的预防、受理投诉、调查处置等措施，防止和制止利用职权、从属关系等实施性骚扰。

第一千零一十一条　以非法拘禁等方式剥夺、限制他人的行动自由，或者非法搜查他人身体的，受害人有权依法请求行为人承担民事责任。

第三章　姓名权和名称权

第一千零一十二条　自然人享有姓名权，有权依法决定、使用、变更或者许可他人使用自己的姓名，但是不得违背公序良俗。

第一千零一十三条　法人、非法人组织享有名称权，有权依法决定、使用、变更、转让或者许可他人使用自己的名称。

第一千零一十四条　任何组织或者个人不得以干涉、盗用、假冒等方式侵害他人的姓名权或者名称权。

第一千零一十五条　自然人应当随父姓或者母姓，但是有下列情形之一的，可以在父姓和母姓之外选取姓氏：

（一）选取其他直系长辈血亲的姓氏；

（二）因由法定扶养人以外的人扶养而选取扶养人姓氏；

（三）有不违背公序良俗的其他正当理由。

少数民族自然人的姓氏可以遵从本民族的文化传统和风俗习惯。

第一千零一十六条　自然人决定、变更姓名，或者法人、非法人组织决定、变更、转让名称的，应当依法向有关机关办理登记手续，但是法律另有规定的除外。

民事主体变更姓名、名称的，变更前实施的民事法律行为对其具有法律约束力。

第一千零一十七条 具有一定社会知名度，被他人使用足以造成公众混淆的笔名、艺名、网名、译名、字号、姓名和名称的简称等，参照适用姓名权和名称权保护的有关规定。

第四章 肖像权

第一千零一十八条 自然人享有肖像权，有权依法制作、使用、公开或者许可他人使用自己的肖像。

肖像是通过影像、雕塑、绘画等方式在一定载体上所反映的特定自然人可以被识别的外部形象。

第一千零一十九条 任何组织或者个人不得以丑化、污损，或者利用信息技术手段伪造等方式侵害他人的肖像权。未经肖像权人同意，不得制作、使用、公开肖像权人的肖像，但是法律另有规定的除外。

未经肖像权人同意，肖像作品权利人不得以发表、复制、发行、出租、展览等方式使用或者公开肖像权人的肖像。

第一千零二十条 合理实施下列行为的，可以不经肖像权人同意：

（一）为个人学习、艺术欣赏、课堂教学或者科学研究，在必要范围内使用肖像权人已经公开的肖像；

（二）为实施新闻报道，不可避免地制作、使用、公开肖像权人的肖像；

（三）为依法履行职责，国家机关在必要范围内制作、使用、公开肖像权人的肖像；

（四）为展示特定公共环境，不可避免地制作、使用、公开肖像权人的肖像；

（五）为维护公共利益或者肖像权人合法权益，制作、使用、公开肖像权人的肖像的其他行为。

第一千零二十一条 当事人对肖像许可使用合同中关于肖像使用条款的理解有争议的，应当作出有利于肖像权人的解释。

第一千零二十二条 当事人对肖像许可使用期限没有约定或者约定不明确的，任何一方当事人可以随时解除肖像许可使用合同，但是应当在合理期限之前通知对方。

当事人对肖像许可使用期限有明确约定，肖像权人有正当理由的，可以解除肖像许可使用合同，但是应当在合理期限之前通知对方。因解除合同造成对方损失的，除不可归责于肖像权人的事由外，应当赔偿损失。

第一千零二十三条 对姓名等的许可使用，参照适用肖像许可使用的有关规定。

对自然人声音的保护，参照适用肖像权保护的有关规定。

第五章 名誉权和荣誉权

第一千零二十四条 民事主体享有名誉权。任何组织或者个人不得以侮辱、诽谤等方式侵害他人的名誉权。

名誉是对民事主体的品德、声望、才能、信用等的社会评价。

第一千零二十五条 行为人为公共利益实施新闻报道、舆论监督等行为，影响他人名誉的，不承担民事责任，但是有下列情形之一的除外：

（一）捏造、歪曲事实；

（二）对他人提供的严重失实内容未尽到合理核实义务；

（三）使用侮辱性言辞等贬损他人名誉。

第一千零二十六条 认定行为人是否尽到前条第二项规定的合理核实义务，应当考虑下列因素：

（一）内容来源的可信度；

（二）对明显可能引发争议的内容是否进行了必要的调查；

（三）内容的时限性；

（四）内容与公序良俗的关联性；

（五）受害人名誉受贬损的可能性；

（六）核实能力和核实成本。

第一千零二十七条 行为人发表的文学、艺术作品以真人真事或者特定人为描述对象，含有侮辱、诽谤内容，侵害他人名誉权的，受害人有权依法请求该行为人承担民事责任。

行为人发表的文学、艺术作品不以特定人为描述对象，仅其中的情节与该特定人的情况相似的，不承担民事责任。

第一千零二十八条　民事主体有证据证明报刊、网络等媒体报道的内容失实，侵害其名誉权的，有权请求该媒体及时采取更正或者删除等必要措施。

第一千零二十九条　民事主体可以依法查询自己的信用评价；发现信用评价不当的，有权提出异议并请求采取更正、删除等必要措施。信用评价人应当及时核查，经核查属实的，应当及时采取必要措施。

第一千零三十条　民事主体与征信机构等信用信息处理者之间的关系，适用本编有关个人信息保护的规定和其他法律、行政法规的有关规定。

第一千零三十一条　民事主体享有荣誉权。任何组织或者个人不得非法剥夺他人的荣誉称号，不得诋毁、贬损他人的荣誉。

获得的荣誉称号应当记载而没有记载的，民事主体可以请求记载；获得的荣誉称号记载错误的，民事主体可以请求更正。

第六章　隐私权和个人信息保护

第一千零三十二条　自然人享有隐私权。任何组织或者个人不得以刺探、侵扰、泄露、公开等方式侵害他人的隐私权。

隐私是自然人的私人生活安宁和不愿为他人知晓的私密空间、私密活动、私密信息。

第一千零三十三条　除法律另有规定或者权利人明确同意外，任何组织或者个人不得实施下列行为：

（一）以电话、短信、即时通讯工具、电子邮件、传单等方式侵扰他人的私人生活安宁；

（二）进入、拍摄、窥视他人的住宅、宾馆房间等私密空间；

（三）拍摄、窥视、窃听、公开他人的私密活动；

（四）拍摄、窥视他人身体的私密部位；

（五）处理他人的私密信息；

（六）以其他方式侵害他人的隐私权。

第一千零三十四条　自然人的个人信息受法律保护。

个人信息是以电子或者其他方式记录的能够单独或者与其他信息结合识别特定自然人的各种信息，包括自然人的姓名、出生日期、身份证件号码、生物识别信息、住址、电话号码、电子邮箱、健康信息、行踪信息等。

个人信息中的私密信息，适用有关隐私权的规定；没有规定的，适用有关个人信息保护的规定。

第一千零三十五条　处理个人信息的，应当遵循合法、正当、必要原则，不得过度处理，并符合下列条件：

（一）征得该自然人或者其监护人同意，但是法律、行政法规另有规定的除外；

（二）公开处理信息的规则；

（三）明示处理信息的目的、方式和范围；

（四）不违反法律、行政法规的规定和双方的约定。

个人信息的处理包括个人信息的收集、存储、使用、加工、传输、提供、公开等。

第一千零三十六条　处理个人信息，有下列情形之一的，行为人不承担民事责任：

（一）在该自然人或者其监护人同意的范围内合理实施的行为；

（二）合理处理该自然人自行公开的或者其他已经合法公开的信息，但是该自然人明确拒绝或者处理该信息侵害其重大利益的除外；

（三）为维护公共利益或者该自然人合法权益，合理实施的其他行为。

第一千零三十七条　自然人可以依法向信息处理者查阅或者复制其个人信息；发现信息有错误的，有权提出异议并请求及时采取更正等必要措施。

自然人发现信息处理者违反法律、行政法规的规定或者双方的约定处理其个人信息的，有权请求信息处理者及时删除。

第一千零三十八条　信息处理者不得泄露或者篡改其收集、存储的个人信息；未经自然人同意，不得向他人非法提供其个人信息，但是经过加工无法识别特定个人且不能复原的除外。

信息处理者应当采取技术措施和其他必要

措施，确保其收集、存储的个人信息安全，防止信息泄露、篡改、丢失；发生或者可能发生个人信息泄露、篡改、丢失的，应当及时采取补救措施，按照规定告知自然人并向有关主管部门报告。

第一千零三十九条 国家机关、承担行政职能的法定机构及其工作人员对于履行职责过程中知悉的自然人的隐私和个人信息，应当予以保密，不得泄露或者向他人非法提供。

第五编 婚姻家庭

第一章 一般规定

第一千零四十条 本编调整因婚姻家庭产生的民事关系。

第一千零四十一条 婚姻家庭受国家保护。

实行婚姻自由、一夫一妻、男女平等的婚姻制度。

保护妇女、未成年人、老年人、残疾人的合法权益。

第一千零四十二条 禁止包办、买卖婚姻和其他干涉婚姻自由的行为。禁止借婚姻索取财物。

禁止重婚。禁止有配偶者与他人同居。

禁止家庭暴力。禁止家庭成员间的虐待和遗弃。

第一千零四十三条 家庭应当树立优良家风，弘扬家庭美德，重视家庭文明建设。

夫妻应当互相忠实，互相尊重，互相关爱；家庭成员应当敬老爱幼，互相帮助，维护平等、和睦、文明的婚姻家庭关系。

第一千零四十四条 收养应当遵循最有利于被收养人的原则，保障被收养人和收养人的合法权益。

禁止借收养名义买卖未成年人。

第一千零四十五条 亲属包括配偶、血亲和姻亲。

配偶、父母、子女、兄弟姐妹、祖父母、外祖父母、孙子女、外孙子女为近亲属。

配偶、父母、子女和其他共同生活的近亲属为家庭成员。

第二章 结婚

第一千零四十六条 结婚应当男女双方完全自愿，禁止任何一方对另一方加以强迫，禁止任何组织或者个人加以干涉。

第一千零四十七条 结婚年龄，男不得早于二十二周岁，女不得早于二十周岁。

第一千零四十八条 直系血亲或者三代以内的旁系血亲禁止结婚。

第一千零四十九条 要求结婚的男女双方应当亲自到婚姻登记机关申请结婚登记。符合本法规定的，予以登记，发给结婚证。完成结婚登记，即确立婚姻关系。未办理结婚登记的，应当补办登记。

第一千零五十条 登记结婚后，按照男女双方约定，女方可以成为男方家庭的成员，男方可以成为女方家庭的成员。

第一千零五十一条 有下列情形之一的，婚姻无效：

（一）重婚；

（二）有禁止结婚的亲属关系；

（三）未到法定婚龄。

第一千零五十二条 因胁迫结婚的，受胁迫的一方可以向人民法院请求撤销婚姻。

请求撤销婚姻的，应当自胁迫行为终止之日起一年内提出。

被非法限制人身自由的当事人请求撤销婚姻的，应当自恢复人身自由之日起一年内提出。

第一千零五十三条 一方患有重大疾病的，应当在结婚登记前如实告知另一方；不如实告知的，另一方可以向人民法院请求撤销婚姻。

请求撤销婚姻的，应当自知道或者应当知道撤销事由之日起一年内提出。

第一千零五十四条 无效的或者被撤销的婚姻自始没有法律约束力，当事人不具有夫妻的权利和义务。同居期间所得的财产，由当事人协议处理；协议不成的，由人民法院根据照顾无过错方的原则判决。对重婚导致的无效婚姻的财产处理，不得侵害合法婚姻当事人的财产权益。当事人所生的子女，适用本法关于父母子女的规定。

婚姻无效或者被撤销的，无过错方有权请求损害赔偿。

第三章　家庭关系

第一节　夫妻关系

第一千零五十五条　夫妻在婚姻家庭中地位平等。

第一千零五十六条　夫妻双方都有各自使用自己姓名的权利。

第一千零五十七条　夫妻双方都有参加生产、工作、学习和社会活动的自由，一方不得对另一方加以限制或者干涉。

第一千零五十八条　夫妻双方平等享有对未成年子女抚养、教育和保护的权利，共同承担对未成年子女抚养、教育和保护的义务。

第一千零五十九条　夫妻有相互扶养的义务。

需要扶养的一方，在另一方不履行扶养义务时，有要求其给付扶养费的权利。

第一千零六十条　夫妻一方因家庭日常生活需要而实施的民事法律行为，对夫妻双方发生效力，但是夫妻一方与相对人另有约定的除外。

夫妻之间对一方可以实施的民事法律行为范围的限制，不得对抗善意相对人。

第一千零六十一条　夫妻有相互继承遗产的权利。

第一千零六十二条　夫妻在婚姻关系存续期间所得的下列财产，为夫妻的共同财产，归夫妻共同所有：

（一）工资、奖金、劳务报酬；

（二）生产、经营、投资的收益；

（三）知识产权的收益；

（四）继承或者受赠的财产，但是本法第一千零六十三条第三项规定的除外；

（五）其他应当归共同所有的财产。

夫妻对共同财产，有平等的处理权。

第一千零六十三条　下列财产为夫妻一方的个人财产：

（一）一方的婚前财产；

（二）一方因受到人身损害获得的赔偿或者补偿；

（三）遗嘱或者赠与合同中确定只归一方的财产；

（四）一方专用的生活用品；

（五）其他应当归一方的财产。

第一千零六十四条　夫妻双方共同签名或者夫妻一方事后追认等共同意思表示所负的债务，以及夫妻一方在婚姻关系存续期间以个人名义为家庭日常生活需要所负的债务，属于夫妻共同债务。

夫妻一方在婚姻关系存续期间以个人名义超出家庭日常生活需要所负的债务，不属于夫妻共同债务；但是，债权人能够证明该债务用于夫妻共同生活、共同生产经营或者基于夫妻双方共同意思表示的除外。

第一千零六十五条　男女双方可以约定婚姻关系存续期间所得的财产以及婚前财产归各自所有、共同所有或者部分各自所有、部分共同所有。约定应当采用书面形式。没有约定或者约定不明确的，适用本法第一千零六十二条、第一千零六十三条的规定。

夫妻对婚姻关系存续期间所得的财产以及婚前财产的约定，对双方具有法律约束力。

夫妻对婚姻关系存续期间所得的财产约定归各自所有，夫或者妻一方对外所负的债务，相对人知道该约定的，以夫或者妻一方的个人财产清偿。

第一千零六十六条　婚姻关系存续期间，有下列情形之一的，夫妻一方可以向人民法院请求分割共同财产：

（一）一方有隐藏、转移、变卖、毁损、挥霍夫妻共同财产或者伪造夫妻共同债务等严重损害夫妻共同财产利益的行为；

（二）一方负有法定扶养义务的人患重大疾病需要医治，另一方不同意支付相关医疗费用。

第二节　父母子女关系和其他近亲属关系

第一千零六十七条　父母不履行抚养义务的，未成年子女或者不能独立生活的成年子女，有要求父母给付抚养费的权利。

成年子女不履行赡养义务的，缺乏劳动能力或者生活困难的父母，有要求成年子女给付赡养费的权利。

第一千零六十八条 父母有教育、保护未成年子女的权利和义务。未成年子女造成他人损害的，父母应当依法承担民事责任。

第一千零六十九条 子女应当尊重父母的婚姻权利，不得干涉父母离婚、再婚以及婚后的生活。子女对父母的赡养义务，不因父母的婚姻关系变化而终止。

第一千零七十条 父母和子女有相互继承遗产的权利。

第一千零七十一条 非婚生子女享有与婚生子女同等的权利，任何组织或者个人不得加以危害和歧视。

不直接抚养非婚生子女的生父或者生母，应当负担未成年子女或者不能独立生活的成年子女的抚养费。

第一千零七十二条 继父母与继子女间，不得虐待或者歧视。

继父或者继母和受其抚养教育的继子女间的权利义务关系，适用本法关于父母子女关系的规定。

第一千零七十三条 对亲子关系有异议且有正当理由的，父或者母可以向人民法院提起诉讼，请求确认或者否认亲子关系。

对亲子关系有异议且有正当理由的，成年子女可以向人民法院提起诉讼，请求确认亲子关系。

第一千零七十四条 有负担能力的祖父母、外祖父母，对于父母已经死亡或者父母无力抚养的未成年孙子女、外孙子女，有抚养的义务。

有负担能力的孙子女、外孙子女，对于子女已经死亡或者子女无力赡养的祖父母、外祖父母，有赡养的义务。

第一千零七十五条 有负担能力的兄、姐，对于父母已经死亡或者父母无力抚养的未成年弟、妹，有扶养的义务。

由兄、姐扶养长大的有负担能力的弟、妹，对于缺乏劳动能力又缺乏生活来源的兄、姐，有扶养的义务。

第四章　离婚

第一千零七十六条 夫妻双方自愿离婚的，应当签订书面离婚协议，并亲自到婚姻登记机关申请离婚登记。

离婚协议应当载明双方自愿离婚的意思表示和对子女抚养、财产以及债务处理等事项协商一致的意见。

第一千零七十七条 自婚姻登记机关收到离婚登记申请之日起三十日内，任何一方不愿意离婚的，可以向婚姻登记机关撤回离婚登记申请。

前款规定期限届满后三十日内，双方应当亲自到婚姻登记机关申请发给离婚证；未申请的，视为撤回离婚登记申请。

第一千零七十八条 婚姻登记机关查明双方确实是自愿离婚，并已经对子女抚养、财产以及债务处理等事项协商一致的，予以登记，发给离婚证。

第一千零七十九条 夫妻一方要求离婚的，可以由有关组织进行调解或者直接向人民法院提起离婚诉讼。

人民法院审理离婚案件，应当进行调解；如果感情确已破裂，调解无效的，应当准予离婚。

有下列情形之一，调解无效的，应当准予离婚：

（一）重婚或者与他人同居；

（二）实施家庭暴力或者虐待、遗弃家庭成员；

（三）有赌博、吸毒等恶习屡教不改；

（四）因感情不和分居满二年；

（五）其他导致夫妻感情破裂的情形。

一方被宣告失踪，另一方提起离婚诉讼的，应当准予离婚。

经人民法院判决不准离婚后，双方又分居满一年，一方再次提起离婚诉讼的，应当准予离婚。

第一千零八十条 完成离婚登记，或者离婚判决书、调解书生效，即解除婚姻关系。

第一千零八十一条 现役军人的配偶要求离婚，应当征得军人同意，但是军人一方有重大过错的除外。

第一千零八十二条 女方在怀孕期间、分娩后一年内或者终止妊娠后六个月内，男方不得提出离婚；但是，女方提出离婚或者人民法院认为确有必要受理男方离婚请求的除外。

第一千零八十三条　离婚后，男女双方自愿恢复婚姻关系的，应当到婚姻登记机关重新进行结婚登记。

第一千零八十四条　父母与子女间的关系，不因父母离婚而消除。离婚后，子女无论由父或者母直接抚养，仍是父母双方的子女。

离婚后，父母对于子女仍有抚养、教育、保护的权利和义务。

离婚后，不满两周岁的子女，以由母亲直接抚养为原则。已满两周岁的子女，父母双方对抚养问题协议不成的，由人民法院根据双方的具体情况，按照最有利于未成年子女的原则判决。子女已满八周岁的，应当尊重其真实意愿。

第一千零八十五条　离婚后，子女由一方直接抚养的，另一方应当负担部分或者全部抚养费。负担费用的多少和期限的长短，由双方协议；协议不成的，由人民法院判决。

前款规定的协议或者判决，不妨碍子女在必要时向父母任何一方提出超过协议或者判决原定数额的合理要求。

第一千零八十六条　离婚后，不直接抚养子女的父或者母，有探望子女的权利，另一方有协助的义务。

行使探望权利的方式、时间由当事人协议；协议不成的，由人民法院判决。

父或者母探望子女，不利于子女身心健康的，由人民法院依法中止探望；中止的事由消失后，应当恢复探望。

第一千零八十七条　离婚时，夫妻的共同财产由双方协议处理；协议不成的，由人民法院根据财产的具体情况，按照照顾子女、女方和无过错方权益的原则判决。

对夫或者妻在家庭土地承包经营中享有的权益等，应当依法予以保护。

第一千零八十八条　夫妻一方因抚育子女、照料老年人、协助另一方工作等负担较多义务的，离婚时有权向另一方请求补偿，另一方应当给予补偿。具体办法由双方协议；协议不成的，由人民法院判决。

第一千零八十九条　离婚时，夫妻共同债务应当共同偿还。共同财产不足清偿或者财产归各自所有的，由双方协议清偿；协议不成的，由人民法院判决。

第一千零九十条　离婚时，如果一方生活困难，有负担能力的另一方应当给予适当帮助。具体办法由双方协议；协议不成的，由人民法院判决。

第一千零九十一条　有下列情形之一，导致离婚的，无过错方有权请求损害赔偿：

（一）重婚；

（二）与他人同居；

（三）实施家庭暴力；

（四）虐待、遗弃家庭成员；

（五）有其他重大过错。

第一千零九十二条　夫妻一方隐藏、转移、变卖、毁损、挥霍夫妻共同财产，或者伪造夫妻共同债务企图侵占另一方财产的，在离婚分割夫妻共同财产时，对该方可以少分或者不分。离婚后，另一方发现有上述行为的，可以向人民法院提起诉讼，请求再次分割夫妻共同财产。

第五章　收养

第一节　收养关系的成立

第一千零九十三条　下列未成年人，可以被收养：

（一）丧失父母的孤儿；

（二）查找不到生父母的未成年人；

（三）生父母有特殊困难无力抚养的子女。

第一千零九十四条　下列个人、组织可以作送养人：

（一）孤儿的监护人；

（二）儿童福利机构；

（三）有特殊困难无力抚养子女的生父母。

第一千零九十五条　未成年人的父母均不具备完全民事行为能力且可能严重危害该未成年人的，该未成年人的监护人可以将其送养。

第一千零九十六条　监护人送养孤儿的，应当征得有抚养义务的人同意。有抚养义务的人不同意送养、监护人不愿意继续履行监护职责的，应当依照本法第一编的规定另行确定监护人。

第一千零九十七条　生父母送养子女，应当双方共同送养。生父母一方不明或者查找不到的，可以单方送养。

第一千零九十八条 收养人应当同时具备下列条件：

（一）无子女或者只有一名子女；

（二）有抚养、教育和保护被收养人的能力；

（三）未患有在医学上认为不应当收养子女的疾病；

（四）无不利于被收养人健康成长的违法犯罪记录；

（五）年满三十周岁。

第一千零九十九条 收养三代以内旁系同辈血亲的子女，可以不受本法第一千零九十三条第三项、第一千零九十四条第三项和第一千一百零二条规定的限制。

华侨收养三代以内旁系同辈血亲的子女，还可以不受本法第一千零九十八条第一项规定的限制。

第一千一百条 无子女的收养人可以收养两名子女；有子女的收养人只能收养一名子女。

收养孤儿、残疾未成年人或者儿童福利机构抚养的查找不到生父母的未成年人，可以不受前款和本法第一千零九十八条第一项规定的限制。

第一千一百零一条 有配偶者收养子女，应当夫妻共同收养。

第一千一百零二条 无配偶者收养异性子女的，收养人与被收养人的年龄应当相差四十周岁以上。

第一千一百零三条 继父或者继母经继子女的生父母同意，可以收养继子女，并可以不受本法第一千零九十三条第三项、第一千零九十四条第三项、第一千零九十八条和第一千一百条第一款规定的限制。

第一千一百零四条 收养人收养与送养人送养，应当双方自愿。收养八周岁以上未成年人的，应当征得被收养人的同意。

第一千一百零五条 收养应当向县级以上人民政府民政部门登记。收养关系自登记之日起成立。

收养查找不到生父母的未成年人的，办理登记的民政部门应当在登记前予以公告。

收养关系当事人愿意签订收养协议的，可以签订收养协议。

收养关系当事人各方或者一方要求办理收养公证的，应当办理收养公证。

县级以上人民政府民政部门应当依法进行收养评估。

第一千一百零六条 收养关系成立后，公安机关应当按照国家有关规定为被收养人办理户口登记。

第一千一百零七条 孤儿或者生父母无力抚养的子女，可以由生父母的亲属、朋友抚养；抚养人与被抚养人的关系不适用本章规定。

第一千一百零八条 配偶一方死亡，另一方送养未成年子女的，死亡一方的父母有优先抚养的权利。

第一千一百零九条 外国人依法可以在中华人民共和国收养子女。

外国人在中华人民共和国收养子女，应当经其所在国主管机关依照该国法律审查同意。收养人应当提供由其所在国有权机构出具的有关其年龄、婚姻、职业、财产、健康、有无受过刑事处罚等状况的证明材料，并与送养人签订书面协议，亲自向省、自治区、直辖市人民政府民政部门登记。

前款规定的证明材料应当经收养人所在国外交机关或者外交机关授权的机构认证，并经中华人民共和国驻该国使领馆认证，但是国家另有规定的除外。

第一千一百一十条 收养人、送养人要求保守收养秘密的，其他人应当尊重其意愿，不得泄露。

第二节 收养的效力

第一千一百一十一条 自收养关系成立之日起，养父母与养子女间的权利义务关系，适用本法关于父母子女关系的规定；养子女与养父母的近亲属间的权利义务关系，适用本法关于子女与父母的近亲属关系的规定。

养子女与生父母以及其他近亲属间的权利义务关系，因收养关系的成立而消除。

第一千一百一十二条 养子女可以随养父或者养母的姓氏，经当事人协商一致，也可以保留原姓氏。

第一千一百一十三条　有本法第一编关于民事法律行为无效规定情形或者违反本编规定的收养行为无效。

无效的收养行为自始没有法律约束力。

第三节　收养关系的解除

第一千一百一十四条　收养人在被收养人成年以前，不得解除收养关系，但是收养人、送养人双方协议解除的除外。养子女八周岁以上的，应当征得本人同意。

收养人不履行抚养义务，有虐待、遗弃等侵害未成年养子女合法权益行为的，送养人有权要求解除养父母与养子女间的收养关系。送养人、收养人不能达成解除收养关系协议的，可以向人民法院提起诉讼。

第一千一百一十五条　养父母与成年养子女关系恶化、无法共同生活的，可以协议解除收养关系。不能达成协议的，可以向人民法院提起诉讼。

第一千一百一十六条　当事人协议解除收养关系的，应当到民政部门办理解除收养关系登记。

第一千一百一十七条　收养关系解除后，养子女与养父母以及其他近亲属间的权利义务关系即行消除，与生父母以及其他近亲属间的权利义务关系自行恢复。但是，成年养子女与生父母以及其他近亲属间的权利义务关系是否恢复，可以协商确定。

第一千一百一十八条　收养关系解除后，经养父母抚养的成年养子女，对缺乏劳动能力又缺乏生活来源的养父母，应当给付生活费。因养子女成年后虐待、遗弃养父母而解除收养关系的，养父母可以要求养子女补偿收养期间支出的抚养费。

生父母要求解除收养关系的，养父母可以要求生父母适当补偿收养期间支出的抚养费；但是，因养父母虐待、遗弃养子女而解除收养关系的除外。

第六编　继承

第一章　一般规定

第一千一百一十九条　本编调整因继承产生的民事关系。

第一千一百二十条　国家保护自然人的继承权。

第一千一百二十一条　继承从被继承人死亡时开始。

相互有继承关系的数人在同一事件中死亡，难以确定死亡时间的，推定没有其他继承人的人先死亡。都有其他继承人，辈份不同的，推定长辈先死亡；辈份相同的，推定同时死亡，相互不发生继承。

第一千一百二十二条　遗产是自然人死亡时遗留的个人合法财产。

依照法律规定或者根据其性质不得继承的遗产，不得继承。

第一千一百二十三条　继承开始后，按照法定继承办理；有遗嘱的，按照遗嘱继承或者遗赠办理；有遗赠扶养协议的，按照协议办理。

第一千一百二十四条　继承开始后，继承人放弃继承的，应当在遗产处理前，以书面形式作出放弃继承的表示；没有表示的，视为接受继承。

受遗赠人应当在知道受遗赠后六十日内，作出接受或者放弃受遗赠的表示；到期没有表示的，视为放弃受遗赠。

第一千一百二十五条　继承人有下列行为之一的，丧失继承权：

（一）故意杀害被继承人；

（二）为争夺遗产而杀害其他继承人；

（三）遗弃被继承人，或者虐待被继承人情节严重；

（四）伪造、篡改、隐匿或者销毁遗嘱，情节严重；

（五）以欺诈、胁迫手段迫使或者妨碍被继承人设立、变更或者撤回遗嘱，情节严重。

继承人有前款第三项至第五项行为，确有悔改表现，被继承人表示宽恕或者事后在遗嘱中将其列为继承人的，该继承人不丧失继承权。

受遗赠人有本条第一款规定行为的，丧失受遗赠权。

第二章　法定继承

第一千一百二十六条　继承权男女平等。

第一千一百二十七条 遗产按照下列顺序继承：

（一）第一顺序：配偶、子女、父母；

（二）第二顺序：兄弟姐妹、祖父母、外祖父母。

继承开始后，由第一顺序继承人继承，第二顺序继承人不继承；没有第一顺序继承人继承的，由第二顺序继承人继承。

本编所称子女，包括婚生子女、非婚生子女、养子女和有扶养关系的继子女。

本编所称父母，包括生父母、养父母和有扶养关系的继父母。

本编所称兄弟姐妹，包括同父母的兄弟姐妹、同父异母或者同母异父的兄弟姐妹、养兄弟姐妹、有扶养关系的继兄弟姐妹。

第一千一百二十八条 被继承人的子女先于被继承人死亡的，由被继承人的子女的直系晚辈血亲代位继承。

被继承人的兄弟姐妹先于被继承人死亡的，由被继承人的兄弟姐妹的子女代位继承。

代位继承人一般只能继承被代位继承人有权继承的遗产份额。

第一千一百二十九条 丧偶儿媳对公婆，丧偶女婿对岳父母，尽了主要赡养义务的，作为第一顺序继承人。

第一千一百三十条 同一顺序继承人继承遗产的份额，一般应当均等。

对生活有特殊困难又缺乏劳动能力的继承人，分配遗产时，应当予以照顾。

对被继承人尽了主要扶养义务或者与被继承人共同生活的继承人，分配遗产时，可以多分。

有扶养能力和有扶养条件的继承人，不尽扶养义务的，分配遗产时，应当不分或者少分。

继承人协商同意的，也可以不均等。

第一千一百三十一条 对继承人以外的依靠被继承人扶养的人，或者继承人以外的对被继承人扶养较多的人，可以分给适当的遗产。

第一千一百三十二条 继承人应当本着互谅互让、和睦团结的精神，协商处理继承问题。遗产分割的时间、办法和份额，由继承人协商确定；协商不成的，可以由人民调解委员会调解或者向人民法院提起诉讼。

第三章 遗嘱继承和遗赠

第一千一百三十三条 自然人可以依照本法规定立遗嘱处分个人财产，并可以指定遗嘱执行人。

自然人可以立遗嘱将个人财产指定由法定继承人中的一人或者数人继承。

自然人可以立遗嘱将个人财产赠与国家、集体或者法定继承人以外的组织、个人。

自然人可以依法设立遗嘱信托。

第一千一百三十四条 自书遗嘱由遗嘱人亲笔书写，签名，注明年、月、日。

第一千一百三十五条 代书遗嘱应当有两个以上见证人在场见证，由其中一人代书，并由遗嘱人、代书人和其他见证人签名，注明年、月、日。

第一千一百三十六条 打印遗嘱应当有两个以上见证人在场见证。遗嘱人和见证人应当在遗嘱每一页签名，注明年、月、日。

第一千一百三十七条 以录音录像形式立的遗嘱，应当有两个以上见证人在场见证。遗嘱人和见证人应当在录音录像中记录其姓名或者肖像，以及年、月、日。

第一千一百三十八条 遗嘱人在危急情况下，可以立口头遗嘱。口头遗嘱应当有两个以上见证人在场见证。危急情况消除后，遗嘱人能够以书面或者录音录像形式立遗嘱的，所立的口头遗嘱无效。

第一千一百三十九条 公证遗嘱由遗嘱人经公证机构办理。

第一千一百四十条 下列人员不能作为遗嘱见证人：

（一）无民事行为能力人、限制民事行为能力人以及其他不具有见证能力的人；

（二）继承人、受遗赠人；

（三）与继承人、受遗赠人有利害关系的人。

第一千一百四十一条 遗嘱应当为缺乏劳动能力又没有生活来源的继承人保留必要的遗产份额。

第一千一百四十二条　遗嘱人可以撤回、变更自己所立的遗嘱。

立遗嘱后，遗嘱人实施与遗嘱内容相反的民事法律行为的，视为对遗嘱相关内容的撤回。

立有数份遗嘱，内容相抵触的，以最后的遗嘱为准。

第一千一百四十三条　无民事行为能力人或者限制民事行为能力人所立的遗嘱无效。

遗嘱必须表示遗嘱人的真实意思，受欺诈、胁迫所立的遗嘱无效。

伪造的遗嘱无效。

遗嘱被篡改的，篡改的内容无效。

第一千一百四十四条　遗嘱继承或者遗赠附有义务的，继承人或者受遗赠人应当履行义务。没有正当理由不履行义务的，经利害关系人或者有关组织请求，人民法院可以取消其接受附义务部分遗产的权利。

第四章　遗产的处理

第一千一百四十五条　继承开始后，遗嘱执行人为遗产管理人；没有遗嘱执行人的，继承人应当及时推选遗产管理人；继承人未推选的，由继承人共同担任遗产管理人；没有继承人或者继承人均放弃继承的，由被继承人生前住所地的民政部门或者村民委员会担任遗产管理人。

第一千一百四十六条　对遗产管理人的确定有争议的，利害关系人可以向人民法院申请指定遗产管理人。

第一千一百四十七条　遗产管理人应当履行下列职责：

（一）清理遗产并制作遗产清单；

（二）向继承人报告遗产情况；

（三）采取必要措施防止遗产毁损、灭失；

（四）处理被继承人的债权债务；

（五）按照遗嘱或者依照法律规定分割遗产；

（六）实施与管理遗产有关的其他必要行为。

第一千一百四十八条　遗产管理人应当依法履行职责，因故意或者重大过失造成继承人、受遗赠人、债权人损害的，应当承担民事责任。

第一千一百四十九条　遗产管理人可以依照法律规定或者按照约定获得报酬。

第一千一百五十条　继承开始后，知道被继承人死亡的继承人应当及时通知其他继承人和遗嘱执行人。继承人中无人知道被继承人死亡或者知道被继承人死亡而不能通知的，由被继承人生前所在单位或者住所地的居民委员会、村民委员会负责通知。

第一千一百五十一条　存有遗产的人，应当妥善保管遗产，任何组织或者个人不得侵吞或者争抢。

第一千一百五十二条　继承开始后，继承人于遗产分割前死亡，并没有放弃继承的，该继承人应当继承的遗产转给其继承人，但是遗嘱另有安排的除外。

第一千一百五十三条　夫妻共同所有的财产，除有约定的外，遗产分割时，应当先将共同所有的财产的一半分出为配偶所有，其余的为被继承人的遗产。

遗产在家庭共有财产之中的，遗产分割时，应当先分出他人的财产。

第一千一百五十四条　有下列情形之一的，遗产中的有关部分按照法定继承办理：

（一）遗嘱继承人放弃继承或者受遗赠人放弃受遗赠；

（二）遗嘱继承人丧失继承权或者受遗赠人丧失受遗赠权；

（三）遗嘱继承人、受遗赠人先于遗嘱人死亡或者终止；

（四）遗嘱无效部分所涉及的遗产；

（五）遗嘱未处分的遗产。

第一千一百五十五条　遗产分割时，应当保留胎儿的继承份额。胎儿娩出时是死体的，保留的份额按照法定继承办理。

第一千一百五十六条　遗产分割应当有利于生产和生活需要，不损害遗产的效用。

不宜分割的遗产，可以采取折价、适当补偿或者共有等方法处理。

第一千一百五十七条　夫妻一方死亡后另一方再婚的，有权处分所继承的财产，任何组织或者个人不得干涉。

第一千一百五十八条 自然人可以与继承人以外的组织或者个人签订遗赠扶养协议。按照协议，该组织或者个人承担该自然人生养死葬的义务，享有受遗赠的权利。

第一千一百五十九条 分割遗产，应当清偿被继承人依法应当缴纳的税款和债务；但是，应当为缺乏劳动能力又没有生活来源的继承人保留必要的遗产。

第一千一百六十条 无人继承又无人受遗赠的遗产，归国家所有，用于公益事业；死者生前是集体所有制组织成员的，归所在集体所有制组织所有。

第一千一百六十一条 继承人以所得遗产实际价值为限清偿被继承人依法应当缴纳的税款和债务。超过遗产实际价值部分，继承人自愿偿还的不在此限。

继承人放弃继承的，对被继承人依法应当缴纳的税款和债务可以不负清偿责任。

第一千一百六十二条 执行遗赠不得妨碍清偿遗赠人依法应当缴纳的税款和债务。

第一千一百六十三条 既有法定继承又有遗嘱继承、遗赠的，由法定继承人清偿被继承人依法应当缴纳的税款和债务；超过法定继承遗产实际价值部分，由遗嘱继承人和受遗赠人按比例以所得遗产清偿。

第七编 侵权责任

第一章 一般规定

第一千一百六十四条 本编调整因侵害民事权益产生的民事关系。

第一千一百六十五条 行为人因过错侵害他人民事权益造成损害的，应当承担侵权责任。

依照法律规定推定行为人有过错，其不能证明自己没有过错的，应当承担侵权责任。

第一千一百六十六条 行为人造成他人民事权益损害，不论行为人有无过错，法律规定应当承担侵权责任的，依照其规定。

第一千一百六十七条 侵权行为危及他人人身、财产安全的，被侵权人有权请求侵权人承担停止侵害、排除妨碍、消除危险等侵权责任。

第一千一百六十八条 二人以上共同实施侵权行为，造成他人损害的，应当承担连带责任。

第一千一百六十九条 教唆、帮助他人实施侵权行为的，应当与行为人承担连带责任。

教唆、帮助无民事行为能力人、限制民事行为能力人实施侵权行为的，应当承担侵权责任；该无民事行为能力人、限制民事行为能力人的监护人未尽到监护职责的，应当承担相应的责任。

第一千一百七十条 二人以上实施危及他人人身、财产安全的行为，其中一人或者数人的行为造成他人损害，能够确定具体侵权人的，由侵权人承担责任；不能确定具体侵权人的，行为人承担连带责任。

第一千一百七十一条 二人以上分别实施侵权行为造成同一损害，每个人的侵权行为都足以造成全部损害的，行为人承担连带责任。

第一千一百七十二条 二人以上分别实施侵权行为造成同一损害，能够确定责任大小的，各自承担相应的责任；难以确定责任大小的，平均承担责任。

第一千一百七十三条 被侵权人对同一损害的发生或者扩大有过错的，可以减轻侵权人的责任。

第一千一百七十四条 损害是因受害人故意造成的，行为人不承担责任。

第一千一百七十五条 损害是因第三人造成的，第三人应当承担侵权责任。

第一千一百七十六条 自愿参加具有一定风险的文体活动，因其他参加者的行为受到损害的，受害人不得请求其他参加者承担侵权责任；但是，其他参加者对损害的发生有故意或者重大过失的除外。

活动组织者的责任适用本法第一千一百九十八条至第一千二百零一条的规定。

第一千一百七十七条 合法权益受到侵害，情况紧迫且不能及时获得国家机关保护，不立即采取措施将使其合法权益受到难以弥补的损害的，受害人可以在保护自己合法权益的必要范围内采取扣留侵权人的财物等合理措施；但是，应当立即请求有关国家机关处理。

受害人采取的措施不当造成他人损害的，应当承担侵权责任。

第一千一百七十八条　本法和其他法律对不承担责任或者减轻责任的情形另有规定的，依照其规定。

第二章　损害赔偿

第一千一百七十九条　侵害他人造成人身损害的，应当赔偿医疗费、护理费、交通费、营养费、住院伙食补助费等为治疗和康复支出的合理费用，以及因误工减少的收入。造成残疾的，还应当赔偿辅助器具费和残疾赔偿金；造成死亡的，还应当赔偿丧葬费和死亡赔偿金。

第一千一百八十条　因同一侵权行为造成多人死亡的，可以以相同数额确定死亡赔偿金。

第一千一百八十一条　被侵权人死亡的，其近亲属有权请求侵权人承担侵权责任。被侵权人为组织，该组织分立、合并的，承继权利的组织有权请求侵权人承担侵权责任。

被侵权人死亡的，支付被侵权人医疗费、丧葬费等合理费用的人有权请求侵权人赔偿费用，但是侵权人已经支付该费用的除外。

第一千一百八十二条　侵害他人人身权益造成财产损失的，按照被侵权人因此受到的损失或者侵权人因此获得的利益赔偿；被侵权人因此受到的损失以及侵权人因此获得的利益难以确定，被侵权人和侵权人就赔偿数额协商不一致，向人民法院提起诉讼的，由人民法院根据实际情况确定赔偿数额。

第一千一百八十三条　侵害自然人人身权益造成严重精神损害的，被侵权人有权请求精神损害赔偿。

因故意或者重大过失侵害自然人具有人身意义的特定物造成严重精神损害的，被侵权人有权请求精神损害赔偿。

第一千一百八十四条　侵害他人财产的，财产损失按照损失发生时的市场价格或者其他合理方式计算。

第一千一百八十五条　故意侵害他人知识产权，情节严重的，被侵权人有权请求相应的惩罚性赔偿。

第一千一百八十六条　受害人和行为人对损害的发生都没有过错的，依照法律的规定由双方分担损失。

第一千一百八十七条　损害发生后，当事人可以协商赔偿费用的支付方式。协商不一致的，赔偿费用应当一次性支付；一次性支付确有困难的，可以分期支付，但是被侵权人有权请求提供相应的担保。

第三章　责任主体的特殊规定

第一千一百八十八条　无民事行为能力人、限制民事行为能力人造成他人损害的，由监护人承担侵权责任。监护人尽到监护职责的，可以减轻其侵权责任。

有财产的无民事行为能力人、限制民事行为能力人造成他人损害的，从本人财产中支付赔偿费用；不足部分，由监护人赔偿。

第一千一百八十九条　无民事行为能力人、限制民事行为能力人造成他人损害，监护人将监护职责委托给他人的，监护人应当承担侵权责任；受托人有过错的，承担相应的责任。

第一千一百九十条　完全民事行为能力人对自己的行为暂时没有意识或者失去控制造成他人损害有过错的，应当承担侵权责任；没有过错的，根据行为人的经济状况对受害人适当补偿。

完全民事行为能力人因醉酒、滥用麻醉药品或者精神药品对自己的行为暂时没有意识或者失去控制造成他人损害的，应当承担侵权责任。

第一千一百九十一条　用人单位的工作人员因执行工作任务造成他人损害的，由用人单位承担侵权责任。用人单位承担侵权责任后，可以向有故意或者重大过失的工作人员追偿。

劳务派遣期间，被派遣的工作人员因执行工作任务造成他人损害的，由接受劳务派遣的用工单位承担侵权责任；劳务派遣单位有过错的，承担相应的责任。

第一千一百九十二条 个人之间形成劳务关系，提供劳务一方因劳务造成他人损害的，由接受劳务一方承担侵权责任。接受劳务一方承担侵权责任后，可以向有故意或者重大过失的提供劳务一方追偿。提供劳务一方因劳务受到损害的，根据双方各自的过错承担相应的责任。

提供劳务期间，因第三人的行为造成提供劳务一方损害的，提供劳务一方有权请求第三人承担侵权责任，也有权请求接受劳务一方给予补偿。接受劳务一方补偿后，可以向第三人追偿。

第一千一百九十三条 承揽人在完成工作过程中造成第三人损害或者自己损害的，定作人不承担侵权责任。但是，定作人对定作、指示或者选任有过错的，应当承担相应的责任。

第一千一百九十四条 网络用户、网络服务提供者利用网络侵害他人民事权益的，应当承担侵权责任。法律另有规定的，依照其规定。

第一千一百九十五条 网络用户利用网络服务实施侵权行为的，权利人有权通知网络服务提供者采取删除、屏蔽、断开链接等必要措施。通知应当包括构成侵权的初步证据及权利人的真实身份信息。

网络服务提供者接到通知后，应当及时将该通知转送相关网络用户，并根据构成侵权的初步证据和服务类型采取必要措施；未及时采取必要措施的，对损害的扩大部分与该网络用户承担连带责任。

权利人因错误通知造成网络用户或者网络服务提供者损害的，应当承担侵权责任。法律另有规定的，依照其规定。

第一千一百九十六条 网络用户接到转送的通知后，可以向网络服务提供者提交不存在侵权行为的声明。声明应当包括不存在侵权行为的初步证据及网络用户的真实身份信息。

网络服务提供者接到声明后，应当将该声明转送发出通知的权利人，并告知其可以向有关部门投诉或者向人民法院提起诉讼。网络服务提供者在转送声明到达权利人后的合理期限内，未收到权利人已经投诉或者提起诉讼通知的，应当及时终止所采取的措施。

第一千一百九十七条 网络服务提供者知道或者应当知道网络用户利用其网络服务侵害他人民事权益，未采取必要措施的，与该网络用户承担连带责任。

第一千一百九十八条 宾馆、商场、银行、车站、机场、体育场馆、娱乐场所等经营场所、公共场所的经营者、管理者或者群众性活动的组织者，未尽到安全保障义务，造成他人损害的，应当承担侵权责任。

因第三人的行为造成他人损害的，由第三人承担侵权责任；经营者、管理者或者组织者未尽到安全保障义务的，承担相应的补充责任。经营者、管理者或者组织者承担补充责任后，可以向第三人追偿。

第一千一百九十九条 无民事行为能力人在幼儿园、学校或者其他教育机构学习、生活期间受到人身损害的，幼儿园、学校或者其他教育机构应当承担侵权责任；但是，能够证明尽到教育、管理职责的，不承担侵权责任。

第一千二百条 限制民事行为能力人在学校或者其他教育机构学习、生活期间受到人身损害，学校或者其他教育机构未尽到教育、管理职责的，应当承担侵权责任。

第一千二百零一条 无民事行为能力人或者限制民事行为能力人在幼儿园、学校或者其他教育机构学习、生活期间，受到幼儿园、学校或者其他教育机构以外的第三人人身损害的，由第三人承担侵权责任；幼儿园、学校或者其他教育机构未尽到管理职责的，承担相应的补充责任。幼儿园、学校或者其他教育机构承担补充责任后，可以向第三人追偿。

第四章 产品责任

第一千二百零二条 因产品存在缺陷造成他人损害的，生产者应当承担侵权责任。

第一千二百零三条 因产品存在缺陷造成他人损害的，被侵权人可以向产品的生产者请求赔偿，也可以向产品的销售者请求赔偿。

产品缺陷由生产者造成的，销售者赔偿后，有权向生产者追偿。因销售者的过错使产品存在缺陷的，生产者赔偿后，有权向销售者追偿。

第一千二百零四条　因运输者、仓储者等第三人的过错使产品存在缺陷，造成他人损害的，产品的生产者、销售者赔偿后，有权向第三人追偿。

第一千二百零五条　因产品缺陷危及他人人身、财产安全的，被侵权人有权请求生产者、销售者承担停止侵害、排除妨碍、消除危险等侵权责任。

第一千二百零六条　产品投入流通后发现存在缺陷的，生产者、销售者应当及时采取停止销售、警示、召回等补救措施；未及时采取补救措施或者补救措施不力造成损害扩大的，对扩大的损害也应当承担侵权责任。

依据前款规定采取召回措施的，生产者、销售者应当负担被侵权人因此支出的必要费用。

第一千二百零七条　明知产品存在缺陷仍然生产、销售，或者没有依据前条规定采取有效补救措施，造成他人死亡或者健康严重损害的，被侵权人有权请求相应的惩罚性赔偿。

第五章　机动车交通事故责任

第一千二百零八条　机动车发生交通事故造成损害的，依照道路交通安全法律和本法的有关规定承担赔偿责任。

第一千二百零九条　因租赁、借用等情形机动车所有人、管理人与使用人不是同一人时，发生交通事故造成损害，属于该机动车一方责任的，由机动车使用人承担赔偿责任；机动车所有人、管理人对损害的发生有过错的，承担相应的赔偿责任。

第一千二百一十条　当事人之间已经以买卖或者其他方式转让并交付机动车但是未办理登记，发生交通事故造成损害，属于该机动车一方责任的，由受让人承担赔偿责任。

第一千二百一十一条　以挂靠形式从事道路运输经营活动的机动车，发生交通事故造成损害，属于该机动车一方责任的，由挂靠人和被挂靠人承担连带责任。

第一千二百一十二条　未经允许驾驶他人机动车，发生交通事故造成损害，属于该机动车一方责任的，由机动车使用人承担赔偿责任；机动车所有人、管理人对损害的发生有过错的，承担相应的赔偿责任，但是本章另有规定的除外。

第一千二百一十三条　机动车发生交通事故造成损害，属于该机动车一方责任的，先由承保机动车强制保险的保险人在强制保险责任限额范围内予以赔偿；不足部分，由承保机动车商业保险的保险人按照保险合同的约定予以赔偿；仍然不足或者没有投保机动车商业保险的，由侵权人赔偿。

第一千二百一十四条　以买卖或者其他方式转让拼装或者已经达到报废标准的机动车，发生交通事故造成损害的，由转让人和受让人承担连带责任。

第一千二百一十五条　盗窃、抢劫或者抢夺的机动车发生交通事故造成损害的，由盗窃人、抢劫人或者抢夺人承担赔偿责任。盗窃人、抢劫人或者抢夺人与机动车使用人不是同一人，发生交通事故造成损害，属于该机动车一方责任的，由盗窃人、抢劫人或者抢夺人与机动车使用人承担连带责任。

保险人在机动车强制保险责任限额范围内垫付抢救费用的，有权向交通事故责任人追偿。

第一千二百一十六条　机动车驾驶人发生交通事故后逃逸，该机动车参加强制保险的，由保险人在机动车强制保险责任限额范围内予以赔偿；机动车不明、该机动车未参加强制保险或者抢救费用超过机动车强制保险责任限额，需要支付被侵权人人身伤亡的抢救、丧葬等费用的，由道路交通事故社会救助基金垫付。道路交通事故社会救助基金垫付后，其管理机构有权向交通事故责任人追偿。

第一千二百一十七条　非营运机动车发生交通事故造成无偿搭乘人损害，属于该机动车一方责任的，应当减轻其赔偿责任，但是机动车使用人有故意或者重大过失的除外。

第六章 医疗损害责任

第一千二百一十八条 患者在诊疗活动中受到损害，医疗机构或者其医务人员有过错的，由医疗机构承担赔偿责任。

第一千二百一十九条 医务人员在诊疗活动中应当向患者说明病情和医疗措施。需要实施手术、特殊检查、特殊治疗的，医务人员应当及时向患者具体说明医疗风险、替代医疗方案等情况，并取得其明确同意；不能或者不宜向患者说明的，应当向患者的近亲属说明，并取得其明确同意。

医务人员未尽到前款义务，造成患者损害的，医疗机构应当承担赔偿责任。

第一千二百二十条 因抢救生命垂危的患者等紧急情况，不能取得患者或者其近亲属意见的，经医疗机构负责人或者授权的负责人批准，可以立即实施相应的医疗措施。

第一千二百二十一条 医务人员在诊疗活动中未尽到与当时的医疗水平相应的诊疗义务，造成患者损害的，医疗机构应当承担赔偿责任。

第一千二百二十二条 患者在诊疗活动中受到损害，有下列情形之一的，推定医疗机构有过错：

（一）违反法律、行政法规、规章以及其他有关诊疗规范的规定；

（二）隐匿或者拒绝提供与纠纷有关的病历资料；

（三）遗失、伪造、篡改或者违法销毁病历资料。

第一千二百二十三条 因药品、消毒产品、医疗器械的缺陷，或者输入不合格的血液造成患者损害的，患者可以向药品上市许可持有人、生产者、血液提供机构请求赔偿，也可以向医疗机构请求赔偿。患者向医疗机构请求赔偿的，医疗机构赔偿后，有权向负有责任的药品上市许可持有人、生产者、血液提供机构追偿。

第一千二百二十四条 患者在诊疗活动中受到损害，有下列情形之一的，医疗机构不承担赔偿责任：

（一）患者或者其近亲属不配合医疗机构进行符合诊疗规范的诊疗；

（二）医务人员在抢救生命垂危的患者等紧急情况下已经尽到合理诊疗义务；

（三）限于当时的医疗水平难以诊疗。

前款第一项情形中，医疗机构或者其医务人员也有过错的，应当承担相应的赔偿责任。

第一千二百二十五条 医疗机构及其医务人员应当按照规定填写并妥善保管住院志、医嘱单、检验报告、手术及麻醉记录、病理资料、护理记录等病历资料。

患者要求查阅、复制前款规定的病历资料的，医疗机构应当及时提供。

第一千二百二十六条 医疗机构及其医务人员应当对患者的隐私和个人信息保密。泄露患者的隐私和个人信息，或者未经患者同意公开其病历资料的，应当承担侵权责任。

第一千二百二十七条 医疗机构及其医务人员不得违反诊疗规范实施不必要的检查。

第一千二百二十八条 医疗机构及其医务人员的合法权益受法律保护。

干扰医疗秩序，妨碍医务人员工作、生活，侵害医务人员合法权益的，应当依法承担法律责任。

第七章 环境污染和生态破坏责任

第一千二百二十九条 因污染环境、破坏生态造成他人损害的，侵权人应当承担侵权责任。

第一千二百三十条 因污染环境、破坏生态发生纠纷，行为人应当就法律规定的不承担责任或者减轻责任的情形及其行为与损害之间不存在因果关系承担举证责任。

第一千二百三十一条 两个以上侵权人污染环境、破坏生态的，承担责任的大小，根据污染物的种类、浓度、排放量，破坏生态的方式、范围、程度，以及行为对损害后果所起的作用等因素确定。

第一千二百三十二条 侵权人违反法律规定故意污染环境、破坏生态造成严重后果的，被侵权人有权请求相应的惩罚性赔偿。

第一千二百三十三条 因第三人的过错污染环境、破坏生态的，被侵权人可以向侵权人请求赔偿，也可以向第三人请求赔偿。侵权人赔偿后，有权向第三人追偿。

第一千二百三十四条 违反国家规定造成生态环境损害，生态环境能够修复的，国家规定的机关或者法律规定的组织有权请求侵权人在合理期限内承担修复责任。侵权人在期限内未修复的，国家规定的机关或者法律规定的组织可以自行或者委托他人进行修复，所需费用由侵权人负担。

第一千二百三十五条 违反国家规定造成生态环境损害的，国家规定的机关或者法律规定的组织有权请求侵权人赔偿下列损失和费用：

（一）生态环境受到损害至修复完成期间服务功能丧失导致的损失；

（二）生态环境功能永久性损害造成的损失；

（三）生态环境损害调查、鉴定评估等费用；

（四）清除污染、修复生态环境费用；

（五）防止损害的发生和扩大所支出的合理费用。

第八章 高度危险责任

第一千二百三十六条 从事高度危险作业造成他人损害的，应当承担侵权责任。

第一千二百三十七条 民用核设施或者运入运出核设施的核材料发生核事故造成他人损害的，民用核设施的营运单位应当承担侵权责任；但是，能够证明损害是因战争、武装冲突、暴乱等情形或者受害人故意造成的，不承担责任。

第一千二百三十八条 民用航空器造成他人损害的，民用航空器的经营者应当承担侵权责任；但是，能够证明损害是因受害人故意造成的，不承担责任。

第一千二百三十九条 占有或者使用易燃、易爆、剧毒、高放射性、强腐蚀性、高致病性等高度危险物造成他人损害的，占有人或者使用人应当承担侵权责任；但是，能够证明损害是因受害人故意或者不可抗力造成的，不承担责任。被侵权人对损害的发生有重大过失的，可以减轻占有人或者使用人的责任。

第一千二百四十条 从事高空、高压、地下挖掘活动或者使用高速轨道运输工具造成他人损害的，经营者应当承担侵权责任；但是，能够证明损害是因受害人故意或者不可抗力造成的，不承担责任。被侵权人对损害的发生有重大过失的，可以减轻经营者的责任。

第一千二百四十一条 遗失、抛弃高度危险物造成他人损害的，由所有人承担侵权责任。所有人将高度危险物交由他人管理的，由管理人承担侵权责任；所有人有过错的，与管理人承担连带责任。

第一千二百四十二条 非法占有高度危险物造成他人损害的，由非法占有人承担侵权责任。所有人、管理人不能证明对防止非法占有尽到高度注意义务的，与非法占有人承担连带责任。

第一千二百四十三条 未经许可进入高度危险活动区域或者高度危险物存放区域受到损害，管理人能够证明已经采取足够安全措施并尽到充分警示义务的，可以减轻或者不承担责任。

第一千二百四十四条 承担高度危险责任，法律规定赔偿限额的，依照其规定，但是行为人有故意或者重大过失的除外。

第九章 饲养动物损害责任

第一千二百四十五条 饲养的动物造成他人损害的，动物饲养人或者管理人应当承担侵权责任；但是，能够证明损害是因被侵权人故意或者重大过失造成的，可以不承担或者减轻责任。

第一千二百四十六条 违反管理规定，未对动物采取安全措施造成他人损害的，动物饲养人或者管理人应当承担侵权责任；但是，能够证明损害是因被侵权人故意造成的，可以减轻责任。

第一千二百四十七条 禁止饲养的烈性犬等危险动物造成他人损害的，动物饲养人或者管理人应当承担侵权责任。

第一千二百四十八条 动物园的动物造成他人损害的，动物园应当承担侵权责任；但是，能够证明尽到管理职责的，不承担侵权责任。

第一千二百四十九条 遗弃、逃逸的动物在遗弃、逃逸期间造成他人损害的，由动物原饲养人或者管理人承担侵权责任。

第一千二百五十条 因第三人的过错致使动物造成他人损害的，被侵权人可以向动物饲养人或者管理人请求赔偿，也可以向第三人请求赔偿。动物饲养人或者管理人赔偿后，有权向第三人追偿。

第一千二百五十一条 饲养动物应当遵守法律法规，尊重社会公德，不得妨碍他人生活。

第十章 建筑物和物件损害责任

第一千二百五十二条 建筑物、构筑物或者其他设施倒塌、塌陷造成他人损害的，由建设单位与施工单位承担连带责任，但是建设单位与施工单位能够证明不存在质量缺陷的除外。建设单位、施工单位赔偿后，有其他责任人的，有权向其他责任人追偿。

因所有人、管理人、使用人或者第三人的原因，建筑物、构筑物或者其他设施倒塌、塌陷造成他人损害的，由所有人、管理人、使用人或者第三人承担侵权责任。

第一千二百五十三条 建筑物、构筑物或者其他设施及其搁置物、悬挂物发生脱落、坠落造成他人损害，所有人、管理人或者使用人不能证明自己没有过错的，应当承担侵权责任。所有人、管理人或者使用人赔偿后，有其他责任人的，有权向其他责任人追偿。

第一千二百五十四条 禁止从建筑物中抛掷物品。从建筑物中抛掷物品或者从建筑物上坠落的物品造成他人损害的，由侵权人依法承担侵权责任；经调查难以确定具体侵权人的，除能够证明自己不是侵权人的外，由可能加害的建筑物使用人给予补偿。可能加害的建筑物使用人补偿后，有权向侵权人追偿。

物业服务企业等建筑物管理人应当采取必要的安全保障措施防止前款规定情形的发生；未采取必要的安全保障措施的，应当依法承担未履行安全保障义务的侵权责任。

发生本条第一款规定的情形的，公安等机关应当依法及时调查，查清责任人。

第一千二百五十五条 堆放物倒塌、滚落或者滑落造成他人损害，堆放人不能证明自己没有过错的，应当承担侵权责任。

第一千二百五十六条 在公共道路上堆放、倾倒、遗撒妨碍通行的物品造成他人损害的，由行为人承担侵权责任。公共道路管理人不能证明已经尽到清理、防护、警示等义务的，应当承担相应的责任。

第一千二百五十七条 因林木折断、倾倒或者果实坠落等造成他人损害，林木的所有人或者管理人不能证明自己没有过错的，应当承担侵权责任。

第一千二百五十八条 在公共场所或者道路上挖掘、修缮安装地下设施等造成他人损害，施工人不能证明已经设置明显标志和采取安全措施的，应当承担侵权责任。

窨井等地下设施造成他人损害，管理人不能证明尽到管理职责的，应当承担侵权责任。

附　则

第一千二百五十九条 民法所称的“以上”、“以下”、“以内”、“届满”，包括本数；所称的“不满”、“超过”、“以外”，不包括本数。

第一千二百六十条 本法自2021年1月1日起施行。《中华人民共和国婚姻法》、《中华人民共和国继承法》、《中华人民共和国民法通则》、《中华人民共和国收养法》、《中华人民共和国担保法》、《中华人民共和国合同法》、《中华人民共和国物权法》、《中华人民共和国侵权责任法》、《中华人民共和国民法总则》同时废止。

中华人民共和国反不正当竞争法

（1993 年 9 月 2 日第八届全国人民代表大会常务委员会第三次会议通过；2017 年 11 月 4 日第十二届全国人民代表大会常务委员会第三十次会议修订，中华人民共和国主席令第 77 号；2019 年 4 月 23 日第十三届全国人民代表大会常务委员会第十次会议修订，中华人民共和国主席令第 29 号）

第一章　总则

第一条　为了促进社会主义市场经济健康发展，鼓励和保护公平竞争，制止不正当竞争行为，保护经营者和消费者的合法权益，制定本法。

第二条　经营者在生产经营活动中，应当遵循自愿、平等、公平、诚信的原则，遵守法律和商业道德。

本法所称的不正当竞争行为，是指经营者在生产经营活动中，违反本法规定，扰乱市场竞争秩序，损害其他经营者或者消费者的合法权益的行为。

本法所称的经营者，是指从事商品生产、经营或者提供服务（以下所称商品包括服务）的自然人、法人和非法人组织。

第三条　各级人民政府应当采取措施，制止不正当竞争行为，为公平竞争创造良好的环境和条件。

国务院建立反不正当竞争工作协调机制，研究决定反不正当竞争重大政策，协调处理维护市场竞争秩序的重大问题。

第四条　县级以上人民政府履行工商行政管理职责的部门对不正当竞争行为进行查处；法律、行政法规规定由其他部门查处的，依照其规定。

第五条　国家鼓励、支持和保护一切组织和个人对不正当竞争行为进行社会监督。

国家机关及其工作人员不得支持、包庇不正当竞争行为。

行业组织应当加强行业自律，引导、规范会员依法竞争，维护市场竞争秩序。

第二章　不正当竞争行为

第六条　经营者不得实施下列混淆行为，引人误认为是他人商品或者与他人存在特定联系：

（一）擅自使用与他人有一定影响的商品名称、包装、装潢等相同或者近似的标识；

（二）擅自使用他人有一定影响的企业名称（包括简称、字号等）、社会组织名称（包括简称等）、姓名（包括笔名、艺名、译名等）；

（三）擅自使用他人有一定影响的域名主体部分、网站名称、网页等；

（四）其他足以引人误认为是他人商品或者与他人存在特定联系的混淆行为。

第七条　经营者不得采用财物或者其他手段贿赂下列单位或者个人，以谋取交易机会或者竞争优势：

（一）交易相对方的工作人员；

（二）受交易相对方委托办理相关事务的单位或者个人；

（三）利用职权或者影响力影响交易的单位或者个人。

经营者在交易活动中，可以以明示方式向交易相对方支付折扣，或者向中间人支付佣金。经营者向交易相对方支付折扣、向中间人支付佣金的，应当如实入账。接受折扣、佣金的经营者也应当如实入账。

经营者的工作人员进行贿赂的，应当认定为经营者的行为；但是，经营者有证据证明该工作人员的行为与为经营者谋取交易机会或者竞争优势无关的除外。

第八条　经营者不得对其商品的性能、功能、质量、销售状况、用户评价、曾获荣誉等作虚假或者引人误解的商业宣传，欺骗、误导消费者。

经营者不得通过组织虚假交易等方式，帮助其他经营者进行虚假或者引人误解的商业宣传。

第九条 经营者不得实施下列侵犯商业秘密的行为：

（一）以盗窃、贿赂、欺诈、胁迫或者其他不正当手段获取权利人的商业秘密；

（二）披露、使用或者允许他人使用以前项手段获取的权利人的商业秘密；

（三）违反约定或者违反权利人有关保守商业秘密的要求，披露、使用或者允许他人使用其所掌握的商业秘密。

第三人明知或者应知商业秘密权利人的员工、前员工或者其他单位、个人实施前款所列违法行为，仍获取、披露、使用或者允许他人使用该商业秘密的，视为侵犯商业秘密。

本法所称的商业秘密，是指不为公众所知悉、具有商业价值并经权利人采取相应保密措施的技术信息和经营信息。

第十条 经营者进行有奖销售不得存在下列情形：

（一）所设奖的种类、兑奖条件、奖金金额或者奖品等有奖销售信息不明确，影响兑奖；

（二）采用谎称有奖或者故意让内定人员中奖的欺骗方式进行有奖销售；

（三）抽奖式的有奖销售，最高奖的金额超过五万元。

第十一条 经营者不得编造、传播虚假信息或者误导性信息，损害竞争对手的商业信誉、商品声誉。

第十二条 经营者利用网络从事生产经营活动，应当遵守本法的各项规定。

经营者不得利用技术手段，通过影响用户选择或者其他方式，实施下列妨碍、破坏其他经营者合法提供的网络产品或者服务正常运行的行为：

（一）未经其他经营者同意，在其合法提供的网络产品或者服务中，插入链接、强制进行目标跳转；

（二）误导、欺骗、强迫用户修改、关闭、卸载其他经营者合法提供的网络产品或者服务；

（三）恶意对其他经营者合法提供的网络产品或者服务实施不兼容；

（四）其他妨碍、破坏其他经营者合法提供的网络产品或者服务正常运行的行为。

第三章　对涉嫌不正当竞争行为的调查

第十三条 监督检查部门调查涉嫌不正当竞争行为，可以采取下列措施：

（一）进入涉嫌不正当竞争行为的经营场所进行检查；

（二）询问被调查的经营者、利害关系人及其他有关单位、个人，要求其说明有关情况或者提供与被调查行为有关的其他资料；

（三）查询、复制与涉嫌不正当竞争行为有关的协议、账簿、单据、文件、记录、业务函电和其他资料；

（四）查封、扣押与涉嫌不正当竞争行为有关的财物；

（五）查询涉嫌不正当竞争行为的经营者的银行账户。

采取前款规定的措施，应当向监督检查部门主要负责人书面报告，并经批准。采取前款第四项、第五项规定的措施，应当向设区的市级以上人民政府监督检查部门主要负责人书面报告，并经批准。

监督检查部门调查涉嫌不正当竞争行为，应当遵守《中华人民共和国行政强制法》和其他有关法律、行政法规的规定，并应当将查处结果及时向社会公开。

第十四条 监督检查部门调查涉嫌不正当竞争行为，被调查的经营者、利害关系人及其他有关单位、个人应当如实提供有关资料或者情况。

第十五条 监督检查部门及其工作人员对调查过程中知悉的商业秘密负有保密义务。

第十六条 对涉嫌不正当竞争行为，任何单位和个人有权向监督检查部门举报，监督检查部门接到举报后应当依法及时处理。

监督检查部门应当向社会公开受理举报的

电话、信箱或者电子邮件地址，并为举报人保密。对实名举报并提供相关事实和证据的，监督检查部门应当将处理结果告知举报人。

第四章　法律责任

第十七条　经营者违反本法规定，给他人造成损害的，应当依法承担民事责任。

经营者的合法权益受到不正当竞争行为损害的，可以向人民法院提起诉讼。

因不正当竞争行为受到损害的经营者的赔偿数额，按照其因被侵权所受到的实际损失确定；实际损失难以计算的，按照侵权人因侵权所获得的利益确定。赔偿数额还应当包括经营者为制止侵权行为所支付的合理开支。

经营者违反本法第六条、第九条规定，权利人因被侵权所受到的实际损失、侵权人因侵权所获得的利益难以确定的，由人民法院根据侵权行为的情节判决给予权利人三百万元以下的赔偿。

第十八条　经营者违反本法第六条规定实施混淆行为的，由监督检查部门责令停止违法行为，没收违法商品。违法经营额五万元以上的，可以并处违法经营额五倍以下的罚款；没有违法经营额或者违法经营额不足五万元的，可以并处二十五万元以下的罚款。情节严重的，吊销营业执照。

经营者登记的企业名称违反本法第六条规定的，应当及时办理名称变更登记；名称变更前，由原企业登记机关以统一社会信用代码代替其名称。

第十九条　经营者违反本法第七条规定贿赂他人的，由监督检查部门没收违法所得，处十万元以上三百万元以下的罚款。情节严重的，吊销营业执照。

第二十条　经营者违反本法第八条规定对其商品作虚假或者引人误解的商业宣传，或者通过组织虚假交易等方式帮助其他经营者进行虚假或者引人误解的商业宣传的，由监督检查部门责令停止违法行为，处二十万元以上一百万元以下的罚款；情节严重的，处一百万元以上二百万元以下的罚款，可以吊销营业执照。

经营者违反本法第八条规定，属于发布虚假广告的，依照《中华人民共和国广告法》的规定处罚。

第二十一条　经营者违反本法第九条规定侵犯商业秘密的，由监督检查部门责令停止违法行为，处十万元以上五十万元以下的罚款；情节严重的，处五十万元以上三百万元以下的罚款。

第二十二条　经营者违反本法第十条规定进行有奖销售的，由监督检查部门责令停止违法行为，处五万元以上五十万元以下的罚款。

第二十三条　经营者违反本法第十一条规定损害竞争对手商业信誉、商品声誉的，由监督检查部门责令停止违法行为、消除影响，处十万元以上五十万元以下的罚款；情节严重的，处五十万元以上三百万元以下的罚款。

第二十四条　经营者违反本法第十二条规定妨碍、破坏其他经营者合法提供的网络产品或者服务正常运行的，由监督检查部门责令停止违法行为，处十万元以上五十万元以下的罚款；情节严重的，处五十万元以上三百万元以下的罚款。

第二十五条　经营者违反本法规定从事不正当竞争，有主动消除或者减轻违法行为危害后果等法定情形的，依法从轻或者减轻行政处罚；违法行为轻微并及时纠正，没有造成危害后果的，不予行政处罚。

第二十六条　经营者违反本法规定从事不正当竞争，受到行政处罚的，由监督检查部门记入信用记录，并依照有关法律、行政法规的规定予以公示。

第二十七条　经营者违反本法规定，应当承担民事责任、行政责任和刑事责任，其财产不足以支付的，优先用于承担民事责任。

第二十八条　妨害监督检查部门依照本法履行职责，拒绝、阻碍调查的，由监督检查部门责令改正，对个人可以处五千元以下的罚款，对单位可以处五万元以下的罚款，并可以由公安机关依法给予治安管理处罚。

第二十九条　当事人对监督检查部门作出的决定不服的，可以依法申请行政复议或者提起行政诉讼。

第三十条 监督检查部门的工作人员滥用职权、玩忽职守、徇私舞弊或者泄露调查过程中知悉的商业秘密的，依法给予处分。

第三十一条 违反本法规定，构成犯罪的，依法追究刑事责任。

第五章 附则

第三十二条 本法自2018年1月1日起施行。

中华人民共和国电子商务法

（2018年8月31日第十三届全国人民代表大会常务委员会第五次会议通过，中华人民共和国主席令第7号）

目　录

第一章 总则

第一条 为了保障电子商务各方主体的合法权益，规范电子商务行为，维护市场秩序，促进电子商务持续健康发展，制定本法。

第二条 中华人民共和国境内的电子商务活动，适用本法。

本法所称电子商务，是指通过互联网等信息网络销售商品或者提供服务的经营活动。

法律、行政法规对销售商品或者提供服务有规定的，适用其规定。金融类产品和服务，利用信息网络提供新闻信息、音视频节目、出版以及文化产品等内容方面的服务，不适用本法。

第三条 国家鼓励发展电子商务新业态，创新商业模式，促进电子商务技术研发和推广应用，推进电子商务诚信体系建设，营造有利于电子商务创新发展的市场环境，充分发挥电子商务在推动高质量发展、满足人民日益增长的美好生活需要、构建开放型经济方面的重要作用。

第四条 国家平等对待线上线下商务活动，促进线上线下融合发展，各级人民政府和有关部门不得采取歧视性的政策措施，不得滥用行政权力排除、限制市场竞争。

第五条 电子商务经营者从事经营活动，应当遵循自愿、平等、公平、诚信的原则，遵守法律和商业道德，公平参与市场竞争，履行消费者权益保护、环境保护、知识产权保护、网络安全与个人信息保护等方面的义务，承担产品和服务质量责任，接受政府和社会的监督。

第六条 国务院有关部门按照职责分工负责电子商务发展促进、监督管理等工作。县级以上地方各级人民政府可以根据本行政区域的实际情况，确定本行政区域内电子商务的部门职责划分。

第七条 国家建立符合电子商务特点的协同管理体系，推动形成有关部门、电子商务行业组织、电子商务经营者、消费者等共同参与的电子商务市场治理体系。

第八条 电子商务行业组织按照本组织章程开展行业自律，建立健全行业规范，推动行业诚信建设，监督、引导本行业经营者公平参与市场竞争。

第二章 电子商务经营者

第一节 一般规定

第九条 本法所称电子商务经营者，是指通过互联网等信息网络从事销售商品或者提供服务的经营活动的自然人、法人和非法人组织，包括电子商务平台经营者、平台内经营者以及通过自建网站、其他网络服务销售商品或者提供服务的电子商务经营者。

本法所称电子商务平台经营者，是指在电子商务中为交易双方或者多方提供网络经营场所、交易撮合、信息发布等服务，供交易双方或者多方独立开展交易活动的法人或者非法人组织。

本法所称平台内经营者，是指通过电子商务平台销售商品或者提供服务的电子商务经营者。

第十条　电子商务经营者应当依法办理市场主体登记。但是，个人销售自产农副产品、家庭手工业产品，个人利用自己的技能从事依法无须取得许可的便民劳务活动和零星小额交易活动，以及依照法律、行政法规不需要进行登记的除外。

第十一条　电子商务经营者应当依法履行纳税义务，并依法享受税收优惠。

依照前条规定不需要办理市场主体登记的电子商务经营者在首次纳税义务发生后，应当依照税收征收管理法律、行政法规的规定申请办理税务登记，并如实申报纳税。

第十二条　电子商务经营者从事经营活动，依法需要取得相关行政许可的，应当依法取得行政许可。

第十三条　电子商务经营者销售的商品或者提供的服务应当符合保障人身、财产安全的要求和环境保护要求，不得销售或者提供法律、行政法规禁止交易的商品或者服务。

第十四条　电子商务经营者销售商品或者提供服务应当依法出具纸质发票或者电子发票等购货凭证或者服务单据。电子发票与纸质发票具有同等法律效力。

第十五条　电子商务经营者应当在其首页显著位置，持续公示营业执照信息、与其经营业务有关的行政许可信息、属于依照本法第十条规定的不需要办理市场主体登记情形等信息，或者上述信息的链接标识。

前款规定的信息发生变更的，电子商务经营者应当及时更新公示信息。

第十六条　电子商务经营者自行终止从事电子商务的，应当提前三十日在首页显著位置持续公示有关信息。

第十七条　电子商务经营者应当全面、真实、准确、及时地披露商品或者服务信息，保障消费者的知情权和选择权。电子商务经营者不得以虚构交易、编造用户评价等方式进行虚假或者引人误解的商业宣传，欺骗、误导消费者。

第十八条　电子商务经营者根据消费者的兴趣爱好、消费习惯等特征向其提供商品或者服务的搜索结果的，应当同时向该消费者提供不针对其个人特征的选项，尊重和平等保护消费者合法权益。

电子商务经营者向消费者发送广告的，应当遵守《中华人民共和国广告法》的有关规定。

第十九条　电子商务经营者搭售商品或者服务，应当以显著方式提请消费者注意，不得将搭售商品或者服务作为默认同意的选项。

第二十条　电子商务经营者应当按照承诺或者与消费者约定的方式、时限向消费者交付商品或者服务，并承担商品运输中的风险和责任。但是，消费者另行选择快递物流服务提供者的除外。

第二十一条　电子商务经营者按照约定向消费者收取押金的，应当明示押金退还的方式、程序，不得对押金退还设置不合理条件。消费者申请退还押金，符合押金退还条件的，电子商务经营者应当及时退还。

第二十二条　电子商务经营者因其技术优势、用户数量、对相关行业的控制能力以及其他经营者对该电子商务经营者在交易上的依赖程度等因素而具有市场支配地位的，不得滥用市场支配地位，排除、限制竞争。

第二十三条　电子商务经营者收集、使用其用户的个人信息，应当遵守法律、行政法规有关个人信息保护的规定。

第二十四条　电子商务经营者应当明示用户信息查询、更正、删除以及用户注销的方式、程序，不得对用户信息查询、更正、删除以及用户注销设置不合理条件。

电子商务经营者收到用户信息查询或者更

正、删除的申请的，应当在核实身份后及时提供查询或者更正、删除用户信息。用户注销的，电子商务经营者应当立即删除该用户的信息；依照法律、行政法规的规定或者双方约定保存的，依照其规定。

第二十五条 有关主管部门依照法律、行政法规的规定要求电子商务经营者提供有关电子商务数据信息的，电子商务经营者应当提供。有关主管部门应当采取必要措施保护电子商务经营者提供的数据信息的安全，并对其中的个人信息、隐私和商业秘密严格保密，不得泄露、出售或者非法向他人提供。

第二十六条 电子商务经营者从事跨境电子商务，应当遵守进出口监督管理的法律、行政法规和国家有关规定。

第二节 电子商务平台经营者

第二十七条 电子商务平台经营者应当要求申请进入平台销售商品或者提供服务的经营者提交其身份、地址、联系方式、行政许可等真实信息，进行核验、登记，建立登记档案，并定期核验更新。

电子商务平台经营者为进入平台销售商品或者提供服务的非经营用户提供服务，应当遵守本节有关规定。

第二十八条 电子商务平台经营者应当按照规定向市场监督管理部门报送平台内经营者的身份信息，提示未办理市场主体登记的经营者依法办理登记，并配合市场监督管理部门，针对电子商务的特点，为应当办理市场主体登记的经营者办理登记提供便利。

电子商务平台经营者应当依照税收征收管理法律、行政法规的规定，向税务部门报送平台内经营者的身份信息和与纳税有关的信息，并应当提示依照本法第十条规定不需要办理市场主体登记的电子商务经营者依照本法第十一条第二款的规定办理税务登记。

第二十九条 电子商务平台经营者发现平台内的商品或者服务信息存在违反本法第十二条、第十三条规定情形的，应当依法采取必要的处置措施，并向有关主管部门报告。

第三十条 电子商务平台经营者应当采取技术措施和其他必要措施保证其网络安全、稳定运行，防范网络违法犯罪活动，有效应对网络安全事件，保障电子商务交易安全。

电子商务平台经营者应当制定网络安全事件应急预案，发生网络安全事件时，应当立即启动应急预案，采取相应的补救措施，并向有关主管部门报告。

第三十一条 电子商务平台经营者应当记录、保存平台上发布的商品和服务信息、交易信息，并确保信息的完整性、保密性、可用性。商品和服务信息、交易信息保存时间自交易完成之日起不少于三年；法律、行政法规另有规定的，依照其规定。

第三十二条 电子商务平台经营者应当遵循公开、公平、公正的原则，制定平台服务协议和交易规则，明确进入和退出平台、商品和服务质量保障、消费者权益保护、个人信息保护等方面的权利和义务。

第三十三条 电子商务平台经营者应当在其首页显著位置持续公示平台服务协议和交易规则信息或者上述信息的链接标识，并保证经营者和消费者能够便利、完整地阅览和下载。

第三十四条 电子商务平台经营者修改平台服务协议和交易规则，应当在其首页显著位置公开征求意见，采取合理措施确保有关各方能够及时充分表达意见。修改内容应当至少在实施前七日予以公示。

平台内经营者不接受修改内容，要求退出平台的，电子商务平台经营者不得阻止，并按照修改前的服务协议和交易规则承担相关责任。

第三十五条 电子商务平台经营者不得利用服务协议、交易规则以及技术等手段，对平台内经营者在平台内的交易、交易价格以及与其他经营者的交易等进行不合理限制或者附加不合理条件，或者向平台内经营者收取不合理费用。

第三十六条 电子商务平台经营者依据平台服务协议和交易规则对平台内经营者违反法律、法规的行为实施警示、暂停或者终止服务等措施的，应当及时公示。

第三十七条 电子商务平台经营者在其平台上开展自营业务的，应当以显著方式区分标记自营业务和平台内经营者开展的业务，不得误导消费者。

电子商务平台经营者对其标记为自营的业务依法承担商品销售者或者服务提供者的民事责任。

第三十八条 电子商务平台经营者知道或者应当知道平台内经营者销售的商品或者提供的服务不符合保障人身、财产安全的要求，或者有其他侵害消费者合法权益行为，未采取必要措施的，依法与该平台内经营者承担连带责任。

对关系消费者生命健康的商品或者服务，电子商务平台经营者对平台内经营者的资质资格未尽到审核义务，或者对消费者未尽到安全保障义务，造成消费者损害的，依法承担相应的责任。

第三十九条 电子商务平台经营者应当建立健全信用评价制度，公示信用评价规则，为消费者提供对平台内销售的商品或者提供的服务进行评价的途径。

电子商务平台经营者不得删除消费者对其平台内销售的商品或者提供的服务的评价。

第四十条 电子商务平台经营者应当根据商品或者服务的价格、销量、信用等以多种方式向消费者显示商品或者服务的搜索结果；对于竞价排名的商品或者服务，应当显著标明“广告”。

第四十一条 电子商务平台经营者应当建立知识产权保护规则，与知识产权权利人加强合作，依法保护知识产权。

第四十二条 知识产权权利人认为其知识产权受到侵害的，有权通知电子商务平台经营者采取删除、屏蔽、断开链接、终止交易和服务等必要措施。通知应当包括构成侵权的初步证据。

电子商务平台经营者接到通知后，应当及时采取必要措施，并将该通知转送平台内经营者；未及时采取必要措施的，对损害的扩大部分与平台内经营者承担连带责任。

因通知错误造成平台内经营者损害的，依法承担民事责任。恶意发出错误通知，造成平台内经营者损失的，加倍承担赔偿责任。

第四十三条 平台内经营者接到转送的通知后，可以向电子商务平台经营者提交不存在侵权行为的声明。声明应当包括不存在侵权行为的初步证据。

电子商务平台经营者接到声明后，应当将该声明转送发出通知的知识产权权利人，并告知其可以向有关主管部门投诉或者向人民法院起诉。电子商务平台经营者在转送声明到达知识产权权利人后十五日内，未收到权利人已经投诉或者起诉通知的，应当及时终止所采取的措施。

第四十四条 电子商务平台经营者应当及时公示收到的本法第四十二条、第四十三条规定的通知、声明及处理结果。

第四十五条 电子商务平台经营者知道或者应当知道平台内经营者侵犯知识产权的，应当采取删除、屏蔽、断开链接、终止交易和服务等必要措施；未采取必要措施的，与侵权人承担连带责任。

第四十六条 除本法第九条第二款规定的服务外，电子商务平台经营者可以按照平台服务协议和交易规则，为经营者之间的电子商务提供仓储、物流、支付结算、交收等服务。电子商务平台经营者为经营者之间的电子商务提供服务，应当遵守法律、行政法规和国家有关规定，不得采取集中竞价、做市商等集中交易方式进行交易，不得进行标准化合约交易。

第三章 电子商务合同的订立与履行

第四十七条 电子商务当事人订立和履行合同，适用本章和《中华人民共和国民法总则》《中华人民共和国合同法》《中华人民共和国电子签名法》等法律的规定。

第四十八条 电子商务当事人使用自动信息系统订立或者履行合同的行为对使用该系统的当事人具有法律效力。

在电子商务中推定当事人具有相应的民事行为能力。但是，有相反证据足以推翻的除外。

第四十九条 电子商务经营者发布的商品或者服务信息符合要约条件的，用户选择该商品或者服务并提交订单成功，合同成立。当事人另有约定的，从其约定。

电子商务经营者不得以格式条款等方式约定消费者支付价款后合同不成立；格式条款等

含有该内容的，其内容无效。

第五十条 电子商务经营者应当清晰、全面、明确地告知用户订立合同的步骤、注意事项、下载方法等事项，并保证用户能够便利、完整地阅览和下载。

电子商务经营者应当保证用户在提交订单前可以更正输入错误。

第五十一条 合同标的为交付商品并采用快递物流方式交付的，收货人签收时间为交付时间。合同标的为提供服务的，生成的电子凭证或者实物凭证中载明的时间为交付时间；前述凭证没有载明时间或者载明时间与实际提供服务时间不一致的，实际提供服务的时间为交付时间。

合同标的为采用在线传输方式交付的，合同标的进入对方当事人指定的特定系统并且能够检索识别的时间为交付时间。

合同当事人对交付方式、交付时间另有约定的，从其约定。

第五十二条 电子商务当事人可以约定采用快递物流方式交付商品。

快递物流服务提供者为电子商务提供快递物流服务，应当遵守法律、行政法规，并应当符合承诺的服务规范和时限。快递物流服务提供者在交付商品时，应当提示收货人当面查验；交由他人代收的，应当经收货人同意。

快递物流服务提供者应当按照规定使用环保包装材料，实现包装材料的减量化和再利用。

快递物流服务提供者在提供快递物流服务的同时，可以接受电子商务经营者的委托提供代收货款服务。

第五十三条 电子商务当事人可以约定采用电子支付方式支付价款。

电子支付服务提供者为电子商务提供电子支付服务，应当遵守国家规定，告知用户电子支付服务的功能、使用方法、注意事项、相关风险和收费标准等事项，不得附加不合理交易条件。电子支付服务提供者应当确保电子支付指令的完整性、一致性、可跟踪稽核和不可篡改。

电子支付服务提供者应当向用户免费提供对账服务以及最近三年的交易记录。

第五十四条 电子支付服务提供者提供电子支付服务不符合国家有关支付安全管理要求，造成用户损失的，应当承担赔偿责任。

第五十五条 用户在发出支付指令前，应当核对支付指令所包含的金额、收款人等完整信息。

支付指令发生错误的，电子支付服务提供者应当及时查找原因，并采取相关措施予以纠正。造成用户损失的，电子支付服务提供者应当承担赔偿责任，但能够证明支付错误非自身原因造成的除外。

第五十六条 电子支付服务提供者完成电子支付后，应当及时准确地向用户提供符合约定方式的确认支付的信息。

第五十七条 用户应当妥善保管交易密码、电子签名数据等安全工具。用户发现安全工具遗失、被盗用或者未经授权的支付的，应当及时通知电子支付服务提供者。

未经授权的支付造成的损失，由电子支付服务提供者承担；电子支付服务提供者能够证明未经授权的支付是因用户的过错造成的，不承担责任。

电子支付服务提供者发现支付指令未经授权，或者收到用户支付指令未经授权的通知时，应当立即采取措施防止损失扩大。电子支付服务提供者未及时采取措施导致损失扩大的，对损失扩大部分承担责任。

第四章 电子商务争议解决

第五十八条 国家鼓励电子商务平台经营者建立有利于电子商务发展和消费者权益保护的商品、服务质量担保机制。

电子商务平台经营者与平台内经营者协议设立消费者权益保证金的，双方应当就消费者权益保证金的提取数额、管理、使用和退还办法等作出明确约定。

消费者要求电子商务平台经营者承担先行赔偿责任以及电子商务平台经营者赔偿后向平台内经营者的追偿，适用《中华人民共和国消费者权益保护法》的有关规定。

第五十九条 电子商务经营者应当建立便捷、有效的投诉、举报机制，公开投诉、举报方式等信息，及时受理并处理投诉、举报。

第六十条　电子商务争议可以通过协商和解，请求消费者组织、行业协会或者其他依法成立的调解组织调解，向有关部门投诉，提请仲裁，或者提起诉讼等方式解决。

第六十一条　消费者在电子商务平台购买商品或者接受服务，与平台内经营者发生争议时，电子商务平台经营者应当积极协助消费者维护合法权益。

第六十二条　在电子商务争议处理中，电子商务经营者应当提供原始合同和交易记录。因电子商务经营者丢失、伪造、篡改、销毁、隐匿或者拒绝提供前述资料，致使人民法院、仲裁机构或者有关机关无法查明事实的，电子商务经营者应当承担相应的法律责任。

第六十三条　电子商务平台经营者可以建立争议在线解决机制，制定并公示争议解决规则，根据自愿原则，公平、公正地解决当事人的争议。

第五章　电子商务促进

第六十四条　国务院和省、自治区、直辖市人民政府应当将电子商务发展纳入国民经济和社会发展规划，制定科学合理的产业政策，促进电子商务创新发展。

第六十五条　国务院和县级以上地方人民政府及其有关部门应当采取措施，支持、推动绿色包装、仓储、运输，促进电子商务绿色发展。

第六十六条　国家推动电子商务基础设施和物流网络建设，完善电子商务统计制度，加强电子商务标准体系建设。

第六十七条　国家推动电子商务在国民经济各个领域的应用，支持电子商务与各产业融合发展。

第六十八条　国家促进农业生产、加工、流通等环节的互联网技术应用，鼓励各类社会资源加强合作，促进农村电子商务发展，发挥电子商务在精准扶贫中的作用。

第六十九条　国家维护电子商务交易安全，保护电子商务用户信息，鼓励电子商务数据开发应用，保障电子商务数据依法有序自由流动。

国家采取措施推动建立公共数据共享机制，促进电子商务经营者依法利用公共数据。

第七十条　国家支持依法设立的信用评价机构开展电子商务信用评价，向社会提供电子商务信用评价服务。

第七十一条　国家促进跨境电子商务发展，建立健全适应跨境电子商务特点的海关、税收、进出境检验检疫、支付结算等管理制度，提高跨境电子商务各环节便利化水平，支持跨境电子商务平台经营者等为跨境电子商务提供仓储物流、报关、报检等服务。

国家支持小型微型企业从事跨境电子商务。

第七十二条　国家进出口管理部门应当推进跨境电子商务海关申报、纳税、检验检疫等环节的综合服务和监管体系建设，优化监管流程，推动实现信息共享、监管互认、执法互助，提高跨境电子商务服务和监管效率。跨境电子商务经营者可以凭电子单证向国家进出口管理部门办理有关手续。

第七十三条　国家推动建立与不同国家、地区之间跨境电子商务的交流合作，参与电子商务国际规则的制定，促进电子签名、电子身份等国际互认。

国家推动建立与不同国家、地区之间的跨境电子商务争议解决机制。

第六章　法律责任

第七十四条　电子商务经营者销售商品或者提供服务，不履行合同义务或者履行合同义务不符合约定，或者造成他人损害的，依法承担民事责任。

第七十五条　电子商务经营者违反本法第十二条、第十三条规定，未取得相关行政许可从事经营活动，或者销售、提供法律、行政法规禁止交易的商品、服务，或者不履行本法第二十五条规定的信息提供义务，电子商务平台经营者违反本法第四十六条规定，采取集中交易方式进行交易，或者进行标准化合约交易的，依照有关法律、行政法规的规定处罚。

第七十六条　电子商务经营者违反本法规

定，有下列行为之一的，由市场监督管理部门责令限期改正，可以处一万元以下的罚款，对其中的电子商务平台经营者，依照本法第八十一条第一款的规定处罚：

（一）未在首页显著位置公示营业执照信息、行政许可信息、属于不需要办理市场主体登记情形等信息，或者上述信息的链接标识的；

（二）未在首页显著位置持续公示终止电子商务的有关信息的；

（三）未明示用户信息查询、更正、删除以及用户注销的方式、程序，或者对用户信息查询、更正、删除以及用户注销设置不合理条件的。

电子商务平台经营者对违反前款规定的平台内经营者未采取必要措施的，由市场监督管理部门责令限期改正，可以处二万元以上十万元以下的罚款。

第七十七条　电子商务经营者违反本法第十八条第一款规定提供搜索结果，或者违反本法第十九条规定搭售商品、服务的，由市场监督管理部门责令限期改正，没收违法所得，可以并处五万元以上二十万元以下的罚款；情节严重的，并处二十万元以上五十万元以下的罚款。

第七十八条　电子商务经营者违反本法第二十一条规定，未向消费者明示押金退还的方式、程序，对押金退还设置不合理条件，或者不及时退还押金的，由有关主管部门责令限期改正，可以处五万元以上二十万元以下的罚款；情节严重的，处二十万元以上五十万元以下的罚款。

第七十九条　电子商务经营者违反法律、行政法规有关个人信息保护的规定，或者不履行本法第三十条和有关法律、行政法规规定的网络安全保障义务的，依照《中华人民共和国网络安全法》等法律、行政法规的规定处罚。

第八十条　电子商务平台经营者有下列行为之一的，由有关主管部门责令限期改正；逾期不改正的，处二万元以上十万元以下的罚款；情节严重的，责令停业整顿，并处十万元以上五十万元以下的罚款：

（一）不履行本法第二十七条规定的核验、登记义务的；

（二）不按照本法第二十八条规定向市场监督管理部门、税务部门报送有关信息的；

（三）不按照本法第二十九条规定对违法情形采取必要的处置措施，或者未向有关主管部门报告的；

（四）不履行本法第三十一条规定的商品和服务信息、交易信息保存义务的。

法律、行政法规对前款规定的违法行为的处罚另有规定的，依照其规定。

第八十一条　电子商务平台经营者违反本法规定，有下列行为之一的，由市场监督管理部门责令限期改正，可以处二万元以上十万元以下的罚款；情节严重的，处十万元以上五十万元以下的罚款：

（一）未在首页显著位置持续公示平台服务协议、交易规则信息或者上述信息的链接标识的；

（二）修改交易规则未在首页显著位置公开征求意见，未按照规定的时间提前公示修改内容，或者阻止平台内经营者退出的；

（三）未以显著方式区分标记自营业务和平台内经营者开展的业务的；

（四）未为消费者提供对平台内销售的商品或者提供的服务进行评价的途径，或者擅自删除消费者的评价的。

电子商务平台经营者违反本法第四十条规定，对竞价排名的商品或者服务未显著标明“广告”的，依照《中华人民共和国广告法》的规定处罚。

第八十二条　电子商务平台经营者违反本法第三十五条规定，对平台内经营者在平台内的交易、交易价格或者与其他经营者的交易等进行不合理限制或者附加不合理条件，或者向平台内经营者收取不合理费用的，由市场监督管理部门责令限期改正，可以处五万元以上五十万元以下的罚款；情节严重的，处五十万元以上二百万元以下的罚款。

第八十三条　电子商务平台经营者违反本法第三十八条规定，对平台内经营者侵害消费者合法权益行为未采取必要措施，或者对平台内经营者未尽到资质资格审核义务，或者对消费者未尽到安全保障义务的，由市场监督管理部门责令限期改正，可以处五万元以上五十万元以下的罚款；情节严重的，责令停业整顿，并处五十万元以上二百万元以下的罚款。

第八十四条　电子商务平台经营者违反本法第四十二条、第四十五条规定，对平台内经营者实施侵犯知识产权行为未依法采取必要措施的，由有关知识产权行政部门责令限期改正；逾期不改正的，处五万元以上五十万元以下的罚款；情节严重的，处五十万元以上二百万元以下的罚款。

第八十五条　电子商务经营者违反本法规定，销售的商品或者提供的服务不符合保障人身、财产安全的要求，实施虚假或者引人误解的商业宣传等不正当竞争行为，滥用市场支配地位，或者实施侵犯知识产权、侵害消费者权益等行为的，依照有关法律的规定处罚。

第八十六条　电子商务经营者有本法规定的违法行为的，依照有关法律、行政法规的规定记入信用档案，并予以公示。

第八十七条　依法负有电子商务监督管理职责的部门的工作人员，玩忽职守、滥用职权、徇私舞弊，或者泄露、出售或者非法向他人提供在履行职责中所知悉的个人信息、隐私和商业秘密的，依法追究法律责任。

第八十八条　违反本法规定，构成违反治安管理行为的，依法给予治安管理处罚；构成犯罪的，依法追究刑事责任。

第七章　附则

第八十九条　本法自2019年1月1日起施行。

中华人民共和国外商投资法

（2019年3月15日第十三届全国人民代表大会第二次会议通过，
中华人民共和国主席令第26号）

第一章　总则

第一条　为了进一步扩大对外开放，积极促进外商投资，保护外商投资合法权益，规范外商投资管理，推动形成全面开放新格局，促进社会主义市场经济健康发展，根据宪法，制定本法。

第二条　在中华人民共和国境内（以下简称中国境内）的外商投资，适用本法。

本法所称外商投资，是指外国的自然人、企业或者其他组织（以下称外国投资者）直接或者间接在中国境内进行的投资活动，包括下列情形：

（一）外国投资者单独或者与其他投资者共同在中国境内设立外商投资企业；

（二）外国投资者取得中国境内企业的股份、股权、财产份额或者其他类似权益；

（三）外国投资者单独或者与其他投资者共同在中国境内投资新建项目；

（四）法律、行政法规或者国务院规定的其他方式的投资。

本法所称外商投资企业，是指全部或者部分由外国投资者投资，依照中国法律在中国境内经登记注册设立的企业。

第三条　国家坚持对外开放的基本国策，鼓励外国投资者依法在中国境内投资。

国家实行高水平投资自由化便利化政策，建立和完善外商投资促进机制，营造稳定、透明、可预期和公平竞争的市场环境。

第四条　国家对外商投资实行准入前国民待遇加负面清单管理制度。

前款所称准入前国民待遇，是指在投资准入阶段给予外国投资者及其投资不低于本国投资者及其投资的待遇；所称负面清单，是指国家规定在特定领域对外商投资实施的准入特别管理措施。国家对负面清单之外的外商投资，给予国民待遇。

负面清单由国务院发布或者批准发布。

中华人民共和国缔结或者参加的国际条

约、协定对外国投资者准入待遇有更优惠规定的，可以按照相关规定执行。

第五条 国家依法保护外国投资者在中国境内的投资、收益和其他合法权益。

第六条 在中国境内进行投资活动的外国投资者、外商投资企业，应当遵守中国法律法规，不得危害中国国家安全、损害社会公共利益。

第七条 国务院商务主管部门、投资主管部门按照职责分工，开展外商投资促进、保护和管理工作；国务院其他有关部门在各自职责范围内，负责外商投资促进、保护和管理的相关工作。

县级以上地方人民政府有关部门依照法律法规和本级人民政府确定的职责分工，开展外商投资促进、保护和管理工作。

第八条 外商投资企业职工依法建立工会组织，开展工会活动，维护职工的合法权益。外商投资企业应当为本企业工会提供必要的活动条件。

第二章 投资促进

第九条 外商投资企业依法平等适用国家支持企业发展的各项政策。

第十条 制定与外商投资有关的法律、法规、规章，应当采取适当方式征求外商投资企业的意见和建议。

与外商投资有关的规范性文件、裁判文书等，应当依法及时公布。

第十一条 国家建立健全外商投资服务体系，为外国投资者和外商投资企业提供法律法规、政策措施、投资项目信息等方面的咨询和服务。

第十二条 国家与其他国家和地区、国际组织建立多边、双边投资促进合作机制，加强投资领域的国际交流与合作。

第十三条 国家根据需要，设立特殊经济区域，或者在部分地区实行外商投资试验性政策措施，促进外商投资，扩大对外开放。

第十四条 国家根据国民经济和社会发展需要，鼓励和引导外国投资者在特定行业、领域、地区投资。外国投资者、外商投资企业可以依照法律、行政法规或者国务院的规定享受优惠待遇。

第十五条 国家保障外商投资企业依法平等参与标准制定工作，强化标准制定的信息公开和社会监督。

国家制定的强制性标准平等适用于外商投资企业。

第十六条 国家保障外商投资企业依法通过公平竞争参与政府采购活动。政府采购依法对外商投资企业在中国境内生产的产品、提供的服务平等对待。

第十七条 外商投资企业可以依法通过公开发行股票、公司债券等证券和其他方式进行融资。

第十八条 县级以上地方人民政府可以根据法律、行政法规、地方性法规的规定，在法定权限内制定外商投资促进和便利化政策措施。

第十九条 各级人民政府及其有关部门应当按照便利、高效、透明的原则，简化办事程序，提高办事效率，优化政务服务，进一步提高外商投资服务水平。

有关主管部门应当编制和公布外商投资指引，为外国投资者和外商投资企业提供服务和便利。

第三章 投资保护

第二十条 国家对外国投资者的投资不实行征收。

在特殊情况下，国家为了公共利益的需要，可以依照法律规定对外国投资者的投资实行征收或者征用。征收、征用应当依照法定程序进行，并及时给予公平、合理的补偿。

第二十一条 外国投资者在中国境内的出资、利润、资本收益、资产处置所得、知识产权许可使用费、依法获得的补偿或者赔偿、清算所得等，可以依法以人民币或者外汇自由汇入、汇出。

第二十二条 国家保护外国投资者和外商投资企业的知识产权，保护知识产权权利人和相关权利人的合法权益；对知识产权侵权行为，严格依法追究法律责任。

国家鼓励在外商投资过程中基于自愿原则和商业规则开展技术合作。技术合作的条件由投资各方遵循公平原则平等协商确定。行政机关及其工作人员不得利用行政手段强制转让技术。

第二十三条　行政机关及其工作人员对于履行职责过程中知悉的外国投资者、外商投资企业的商业秘密，应当依法予以保密，不得泄露或者非法向他人提供。

第二十四条　各级人民政府及其有关部门制定涉及外商投资的规范性文件，应当符合法律法规的规定；没有法律、行政法规依据的，不得减损外商投资企业的合法权益或者增加其义务，不得设置市场准入和退出条件，不得干预外商投资企业的正常生产经营活动。

第二十五条　地方各级人民政府及其有关部门应当履行向外国投资者、外商投资企业依法作出的政策承诺以及依法订立的各类合同。

因国家利益、社会公共利益需要改变政策承诺、合同约定的，应当依照法定权限和程序进行，并依法对外国投资者、外商投资企业因此受到的损失予以补偿。

第二十六条　国家建立外商投资企业投诉工作机制，及时处理外商投资企业或者其投资者反映的问题，协调完善相关政策措施。

外商投资企业或者其投资者认为行政机关及其工作人员的行政行为侵犯其合法权益的，可以通过外商投资企业投诉工作机制申请协调解决。

外商投资企业或者其投资者认为行政机关及其工作人员的行政行为侵犯其合法权益的，除依照前款规定通过外商投资企业投诉工作机制申请协调解决外，还可以依法申请行政复议、提起行政诉讼。

第二十七条　外商投资企业可以依法成立和自愿参加商会、协会。商会、协会依照法律法规和章程的规定开展相关活动，维护会员的合法权益。

第四章　投资管理

第二十八条　外商投资准入负面清单规定禁止投资的领域，外国投资者不得投资。

外商投资准入负面清单规定限制投资的领域，外国投资者进行投资应当符合负面清单规定的条件。

外商投资准入负面清单以外的领域，按照内外资一致的原则实施管理。

第二十九条　外商投资需要办理投资项目核准、备案的，按照国家有关规定执行。

第三十条　外国投资者在依法需要取得许可的行业、领域进行投资的，应当依法办理相关许可手续。

有关主管部门应当按照与内资一致的条件和程序，审核外国投资者的许可申请，法律、行政法规另有规定的除外。

第三十一条　外商投资企业的组织形式、组织机构及其活动准则，适用《中华人民共和国公司法》、《中华人民共和国合伙企业法》等法律的规定。

第三十二条　外商投资企业开展生产经营活动，应当遵守法律、行政法规有关劳动保护、社会保险的规定，依照法律、行政法规和国家有关规定办理税收、会计、外汇等事宜，并接受相关主管部门依法实施的监督检查。

第三十三条　外国投资者并购中国境内企业或者以其他方式参与经营者集中的，应当依照《中华人民共和国反垄断法》的规定接受经营者集中审查。

第三十四条　国家建立外商投资信息报告制度。外国投资者或者外商投资企业应当通过企业登记系统以及企业信用信息公示系统向商务主管部门报送投资信息。

外商投资信息报告的内容和范围按照确有必要的原则确定；通过部门信息共享能够获得的投资信息，不得再行要求报送。

第三十五条　国家建立外商投资安全审查制度，对影响或者可能影响国家安全的外商投资进行安全审查。

依法作出的安全审查决定为最终决定。

第五章　法律责任

第三十六条　外国投资者投资外商投资准入负面清单规定禁止投资的领域的，由有关主管部门责令停止投资活动，限期处分股份、资产或者采取其他必要措施，恢复到实施投资前的状态；有违法所得的，没收违法所得。

外国投资者的投资活动违反外商投资准入负面清单规定的限制性准入特别管理措施的，由有关主管部门责令限期改正，采取必要措施满足准入特别管理措施的要求；逾期不改正的，依照前款规定处理。

外国投资者的投资活动违反外商投资准入负面清单规定的，除依照前两款规定处理外，还应当依法承担相应的法律责任。

第三十七条 外国投资者、外商投资企业违反本法规定，未按照外商投资信息报告制度的要求报送投资信息的，由商务主管部门责令限期改正；逾期不改正的，处十万元以上五十万元以下的罚款。

第三十八条 对外国投资者、外商投资企业违反法律、法规的行为，由有关部门依法查处，并按照国家有关规定纳入信用信息系统。

第三十九条 行政机关工作人员在外商投资促进、保护和管理工作中滥用职权、玩忽职守、徇私舞弊的，或者泄露、非法向他人提供履行职责过程中知悉的商业秘密的，依法给予处分；构成犯罪的，依法追究刑事责任。

第六章 附则

第四十条 任何国家或者地区在投资方面对中华人民共和国采取歧视性的禁止、限制或者其他类似措施的，中华人民共和国可以根据实际情况对该国家或者该地区采取相应的措施。

第四十一条 对外国投资者在中国境内投资银行业、证券业、保险业等金融行业，或者在证券市场、外汇市场等金融市场进行投资的管理，国家另有规定的，依照其规定。

第四十二条 本法自2020年1月1日起施行。《中华人民共和国中外合资经营企业法》、《中华人民共和国外资企业法》、《中华人民共和国中外合作经营企业法》同时废止。

本法施行前依照《中华人民共和国中外合资经营企业法》、《中华人民共和国外资企业法》、《中华人民共和国中外合作经营企业法》设立的外商投资企业，在本法施行后五年内可以继续保留原企业组织形式等。具体实施办法由国务院规定。

第二部分

招标采购相关的部门规章及规范性文件

综 合 管 理

国务院办公厅关于促进平台经济规范健康发展的指导意见

（国办发〔2019〕38号，国务院办公厅2019年8月1日发布）

各省、自治区、直辖市人民政府，国务院各部委、各直属机构：

互联网平台经济是生产力新的组织方式，是经济发展新动能，对优化资源配置、促进跨界融通发展和大众创业万众创新、推动产业升级、拓展消费市场尤其是增加就业，都有重要作用。要坚持以习近平新时代中国特色社会主义思想为指导，深入贯彻落实党的十九大和十九届二中、三中全会精神，持续深化“放管服”改革，围绕更大激发市场活力，聚焦平台经济发展面临的突出问题，遵循规律、顺势而为，加大政策引导、支持和保障力度，创新监管理念和方式，落实和完善包容审慎监管要求，推动建立健全适应平台经济发展特点的新型监管机制，着力营造公平竞争市场环境。为促进平台经济规范健康发展，经国务院同意，现提出以下意见。

一、优化完善市场准入条件，降低企业合规成本

（一）推进平台经济相关市场主体登记注册便利化。放宽住所（经营场所）登记条件，经营者通过电子商务类平台开展经营活动的，可以使用平台提供的网络经营场所申请个体工商户登记。指导督促地方开展“一照多址”改革探索，进一步简化平台企业分支机构设立手续。放宽新兴行业企业名称登记限制，允许使用反映新业态特征的字词作为企业名称。推进经营范围登记规范化，及时将反映新业态特征的经营范围表述纳入登记范围。（市场监管总局负责）

（二）合理设置行业准入规定和许可。放宽融合性产品和服务准入限制，只要不违反法律法规，均应允许相关市场主体进入。清理和规范制约平台经济健康发展的行政许可、资质资格等事项，对仅提供信息中介和交易撮合服务的平台，除直接涉及人身健康、公共安全、社会稳定和国家政策另有规定的金融、新闻等领域外，原则上不要求比照平台内经营者办理相关业务许可。（各相关部门按职责分别负责）指导督促有关地方评估网约车、旅游民宿等领域的政策落实情况，优化完善准入条件、审批流程和服务，加快平台经济参与者合规化进程。（交通运输部、文化和旅游部等相关部门按职责分别负责）对仍处于发展初期、有利于促进新旧动能转换的新兴行业，要给予先行先试机会，审慎出台市场准入政策。（各地区、各部门负责）

（三）加快完善新业态标准体系。对部分缺乏标准的新兴行业，要及时制定出台相关产品和服务标准，为新产品新服务进入市场提供保障。对一些发展相对成熟的新业态，要鼓励龙头企业和行业协会主动制定企业标准，参与制定行业标准，提升产品质量和服务水平。（市场监管总局牵头，各相关部门按职责分别负责）

二、创新监管理念和方式，实行包容审慎监管

（一）探索适应新业态特点、有利于公平竞争的公正监管办法。本着鼓励创新的原则，分领域制定监管规则和标准，在严守安全底线的前提下为新业态发展留足空间。对看得准、已经形成较好发展势头的，分类量身定制适当的监管模式，避免用老办法管理新业态；对一时看不准的，设置一定的“观察期”，防止一上来就管死；对潜在风险大、可能造成严重不良后果的，严格监管；对非法经营的，坚决依法予以取缔。各有关部门要依法依规夯实监管责任，优化机构监管，强化行为监管，及时预警风险隐患，发现和纠正违法违规行为。（发展改革委、中央网信办、工业和信息化部、市

场监管总局、公安部等相关部门及各地区按职责分别负责）

（二）科学合理界定平台责任。明确平台在经营者信息核验、产品和服务质量、平台（含 APP）索权、消费者权益保护、网络安全、数据安全、劳动者权益保护等方面的相应责任，强化政府部门监督执法职责，不得将本该由政府承担的监管责任转嫁给平台。尊重消费者选择权，确保跨平台互联互通和互操作。允许平台在合规经营前提下探索不同经营模式，明确平台与平台内经营者的责任，加快研究出台平台尽职免责的具体办法，依法合理确定平台承担的责任。鼓励平台通过购买保险产品分散风险，更好保障各方权益。（各相关部门按职责分别负责）

（三）维护公平竞争市场秩序。制定出台网络交易监督管理有关规定，依法查处互联网领域滥用市场支配地位限制交易、不正当竞争等违法行为，严禁平台单边签订排他性服务提供合同，保障平台经济相关市场主体公平参与市场竞争。维护市场价格秩序，针对互联网领域价格违法行为特点制定监管措施，规范平台和平台内经营者价格标示、价格促销等行为，引导企业合法合规经营。（市场监管总局负责）

（四）建立健全协同监管机制。适应新业态跨行业、跨区域的特点，加强监管部门协同、区域协同和央地协同，充分发挥“互联网＋”行动、网络市场监管、消费者权益保护、交通运输新业态协同监管等部际联席会议机制作用，提高监管效能。（发展改革委、市场监管总局、交通运输部等相关部门按职责分别负责）加大对跨区域网络案件查办协调力度，加强信息互换、执法互助，形成监管合力。鼓励行业协会商会等社会组织出台行业服务规范和自律公约，开展纠纷处理和信用评价，构建多元共治的监管格局。（各地区、各相关部门按职责分别负责）

（五）积极推进“互联网＋监管”。依托国家“互联网＋监管”等系统，推动监管平台与企业平台联通，加强交易、支付、物流、出行等第三方数据分析比对，开展信息监测、在线证据保全、在线识别、源头追溯，增强对行业风险和违法违规线索的发现识别能力，实现以网管网、线上线下一体化监管。（国务院办公厅、市场监管总局等相关部门按职责分别负责）根据平台信用等级和风险类型，实施差异化监管，对风险较低、信用较好的适当减少检查频次，对风险较高、信用较差的加大检查频次和力度。（各相关部门按职责分别负责）

三、鼓励发展平台经济新业态，加快培育新的增长点

（一）积极发展“互联网＋服务业”。支持社会资本进入基于互联网的医疗健康、教育培训、养老家政、文化、旅游、体育等新兴服务领域，改造提升教育医疗等网络基础设施，扩大优质服务供给，满足群众多层次多样化需求。鼓励平台进一步拓展服务范围，加强品牌建设，提升服务品质，发展便民服务新业态，延伸产业链和带动扩大就业。鼓励商品交易市场顺应平台经济发展新趋势、新要求，提升流通创新能力，促进产销更好衔接。（教育部、民政部、商务部、文化和旅游部、卫生健康委、体育总局、工业和信息化部等相关部门按职责分别负责）

（二）大力发展“互联网＋生产”。适应产业升级需要，推动互联网平台与工业、农业生产深度融合，提升生产技术，提高创新服务能力，在实体经济中大力推广应用物联网、大数据，促进数字经济和数字产业发展，深入推进智能制造和服务型制造。深入推进工业互联网创新发展，加快跨行业、跨领域和企业级工业互联网平台建设及应用普及，实现各类生产设备与信息系统的广泛互联互通，推进制造资源、数据等集成共享，促进一二三产业、大中小企业融通发展。（工业和信息化部、农业农村部等相关部门按职责分别负责）

（三）深入推进“互联网＋创业创新”。加快打造“双创”升级版，依托互联网平台完善全方位创业创新服务体系，实现线上线下良性互动、创业创新资源有机结合，鼓励平台开展创新任务众包，更多向中小企业开放共享资源，支撑中小企业开展技术、产品、管理模式、商业模式等创新，进一步提升创业创新效能。（发展改革委牵头，各相关部门按职责分

别负责）

（四）加强网络支撑能力建设。深入实施“宽带中国”战略，加快5G等新一代信息基础设施建设，优化提升网络性能和速率，推进下一代互联网、广播电视网、物联网建设，进一步降低中小企业宽带平均资费水平，为平台经济发展提供有力支撑。（工业和信息化部、发展改革委等相关部门按职责分别负责）

四、优化平台经济发展环境，夯实新业态成长基础

（一）加强政府部门与平台数据共享。依托全国一体化在线政务服务平台、国家“互联网＋监管”系统、国家数据共享交换平台、全国信用信息共享平台和国家企业信用信息公示系统，进一步归集市场主体基本信息和各类涉企许可信息，力争2019年上线运行全国一体化在线政务服务平台电子证照共享服务系统，为平台依法依规核验经营者、其他参与方的资质信息提供服务保障。（国务院办公厅、发展改革委、市场监管总局按职责分别负责）加强部门间数据共享，防止各级政府部门多头向平台索要数据。（发展改革委、中央网信办、市场监管总局、国务院办公厅等相关部门按职责分别负责）畅通政企数据双向流通机制，制定发布政府数据开放清单，探索建立数据资源确权、流通、交易、应用开发规则和流程，加强数据隐私保护和安全管理。（发展改革委、中央网信办等相关部门及各地区按职责分别负责）

（二）推动完善社会信用体系。加大全国信用信息共享平台开放力度，依法将可公开的信用信息与相关企业共享，支持平台提升管理水平。利用平台数据补充完善现有信用体系信息，加强对平台内失信主体的约束和惩戒。（发展改革委、市场监管总局负责）完善新业态信用体系，在网约车、共享单车、汽车分时租赁等领域，建立健全身份认证、双向评价、信用管理等机制，规范平台经济参与者行为。（发展改革委、交通运输部等相关部门按职责分别负责）

（三）营造良好的政策环境。各地区各部门要充分听取平台经济参与者的诉求，有针对性地研究提出解决措施，为平台创新发展和吸纳就业提供有力保障。（各地区、各部门负责）2019年底前建成全国统一的电子发票公共服务平台，提供免费的增值税电子普通发票开具服务，加快研究推进增值税专用发票电子化工作。（税务总局负责）尽快制定电子商务法实施中的有关信息公示、零星小额交易等配套规则。（商务部、市场监管总局、司法部按职责分别负责）鼓励银行业金融机构基于互联网和大数据等技术手段，创新发展适应平台经济相关企业融资需求的金融产品和服务，为平台经济发展提供支持。允许有实力有条件的互联网平台申请保险兼业代理资质。（银保监会等相关部门按职责分别负责）推动平台经济监管与服务的国际交流合作，加强政策沟通，为平台企业走出去创造良好外部条件。（商务部等相关部门按职责分别负责）

五、切实保护平台经济参与者合法权益，强化平台经济发展法治保障

（一）保护平台、平台内经营者和平台从业人员等权益。督促平台按照公开、公平、公正的原则，建立健全交易规则和服务协议，明确进入和退出平台、商品和服务质量安全保障、平台从业人员权益保护、消费者权益保护等规定。（商务部、市场监管总局牵头，各相关部门按职责分别负责）抓紧研究完善平台企业用工和灵活就业等从业人员社保政策，开展职业伤害保障试点，积极推进全民参保计划，引导更多平台从业人员参保。加强对平台从业人员的职业技能培训，将其纳入职业技能提升行动。（人力资源社会保障部负责）强化知识产权保护意识。依法打击网络欺诈行为和以“打假”为名的敲诈勒索行为。（市场监管总局、知识产权局按职责分别负责）

（二）加强平台经济领域消费者权益保护。督促平台建立健全消费者投诉和举报机制，公开投诉举报电话，确保投诉举报电话有人接听，建立与市场监管部门投诉举报平台的信息共享机制，及时受理并处理投诉举报，鼓励行业组织依法依规建立消费者投诉和维权第三方

平台。鼓励平台建立争议在线解决机制，制定并公示争议解决规则。依法严厉打击泄露和滥用用户信息等损害消费者权益行为。（市场监管总局等相关部门按职责分别负责）

（三）完善平台经济相关法律法规。及时推动修订不适应平台经济发展的相关法律法规与政策规定，加快破除制约平台经济发展的体制机制障碍。（司法部等相关部门按职责分别负责）

涉及金融领域的互联网平台，其金融业务的市场准入管理和事中事后监管，按照法律法规和有关规定执行。设立金融机构、从事金融活动、提供金融信息中介和交易撮合服务，必须依法接受准入管理。

各地区、各部门要充分认识促进平台经济规范健康发展的重要意义，按照职责分工抓好贯彻落实，压实工作责任，完善工作机制，密切协作配合，切实解决平台经济发展面临的突出问题，推动各项政策措施及时落地见效，重大情况及时报国务院。

国家发展改革委关于印发《全国公共资源交易目录指引》的通知

（发改法规〔2019〕2024号，国家发展改革委2019年12月27日发布）

各省、自治区、直辖市、新疆生产建设兵团公共资源交易平台整合牵头部门，国家信息中心：

为落实《国务院办公厅转发国家发展改革委关于深化公共资源交易平台整合共享指导意见的通知》（国办函〔2019〕41号）部署，指导各地明确公共资源范围，积极稳妥推进公共资源市场化配置，根据《公共资源交易平台管理暂行办法》（国家发展改革委等14部委第39号令），我委会同有关部门制定《全国公共资源交易目录指引》，现印发你们，请做好贯彻执行工作。各地要结合实际，在本目录基础上依法拓展，抓紧制定印发本地区公共资源交易目录清单，坚持电子化发展方向，在促进平台互联互通和信息充分共享的基础上，规范场所服务事项，推行网上办理，着力优化平台服务，将清单内公共资源交易全部纳入平台体系，不断提高公共资源配置效率和公平性。

本目录自印发之日起施行，并将根据实际情况适时更新修订。

附件

全国公共资源交易目录指引

落实党中央、国务院关于深化公共资源交易平台整合共享、坚持应进必进的原则要求，加快拓展公共资源交易平台覆盖范围，由工程建设项目招标投标、土地使用权和矿业权出让、国有产权交易、政府采购等，逐步扩大到适合以市场化方式配置的自然资源、资产股权、环境权等各类公共资源，主要包括：

一、机电产品国际招标

二、海洋资源交易

（一）海域使用权出让；

（二）无居民海岛等海洋资源使用权出让。

三、林权交易

（一）国有林地使用权、租赁权和林木所有权出让；

（二）集体统一经营管理的林地经营权和林木所有权出让。

四、农村集体产权交易

（一）农村集体土地经营权流转；

（二）农村集体经营性资产出租；

（三）农村集体资产股权转让；

（四）四荒（荒山、荒沟、荒丘、荒滩）地使用权流转。

五、无形资产交易

（一）基础设施和公用事业特许经营权授予；

（二）市政公用设施及公共场地使用权、承包经营权、冠名权有偿转让。

六、排污权交易

（一）定额出让排污权；

（二）公开拍卖排污权。

七、碳排放权交易

八、用能权交易

九、司法机关和行政执法部门开展的涉诉、抵债或罚没资产处置

国家发展改革委办公厅关于印发《公共资源交易领域基层政务公开标准指引》的通知

（发改办法规〔2019〕752号，国家发展改革委办公厅2019年7月2日发布）

各省、自治区、直辖市和新疆生产建设兵团公共资源交易平台整合牵头部门，全国公共资源交易平台（国家信息中心）：

按照党中央、国务院决策部署和《国务院办公厅关于推进公共资源配置领域政府信息公开的意见》（国办发〔2017〕97号）、《关于做好各试点领域基层政务公开标准指引制定等有关工作的通知》（国办公开办〔2019〕1号）等文件要求，为进一步推进公共资源交易领域基层政务公开标准化规范化建设，提升基层政务公开能力和政务服务水平，我们在总结地方试点成果基础上，编制了公共资源交易领域基层政务公开标准指引。经国办公开办同意，现印发你们，并就有关事项通知如下。

一、编制公共资源交易领域基层政务公开标准指引，是党中央、国务院全面推进政务公开工作的重要部署，也是实现公共资源交易全流程透明化管理，提高公共资源配置质量效率的客观要求。各地要以习近平新时代中国特色社会主义思想为指导，全面贯彻党的十九大和十九届二中、三中全会精神，认真抓好本指引贯彻实施工作，推进公共资源交易全过程公开，扩大公众监督，增强公开时效，维护企业和群众合法权益，促进经济社会持续平稳健康发展。

二、本指引所称公共资源交易，是指涉及公共利益、公众安全，具有公有性、公益性的资源交易活动。县（区、市）及以下履行公共资源交易领域职责的行政机关、法律法规授权的具有管理公共事务职能的组织或公共企事业单位，开展公共资源交易领域政务公开工作，适用本指引。

三、本指引按照决策、执行、管理、服务、结果“五公开”的要求，在公开标准目录中明确了工程建设项目招标投标、政府采购、国有土地使用权出让、矿业权出让、国有产权交易5个公共资源交易领域的40个具体公开事项。各地可结合本地实际，对相关公开事项进行补充完善。

四、各级公共资源交易平台整合牵头部门要会同有关部门，充分发挥指导、监督、评估等作用，完善政务公开工作制度，明确公开事项的审查、发布、反馈机制，狠抓督促落实，加强协调配合，实现公共资源交易领域政务信息发布、解读、回应等工作的有序衔接。各地要在全面梳理、摸清底数的基础上，根据本指引，抓紧制定出台或修订完善本地区公共资源交易领域政府信息主动公开目录，在公共资源交易平台网站、场所显著位置予以公示，并实行动态调整。

五、请各地在本指引实施过程中，注意收集各方面意见，及时反馈我委，我委将适时进行修订完善。

附件：公共资源交易领域基层政务公开标准目录

附件

公共资源交易领域基层政务公开标准目录

序号	公开事项		公开内容（要素）	公开依据	公开时限	公开主体	公开渠道和载体	公开对象		公开方式	
	一级事项	二级事项						全社会	特定群体（请写明）	主动	依申请
1	工程建设项目招标投标信息	审批核准信息	招标内容、招标范围、招标组织形式、招标方式、招标估算金额、招标事项审核或核准部门	《招标投标法实施条例》、《中华人民共和国政府信息公开条例》《国务院办公厅关于推进公共资源配置领域政府信息公开的意见》（国办发〔2017〕97号）	信息形成之日起20个工作日内	负责管理的部门分别公开	☑政府网站 □政府公报 □两微一端 □发布会听证会 □广播电视 □纸质媒体 □公开查阅点 □政务服务中心 □便民服务站 □入户/现场 □社区/企事业单位/村公示栏（电子屏） □精准推送 ☑管理部门网站	√		√	
2		资格预审公告	招标项目名称、内容、范围、规模、资金来源；投标资格能力要求，以及是否接受联合体投标；获取资格预审文件的时间、方式；递交资格预审文件的截止时间、方式；招标人及其招标代理机构的名称、地址、联系人及联系方式；采用电子招标投标方式的，潜在投标人访问电子招标投标交易平台的网址和方法；其他依法应当载明的内容	《招标投标法》、《招标投标法实施条例》、《国务院办公厅关于推进公共资源配置领域政府信息公开的意见》（国办发〔2017〕97号）、《招标公告和公示信息发布管理办法》（国家发展改革委2017年第10号令）	及时公开	招标人或者其委托的招标代理机构	□政府网站 □政府公报 □两微一端 □发布会听证会 □广播电视 □纸质媒体 □公开查阅点 □政务服务中心 □便民服务站 □入户/现场 □社区/企事业单位/村公示栏（电子屏） □精准推送 ☑招标投标公共服务平台 ☑公共资源交易平台 ☑电子招标投标交易平台	√		√	

续表

序号	公开事项		公开内容（要素）	公开依据	公开时限	公开主体	公开渠道和载体	公开对象		公开方式	
	一级事项	二级事项						全社会	特定群体（请写明）	主动	依申请
3	工程建设项目招标投标信息	招标公告	招标项目名称、内容、范围、规模、资金来源；投标资格能力要求，以及是否接受联合体投标；获取招标文件的时间、方式；递交投标文件的截止时间、方式；招标人及其招标代理机构的名称、地址、联系人及联系方式；采用电子招标投标方式的，潜在投标人访问电子招标投标交易平台的网址和方法；其他依法应当载明的内容	《招标投标法》、《招标投标法实施条例》、《国务院办公厅关于推进公共资源配置领域政府信息公开的意见》（国办发〔2017〕97号）、《招标公告和公示信息发布管理办法》（国家发展改革委2017年第10号令）、《电子招标投标办法》（国家发展改革委等八部委2013年第20号令）	及时公开	招标人或者其委托的招标代理机构	□政府网站 □政府公报 □两微一端 □发布会听证会 □广播电视 □纸质媒体 □公开查阅点 □政务服务中心 □便民服务站 □入户/现场 □社区/企事业单位/村公示栏（电子屏） □精准推送 ☑招标投标公共服务平台 ☑公共资源交易平台 ☑电子招标投标交易平台	√		√	
4		中标候选人公示	中标候选人排序、名称、投标报价、质量、工期（交货期），以及评标情况；中标候选人按照招标文件要求承诺的项目负责人姓名及其相关证书名称和编号；中标候选人响应招标文件要求的资格能力条件；提出异议的渠道和方式；招标文件规定公示的其他内容	《招标投标法》、《招标投标法实施条例》、《国务院办公厅关于推进公共资源配置领域政府信息公开的意见》（国办发〔2017〕97号）、《招标公告和公示信息发布管理办法》（国家发展改革委2017年第10号令）、《电子招标投标办法》（国家发展改革委等八部委2013年第20号令）	依法必须进行招标的项目，招标人应当自收到评标报告之日起3日内公示中标候选人，公示期不得少于3日	招标人或者其委托的招标代理机构	□政府网站 □政府公报 □两微一端 □发布会听证会 □广播电视 □纸质媒体 □公开查阅点 □政务服务中心 □便民服务站 □入户/现场 □社区/企事业单位/村公示栏（电子屏） □精准推送/ ☑招标投标公共服务平台 ☑公共资源交易平台 ☑电子招标投标交易平台	√		√	

续表

序号	公开事项		公开内容（要素）	公开依据	公开时限	公开主体	公开渠道和载体	公开对象		公开方式	
	一级事项	二级事项						全社会	特定群体（请写明）	主动	依申请
5	工程建设项目招标投标信息	中标结果	招标项目名称、中标人名称、中标价、工期、项目负责人、中标内容	《国务院办公厅关于推进公共资源配置领域政府信息公开的意见》（国办发〔2017〕97号）、《招标公告和公示信息发布管理办法》（国家发展改革委2017年第10号令）、《电子招标投标办法》（国家发展改革委等八部委2013年第20号令）	及时公开	招标人或者其委托的招标代理机构	□政府网站　□政府公报 □两微一端　□发布会听证会 □广播电视　□纸质媒体 □公开查阅点　□政务服务中心 □便民服务站　□入户/现场 □社区/企事业单位/村公示栏（电子屏） □精准推送 ☑招标投标公共服务平台 ☑公共资源交易平台 ☑电子招标投标交易平台	√		√	
6		合同订立信息	包括项目名称、合同双方名称、合同价款、签约时间、合同期限	《国务院办公厅关于推进公共资源配置领域政府信息公开的意见》（国办发〔2017〕97号）、《电子招标投标办法》（国家发展改革委等八部委2013年第20号令）	及时公开	合同当事人	□政府网站　□政府公报 □两微一端　□发布会听证会 □广播电视　□纸质媒体 □公开查阅点　□政务服务中心 □便民服务站　□入户/现场 □社区/企事业单位/村公示栏（电子屏） □精准推送 ☑招标投标公共服务平台 ☑公共资源交易平台 ☑电子招标投标交易平台	√		√	

续表

序号	公开事项		公开内容（要素）	公开依据	公开时限	公开主体	公开渠道和载体	公开对象		公开方式	
	一级事项	二级事项						全社会	特定群体（请写明）	主动	依申请
7	工程建设项目招标投标信息	合同履行及变更信息	项目名称、标段名称、建设单位、承包人、项目完成质量、期限、结算金额、合同发生的变更、解除合同通知书、违约行为的处理结果	《国务院办公厅关于推进公共资源配置领域政府信息公开的意见》（国办发〔2017〕97号）、《电子招标投标办法》（国家发展改革委等八部委2013年第20号令）	鼓励及时公开	合同当事人	□政府网站 □政府公报 □两微一端 □发布会听证会 □广播电视 □纸质媒体 □公开查阅点 □政务服务中心 □便民服务站 □入户/现场 □社区/企事业单位/村公示栏（电子屏） □精准推送 ☑招标投标公共服务平台 ☑公共资源交易平台 ☑电子招标投标交易平台	√		√	
8		资格预审文件、招标文件澄清或修改	项目名称；标段名称；澄清或修改事项；招标人及其招标代理机构的名称、地址、联系人及联系方式	《招标投标法》、《招标投标法实施条例》、《电子招标投标办法》（国家发展改革委等八部委2013年第20号令）	依法必须进行招标的项目，澄清或者修改的内容可能影响资格预审申请文件或者投标文件编制的，应当在提交资格预审申请文件截止时间至少3日前，或者投标截止时间至少15日前	招标人或者其委托的招标代理机构	□政府网站 □政府公报 □两微一端 □发布会听证会 □广播电视 □纸质媒体 □公开查阅点 □政务服务中心 □便民服务站 □入户/现场 □社区/企事业单位/村公示栏（电子屏） □精准推送 ☑招标投标公共服务平台 ☑公共资源交易平台 ☑电子招标投标交易平台	√		√	

续表

序号	公开事项		公开内容（要素）	公开依据	公开时限	公开主体	公开渠道和载体	公开对象		公开方式	
	一级事项	二级事项						全社会	特定群体（请写明）	主动	依申请
9	工程建设项目招标投标信息	招标公告和公示信息澄清、修改	项目名称；标段名称；澄清或修改事项；招标人及其招标代理机构的名称、地址、联系人及联系方式	《招标公告和公示信息发布管理办法》（国家发展改革委2017年第10号令）	及时公开	招标人或者其委托的招标代理机构	□政府网站　□政府公报 □两微一端　□发布会听证会 □广播电视　□纸质媒体 □公开查阅点　□政务服务中心 □便民服务站　□入户/现场 □社区/企事业单位/村公示栏（电子屏） □精准推送 ☑招标投标公共服务平台 ☑电子招标投标交易平台 ☑公共资源交易平台	√		√	
10		暂停、终止招标	招标人名称、招标项目名称、招标项目编号、本项目首次公告日期、招标暂停或终止原因、联系方式、其他事项	《招标公告和公示信息发布管理办法》（国家发展改革委2017年第10号令）	及时公开	招标人或者其委托的招标代理机构	□政府网站　□政府公报 □两微一端　□发布会听证会 □广播电视　□纸质媒体 □公开查阅点　□政务服务中心 □便民服务站　□入户/现场 □社区/企事业单位/村公示栏（电子屏） □精准推送 ☑招标投标公共服务平台（必选） ☑电子招标投标交易平台 ☑公共资源交易平台	√		√	

续表

序号	公开事项		公开内容（要素）	公开依据	公开时限	公开主体	公开渠道和载体	公开对象		公开方式	
	一级事项	二级事项						全社会	特定群体（请写明）	主动	依申请
11	工程建设项目招标投标信息	市场主体信用信息	当事人的姓名或者名称、地址；违反法律、法规或者规章的事实和证据；行政处罚的种类和依据；行政处罚的履行方式和期限；不服行政处罚决定，申请行政复议或者提起行政诉讼的途径和期限；作出行政处罚决定的行政机关名称和作出决定的日期	《中华人民共和国行政处罚法》、《中华人民共和国政府信息公开条例》、《国务院办公厅关于推进公共资源配置领域政府信息公开的意见》（国办发〔2017〕97号）	信息形成之日起20个工作日内	负责管理的部门分别公开	□政府网站　□政府公报 □两微一端　□发布会听证会 □广播电视　□纸质媒体 □公开查阅点　□政务服务中心 □便民服务站　□入户/现场 □社区/企事业单位/村公示栏（电子屏） □精准推送 ☑公共资源交易平台 ☑信用中国	√		√	
12	政府采购信息	招标公告	采购人及其委托的采购代理机构的名称、地址和联系方法；采购项目的名称、预算金额，设定最高限价的，还应当公开最高限价；采购人的采购需求；投标人的资格要求；获取招标文件的时间、地点、方式及招标文件售价；公告期限；投标截止时间、开标时间及地点；采购项目联系人姓名和电话	《国务院办公厅关于推进公共资源配置领域政府信息公开的意见》（国办发〔2017〕97号）、《政府采购货物和服务招标投标管理办法》（财政部令第87号）、《财政部关于做好政府采购信息公开工作的通知》（财库〔2015〕135号）	及时公开，公告期限为5个工作日	采购人或者其委托的采购代理机构	□政府网站　□政府公报 □两微一端　□发布会听证会 □广播电视　□纸质媒体 □公开查阅点　□政务服务中心 □便民服务站　□入户/现场 □社区/企事业单位/村公示栏（电子屏） □精准推送 ☑中国政府采购网及其地方分网 ☑省级（含计划单列市）财政部门指定的媒体 ☑《中国财经报》（《中国政府采购报》） ☑《中国政府采购杂志》 ☑《中国财政杂志》 ☑公共资源交易平台	√		√	

续表

序号	公开事项		公开内容（要素）	公开依据	公开时限	公开主体	公开渠道和载体	公开对象		公开方式	
	一级事项	二级事项						全社会	特定群体（请写明）	主动	依申请
13	政府采购信息	资格预审公告	采购人及其委托的采购代理机构的名称、地址和联系方法；采购项目名称、预算金额，设定最高限价的，还应当公开最高限价；采购人的采购需求；投标人的资格要求；公告期限；获取资格预审文件的时间期限、地点、方式；提交资格预审申请文件的截止时间、地点及资格预审日期；采购项目联系人姓名和电话	《国务院办公厅关于推进公共资源配置领域政府信息公开的意见》（国办发〔2017〕97号）、《政府采购货物和服务招标投标管理办法》（财政部令第87号）、《财政部关于做好政府采购信息公开工作的通知》（财库〔2015〕135号）	及时公开，公告期限为5个工作日	采购人或者其委托的采购代理机构	□政府网站　□政府公报 □两微一端　□发布会听证会 □广播电视　□纸质媒体 □公开查阅点　□政务服务中心 □便民服务站　□入户/现场 □社区/企事业单位/村公示栏（电子屏） □精准推送 ☑中国政府采购网及其地方分网 ☑省级（含计划单列市）财政部门指定的媒体 ☑《中国财经报》（《中国政府采购报》） ☑《中国政府采购杂志》 ☑《中国财政杂志》 ☑公共资源交易平台	√		√	
14	政府采购信息	竞争性谈判公告、竞争性磋商公告和询价公告	采购人和采购代理机构的名称、地址和联系方法，采购项目的名称、数量、简要规格描述或项目基本概况介绍，采购项目预算金额，采购项目需要落实的政府采购政策，对供应商的资格要求，获取谈判、磋商、询价文件的时间、地点、方式及文件售价，响应文件提交的截止时间、开启时间及地点，采购项目联系人姓名和电话	《国务院办公厅关于推进公共资源配置领域政府信息公开的意见》（国办发〔2017〕97号）、《财政部关于做好政府采购信息公开工作的通知》（财库〔2015〕135号）	及时公开，公告期限为3个工作日	采购人或者其委托的采购代理机构	□政府网站　□政府公报 □两微一端　□发布会听证会 □广播电视　□纸质媒体 □公开查阅点　□政务服务中心 □便民服务站　□入户/现场 □社区/企事业单位/村公示栏（电子屏） □精准推送 ☑中国政府采购网及其地方分网 ☑省级（含计划单列市）财政部门指定的媒体 ☑《中国财经报》（《中国政府采购报》） ☑《中国政府采购杂志》 ☑《中国财政杂志》 ☑公共资源交易平台	√		√	

续表

序号	公开事项		公开内容（要素）	公开依据	公开时限	公开主体	公开渠道和载体	公开对象		公开方式	
	一级事项	二级事项						全社会	特定群体（请写明）	主动	依申请
15	政府采购信息	采购项目预算金额	采购项目的预算金额以财政部门批复的部门预算中的政府采购预算为依据；对于部门预算批复前进行采购的项目，以预算“二上数”中的政府采购预算为依据。对于部门预算已列明具体采购项目的，按照部门预算中具体采购项目的预算金额公开；部门预算未列明采购项目的，应当根据工作实际对部门预算进行分解，按照分解后的具体采购项目预算金额公开。对于部门预算分年度安排但不宜按年度拆分的采购项目，应当公开采购项目的采购年限、概算总金额和当年安排数	《国务院办公厅关于推进公共资源配置领域政府信息公开的意见》（国办发〔2017〕97号）、《财政部关于做好政府采购信息公开工作的通知》（财库〔2015〕135号）	随采购公告、采购文件公开	采购人或者其委托的采购代理机构	□政府网站 □政府公报 □两微一端 □发布会听证会 □广播电视 □纸质媒体 □公开查阅点 □政务服务中心 □便民服务站 □入户/现场 □社区/企事业单位/村公示栏（电子屏） □精准推送 ☑中国政府采购网及其地方分网 ☑省级（含计划单列市）财政部门指定的媒体 ☑《中国财经报》《中国政府采购报》 ☑《中国政府采购杂志》 ☑《中国财政杂志》 ☑公共资源交易平台	√		√	

续表

序号	公开事项		公开内容（要素）	公开依据	公开时限	公开主体	公开渠道和载体	公开对象		公开方式	
	一级事项	二级事项						全社会	特定群体（请写明）	主动	依申请
16	政府采购信息	采购文件	招标文件、竞争性谈判文件、竞争性磋商文件和询价通知书	《国务院办公厅关于推进公共资源配置领域政府信息公开的意见》（国办发〔2017〕97号）、《财政部关于做好政府采购信息公开工作的通知》（财库〔2015〕135号）	随中标、成交结果同时公告。中标、成交结果公告前采购文件已公告的，不再重复公告	采购人或者其委托的采购代理机构	□政府网站 □政府公报 □两微一端 □发布会听证会 □广播电视 □纸质媒体 □公开查阅点 □政务服务中心 □便民服务站 □入户/现场 □社区/企事业单位/村公示栏（电子屏） □精准推送 ☑中国政府采购网及其地方分网 ☑省级（含计划单列市）财政部门指定的媒体 ☑《中国财经报》（《中国政府采购报》） ☑《中国政府采购杂志》 ☑《中国财政杂志》 ☑公共资源交易平台	√		√	
17	政府采购信息	采购信息更正公告	采购人和采购代理机构名称、地址、联系方式；原公告的采购项目名称及首次公告日期；更正事项、内容及日期；采购项目联系人和电话	《国务院办公厅关于推进公共资源配置领域政府信息公开的意见》（国办发〔2017〕97号）、《财政部关于做好政府采购信息公开工作的通知》（财库〔2015〕135号）	投标截止时间至少15日前、提交资格预审申请文件截止时间至少3日前，或者提交首次响应文件截止之日3个工作日前	采购人或者其委托的采购代理机构	□政府网站 □政府公报 □两微一端 □发布会听证会 □广播电视 □纸质媒体 □公开查阅点 □政务服务中心 □便民服务站 □入户/现场 □社区/企事业单位/村公示栏（电子屏） □精准推送 ☑中国政府采购网及其地方分网 ☑省级（含计划单列市）财政部门指定的媒体 ☑《中国财经报》（《中国政府采购报》） ☑《中国政府采购杂志》 ☑《中国财政杂志》 ☑公共资源交易平台	√		√	

续表

序号	公开事项		公开内容（要素）	公开依据	公开时限	公开主体	公开渠道和载体	公开对象		公开方式	
	一级事项	二级事项						全社会	特定群体（请写明）	主动	依申请
18	政府采购信息	单一来源公示	采购人、采购项目名称；拟采购的货物或者服务的说明、拟采购的货物或者服务的预算金额；采用单一来源方式的原因及相关说明；拟定的唯一供应商名称、地址；专业人员对相关供应商因专利、专有技术等原因具有唯一性的具体论证意见，以及专业人员的姓名、工作单位和职称；公示的期限；采购人、采购代理机构、财政部门的联系地址、联系人和联系电话	《国务院办公厅关于推进公共资源配置领域政府信息公开的意见》（国办发〔2017〕97号）、《财政部关于做好政府采购信息公开工作的通知》（财库〔2015〕135号）	及时公开，公示期限不得少于5个工作日	采购人或者其委托的采购代理机构	☐政府网站 ☐政府公报 ☐两微一端 ☐发布会听证会 ☐广播电视 ☐纸质媒体 ☐公开查阅点 ☐政务服务中心 ☐便民服务站 ☐入户/现场 ☐社区/企事业单位/村公示栏（电子屏） ☐精准推送 ☑中国政府采购网及其地方分网 ☑省级（含计划单列市）财政部门指定的媒体 ☑《中国财经报》（《中国政府采购报》） ☑《中国政府采购杂志》 ☑《中国财政杂志》 ☑公共资源交易平台	√		√	
19		协议供货和定点采购的具体成交记录	采购人和成交供应商的名称、成交金额以及成交标的的名称、规格型号、数量、单价等。电子卖场、电子商城、网上超市等的具体成交记录，也应当予以公开	《关于进一步做好政府采购信息公开工作有关事项的通知》（财库〔2017〕86号）	及时公开	集中采购机构	☐政府网站 ☐政府公报 ☐两微一端 ☐发布会听证会 ☐广播电视 ☐纸质媒体 ☐公开查阅点 ☐政务服务中心 ☐便民服务站 ☐入户/现场 ☐社区/企事业单位/村公示栏（电子屏） ☐精准推送 ☑中国政府采购网及其省级分网 ☑省级（含计划单列市）财政部门指定的媒体 ☑公共资源交易平台	√		√	

续表

序号	公开事项		公开内容（要素）	公开依据	公开时限	公开主体	公开渠道和载体	公开对象		公开方式	
	一级事项	二级事项						全社会	特定群体（请写明）	主动	依申请
20	政府采购信息	中标、成交结果	采购人和采购代理机构名称、地址、联系方式；项目名称和项目编号；中标或者成交供应商名称、地址和中标或者成交金额；主要中标或者成交标的的名称、规格型号、数量、单价、服务要求或者标的的基本概况；评审专家名单。协议供货、定点采购项目还应当公告入围价格、价格调整规则和优惠条件。采用书面推荐供应商参加采购活动的，还应当公告采购人和评审专家的推荐意见	《国务院办公厅关于推进公共资源配置领域政府信息公开的意见》（国办发〔2017〕97号）、《财政部关于做好政府采购信息公开工作的通知》（财库〔2015〕135号）	自中标、成交供应商确定之日起2个工作日内公告，公告期限为1个工作日	采购人或者其委托的采购代理机构	□政府网站　□政府公报 □两微一端　□发布会听证会 □广播电视　□纸质媒体 □公开查阅点　□政务服务中心 □便民服务站　□入户/现场 □社区/企事业单位/村公示栏（电子屏） □精准推送 ☑中国政府采购网及其地方分网 ☑省级（含计划单列市）财政部门指定的媒体 ☑《中国财经报》（《中国政府采购报》） ☑《中国政府采购杂志》 ☑《中国财政杂志》 ☑公共资源交易平台	√		√	
21		采购合同	采购人和采购代理机构名称、地址、联系方式；采购项目名称、编号，合同编号；供应商名称；合同内容。 政府采购合同中涉及国家秘密、商业秘密的部分可以不公告，但其他内容应当公告。合同标的的名称、规格型号、单价及合同金额等内容不得作为商业秘密。合同中涉及个人隐私的姓名、联系方式等内容，除征得权利人同意外，不得对外公告。批量集中采购项目应当公告框架协议	《国务院办公厅关于推进公共资源配置领域政府信息公开的意见》（国办发〔2017〕97号）、《财政部关于做好政府采购信息公开工作的通知》（财库〔2015〕135号）	合同签订之日起2个工作日内	采购人或者其委托的采购代理机构	□政府网站　□政府公报 □两微一端　□发布会听证会 □广播电视　□纸质媒体 □公开查阅点　□政务服务中心 □便民服务站　□入户/现场 □社区/企事业单位/村公示栏（电子屏） □精准推送 ☑中国政府采购网及其地方分网 ☑省级（含计划单列市）财政部门指定的媒体 ☑《中国财经报》（《中国政府采购报》） ☑《中国政府采购杂志》 ☑《中国财政杂志》 ☑公共资源交易平台	√		√	

续表

序号	公开事项		公开内容（要素）	公开依据	公开时限	公开主体	公开渠道和载体	公开对象		公开方式	
	一级事项	二级事项						全社会	特定群体（请写明）	主动	依申请
22	政府采购信息	终止公告	采购人和采购代理机构名称、地址、联系方式；采购项目名称、采购编号，采购方式；采购项目终止原因；公告期限；采购项目联系人和电话	《国务院办公厅关于推进公共资源配置领域政府信息公开的意见》（国办发〔2017〕97号）、《财政部关于做好政府采购信息公开工作的通知》（财库〔2015〕135号）	及时公开	采购人或者其委托的采购代理机构	□政府网站 □政府公报 □两微一端 □发布会听证会 □广播电视 □纸质媒体 □公开查阅点 □政务服务中心 □便民服务站 □入户/现场 □社区/企事业单位/村公示栏（电子屏） □精准推送 ☑中国政府采购网及其地方分网 ☑省级（含计划单列市）财政部门指定的媒体 ☑《中国财经报》（《中国政府采购报》） ☑《中国政府采购杂志》 ☑《中国财政杂志》 ☑公共资源交易平台	√		√	
23		公共服务项目采购需求	采购对象需实现的功能或者目标，满足项目需要的所有技术、服务、安全等要求，采购对象的数量、交付或实施的时间和地点，采购对象的验收标准等	《财政部关于做好政府采购信息公开工作的通知》（财库〔2015〕135号）、《关于进一步加强政府采购需求和履约验收管理的指导意见》（财库〔2016〕205号）	及时公开	采购人	□政府网站 □政府公报 □两微一端 □发布会听证会 □广播电视 □纸质媒体 □公开查阅点 □政务服务中心 □便民服务站 □入户/现场 □社区/企事业单位/村公示栏（电子屏） □精准推送 ☑中国政府采购网及其地方分网 ☑《中国财经报》（《中国政府采购报》） ☑《中国政府采购杂志》 ☑《中国财政杂志》 ☑公共资源交易平台	√		√	

续表

序号	公开事项		公开内容（要素）	公开依据	公开时限	公开主体	公开渠道和载体	公开对象		公开方式	
	一级事项	二级事项						全社会	特定群体（请写明）	主动	依申请
24	政府采购信息	公共服务项目验收结果	采购人和采购代理机构名称、地址、联系方式；采购项目名称、编号，合同编号；履约供应商名称；验收单位；验收结果；验收人员	《财政部关于做好政府采购信息公开工作的通知》（财库〔2015〕135号）	验收结束之日起2个工作日内	采购人	□政府网站　□政府公报 □两微一端　□发布会听证会 □广播电视　□纸质媒体 □公开查阅点　□政务服务中心 □便民服务站　□入户/现场 □社区/企事业单位/村公示栏（电子屏） □精准推送 ☑中国政府采购网及其地方分网 ☑省级（含计划单列市）财政部门指定的媒体 ☑《中国财经报》（《中国政府采购报》） ☑《中国政府采购杂志》 ☑《中国财政杂志》 ☑公共资源交易平台	√		√	
25		投诉、监督检查等处理决定公告	相关当事人名称及地址、投诉涉及采购项目名称及采购日期、投诉事项或监督检查主要事项、处理依据、处理结果、执法机关名称、公告日期等	《国务院办公厅关于推进公共资源配置领域政府信息公开的意见》（国办发〔2017〕97号）、《财政部关于做好政府采购信息公开工作的通知》（财库〔2015〕135号）	完成并履行有关报审程序后5个工作日内	财政部门	□政府网站　□政府公报 □两微一端　□发布会听证会 □广播电视　□纸质媒体 □公开查阅点　□政务服务中心 □便民服务站　□入户/现场 □社区/企事业单位/村公示栏（电子屏） □精准推送 ☑中国政府采购网及其地方分网 ☑省级（含计划单列市）财政部门指定的媒体 ☑《中国财经报》（《中国政府采购报》） ☑《中国政府采购杂志》 ☑《中国财政杂志》 ☑公共资源交易平台 ☑信用中国	√		√	

续表

序号	公开事项		公开内容（要素）	公开依据	公开时限	公开主体	公开渠道和载体	公开对象		公开方式	
	一级事项	二级事项						全社会	特定群体（请写明）	主动	依申请
26	政府采购信息	集中采购机构的考核结果公告	集中采购机构名称、考核内容、考核方法、考核结果、存在问题、考核单位等	《国务院办公厅关于推进公共资源配置领域政府信息公开的意见》（国办发〔2017〕97号）、《财政部关于做好政府采购信息公开工作的通知》（财库〔2015〕135号）	完成并履行有关报审程序后5个工作日内	财政部门	□政府网站 □政府公报 □两微一端 □发布会听证会 □广播电视 □纸质媒体 □公开查阅点 □政务服务中心 □便民服务站 □入户/现场 □社区/企事业单位/村公示栏（电子屏） □精准推送 ☑中国政府采购网及其地方分网 ☑省级（含计划单列市）财政部门指定的媒体 ☑《中国财经报》（《中国政府采购报》） ☑《中国政府采购杂志》 ☑《中国财政杂志》 ☑公共资源交易平台 ☑信用中国	√		√	
27	国有土地使用权出让信息	土地出让计划	明确国有建设用地供应指导思想和原则；提出国有建设用地供应政策导向；确定国有建设用地供应总量、结构、布局、时序和方式；落实计划供应的宗地；实施计划的保障措施	《国务院办公厅关于推进公共资源配置领域政府信息公开的意见》（国办发〔2017〕97号）、《招标拍卖挂牌出让国有建设用地使用权规定》（国土资源部令第39号）、《国有建设用地供应计划编制规范》（试行）（2010年9月）	每年3月31日前，公布年度国有建设用地供应计划	市、县人民政府自然资源行政主管部门（简称出让人）	□政府网站 □政府公报 □两微一端 □发布会听证会 □广播电视 □纸质媒体 □公开查阅点 □政务服务中心 □便民服务站 □入户/现场 □社区/企事业单位/村公示栏（电子屏） □精准推送 ☑各级自然资源管理部门网站	√		√	

续表

序号	公开事项		公开内容（要素）	公开依据	公开时限	公开主体	公开渠道和载体	公开对象		公开方式	
	一级事项	二级事项						全社会	特定群体（请写明）	主动	依申请
28	国有土地使用权出让信息	招标拍卖挂牌出让公告	出让人的名称和地址；出让宗地的面积、界址、空间范围、现状、使用年期、用途、规划指标要求；投标人、竞买人的资格要求以及申请取得投标、竞买资格的办法；索取招标拍卖挂牌出让文件的时间、地点和方式；招标拍卖挂牌时间、地点、投标挂牌期限、投标和竞价方式等；确定中标人、竞得人的标准和方法；投标、竞买保证金；其他需要公告的事项	《国务院办公厅关于推进公共资源配置领域政府信息公开的意见》（国办发〔2017〕97号）、《招标拍卖挂牌出让国有建设用地使用权规定》（国土资源部令第39号）	至少在投标、拍卖或者挂牌开始日前20日。挂牌时间不得少于10日	出让人	□政府网站　□政府公报 □两微一端　□发布会听证会 □广播电视　□纸质媒体 □公开查阅点　□政务服务中心 □便民服务站　□入户/现场 □社区/企事业单位/村公示栏（电子屏） □精准推送 ☑土地有形市场或者指定的场所、媒介（一般指中国土地市场网、当地政府媒介） ☑公共资源交易平台	√		√	
29		公告调整	公开国有建设用地使用权出让公告、项目概况、澄清或者修改事项、联系方式	《招标拍卖挂牌出让国有土地使用权规范》（国土资发〔2006〕114号）	按原公告发布渠道及时发布补充公告，涉及土地使用条件变更等影响土地价格的重大变动，补充公告发布时间距招拍挂活动开始时间少于20日的，招拍挂活动相应顺延	市、县人民政府自然资源管理部门	□政府网站　□政府公报 □两微一端　□发布会听证会 □广播电视　□纸质媒体 □公开查阅点　□政务服务中心 □便民服务站　□入户/现场 □社区/企事业单位/村公示栏（电子屏） □精准推送 ☑中国土地市场网或者土地有形市场等指定场所 ☑公共资源交易平台	√		√	

续表

序号	公开事项		公开内容（要素）	公开依据	公开时限	公开主体	公开渠道和载体	公开对象		公开方式	
	一级事项	二级事项						全社会	特定群体（请写明）	主动	依申请
30	国有土地使用权出让信息	招标拍卖挂牌出让结果（成交公示）	土地位置、面积、用途、开发程度、土地级别、容积率、出让年限、供地方式、受让人、成交价格和成交时间等	《国务院办公厅关于推进公共资源配置领域政府信息公开的意见》（国办发〔2017〕97号）、《招标拍卖挂牌出让国有建设用地使用权规定》（国土资源部令第39号）、《招标拍卖挂牌出让国有土地使用权规范》（国土资发〔2006〕114号）	招标拍卖挂牌活动结束后的10个工作日内	出让人	□政府网站 □政府公报 □两微一端 □发布会听证会 □广播电视 □纸质媒体 □公开查阅点 □政务服务中心 □便民服务站 □入户/现场 □社区/企事业单位/村公示栏（电子屏） □精准推送 ☑土地有形市场或者指定的场所、媒介（一般指中国土地市场网、当地政府媒介） ☑公共资源交易平台	√		√	
31		供应结果	国有建设用地使用权年度供应结果	《国务院办公厅关于推进公共资源配置领域政府信息公开的意见》（国办发〔2017〕97号）	及时公开	各级自然资源管理部门	□政府网站 □政府公报 □两微一端 □发布会听证会 □广播电视 □纸质媒体 □公开查阅点 □政务服务中心 □便民服务站 □入户/现场 □社区/企事业单位/村公示栏（电子屏） □精准推送 ☑各级自然资源管理部门网站	√		√	

续表

序号	公开事项		公开内容（要素）	公开依据	公开时限	公开主体	公开渠道和载体	公开对象		公开方式	
	一级事项	二级事项						全社会	特定群体（请写明）	主动	依申请
32	矿业权出让信息	招标拍卖挂牌出让公告	出让人和矿业权交易平台的名称、场所；出让矿业权的简要情况，包括项目名称、矿种、地理位置、拐点范围坐标、面积、资源储量（勘查工作程度）、开采标高、资源开发利用情况、拟出让年限等，以及勘查投入、矿山地质环境保护及土地复垦要求等；投标人或竞买人的资质条件；出让方式及交易时间、地点；获取招拍挂文件的途径和申请登记的起止时间及方式；确定中标人、竞得人的标准和方法；公共资源交易领域失信联合惩戒相关提示，风险提示；对交易矿业权异议的处理方式；需要公告的其他内容	《国务院办公厅关于推进公共资源配置领域政府信息公开的意见》（国办发〔2017〕97号）、国土资源部关于印发矿业权交易规则》的通知（国土资规〔2017〕7号）、《自然资源部关于调整〈矿业权交易规则〉有关规定的通知》（自然资发〔2018〕175号）	在投标截止日、公开拍卖日或者挂牌起始日20个工作日前发布。挂牌时间不得少于10个工作日	自然资源主管部门	□政府网站　□政府公报 □两微一端　□发布会听证会 □广播电视　□纸质媒体 □公开查阅点　□政务服务中心 □便民服务站　□入户/现场 □社区/企事业单位/村公示栏（电子屏） □精准推送 ☑公共资源交易平台 在下列平台同时发布： ☑自然资源部门户网站 ☑同级自然资源主管部门门户网站 ☑矿业权交易平台交易大厅	√		√	

续表

序号	公开事项		公开内容（要素）	公开依据	公开时限	公开主体	公开渠道和载体	公开对象		公开方式	
	一级事项	二级事项						全社会	特定群体（请写明）	主动	依申请
33	矿业权出让信息	招标拍卖挂牌成交结果公示	中标人或者竞得人的名称、场所，成交时间、地点；中标或者竞得的勘查区块、面积、开采范围的简要情况；矿业权成交价格及缴纳时间、方式，申请办理矿业权登记的时限；对公示内容提出异议的方式及途径；应当公示的其他内容	《国务院办公厅关于推进公共资源配置领域政府信息公开的意见》（国办发〔2017〕97号）、国土资源部关于印发矿业权交易规则》的通知（国土资规〔2017〕7号）	发出中标通知书或者签订成交确认书后5个工作日内进行信息公示。公示期不少于10个工作日	自然资源行政主管部门	□政府网站 □政府公报 □两微一端 □发布会听证会 □广播电视 □纸质媒体 □公开查阅点 □政务服务中心 □便民服务站 □入户/现场 □社区/企事业单位/村公示栏（电子屏） □精准推送 ☑公共资源交易平台 在下列平台同时发布： ☑自然资源部门户网站 ☑同级自然资源主管部门门户网站 ☑矿业权交易平台交易大厅	√		√	
34		审批结果信息	每个项目的审批结果信息（交易完成后由各级自然资源管理部门审批）	《中华人民共和国政府信息公开条例》、《国务院办公厅关于推进公共资源配置领域政府信息公开的意见》（国办发〔2017〕97号）	信息形成之日起20个工作日内	各级自然资源管理部门	□政府网站 □政府公报 □两微一端 □发布会听证会 □广播电视 □纸质媒体 □公开查阅点 □政务服务中心 □便民服务站 □入户/现场 □社区/企事业单位/村公示栏（电子屏） □精准推送 ☑各级自然资源管理部门网站	√		√	

续表

序号	公开事项		公开内容（要素）	公开依据	公开时限	公开主体	公开渠道和载体	公开对象		公开方式	
	一级事项	二级事项						全社会	特定群体（请写明）	主动	依申请
35	矿业权出让信息	项目信息	公告有效期内矿业权基本信息包括矿业权名称、许可证号、矿业权人、矿种、有效期限	《中华人民共和国政府信息公开条例》、《国务院办公厅关于推进公共资源配置领域政府信息公开的意见》（国办发〔2017〕97号）	每年一季度集中公告	各级自然资源管理部门	□政府网站　□政府公报 □两微一端　□发布会听证会 □广播电视　□纸质媒体 □公开查阅点　□政务服务中心 □便民服务站　□入户/现场 □社区/企事业单位/村公示栏（电子屏） □精准推送 ☑各级自然资源管理部门网站	√		√	
36	国有产权交易信息	国有企业产权转让信息预披露	转让标的基本情况；转让标的企业的股东结构；产权转让行为的决策及批准情况；转让标的企业最近一个年度审计报告和最近一期财务报表中的主要财务指标数据，包括但不限于资产总额、负债总额、所有者权益、营业收入、净利润等（转让参股权的，披露最近一个年度审计报告中的相应数据）；受让方资格条件（适用于对受让方有特殊要求的情形）	《国务院办公厅关于推进公共资源配置领域政府信息公开的意见》（国办发〔2017〕97号）、《企业国有资产交易监督管理办法》（国资委、财政部2016年第32号令）	及时公开，正式披露信息时间不得少于20个工作日	转让方	□政府网站　□政府公报 □两微一端　□发布会听证会 □广播电视　□纸质媒体 □公开查阅点　□政务服务中心 □便民服务站　□入户/现场 □社区/企事业单位/村公示栏（电子屏） □精准推送 ☑产权交易机构网站 ☑公共资源交易平台	√		√	

续表

序号	公开事项		公开内容（要素）	公开依据	公开时限	公开主体	公开渠道和载体	公开对象		公开方式	
	一级事项	二级事项						全社会	特定群体（请写明）	主动	依申请
37	国有产权交易信息	国有企业产权转让信息披露	转让标的基本情况；转让标的企业的股东结构；产权转让行为的决策及批准情况；转让标的企业最近一个年度审计报告和最近一期财务报表中的主要财务指标数据，包括但不限于资产总额、负债总额、所有者权益、营业收入、净利润等（转让参股权的，披露最近一个年度审计报告中的相应数据）；受让方资格条件（适用于对受让方有特殊要求的情形）；交易条件、转让底价；企业管理层是否参与受让，有限责任公司原股东是否放弃优先受让权；竞价方式，受让方选择的相关评判标准；其他需要披露的事项	《国务院办公厅关于推进公共资源配置领域政府信息公开的意见》（国办发〔2017〕97号）、《企业国有资产交易监督管理办法》（国资委、财政部2016年第32号令）	及时公开，正式披露信息时间不得少于20个工作日	转让方	□政府网站 □政府公报 □两微一端 □发布会听证会 □广播电视 □纸质媒体 □公开查阅点 □政务服务中心 □便民服务站 □入户/现场 □社区/企事业单位/村公示栏（电子屏） □精准推送 ☑产权交易机构网站 ☑公共资源交易平台	√		√	
38		国有企业产权转让成交公告	交易标的名称、转让标的评估结果、转让底价、交易价格	《国务院办公厅关于推进公共资源配置领域政府信息公开的意见》（国办发〔2017〕97号）、《企业国有资产交易监督管理办法》（国资委、财政部2016年第32号令）	及时公开，公告期不少于5个工作日	产权交易机构	□政府网站 □政府公报 □两微一端 □发布会听证会 □广播电视 □纸质媒体 □公开查阅点 □政务服务中心 □便民服务站 □入户/现场 □社区/企事业单位/村公示栏（电子屏） □精准推送 ☑产权交易机构网站 ☑公共资源交易平台	√		√	

续表

序号	公开事项		公开内容（要素）	公开依据	公开时限	公开主体	公开渠道和载体	公开对象		公开方式	
	一级事项	二级事项						全社会	特定群体（请写明）	主动	依申请
39	国有产权交易信息	国有企业资产转让信息披露	标的基本情况、交易条件、转让底价、竞价方式、受让方选择的相关评判标准等	《国务院办公厅关于推进公共资源配置领域政府信息公开的意见》（国办发〔2017〕97号）、《企业国有资产交易监督管理办法》（国资委、财政部2016年第32号令）	转让底价高于100万元、低于1000万元的资产转让项目，信息公告期应不少于10个工作日；转让底价高于1000万元的资产转让项目，信息公告期应不少于20个工作日	转让方	□政府网站 □政府公报 □两微一端 □发布会听证会 □广播电视 □纸质媒体 □公开查阅点 □政务服务中心 □便民服务站 □入户/现场 □社区/企事业单位/村公示栏（电子屏） □精准推送 ☑产权交易机构网站 ☑公共资源交易平台	√		√	
40		国有企业资产转让成交公告	交易标的名称、评估价格、转让底价、交易价格等	《国务院办公厅关于推进公共资源配置领域政府信息公开的意见》（国办发〔2017〕97号）、《企业国有资产交易监督管理办法》（国资委、财政部2016年第32号令）	不少于5个工作日	产权交易机构	□政府网站 □政府公报 □两微一端 □发布会听证会 □广播电视 □纸质媒体 □公开查阅点 □政务服务中心 □便民服务站 □入户/现场 □社区/企事业单位/村公示栏（电子屏） □精准推送 ☑产权交易机构网站 ☑公共资源交易平台	√		√	

国家发展改革委办公厅关于加强投资项目远程审批服务保障新型冠状病毒感染肺炎疫情防控期间项目办理工作的通知

（发改电〔2020〕66 号，国家发展改革委办公厅 2020 年 2 月 4 日发布）

各省、自治区、直辖市及计划单列市、新疆生产建设兵团发展改革委：

为深入贯彻党中央、国务院关于新型冠状病毒感染肺炎的疫情防控工作部署，在加强疫情防控的同时，围绕做好“六稳”工作，积极推进投资项目储备，保障投资项目申报、受理、审批和前期工作稳妥有序开展，保持新开工项目后劲，现就依托全国投资项目在线审批监管平台加强项目远程审批服务有关事项通知如下：

一、严格执行在线告知性备案制度。对实行备案制的投资项目，按照《企业投资项目核准和备案管理条例》《企业投资项目核准和备案管理办法》，一律通过全国投资项目在线审批监管平台（以下简称在线平台）实行网上备案。项目单位需要备案证明文件的，备案机关要指导项目单位通过在线平台打印；项目单位不具备在其办公场所自行远程打印条件、不能到备案机关或实体大厅领取的，备案机关要及时通过邮寄方式送达项目单位。

二、多措并举，加快推行网上审批和核准。相关地方根据疫情防控需要暂停实体大厅服务的，对实行审批制、核准制的投资项目及时启动“不见面”在线办理。相关省级发展改革委要完善、畅通在线平台互联网端项目申报、进度查询功能，项目审批、核准机关要指导项目单位上传电子材料、实行远程审批；具备条件的地方，应尽快完善网上出件功能。对投资项目办理过程中确需纸质材料的，以及项目单位在其办公场所无法实现批准文件网上出件的，应通过邮件方式寄送。其他地方要对标“不见面”审批模式，尽快完善在线平台“一网通办”功能，提升远程审批服务水平。

三、强化咨询服务和技术保障。各地审批、核准、备案机关要通过在线平台公布投资项目办理咨询电话，开通在线咨询服务专区，加强咨询服务值守，为项目单位远程提供政策解答、流程指引、释疑解惑等优质便捷服务，指导规范项目单位办理网上审批。在线平台运行维护单位要加强技术保障，及时响应、解决在线审批的技术问题。

四、加强跟踪指导。各省级发展改革委要及时掌握暂停实体大厅服务的市、县，逐一指导督促其审批、核准、备案机关尽快应用在线平台开展网上受理、远程审批（核准、备案）工作。在线平台采取省级统一建设模式的，各省级发展改革委要安排技术人员加强值守，对相关地方提出的技术需求和疑难问题，要及时予以协调解决。

各地要从贯彻中央精神、努力实现今年经济社会发展目标的高度，充分认识应用在线平台加强投资项目远程审批服务工作的紧迫性和重要性，采取有力措施提高在线审批服务水平，确保在疫情防控期间保障项目办理畅通，有效稳定社会投资意愿，积极稳妥做好项目储备工作，为稳定投资运行提供坚实基础，坚决防止出现项目申报无门、审批服务出现断档问题。各省级发展改革委于 2 月 10 日前，将本地加强在线平台应用、推行远程审批服务情况，通过纵向网报送我委投资司制度法规处。

国家发展改革委办公厅关于积极应对疫情 创新做好招投标工作保障经济平稳运行的通知

（发改电〔2020〕170号，国家发展改革委办公厅2020年2月8日发布）

各省、自治区、直辖市、新疆生产建设兵团发展改革委、招投标指导协调工作牵头部门、公共资源交易平台整合牵头部门，中国招标投标协会、全国公共资源交易平台、中国招标投标公共服务平台：

新型冠状病毒感染肺炎疫情爆发以来，在党中央领导下，各地区、各有关部门和单位按照疫情防控工作部署要求，及时采取暂停招标项目现场交易活动、推行网上办理、减少到场要求等措施，有效减少人员聚集，阻断疫情传播，保障人民群众生命安全和身体健康。为在做好疫情防控工作的同时，做好“六稳”工作，有序开展招投标等公共资源交易活动，保障经济平稳运行，现就有关事项通知如下：

一、坚决服从疫情防控和经济社会发展大局。各地招投标和公共资源交易平台工作要认真落实本地区关于疫情防控工作的统一部署要求，切实把人民群众生命安全和身体健康放在第一位。要切实保障疫情防控相关采购项目顺利进行，对于疫情防控急需的应急医疗设施、隔离设施等建设项目，符合《招标投标法》第六十六条规定的，可以不进行招标，由业主采用非招标方式采购，或者在招标时酌情缩短有关时限要求。要根据疫情防控形势变化、项目紧急程度和市场主体需求，及时动态调整工作安排，在确保安全的同时最大程度减轻对招投标等公共资源交易活动的影响。

二、切实避免对招投标等交易活动“一刀切”。疫情防控期间，各级各类公共资源交易平台要立足公共服务职能定位，充分发挥软硬件优势，积极与当地疾控部门建立联动机制，在做好防控工作的前提下，全力支持和保障招投标等各类公共资源交易活动。特别对于涉及保障城市运行必需、疫情防控必需、涉及重要国计民生以及企业生产经营急需的项目，要建立“绿色通道”服务机制，创新方式方法，确保依法规范、及时有序进行。

三、保证招标项目竞争度和投标质量。针对节后复工企业可能出现在岗人员不足、工作协同不便、人员流动受限的实际，引导招标人依法、合理设定招标文件发售、投标文件提交等时限，以便投标人做好投标准备；需购买纸质招标文件的，提供邮寄方式，不要求投标人到指定地点购买；需提交纸质投标文件的，允许邮寄提交。

四、加快推进招投标全流程电子化。《国务院办公厅转发国家发展改革委关于深化公共资源交易平台整合共享指导意见的通知》（国办函〔2019〕41号）对2020年公共资源电子化交易全面实施提出了明确目标。各地要狠抓目标落实，加强部门协调，着力消除全流程电子化的盲点、断点、堵点，尽快在各行业领域全面推广电子招投标，实现发布招标公告公示、下载招标文件、提交投标文件、开标、评标、异议澄清补正、合同签订、文件归档等全流程电子化，扭转电子和纸质招投标双轨并行的局面。

五、全面推行在线投标、开标。为有效降低现场投标、开标带来的人员聚集风险，同时降低企业交易成本，各地要依托电子招投标交易平台，加快部署在线投标、开标系统，制定明确时间表，年内实现所有依法必须进行招标的项目在线投标、开标。

六、积极推广电子评标和远程异地评标。各地要加快建设完善电子评标系统，应用信息化工具辅助评标，提高评标效率；完善远程异地评标系统及技术规范，尽早实现省内常态化运行，并为跨省运行创造条件，有效减少评标人员聚集，实现有限专家资源充分共享；积极应对远程异地评标等对传统属地监管模式带来的挑战，建立跨区域协同监管机制。疫情防控期间，采取随机抽取方式难以组建评标委员会的，可依法由招标人自行确定专家；确有需求的地方，可以在监管到位的前提下选择适当的招标项目探索开展基于网络协同的专家分散评标。

七、改进投标担保方式。在全面推行投标保证金线上缴退的同时，大力推广使用保函特别是电子保函替代现金保证金，实现在线提交、在线查核。鼓励调整纸质保函提交方式，建议招标人在开标前不强制要求提交纸质原件，由中标候选人在中标候选人公示前提交并在网上公示。鼓励招标人对简单小额项目不要求提供投标担保，对中小企业投标人免除投标担保，减轻企业负担。

八、支持社会力量参与提升招投标服务供给。为保障在线开标、远程异地评标，以及满足避免人员过分集中对开标评标场所的需求，各地要注重发挥社会力量积极性，增加电子招投标交易平台和开标评标场所的服务供给，允许招标人选择依法规范并符合行政监督要求的市场主体建设运营的电子招投标交易平台开展招标，在监管到位前提下探索允许在社会化交易场所开标评标。

九、大力推进招投标行政监督电子化。各地要积极适应招投标全流程电子化的新形势，加快行政监督方式手段的电子化、智慧化。按照政务信息化要求，依托电子招投标交易平台，加快部署行政监督窗口和监督工具，实现对电子招投标交易全程事中事后监管。

十、保障投标人和潜在投标人合法权益。对于疫情防控期间暂停开标评标活动的招标项目，有关部门、单位和公共资源交易中心要指导招标人通过发布招标文件澄清或修改公告等适当方式另行通知招投标活动时间。对招投标活动实行减少人员聚集等相关措施时，确保对所有投标人公平公正。要保证异议、投诉渠道畅通，不得借疫情防控之名实施排斥限制投标人等违法违规行为。

十一、切实尽责履行政府职能。各级发展改革委或者本级政府确定的其他牵头部门应当加强工作统筹，敢于担当负责，会同有关招投标行政监督部门，按照本地区疫情防控统一部署要求，认真做好招投标指导协调工作。要加强政策宣传解读，畅通电话、网络等咨询渠道，及时为市场主体释疑解惑，保障招投标活动积极稳妥有序开展。要按照国家发展改革委《关于加强投资项目远程审批服务 保障新型冠状病毒感染肺炎疫情防控期间项目办理工作的通知》（发改电〔2020〕66号）要求，实行招标方案审批核准的电子化、便利化。各地公共资源交易平台整合牵头部门要切实加强对本地区公共资源交易工作的指导协调，确保在疫情防控期间公共资源交易市场不乱、监管不断。

十二、加强招投标活动服务保障。各地公共资源交易中心在暂停提供现场交易服务期间，要通过电话、网络等方式进行业务咨询及办理，保障项目办理不断档；在提供现场交易服务时，要严格按要求落实人员登记、健康监测、环境消毒等防控措施；要优化和简并办事流程，推行见证证明、场所预约等服务事项网上办理，利用在线核验、邮寄、告知承诺等方式取消或者减少人员到场要求；确需现场递交文件资料的，要做到即交即走，减少人员聚集程度及滞留时间。中国招标投标公共服务平台和各省级招标公告公示发布媒介要充分利用电子招投标交易平台及移动互联网技术，为市场主体提供稳定、便捷的在线发布服务；对疫情防控相关招标项目的业务办理予以专门优先保障。全国公共资源交易平台要加强动态监测，密切跟踪各地公共资源交易平台运行情况。电子招投标交易平台开发运营单位要加强值守，快速响应，做好技术服务保障；便利CA数字证书办理程序，尽可能通过网络或邮寄开展原件审核、介质发放等工作。相关单位要加快推进CA数字证书网络共享，运用手机扫码等技术实现免插介质完成身份验证、签名盖章、加密解密等交易流程。

十三、充分发挥行业协会作用。中国招标投标协会等行业组织要充分发挥政府与市场的桥梁纽带作用，面向市场主体加强疫情防控相关招投标政策的宣传解读，引导行业自律，及时了解和反映行业运行状况、市场主体诉求，并积极建言献策。

各地区、各有关部门和单位要从贯彻党中央、国务院决策部署，努力实现今年经济社会发展目标的高度，充分认识当前形势下创新开展招投标工作的紧迫性和重要性，立足当前、着眼长远，积极探索、精准施策，既要解决当前突出问题，更要注重建立长效机制，加快提升招投标工作服务经济社会发展大局的质量和水平。各地创新做好招投标工作的典型经验做法、遇到的困难问题、意见建议，请及时报送国家发展改革委（法规司）。

特此通知。

国务院关于加强固定资产投资项目资本金管理的通知

（国发〔2019〕26号，国务院2019年11月20日发布）

各省、自治区、直辖市人民政府，国务院各部委、各直属机构：

对固定资产投资项目（以下简称投资项目）实行资本金制度，合理确定并适时调整资本金比例，是促进有效投资、防范风险的重要政策工具，是深化投融资体制改革、优化投资供给结构的重要手段。为更好发挥投资项目资本金制度的作用，做到有保有控、区别对待，促进有效投资和风险防范紧密结合、协同推进，现就加强投资项目资本金管理工作通知如下：

一、进一步完善投资项目资本金制度

（一）明确投资项目资本金制度的适用范围和性质。该制度适用于我国境内的企业投资项目和政府投资的经营性项目。投资项目资本金作为项目总投资中由投资者认缴的出资额，对投资项目来说必须是非债务性资金，项目法人不承担这部分资金的任何债务和利息；投资者可按其出资比例依法享有所有者权益，也可转让其出资，但不得以任何方式抽回。党中央、国务院另有规定的除外。

（二）分类实施投资项目资本金核算管理。设立独立法人的投资项目，其所有者权益可以全部作为投资项目资本金。对未设立独立法人的投资项目，项目单位应设立专门账户，规范设置和使用会计科目，按照国家有关财务制度、会计制度对拨入的资金和投资项目的资产、负债进行独立核算，并据此核定投资项目资本金的额度和比例。

（三）按照投资项目性质，规范确定资本金比例。适用资本金制度的投资项目，属于政府投资项目的，有关部门在审批可行性研究报告时要对投资项目资本金筹措方式和有关资金来源证明文件的合规性进行审查，并在批准文件中就投资项目资本金比例、筹措方式予以确认；属于企业投资项目的，提供融资服务的有关金融机构要加强对投资项目资本金来源、比例、到位情况的审查监督。

二、适当调整基础设施项目最低资本金比例

（四）港口、沿海及内河航运项目，项目最低资本金比例由25%调整为20%。

（五）机场项目最低资本金比例维持25%不变，其他基础设施项目维持20%不变。其中，公路（含政府收费公路）、铁路、城建、物流、生态环保、社会民生等领域的补短板基础设施项目，在投资回报机制明确、收益可靠、风险可控的前提下，可以适当降低项目最低资本金比例，但下调不得超过5个百分点。实行审批制的项目，审批部门可以明确项目单位按此规定合理确定的投资项目资本金比例。实行核准或备案制的项目，项目单位与金融机构可以按此规定自主调整投资项目资本金比例。

（六）法律、行政法规和国务院对有关投资项目资本金比例另有规定的，从其规定。

三、鼓励依法依规筹措重大投资项目资本金

（七）对基础设施领域和国家鼓励发展的行业，鼓励项目法人和项目投资方通过发行权益型、股权类金融工具，多渠道规范筹措投资

项目资本金。

（八）通过发行金融工具等方式筹措的各类资金，按照国家统一的会计制度应当分类为权益工具的，可以认定为投资项目资本金，但不得超过资本金总额的50%。存在下列情形之一的，不得认定为投资项目资本金：

1. 存在本息回购承诺、兜底保障等收益附加条件；

2. 当期债务性资金偿还前，可以分红或取得收益；

3. 在清算时受偿顺序优先于其他债务性资金。

（九）地方各级政府及其有关部门可统筹使用本级预算资金、上级补助资金等各类财政资金筹集项目资本金，可按有关规定将政府专项债券作为符合条件的重大项目资本金。

四、严格规范管理，加强风险防范

（十）项目借贷资金和不符合国家规定的股东借款、“名股实债”等资金，不得作为投资项目资本金。筹措投资项目资本金，不得违规增加地方政府隐性债务，不得违反国家关于国有企业资产负债率相关要求。不得拖欠工程款。

（十一）金融机构在认定投资项目资本金时，应严格区分投资项目与项目投资方，依据不同的资金来源与投资项目的权责关系判定其权益或债务属性，对资本金的真实性、合规性和投资收益、贷款风险进行全面审查，并自主决定是否发放贷款以及贷款数量和比例。项目单位应当配合金融机构开展投资项目资本金审查工作，提供有关资本金真实性和资金来源的证明材料，并对证明材料的真实性负责。

（十二）自本通知印发之日起，凡尚未经有关部门审批可行性研究报告、核准项目申请报告、办理备案手续的投资项目，均按本通知执行。已经办理相关手续、尚未开工、金融机构尚未发放贷款的投资项目，可以按本通知调整资金筹措方案，并重新办理审批、核准或备案手续。已与金融机构签订相关贷款合同的投资项目，可按照原合同执行。

国务院关税税则委员会关于开展对美加征关税商品市场化采购排除工作的公告

（税委会公告〔2020〕2号，国务院关税税则委员会2020年2月17日发布）

为更好满足我国消费者日益增长的需要，加快受理企业排除申请，根据《中华人民共和国海关法》、《中华人民共和国对外贸易法》、《中华人民共和国进出口关税条例》等有关法律法规规定，国务院关税税则委员会决定，开展对美加征关税商品市场化采购排除工作，根据相关中国境内企业的申请，对符合条件、按市场化和商业化原则自美采购的进口商品，在一定期限内不再加征我对美301措施反制关税。具体事项如下：

一、申请主体

申请主体为拟签订合同自美采购并进口相关商品的中国境内企业。

二、可申请排除的商品范围

可申请排除商品清单为部分我已公布实施且未停止或未暂停加征对美301措施反制关税的商品，见附件。对清单外商品，申请主体可提出增列排除商品的申请。对已出台和今后经批准出台的进口减免税政策项下自美进口商品，以及快件渠道进口商品，自动予以排除并免于申请。纳入对美加征关税商品排除清单、在排除期限内的商品，也无需进行申请。

三、申请方式和时间

申请主体应通过排除申报系统（财政部关

税政策研究中心网址 https://gszx.mof.gov.cn)，按要求填报并提交市场化采购排除申请。排除申报系统于2020年3月2日起接受申请。

四、申请填报要求

申请主体应根据上述网址关于排除申请的具体说明和要求，完整填写申请排除商品税则号列、采购计划金额等排除申请信息，以作为审核参考。申请增列排除商品的，还需填报加征关税对申请主体影响等必要说明。

申请主体应对填报信息的真实性负责，经核查发现填报虚假信息的，不考虑相关申请主体该项及后续若干批次的市场化采购排除申请。申请主体填报信息仅限于对美加征关税商品排除工作使用，未经申请主体同意不会向第三方公开，但法律法规和国家另有规定除外。

五、申请结果及采购实施

国务院关税税则委员会将根据申请主体填报信息，结合第一、二批对美加征关税商品排除申请情况，组织对有效申请逐一进行审核，并通过排除申报系统等方式，及时将排除申请结果通知申请主体。相关申请主体，自核准之日起一年内，进口核准金额范围内的商品不再加征我对美301措施反制关税；超出部分不予排除，需自行负担加征关税。核准前已加征的关税税款不予退还。对在进口合同中明确规定且数量在10%（含）以内的溢装商品，也适用上述排除措施。检验检疫等其他进口监管事项按现行规定执行。

申请主体需根据相关说明和要求，及时上传成交信息。经核准的采购计划，当月未成交部分在月底自动失效；超出当月采购计划的成交，需在规定时间内追加排除申请，经国务院关税税则委员会核准后予以排除。申请主体应在进口报关前，根据拟报关信息，通过排除申报系统提交自我声明并领取排除编号。国务院关税税则委员会在自我声明提交后3个工作日内予以核准，由排除申报系统生成排除编号。申请主体在报关单上填写排除编号，按海关规定办理报关手续。

附件：可申请排除商品清单

附件

可申请排除商品清单

序号	税则号列①	商品简称②
1	02011000	鲜或冷的整头及半头牛
2	02012000	鲜或冷的带骨牛肉
3	02013000	鲜或冷的去骨牛肉
4	02021000	冻的整头及半头牛
5	02022000	冻的带骨牛肉
6	02023000	冻的去骨牛肉
7	02031110	鲜或冷的整头及半头乳猪
8	02031190	其他鲜或冷的整头及半头猪
9	02031200	鲜或冷的带骨猪前腿、后腿及其肉块
10	02031900	其他鲜或冷的猪肉
11	02032110	冻整头及半头乳猪
12	02032190	其他冻整头及半头猪
13	02032200	冻的带骨猪前腿、后腿及肉块

续表

序号	税则号列[①]	商品简称[②]
14	02032900	其他冻猪肉
15	02042200	鲜或冷的带骨绵羊肉
16	02062900	其他冻牛杂碎
17	02063000	鲜或冷的猪杂碎
18	02064100	冻猪肝
19	02064900	其他冻猪杂碎
20	03061100	冻岩礁虾和其他龙虾
21	03061200	冻螯龙虾
22	03061410	冻梭子蟹
23	03061490	其他冻蟹
24	03061500	冻挪威海螯虾
25	03061611	冻冷水小虾虾仁
26	03061612	冻北方长额虾
27	03061619	冻其他冷水小虾
28	03061621	冻冷水对虾虾仁
29	03061629	冻其他冷水对虾
30	03061711	冻小虾虾仁
31	03061719	冻其他小虾
32	03061721	冻对虾虾仁
33	03061729	冻其他对虾
34	03061911	冻淡水小龙虾仁
35	03061919	冻带壳淡水小龙虾
36	03061990	其他冻甲壳动物
37	03063110	岩礁虾和其他龙虾种苗
38	03063190	活、鲜、冷的岩礁虾和其他龙虾
39	03063210	螯龙虾种苗
40	03063290	活、鲜、冷的螯龙虾
41	03063310	蟹种苗
42	03063391	活、鲜、冷的中华绒螯蟹
43	03063392	活、鲜、冷的梭子蟹
44	03063399	活、鲜、冷的其他蟹
45	03063410	挪威海螯虾种苗
46	03063490	活、鲜、冷的挪威海螯虾
47	03063510	冷水小虾及对虾种苗
48	03063520	活、鲜、冷的冷水对虾
49	03063590	活、鲜、冷的冷水小虾
50	03063620	活、鲜、冷的其他对虾
51	03063690	活、鲜、冷的其他小虾
52	03063910	其他食用甲壳动物种苗

续表

序号	税则号列[①]	商品简称[②]
53	03063990	其他活、鲜、冷的甲壳动物
54	03069100	干、熏、盐制的岩礁虾和其他龙虾
55	03069200	干、熏、盐制的螯龙虾
56	03069310	干、熏、盐制的中华绒螯蟹
57	03069320	干、熏、盐制的梭子蟹
58	03069390	干、熏、盐制的其他蟹
59	03069400	干、熏、盐制的挪威海螯虾
60	03069510	干、熏、盐制的冷水小虾及对虾
61	03069590	干、熏、盐制的小虾及对虾
62	03069900	甲壳动物的粉及团粒
63	04021000	脂肪含量≤1.5%固状乳及奶油
64	04041000	乳清及改性乳清
65	07061000	鲜或冷藏的胡萝卜及萝卜
66	07069000	鲜或冷藏的小萝卜及类似食用根茎
67	08025100	鲜或干的未去壳阿月浑子果
68	08051000	鲜或干橙
69	08061000	鲜葡萄
70	08092900	其他鲜樱桃
71	10011900	其他硬粒小麦
72	10019900	其他小麦及混合麦
73	10059000	其他玉米
74	10079000	其他高粱
75	12019010	黄大豆
76	12019020	黑大豆
77	12019030	青大豆
78	12019090	其他大豆
79	12149000	芜菁甘蓝、饲料甜菜等其他植物饲料
80	15071000	初榨豆油及其分离品
81	17021100	无水乳糖，按重量计干燥状态的乳糖含量≥99%
82	19011010	供婴幼儿食用的零售包装配方奶粉
83	19011090	其他供婴幼儿食用的零售包装食品
84	20041000	非用醋制作的冷冻马铃薯
85	21069020	制造饮料用的复合酒精制品
86	21069030	蜂王浆制剂
87	21069040	椰子汁
88	21069050	海豹油胶囊
89	21069090	其他税号未列名的食品
90	22072000	任何浓度的改性乙醇及其他酒精
91	23011011	不适于供人食用的含牛羊成分的肉骨粉

续表

序号	税则号列[①]	商品简称[②]
92	23011019	不适于供人食用的其他动物的肉骨粉
93	23011020	油渣
94	23011090	其他不适于供人食用的肉、杂碎的渣粉及团粒
95	23012090	不适于供人食用的其他动物渣粉及团粒
96	23033000	酿造及蒸馏过程中的糟粕及残渣
97	24012010	部分或全部去梗的烤烟
98	24012090	部分或全部去梗的其他烟草
99	25061000	石英
100	25070010	高岭土
101	25070090	高岭土类似土
102	26011200	已烧结铁矿砂及其精矿
103	26030000	铜矿砂及其精矿
104	26070000	铅矿砂及其精矿
105	26169000	其他贵金属矿砂及其精矿
106	27011210	未制成型的炼焦烟煤
107	27011290	未制成型的其他烟煤
108	27075000	250℃馏出芳烃≥65％的其他芳烃混合物
109	27090000	原油
110	27101911	航空煤油
111	27101912	灯用煤油
112	27101919	其他煤油馏分产品
113	27101922	5-7 号燃料油
114	27101923	柴油
115	27101929	其他燃料油
116	27101993	润滑油基础油
117	27101994	液体石蜡和重质液体石蜡
118	27101999	其他重油及重油制品
119	27111100	液化天然气
120	27111200	液化丙烷
121	27111310	灌注香烟打火机的液化丁烷
122	27111390	其他液化丁烷
123	27131110	硫含量小于 3％的未煅烧石油焦
124	27131190	其他未煅烧石油焦
125	28030000	碳
126	28042900	其他稀有气体
127	28401900	其他四硼酸钠
128	29012100	乙烯
129	29012920	乙炔
130	29012990	其他不饱和无环烃

续表

序号	税则号列[①]	商品简称[②]
131	29024300	对二甲苯
132	29025000	苯乙烯
133	29026000	乙苯
134	29053100	1，2-乙二醇
135	29053910	2，5-二甲基己二醇
136	29053990	其他二元醇
137	29261000	丙烯腈
138	29269090	其他腈基化合物
139	29309010	双巯丙氨酸（胱氨酸）
140	29309020	二硫代碳酸酯（或盐）［黄原酸酯（或盐）］
141	29309090	其他有机硫化合物
142	29333990	其他结构上有非稠合吡啶环化合物（不论是否氢化）
143	29349910	磺内酯及磺内酰胺
144	29349930	核酸及其盐
145	29349990	其他杂环化合物
146	29371210	重组人胰岛素及其盐
147	29371290	其他胰岛素及其盐
148	29419010	庆大霉素及其盐和衍生物
149	29419058	头孢克罗及其盐
150	29419059	其他头孢菌素及其衍生物以及它们的盐
151	29419060	麦迪霉素及其衍生物，及它们的盐
152	29419090	其他抗菌素
153	32061110	钛白粉
154	32061190	二氧化钛≥80%的颜料及制品
155	33021010	生产饮料用的混合香料及制品，按酒精浓度≤0.5%
156	33021090	其他食品或饮料工业用混合香料及制品
157	33049900	护肤品和其他美容品
158	33079000	脱毛剂和未列名的芳香料制品
159	34029000	其他表面活性剂制品
160	34049000	其他人造蜡及调制蜡
161	34059000	玻璃或金属用的光洁剂
162	35022000	乳白蛋白，包括两种或两种以上的乳清蛋白浓缩物
163	35051000	糊精及其他改性淀粉
164	35061000	零售包装每件净重≤1kg 的胶
165	35069110	以聚酰胺为基本成份的粘合剂
166	35069120	以环氧树脂为基本成分的粘合剂
167	35069190	以其他橡胶或塑料为基本成分的粘合剂
168	37024221	印刷电路板制造用未曝光光致抗蚀干膜，宽度>610mm，长度>200m
169	37024229	其他照相制版用未曝光无齿孔胶片，宽度>610mm，长度>200m

续表

序号	税则号列[①]	商品简称[②]
170	37024292	红色或红外激光胶片，宽度＞610mm，长度＞200m
171	37024299	其他未曝光无齿孔胶片，宽度＞610mm，长度＞200m
172	38112100	含有石油或从沥青矿物提取的油类的润滑油添加剂
173	38151100	以镍及其化合物为活性物的载体催化剂
174	39012000	初级形状比重≥0.94的聚乙烯
175	39013000	初级形状乙烯-乙酸乙烯酯共聚物
176	39014010	乙烯一丙烯共聚物（乙丙橡胶）
177	39014020	线型低密度聚乙烯
178	39021000	初级形状的聚丙烯
179	39029000	其他初级形状的烯烃聚合物
180	39039000	初级形状的其他苯乙烯聚合物
181	39046900	初级形状的其他氟聚合物
182	39129000	初级形状的其他未列名的纤维素（包括化学衍生物）
183	39151000	乙烯聚合物的废碎料及下脚料
184	39159010	聚对苯二甲酸乙二酯的塑料废碎料及下脚料
185	39159090	其他塑料的废碎料及下脚料
186	39174000	塑料制的管子附件
187	39269010	塑料制机器及仪器用零件
188	40021911	未经任何加工的丁苯橡胶
189	40021912	充油丁苯橡胶
190	40021913	初级形状的热塑丁苯橡胶
191	40021914	初级形状的充油热塑丁苯橡胶
192	40021915	未经任何加工的溶聚丁苯橡胶
193	40021916	充油溶聚丁苯橡胶
194	40021919	初级形状的其他丁苯橡胶及羧基丁苯橡胶
195	40021990	丁苯橡胶及羧基丁苯橡胶板、片、带
196	40023910	初级形状的其他卤代丁基橡胶
197	40023990	卤代丁基橡胶板、片、带
198	40027010	初级形状的乙丙非共轭二烯橡胶
199	40027090	乙丙非共轭二烯橡胶板、片、带
200	40169310	硫化橡胶制机器、仪器用垫片等密封垫
201	40169390	硫化橡胶制其他垫片等密封垫
202	40169910	硫化橡胶制机器及仪器用其他零件
203	40169990	其他未列名硫化橡胶制品
204	41015019	未经逆鞣处理的重量＞16公斤的整张生牛皮
205	41015020	重量＞16公斤的整张生马科动物皮
206	44011200	非针叶木薪柴
207	44012100	针叶木木片或木粒
208	44012200	非针叶木木片或木粒

续表

序号	税则号列[①]	商品简称[②]
209	44013100	木屑棒
210	44013900	其他除木屑棒之外的锯末、木废料及碎片
211	44014000	锯末、木废料及碎片，未粘结的
212	44029000	其他木炭，不论是否结块
213	44031100	用防腐剂处理的针叶木原木
214	44031200	用防腐剂处理的非针叶木原木
215	44032110	红松和樟子松原木，截面尺寸在 15 厘米及以上
216	44032130	落叶松原木，截面尺寸在 15 厘米及以上
217	44032140	花旗松原木，截面尺寸在 15 厘米及以上
218	44032190	其他松木原木，截面尺寸在 15 厘米及以上
219	44032240	花旗松原木，截面尺寸在 15 厘米以下
220	44032290	其他松木原木，截面尺寸在 15 厘米以下
221	44032300	冷杉和云杉原木，截面尺寸在 15 厘米及以上
222	44032400	其他冷杉和云杉原木，截面尺寸在 15 厘米以下
223	44032500	其他针叶木原木，截面尺寸在 15 厘米及以上
224	44032600	其他针叶木原木，截面尺寸在 15 厘米以下
225	44039100	栎木（橡木）原木
226	44039500	桦木原木，截面尺寸在 15 厘米及以上
227	44039700	杨木原木
228	44039800	桉木原木
229	44039980	其他未列名的温带非针叶原木
230	44039990	其他方法处理的除针叶木、热带木之外的其他原木
231	44071110	厚度超过 6 毫米的经纵锯、纵切、刨切或旋切的红松和樟子松木材
232	44071120	厚度超过 6 毫米的经纵锯、纵切、刨切或旋切的辐射松木材
233	44071130	厚度超过 6 毫米的经纵锯、纵切、刨切或旋切的花旗松木材
234	44071190	厚度超过 6 毫米的经纵锯、纵切、刨切或旋切的其他松木木材
235	44071200	厚度超过 6 毫米的经纵锯、纵切、刨切或旋切的冷杉和云杉木材
236	44071900	厚度超过 6 毫米的经纵锯、纵切、刨切或旋切的其他针叶木木材
237	44072910	柚木木材，经纵锯、纵切、刨切或旋切，不论是否刨平、砂光或端部接合，厚度超过 6 毫米
238	44072930	波罗格木材，经纵锯、纵切、刨切或旋切，不论是否刨平、砂光或端部接合，厚度超过 6 毫米
239	44072990	其他列名的热带木木材，经纵锯、纵切、刨切或旋切，不论是否刨平、砂光或端部接合，厚度超过 6 毫米
240	44079100	栎木（橡木）木材，经纵锯、纵切、刨切或旋切，不论是否刨平、砂光或端部接合，厚度超过 6 毫米
241	44079200	水青冈木（山毛榉木）木材，经纵锯、纵切、刨切或旋切，不论是否刨平、砂光或端部接合，厚度超过 6 毫米
242	44079300	槭木（枫木）木材，经纵锯、纵切、刨切或旋切，不论是否刨平、砂光或端部接合，厚度超过 6 毫米

续表

序号	税则号列[①]	商品简称[②]
243	44079600	桦木木材，经纵锯、纵切、刨切或旋切，不论是否刨平、砂光或端部接合，厚度超过6毫米
244	44079700	杨木木材，经纵锯、纵切、刨切或旋切，不论是否刨平、砂光或端部接合，厚度超过6毫米
245	44079910	其他红木木材，经纵锯、纵切、刨切或旋切，不论是否刨平、砂光或端部接合，厚度超过6毫米，但子目4407.2940所列热带红木板材除外
246	44079980	其他温带非针叶材，经纵锯、纵切、刨切或旋切，不论是否刨平、砂光或端部接合，厚度超过6毫米
247	44079990	其他木材，经纵锯、纵切、刨切或旋切，不论是否刨平、砂光或端部接合，厚度超过6毫米
248	47020000	溶解级化学木浆
249	47032100	溶解级除外的半漂白或漂白针叶木碱木浆或硫酸盐木浆
250	47071000	未漂白牛皮、瓦楞纸或纸板废碎品
251	47072000	漂白化学木浆制的未经本体染色纸和纸板废碎品
252	47073000	机械木浆制的纸或纸板的废碎品
253	47079000	其他回收纸或纸板
254	48041100	成卷或成张的未经涂布的未漂白的牛皮挂面纸（税目4802或4803的货品除外）
255	48101300	成卷的书写、印刷或类似用途的单面或双面涂布高岭土或其他无机物质（不论是否加粘合剂）的纸及纸板，不含用机械方法或化学-机械方法制得的纤维或所含前述纤维不超过全部纤维重量的10%
256	48103200	成卷或成张的单面或双面涂布高岭土或其他无机物质（不论是否加粘合剂）的每平方米重量超过150克的本体均匀漂白，所含用化学方法制得的木纤维超过全部纤维重量的95%的牛皮纸及纸板
257	48115910	成卷或成张的用塑料（不包括粘合剂）涂布、浸渍或覆盖的绝缘纸及纸板
258	48115991	成卷或成张的用塑料（不包括粘合剂）涂布、浸渍或覆盖的镀铝的纸及纸板
259	48115999	成卷或成张的用塑料（不包括粘合剂）涂布、浸渍或覆盖的其他纸及纸板
260	49070010	新的邮票
261	49070020	新的钞票
262	49070090	在承认或将承认其面值的国家流通新发行未使用的印花税票及类似票证；印有邮票或印花税票的纸品；空白支票
263	52010000	未梳的棉花
264	52051200	非零售粗梳中支纯棉单纱
265	55021010	二醋酸纤维丝束
266	68151000	非电器用石墨或其他碳精制品
267	70091000	车辆后视镜
268	71061011	平均粒径小于3微米的非片状银粉
269	71061019	平均粒径不小于3微米的非片状银粉
270	71061021	平均粒径小于10微米的片状银粉
271	71061029	其他银粉
272	71081200	非货币用未锻造金

续表

序号	税则号列[1]	商品简称[2]
273	71131911	镶嵌钻石的黄金制首饰及其零件
274	71131919	其他黄金制首饰及其零件
275	71131921	镶嵌钻石的铂制首饰及其零件
276	71131929	其他铂制首饰及其零件
277	71131991	镶嵌钻石的其他贵金属制首饰及其零件
278	71131999	其他贵金属制首饰及其零件
279	72015000	合金生铁、镜铁
280	72021900	锰铁，含碳量≤2％
281	72022100	硅铁，含硅量＞55％
282	72022900	硅铁，含硅量≤55％
283	72024900	铬铁，含碳量≤4％
284	72026000	镍铁
285	72029100	钛铁及硅钛铁
286	72029210	按重量计含钒量在75％及以上的钒铁
287	72029911	钕铁硼速凝永磁片
288	72029912	钕铁硼磁粉
289	72029999	其他铁合金
290	72031000	直接从铁矿还原的铁产品
291	72039000	其他海绵铁，产品纯度≥99.94％
292	72041000	铸铁废碎料
293	72042100	不锈钢废碎料
294	72042900	其他合金钢废碎料
295	72043000	镀锡钢铁废碎料
296	72044100	机械加工中产生的废料
297	72044900	其他钢铁废碎料
298	72045000	供再熔的碎料钢铁锭
299	72051000	生铁、镜铁及钢铁颗粒
300	72052100	合金钢粉末
301	72052900	生铁、镜铁及其他钢铁粉末
302	73011000	钢铁板桩
303	73012000	焊接的钢铁角材、型材及异型材
304	73021000	钢轨
305	73029090	其他铁道电车道铺轨用钢铁材料
306	73030090	其他铸铁管及空心异型材
307	73041110	外径大于等于215.9毫米，但不超过406.4毫米的不锈钢制石油或天然气套管
308	73041120	外径大于114.3毫米，但小于215.9毫米的不锈钢制石油或天然气套管
309	73041130	外径不超过114.3毫米的不锈钢制石油或天然气套管
310	73041190	其他不锈钢制石油或天然气套管

续表

序号	税则号列[①]	商品简称[②]
311	73041910	外径大于等于 215.9 毫米，但不超过 406.4 毫米的非不锈钢制石油或天然气套管
312	73041930	外径不超过 114.3 毫米的非不锈钢制石油或天然气套管
313	73041990	其他非不锈钢制石油或天然气套管
314	73042310	外径不超过 168.3 毫米的非不锈钢制钻管
315	73042400	其他不锈钢制钻探石油用天然气套管、导管
316	73042910	屈服强度小于 552 兆帕的钻探石油及天然气用的套管、导管及钻管
317	73043110	冷拔或冷轧的钢铁制无缝锅炉管
318	73043190	其他冷拔或冷轧的铁制无缝圆形截面管
319	73043910	非冷轧或冷拔的铁制无缝锅炉管
320	73043990	非冷轧或冷拔的铁制其他无缝管
321	73044110	冷拔或冷轧的不锈钢制无缝锅炉管
322	73044190	冷拔或冷轧的不锈钢制的其他无缝管
323	73044910	非冷拔或冷轧的不锈钢制无缝锅炉管
324	73044990	非冷拔或冷轧的不锈钢制其他无缝管
325	73045190	冷拔或冷轧的其他合金钢制其他无缝管
326	73045910	非冷拔或冷轧其他合金钢无缝锅炉管
327	73045990	非冷拔或冷轧其他合金钢制无缝圆形截面
328	73049000	未列名无缝钢铁管及空心异型材
329	73051100	纵向埋弧焊接石油、天然气粗钢管
330	73053100	纵向焊接的其他粗钢铁管
331	73053900	其他方法焊接其他粗钢铁管
332	73061900	其他石油、天然气管道管
333	73062100	不锈钢焊缝钻探石油天然气用套、导管
334	73062900	其他钻探石油天然气用套、导管
335	73063011	壁厚在 0.7 毫米及以下的外径不超过 10 毫米的其他铁或非合金刚圆形截面焊缝管
336	73063019	壁厚在 0.7 毫米以上外径不超过 10 毫米的其他铁或非合金刚圆形截面焊缝管
337	73063090	外径超过 10 毫米的其他铁或非合金刚圆形截面焊缝管
338	73064000	不锈钢其他圆形截面细焊缝管
339	73065000	其他合金钢的圆形截面细焊缝管
340	73066100	矩形或正方形截面的其他焊缝管
341	73066900	其他非圆形截面的其他焊缝管
342	73069000	未列名其他钢铁管及空心异型材
343	73071100	无可锻性铸铁制管子附件
344	73071900	可锻性铸铁及铸钢管子附件
345	73072100	不锈钢制法兰
346	73072200	不锈钢制螺纹肘管、弯管、管套
347	73072300	不锈钢制对焊件

续表

序号	税则号列[①]	商品简称[②]
348	73072900	不锈钢制其他管子附件
349	73079100	未列名钢铁制法兰
350	73079200	未列名钢铁制螺纹肘管、弯管、管套
351	73079300	未列名钢铁制对焊件
352	73079900	未列名钢铁制其他管子附件
353	73082000	钢铁制塔楼及格构杆
354	73083000	钢铁制门窗及其框架、门槛
355	73084000	钢铁制脚手架模板坑凳用支柱及类
356	73089000	其他钢铁结构体及部件
357	73170000	铁钉、图钉、平头钉、波纹钉、U形钉（税目8305的货品除外）及类似品
358	73181100	方头螺钉
359	73181200	其他木螺钉
360	73181300	钩头螺钉及环头螺钉
361	73181400	自攻螺钉
362	73181510	抗拉强度在800兆帕及以上的螺钉及螺栓，不论是否带有螺母或垫圈
363	73181590	其他螺钉及螺栓
364	73181600	螺母
365	73181900	未列名螺纹制品
366	73182100	弹簧垫圈及其他防松垫圈
367	73182200	其他垫圈
368	73182300	铆钉
369	73182400	销及开尾销
370	73182900	其他无螺纹紧固件
371	73194010	安全别针
372	73194090	其他别针
373	73199000	未列名钢铁制针及类似品
374	73201010	铁道车辆用片簧及簧片
375	73201090	其他片簧及簧片
376	73202010	铁道车辆用螺旋弹簧
377	73202090	其他螺旋弹簧
378	73209010	铁道车辆用其他弹簧
379	73209090	其他弹簧
380	73251010	工业用无可锻性制品
381	73251090	其他无可锻性铸铁制品
382	73259910	工业用未列名可锻性铸铁制品
383	73259990	非工业用未列名可锻性铸铁制品
384	73261100	钢铁制研磨机用研磨球及类似品
385	73261910	工业用未列名钢铁制品

续表

序号	税则号列[①]	商 品 简 称[②]
386	73261990	非工业用未列名钢铁制品
387	73262010	工业用钢铁丝制品
388	73262090	非工业用钢铁丝制品
389	73269011	钢铁纤维及其制品
390	73269019	其他工业用钢铁制品
391	73269090	其他非工业用钢铁制品
392	74040000	铜废碎料
393	76020000	铝废碎料
394	84089010	机车用柴油发动机
395	84089091	功率≤14kW 其他用柴油发动机
396	84089092	14kW＜功率＜132.39kW 的其他柴油发动机
397	84089093	功率≥132.39kW 的其他用柴油发动机
398	84122990	其他液压动力装置
399	84136021	电动式齿轮回转泵
400	84136022	液压式齿轮回转泵
401	84136029	其他齿轮回转泵
402	84136032	液压式叶片回转泵
403	84136039	其他叶片回转泵
404	84136040	螺杆回转泵
405	84136050	径向柱塞泵
406	84136060	轴向柱塞泵
407	84136090	其他回转式排液泵
408	84137010	转速≥10000 转/分离心泵
409	84137091	电动潜油泵及潜水电泵
410	84137099	其他离心泵
411	84139100	液体泵用零件
412	84141000	真空泵
413	84148020	二氧化碳压缩机
414	84148030	发动机用增压器
415	84148040	空气及其他气体压缩机
416	84148090	其他气体压缩机及通风罩
417	84149011	用于制冷设备的压缩机进、排气阀片
418	84149019	其他用于制冷设备的压缩机零件
419	84149020	风机、风扇、通风罩及循环气罩零件
420	84149090	税目 8414 其他所列机器零件
421	84212910	其他压滤机
422	84212990	其他液体的过滤、净化机器及装置
423	84213910	家用型气体过滤、净化机器及装置

续表

序号	税则号列[①]	商品简称[②]
424	84213921	工业用静电除尘器
425	84213922	工业用袋式除尘器
426	84213923	工业用旋风式除尘器
427	84213924	电袋复合除尘器
428	84213929	工业用其他除尘器
429	84213930	内燃发动机排气过滤及净化装置
430	84213940	烟气脱硫装置
431	84213950	烟气脱硝装置
432	84213990	其他气体的过滤、净化机器及装置
433	84219910	家用型过滤、净化装置用零件
434	84219990	其他过滤、净化装置用零件
435	84242000	喷枪及类似器具
436	84248910	家用型喷射、喷雾机械器具
437	84248920	喷涂机器人
438	84248991	船用洗舱机
439	84248999	其他液体粉末喷射机械
440	84289031	堆取料机械
441	84289039	其他装卸机械
442	84289040	搬运机器人
443	84289090	其他升降、搬运、装卸机械
444	84439910	数字印刷设备用辅助机器
445	84439921	热敏打印头
446	84439929	数字印刷设备的其他零件
447	84439990	其他打印机、复印机、传真机用零件
448	84571010	加工金属的立式加工中心
449	84571020	加工金属的卧式加工中心
450	84571030	加工金属的龙门式加工中心
451	84571091	加工金属的铣车复合加工中心
452	84572000	加工金属的单工位组合机床
453	84714110	巨、大、中型计算机
454	84714120	小型机
455	84714140	微型机
456	84714190	其他自动数据处理单体机
457	84715010	巨、大、中型机处理部件
458	84715020	小型机的处理部件
459	84715040	微型机的处理部件
460	84715090	自动数据处理设备的其他处理部件
461	84717010	硬盘驱动器

续表

序号	税则号列[①]	商品简称[②]
462	84717020	软盘驱动器
463	84717030	光盘驱动器
464	84717090	自动数据处理设备的其他存储部件
465	84718000	自动数据处理设备的其他部件
466	84719000	其他磁性或光学阅读机、数据转录及处理机器
467	84752100	制造光导纤维及其预制棒的机器
468	84798200	搅混、轧碎、研磨、筛选、均化或乳化机器
469	84798910	船舶用舵机及陀螺稳定器
470	84798920	空气增湿器及减湿器
471	84798940	邮政用包裹、印刷品分拣设备
472	84798961	自动插件机
473	84798962	自动贴片机
474	84798969	印刷电路板的其他加工设备
475	84798992	自动化立体仓储设备
476	84798999	84 章其他税号未列名机器及机械器具
477	84799010	船舶用舵机及陀螺稳定器零件
478	84799020	空气增湿器及减湿器零件
479	84799090	税目 8479 所列机器的其他零件
480	84812020	气压传动阀
481	84813000	止回阀
482	84814000	安全阀或溢流阀
483	84818021	电磁换向阀
484	84818029	其他换向阀
485	84818031	电子膨胀阀
486	84818039	其他流量阀
487	84818040	其他阀门
488	84818090	未列名龙头、旋塞及类似装置
489	84819010	阀门用零件
490	84819090	龙头、旋塞及类似装置的零件
491	84831011	船舶用柴油机曲轴
492	84831019	其他船舶用传动轴
493	84831090	其他传动轴及曲柄
494	84834010	滚子螺杆传动装置
495	84834020	行星齿轮减速器
496	84834090	其他齿轮及齿轮传动装置
497	84839000	带齿的轮等其他零件
498	85015300	输出功率超过 75 千瓦的多相交流电动机
499	85016410	输出功率超过 750 千伏安，但不超过 350 兆伏安的交流发电机

续表

序号	税则号列[①]	商 品 简 称[②]
500	85016430	输出功率超过 665 兆伏安的交流发电机
501	85044013	税目 8471 所列机器用的稳压电源
502	85044014	功率小于 1 千瓦，精度低于万分之一的直流稳压电源
503	85044015	功率小于 10 千瓦，精度低于千分之一的交流稳压电源
504	85044019	其他稳压电源
505	85044020	不间断供电电源
506	85044030	逆变器
507	85044091	具有变流功能的半导体模块（静止式变流器）
508	85044099	其他未列名静止式变流器
509	85049011	子目 8504.2321，8504.2329 所列变压器用零件
510	85049019	其他变压器零件
511	85049020	稳压电源及不间断供电电源零件
512	85049090	其他静止式变流器及电感器零件
513	85076000	锂离子蓄电池
514	85141010	可控气氛热处理炉
515	85141090	其他电阻加热的炉及烘箱
516	85168000	加热电阻器
517	85176211	局用电话交换机；长途电话交换机；电报交换机
518	85176212	移动通信交换机
519	85176219	其他电话交换机
520	85176221	光端机及脉冲编码调制设备（PCM）
521	85176222	波分复用光传输设备
522	85176229	其他光通讯设备
523	85176231	通信网络时钟同步设备
524	85176232	以太网络交换机
525	85176233	IP 电话信号转换设备
526	85176234	调制解调器
527	85176235	集线器
528	85176236	路由器
529	85176237	有线网络接口卡
530	85176239	其他有线数字通信设备
531	85176292	无线网络接口卡
532	85176293	无线接入固定台
533	85176294	无线耳机
534	85176299	其他接收、转换并且发送或再生声音、图像或其他数据用的设备
535	85177010	数字式程控电话或电报交换机用零件
536	85177020	光端机及脉冲编码调制设备（PCM）用零件
537	85177030	手持式无线电话机用（天线除外）用零件

续表

序号	税则号列[①]	商品简称[②]
538	85177040	对讲机用零件（天线除外）
539	85177060	光通信设备的激光收发模块
540	85177070	税目 8517 所列设备用天线及其零件
541	85177090	税目 8517 所列设备用的其他零件
542	85181000	传声器（麦克风）及其座架
543	85184000	音频扩大器
544	85234910	仅用于重放声音信息的已录制光盘
545	85234920	用于重放声音、图像以外信息的计算机用已录制光学媒体
546	85234990	已录制的其他光学媒体
547	85258011	特种用途的电视摄像机
548	85258012	非特种用途的广播级电视摄像机
549	85258013	非特种用途的其他电视摄像机
550	85258021	特种用途的数字照相机
551	85258022	非特种用途的单镜头反光型数字照相机
552	85258025	非特种用途的其他可换镜头的数字照相机
553	85258029	非特种用途的其他数字照相机
554	85258031	特种用途的视频摄录一体机
555	85258032	非特种用途的广播级视频摄录一体机
556	85258033	非特种用途的家用型视频摄录一体机
557	85258039	非特种用途的其他视频摄录一体机
558	85334000	其他可变电阻器，包括变阻器及电位器
559	85365000	用于电压不超过 1000 伏线路的其他开关
560	85369011	工作电压不超过 36 伏的接插件
561	85369019	其他接插件
562	85369090	其他用于电压不超过 1000 伏线路的电路的开关、保护或连接用的电器装置
563	85371011	用于电压不超过 1000 伏线路的可编程序控制器
564	85371019	用于电压不超过 1000 伏线路的其他数控装置
565	85371090	用于电压不超过 1000 伏线路的其他电气控制或电力分配装置
566	85372010	用于电压在 500 千伏及以上线路的全封闭组合式高压开关装置
567	85372090	用于电压超过 1000 伏线路的其他电气控制或电力分配装置
568	85389000	税目 8535 至 8537 所列装置的其他零件
569	85394900	紫外线灯管或红外线灯泡
570	85414010	发光二极管
571	85414020	太阳能电池
572	85414090	其他光敏半导体器件
573	85416000	已装配的压电晶体
574	85437091	金属、矿藏探测器
575	85437092	高、中频放大器

续表

序号	税则号列[①]	商品简称[②]
576	85437093	电篱网激发器
577	85437099	其他具有独立功能的设备及装置
578	85439010	粒子加速器用的零件
579	85439021	输出信号频率小于1500兆赫兹的通用信号发生器用零件
580	85439029	其他信号发生器用的零件
581	85439030	金属、矿藏探测器用的零件
582	85439040	高、中频放大器用的零件
583	85439090	税目8543所列货品用的其他零件
584	85444211	额定电压不超过80伏的有接头电缆
585	85444219	额定电压不超过80伏的其他有接头电导体
586	85444221	额定电压超过80伏，但不超过1000伏的有接头电缆
587	85444229	额定电压超过80伏，但不超过1000伏的其他有接头电导体
588	88021100	空载重量≤2吨的直升机
589	90011000	光导纤维、光导纤维束及光缆
590	90012000	偏振材料制的片及板
591	90013000	隐形眼镜片
592	90014099	玻璃制其他眼镜片
593	90015010	非玻璃材料制变色镜片
594	90015091	非玻璃材料制太阳镜片
595	90015099	非玻璃材料制其他眼镜片
596	90019010	彩色滤光片
597	90019090	其他光学元件
598	90021131	单反相机镜头
599	90021139	其他照相机用镜头
600	90021190	投影仪、照片放大机及缩片机用物镜
601	90021910	摄影机或放映机用物镜
602	90021990	税目9002未列名的其他物镜
603	90022010	照相机用滤色镜
604	90022090	其他光学仪器或装置滤色镜
605	90029010	照相机用未列名光学元件
606	90029090	其他光学仪器用未列名光学元件
607	90031100	塑料制眼镜架
608	90031910	金属材料制眼镜架
609	90039000	眼镜架零件
610	90041000	太阳镜
611	90049010	变色镜
612	90049090	其他眼镜、挡风镜及类似品
613	90051000	双筒望远镜

续表

序号	税则号列①	商品简称②
614	90058010	天文望远镜及其他天文仪器
615	90058090	其他光学望远镜
616	90059010	天文望远镜及其他天文仪器用零件
617	90059090	其他望远镜零附件
618	90111000	立体显微镜
619	90112000	显微照相、显微电影摄影及显微投影用的其他显微镜
620	90118000	其他复式光学显微镜
621	90119000	复式光学显微镜的零件、附件
622	90131000	武器用望远镜瞄准具，潜望镜式望远镜及作为仪器或器具的部件的望远镜
623	90138010	放大镜
624	90138020	光学门眼
625	90138030	液晶显示板
626	90138090	其他液晶装置及光学仪器
627	90139010	子目 9013.1000 及 9013.2000 所列激光器、望远镜等装置的零件、附件
628	90139020	子目 9013.8030 所列仪器及器具用零件、附件
629	90139090	税目 9013 所列其他仪器及器具的零件、附件
630	90158000	其他大地测量仪器及装置
631	90181210	B 型超声波诊断仪
632	90181291	彩色超声波诊断仪
633	90181299	其他超声扫描装置
634	90181310	核磁共振成像成套装置
635	90181400	闪烁摄影装置
636	90181930	病员监护仪
637	90181941	听力计
638	90181949	其他听力诊断装置
639	90181990	其他电气诊断装置
640	90182000	紫外线及红外线装置
641	90183900	导管、插管及类似品
642	90185000	眼科用其他仪器及器具
643	90189010	听诊器
644	90189020	血压测量仪器及器具
645	90189030	内窥镜
646	90189040	肾脏透析设备（人工肾）
647	90189050	透热疗法设备
648	90189060	输血设备
649	90189070	麻醉设备
650	90189091	宫内节育器
651	90189099	税目 9018 其他未列名的医疗、外科或兽医用仪器及器具

续表

序号	税则号列[①]	商品简称[②]
652	90192000	臭氧治疗器、氧气治疗器等治疗用呼吸器具
653	90221200	X射线断层检查仪
654	90221400	其他医疗、外科或兽医用X射线应用设备
655	90221910	低剂量X射线安全检查设备
656	90221920	X射线无损探伤检测仪
657	90229090	税目9022所列其他设备及零件、附件
658	90248000	测试其他材料的机器及器具
659	90251910	非液体的工业用温度计及高温计
660	90251990	非液体的非工业用温度计、高温计
661	90261000	测量、检验液体流量或液位的仪器及装置
662	90262010	压力/差压变送器
663	90262090	其他测量、检验压力的仪器及装置
664	90268010	测量气体流量的仪器及装置
665	90268090	测量或检验液体或气体的变化量的其他未列名仪器及装置
666	90269000	检测液体或气体变化量的仪器及装置的零件、附件
667	90271000	气体或烟雾分析仪
668	90272011	气相色谱仪
669	90272012	液相色谱仪
670	90272019	其他色谱仪
671	90272020	电泳仪
672	90273000	使用光学射线的分光仪、分光光度计及摄谱仪
673	90275000	使用光学射线的其他仪器及装置
674	90278012	质谱联用仪
675	90278019	其他质谱仪
676	90278091	曝光表
677	90278099	税目9027所列其他理化分析仪器及装置
678	90279000	检镜切片机；税目9027所列仪器、装置的零件、附件
679	90303310	量程不超过五位半的数字电流表、电压表，不带记录装置
680	90303320	不带记录装置的电阻测试仪
681	90303390	检测电压、电流或功率的其他仪器及装置，不带记录装置
682	90304010	测试频率小于12.4千兆赫兹的数字式频率计
683	90304090	其他通讯专用仪器及装置
684	90308410	电感及电容测试仪，带记录装置
685	90308490	其他电量的测量或检验仪器及装置，带记录装置
686	90308910	其他电感及电容测试仪
687	90308990	其他电量的测量或检验仪器及装置
688	90309000	税目9030所列仪器及装置的零件、附件
689	90314910	轮廓投影仪

续表

序号	税则号列①	商品简称②
690	90314920	光栅测量装置
691	90314990	其他光学测量或检验仪器及器具
692	90319000	税目 9031 所列仪器、器具及机器的零件、附件
693	90329000	税目 9032 所列仪器及装置的零件、附件
694	94054010	探照灯
695	94054020	聚光灯
696	94054090	其他电灯及照明装置

注：
①为我国《中华人民共和国进出口税则（2020 年）》中的税则号列；
②商品简称仅供参考，具体商品范围以《中华人民共和国进出口税则（2020 年）》中的税则号列对应的商品范围为准。

国家发展改革委关于印发《企业债券簿记建档发行业务指引》及《企业债券招标发行业务指引》的通知

（发改财金规〔2019〕1547 号，国家发展改革委 2019 年 9 月 24 日发布）

各省、自治区、直辖市及计划单列市、新疆生产建设兵团发展改革委：

为贯彻落实党中央、国务院关于增强金融服务实体经济能力的决策部署，完善企业债券发行管理制度，提高发行效率和质量，我们研究制定了《企业债券簿记建档发行业务指引》及《企业债券招标发行业务指引》，现予发布，请在工作中遵照执行。《企业债券簿记建档发行业务指引（暂行）》及《企业债券招标发行业务指引（暂行）》同时废止。

企业债券簿记建档发行业务指引

第一章 总则

第一条 为规范企业债券簿记建档发行行为，保护参与各方的合法权益，依据《公司法》《证券法》《企业债券管理条例》（国务院第 121 号令）和有关规范性文件，制定本指引。

第二条 获得国家发展和改革委员会（以下简称“国家发展改革委”）核准，在中华人民共和国境内以簿记建档方式发行的企业债券，适用本指引。

本指引所称簿记建档，是指企业债券发行人（以下简称“发行人”）与主承销商协商确定利率（价格）区间后，申购人发出申购订单，由簿记管理人记录申购人申购债券利率（价格）和数量意愿，按约定的定价和配售方式确定发行利率（价格）并进行配售的行为。

第三条 企业债券簿记建档发行参与人包括发行人、簿记管理人（含副簿记管理人）、承销团成员、直接投资人及其他投资人。申购人包括簿记管理人、承销团成员、直接投资人及其他投资人。承销团成员包括主承销商和承销团其他成员。

第四条 企业债券簿记建档发行过程中，参与人应遵循“公开、公平、公正”原则，遵守相关管理规定，接受国家发展改革委的监督管理。不得有不正当利益输送、破坏市场秩序等行为。

第五条 簿记建档发行使用中央国债登记结算有限责任公司（以下简称“中央结算公司”）的簿记建档场所，必要时可增加其他簿记建档场所。

第六条　企业债券簿记建档发行应使用由中央结算公司提供的簿记建档发行系统或传真方式进行申购，其中，通过系统申购的申购人应办理系统联网和开通申购相关权限。

第七条　中央结算公司应做好企业债券发行支持、总登记托管、结算、代理本息兑付及信息披露等相关服务工作。

第二章　簿记管理人有关要求

第八条　簿记管理人是受发行人委托，负责簿记建档具体运作的主承销商。发行人选择多家机构作为主承销商的，应由牵头主承销商作为簿记管理人，并在唯一指定场所进行簿记。如有联席主承销商作为副簿记管理人的，必须派员参加现场簿记活动。

第九条　簿记管理人应充分知悉有关规定，熟练掌握簿记建档发行系统的操作，具备依据相关规定快速、准确定价配售等决策能力，切实履行以下职责：

（一）与发行人协商提出簿记建档发行时间安排和详细方案；

（二）在充分询价的基础上，与发行人和其他主承销商协商确定簿记建档发行利率（价格）区间；

（三）按照本指引要求、发行文件及相关协议约定进行企业债券的定价和配售；

（四）选定簿记建档场所，组织簿记建档工作，维护簿记现场秩序；

（五）对簿记建档过程中各重要事项进行记录和说明并妥善保存；

（六）按照相关规定进行与簿记建档发行相关的信息披露工作；

（七）国家发展改革委要求的其他工作。

第十条　簿记管理人应设置企业债券簿记建档发行业务的唯一归口部门，完善业务操作规程，明确决策、风险、问责等机制，采取切实有效的措施监控和管理企业债券发行过程中的潜在风险。

第十一条　簿记管理人应针对簿记建档发行建立集体决策制度，对企业债券发行定价和调整配售结果等重要环节进行决策，并应对决策过程和结果进行记录和说明。参与决策的总人数不得少于3名，所有决策参与人应在文件上签字确认。

第三章　承销团成员有关要求

第十二条　承销团成员应按照其他投资人委托进行申购，并做好分销及缴款工作。

第十三条　承销团其他成员应尽职配合主承销商的询价工作，及时将其他投资人的需求真实、准确地反馈给主承销商。

第四章　直接投资人有关要求

第十四条　直接投资人是指承销团成员以外，须具备一定资格，可直接参与企业债券申购的投资人。直接投资人可根据自身投资需求，参与所有企业债券的簿记建档发行。

第十五条　直接投资人应积极配合主承销商的询价工作，及时、准确地反馈投资需求。

第十六条　上年度综合表现良好，且上一年度末AA+级（含）以上的企业债券持有量排名前30名的投资人和全部企业债券持有量排名前50名的投资人，可自愿申请成为直接投资人。

第五章　其他投资人有关要求

第十七条　其他投资人应积极配合企业债券发行的询价工作，及时、准确地将自身的投资需求反馈给承销团成员。

第十八条　其他投资人如对当期企业债券有投资意愿，可根据公告文件要求向簿记管理人、承销团成员提交申购意向函。申购意向函中无明确标注通过承销团成员申购的，均作为簿记管理人的申购订单处理。

第十九条　其他投资人经过申购获得债券配售后，应签订分销协议，完成分销过户，并履行缴款义务。

第六章　内控制度有关要求

第二十条　企业债券簿记建档发行参与人

应建立健全完善的内控制度，制定并完善相关业务操作规程，防控企业债券发行过程中的潜在风险。其中，簿记管理人、承销团成员及直接投资人的内控部门应每六个月向其机构法人代表提交簿记建档发行工作的合规性报告。

第二十一条 簿记管理人、承销团成员及直接投资人应将企业债券发行业务与投资交易业务、资产管理业务等进行分离，在业务流程和人员设置两个方面实现有效隔离，并符合有关法律、法规的要求。

第二十二条 簿记管理人独立于发行部门以外的内控部门，应对簿记建档全过程进行监督。

第七章 簿记现场管理

第二十三条 簿记现场应符合安全、保密要求。簿记现场应提供簿记建档发行专用设备，包括但不限于录音电话、电脑、传真机、打印机、发行系统终端等。

第二十四条 在簿记建档发行前，簿记管理人应提交企业债券簿记现场工作人员名单。

第二十五条 簿记管理人应对簿记现场参与人员进行严格管理，维护簿记现场秩序。簿记建档开始前，簿记管理人应按照企业债券簿记现场工作人员名单核实工作人员身份。工作人员进入簿记现场应进行登记。名单以外人员原则上不得进入簿记现场，如确有需要，应在征得簿记管理人同意并进行登记后方可进入。

第二十六条 在簿记建档发行过程中，簿记现场参与人员的通讯设备均统一存放于场外专门区域，现场参与人员与外界沟通应使用簿记现场提供的专用通讯设备，簿记管理人的工作人员可以就簿记建档信息和投资者进行交流。

第二十七条 国家发展改革委或委托机构派出观察员，对簿记建档发行进行现场监督。观察员应切实履行簿记现场监督职责，督导簿记现场人员依照相关规定开展簿记建档发行工作，保障簿记建档发行有序进行。

第二十八条 在簿记建档发行期间，禁止任何人将簿记发行相关文档带出簿记现场或以影印、复印等形式对外提供，相关法律法规和本指引规定允许对外提供的除外。

第八章 簿记建档流程

第二十九条 簿记管理人和承销团成员应在簿记建档前向市场投资者进行充分询价，并就利率（价格）区间和发行人沟通，簿记建档利率（价格）区间应得到发行人的确认。发行人应在簿记建档结束后不迟于1个工作日对簿记建档利率结果进行确认并在中国债券信息网公告。如有重大异议，可向国家发展改革委申诉，经国家发展改革委裁决后，可重新组织簿记建档工作。

第三十条 簿记管理人应在簿记建档发行前与簿记建档场所联系并确定簿记建档发行日期和具体发行时间。簿记建档场所应满足簿记管理人对簿记建档日期和时间的要求。

第三十一条 发行人原则上应于簿记建档发行日前3～5个工作日（优质企业债券发行人应于簿记建档发行日前1～5个工作日）在中国债券信息网披露发行时间和募集说明书等发行材料。合格的发行材料应于信息披露日的11：00之前提交，晚于11：00提交的发行日期相应顺延。

发行人应于簿记建档发行日前1个工作日在中国债券信息网披露申购要约和价位区间等申购文件。

第三十二条 簿记建档开始前，簿记管理人应根据询价情况与发行人和其他主承销商商议决定建档发行利率（价格）区间，需要提前在中国债券信息网公告。

第三十三条 定价和配售原则。簿记建档定价应按照发行材料中的申购办法进行，原则上应按照利率由低至高或价格由高至低原则，对有效申购逐笔累计，直至累计至计划发行额为止。

在边际配售时，簿记管理人可根据有效订单的申购情况以及投资者的类型、历史认购情况、询价与申购的一致性等信息，在保证直接投资人中标量的前提下合理配售。簿记管理人对上述边际配售进行调整时应做好书面记录，并说明理由。

第三十四条　发行人经与簿记管理人协商一致，在发行条款充分披露、簿记建档发行参与人充分识别相关风险的前提下，可在簿记建档发行中使用弹性配售选择权、当期追加发行选择权等定价方式。相关规则由国家发展改革委指导中央结算公司制定。

第三十五条　对于申购截止时间后申购总量未达到计划发行额的，发行人经与簿记管理人协商一致，并在中国债券信息网发布公告后，可将簿记建档发行时间延长至申购截止后一小时或者择期重新簿记建档。

簿记建档发行前，如出现政策调整或市场大幅波动等异常情况，发行人经与簿记管理人协商决定取消、推迟发行或调整簿记建档发行利率上限的，应及时通过中国债券信息网向市场公告。

第三十六条　中央结算公司应密切监控簿记建档发行系统与通讯线路等各方面的运行情况，企业债券簿记建档发行各参与人应配合中央结算公司做好应急处置等相关工作。

第三十七条　如申购总量未达到计划发行额且当期债券有余额包销的约定，则负有包销义务的承销机构，应按照协议约定的价格，将剩余的本期债券全部自行购入。

第三十八条　发行人和簿记管理人应不迟于簿记建档结束后1个工作日在中国债券信息网公告发行结果，并在发行结束后20个工作日内向国家发展改革委报告发行情况。

第九章　企业债券分销和缴款

第三十九条　簿记建档确定结果后，承销团成员在分销期内开展分销工作。承销团成员应确保企业债券的分销对象符合法律法规、部门规章及其他有关规定。

承销团成员应协助簿记管理人对在申购意向函中明确由其作为订单归属人的其他投资人办理分销、缴款工作，分销期结束后如未完成分销的，应对上述投资人的配售额度负有包销义务。相关协议对包销义务另有约定的除外。

第四十条　企业债券分销必须签订书面分销协议。

企业债券通过证券交易所网上销售，应按照证券交易所有关规定办理。

第四十一条　获得配售的所有投资机构应按有关协议约定或公告文件在缴款日按时缴款。若出现未能及时缴款的情况，按有关规定处理。

第十章　附则

第四十二条　簿记管理人、承销团成员及直接投资人应妥善保存簿记建档发行各个环节的相关文件和资料。簿记建档场所应保存电话录音、出入登记以及包括但不限于簿记管理人所提供集体决策文件等簿记现场相关纸质文档，保存期至当期企业债券付息兑付结束后的五年止。

第四十三条　对直接投资人比照承销团成员管理。在企业债券簿记建档发行过程中，簿记管理人、承销团成员发现异常情况应及时向国家发展改革委报告。

第四十四条　国家发展改革委对企业债券簿记建档发行业务实施监督管理，接受簿记建档参与人的举报，国家发展改革委视情节轻重予以诫勉谈话、通报批评、警告处分并责令改正。

第四十五条　企业债券簿记建档发行参与人应依据有关规定或协议履行相关义务。如未履行的，相关行为记入信用记录，并按照国家有关规定纳入信用信息系统，实施失信联合惩戒。

第四十六条　本指引未尽事宜应按照国家发展改革委的相关规定处理。

第四十七条　本指引由国家发展改革委负责解释。

第四十八条　本指引自2019年11月1日起执行，有效期5年。《企业债券簿记建档发行业务指引（暂行）》同时废止。

企业债券招标发行业务指引

第一章 总则

第一条 为规范企业债券招标发行行为，保护参与各方的合法权益，依据《公司法》《证券法》《企业债券管理条例》（国务院第121号令）和有关规范性文件，制定本指引。

第二条 获得国家发展和改革委员会（以下简称“国家发展改革委”）核准，在中华人民共和国境内以招标方式发行的企业债券，适用本指引。

本指引所称招标发行，是指企业债券发行人（以下简称“发行人”）根据市场情况，经与主承销商协商确定招标方式、中标方式等发行规则，按照参与各方签订的相关协议规定，通过企业债券招标发行系统（以下简称“招标系统”）向投标人公开发行债券，投标人按照各自中标额度承购债券的方式。

第三条 企业债券招标发行参与人包括发行人、承销团成员、直接投资人及其他投资人。投标人包括承销团成员及直接投资人。承销团成员包括主承销商和承销团其他成员。

第四条 企业债券招标发行过程中，参与人应遵循“公开、公平、公正”原则，遵守相关管理规定，接受国家发展改革委的监督管理。不得有不正当利益输送、破坏市场秩序等行为。

第五条 招标发行应使用中央国债登记结算有限责任公司（以下简称“中央结算公司”）的专用场所。

第六条 企业债券招标发行应使用由中央结算公司提供的招标系统进行，投标人应办理系统联网和开通投标相关权限。

第七条 中央结算公司应做好企业债券发行支持、总登记托管、结算、代理本息兑付及信息披露等相关服务工作。

第二章 承销团成员有关要求

第八条 承销团成员应按照其他投资人委托进行投标，并做好分销及缴款工作。

第九条 承销团其他成员应尽职配合主承销商的询价工作，及时将其他投资人的需求真实、准确地反馈给主承销商。

第三章 直接投资人有关要求

第十条 直接投资人是指承销团成员以外，须具备一定资格，可直接通过招标系统参与企业债券投标的投资人。直接投资人可根据自身投资需求，参与所有企业债券的招标发行。

第十一条 直接投资人应积极配合主承销商的询价工作，及时、准确地反馈投资需求。

第十二条 上年度综合表现良好，且上一年度末AA+级（含）以上的企业债券持有量排名前30名的投资人和全部企业债券持有量排名前50名的投资人，可自愿申请成为直接投资人。

第四章 其他投资人有关要求

第十三条 其他投资人应积极配合企业债券发行的询价工作，及时、准确地将自身的投资需求反馈给承销团成员。

第十四条 其他投资人如对当期企业债券有投资意愿，应与承销团成员签订代理投标协议并委托其代理投标。

第十五条 其他投资人通过代理投标方式获得债券后，应签订分销协议，完成分销过户，并履行缴款义务。

第五章 内控制度有关要求

第十六条 企业债券招标发行参与人应建立健全完善的内控制度，制定并完善相关业务操作规程，防控企业债券发行过程中的潜在风险。其中，承销团成员及直接投资人的内控部门应每六个月向其机构法人代表提交招标发行工作的合规性报告。

第十七条　承销团成员及直接投资人应将企业债券发行业务与投资交易业务、资产管理业务等进行分离，在业务流程和人员设置两个方面实现有效隔离，并符合有关法律、法规的要求。

第六章　招标现场管理

第十八条　招标现场应符合安全、保密要求。招标现场应提供招标发行专用设备，包括但不限于录音电话、电脑、传真机、打印机、发行系统终端等。

第十九条　国家发展改革委或委托机构派出观察员，对招标发行进行现场监督。观察员应切实履行招标现场监督职责，督导招标现场人员依照相关规定开展招标发行工作，保障招标发行有序进行。

第二十条　在招标发行前，发行人应提交企业债券招标现场工作人员名单，名单中的相关工作人员和观察员应于招标发行开始前，在专门区域统一存放所有具有通讯功能的电子设备，并登记进入招标现场。

第二十一条　在招标发行期间，现场参与人员与外界沟通应全部使用招标现场内所提供的专用通讯设备。

第二十二条　在招标发行期间，现场参与人员不得离开招标现场，任何人不得以任何方式向外界泄露或暗示与招标发行有关的信息。

第二十三条　在招标发行期间，中央结算公司相关工作人员原则上不得进入招标现场，如确需进入现场提供技术支持的，应征得观察员同意并履行登记手续，直至招标结束后方可离开招标现场。

第七章　招标规则

第二十四条　发行人应根据发行文件和相关协议要求，通过招标系统发送招标书。投标人应在规定的招标时间内通过招标系统投标。

第二十五条　发行人原则上应于招标发行日前3～5个工作日（优质企业债券发行人应于招标发行日前1～5个工作日）在中国债券信息网披露发行时间和募集说明书等发行材料。合格的发行材料应于信息披露日的11：00之前提交，晚于11：00提交的发行日期相应顺延。

发行人应于招标发行日前1个工作日在中国债券信息网披露债券招标书等招投标文件。

第二十六条　招标发行方式包括定价招标和数量招标。定价招标标的包括利率、利差和价格。数量招标标的为投标人的承销量。

第二十七条　定价招标的中标方式包括统一价位中标、多重价位中标。招标标的为利差时，中标方式只能采用统一价位中标。

第二十八条　中标分配原则。定价招标时，招标系统按照利率（利差）由低至高或价格由高至低原则，对有效投标逐笔累计，直到募满计划招标额为止。如果没有募满，剩余发行量按照事先签订的相关协议处理。

第二十九条　中标方式为统一价位时，所有中标机构统一按照最高中标利率（利差）或最低中标价格进行认购，最高中标利率（利差）或最低中标价格为票面利率（利差）或票面价格。

中标方式为多重价位时，若标的为利率，则全场加权平均中标利率为票面利率，中标机构按照各自实际中标利率与票面利率折算的价格认购；若标的为价格，则全场加权平均中标价格为票面价格，中标机构按照各自中标价格认购并计算相应的缴款金额。

第三十条　在发行条款充分披露、招标各参与方充分识别相关风险的前提下，发行人可在招标发行中使用弹性配售选择权、当期追加发行选择权等定价方式。相关规则由国家发展改革委指导中央结算公司制定。

第三十一条　如投标总量未达到计划发行额且当期债券有余额包销的约定，则负有包销义务的承销机构，应按照协议约定的价格，将剩余的本期债券全部自行购入。

第三十二条　发行人应不迟于招标结束后1个工作日在中国债券信息网公告发行结果，并在发行结束后20个工作日内向国家发展改革委报告发行情况。

第八章　异常情况和应急处理

第三十三条　招标发行前，如出现政策调整或市场大幅波动等异常情况，发行人经与主承销商协商决定取消、推迟发行或调整招标发行利率（价格）区间的，应及时通过中国债券信息网向市场公告。

第三十四条　中央结算公司应密切监控招标系统与通讯线路等各方面的运行情况。

第三十五条　投标人应熟练掌握招标系统投标、应急投标等相关业务操作，加强投标客户端的日常维护，保证网络连接通畅和设备正常。在以下两种情况下，投标人可通过应急方式进行投标：

（一）尚未与招标系统联网；

（二）已与招标系统联网，但出现系统通讯中断或设备故障。

第三十六条　采用应急方式投标的投标人应在发行人公告的投标截止时间前将带有密押的应急投标书传至招标现场。招标系统或通讯线路等出现故障时，发行人经商观察员同意后，可根据具体情况适当延长应急投标时间。

第三十七条　投标人一旦采用应急方式投标，在该场次企业债券投标中即不能再通过招标系统客户端修改或撤销投标书。如确有必要修改或撤销的，仍应通过应急方式进行。

第三十八条　发行人应审核确认应急投标书中各要素准确、有效、完整，中央结算公司工作人员应核对密押无误。应急投标书经发行人和观察员签字确认后，发行人可输入应急投标数据。

第三十九条　通过应急方式投标的投标人，须在招标结束后3个工作日内向中央结算公司提供加盖单位法人公章的应急投标原因说明书。原因说明书应具体列明尚未联网、系统通讯中断或设备故障等情况。

第九章　企业债券分销和缴款

第四十条　企业债券分销必须签订书面分销协议。

企业债券通过证券交易所网上销售，应按照证券交易所有关规定办理。

第四十一条　招标发行确定结果后，承销团成员在分销期内开展分销工作。承销团成员应确保企业债券的分销对象符合法律法规、部门规章及其他有关规定。承销团成员应对与其签订代理投标协议的其他投资人办理分销、缴款工作，分销期结束后如未完成分销的，应对上述投资人的中标额度负有包销义务。相关协议对包销义务另有约定的除外。

第四十二条　中标人应按照有关协议约定在缴款日按时向发行人缴款。若出现未能及时缴款的情况，按有关规定处理。

第十章　附则

第四十三条　发行人应妥善保存招标发行各个环节的相关文件和资料。中央结算公司应保存电话录音、出入登记等招标现场相关文件，保存期至当期企业债券付息兑付结束后的五年止。

第四十四条　对直接投资人比照承销团成员管理。在企业债券招标发行过程中，发行人、承销团成员发现异常情况应及时向国家发展改革委报告。

第四十五条　国家发展改革委对企业债券招标发行业务实施监督管理，接受招标发行参与人的举报，国家发展改革委视情节轻重予以诫勉谈话、通报批评、警告处分并责令改正。

第四十六条　企业债券招标发行参与人应依据有关规定或协议履行相关义务。如未履行的，相关行为记入信用记录，并按照国家有关规定纳入信用信息系统，实施失信联合惩戒。

第四十七条　本指引未尽事宜应按照国家发展改革委的相关规定处理。

第四十八条　本指引由国家发展改革委负责解释。

第四十九条　本指引自2019年11月1日起执行，有效期5年。《企业债券招标发行业务指引（暂行）》同时废止。

商务部等19部门关于促进对外承包工程高质量发展的指导意见

（商合发〔2019〕273号，商务部、外交部、发展改革委、教育部、工业和信息化部、公安部、财政部、住房城乡建设部、交通运输部、人民银行、国资委、海关总署、税务总局、市场监管总局、国际发展合作署、银保监会、证监会、外汇局、全国工商联2019年8月29日发布）

各省、自治区、直辖市、计划单列市及新疆生产建设兵团有关部门、机构：

党的十八大以来，在共建“一带一路”倡议引领下，对外承包工程发展进入新阶段，取得显著成效，一批重大项目已成为共建“一带一路”的可视性成果。对外承包工程涉及境外工程项目投融资、设计咨询、设备采购、建设施工、运营管理等多个方面，对带动中国产品技术服务“走出去”和深化国际产能合作、促进国内经济转型升级、实现我与相关国家共赢发展发挥了重要作用。当前，国际国内环境正发生深刻复杂变化，对外承包工程发展既存在较好机遇，也面临诸多风险挑战。为加强宏观指导，促进对外承包工程高质量发展，现提出以下意见。

一、总体要求

（一）指导思想。以习近平新时代中国特色社会主义思想为指导，全面贯彻党的十九大和十九届二中、三中全会精神，认真落实党中央、国务院决策部署，紧紧围绕统筹推进“五位一体”总体布局和协调推进“四个全面”战略布局，坚持稳中求进工作总基调，坚持新发展理念，坚定奉行互利共赢开放战略，以共建“一带一路”为统领，以基础设施等重大项目建设和产能合作为重点，加快形成国际经济合作和竞争新优势，推动对外承包工程转型升级和高质量发展。

（二）基本原则。

——坚持企业主体。充分发挥市场在资源配置中的决定性作用，落实企业市场主体地位，鼓励有实力、有条件的各类所有制企业，不断提高跨国经营能力和国际化经营水平，按照市场原则和国际通行规则，积极稳妥地开展对外承包工程。

——坚持质量优先。加快形成对外承包工程发展新优势，实现由规模速度型向质量效益型发展转变。引导企业坚持开放、绿色、廉洁理念，聚焦重点、精雕细琢，注重生态环境保护，建设高质量、可持续、抗风险、价格合理、包容可及的基础设施等工程项目。

——坚持互利共赢。秉持共商共建共享原则，充分尊重和照顾各方利益关切，加强规划、政策和项目对接，积极开展第三方市场合作，通过对外承包工程推动相关国家和地区经济社会发展和民生改善。指导企业树立正确义利观，切实履行社会责任，深度融入当地社会。

——坚持规范有序。加强组织领导和统筹协调，完善管理机制，改革管理方式，强化行业自律，督促企业切实规范经营行为，维护良好市场秩序。坚持底线思维，构建综合性风险防控体系，积极防范和化解各类风险。

（三）主要目标。实现对外承包工程规模和全球市场份额稳中有升，结构逐步优化，领域不断拓宽，综合竞争力显著增强，由对外承包工程大国向对外承包工程强国转变。形成一批世界级的对外承包工程企业；培养一批具有国际化经营管理能力的人才队伍；打造一批综合效益好、社会影响力广泛、绿色环保的示范项目；推动中国建设品牌得到国际社会普遍认可和好评。建立一套完善、规范、科学的对外承包工程管理体制机制，促进服务有效、监管保障有力、便利化水平大幅提升。更好地服务我国经济社会发展和对外开放大局，有效促进项目所在国和世界经济发展，为推动构建人类命运共同体作出积极贡献。

二、加快形成对外承包工程发展新优势

（四）积极鼓励设计咨询"走出去"。引导有实力、有条件的工程设计咨询机构开展国际化经营，积极参与境外项目的勘察、规划、设计、咨询、造价、监理、项目管理等，加快与国际接轨步伐，不断提升国际竞争力，推动对外承包工程发展向产业链高端延伸。发挥工程设计、全过程工程咨询"走出去"对中国技术和标准以及建设施工"走出去"的引领带动作用，增添对外承包工程发展新动力。

（五）积极促进投建营综合发展。增强企业参与项目投融资和建成后运营管理的能力，鼓励金融机构按照市场化原则对有条件的建设—运营—移交（BOT）等政府和社会资本合作（PPP）类项目提供项目融资。鼓励企业以建营一体化、投建营一体化等多种方式实施项目，提高产业链参与度和在国际分工中的地位，逐步实现由建设施工优势为主向投融资、工程建设、运营服务的综合优势转变。

（六）积极依托国内优势产业支撑。推动对外承包工程与制造业"走出去"、境外经贸合作区建设等其他对外投资合作有机结合、相互促进。鼓励企业依托我国信息通信、电力、交通、化工、冶金、建材等行业的产业优势，特别是发挥上述行业在技术研发、装备制造等方面的全产业链优势，以及产品价格合理、服务高效快捷的比较优势，推动对外承包工程领域不断拓宽、层次逐步提高。

（七）积极培育创新发展动能。坚持创新引领，鼓励企业开展对外承包工程的管理创新、模式创新，注重新理念、新技术、新材料在对外承包工程领域的应用，把握数字化、网络化、智能化发展机遇，探寻对外承包工程新的增长动能和发展路径。推动企业加强跨国创新合作，增强创新能力，适应国际承包工程合作和竞争新趋势。

（八）积极提升可持续发展能力。按照国际普遍接受的规则标准，将可持续发展理念融入对外承包工程的项目选择、实施、管理等各方面，做优做精项目，促进资源节约和高效利用，确保项目经济、社会、环境可持续性，创建以高质量、可持续、技术先进、绿色环保等为核心的中国建设品牌。引导企业加强同项目所在国政府、企业和民众的沟通和利益融合，尊重当地风俗习惯，开展属地化经营，促进当地就业，注重环境保护，履行社会责任，实现持久发展。

（九）积极提高国际合作水平。坚持开放包容，鼓励在对外承包工程的设计咨询、造价咨询、投融资、工程建设标准化、建设施工和运营管理等方面，与有意愿的国家、国际组织、大型跨国企业、国际金融机构等开展三方合作、多边合作。通过多方参与，充分发挥各方潜能，实现优势互补、共赢发展。为企业以收购、参股、合资等方式与国际承包工程企业合作，在更高水平参与国际竞争创造便利化条件。

三、加强对外承包工程的促进和服务

（十）加强规划和引导。与相关国家政府和区域性组织共同做好对外承包工程合作的顶层设计和规划引导。对接当地经济社会发展战略、具体合作需求以及发展援助的使用，聚焦设施联通、产业促进、民生改善、绿色发展等主要领域，共同商定合作规划、政策措施、重点项目，提高对外承包工程合作的科学性和有效性。

（十一）打造良好外部环境。推进多双边政府间协调机制建设，与重点国家和区域性组织成立对外承包工程合作工作组等交流平台，加强沟通协调，解决困难问题，稳步推进合作。与相关国家和地区商签或更新自贸区、投资保护、基础设施合作、避免双重征税等协议，打造透明、稳定、可预期的合作环境。采用多样化媒体传播方式，让国际社会及时了解我国对外承包工程发展的相关信息，讲好中国故事，展现中国建设品牌良好形象。

（十二）增强金融服务能力。鼓励金融机构在依法合规、风险可控、商业可持续的前提下，创新和丰富服务对外承包工程发展的金融产品和投融资模式，提供更优质的融资融智融信服务。鼓励符合条件的企业通过发行股票、

债券等直接融资方式募集资金用于开展对外承包工程。完善出口信用保险政策，更好地发挥风险分担和融资促进作用。拓展人民币结算和人民币金融产品在对外承包工程领域的使用。鼓励金融机构增强融资风险事前预防和事后化解能力，提升金融服务对外承包工程的可持续性。

（十三）完善公共信息和便利化服务。丰富促进对外承包工程发展的各类公共服务产品，加强政策宣传解读，及时提供有关国家营商环境、项目合作需求等信息，定期发布行业发展报告。按照国际通行规则和我国法律法规，在人员出入境、货物通关、税收、本外币结算等方面，为对外承包工程企业和人员提供更加精准有效的便利化服务。

（十四）充分发挥行业组织作用。继续支持相关商（协）会、境外中资企业商（协）会发展，健全自律体系，促进企业间合作，避免无序竞争和恶性竞争，维护行业整体利益；提供培训、会展等专业化服务，搭建促进平台，协助企业开拓国际市场，推进市场多元化；在政府、企业和国外同业组织间发挥桥梁纽带和行业支持作用，积极主动参与国际规则和标准制定，推动标准和资格互认。

（十五）强化人才支撑和智库建设。支持相关领域、相关学科人才进入对外承包工程行业，引进国际人才，打造具有国际化经营管理能力的人才队伍。创新人才培养机制，鼓励高等院校结合自身办学实际，设置与对外承包工程发展需要相匹配的学科专业，培养国际化人才。支持对外承包工程行业专家智库建设，加强行业发展的研究分析，为政府和企业提供决策咨询和智力支撑。

（十六）加强综合性专业服务。支持我国的国际商事争端解决机构在对外承包工程争端解决中发挥更加有效的作用。引导企业运用多元化纠纷解决机制，依法妥善化解对外承包工程领域的各类争端。鼓励我国法律咨询、投资顾问、工程设备质量安全监理、造价咨询、风险管理、财务税务等中介机构加快与国际接轨步伐，为对外承包工程发展提供更加有效的专业服务。

四、完善对外承包工程的监管和保障

（十七）完善管理机制。落实《对外承包工程管理条例》，加强对外承包工程管理的统筹协调，不断完善国务院有关部门宏观指导和联合监管、地方政府属地管理、行业组织协调自律、与项目所在国政府密切协作的管理体系，推动形成职责清晰、协同有效、约束有力的工作机制，打造对外承包工程高质量发展的良好制度环境和政策环境。

（十八）改革管理方式。进一步深化对外承包工程“放管服”改革，建立“备案＋负面清单”管理方式，减少政府核准范围和环节。完善对外承包工程违法违规行为处罚规定，加强事中事后监管，强化统计分析和运行监测，用好重点检查和“双随机、一公开”抽查，加大对外承包工程行政执法力度，对违法违规行为实施联合惩戒，有效维护公平竞争和市场秩序。

（十九）督促企业合规经营。推动企业不断增强合规管理能力，切实规范对外承包工程经营行为，在项目招投标、合同履约、劳工权益保护、环境保护等关键环节严格遵守我国和项目所在国法律法规、相关国际规则标准，自觉抵制商业贿赂，严禁工程项下外派人员参与涉赌等活动。推进对外经济合作信用体系建设，完善对外承包工程失信行为认定和信息记录规定，督促企业守法诚信经营。

（二十）强化风险防范。构建服务对外承包工程发展的综合性风险防控体系和突发事件应急处置机制，完善境外企业和对外投资联络服务平台，及时分析、研判和预警境外政治、经济、社会、安全、舆论等领域重大风险。督促企业完善安全管理制度、落实风险防范措施，提升突发事件处置能力。做好预防性领事保护，与相关国家合作共同保障我境外企业和人员的安全及合法权益。

五、组织实施

有关部门和单位要充分认识对外承包工程发展的重要意义，把对外承包工程纳入推进

“一带一路”建设、“走出去”工作、构建开放型经济新体制、培育国际经济合作和竞争新优势的大局中统筹考虑。要在各自职责范围内，按照本意见确定的各项任务，积极采取有针对性的措施，扎实推进相关工作。商务主管部门要做好对外承包工程发展的统筹协调，会同有关部门和单位建立健全工作机制，不断完善管理制度和政策措施，及时研究解决重大问题，确保促进对外承包工程高质量发展取得实效。

工 程 建 设

关于印发《工程项目招投标领域营商环境专项整治工作方案》的通知

（发改办法规〔2019〕862号，国家发展改革委办公厅、工业和信息化部办公厅、住房城乡建设部办公厅、交通运输部办公厅、水利部办公厅、商务部办公厅、铁路局综合司、民航局综合司2019年8月20日发布）

各省、自治区、直辖市、新疆生产建设兵团发展改革委、工业和信息化主管部门、住房城乡建设厅（建委、局）、交通运输厅（局、委）、水利厅（局）、商务厅（局）、公共资源交易平台整合牵头部门，各省、自治区、直辖市通信管理局，各地区铁路监管局、民航各地区管理局：

为认真贯彻落实《国务院办公厅关于聚焦企业关切 进一步推动优化营商环境政策落实的通知》（国办发〔2018〕104号）要求和全国深化“放管服”改革优化营商环境电视电话会议精神，消除招投标过程中对不同所有制企业设置的各类不合理限制和壁垒，维护公平竞争的市场秩序，决定在全国开展工程项目招投标领域营商环境专项整治工作。现将《工程项目招投标领域营商环境专项整治工作方案》印发给你们，请按照要求扎实开展专项整治工作。工作过程中，重要进展、经验做法及意见建议，请及时报送国家发展改革委及国务院有关部门。

工程项目招投标领域营商环境专项整治工作方案

根据《国务院办公厅关于聚焦企业关切 进一步推动优化营商环境政策落实的通知》（国办发〔2018〕104号）部署和全国深化“放管服”改革优化营商环境电视电话会议精神，为消除招投标过程中对不同所有制企业设置的各类不合理限制和壁垒，维护公平竞争的市场秩序，国家发展改革委、工业和信息化部、住房城乡建设部、交通运输部、水利部、商务部、铁路局、民航局决定在全国开展工程项目招投标领域营商环境专项整治。为有力有序推进专项整治工作，制定本方案。

一、工作目标

坚持以习近平新时代中国特色社会主义思想为指导，全面贯彻党的十九大和十九届二中、三中全会精神，深刻学习领会习近平总书记在民营企业座谈会上的重要讲话精神，把思想和行动统一到党中央、国务院关于支持民营企业发展、平等对待外商投资企业、优化营商环境的决策部署上来，通过深入开展工程项目招投标领域营商环境专项整治，消除招投标过程中对不同所有制企业特别是民营企业、外资企业设置的各类不合理限制和壁垒，促进招标人依法履行招标采购主体责任，依法规范招标代理机构和评标专家行为，督促各级招投标行政监督部门依法履行监管职责，切实有效解决招投标活动中市场主体反映强烈的突出问题，保障不同所有制企业公平参与市场竞争。

二、整治范围和内容

（一）整治范围。本次专项整治的范围包括：各地区、各部门现行涉及工程项目招投标的部门规章、地方性法规、地方政府规章、规范性文件及其他政策文件，以及没有体现到制度文件中的实践做法；2018年6月1日至2019年11月20日期间根据《必须招标的工程项目规定》（国家发展改革委令第16号）和《必须招标的基础设施和公用事业项目范围规定》（发改法规规〔2018〕843号）依法必须进行招标的项目。

（二）整治内容。根据《招标投标法》《招标投标法实施条例》等有关规定，清理、排查、纠正在招投标法规政策文件、招标公告、投标邀请书、资格预审公告、资格预审文件、招标文件以及招投标实践操作中，对不同所有制企业设置的各类不合理限制和壁垒。重点针对以下问题：

1. 违法设置的限制、排斥不同所有制企业参与招投标的规定，以及虽然没有直接限制、排斥，但实质上起到变相限制、排斥效果的规定。

2. 违法限定潜在投标人或者投标人的所有制形式或者组织形式，对不同所有制投标人采取不同的资格审查标准。

3. 设定企业股东背景、年平均承接项目数量或者金额、从业人员、纳税额、营业场所面积等规模条件；设置超过项目实际需要的企业注册资本、资产总额、净资产规模、营业收入、利润、授信额度等财务指标。

4. 设定明显超出招标项目具体特点和实际需要的过高的资质资格、技术、商务条件或者业绩、奖项要求。

5. 将国家已经明令取消的资质资格作为投标条件、加分条件、中标条件；在国家已经明令取消资质资格的领域，将其他资质资格作为投标条件、加分条件、中标条件。

6. 将特定行政区域、特定行业的业绩、奖项作为投标条件、加分条件、中标条件；将政府部门、行业协会商会或者其他机构对投标人作出的荣誉奖励和慈善公益证明等作为投标条件、中标条件。

7. 限定或者指定特定的专利、商标、品牌、原产地、供应商或者检验检测认证机构（法律法规有明确要求的除外）。

8. 要求投标人在本地注册设立子公司、分公司、分支机构，在本地拥有一定办公面积，在本地缴纳社会保险等。

9. 没有法律法规依据设定投标报名、招标文件审查等事前审批或者审核环节。

10. 对仅需提供有关资质证明文件、证照、证件复印件的，要求必须提供原件；对按规定可以采用“多证合一”电子证照的，要求必须提供纸质证照。

11. 在开标环节要求投标人的法定代表人必须到场，不接受经授权委托的投标人代表到场。

12. 评标专家对不同所有制投标人打分畸高或畸低，且无法说明正当理由。

13. 明示或暗示评标专家对不同所有制投标人采取不同的评标标准、实施不客观公正评价。

14. 采用抽签、摇号等方式直接确定中标候选人。

15. 限定投标保证金、履约保证金只能以现金形式提交，或者不按规定或者合同约定返还保证金。

16. 简单以注册人员、业绩数量等规模条件或者特定行政区域的业绩奖项评价企业的信用等级，或者设置对不同所有制企业构成歧视的信用评价指标。

17. 不落实《必须招标的工程项目规定》《必须招标的基础设施和公用事业项目范围规定》，违法干涉社会投资的房屋建筑等工程建设单位发包自主权。

18. 其他对不同所有制企业设置的不合理限制和壁垒。

请各地区、各部门突出工作重点，围绕上述问题组织开展专项整治。对不属于本次专项整治重点的其他招投标违法违规行为，依法依规开展日常监管执法。

三、整治方式

本次专项整治工作重在抓落实、查问题、出成效，主要采取法规文件清理、随机抽查、重点核查等整治方式。

（一）法规文件清理。国务院有关部门对本部门制定的部门规章、规范性文件及其他政策文件进行全面自查；各地对本地区及有关部门制定的地方性法规、地方政府规章、规范性文件及其他政策文件进行全面自查。对违反竞争中性原则、限制或者排斥不同所有制企业招投标、妨碍建立统一开放竞争有序现代市场体系的制度规定，根据权限修订、废止，或者提请本级人大、政府修订或废止。在此基础上，按照《关于建立清理和规范招标投标有关规定长效机制的意见》（发改法规〔2015〕787 号）

要求，对经清理后保留的招投标规章和规范性文件实行目录管理并向社会公布。

（二）随机抽查。各地区、各部门按照监管职责分工，组织对整治范围内招标项目的招标公告、投标邀请书、资格预审公告、资格预审文件、招标文件等开展事中事后随机抽查，抽查项目数量由各地区、各部门结合实际自行确定，抽查比例原则上不低于整治范围内招标项目总数的20%。鼓励各地区、各部门依托各级招投标公共服务平台、公共资源交易平台、行业招投标管理平台等，运用大数据分析等现代信息技术手段，对整治范围内招标项目进行全面筛查，对招投标活动进行动态监测分析，及时发现并纠正限制、排斥不同所有制企业招投标的违法违规行为。各地区、各部门应当对随机抽查记录建立台账，存档备查。

（三）重点核查。各地区、各部门进一步畅通招投标投诉举报渠道，建立健全投诉举报接收、转办、反馈工作机制，对涉及本次整治内容的投诉举报进行重点核查。同时，针对本次专项整治开展线索征集，国务院各有关部门、地方各级招投标工作牵头部门和有关行政监督部门网站，各级招投标公共服务平台、公共资源交易平台应当在显著位置公布专项整治线索征集电子邮箱等渠道，并建立线索转交转办以及对下级单位督办机制。对于征集到的明确可查的线索，有关行政监督部门应当组织力量进行重点核查。

鼓励各地区、各部门围绕本次专项整治目标，结合本地区、本行业实际，运用科学方法，创新整治方式，提升整治实效。

四、工作步骤

本次专项整治自本通知印发之日起开展，12 月 15 日之前结束，主要工作步骤和时间节点如下。

（一）动员部署。各地区、各部门深入学习党中央、国务院关于优化营商环境、支持民营企业发展、平等对待外商投资企业的决策部署。各省级招投标工作牵头部门会同有关部门，结合实际制定印发具体实施方案，对省市县三级开展专项整治工作进行部署，9 月 20 日前将实施方案抄报国家发展改革委。同时，指定 1 名处级干部作为联络员，8 月 31 日前报送国家发展改革委法规司。

（二）过程推进。10 月 31 日前，国务院有关部门完成本部门规章、规范性文件及其他政策文件清理工作，各省级招投标工作牵头部门汇总本地区法规文件清理情况，报送国家发展改革委，并于 2019 年年底前完成法规文件修订和废止工作。同时，各省级招投标工作牵头部门对省本级开展随机抽查和重点核查的情况进行阶段性总结，10 月 31 日前一并报送国家发展改革委。国家发展改革委将会同国务院有关部门，根据各地报送的实施方案和阶段性工作进展，对工作部署不力、社会反映强烈、整治效果不明显，特别是不按期报送材料或者报送“零报告”的地区进行重点督导；对存在严重问题的单位和个人，通报地方政府严肃问责。

（三）总结报告。各省级招投标工作牵头部门会同有关部门对本地区专项整治工作开展情况进行认真总结，形成总结报告（包括专项整治工作开展情况和主要做法、发现的主要问题和处理情况、建立的长效机制、可复制推广的典型经验、下一步工作打算以及对国家层面的意见建议等），连同省市县三级开展随机抽查和重点核查的情况，于12 月 15 日前报送国家发展改革委。国家发展改革委会同国务院有关部门在各地报告基础上汇总形成总报告，呈报国务院。

各地区铁路、民航领域专项整治实施方案、阶段性进展报告和总结报告由各地区铁路监管局、民航各地区管理局按上述时间节点和要求直接报送国家铁路局、国家民航局。国家铁路局、国家民航局汇总后转送国家发展改革委。

五、工作要求

（一）强化组织领导。本次专项整治工作是贯彻落实全国深化“放管服”改革优化营商环境电视电话会议精神的重要举措，各地区、各部门要强化政治站位，提高思想认识，强化组织领导，周密抓好实施。国家发展改革委会同工业和信息化部、住房城乡建设部、交通运输部、水利部、商务部、铁路局、民航局，按照职责分工，指导督促各地区、各部门落实专项整治任务。各地招投标工作牵头部门是本地区专项整治的统筹部门，要加强组织协调，形成部门合力，确保按时保质完成整治任务。各地招投标行政监督部门是本地区专项整治的责任主体，要切实担负起行业监管职责，将整治任务落实到位。各级招投标公共服务平台、公共资源交易平台要积极配合有关部门，提供信息和技术支持，协助做好专项整治工作。

（二）依法纠正查处。各地区、各部门对随机抽查、重点核查过程中发现的限制、排斥不同所有制企业招投标的违法违规行为，要依法予以处理。对尚未截止投标的项目，招标公告、投标邀请书、资格预审公告、资格预审文件、招标文件设置限制、排斥不同所有制投标人内容的，责令及时改正，取消不合理的条件限制；对已截止投标但尚未确定中标候选人的项目，视违法情节严重程度责令改正；对已经完成招标的项目，也应严肃指出违法情形，责令承诺不再发生相关违法行为。违法行为严重的，依法实施行政处罚，记入有关责任单位和责任人信用记录，通过“信用中国”网站公开。对地方各级公共资源交易中心在招投标活动中存在违法违规行为的，依法严肃处理。对地方各级招投标行政监督部门不依法履行监管职责的，进行严肃问责。

（三）加强宣传教育。各地区、各部门要通过多种途径加强宣传教育和舆论引导，充分彰显党中央、国务院持续优化营商环境、推动各种所有制企业共同发展的坚定决心，进一步增强企业发展信心，稳定市场预期，为专项整治工作营造良好舆论氛围。要大力开展行业警示教育，通过多种渠道曝光一批典型违法违规案例，增强相关市场主体对招投标违法违规行为危害性的认识，自觉维护公平竞争市场秩序。

（四）建立长效机制。建立统一开放、竞争有序的现代市场体系是一项长期任务，各地区、各部门要在开展专项整治工作的基础上，健全管理制度，完善工作机制，加强日常监管，坚决防止违法违规行为反弹。同时，注重广泛听取招投标市场主体、行业协会等方面意见建议，加快建立健全保障不同所有制企业平等参与市场竞争、支持不同所有制企业健康发展的长效机制，巩固专项整治成果。

住房和城乡建设部 国家发展改革委关于印发《房屋建筑和市政基础设施项目工程总承包管理办法》的通知

（建市规〔2019〕12号，住房和城乡建设部、国家发展和改革委员会2019年12月23日发布）

各省、自治区住房和城乡建设厅、发展改革委，直辖市住房和城乡建设（管）委、发展改革委，北京市规划和自然资源委，新疆生产建设兵团住房和城乡建设局、发展改革委，计划单列市住房和城乡建设局、发展改革委：

为贯彻落实《中共中央国务院关于进一步加强城市规划建设管理工作的若干意见》和《国务院办公厅关于促进建筑业持续健康发展的意见》（国办发〔2017〕19号），住房和城乡建设部、国家发展改革委制定了《房屋建筑和市政基础设施项目工程总承包管理办法》。现印发给你们，请结合本地区实际，认真贯彻执行。

房屋建筑和市政基础设施项目工程总承包管理办法

第一章 总则

第一条 为规范房屋建筑和市政基础设施项目工程总承包活动，提升工程建设质量和效益，根据相关法律法规，制定本办法。

第二条 从事房屋建筑和市政基础设施项目工程总承包活动，实施对房屋建筑和市政基础设施项目工程总承包活动的监督管理，适用本办法。

第三条 本办法所称工程总承包，是指承包单位按照与建设单位签订的合同，对工程设计、采购、施工或者设计、施工等阶段实行总承包，并对工程的质量、安全、工期和造价等全面负责的工程建设组织实施方式。

第四条 工程总承包活动应当遵循合法、公平、诚实守信的原则，合理分担风险，保证工程质量和安全，节约能源，保护生态环境，不得损害社会公共利益和他人的合法权益。

第五条 国务院住房和城乡建设主管部门对全国房屋建筑和市政基础设施项目工程总承包活动实施监督管理。国务院发展改革部门依据固定资产投资建设管理的相关法律法规履行相应的管理职责。

县级以上地方人民政府住房和城乡建设主管部门负责本行政区域内房屋建筑和市政基础设施项目工程总承包（以下简称工程总承包）活动的监督管理。县级以上地方人民政府发展改革部门依据固定资产投资建设管理的相关法律法规在本行政区域内履行相应的管理职责。

第二章 工程总承包项目的发包和承包

第六条 建设单位应当根据项目情况和自身管理能力等，合理选择工程建设组织实施方式。

建设内容明确、技术方案成熟的项目，适宜采用工程总承包方式。

第七条 建设单位应当在发包前完成项目审批、核准或者备案程序。采用工程总承包方式的企业投资项目，应当在核准或者备案后进行工程总承包项目发包。采用工程总承包方式的政府投资项目，原则上应当在初步设计审批完成后进行工程总承包项目发包；其中，按照国家有关规定简化报批文件和审批程序的政府投资项目，应当在完成相应的投资决策审批后进行工程总承包项目发包。

第八条 建设单位依法采用招标或者直接发包等方式选择工程总承包单位。

工程总承包项目范围内的设计、采购或者施工中，有任一项属于依法必须进行招标的项目范围且达到国家规定规模标准的，应当采用招标的方式选择工程总承包单位。

第九条 建设单位应当根据招标项目的特点和需要编制工程总承包项目招标文件，主要包括以下内容：

（一）投标人须知；

（二）评标办法和标准；

（三）拟签订合同的主要条款；

（四）发包人要求，列明项目的目标、范围、设计和其他技术标准，包括对项目的内容、范围、规模、标准、功能、质量、安全、节约能源、生态环境保护、工期、验收等的明确要求；

（五）建设单位提供的资料和条件，包括发包前完成的水文地质、工程地质、地形等勘察资料，以及可行性研究报告、方案设计文件或者初步设计文件等；

（六）投标文件格式；

（七）要求投标人提交的其他材料。

建设单位可以在招标文件中提出对履约担保的要求，依法要求投标文件载明拟分包的内容；对于设有最高投标限价的，应当明确最高投标限价或者最高投标限价的计算方法。

推荐使用由住房和城乡建设部会同有关部门制定的工程总承包合同示范文本。

第十条 工程总承包单位应当同时具有与工程规模相适应的工程设计资质和施工资质，或者由具有相应资质的设计单位和施工单位组成联合体。工程总承包单位应当具有相应的项目管理体系和项目管理能力、财务和风险承担能力，以及与发包工程相类似的设计、施工或者工程总承包业绩。

设计单位和施工单位组成联合体的，应当根据项目的特点和复杂程度，合理确定牵头单位，并在联合体协议中明确联合体成员单位的责任和权利。联合体各方应当共同与建设单位签订工程总承包合同，就工程总承包项目承担连带责任。

第十一条 工程总承包单位不得是工程总承包项目的代建单位、项目管理单位、监理单位、造价咨询单位、招标代理单位。

政府投资项目的项目建议书、可行性研究

报告、初步设计文件编制单位及其评估单位，一般不得成为该项目的工程总承包单位。政府投资项目招标人公开已经完成的项目建议书、可行性研究报告、初步设计文件的，上述单位可以参与该工程总承包项目的投标，经依法评标、定标，成为工程总承包单位。

第十二条　鼓励设计单位申请取得施工资质，已取得工程设计综合资质、行业甲级资质、建筑工程专业甲级资质的单位，可以直接申请相应类别施工总承包一级资质。鼓励施工单位申请取得工程设计资质，具有一级及以上施工总承包资质的单位可以直接申请相应类别的工程设计甲级资质。完成的相应规模工程总承包业绩可以作为设计、施工业绩申报。

第十三条　建设单位应当依法确定投标人编制工程总承包项目投标文件所需要的合理时间。

第十四条　评标委员会应当依照法律规定和项目特点，由建设单位代表、具有工程总承包项目管理经验的专家，以及从事设计、施工、造价等方面的专家组成。

第十五条　建设单位和工程总承包单位应当加强风险管理，合理分担风险。

建设单位承担的风险主要包括：

（一）主要工程材料、设备、人工价格与招标时基期价相比，波动幅度超过合同约定幅度的部分；

（二）因国家法律法规政策变化引起的合同价格的变化；

（三）不可预见的地质条件造成的工程费用和工期的变化；

（四）因建设单位原因产生的工程费用和工期的变化；

（五）不可抗力造成的工程费用和工期的变化。

具体风险分担内容由双方在合同中约定。

鼓励建设单位和工程总承包单位运用保险手段增强防范风险能力。

第十六条　企业投资项目的工程总承包宜采用总价合同，政府投资项目的工程总承包应当合理确定合同价格形式。采用总价合同的，除合同约定可以调整的情形外，合同总价一般不予调整。

建设单位和工程总承包单位可以在合同中约定工程总承包计量规则和计价方法。

依法必须进行招标的项目，合同价格应当在充分竞争的基础上合理确定。

第三章　工程总承包项目实施

第十七条　建设单位根据自身资源和能力，可以自行对工程总承包项目进行管理，也可以委托勘察设计单位、代建单位等项目管理单位，赋予相应权利，依照合同对工程总承包项目进行管理。

第十八条　工程总承包单位应当建立与工程总承包相适应的组织机构和管理制度，形成项目设计、采购、施工、试运行管理以及质量、安全、工期、造价、节约能源和生态环境保护管理等工程总承包综合管理能力。

第十九条　工程总承包单位应当设立项目管理机构，设置项目经理，配备相应管理人员，加强设计、采购与施工的协调，完善和优化设计，改进施工方案，实现对工程总承包项目的有效管理控制。

第二十条　工程总承包项目经理应当具备下列条件：

（一）取得相应工程建设类注册执业资格，包括注册建筑师、勘察设计注册工程师、注册建造师或者注册监理工程师等；未实施注册执业资格的，取得高级专业技术职称；

（二）担任过与拟建项目相类似的工程总承包项目经理、设计项目负责人、施工项目负责人或者项目总监理工程师；

（三）熟悉工程技术和工程总承包项目管理知识以及相关法律法规、标准规范；

（四）具有较强的组织协调能力和良好的职业道德。

工程总承包项目经理不得同时在两个或者两个以上工程项目担任工程总承包项目经理、施工项目负责人。

第二十一条　工程总承包单位可以采用直接发包的方式进行分包。但以暂估价形式包括在总承包范围内的工程、货物、服务分包时，属于依法必须进行招标的项目范围且达到国家规定规模标准的，应当依法招标。

第二十二条 建设单位不得迫使工程总承包单位以低于成本的价格竞标，不得明示或者暗示工程总承包单位违反工程建设强制性标准、降低建设工程质量，不得明示或者暗示工程总承包单位使用不合格的建筑材料、建筑构配件和设备。

工程总承包单位应当对其承包的全部建设工程质量负责，分包单位对其分包工程的质量负责，分包不免除工程总承包单位对其承包的全部建设工程所负的质量责任。

工程总承包单位、工程总承包项目经理依法承担质量终身责任。

第二十三条 建设单位不得对工程总承包单位提出不符合建设工程安全生产法律、法规和强制性标准规定的要求，不得明示或者暗示工程总承包单位购买、租赁、使用不符合安全施工要求的安全防护用具、机械设备、施工机具及配件、消防设施和器材。

工程总承包单位对承包范围内工程的安全生产负总责。分包单位应当服从工程总承包单位的安全生产管理，分包单位不服从管理导致生产安全事故的，由分包单位承担主要责任，分包不免除工程总承包单位的安全责任。

第二十四条 建设单位不得设置不合理工期，不得任意压缩合理工期。

工程总承包单位应当依据合同对工期全面负责，对项目总进度和各阶段的进度进行控制管理，确保工程按期竣工。

第二十五条 工程保修书由建设单位与工程总承包单位签署，保修期内工程总承包单位应当根据法律法规规定以及合同约定承担保修责任，工程总承包单位不得以其与分包单位之间保修责任划分而拒绝履行保修责任。

第二十六条 建设单位和工程总承包单位应当加强设计、施工等环节管理，确保建设地点、建设规模、建设内容等符合项目审批、核准、备案要求。

政府投资项目所需资金应当按照国家有关规定确保落实到位，不得由工程总承包单位或者分包单位垫资建设。政府投资项目建设投资原则上不得超过经核定的投资概算。

第二十七条 工程总承包单位和工程总承包项目经理在设计、施工活动中有转包违法分包等违法违规行为或者造成工程质量安全事故的，按照法律法规对设计、施工单位及其项目负责人相同违法违规行为的规定追究责任。

第四章　附则

第二十八条 本办法自 2020 年 3 月 1 日起施行。

住房和城乡建设部关于进一步加强房屋建筑和市政基础设施工程招标投标监管的指导意见

（建市规〔2019〕11 号，住房和城乡建设部 2019 年 12 月 19 日发布）

各省、自治区住房和城乡建设厅，直辖市住房和城乡建设（管）委，新疆生产建设兵团住房和城乡建设局：

工程招标投标制度在维护国家利益和社会公共利益、规范建筑市场行为、提高投资效益、促进廉政建设等方面发挥了重要作用。但是，当前工程招标投标活动中招标人主体责任缺失，串通投标、弄虚作假违法违规问题依然突出。为深入贯彻落实《国务院办公厅关于促进建筑业持续健康发展的意见》（国办发〔2017〕19 号）、《国务院办公厅转发住房城乡建设部关于完善质量保障体系提升建筑工程品质指导意见的通知》（国办函〔2019〕92 号），积极推进房屋建筑和市政基础设施工程招标投标制度改革，加强相关工程招标投标活动监管，严厉打击招标投标环节违法违规问题，维护建筑市场秩序，现提出如下意见。

一、夯实招标人的权责

（一）落实招标人首要责任。工程招标投标活动依法应由招标人负责，招标人自主决定发起招标，自主选择工程建设项目招标代理机构、资格审查方式、招标人代表和评标方法。夯实招标投标活动中各方主体责任，党员干部严禁利用职权或者职务上的影响干预招标投标活动。

（二）政府投资工程鼓励集中建设管理方式。实施相对集中专业化管理，采用组建集中建设机构或竞争选择企业实行代建的模式，严格控制工程项目投资，科学确定并严格执行合理的工程建设周期，保障工程质量安全，竣工验收后移交使用单位，提高政府投资工程的专业化管理水平。

二、优化招标投标方法

（三）缩小招标范围。社会投资的房屋建筑工程，建设单位自主决定发包方式，社会投资的市政基础设施工程依法决定发包方式。政府投资工程鼓励采用全过程工程咨询、工程总承包方式，减少招标投标层级，依据合同约定或经招标人同意，由总承包单位自主决定专业分包，招标人不得指定分包或肢解工程。

（四）探索推进评定分离方法。招标人应科学制定评标定标方法，组建评标委员会，通过资格审查强化对投标人的信用状况和履约能力审查，围绕高质量发展要求优先考虑创新、绿色等评审因素。评标委员会对投标文件的技术、质量、安全、工期的控制能力等因素提供技术咨询建议，向招标人推荐合格的中标候选人。由招标人按照科学、民主决策原则，建立健全内部控制程序和决策约束机制，根据报价情况和技术咨询建议，择优确定中标人，实现招标投标过程的规范透明，结果的合法公正，依法依规接受监督。

（五）全面推行电子招标投标。全面推行招标投标交易全过程电子化和异地远程评标，实现招标投标活动信息公开。积极创新电子化行政监督，招标投标交易平台应当与本地建筑市场监管平台实现数据对接，加快推动交易、监管数据互联共享，加大全国建筑市场监管公共服务平台工程项目数据信息的归集和共享力度。

（六）推动市场形成价格机制。实施工程造价供给侧结构性改革，鼓励地方建立工程造价数据库和发布市场化的造价指标指数，促进通过市场竞争形成合同价。对标国际，建立工程计量计价体系，完善工程材料、机械、人工等各类价格市场化信息发布机制。改进最高投标限价编制方式，强化招标人工程造价管控责任，推行全过程工程造价咨询。严格合同履约管理和工程变更，强化工程进度款支付和工程结算管理，招标人不得将未完成审计作为延期工程结算、拖欠工程款的理由。

三、加强招标投标过程监管

（七）加强招标投标活动监管。各级住房和城乡建设主管部门应按照“双随机、一公开”的要求，加大招标投标事中事后查处力度，严厉打击串通投标、弄虚作假等违法违规行为，维护建筑市场秩序。对围标串标等情节严重的，应纳入失信联合惩戒范围，直至清出市场。

（八）加强评标专家监管。各级住房和城乡建设主管部门要结合实际健全完善评标专家动态监管和抽取监督的管理制度，严格履行对评标专家的监管职责。建立评标专家考核和退出机制，对存在违法违规行为的评标专家，应取消其评标专家资格，依法依规严肃查处。

（九）强化招标代理机构市场行为监管。实行招标代理机构信息自愿报送和年度业绩公示制度，完善全过程工程咨询机构从事招标投标活动的监管。加强招标代理机构从业人员考核、评价，严格依法查处从业人员违法违规行为，信用评价信息向社会公开，实行招标代理机构“黑名单”制度，构建守信激励、失信惩戒机制。

（十）强化合同履约监管。加强建筑市场和施工现场“两场”联动，将履约行为纳入信用评价，中标人应严格按照投标承诺的技术力量和技术方案履约，对中标人拒不履行合同约定义务的，作为不良行为记入信用记录。

四、优化招标投标市场环境

（十一）加快推行工程担保制度。推行银行保函制度，在有条件的地区推行工程担保公司保函和工程保证保险。招标人要求中标人提供履约担保的，招标人应当同时向中标人提供工程款支付担保。对采用最低价中标的探索实行高保额履约担保。

（十二）加大信息公开力度。公开招标的项目信息，包括资格预审公告、招标公告、评审委员会评审信息、资格审查不合格名单、评标结果、中标候选人、定标方法、受理投诉的联系方式等内容，应在招标公告发布的公共服务平台、交易平台向社会公开，接受社会公众的监督。

（十三）完善建筑市场信用评价机制。积极开展建筑市场信用评价，健全招标人、投标人、招标代理机构及从业人员等市场主体信用档案，完善信用信息的分级管理制度，对存在严重失信行为的市场主体予以惩戒，推动建筑市场信用评价结果在招标投标活动中规范应用，严禁假借信用评价实行地方保护。

（十四）畅通投诉渠道，规范投诉行为。招标投标监管部门要建立健全公平、高效的投诉处理机制，及时受理并依法处理招标投标投诉，加大查处力度。要规范投诉行为，投诉书应包括投诉人和被投诉人的名称地址及有效联系方式、投诉的基本事实、相关请求及主张、有效线索和相关证明材料、已提出异议的证明文件。属于恶意投诉的，应追究其相应责任。

五、强化保障措施

（十五）强化组织领导。各地住房和城乡建设主管部门要高度重视建筑市场交易活动，创新工程招标投标监管机制，完善相关配套政策，加强对建筑市场交易活动的引导和支持，加强与发展改革、财政、审计等有关部门的沟通协调，切实解决招标投标活动中的实际问题。

（十六）推动示范引领。各地住房和城乡建设主管部门要积极推动工程建设项目招标投标改革，选择部分地区开展试点，及时总结试点做法，形成可复制、可推广的经验。试点中的问题和建议及时告住房和城乡建设部。

（十七）做好宣传引导。各地住房和城乡建设主管部门要通过多种形式及时宣传报道招标投标改革工作措施和取得的成效，加强舆论引导，争取社会公众和市场主体的支持，及时回应舆论关切，为顺利推进招标投标改革工作营造良好的舆论环境。

住房和城乡建设部关于取消部分部门规章和规范性文件设定的证明事项的决定

（建法规〔2019〕6号，住房和城乡建设部2019年9月16日发布）

各省、自治区住房和城乡建设厅，直辖市住房和城乡建设（管）委及有关部门，新疆生产建设兵团住房和城乡建设局：

为贯彻落实党中央、国务院关于减证便民、优化服务的部署要求，住房和城乡建设部决定取消部分部门规章和规范性文件设定的证明事项，相关证明事项自公布之日起取消。

附件：1. 取消部门规章设定的证明事项目录

2. 取消规范性文件设定的证明事项目录

附件 1

取消部门规章设定的证明事项目录（共 36 项）

序号	证明事项名称	证明用途	设定依据	取消后的办理方式
1	企业具有相应专业技术人员和管理人员条件的社保证明、劳动合同	企业从事城市生活垃圾经营性处置服务的审批	《城市生活垃圾管理办法》（建设部令第 157 号，根据住房和城乡建设部令第 24 号修正）	申请人不再提交，向主管部门作出书面承诺，由主管部门内部核查
2	权属关系证明材料	申请关闭、闲置或者拆除城市生活垃圾处置设施、场所的核准		申请人不再提交，向主管部门作出书面承诺，由主管部门内部核查
3	设施丧失使用功能或其使用功能被其他设施替代的证明	申请办理拆除环境卫生设施方案审批		申请人不再提交，向主管部门作出书面承诺，由主管部门内部核查
4	在公众媒体刊登遗失声明	建筑业企业资质证书遗失补办	《建筑业企业资质管理规定》（住房和城乡建设部令第 22 号，根据住房和城乡建设部令第 32 号、第 45 号修正）	申请人不再提交，由申请人告知资质许可机关，由资质许可机关在官网发布信息
5	固定经营服务场所证明	房地产估价机构备案	《房地产估价机构管理办法》（建设部令第 142 号，根据住房城乡建设部令第 14 号、第 24 号修正）	申请人不再提交，由主管部门根据营业执照确认
6	固定经营服务场所证明	房地产估价机构备案证书变更		申请人不再提交，由主管部门根据营业执照确认
7	专职注册房地产估价师证明	房地产估价机构备案		申请人不再提交，向主管部门作出书面承诺，由主管部门内部核查
8	道路运输经营许可证	申请城市建筑垃圾准运许可	《建设部关于纳入国务院决定的十五项行政许可的条件的规定》（建设部令第 135 号，根据住房和城乡建设部令第 9 号、第 10 号修正）	申请人不再提交，向主管部门作出书面承诺，由主管部门内部核查
9	消纳场具有相应的摊铺、碾压、除尘、照明等机械和设备以及排水、消防等设施的证明	城市建筑垃圾处置核准		申请人不再提交，向主管部门作出书面承诺，由主管部门内部核查
10	工程造价咨询营业收入的财务审计报告	企业申请工程造价咨询企业资质	《工程造价咨询企业管理办法》（建设部令第 149 号，根据住房和城乡建设部令第 24 号、第 32 号修正）	申请人不再提交
11	税务部门出具的缴纳工程造价咨询营业收入的营业税完税证明	企业申请工程造价咨询企业资质		申请人不再提交，改为上传营业收入发票和对应的工程造价咨询合同扫描件
12	专职专业人员（含技术负责人）的造价工程师注册证书、造价员资格证书	企业申请工程造价咨询企业资质		申请人不再提交，由主管部门内部核查

续表

序号	证明事项名称	证明用途	设定依据	取消后的办理方式
13	专职专业人员（含技术负责人）的人事代理合同	企业申请工程造价咨询企业资质	《工程造价咨询企业管理办法》（建设部令第149号，根据住房和城乡建设部令第24号、第32号修正）	申请人不再提交，向主管部门作出书面承诺
14	企业为专职专业人员交纳的本年度社会基本养老保险费用的凭证	企业申请工程造价咨询企业资质		申请人不再提交，向主管部门作出书面承诺
15	在公众媒体上声明作废	工程造价咨询企业资质证书遗失补办		申请人不再提交，由申请人告知资质许可机关，由资质许可机关在官网发布信息
16	在公众媒体上声明作废	建筑施工企业安全生产许可证遗失补办	《建筑施工企业安全生产许可证管理规定》（建设部令第128号，根据住房和城乡建设部令第23号修正）	申请人不再提交，由申请人告知资质许可机关，由资质许可机关在官网发布信息
17	执业资格证书复印件	申请勘察设计注册工程师执业资格初始注册	《勘察设计注册工程师管理规定》（建设部令第137号发布，根据住房和城乡建设部令第32号修正）	申请人不再提交，向主管部门作出书面承诺
18	达到继续教育要求的证明材料	逾期申请勘察设计注册工程师执业资格初始注册和申请延续注册		申请人不再提交，向主管部门作出书面承诺
19	受聘单位的企业资质证书	申请勘察设计注册工程师执业资格初始注册、延续注册和变更注册		申请人不再提交，向主管部门作出书面承诺
20	相应的从业经历和良好的业绩证明	市政公用事业特许经营权事项审批	《市政公用事业特许经营管理办法》（建设部令第126号，根据住房和城乡建设部令第24号修正）	申请人不再提交，向主管部门作出书面承诺，由主管部门内部核查
21	在公众媒体上刊登的遗失声明的证明	注册建筑师注册证书遗失补办	《中华人民共和国注册建筑师条例实施细则》（建设部令第167号）	申请人不再提交，由申请人告知许可机关，由许可机关在官网发布信息
22	公众媒体上刊登的遗失声明的证明	注册证书或执业印章遗失补办	《注册建造师管理规定》（建设部令第153号发布，根据住房和城乡建设部令第32号修正）	申请人不再提交，由申请人告知许可机关，由许可机关在官网发布信息
23	执业资格证书复印件	申请一级注册建造师执业资格初始注册		申请人不再提交，向主管部门作出书面承诺
24	执业资格证书	申请注册监理工程师执业资格初始注册	《注册监理工程师管理规定》（建设部令第147号，根据住房和城乡建设部令第32号修正）	申请人不再提交，向主管部门作出书面承诺

续表

序号	证明事项名称	证明用途	设定依据	取消后的办理方式
25	工程造价岗位工作证明	申请一级注册造价工程师执业资格初始注册	《注册造价工程师管理办法》（建设部令第150号，根据住房和城乡建设部令第32号修正）	申请人不再提交，向主管部门作出书面承诺
26	注册造价工程师与原聘用单位解除劳动合同的证明文件	注册造价工程师申请变更注册		申请人不再提交，向主管部门作出书面承诺
27	在公众媒体上声明作废	注册证书或执业印章遗失补办		申请人不再提交，由申请人告知许可机关，由许可机关在官网发布信息
28	在公众媒体刊登遗失声明	工程监理企业资质证书遗失补办	《工程监理企业资质管理规定》（建设部令第158号，根据住房和城乡建设部令第24号、第32号、第45号修正）	申请人不再提交，由申请人告知资质许可机关，由资质许可机关在官网发布信息
29	公共媒体上声明作废	建筑施工企业管理人员安全生产任职资格认定证书遗失补发	《建筑施工企业主要负责人、项目负责人和专职安全生产管理人员安全生产管理规定》（住房和城乡建设部令第17号）	申请人不再提交，由申请人告知许可机关，由许可机关在官网发布信息
30	在公众媒体上发布的遗失声明	注册房地产估价师注册证书遗失补办	《注册房地产估价师管理办法》（建设部令第151号，根据住房和城乡建设部令第32号修正）	申请人不再提交，由申请人告知许可机关，由许可机关在官网发布信息
31	专业技术人员的名单、职称证书或者执业资格证书及其工作经历的证明材料	招标人自行办理施工招标事宜备案	《房屋建筑和市政基础实施工程施工招标投标管理办法》（建设部令第89号，根据住房和城乡建设部令第43号、第47号修正）	申请人不再提交，向主管部门作出书面承诺
32	仪器设备的检定、校准证书	证明申报机构具备符合开展检测工作所需的仪器、设备	《建设工程质量检测管理办法》（建设部令第141号，根据住房和城乡建设部令第24号修正）	申请人不再提交，向主管部门作出书面承诺
33	放弃优先购买权证明（住房保障部门办理）	房地产交易与成交价格申报审核	《城市房地产转让管理规定》（建设部令第45号发布，根据建设部令第96号修正）	申请人不再提交，向主管部门作出书面承诺，由主管部门内部核查

续表

序号	证明事项名称	证明用途	设定依据	取消后的办理方式
34	排水许可申请受理之日前一个月内由具有计量认证资格的排水监测机构出具的排水水质、水量检测报告	城镇污水排入排水管网许可	《城镇污水排入排水管网许可管理办法》（住房和城乡建设部令第21号）	申请人不再提交，向主管部门作出书面承诺，事后监督检查
35	在公众媒体上刊登的遗失声明	建设工程勘察设计企业资质证书遗失补办	《建设工程勘察设计资质管理规定》（建设部令第160号，根据住房和城乡建设部令第24号、第32号、第45号修正）	申请人不再提交，由申请人告知许可机关，由许可机关在官网发布信息
36	在新闻媒体上发布的遗失声明	房地产开发企业办理资质证书遗失补办	《房地产开发企业资质管理规定》（建设部令第77号，根据住房和城乡建设部令第24号、第45号修正）	申请人不再提交，由申请人告知资质许可机关，由资质许可机关在官网发布信息

附件2

取消规范性文件设定的证明事项目录（共25项）

序号	证明事项名称	证明用途	设定依据	取消后的办理方式
1	建设工程企业资质申报业绩核查的证明	建筑业企业资质核准	《住房城乡建设部办公厅关于加强建设工程企业资质申报业绩核查工作的通知》（建办市〔2012〕36号）	申请人不再提交，向主管部门作出书面承诺
2	军队或高校从事工程勘察的事业编制的注册人员和专业技术人员，所在企业上级人事主管部门的人事证明材料	工程勘察企业资质审批	《工程勘察资质标准实施办法》（建市〔2013〕86号）	申请人不再提交，向主管部门作出书面承诺
3	提取业务时纸质申请书（表）	办理提取业务	《住房城乡建设部　财政部　人民银行　银监会关于加强和改进住房公积金服务工作的通知》（建金〔2011〕9号）	申请人不再提交，向主管部门作出书面承诺，由主管部门内部核查
4	二手房估价报告	办理二手房住房公积金贷款		申请人不再提交，向主管部门作出书面承诺，由主管部门内部核查

续表

序号	证明事项名称	证明用途	设定依据	取消后的办理方式
5	企业组织机构代码证书副本复印件	建筑业企业申请部批资质延续	《住房城乡建设部关于建设工程企业资质资格延续审查有关问题的通知》（建市〔2013〕106号）；《建筑业企业资质管理规定和资质标准实施意见》（建市〔2015〕20号）	申请人不再提交，向主管部门作出书面承诺
6	企业组织机构代码证书副本复印件	建筑业企业首次申请资质	《建筑业企业资质管理规定和资质标准实施意见》（建市〔2015〕20号）	申请人不再提交，向主管部门作出书面承诺
7	企业组织机构代码证书副本复印件	建筑业企业申请资质延续		申请人不再提交，向主管部门作出书面承诺
8	企业组织机构代码证书副本复印件	建筑业企业申请重新核定资质		申请人不再提交，向主管部门作出书面承诺
9	企业组织机构代码证书副本复印件	符合简化审批手续情况的建筑业企业跨省变更		申请人不再提交，向主管部门作出书面承诺
10	企业组织机构代码证书副本复印件	符合简化审批手续情况的建筑业企业合并后申请资质	《建筑业企业资质管理规定和资质标准实施意见》（建市〔2015〕20号）	申请人不再提交，向主管部门作出书面承诺
11	企业组织机构代码证书副本复印件	符合简化审批手续情况的全资子公司间重组分立后申请资质		申请人不再提交，向主管部门作出书面承诺
12	企业组织机构代码证书副本复印件	符合简化审批手续情况的国有企业改制重组分立后申请资质		申请人不再提交，向主管部门作出书面承诺
13	企业组织机构代码证书副本复印件	符合简化审批手续情况的企业外资退出		申请人不再提交，向主管部门作出书面承诺
14	企业章程	建筑业企业资质简单变更		申请人不再提交，向主管部门作出书面承诺
15	工程设计企业原工商注册地省、自治区、直辖市人民政府建设主管部门同意资质变更的书面意见	工程设计企业办理跨省资质变更	《住房城乡建设部关于建设工程企业发生重组、合并、分立等情况资质核定有关问题的通知》（建市〔2014〕79号）	申请人不再提交
16	工程勘察企业原工商注册地省、自治区、直辖市人民政府建设主管部门同意资质变更的书面意见	工程勘察企业办理跨省资质变更		申请人不再提交

续表

序号	证明事项名称	证明用途	设定依据	取消后的办理方式
17	遵守国家法律、职业道德及工作业绩证明	一级注册结构工程师资格考试报名	《关于一九九七年全国一级注册结构工程师资格考试及有关工作的通知》（建设〔1997〕233号）	申请人不再提交，向主管部门作出书面承诺
18	经省级注册管理部门批准的注册建造师初始注册或变更注册材料（新企业无资质的）	建筑业企业资质核准	《关于新设立建筑业企业注册建造师认定的函》（建市监函〔2007〕86号）	申请人不再提交，向主管部门作出书面承诺
19	解除聘用劳动合同的证明，或近一个月的社保证明复印件；军队或高校从事工程勘察的事业编制的注册人员和专业技术人员，所在企业上级人事主管部门的人事证明材料	工程设计企业资质审批	《建设工程勘察设计资质管理规定实施意见》（建市〔2007〕202号）；《工程勘察资质标准实施办法》（建市〔2013〕86号）	申请人不再提交，向主管部门作出书面承诺
20	企业章程或合伙人协议文本复印件（建筑工程设计事务所除外）	建设工程勘察设计企业申请资质首次申请、增项、升级和延续，勘察设计企业资质证书变更		申请人不再提交，向主管部门作出书面承诺
21	注册执业人员注册证书	建设工程勘察设计企业申请增项、升级和延续，勘察设计企业资质证书变更		申请人不再提交，向主管部门作出书面承诺
22	1. 租住公共租赁住房的，家庭收入证明；2. 租住商品住房的，房屋租赁合同、租金缴纳证明和家庭收入证明	租房提取公积金	《关于加强和改进住房公积金服务工作的通知》（建金〔2011〕52号）	申请人不再提交，向主管部门作出书面承诺，由部门内部核查
23	社保证明	申请注册监理工程师执业资格初始注册、延续注册和变更注册	《注册监理工程师注册管理工作规程》（建市监函〔2017〕51号）	申请人不再提交，向主管部门作出书面承诺
24	聘用单位新名称的营业执照	申请注册监理工程师执业资格变更注册		申请人不再提交，向主管部门作出书面承诺
25	聘用单位新名称的工商核准通知书扫描件	申请注册监理工程师执业资格变更注册		申请人不再提交，向主管部门作出书面承诺

住房和城乡建设部办公厅关于部分建设工程企业资质延续审批实行告知承诺制的通知

（建办市函〔2019〕438 号，住房和城乡建设部办公厅 2019 年 7 月 25 日发布）

各省、自治区住房和城乡建设厅，直辖市住房和城乡建设（管）委，北京市规划和自然资源委，新疆生产建设兵团住房和城乡建设局，有关中央企业：

为贯彻落实《国务院办公厅关于促进建筑业持续健康发展的意见》（国办发〔2017〕19号），深入推进建筑业“放管服”改革，决定对部分建设工程企业资质延续审批实行告知承诺制。现将有关事项通知如下。

一、自 2019 年 9 月 1 日起，我部负责的工程勘察、工程设计、建筑业企业、工程监理企业资质延续审批实行告知承诺制，不再委托各省级住房和城乡建设主管部门实施资质延续审查工作。

公路、铁路、水运、水利、信息产业、民航、航空航天等专业建设工程企业资质（名单见附件）延续审批仍按《住房城乡建设部办公厅关于建设工程企业资质统一实行电子化申报和审批的通知》（建办市函〔2018〕493 号）规定办理。

二、按照告知承诺制申请资质延续的企业登录我部门户网站（网址：www. mohurd. gov. cn）“办事大厅－在线申报”栏目，按现行的相关资质标准，在线填报申报信息，对本企业符合延续资质标准条件的情况作出承诺，完成资质延续申请。

三、建设工程企业应对承诺内容真实性、合法性负责，并承担全部法律责任。发现申请企业承诺内容与实际情况不相符的，我部将依法撤销其相应资质，3 年内不得申请该项资质，并列入建筑市场主体“黑名单”。

四、各省级住房和城乡建设主管部门应健全完善省级建筑市场监管一体化工作平台与全国建筑市场监管公共服务平台企业和项目信息数据共享机制，确保共享信息及时、完整、准确。要加强建设工程企业资质延续告知承诺制审批宣传工作，及时回应社会关切。

附件：公路、铁路、水运、水利、信息产业、民航、航空航天等专业建设工程企业资质清单

附件

公路、铁路、水运、水利、信息产业、民航、航空航天等专业建设工程企业资质清单

资质类别	资质类型	资质等级		
设计	电子工程行业资质	甲级	乙级	
	通信工程行业资质	甲级	乙级	
	广电工程行业资质	甲级	乙级	
	电子整机产品项目工程专业资质	甲级	乙级	
	电子基础产品项目工程专业资质	甲级	乙级	
	显示器件项目工程专业资质	甲级	乙级	
	微电子产品项目工程专业资质	甲级	乙级	

续表

资质类别	资质类型	资质等级		
设计	电子特种环境工程专业资质	甲级	乙级	
	电子系统工程专业资质	甲级	乙级	
	有线通信专业资质	甲级	乙级	
	无线通信专业资质	甲级	乙级	
	通信铁塔专业资质	甲级	乙级	
	广播电视中心	甲级	乙级	
	广播电视发射	甲级	乙级	
	广播电视传输	甲级	乙级	
	铁道行业资质	甲（Ⅰ）级	甲（Ⅱ）级	乙级
	桥梁专业资质	甲级		
	轨道专业资质	甲级		
	隧道专业资质	甲级		
	电气化专业资质	甲级		
	通信信号专业资质	甲级		
	公路行业资质	甲级		
	公路专业资质	甲级	乙级	
	特大桥梁专业资质	甲级		
	特长隧道专业资质	甲级		
	交通工程专业资质	甲级	乙级	
	水运行业资质	甲级	乙级	
	港口工程专业资质	甲级	乙级	
	航道工程专业资质	甲级	乙级	
	通航建筑工程专业资质	甲级	乙级	
	修造船厂水工工程专业资质	甲级	乙级	
	港口装卸工艺专业资质	甲级	乙级	
	水上交通管制工程专业资质	甲级	乙级	
	民航行业资质	甲级	乙级	
	水利行业资质	甲级	乙级	
	水库枢纽专业资质	甲级	乙级	
	引调水专业资质	甲级	乙级	
	灌溉排涝专业资质	甲级	乙级	
	河道整治专业资质	甲级	乙级	
	城市防洪专业资质	甲级	乙级	
	围垦专业资质	甲级	乙级	
	水土保持专业资质	甲级	乙级	
	水文设施专业资质	甲级	乙级	
	消防设施工程专项	甲级		

续表

资质类别	资质类型	资质等级		
建筑业	公路工程施工总承包资质	特级	一级	
	铁路工程施工总承包资质	特级	一级	二级
	港口与航道工程施工总承包资质	特级	一级	
	水利水电工程施工总承包资质	特级	一级	
	通信工程施工总承包资质		一级	
	公路路面工程专业资质承包资质		一级	
	公路路基工程专业资质承包资质		一级	
	公路交通工程专业资质承包资质		一级	
	铁路电务工程专业资质承包资质		一级	二级
	铁路铺轨架梁工程专业资质承包资质		一级	二级
	铁路电气化工程专业资质承包资质		一级	二级
	机场场道工程专业资质承包资质		一级	二级
	民航空管工程及机场弱电系统工程专业资质承包资质		一级	二级
	机场目视助航工程专业资质承包资质		一级	二级
	港口与海岸工程专业资质承包资质		一级	
	航道工程专业资质承包资质		一级	
	通航建筑物工程专业资质承包资质		一级	
	港航设备安装及水上交管工程专业资质承包资质		一级	
	水工金属结构制作与安装工程专业资质承包资质		一级	
	水利水电机电安装工程专业资质承包资质		一级	
	河湖整治工程专业资质承包资质		一级	
监理	铁路工程	甲级	乙级	
	航天航空工程	甲级	乙级	

住房和城乡建设部关于修改《工程造价咨询企业管理办法》《注册造价工程师管理办法》的决定

（住房和城乡建设部令 2020 年第 50 号，住房和城乡建设部 2020 年 2 月 19 日发布）

《住房和城乡建设部关于修改〈工程造价咨询企业管理办法〉〈注册造价工程师管理办法〉的决定》已经 2019 年 12 月 5 日第 14 次部常务会议审议通过，现予公布，自公布之日起施行。

住房和城乡建设部关于修改《工程造价咨询企业管理办法》《注册造价工程师管理办法》的决定

为贯彻落实国务院深化“放管服”改革、优化营商环境的要求，住房和城乡建设部决定：

一、删去《工程造价咨询企业管理办法》

（建设部令第 149 号，根据住房城乡建设部令第 24 号、住房城乡建设部令第 32 号修正）第九条第二项。

第九条第三项改为第二项，其中的“造价工程师”修改为“一级造价工程师”。

第九条第四项改为第三项，修改为：“专职从事工程造价专业工作的人员（以下简称专职专业人员）不少于 12 人，其中，具有工程（或工程经济类）中级以上专业技术职称或者取得二级造价工程师注册证书的人员合计不少于 10 人；取得一级造价工程师注册证书的人员不少于 6 人，其他人员具有从事工程造价专业工作的经历”。

删去第九条第六项、第八项、第九项。

第九条第十一项改为第七项，其中的“第二十七条”修改为“第二十五条”。

删去第十条第一项。

第十条第二项改为第一项，其中的“造价工程师”修改为“一级造价工程师”。

第十条第三项改为第二项，修改为：“专职专业人员不少于 6 人，其中，具有工程（或工程经济类）中级以上专业技术职称或者取得二级造价工程师注册证书的人员合计不少于 4 人；取得一级造价工程师注册证书的人员不少于 3 人，其他人员具有从事工程造价专业工作的经历”。

删去第十条第五项、第六项、第七项。

第十条第十项改为第六项，其中的“第二十七条”修改为“第二十五条”。

第十三条修改为：“企业在申请工程造价咨询甲级（或乙级）资质，以及在资质延续、变更时，应当提交以下申报材料：

“（一）工程造价咨询企业资质申请书（含企业法定代表人承诺书）；

“（二）专职专业人员（含技术负责人）的中级以上专业技术职称证书和身份证；

“（三）企业开具的工程造价咨询营业收入发票和对应的工程造价咨询合同（如发票能体现工程造价咨询业务的，可不提供对应的工程造价咨询合同；新申请工程造价咨询企业资质的，不需提供）；

“（四）工程造价咨询企业资质证书（新申请工程造价咨询企业资质的，不需提供）；

“（五）企业营业执照。

“企业在申请工程造价咨询甲级（或乙级）资质，以及在资质延续、变更时，企业法定代表人应当对下列事项进行承诺，并由资质许可机关调查核实：

“（一）企业与专职专业人员签订劳动合同；

“（二）企业缴纳营业收入的增值税；

“（三）企业为专职专业人员（含技术负责人）缴纳本年度社会基本养老保险费用。”

第十四条第一款中的“第（九）项”修改为“第（四）项”。

第十五条第三款修改为：“工程造价咨询企业遗失资质证书的，应当向资质许可机关申请补办，由资质许可机关在官网发布信息。”

第十九条第三款中的“5000 万元”修改为“2 亿元”。

删去第二十三条、第二十四条。

第四十条改为第三十八条，修改为：“违反本办法第二十三条规定，跨省、自治区、直辖市承接业务不备案的，由县级以上地方人民政府住房城乡建设主管部门或者有关专业部门给予警告，责令限期改正；逾期未改正的，可处以 5000 元以上 2 万元以下的罚款。”

第四十一条改为第三十九条，其中的“第二十七条”修改为“第二十五条”。

删去第四十四条。

二、将《注册造价工程师管理办法》（建设部令第 150 号，根据住房城乡建设部令第 32 号修正）第三条修改为：“本办法所称注册造价工程师，是指通过土木建筑工程或者安装工程专业造价工程师职业资格考试取得造价工程师职业资格证书或者通过资格认定、资格互认，并按照本办法注册后，从事工程造价活动的专业人员。注册造价工程师分为一级注册造价工程师和二级注册造价工程师。”

第四条修改为：“国务院住房城乡建设主管部门对全国注册造价工程师的注册、执业活动实施统一监督管理，负责实施全国一级注册造价工程师的注册，并负责建立全国统一的注册造价工程师注册信息管理平台；国务院有关专业部门按照国务院规定的职责分工，对本行业注册造价工程师的执业活动实施监督管理。

“省、自治区、直辖市人民政府住房城乡建设主管部门对本行政区域内注册造价工程师的执业活动实施监督管理，并实施本行政区域二级注册造价工程师的注册。”

第六条、第七条中的“执业资格”修改为“职业资格”。

第七条第三项中的“第十二条”修改为“第十三条”。

第八条修改为：“符合注册条件的人员申请注册的，可以向聘用单位工商注册所在地的省、自治区、直辖市人民政府住房城乡建设主管部门或者国务院有关专业部门提交申请材料。

“申请一级注册造价工程师初始注册，省、自治区、直辖市人民政府住房城乡建设主管部门或者国务院有关专业部门收到申请材料后，应当在5日内将申请材料报国务院住房城乡建设主管部门。国务院住房城乡建设主管部门在收到申请材料后，应当依法做出是否受理的决定，并出具凭证；申请材料不齐全或者不符合法定形式的，应当在5日内一次性告知申请人需要补正的全部内容。逾期不告知的，自收到申请材料之日起即为受理。国务院住房城乡建设主管部门应当自受理之日起20日内作出决定。

“申请二级注册造价工程师初始注册，省、自治区、直辖市人民政府住房城乡建设主管部门收到申请材料后，应当依法做出是否受理的决定，并出具凭证；申请材料不齐全或者不符合法定形式的，应当在5日内一次性告知申请人需要补正的全部内容。逾期不告知的，自收到申请材料之日起即为受理。省、自治区、直辖市人民政府住房城乡建设主管部门应当自受理之日起20日内作出决定。

“申请一级注册造价工程师变更注册、延续注册，省、自治区、直辖市人民政府住房城乡建设主管部门或者国务院有关专业部门收到申请材料后，应当在5日内将申请材料报国务院住房城乡建设主管部门，国务院住房城乡建设主管部门应当自受理之日起10日内作出决定。

“申请二级注册造价工程师变更注册、延续注册，省、自治区、直辖市人民政府住房城乡建设主管部门收到申请材料后，应当自受理之日起10日内作出决定。

“注册造价工程师的初始、变更、延续注册，通过全国统一的注册造价工程师注册信息管理平台实行网上申报、受理和审批。”

第十四条改为第九条，修改为：“准予注册的，由国务院住房城乡建设主管部门或者省、自治区、直辖市人民政府住房城乡建设主管部门（以下简称注册机关）核发注册造价工程师注册证书，注册造价工程师按照规定自行制作执业印章。

“注册证书和执业印章是注册造价工程师的执业凭证，由注册造价工程师本人保管、使用。注册证书、执业印章的样式以及编码规则由国务院住房城乡建设主管部门统一制定。

“一级注册造价工程师注册证书由国务院住房城乡建设主管部门印制；二级注册造价工程师注册证书由省、自治区、直辖市人民政府住房城乡建设主管部门按照规定分别印制。

“注册造价工程师遗失注册证书，应当按照本办法第八条规定的延续注册程序申请补发，并由注册机关在官网发布信息。”

第九条改为第十条，修改为：“取得职业资格证书的人员，可自职业资格证书签发之日起1年内申请初始注册。逾期未申请者，须符合继续教育的要求后方可申请初始注册。初始注册的有效期为4年。

“申请初始注册的，应当提交下列材料：

“（一）初始注册申请表；

“（二）职业资格证书和身份证件；

“（三）与聘用单位签订的劳动合同；

“（四）取得职业资格证书的人员，自资格证书签发之日起1年后申请初始注册的，应当提供当年的继续教育合格证明；

“（五）外国人应当提供外国人就业许可证书。

“申请初始注册时，造价工程师本人和单位应当对下列事项进行承诺，并由注册机关调查核实：

“（一）受聘于工程造价岗位；

“（二）聘用单位为其交纳社会基本养老保险或者已办理退休。”

第十条改为第十一条，第二款第三项修改为：“与聘用单位签订的劳动合同”。

删去第二款第四项。

增加一款，作为第三款：“申请延续注册时，造价工程师本人和单位应对其前一个注册的工作业绩进行承诺，并由注册机关调查核实。”

第十一条改为第十二条，修改为：“在注册有效期内，注册造价工程师变更执业单位的，应当与原聘用单位解除劳动合同，并按照本办法第八条规定的程序，到新聘用单位工商注册所在地的省、自治区、直辖市人民政府住房城乡建设主管部门或者国务院有关专业部门办理变更注册手续。变更注册后延续原注册有效期。

“申请变更注册的，应当提交下列材料：

“（一）变更注册申请表；

“（二）注册证书；

“（三）与新聘用单位签订的劳动合同。

“申请变更注册时，造价工程师本人和单位应当对下列事项进行承诺，并由注册机关调查核实：

“（一）与原聘用单位解除劳动合同；

“（二）聘用单位为其交纳社会基本养老保险或者已办理退休。”

第十三条改为第十四条，修改为：“被注销注册或者不予注册者，在具备注册条件后重新申请注册的，按照本办法第八条规定的程序办理。”

第十五条修改为：“一级注册造价工程师执业范围包括建设项目全过程的工程造价管理与工程造价咨询等，具体工作内容：

“（一）项目建议书、可行性研究投资估算与审核，项目评价造价分析；

“（二）建设工程设计概算、施工预算编制和审核；

“（三）建设工程招标投标文件工程量和造价的编制与审核；

“（四）建设工程合同价款、结算价款、竣工决算价款的编制与管理；

“（五）建设工程审计、仲裁、诉讼、保险中的造价鉴定，工程造价纠纷调解；

“（六）建设工程计价依据、造价指标的编制与管理；

“（七）与工程造价管理有关的其他事项。

“二级注册造价工程师协助一级注册造价工程师开展相关工作，并可以独立开展以下工作：

“（一）建设工程工料分析、计划、组织与成本管理，施工图预算、设计概算编制；

“（二）建设工程量清单、最高投标限价、投标报价编制；

“（三）建设工程合同价款、结算价款和竣工决算价款的编制。”

第十六条第二项修改为：“依法从事工程造价业务”。

第十八条修改为：“注册造价工程师应当根据执业范围，在本人形成的工程造价成果文件上签字并加盖执业印章，并承担相应的法律责任。最终出具的工程造价成果文件应当由一级注册造价工程师审核并签字盖章。”

第二十条增加一项，作为第九项：“超出执业范围、注册专业范围执业”。

第二十二条修改为：“注册造价工程师应当适应岗位需要和职业发展的要求，按照国家专业技术人员继续教育的有关规定接受继续教育，更新专业知识，提高专业水平。”

第二十四条中的“注册机关”修改为“国务院住房城乡建设主管部门”。

第三十九条修改为：“造价工程师职业资格考试工作按照国务院人力资源社会保障主管部门的有关规定执行。”

此外，对相关条文序号作相应调整。

本决定自公布之日起施行。以上 2 部部门规章根据本决定作相应的修正，重新公布。

工程造价咨询企业管理办法

（2006 年 3 月 22 日建设部令第 149 号发布，根据 2015 年 5 月 4 日住房和城乡建设部令第 24 号，2016 年 9 月 13 日住房和城乡建设部令第 32 号，2020 年 2 月 19 日住房和城乡建设部令第 50 号修正）

第一章　总则

第一条　为了加强对工程造价咨询企业的管理，提高工程造价咨询工作质量，维护建设市场秩序和社会公共利益，根据《中华人民共和国行政许可法》、《国务院对确需保留的行政审批项目设定行政许可的决定》，制定本办法。

第二条　在中华人民共和国境内从事工程造价咨询活动，实施对工程造价咨询企业的监督管理，应当遵守本办法。

第三条　本办法所称工程造价咨询企业，是指接受委托，对建设项目投资、工程造价的确定与控制提供专业咨询服务的企业。

第四条　工程造价咨询企业应当依法取得工程造价咨询企业资质，并在其资质等级许可的范围内从事工程造价咨询活动。

第五条　工程造价咨询企业从事工程造价咨询活动，应当遵循独立、客观、公正、诚实信用的原则，不得损害社会公共利益和他人的合法权益。

任何单位和个人不得非法干预依法进行的工程造价咨询活动。

第六条　国务院住房城乡建设主管部门负责全国工程造价咨询企业的统一监督管理工作。

省、自治区、直辖市人民政府住房城乡建设主管部门负责本行政区域内工程造价咨询企业的监督管理工作。

有关专业部门负责对本专业工程造价咨询企业实施监督管理。

第七条　工程造价咨询行业组织应当加强行业自律管理。

鼓励工程造价咨询企业加入工程造价咨询行业组织。

第二章　资质等级与标准

第八条　工程造价咨询企业资质等级分为甲级、乙级。

第九条　甲级工程造价咨询企业资质标准如下：

（一）已取得乙级工程造价咨询企业资质证书满 3 年；

（二）技术负责人已取得一级造价工程师注册证书，并具有工程或工程经济类高级专业技术职称，且从事工程造价专业工作 15 年以上；

（三）专职从事工程造价专业工作的人员（以下简称专职专业人员）不少于 12 人，其中，具有工程（或工程经济类）中级以上专业技术职称或者取得二级造价工程师注册证书的人员合计不少于 10 人；取得一级造价工程师注册证书的人员不少于 6 人，其他人员具有从事工程造价专业工作的经历；

（四）企业与专职专业人员签订劳动合同，且专职专业人员符合国家规定的职业年龄（出资人除外）；

（五）企业近 3 年工程造价咨询营业收入累计不低于人民币 500 万元；

（六）企业为本单位专职专业人员办理的社会基本养老保险手续齐全；

（七）在申请核定资质等级之日前 3 年内无本办法第二十五条禁止的行为。

第十条　乙级工程造价咨询企业资质标准如下：

（一）技术负责人已取得一级造价工程师注册证书，并具有工程或工程经济类高级专业技术职称，且从事工程造价专业工作 10 年以上；

（二）专职专业人员不少于 6 人，其中，具有工程（或工程经济类）中级以上专业技术职称或者取得二级造价工程师注册证书的人员合计不少于4人；取得一级造价工程师注册证书的人员不少于3人，其他人员具有从事工程造价专业工作的经历；

（三）企业与专职专业人员签订劳动合同，且专职专业人员符合国家规定的职业年龄（出资人除外）；

（四）企业为本单位专职专业人员办理的社会基本养老保险手续齐全；

（五）暂定期内工程造价咨询营业收入累计不低于人民币50万元；

（六）申请核定资质等级之日前无本办法第二十五条禁止的行为。

第三章　资质许可

第十一条　甲级工程造价咨询企业资质，由国务院住房城乡建设主管部门审批。

申请甲级工程造价咨询企业资质的，可以向申请人工商注册所在地省、自治区、直辖市人民政府住房城乡建设主管部门或者国务院有关专业部门提交申请材料。

省、自治区、直辖市人民政府住房城乡建设主管部门或者国务院有关专业部门收到申请材料后，应当在5日内将全部申请材料报国务院住房城乡建设主管部门，国务院住房城乡建设主管部门应当自受理之日起20日内作出决定。

组织专家评审所需时间不计算在上述时限内，但应当明确告知申请人。

第十二条　申请乙级工程造价咨询企业资质的，由省、自治区、直辖市人民政府住房城乡建设主管部门审查决定。其中，申请有关专业乙级工程造价咨询企业资质的，由省、自治区、直辖市人民政府住房城乡建设主管部门商同级有关专业部门审查决定。

乙级工程造价咨询企业资质许可的实施程序由省、自治区、直辖市人民政府住房城乡建设主管部门依法确定。

省、自治区、直辖市人民政府住房城乡建设主管部门应当自作出决定之日起30日内，将准予资质许可的决定报国务院住房城乡建设主管部门备案。

第十三条　企业在申请工程造价咨询甲级（或乙级）资质，以及在资质延续、变更时，应当提交下列申报材料：

（一）工程造价咨询企业资质申请书（含企业法定代表人承诺书）；

（二）专职专业人员（含技术负责人）的中级以上专业技术职称证书和身份证；

（三）企业开具的工程造价咨询营业收入发票和对应的工程造价咨询合同（如发票能体现工程造价咨询业务的，可不提供对应的工程造价咨询合同；新申请工程造价咨询企业资质的，不需提供）；

（四）工程造价咨询企业资质证书（新申请工程造价咨询企业资质的，不需提供）；

（五）企业营业执照。

企业在申请工程造价咨询甲级（或乙级）资质，以及在资质延续、变更时，企业法定代表人应当对下列事项进行承诺，并由资质许可机关调查核实：

（一）企业与专职专业人员签订劳动合同；

（二）企业缴纳营业收入的增值税；

（三）企业为专职专业人员（含技术负责人）缴纳本年度社会基本养老保险费用。

第十四条　新申请工程造价咨询企业资质的，其资质等级按照本办法第十条第（一）项至第（四）项所列资质标准核定为乙级，设暂定期一年。

暂定期届满需继续从事工程造价咨询活动的，应当在暂定期届满30日前，向资质许可机关申请换发资质证书。符合乙级资质条件的，由资质许可机关换发资质证书。

第十五条　准予资质许可的，资质许可机关应当向申请人颁发工程造价咨询企业资质证书。

工程造价咨询企业资质证书由国务院住房城乡建设主管部门统一印制，分正本和副本。正本和副本具有同等法律效力。

工程造价咨询企业遗失资质证书的，应当向资质许可机关申请补办，由资质许可机关在官网发布信息。

第十六条　工程造价咨询企业资质有效期为3年。

资质有效期届满，需要继续从事工程造价

咨询活动的，应当在资质有效期届满30日前向资质许可机关提出资质延续申请。资质许可机关应当根据申请作出是否准予延续的决定。准予延续的，资质有效期延续3年。

第十七条　工程造价咨询企业的名称、住所、组织形式、法定代表人、技术负责人、注册资本等事项发生变更的，应当自变更确立之日起30日内，到资质许可机关办理资质证书变更手续。

第十八条　工程造价咨询企业合并的，合并后存续或者新设立的工程造价咨询企业可以承继合并前各方中较高的资质等级，但应当符合相应的资质等级条件。

工程造价咨询企业分立的，只能由分立后的一方承继原工程造价咨询企业资质，但应当符合原工程造价咨询企业资质等级条件。

第四章　工程造价咨询管理

第十九条　工程造价咨询企业依法从事工程造价咨询活动，不受行政区域限制。

甲级工程造价咨询企业可以从事各类建设项目的工程造价咨询业务。

乙级工程造价咨询企业可以从事工程造价2亿元人民币以下各类建设项目的工程造价咨询业务。

第二十条　工程造价咨询业务范围包括：

（一）建设项目建议书及可行性研究投资估算、项目经济评价报告的编制和审核；

（二）建设项目概预算的编制与审核，并配合设计方案比选、优化设计、限额设计等工作进行工程造价分析与控制；

（三）建设项目合同价款的确定（包括招标工程工程量清单和标底、投标报价的编制和审核）；合同价款的签订与调整（包括工程变更、工程洽商和索赔费用的计算）及工程款支付，工程结算及竣工结（决）算报告的编制与审核等；

（四）工程造价经济纠纷的鉴定和仲裁的咨询；

（五）提供工程造价信息服务等。

工程造价咨询企业可以对建设项目的组织实施进行全过程或者若干阶段的管理和服务。

第二十一条　工程造价咨询企业在承接各类建设项目的工程造价咨询业务时，应当与委托人订立书面工程造价咨询合同。

工程造价咨询企业与委托人可以参照《建设工程造价咨询合同（示范文本）》订立合同。

第二十二条　工程造价咨询企业从事工程造价咨询业务，应当按照有关规定的要求出具工程造价成果文件。

工程造价成果文件应当由工程造价咨询企业加盖有企业名称、资质等级及证书编号的执业印章，并由执行咨询业务的注册造价工程师签字、加盖执业印章。

第二十三条　工程造价咨询企业跨省、自治区、直辖市承接工程造价咨询业务的，应当自承接业务之日起30日内到建设工程所在地省、自治区、直辖市人民政府住房城乡建设主管部门备案。

第二十四条　工程造价咨询收费应当按照有关规定，由当事人在建设工程造价咨询合同中约定。

第二十五条　工程造价咨询企业不得有下列行为：

（一）涂改、倒卖、出租、出借资质证书，或者以其他形式非法转让资质证书；

（二）超越资质等级业务范围承接工程造价咨询业务；

（三）同时接受招标人和投标人或两个以上投标人对同一工程项目的工程造价咨询业务；

（四）以给予回扣、恶意压低收费等方式进行不正当竞争；

（五）转包承接的工程造价咨询业务；

（六）法律、法规禁止的其他行为。

第二十六条　除法律、法规另有规定外，未经委托人书面同意，工程造价咨询企业不得对外提供工程造价咨询服务过程中获知的当事人的商业秘密和业务资料。

第二十七条　县级以上地方人民政府住房城乡建设主管部门、有关专业部门应当依照有关法律、法规和本办法的规定，对工程造价咨询企业从事工程造价咨询业务的活动实施监督检查。

第二十八条 监督检查机关履行监督检查职责时，有权采取下列措施：

（一）要求被检查单位提供工程造价咨询企业资质证书、造价工程师注册证书，有关工程造价咨询业务的文档，有关技术档案管理制度、质量控制制度、财务管理制度的文件；

（二）进入被检查单位进行检查，查阅工程造价咨询成果文件以及工程造价咨询合同等相关资料；

（三）纠正违反有关法律、法规和本办法及执业规程规定的行为。

监督检查机关应当将监督检查的处理结果向社会公布。

第二十九条 监督检查机关进行监督检查时，应当有两名以上监督检查人员参加，并出示执法证件，不得妨碍被检查单位的正常经营活动，不得索取或者收受财物、谋取其他利益。

有关单位和个人对依法进行的监督检查应当协助与配合，不得拒绝或者阻挠。

第三十条 有下列情形之一的，资质许可机关或者其上级机关，根据利害关系人的请求或者依据职权，可以撤销工程造价咨询企业资质：

（一）资质许可机关工作人员滥用职权、玩忽职守作出准予工程造价咨询企业资质许可的；

（二）超越法定职权作出准予工程造价咨询企业资质许可的；

（三）违反法定程序作出准予工程造价咨询企业资质许可的；

（四）对不具备行政许可条件的申请人作出准予工程造价咨询企业资质许可的；

（五）依法可以撤销工程造价咨询企业资质的其他情形。

工程造价咨询企业以欺骗、贿赂等不正当手段取得工程造价咨询企业资质的，应当予以撤销。

第三十一条 工程造价咨询企业取得工程造价咨询企业资质后，不再符合相应资质条件的，资质许可机关根据利害关系人的请求或者依据职权，可以责令其限期改正；逾期不改的，可以撤回其资质。

第三十二条 有下列情形之一的，资质许可机关应当依法注销工程造价咨询企业资质：

（一）工程造价咨询企业资质有效期满，未申请延续的；

（二）工程造价咨询企业资质被撤销、撤回的；

（三）工程造价咨询企业依法终止的；

（四）法律、法规规定的应当注销工程造价咨询企业资质的其他情形。

第三十三条 工程造价咨询企业应当按照有关规定，向资质许可机关提供真实、准确、完整的工程造价咨询企业信用档案信息。

工程造价咨询企业信用档案应当包括工程造价咨询企业的基本情况、业绩、良好行为、不良行为等内容。违法行为、被投诉举报处理、行政处罚等情况应当作为工程造价咨询企业的不良记录记入其信用档案。

任何单位和个人有权查阅信用档案。

第五章 法律责任

第三十四条 申请人隐瞒有关情况或者提供虚假材料申请工程造价咨询企业资质的，不予受理或者不予资质许可，并给予警告，申请人在 1 年内不得再次申请工程造价咨询企业质。

第三十五条 以欺骗、贿赂等不正当手段取得工程造价咨询企业资质的，由县级以上地方人民政府住房城乡建设主管部门或者有关专业部门给予警告，并处以 1 万元以上 3 万元以下的罚款，申请人 3 年内不得再次申请工程造价咨询企业资质。

第三十六条 未取得工程造价咨询企业资质从事工程造价咨询活动或者超越资质等级承接工程造价咨询业务的，出具的工程造价成果文件无效，由县级以上地方人民政府住房城乡建设主管部门或者有关专业部门给予警告，责令限期改正，并处以 1 万元以上 3 万元以下的罚款。

第三十七条 违反本办法第十七条规定，工程造价咨询企业不及时办理资质证书变更手续的，由资质许可机关责令限期办理；逾期不办理的，可处以 1 万元以下的罚款。

第三十八条　违反本办法第二十三条规定，跨省、自治区、直辖市承接业务不备案的，由县级以上地方人民政府住房城乡建设主管部门或者有关专业部门给予警告，责令限期改正；逾期未改正的，可处以5000元以上2万元以下的罚款。

第三十九条　工程造价咨询企业有本办法第二十五条行为之一的，由县级以上地方人民政府住房城乡建设主管部门或者有关专业部门给予警告，责令限期改正，并处以1万元以上3万元以下的罚款。

第四十条　资质许可机关有下列情形之一的，由其上级行政主管部门或者监察机关责令改正，对直接负责的主管人员和其他直接责任人员依法给予处分；构成犯罪的，依法追究刑事责任：

（一）对不符合法定条件的申请人准予工程造价咨询企业资质许可或者超越职权作出准予工程造价咨询企业资质许可决定的；

（二）对符合法定条件的申请人不予工程造价咨询企业资质许可或者不在法定期限内作出准予工程造价咨询企业资质许可决定的；

（三）利用职务上的便利，收受他人财物或者其他利益的；

（四）不履行监督管理职责，或者发现违法行为不予查处的。

第六章　附则

第四十一条　本办法自2006年7月1日起施行。2000年1月25日建设部发布的《工程造价咨询单位管理办法》（建设部令第74号）同时废止。

本办法施行前建设部发布的规章与本办法的规定不一致的，以本办法为准。

注册造价工程师管理办法

（2006年12月25日建设部令第150号发布，根据2016年9月13日住房和城乡建设部令第32号，2020年2月19日住房和城乡建设部令第50号修正）

第一章　总则

第一条　为了加强对注册造价工程师的管理，规范注册造价工程师执业行为，维护社会公共利益，制定本办法。

第二条　中华人民共和国境内注册造价工程师的注册、执业、继续教育和监督管理，适用本办法。

第三条　本办法所称注册造价工程师，是指通过土木建筑工程或者安装工程专业造价工程师职业资格考试取得造价工程师职业资格证书或者通过资格认定、资格互认，并按照本办法注册后，从事工程造价活动的专业人员。注册造价工程师分为一级注册造价工程师和二级注册造价工程师。

第四条　国务院住房城乡建设主管部门对全国注册造价工程师的注册、执业活动实施统一监督管理，负责实施全国一级注册造价工程师的注册，并负责建立全国统一的注册造价工程师注册信息管理平台；国务院有关专业部门按照国务院规定的职责分工，对本行业注册造价工程师的执业活动实施监督管理。

省、自治区、直辖市人民政府住房城乡建设主管部门对本行政区域内注册造价工程师的执业活动实施监督管理，并实施本行政区域二级注册造价工程师的注册。

第五条　工程造价行业组织应当加强造价工程师自律管理。

鼓励注册造价工程师加入工程造价行业组织。

第二章　注册

第六条　注册造价工程师实行注册执业管理制度。

取得职业资格的人员，经过注册方能以注册造价工程师的名义执业。

第七条　注册造价工程师的注册条件为：

（一）取得职业资格；

（二）受聘于一个工程造价咨询企业或者工程建设领域的建设、勘察设计、施工、招标代理、工程监理、工程造价管理等单位；

（三）无本办法第十三条不予注册的情形。

第八条 符合注册条件的人员申请注册的，可以向聘用单位工商注册所在地的省、自治区、直辖市人民政府住房城乡建设主管部门或者国务院有关专业部门提交申请材料。

申请一级注册造价工程师初始注册，省、自治区、直辖市人民政府住房城乡建设主管部门或者国务院有关专业部门收到申请材料后，应当在5日内将申请材料报国务院住房城乡建设主管部门。国务院住房城乡建设主管部门在收到申请材料后，应当依法做出是否受理的决定，并出具凭证；申请材料不齐全或者不符合法定形式的，应当在5日内一次性告知申请人需要补正的全部内容。逾期不告知的，自收到申请材料之日起即为受理。国务院住房城乡建设主管部门应当自受理之日起20日内作出决定。

申请二级注册造价工程师初始注册，省、自治区、直辖市人民政府住房城乡建设主管部门收到申请材料后，应当依法做出是否受理的决定，并出具凭证；申请材料不齐全或者不符合法定形式的，应当在5日内一次性告知申请人需要补正的全部内容。逾期不告知的，自收到申请材料之日起即为受理。省、自治区、直辖市人民政府住房城乡建设主管部门应当自受理之日起20日内作出决定。

申请一级注册造价工程师变更注册、延续注册，省、自治区、直辖市人民政府住房城乡建设主管部门或者国务院有关专业部门收到申请材料后，应当在5日内将申请材料报国务院住房城乡建设主管部门，国务院住房城乡建设主管部门应当自受理之日起10日内作出决定。

申请二级注册造价工程师变更注册、延续注册，省、自治区、直辖市人民政府住房城乡建设主管部门收到申请材料后，应当自受理之日起10日内作出决定。

注册造价工程师的初始、变更、延续注册，通过全国统一的注册造价工程师注册信息管理平台实行网上申报、受理和审批。

第九条 准予注册的，由国务院住房城乡建设主管部门或者省、自治区、直辖市人民政府住房城乡建设主管部门（以下简称注册机关）核发注册造价工程师注册证书，注册造价工程师按照规定自行制作执业印章。

注册证书和执业印章是注册造价工程师的执业凭证，由注册造价工程师本人保管、使用。注册证书、执业印章的样式以及编码规则由国务院住房城乡建设主管部门统一制定。

一级注册造价工程师注册证书由国务院住房城乡建设主管部门印制；二级注册造价工程师注册证书由省、自治区、直辖市人民政府住房城乡建设主管部门按照规定分别印制。

注册造价工程师遗失注册证书，应当按照本办法第八条规定的延续注册程序申请补发，并由注册机关在官网发布信息。

第十条 取得职业资格证书的人员，可自职业资格证书签发之日起1年内申请初始注册。逾期未申请者，须符合继续教育的要求后方可申请初始注册。初始注册的有效期为4年。

申请初始注册的，应当提交下列材料：

（一）初始注册申请表；

（二）职业资格证书和身份证件；

（三）与聘用单位签订的劳动合同；

（四）取得职业资格证书的人员，自职业资格证书签发之日起1年后申请初始注册的，应当提供当年的继续教育合格证明；

（五）外国人应当提供外国人就业许可证书。

申请初始注册时，造价工程师本人和单位应当对下列事项进行承诺，并由注册机关调查核实：

（一）受聘于工程造价岗位；

（二）聘用单位为其交纳社会基本养老保险或者已办理退休。

第十一条 注册造价工程师注册有效期满需继续执业的，应当在注册有效期满30日前，按照本办法第八条规定的程序申请延续注册。延续注册的有效期为4年。

申请延续注册的，应当提交下列材料：

（一）延续注册申请表；

（二）注册证书；

（三）与聘用单位签订的劳动合同；

（四）继续教育合格证明。

申请延续注册时，造价工程师本人和单位应对其前一个注册的工作业绩进行承诺，并由注册机关调查核实。

第十二条　在注册有效期内，注册造价工程师变更执业单位的，应当与原聘用单位解除劳动合同，并按照本办法第八条规定的程序，到新聘用单位工商注册所在地的省、自治区、直辖市人民政府住房城乡建设主管部门或者国务院有关专业部门办理变更注册手续。变更注册后延续原注册有效期。

申请变更注册的，应当提交下列材料：

（一）变更注册申请表；

（二）注册证书；

（三）与新聘用单位签订的劳动合同。

申请变更注册时，造价工程师本人和单位应当对下列事项进行承诺，并由注册机关调查核实：

（一）与原聘用单位解除劳动合同；

（二）聘用单位为其交纳社会基本养老保险或者已办理退休。

第十三条　有下列情形之一的，不予注册：

（一）不具有完全民事行为能力的；

（二）申请在两个或者两个以上单位注册的；

（三）未达到造价工程师继续教育合格标准的；

（四）前一个注册期内工作业绩达不到规定标准或未办理暂停执业手续而脱离工程造价业务岗位的；

（五）受刑事处罚，刑事处罚尚未执行完毕的；

（六）因工程造价业务活动受刑事处罚，自刑事处罚执行完毕之日起至申请注册之日止不满5年的；

（七）因前项规定以外原因受刑事处罚，自处罚决定之日起至申请注册之日止不满3年的；

（八）被吊销注册证书，自被处罚决定之日起至申请注册之日止不满3年的；

（九）以欺骗、贿赂等不正当手段获准注册被撤销，自被撤销注册之日起至申请注册之日止不满3年的；

（十）法律、法规规定不予注册的其他情形。

第十四条　被注销注册或者不予注册者，在具备注册条件后重新申请注册的，按照本办法第八条规定的程序办理。

第三章　执业

第十五条　一级注册造价工程师执业范围包括建设项目全过程的工程造价管理与工程造价咨询等，具体工作内容：

（一）项目建议书、可行性研究投资估算与审核，项目评价造价分析；

（二）建设工程设计概算、施工预算编制和审核；

（三）建设工程招标投标文件工程量和造价的编制与审核；

（四）建设工程合同价款、结算价款、竣工决算价款的编制与管理；

（五）建设工程审计、仲裁、诉讼、保险中的造价鉴定，工程造价纠纷调解；

（六）建设工程计价依据、造价指标的编制与管理；

（七）与工程造价管理有关的其他事项。

二级注册造价工程师协助一级注册造价工程师开展相关工作，并可以独立开展以下工作：

（一）建设工程工料分析、计划、组织与成本管理，施工图预算、设计概算编制；

（二）建设工程量清单、最高投标限价、投标报价编制；

（三）建设工程合同价款、结算价款和竣工决算价款的编制。

第十六条　注册造价工程师享有下列权利：

（一）使用注册造价工程师名称；

（二）依法从事工程造价业务；

（三）在本人执业活动中形成的工程造价成果文件上签字并加盖执业印章；

（四）发起设立工程造价咨询企业；

（五）保管和使用本人的注册证书和执业

印章；

（六）参加继续教育。

第十七条 注册造价工程师应当履行下列义务：

（一）遵守法律、法规、有关管理规定，恪守职业道德；

（二）保证执业活动成果的质量；

（三）接受继续教育，提高执业水平；

（四）执行工程造价计价标准和计价方法；

（五）与当事人有利害关系的，应当主动回避；

（六）保守在执业中知悉的国家秘密和他人的商业、技术秘密。

第十八条 注册造价工程师应当根据执业范围，在本人形成的工程造价成果文件上签字并加盖执业印章，并承担相应的法律责任。最终出具的工程造价成果文件应当由一级注册造价工程师审核并签字盖章。

第十九条 修改经注册造价工程师签字盖章的工程造价成果文件，应当由签字盖章的注册造价工程师本人进行；注册造价工程师本人因特殊情况不能进行修改的，应当由其他注册造价工程师修改，并签字盖章；修改工程造价成果文件的注册造价工程师对修改部分承担相应的法律责任。

第二十条 注册造价工程师不得有下列行为：

（一）不履行注册造价工程师义务；

（二）在执业过程中，索贿、受贿或者谋取合同约定费用外的其他利益；

（三）在执业过程中实施商业贿赂；

（四）签署有虚假记载、误导性陈述的工程造价成果文件；

（五）以个人名义承接工程造价业务；

（六）允许他人以自己名义从事工程造价业务；

（七）同时在两个或者两个以上单位执业；

（八）涂改、倒卖、出租、出借或者以其他形式非法转让注册证书或者执业印章；

（九）超出执业范围、注册专业范围执业；

（十）法律、法规、规章禁止的其他行为。

第二十一条 在注册有效期内，注册造价工程师因特殊原因需要暂停执业的，应当到注册机关办理暂停执业手续，并交回注册证书和执业印章。

第二十二条 注册造价工程师应当适应岗位需要和职业发展的要求，按照国家专业技术人员继续教育的有关规定接受继续教育，更新专业知识，提高专业水平。

第四章　监督管理

第二十三条 县级以上人民政府住房城乡建设主管部门和其他有关部门应当依照有关法律、法规和本办法的规定，对注册造价工程师的注册、执业和继续教育实施监督检查。

第二十四条 国务院住房城乡建设主管部门应当将造价工程师注册信息告知省、自治区、直辖市人民政府住房城乡建设主管部门和国务院有关专业部门。

省、自治区、直辖市人民政府住房城乡建设主管部门应当将造价工程师注册信息告知本行政区域内市、县人民政府住房城乡建设主管部门。

第二十五条 县级以上人民政府住房城乡建设主管部门和其他有关部门依法履行监督检查职责时，有权采取下列措施：

（一）要求被检查人员提供注册证书；

（二）要求被检查人员所在聘用单位提供有关人员签署的工程造价成果文件及相关业务文档；

（三）就有关问题询问签署工程造价成果文件的人员；

（四）纠正违反有关法律、法规和本办法及工程造价计价标准和计价办法的行为。

第二十六条 注册造价工程师违法从事工程造价活动的，违法行为发生地县级以上地方人民政府住房城乡建设主管部门或者其他有关部门应当依法查处，并将违法事实、处理结果告知注册机关；依法应当撤销注册的，应当将违法事实、处理建议及有关材料报注册机关。

第二十七条 注册造价工程师有下列情形之一的，其注册证书失效：

（一）已与聘用单位解除劳动合同且未被其他单位聘用的；

（二）注册有效期满且未延续注册的；

（三）死亡或者不具有完全民事行为能力的；

（四）其他导致注册失效的情形。

第二十八条　有下列情形之一的，注册机关或者其上级行政机关依据职权或者根据利害关系人的请求，可以撤销注册造价工程师的注册：

（一）行政机关工作人员滥用职权、玩忽职守作出准予注册许可的；

（二）超越法定职权作出准予注册许可的；

（三）违反法定程序作出准予注册许可的；

（四）对不具备注册条件的申请人作出准予注册许可的；

（五）依法可以撤销注册的其他情形。

申请人以欺骗、贿赂等不正当手段获准注册的，应当予以撤销。

第二十九条　有下列情形之一的，由注册机关办理注销注册手续，收回注册证书和执业印章或者公告其注册证书和执业印章作废：

（一）有本办法第二十七条所列情形发生的；

（二）依法被撤销注册的；

（三）依法被吊销注册证书的；

（四）受到刑事处罚的；

（五）法律、法规规定应当注销注册的其他情形。

注册造价工程师有前款所列情形之一的，注册造价工程师本人和聘用单位应当及时向注册机关提出注销注册申请；有关单位和个人有权向注册机关举报；县级以上地方人民政府住房城乡建设主管部门或者其他有关部门应当及时告知注册机关。

第三十条　注册造价工程师及其聘用单位应当按照有关规定，向注册机关提供真实、准确、完整的注册造价工程师信用档案信息。

注册造价工程师信用档案应当包括造价工程师的基本情况、业绩、良好行为、不良行为等内容。违法违规行为、被投诉举报处理、行政处罚等情况应当作为造价工程师的不良行为记入其信用档案。

注册造价工程师信用档案信息按有关规定向社会公示。

第五章　法律责任

第三十一条　隐瞒有关情况或者提供虚假材料申请造价工程师注册的，不予受理或者不予注册，并给予警告，申请人在1年内不得再次申请造价工程师注册。

第三十二条　聘用单位为申请人提供虚假注册材料的，由县级以上地方人民政府住房城乡建设主管部门或者其他有关部门给予警告，并可处以1万元以上3万元以下的罚款。

第三十三条　以欺骗、贿赂等不正当手段取得造价工程师注册的，由注册机关撤销其注册，3年内不得再次申请注册，并由县级以上地方人民政府住房城乡建设主管部门处以罚款。其中，没有违法所得的，处以1万元以下罚款；有违法所得的，处以违法所得3倍以下且不超过3万元的罚款。

第三十四条　违反本办法规定，未经注册而以注册造价工程师的名义从事工程造价活动的，所签署的工程造价成果文件无效，由县级以上地方人民政府住房城乡建设主管部门或者其他有关部门给予警告，责令停止违法活动，并可处以1万元以上3万元以下的罚款。

第三十五条　违反本办法规定，未办理变更注册而继续执业的，由县级以上人民政府住房城乡建设主管部门或者其他有关部门责令限期改正；逾期不改的，可处以5000元以下的罚款。

第三十六条　注册造价工程师有本办法第二十条规定行为之一的，由县级以上地方人民政府住房城乡建设主管部门或者其他有关部门给予警告，责令改正，没有违法所得的，处以1万元以下罚款，有违法所得的，处以违法所得3倍以下且不超过3万元的罚款。

第三十七条　违反本办法规定，注册造价工程师或者其聘用单位未按照要求提供造价工程师信用档案信息的，由县级以上地方人民政府住房城乡建设主管部门或者其他有关部门责令限期改正；逾期未改正的，可处以1000元以上1万元以下的罚款。

第三十八条　县级以上人民政府住房城乡建设主管部门和其他有关部门工作人员，在注册造价工程师管理工作中，有下列情形之一的，依法给予处分；构成犯罪的，依法追究刑事责任：

（一）对不符合注册条件的申请人准予注册许可或者超越法定职权作出注册许可决定的；

（二）对符合注册条件的申请人不予注册许可或者不在法定期限内作出注册许可决定的；

（三）对符合法定条件的申请不予受理的；

（四）利用职务之便，收取他人财物或者其他好处的；

（五）不依法履行监督管理职责，或者发现违法行为不予查处的。

第六章　附则

第三十九条　造价工程师职业资格考试工作按照国务院人力资源社会保障主管部门的有关规定执行。

第四十条　本办法自2007年3月1日起施行。2000年1月21日发布的《造价工程师注册管理办法》（建设部令第75号）同时废止。

住房和城乡建设部办公厅关于取消一级建造师临时执业证书的通知

（建办市〔2019〕50号，住房和城乡建设部办公厅2019年7月19日发布）

各省、自治区住房和城乡建设厅，直辖市住房和城乡建设（管）委，新疆生产建设兵团住房和城乡建设局，国务院有关部门建设司（局）：

为深入推进建筑领域“放管服”改革，按照《国家职业资格目录》之外一律不得许可和认定职业资格的要求，规范行政审批事项，现将一级建造师临时执业证书有关事项通知如下：

一、自本通知印发之日起，取消一级建造师临时执业证书。

二、持有一级建造师临时执业证书正在担任施工单位项目负责人的，在2019年12月31日前，暂可继续担任该项目的项目负责人；其聘用单位应尽快按照有关要求更换项目负责人。

三、符合《建造师执业资格考试实施办法》（国人部发〔2004〕16号）第七条规定的，参加一级建造师考试可免试《建设工程经济》和《建设工程项目管理》2个科目。

四、各省（自治区、直辖市）住房和城乡建设主管部门可参照本通知精神，做好取消二级建造师临时执业证书有关工作。

住房和城乡建设部　工业和信息化部　国家广播电视总局　国家能源局关于进一步加强城市地下管线建设管理有关工作的通知

（建城〔2019〕100号，住房和城乡建设部、工业和信息化部、国家广播电视总局、国家能源局2019年11月25日发布）

各省、自治区住房和城乡建设厅、通信管理局、广播电视局，直辖市住房和城乡建设（管）委、通信管理局、广播电视局，北京市城市管理委、交通委、水务局，上海市交通委、水务局，天津市城市管理委、水务局，重庆市城市管理局、文化和旅游发展委，海南省水务厅，新疆生产建设兵团住房和城乡建设局、文化体育广电和旅游局；各省、自治区、直辖市及新疆生产建设兵团发展改革委（能源局）、经信委（工信委、工信厅），国家能源局各派出监管机构：

党的十八大以来，各地认真贯彻中央城市工作会议精神，深入落实党中央、国务院关于加强城市地下管线建设管理、推进地下综合管廊建设的决策部署，针对“马路拉链”、管线事故频发等问题，加大统筹治理力度，取得积极进展。但地下管线建设管理统筹协调机制不健全、管线信息共享不到位、管线建设与道路建设不同步等问题依然存在。为进一步加强城市地下管线建设管理，保障城市地下管线运营安全，改善城市人居环境，推进城市地下管线集约高效建设和使用，促进城市绿色发展，现将有关事项通知如下：

一、健全城市地下管线综合管理协调机制

（一）加强部门联动配合。各地有关部门要严格按照《中共中央 国务院关于进一步加强城市规划建设管理工作的若干意见》《国务院办公厅关于加强城市地下管线建设管理的指导意见》（国办发〔2014〕27号）和《国务院办公厅关于推进城市地下综合管廊建设的指导意见》（国办发〔2015〕61号）要求，共同研究建立健全以城市道路为核心、地上和地下统筹协调的城市地下管线综合管理协调机制。管线综合管理牵头部门要加强与有关部门和单位的联动协调，形成权责清晰、分工明确、高效有力的工作机制。结合实际情况研究制定地下管线综合管理办法，进一步强化城市基础设施建设的整体性、系统性，努力提高城市综合治理水平。中央直属企业、省属企业要按照当地政府的统一部署，积极配合做好所属管线的普查、入地入廊和安全维护等建设管理工作。

（二）统筹协调落实年度建设计划。城市道路是城市交通系统、通信设施系统、广播电视传输设施系统、能源供应系统、给排水系统、环境系统和防灾系统等城市基础设施的共同载体。凡依附城市道路建设的各类管线及附属建筑物、构筑物，应与城市道路同步规划、同步设计、同步建设、同步验收，鼓励有条件的地区以综合管廊方式建设。各地管线综合管理牵头部门要协调城市道路建设改造计划与各专业管线年度建设改造计划，统筹安排各专业管线工程建设，力争一次敷设到位，并适当预留管线位置，路口应预留管线过路通道。城市道路建设单位要及时将道路年度建设计划告知相关管线单位，牵头组织开展道路方案设计、初步设计等阶段的管线综合相关工作。

二、推进城市地下管线普查

（三）加强城市地下管线普查。各地管线行业主管部门要落实国务院有关文件要求，制定工作方案，完善工作机制和相关规范，组织好地下管线普查，摸清底数，找准短板。管线单位是管线普查的责任主体，要加快实现城市地下管线普查的全覆盖、周期化、规范化，全面查清城市范围内地下管线现状，准确掌握地下管线的基础信息，并对所属管线信息的准确性、完整性和时效性负责。管线行业主管部门要督促、指导管线单位认真履行主体责任，积极做好所属管线普查摸底工作，全面深入摸排管线存在的安全隐患和危险源，对发现的安全隐患要及时采取措施予以消除，积极配合做好管线普查信息共享工作。

（四）建设管线综合管理信息系统。各地管线行业主管部门和管线单位要在管线普查基础上，建立完善专业管线信息系统。管线综合管理牵头部门要推进地下管线综合管理信息系统建设，在管线建设计划安排、管线运行维护、隐患排查、应急抢险及安全防范等方面全面应用地下管线信息集成数据，提高管线综合管理信息化、科学化水平。积极探索建立地下管线综合管理信息系统与专业管线信息系统共享数据同步更新机制，加强地下管线信息数据标准化建设，在各类管线信息数据共享、动态更新上取得新突破，确保科学有效地实现管线信息共享和利用。

三、规范城市地下管线建设和维护

（五）规范优化管线工程审批。各地有关部门要按照国务院“放管服”改革要求，进一步优化城市地下管线工程建设审批服务流程，将城市供水、排水、供热、燃气、电力、通信、广播电视等各类管线工程建设项目纳入工程建设项目审批管理系统，实施统一高效管理。推行城市道路占用挖掘联合审批，研究建立管线应急抢险快速审批机制，实施严格的施工掘路总量控制，从源头上减少挖掘城市道路行为。严格落实施工图设计文件审查、施工许可、工程质量安全监督、工程监理、竣工验收以及档案移交等规定。严肃查处未经审批挖掘城市道路和以管线应急抢修为由随意挖掘城市道路的行为，逐步将未经审批或未按规定补办批准手续的掘路行为纳入管线单位和施工单位信用档案，并对情节严重或社会影响较大的予以联合惩戒。加强执法联动和审后监管，完善信息共享、案件移送制度，提高执法效能。

（六）强化管线工程建设和维护。建设单位要严格执行城市地下管线建设、维护、管理信息化相关工程建设规范和标准，提升管线建设管理水平。按标准确定管线使用年限，结合运行环境要求科学合理选择管线材料，加强施工质量安全管理，实行质量安全追溯制度，确保投入使用的管线工程达到管线设计使用年限要求。加强管线建设、迁移、改造前的技术方案论证和评估，以及实施过程中的沟通协调。鼓励有利于缩短工期、减少开挖量、降低环境影响、提高管线安全的新技术和新材料在地下管线建设维护中的应用。加强地下管线工程覆土前质量管理，在管线铺设和窨井砌筑前，严格检查验收沟槽和基坑，对不符合要求的限期整改，整改合格后方可进行后续施工；在管线工程覆土前，对管线高程和管位是否符合规划和设计要求进行检查，并及时报送相关资料记录，更新管线信息。管线单位要加强对管线的日常巡查和维护，定期进行检测维修，对管线运行状况进行监控预警，使管线始终处于安全受控状态。

（七）推动管线建设管理方式创新。各地有关部门要把集约、共享、安全等理念贯穿于地下管线建设管理全过程，创新建设管理方式，推动地下管线高质量发展。加快推进老旧管网和架空线入地改造，消除管线事故隐患，提升服务效率和运行保障能力，推进地上地下集约建设。有序推进综合管廊系统建设，结合城市发展阶段和城市建设实际需要，科学编制综合管廊建设规划，合理布局干线、支线和缆线管廊有机衔接的管廊系统，因地制宜确定管廊断面类型、建设规模和建设时序，统筹各类管线敷设。中小城市和老城区要重点加强布局紧凑、经济合理的缆线管廊建设。鼓励应用物联网、云计算、5G 网络、大数据等技术，积极推进地下管线系统智能化改造，为工程规划、建设施工、运营维护、应急防灾、公共服务提供基础支撑，构建安全可靠、智能高效的地下管线管理平台。

各地有关部门要系统总结近年来在城市地下管线综合管理和综合管廊建设方面的经验，从系统治理、源头治理、依法治理、科学治理等方面统筹发力，统筹运用各项政策措施加强地下管线建设管理，大力推进“马路拉链”治理，建立健全占道挖掘审批和计划管理、地下综合管廊有偿使用等相关配套政策，强化监督引导，确保各项政策措施落到实处。

国务院办公厅关于完善建设用地使用权转让、出租、抵押二级市场的指导意见

（国办发〔2019〕34 号，国务院办公厅 2019 年 7 月 6 日发布）

各省、自治区、直辖市人民政府，国务院各部委、各直属机构：

土地市场是我国现代市场体系的重要组成部分，是资源要素市场的重要内容。改革开放

以来，通过大力推行国有建设用地有偿使用制度，我国基本形成了以政府供应为主的土地一级市场和以市场主体之间转让、出租、抵押为主的土地二级市场，对建立和完善社会主义市场经济体制、促进土地资源的优化配置和节约集约利用、加快工业化和城镇化进程起到了重要作用。随着经济社会发展，土地二级市场运行发展中的一些问题逐步凸显，交易规则不健全、交易信息不对称、交易平台不规范、政府服务和监管不完善等问题比较突出，导致要素流通不畅，存量土地资源配置效率较低，难以满足经济高质量发展的需要。为完善建设用地使用权转让、出租、抵押二级市场，结合各地改革试点实践，经国务院同意，现提出以下意见。

一、总体要求

（一）指导思想。以习近平新时代中国特色社会主义思想为指导，全面贯彻党的十九大和十九届二中、三中全会精神，紧紧围绕统筹推进“五位一体”总体布局和协调推进“四个全面”战略布局，认真落实党中央、国务院决策部署，充分发挥市场在资源配置中的决定性作用，更好发挥政府作用，坚持问题导向，以建立城乡统一的建设用地市场为方向，以促进土地要素流通顺畅为重点，以提高存量土地资源配置效率为目的，以不动产统一登记为基础，与国土空间规划及相关产业规划相衔接，着力完善土地二级市场规则，健全服务和监管体系，提高节约集约用地水平，为完善社会主义市场经济体制、推动经济高质量发展提供用地保障。

（二）基本原则。把握正确方向。坚持社会主义市场经济改革方向，突出市场在资源配置中的决定性作用，着力减少政府微观管理和直接干预。落实“放管服”改革总体要求，强化监管责任，减少事前审批，创新和完善事中事后监管，激发市场活力，增强内生动力。

规范市场运行。完善交易规则，维护市场秩序，保证市场主体在公开、公平、公正的市场环境下进行交易，保障市场依法依规运行和健康有序发展，促进要素流动和平等交换，提高资源配置效率。

维护合法权益。坚持平等、全面、依法保护产权。充分尊重权利人意愿，保障市场主体合法权益，实现各类市场主体按照市场规则和市场价格依法平等使用和交易建设用地使用权，实现产权有效激励。切实维护土地所有权人权益，防止国有土地资产流失。

提高服务效能。强化服务意识，优化交易流程，降低交易成本，提高办事效率，方便群众办事，全面提升土地市场领域政府治理能力和水平。

（三）目标任务。建立产权明晰、市场定价、信息集聚、交易安全、监管有效的土地二级市场，市场规则健全完善，交易平台全面形成，服务和监管落实到位，市场秩序更加规范，制度性交易成本明显降低，土地资源配置效率显著提高，形成一、二级市场协调发展、规范有序、资源利用集约高效的现代土地市场体系。

（四）适用范围。建设用地使用权转让、出租、抵押二级市场的交易对象是国有建设用地使用权，重点针对土地交易以及土地连同地上建筑物、其他附着物等整宗地一并交易的情况。涉及房地产交易的，应当遵守《中华人民共和国城市房地产管理法》、《城市房地产开发经营管理条例》等法律法规规定。

二、完善转让规则，促进要素流通

（五）明确建设用地使用权转让形式。将各类导致建设用地使用权转移的行为都视为建设用地使用权转让，包括买卖、交换、赠与、出资以及司法处置、资产处置、法人或其他组织合并或分立等形式涉及的建设用地使用权转移。建设用地使用权转移的，地上建筑物、其他附着物所有权应一并转移。涉及房地产转让的，按照房地产转让相关法律法规规定，办理房地产转让相关手续。

（六）明晰不同权能建设用地使用权转让的必要条件。以划拨方式取得的建设用地使用权转让，需经依法批准，土地用途符合《划拨用地目录》的，可不补缴土地出让价款，按转移登记办理；不符合《划拨用地目录》的，在符合规划的前提下，由受让方依法依规补缴土地出让价款。以出让方式取得的建设用地使用权转让，在符合法律法规规定和出让合同约定的前提下，应充分保障交易自由；原出让合同对转让条件另有约定的，从其约定。以作价出资或入股方式取得的建设用地使用权转让，参照以出让方式取得的建设用地使用权转让有关规定，不再报经原批准建设用地使用权作价出资或入股的机关批准；转让后，可保留为作价出资或入股方式，或直接变更为出让方式。

（七）完善土地分割、合并转让政策。分割、合并后的地块应具备独立分宗条件，涉及公共配套设施建设和使用的，转让双方应在合同中明确有关权利义务。拟分割宗地已预售或存在多个权利主体的，应取得相关权利人同意，不得损害权利人合法权益。

（八）实施差别化的税收政策。各地可根据本地实际，在地方权限内探索城镇土地使用税差别化政策，促进土地节约集约利用。

三、完善出租管理，提高服务水平

（九）规范以有偿方式取得的建设用地使用权出租管理。以出让、租赁、作价出资或入股等有偿方式取得的建设用地使用权出租或转租的，不得违反法律法规和有偿使用合同的相关约定。

（十）规范划拨建设用地使用权出租管理。以划拨方式取得的建设用地使用权出租的，应按照有关规定上缴租金中所含土地收益，纳入土地出让收入管理。宗地长期出租，或部分用于出租且可分割的，应依法补办出让、租赁等有偿使用手续。建立划拨建设用地使用权出租收益年度申报制度，出租人依法申报并缴纳相关收益的，不再另行单独办理划拨建设用地使用权出租的批准手续。

（十一）营造建设用地使用权出租环境。市、县自然资源主管部门应当提供建设用地使用权出租供需信息发布条件和场所，制定规范的出租合同文本，提供交易鉴证服务，保障权利人的合法权益。统计分析建设用地使用权出租情况及市场相关数据，定期发布出租市场动态信息和指南。

四、完善抵押机制，保障合法权益

（十二）明确不同权能建设用地使用权抵押的条件。以划拨方式取得的建设用地使用权可以依法依规设定抵押权，划拨土地抵押权实现时应优先缴纳土地出让收入。以出让、作价出资或入股等方式取得的建设用地使用权可以设定抵押权。以租赁方式取得的建设用地使用权，承租人在按规定支付土地租金并完成开发建设后，根据租赁合同约定，其地上建筑物、其他附着物连同土地可以依法一并抵押。

（十三）放宽对抵押权人的限制。自然人、企业均可作为抵押权人申请以建设用地使用权及其地上建筑物、其他附着物所有权办理不动产抵押相关手续，涉及企业之间债权债务合同的须符合有关法律法规的规定。

（十四）依法保障抵押权能。探索允许不以公益为目的的养老、教育等社会领域企业以有偿取得的建设用地使用权、设施等财产进行抵押融资。各地要进一步完善抵押权实现后保障原有经营活动持续稳定的配套措施，确保土地用途不改变、利益相关人权益不受损。探索建立建设用地使用权抵押风险提示机制和抵押资金监管机制，防控市场风险。

五、创新运行模式，规范市场秩序

（十五）建立交易平台。各地要在市、县自然资源主管部门现有的土地交易机构或平台基础上搭建城乡统一的土地市场交易平台，汇集土地二级市场交易信息，提供交易场所，办理交易事务，大力推进线上交易平台和信息系统建设。

（十六）规范交易流程。建立“信息发布—达成意向—签订合同—交易监管”的交易流程。交易双方可通过土地二级市场交易平台等渠道发布和获取市场信息；可自行协商交易，也可委托土地二级市场交易平台公开交易；达成一致后签订合同，依法申报交易价格，申报价格比标定地价低20%以上的，市、县人民政府可行使优先购买权。各地要加强交易事中事后监管，对违反有关法律法规或不符合出让合同约定、划拨决定书规定的，不予办理相关手续。

（十七）加强信息互通共享。加强涉地司法处置工作衔接，涉及建设用地使用权转移的案件，自然资源主管部门应当向人民法院提供所涉不动产的权利状况、原出让合同约定的权利义务情况等。建立健全执行联动机制，司法处置土地可进入土地二级市场交易平台交易。加强涉地资产处置工作衔接，政府有关部门或事业单位进行国有资产处置时涉及划拨建设用地使用权转移的，应征求自然资源主管部门意见，并将宗地有关情况如实告知当事人。自然资源、住房城乡建设、税务、市场监管等主管部门应加强对涉地股权转让的联合监管。加强建设用地使用权与房地产交易管理的衔接，建设用地使用权转让、出租、抵押涉及房地产转让、出租、抵押的，住房城乡建设主管部门与自然资源主管部门应当加强信息共享。

六、健全服务体系，加强监测监管

（十八）提供便捷高效的政务服务。在土地交易机构或平台内汇集交易、登记、税务、金融等相关部门或机构的办事窗口，大力发展“互联网＋政务服务”，积极推进“一窗受理、一网通办、一站办结”，大力精简证明材料，压缩办理时间，提高办事效率和服务水平。发挥土地交易机构或平台的专业优势，提供法律、政策咨询服务，协调矛盾，化解纠纷，营造良好的交易环境。

（十九）培育和规范中介组织。发挥社会中介组织在市场交易活动中的桥梁作用，发展相关机构，为交易各方提供推介、展示、咨询、估价、经纪等服务。各地要加强指导和监管，引导社会中介组织诚信经营。

（二十）加强市场监测监管与调控。健全土地二级市场动态监测监管制度，完善监测监管信息系统。严格落实公示地价体系，定期更新和发布基准地价或标定地价；完善土地二级市场的价格形成、监测、指导、监督机制，防止交易价格异常波动。土地转让涉及房地产开发的相关资金来源应符合房地产开发企业购地和融资的相关规定。强化土地一、二级市场联动，加强土地投放总量、结构、时序等的衔接，适时运用财税、金融等手段，加强对土地市场的整体调控，维护市场平稳运行。

（二十一）完善土地市场信用体系。土地转让后，出让合同所载明的权利义务随之转移，受让人应依法履约。要加强对交易各方的信用监管，健全以“双随机、一公开”为基本手段、以重点监管为补充、以信用监管为基础的新型监管机制。各地要结合本地区实际，制定土地市场信用评价规则和约束措施，对失信责任主体实施联合惩戒，推进土地市场信用体系共建共治共享。

七、保障措施

（二十二）加强组织领导。各地区各有关部门要充分认识完善土地二级市场的重要性，结合实际研究制定实施细则和配套措施，确保各项工作举措和要求落实到位。各级自然资源、财政、住房城乡建设、国有资产监督管理、税务、市场监管、金融等主管部门要建立联动机制，明确分工，落实责任，做好人员和经费保障，有序推进土地二级市场建设。已依法入市的农村集体经营性建设用地使用权转让、出租、抵押，可参照本意见执行。

（二十三）重视宣传引导。加大对土地二级市场相关政策的宣传力度，及时总结推广各地典型经验和创新做法，扩大土地二级市场影响力、吸引力，调动市场主体参与积极性。合理引导市场预期，及时回应公众关切，营造良好的土地市场舆论氛围，提升市场主体和全社会依法规范、节约集约用地的意识，切实提高资源利用效率。

（二十四）严格责任追究。强化监督问责，对违反土地二级市场相关规定的地方政府和有关部门、单位以及责任人员严格实行责任追究，坚决打击各种腐败行为。

国务院办公厅转发住房城乡建设部关于完善质量保障体系提升建筑工程品质指导意见的通知

（国办函〔2019〕92号，国务院办公厅2019年9月15日发布）

各省、自治区、直辖市人民政府，国务院有关部门：

住房城乡建设部《关于完善质量保障体系提升建筑工程品质的指导意见》已经国务院同意，现转发给你们，请认真贯彻落实。

关于完善质量保障体系提升建筑工程品质的指导意见

建筑工程质量事关人民群众生命财产安全，事关城市未来和传承，事关新型城镇化发展水平。近年来，我国不断加强建筑工程质量管理，品质总体水平稳步提升，但建筑工程量大面广，各种质量问题依然时有发生。为解决建筑工程质量管理面临的突出问题，进一步完善质量保障体系，不断提升建筑工程品质，现提出以下意见。

一、总体要求

以习近平新时代中国特色社会主义思想为指导，全面贯彻党的十九大和十九届二中、三中全会以及中央城镇化工作会议、中央城市工作会议精神，按照党中央、国务院决策部署，坚持以人民为中心，牢固树立新发展理念，以供给侧结构性改革为主线，以建筑工程质量问题为切入点，着力破除体制机制障碍，逐步完善质量保障体系，不断提高工程质量抽查符合率和群众满意度，进一步提升建筑工程品质总体水平。

二、强化各方责任

（一）突出建设单位首要责任。建设单位应加强对工程建设全过程的质量管理，严格履行法定程序和质量责任，不得违法违规发包工程。建设单位应切实落实项目法人责任制，保证合理工期和造价。建立工程质量信息公示制度，建设单位应主动公开工程竣工验收等信息，接受社会监督。（住房城乡建设部、发展改革委负责）

（二）落实施工单位主体责任。施工单位应完善质量管理体系，建立岗位责任制度，设置质量管理机构，配备专职质量负责人，加强全面质量管理。推行工程质量安全手册制度，推进工程质量管理标准化，将质量管理要求落实到每个项目和员工。建立质量责任标识制度，对关键工序、关键部位隐蔽工程实施举牌验收，加强施工记录和验收资料管理，实现质量责任可追溯。施工单位对建筑工程的施工质量负责，不得转包、违法分包工程。（住房城乡建设部负责）

（三）明确房屋使用安全主体责任。房屋所有权人应承担房屋使用安全主体责任。房屋所有权人和使用人应正确使用和维护房屋，严禁擅自变动房屋建筑主体和承重结构。加强房屋使用安全管理，房屋所有权人及其委托的管理服务单位要定期对房屋安全进行检查，有效履行房屋维修保养义务，切实保证房屋使用安全。（住房城乡建设部负责）

（四）履行政府的工程质量监管责任。强化政府对工程建设全过程的质量监管，鼓励采取政府购买服务的方式，委托具备条件的社会力量进行工程质量监督检查和抽测，探索工程监理企业参与监管模式，健全省、市、县监管体系。完善日常检查和抽查抽测相结合的质量监督检查制度，全面推行“双随机、一公开”检查方式和“互联网+监管”模式，落实监管责任。加强工程质量监督队伍建设，监督机构履行监督职能所需经费由同级财政预算全额保障。强化工程设计安全监管，加强对结构计算书的复核，提高设计结构整体安全、消防安全等水平。（住房城乡建设部、发展改革委、财政部、应急部负责）

三、完善管理体制

（一）改革工程建设组织模式。推行工程总承包，落实工程总承包单位在工程质量安全、进度控制、成本管理等方面的责任。完善专业分包制度，大力发展专业承包企业。积极发展全过程工程咨询和专业化服务，创新工程监理制度，严格落实工程咨询（投资）、勘察设计、监理、造价等领域职业资格人员的质量责任。在民用建筑工程中推进建筑师负责制，依据双方合同约定，赋予建筑师代表建设单位签发指令和认可工程的权利，明确建筑师应承担的责任。（住房城乡建设部、发展改革委负责）

（二）完善招标投标制度。完善招标人决策机制，进一步落实招标人自主权，在评标定标环节探索建立能够更好满足项目需求的制度机制。简化招标投标程序，推行电子招标投标和异地远程评标，严格评标专家管理。强化招标主体责任追溯，扩大信用信息在招标投标环节的规范应用。严厉打击围标、串标和虚假招标等违法行为，强化标后合同履约监管。（发展改革委、住房城乡建设部、市场监管总局负责）

（三）推行工程担保与保险。推行银行保函制度，在有条件的地区推行工程担保公司保函和工程保证保险。招标人要求中标人提供履约担保的，招标人应当同时向中标人提供工程款支付担保。对采用最低价中标的探索实行高保额履约担保。组织开展工程质量保险试点，加快发展工程质量保险。（住房城乡建设部、发展改革委、财政部、人民银行、银保监会负责）

（四）加强工程设计建造管理。贯彻落实“适用、经济、绿色、美观”的建筑方针，指导制定符合城市地域特征的建筑设计导则。建立建筑“前策划、后评估”制度，完善建筑设计方案审查论证机制，提高建筑设计方案决策水平。加强住区设计管理，科学设计单体住宅户型，增强安全性、实用性、宜居性，提升住区环境质量。严禁政府投资项目超标准建设。严格控制超高层建筑建设，严格执行超限高层建筑工程抗震设防审批制度，加强超限高层建筑抗震、消防、节能等管理。创建建筑品质示范工程，加大对优秀企业、项目和个人的表彰力度；在招标投标、金融等方面加大对优秀企业的政策支持力度，鼓励将企业质量情况纳入招标投标评审因素。（住房城乡建设部、发展改革委、工业和信息化部、人力资源社会保障部、应急部、人民银行负责）

（五）推行绿色建造方式。完善绿色建材产品标准和认证评价体系，进一步提高建筑产品节能标准，建立产品发布制度。大力发展装配式建筑，推进绿色施工，通过先进技术和科学管理，降低施工过程对环境的不利影响。建立健全绿色建筑标准体系，完善绿色建筑评价标识制度。（住房城乡建设部、发展改革委、工业和信息化部、市场监管总局负责）

（六）支持既有建筑合理保留利用。推动开展老城区、老工业区保护更新，引导既有建筑改建设计创新。依法保护和合理利用文物建筑。建立建筑拆除管理制度，不得随意拆除符合规划标准、在合理使用寿命内的公共建筑。开展公共建筑、工业建筑的更新改造利用试点示范。制定支持既有建筑保留和更新利用的消防、节能等相关配套政策。（住房城乡建设部、发展改革委、工业和信息化部、应急部、文物局负责）

四、健全支撑体系

（一）完善工程建设标准体系。系统制定全文强制性工程建设规范，精简整合政府推荐性标准，培育发展团体和企业标准，加快适应国际标准通行规则。组织开展重点领域国内外标准比对，提升标准水平。加强工程建设标准国际交流合作，推动一批中国标准向国际标准转化和推广应用。（住房城乡建设部、市场监管总局、商务部负责）

（二）加强建材质量管理。建立健全缺陷

建材产品响应处理、信息共享和部门协同处理机制，落实建材生产单位和供应单位终身责任，规范建材市场秩序。强化预拌混凝土生产、运输、使用环节的质量管理。鼓励企业建立装配式建筑部品部件生产和施工安装全过程质量控制体系，对装配式建筑部品部件实行驻厂监造制度。建立从生产到使用全过程的建材质量追溯机制，并将相关信息向社会公示。（市场监管总局、住房城乡建设部、工业和信息化部负责）

（三）提升科技创新能力。加大建筑业技术创新及研发投入，推进产学研用一体化，突破重点领域、关键共性技术开发应用。加大重大装备和数字化、智能化工程建设装备研发力度，全面提升工程装备技术水平。推进建筑信息模型（BIM）、大数据、移动互联网、云计算、物联网、人工智能等技术在设计、施工、运营维护全过程的集成应用，推广工程建设数字化成果交付与应用，提升建筑业信息化水平。（科技部、工业和信息化部、住房城乡建设部负责）

（四）强化从业人员管理。加强建筑业从业人员职业教育，大力开展建筑工人职业技能培训，鼓励建立职业培训实训基地。加强职业技能鉴定站点建设，完善技能鉴定、职业技能等级认定等多元评价体系。推行建筑工人实名制管理，加快全国建筑工人管理服务信息平台建设，促进企业使用符合岗位要求的技能工人。建立健全与建筑业相适应的社会保险参保缴费方式，大力推进建筑施工单位参加工伤保险，保障建筑工人合法权益。（住房城乡建设部、人力资源社会保障部、财政部负责）

五、加强监督管理

（一）推进信用信息平台建设。完善全国建筑市场监管公共服务平台，加强信息归集，健全违法违规行为记录制度，及时公示相关市场主体的行政许可、行政处罚、抽查检查结果等信息，并与国家企业信用信息公示系统、全国信用信息共享平台等实现数据共享交换。建立建筑市场主体黑名单制度，对违法违规的市场主体实施联合惩戒，将工程质量违法违规等记录作为企业信用评价的重要内容。（住房城乡建设部、发展改革委、人民银行、市场监管总局负责）

（二）严格监管执法。加大建筑工程质量责任追究力度，强化工程质量终身责任落实，对违反有关规定、造成工程质量事故和严重质量问题的单位和个人依法严肃查处曝光，加大资质资格、从业限制等方面处罚力度。强化个人执业资格管理，对存在证书挂靠等违法违规行为的注册执业人员，依法给予暂扣、吊销资格证书直至终身禁止执业的处罚。（住房城乡建设部负责）

（三）加强社会监督。相关行业协会应完善行业约束与惩戒机制，加强行业自律。建立建筑工程责任主体和责任人公示制度。企业须公开建筑工程项目质量信息，接受社会监督。探索建立建筑工程质量社会监督机制，支持社会公众参与监督、合理表达质量诉求。各地应完善建筑工程质量投诉和纠纷协调处理机制，明确工程质量投诉处理主体、受理范围、处理流程和办结时限等事项，定期向社会通报建筑工程质量投诉处理情况。（住房城乡建设部、发展改革委、市场监管总局负责）

（四）强化督促指导。建立健全建筑工程质量管理、品质提升评价指标体系，科学评价各地执行工程质量法律法规和强制性标准、落实质量责任制度、质量保障体系建设、质量监督队伍建设、建筑质量发展、公众满意程度等方面状况，督促指导各地切实落实建筑工程质量管理各项工作措施。（住房城乡建设部负责）

六、抓好组织实施

各地区、各相关部门要高度重视完善质量保障体系、提升建筑工程品质工作，健全工作机制，细化工作措施，突出重点任务，确保各项工作部署落到实处。强化示范引领，鼓励有条件的地区积极开展试点，形成可复制、可推广的经验。加强舆论宣传引导，积极宣传各地的好经验、好做法，营造良好的社会氛围。

国务院办公厅关于深化农村公路管理养护体制改革的意见

（国办发〔2019〕45号，国务院办公厅2019年9月5日发布）

各省、自治区、直辖市人民政府，国务院各部委、各直属机构：

农村公路是服务"三农"的公益性基础设施，是打赢脱贫攻坚战、实施乡村振兴战略的重要抓手。党的十八大以来，以习近平同志为核心的党中央高度重视农村公路工作，多次对"四好农村路"建设作出重要部署。为切实解决"四好农村路"工作中管好、护好的短板问题，加快建立农村公路管理养护长效机制，经国务院同意，现就深化农村公路管理养护体制改革提出以下意见：

一、总体要求

以习近平新时代中国特色社会主义思想为指导，全面贯彻党的十九大精神，认真落实习近平总书记关于"四好农村路"的重要指示精神和党中央、国务院决策部署，践行以人民为中心的发展思想，紧紧围绕打赢脱贫攻坚战、实施乡村振兴战略和统筹城乡发展，以质量为本、安全至上、自然和谐、绿色发展为原则，深化农村公路管理养护体制改革，加强农村公路与农村经济社会发展统筹协调，形成上下联动、密切配合、齐抓共管的工作局面，推动"四好农村路"高质量发展，为广大农民群众致富奔小康、加快推进农业农村现代化提供更好保障。

二、工作目标

到2022年，基本建立权责清晰、齐抓共管的农村公路管理养护体制机制，形成财政投入职责明确、社会力量积极参与的格局。农村公路治理能力明显提高，治理体系初步形成。农村公路通行条件和路域环境明显提升，交通保障能力显著增强。农村公路列养率达到100%，年均养护工程比例不低于5%，中等及以上农村公路占比不低于75%。

到2035年，全面建成体系完备、运转高效的农村公路管理养护体制机制，基本实现城乡公路交通基本公共服务均等化，路况水平和路域环境根本性好转，农村公路治理能力全面提高，治理体系全面完善。

三、完善农村公路管理养护体制

（一）省、市级人民政府加强统筹和指导监督。省级人民政府要制定相关部门和市、县级人民政府农村公路管理养护权力和责任清单，强化省级统筹和政策引导，建立健全规章制度，筹集养护补助资金，加强养护管理机构能力建设指导，对市、县级人民政府进行绩效管理。市级人民政府要发挥好承上启下作用，完善支持政策和养护资金补助机制，加强指导监督。

（二）县级人民政府履行主体责任。县级人民政府要按照"县道县管、乡村道乡村管"的原则，建立健全农村公路管理养护责任制，明确相关部门、乡级人民政府农村公路管理养护权力和责任清单，并指导监督相关部门和乡级人民政府履职尽责。大力推广县、乡、村三级路长制，各级路长负责相应农村公路管理养护工作，建立"精干高效、专兼结合、以专为主"的管理体系。按照"有路必养、养必到位"的要求，将农村公路养护资金及管理机构运行经费和人员支出纳入一般公共财政预算，加大履职能力建设和管理养护投入力度。

（三）发挥乡村两级作用和农民群众积极性。乡级人民政府要确定专职工作人员，指导村民委员会组织好村道管理养护工作。村民委员会要按照"农民自愿、民主决策"的原则，采取一事一议、以工代赈等办法组织村道的管理养护工作。要加强宣传引导，将爱路护路要求纳入乡规民约、村规民约；鼓励采用以奖代补等方式，推广将日常养护与应急抢通捆绑实施并交由农民承包；鼓励农村集体经济组织和社会力量自主筹资筹劳参与农村公路管理养护工作，通过将农村公路管理养护纳入公益岗位等方式，为贫困户提供就业机会。

四、强化农村公路管理养护资金保障

（四）落实成品油税费改革资金。完善成品油税费改革转移支付政策，合理确定转移支付规模，加大对普通公路养护的支持力度。成品油税费改革新增收入替代原公路养路费部分，不得低于改革基期年（2009年）公路养路费收入占“六费”（公路养路费、航道养护费、公路运输管理费、公路客货运附加费、水路运输管理费、水运客货运附加费）收入的比例。成品油税费改革转移支付用于普通公路养护的比例一般不得低于80%且不得用于公路新建。2022年起，该项资金不再列支管理机构运行经费和人员等其他支出。继续执行省级人民政府对农村公路养护工程的补助政策，省级补助资金与切块到市县部分之和占成品油税费改革新增收入替代原公路养路费部分的比例不得低于15%，实际高于上述比例的不得再降低。

（五）加大财政资金支持力度。农村公路养护属于地方财政事权，资金原则上由地方通过自有财力安排，对县级人民政府落实支出责任存在的收支缺口，上级人民政府可根据不同时期发展目标给予一定的资金支持。中央在均衡性转移支付中将进一步考虑农村公路管理养护因素，加大对重点贫困地区支持力度，继续安排车购税资金支持农村公路升级改造、安全生命防护工程建设和危桥改造等。地方各级人民政府要确保财政支出责任落实到位，将相关税收返还用于农村公路养护。省、市、县三级公共财政资金用于农村公路日常养护的总额不得低于以下标准：县道每年每公里10000元，乡道每年每公里5000元，村道每年每公里3000元，省、市、县三级公共财政投入比例由各省（区、市）根据本地区实际情况确定，并建立与养护成本变化等因素相关联的动态调整机制。

（六）强化养护资金使用监督管理。财政部、交通运输部要建立对省级人民政府的农村公路管理养护考核机制，将考核结果与相关投资挂钩。对地方各级公共财政用于农村公路养护的资金实施全过程预算绩效管理，确保及时足额拨付到位。地方各级财政和交通运输主管部门要加强农村公路养护资金使用监管，严禁农村公路建设采用施工方带资的建设—移交（BT）模式，严禁地方以“建养一体化”名义新增隐性债务，公共资金使用情况要按有关规定对社会公开，接受群众监督。村务监督委员会要将村道养护资金使用和养护质量等情况纳入监督范围。审计部门要定期对农村公路养护资金使用情况进行审计。

（七）创新农村公路发展投融资机制。地方各级人民政府要发挥政府资金的引导作用，采取资金补助、先养后补、以奖代补、无偿提供料场等多种方式支持农村公路养护。将农村公路发展纳入地方政府一般债券支持范围。鼓励地方人民政府将农村公路建设和一定时期的养护进行捆绑招标，将农村公路与产业、园区、乡村旅游等经营性项目实行一体化开发，运营收益用于农村公路养护。鼓励保险资金通过购买地方政府一般债券方式合法合规参与农村公路发展，探索开展农村公路灾毁保险。

五、建立农村公路管理养护长效机制

（八）加快推进农村公路养护市场化改革。将人民群众满意度和受益程度、养护质量和资金使用效率作为衡量标准，分类有序推进农村公路养护市场化改革，逐步建立政府与市场合理分工的养护生产组织模式。引导符合市场属性的事业单位转制为现代企业，鼓励将干线公路建设养护与农村公路捆绑招标，支持养护企业跨区域参与市场竞争。鼓励通过签订长期养护合同、招投标约定等方式，引导专业养护企业加大投入，提高养护机械化水平。

（九）加强安全和信用管理。公路安全设施要与主体工程同时设计、同时施工、同时投入使用，县级人民政府要组织公安、应急等职能部门参与农村公路竣（交）工验收。已建成但未配套安全设施的农村公路要逐步完善。加强农村公路养护市场监管，着力建立以质量为核心的信用评价机制，实施守信联合激励和失信联合惩戒，并将信用记录按照国家有关规定纳入全国信用信息共享平台，依法向社会公开。

（十）强化法规政策和队伍建设。推动公路法修订，研究制定农村公路条例，探索通过民事赔偿保护路产路权。坚持经济实用、绿色环保理念，全面开展“美丽公路”创建工作，提高农村公路养护技术，完善路政管理指导体系，建立县有路政员、乡有监管员、村有护路员的路产路权保护队伍。

各地区、各部门要将深化农村公路管理养护体制改革作为打赢脱贫攻坚战、实施乡村振兴战略、推进农业农村现代化的一项先行工程，同步部署落实。各省级人民政府要加强统筹和指导，制定本辖区改革实施方案，协调解决重大问题，督促地方各级人民政府压实责任，认真抓好任务落实。各有关部门要密切配合，按照职责完成各项任务。交通运输部要加强工作指导和督促检查，重大情况及时报告国务院。

本意见自印发之日起施行。《国务院办公厅关于印发农村公路管理养护体制改革方案的通知》（国办发〔2005〕49号）同时废止。

住房和城乡建设部 交通运输部 水利部 人力资源社会保障部关于印发《监理工程师职业资格制度规定》《监理工程师职业资格考试实施办法》的通知

（建人规〔2020〕3号，住房和城乡建设部、交通运输部、水利部、人力资源和社会保障部2020年2月28日发布）

各省、自治区、直辖市及新疆生产建设兵团住房和城乡建设厅（委、局）、交通运输厅（委、局）、水利（水务）厅（局）、人力资源社会保障厅（委、局），有关单位：

根据《国家职业资格目录》，为统一、规范监理工程师职业资格设置和管理，现将《监理工程师职业资格制度规定》《监理工程师职业资格考试实施办法》印发给你们，请遵照执行。原建设部、人事部《关于全国监理工程师执业资格考试工作的通知》（建监〔1996〕462号）同时废止。

监理工程师职业资格制度规定

第一章　总则

第一条　为确保建设工程质量，保护人民生命和财产安全，充分发挥监理工程师对施工质量、建设工期和建设资金使用等方面的监督作用，根据《中华人民共和国建筑法》《建设工程质量管理条例》等有关法律法规和国家职业资格制度有关规定，制定本规定。

第二条　本规定所称监理工程师，是指通过职业资格考试取得中华人民共和国监理工程师职业资格证书，并经注册后从事建设工程监理及相关业务活动的专业技术人员。

第三条　国家设置监理工程师准入类职业资格，纳入国家职业资格目录。

凡从事工程监理活动的单位，应当配备监理工程师。

监理工程师英文译为 Supervising Engineer。

第四条　住房和城乡建设部、交通运输部、水利部、人力资源社会保障部共同制定监理工程师职业资格制度，并按照职责分工分别负责监理工程师职业资格制度的实施与监管。

各省、自治区、直辖市住房和城乡建设、

交通运输、水利、人力资源社会保障行政主管部门，按照职责分工负责本行政区域内监理工程师职业资格制度的实施与监管。

第二章　考试

第五条　监理工程师职业资格考试全国统一大纲、统一命题、统一组织。

第六条　监理工程师职业资格考试设置基础科目和专业科目。

第七条　住房和城乡建设部牵头组织，交通运输部、水利部参与，拟定监理工程师职业资格考试基础科目的考试大纲，组织监理工程师基础科目命审题工作。

住房和城乡建设部、交通运输部、水利部按照职责分工分别负责拟定监理工程师职业资格考试专业科目的考试大纲，组织监理工程师专业科目命审题工作。

第八条　人力资源社会保障部负责审定监理工程师职业资格考试科目和考试大纲，负责监理工程师职业资格考试考务工作，并会同住房和城乡建设部、交通运输部、水利部对监理工程师职业资格考试工作进行指导、监督、检查。

第九条　人力资源社会保障部会同住房和城乡建设部、交通运输部、水利部确定监理工程师职业资格考试合格标准。

第十条　凡遵守中华人民共和国宪法、法律、法规，具有良好的业务素质和道德品行，具备下列条件之一者，可以申请参加监理工程师职业资格考试：

（一）具有各工程大类专业大学专科学历（或高等职业教育），从事工程施工、监理、设计等业务工作满6年；

（二）具有工学、管理科学与工程类专业大学本科学历或学位，从事工程施工、监理、设计等业务工作满4年；

（三）具有工学、管理科学与工程一级学科硕士学位或专业学位，从事工程施工、监理、设计等业务工作满2年；

（四）具有工学、管理科学与工程一级学科博士学位。

经批准同意开展试点的地区，申请参加监理工程师职业资格考试的，应当具有大学本科及以上学历或学位。

第十一条　监理工程师职业资格考试合格者，由各省、自治区、直辖市人力资源社会保障行政主管部门颁发中华人民共和国监理工程师职业资格证书（或电子证书）。该证书由人力资源社会保障部统一印制，住房和城乡建设部、交通运输部、水利部按专业类别分别与人力资源社会保障部用印，在全国范围内有效。

第十二条　各省、自治区、直辖市人力资源社会保障行政主管部门会同住房和城乡建设、交通运输、水利行政主管部门应加强学历、从业经历等监理工程师职业资格考试资格条件的审核。对以贿赂、欺骗等不正当手段取得监理工程师职业资格证书的，按照国家专业技术人员资格考试违纪违规行为处理规定进行处理。

第三章　注册

第十三条　国家对监理工程师职业资格实行执业注册管理制度。取得监理工程师职业资格证书且从事工程监理及相关业务活动的人员，经注册方可以监理工程师名义执业。

第十四条　住房和城乡建设部、交通运输部、水利部按照职责分工，制定相应监理工程师注册管理办法并监督执行。

住房和城乡建设部、交通运输部、水利部按专业类别分别负责监理工程师注册及相关工作。

第十五条　经批准注册的申请人，由住房和城乡建设部、交通运输部、水利部分别核发《中华人民共和国监理工程师注册证》（或电子证书）。

第十六条　监理工程师执业时应持注册证书和执业印章。注册证书、执业印章样式以及注册证书编号规则由住房和城乡建设部会同交通运输部、水利部统一制定。执业印章由监理工程师按照统一规定自行制作。注册证书和执业印章由监理工程师本人保管和使用。

第十七条　住房和城乡建设部、交通运输部、水利部按照职责分工建立监理工程师注册管理信息平台，保持通用数据标准统一。住房和城乡建设部负责归集全国监理工程师注册信息，促进监理工程师注册、执业和信用信息互通共享。

第十八条　住房和城乡建设部、交通运输部、水利部负责建立完善监理工程师的注册和退出机制，对以不正当手段取得注册证书等违法违规行为，依照注册管理的有关规定撤销其注册证书。

第四章　执业

第十九条　监理工程师在工作中，必须遵纪守法，恪守职业道德和从业规范，诚信执业，主动接受有关部门的监督检查，加强行业自律。

第二十条　住房和城乡建设部、交通运输部、水利部按照职责分工建立健全监理工程师诚信体系，制定相关规章制度或从业标准规范，并指导监督信用评价工作。

第二十一条　监理工程师不得同时受聘于两个或两个以上单位执业，不得允许他人以本人名义执业，严禁“证书挂靠”。出租出借注册证书的，依据相关法律法规进行处罚；构成犯罪的，依法追究刑事责任。

第二十二条　监理工程师依据职责开展工作，在本人执业活动中形成的工程监理文件上签章，并承担相应责任。监理工程师的具体执业范围由住房和城乡建设部、交通运输部、水利部按照职责另行制定。

第二十三条　监理工程师未执行法律、法规和工程建设强制性标准实施监理，造成质量安全事故的，依据相关法律法规进行处罚；构成犯罪的，依法追究刑事责任。

第二十四条　取得监理工程师注册证书的人员，应当按照国家专业技术人员继续教育的有关规定接受继续教育，更新专业知识，提高业务水平。

第五章　附则

第二十五条　本规定施行之前取得的公路水运工程监理工程师资格证书以及水利工程建设监理工程师资格证书，效用不变；按有关规定，通过人力资源社会保障部、住房和城乡建设部组织的全国统一考试，取得的监理工程师执业资格证书与本规定中监理工程师职业资格证书效用等同。

第二十六条　专业技术人员取得监理工程师职业资格，可认定其具备工程师职称，并可作为申报高一级职称的条件。

第二十七条　本规定自印发之日起施行。

监理工程师职业资格考试实施办法

第一条　住房和城乡建设部、交通运输部、水利部、人力资源社会保障部共同委托人力资源社会保障部人事考试中心承担监理工程师职业资格考试的具体考务工作。住房和城乡建设部、交通运输部、水利部可分别委托具备相应能力的单位承担监理工程师职业资格考试工作的命题、审题和主观试题阅卷等具体工作。

各省、自治区、直辖市住房和城乡建设、交通运输、水利、人力资源社会保障行政主管部门共同负责本地区监理工程师职业资格考试组织工作，具体职责分工由各地协商确定。

第二条　监理工程师职业资格考试设《建设工程监理基本理论和相关法规》《建设工程合同管理》《建设工程目标控制》《建设工程监理案例分析》4个科目。其中《建设工程监理基本理论和相关法规》《建设工程合同管理》为基础科目，《建设工程目标控制》《建设工程监理案例分析》为专业科目。

第三条　监理工程师职业资格考试专业科目分为土木建筑工程、交通运输工程、水利工程3个专业类别，考生在报名时可根据实际工作需要选择。其中，土木建筑工程专业由住房和城乡建设部负责；交通运输工程专业由交通运输部负责；水利工程专业由水利部负责。

第四条　监理工程师职业资格考试分4个

半天进行。

第五条 监理工程师职业资格考试成绩实行4年为一个周期的滚动管理办法，在连续的4个考试年度内通过全部考试科目，方可取得监理工程师职业资格证书。

第六条 已取得监理工程师一种专业职业资格证书的人员，报名参加其他专业科目考试的，可免考基础科目。考试合格后，核发人力资源社会保障部门统一印制的相应专业考试合格证明。该证明作为注册时增加执业专业类别的依据。免考基础科目和增加专业类别的人员，专业科目成绩按照2年为一个周期滚动管理。

第七条 具备以下条件之一的，参加监理工程师职业资格考试可免考基础科目：

（一）已取得公路水运工程监理工程师资格证书；

（二）已取得水利工程建设监理工程师资格证书。

申请免考部分科目的人员在报名时应提供相应材料。

第八条 符合监理工程师职业资格考试报名条件的报考人员，按当地人事考试机构规定的程序和要求完成报名。参加考试人员凭准考证和有效证件在指定的日期、时间和地点参加考试。

中央和国务院各部门所属单位、中央管理企业的人员按属地原则报名参加考试。

第九条 考点原则上设在直辖市、自治区首府和省会城市的大、中专院校或者高考定点学校。

监理工程师职业资格考试原则上每年一次。

第十条 坚持考试与培训分开的原则。凡参与考试工作（包括命题、审题与组织管理等）的人员，不得参加考试，也不得参加或者举办与考试内容相关的培训工作。应考人员参加培训坚持自愿原则。

第十一条 考试实施机构及其工作人员，应当严格执行国家人事考试工作人员纪律规定和考试工作的各项规章制度，遵守考试工作纪律，切实做好从考试试题的命制到使用等各环节的安全保密工作，严防泄密。

第十二条 对违反考试工作纪律和有关规定的人员，按照国家专业技术人员资格考试违纪违规行为处理规定处理。

第十三条 参加原监理工程师执业资格考试并在有效期内的合格成绩有效期顺延，按照4年为一个周期管理。《建设工程监理基本理论和相关法规》《建设工程合同管理》《建设工程质量、投资、进度控制》《建设工程监理案例分析》科目合格成绩分别对应《建设工程监理基本理论和相关法规》《建设工程合同管理》《建设工程目标控制》《建设工程监理案例分析》科目。

第十四条 本办法自印发之日起施行。

交通运输部 财政部贯彻落实《国务院办公厅关于深化农村公路管理养护体制改革的意见》的通知

（交公路发〔2020〕26号，交通运输部、财政部2020年2月25日发布）

各省、自治区、直辖市、新疆生产建设兵团交通运输厅（局、委）、财政厅（局）：

为深入贯彻落实《国务院办公厅关于深化农村公路管理养护体制改革的意见》（国办发〔2019〕45号，以下简称《意见》），进一步管好、护好农村公路，加快建立农村公路管理养护长效机制，现就有关事项通知如下：

一、充分认识深化农村公路管理养护体制改革的重要意义

深化农村公路管理养护体制改革是贯彻落实习近平总书记等中央领导同志关于“四好农村路”建设重要指示批示精神的重要举措，是

适应财税体制、预算体制、中央与地方财政事权改革和事业单位分类改革的迫切要求，是推动“四好农村路”高质量发展、加快建设交通强国的重要内容，是支撑服务脱贫攻坚和乡村振兴、满足新时代人民群众对美好生活需要的重要保障。《意见》聚焦解决“四好农村路”发展中管好、护好的短板问题，对深化农村公路管理养护体制改革进行统筹谋划和顶层设计，是新时期指导农村公路发展的纲领性文件，意义重大，影响深远。

农村公路管理养护工作是一项长期的系统性工程，涉及面广、难度大、政策性强。各级交通运输、财政部门要认真贯彻落实党中央、国务院的决策部署，深刻学习领会《意见》提出的改革精神、改革部署、改革要求，进一步增强责任感和紧迫感，把深入贯彻落实《意见》要求、深化农村公路管理养护体制改革作为当前和今后一段时期农村公路工作的重点，加强领导、周密组织、积极配合、有序推进，确保改革顺利进行。

二、研究制定实施方案

各省级交通运输部门要主动作为，在省级人民政府统一领导下，牵头与财政部门共同建立上下协调、部门联动、层层落实的工作机制，积极推动改革实施。各省级交通运输、财政部门要积极推动各省级人民政府对照《意见》要求，因地制宜研究制定深化农村公路管理养护体制改革实施方案，着力补短板、强弱项、抓重点、求实效，明确改革任务落地的时间表、路线图、成果形式，细化工作举措、责任主体、考核问责等内容，确保各项改革任务落到实处。2020 年 6 月 30 日前要将实施方案抄送交通运输部、财政部，并按要求向社会公开。

三、坚决落实改革重点任务

（一）落实责任，健全农村公路管理养护体系。

《意见》明确了地方各级人民政府和村民委员会的农村公路管理养护职责，各省级交通运输、财政部门要在省级人民政府的统一领导下，认真履职尽责，推动省级人民政府明确省级相关部门和市、县级人民政府农村公路管理养护权力和责任清单，加强统筹和指导监督，切实落实县级人民政府主体责任，发挥好乡、村主力作用，充分调动农民群众的积极性、主动性。

各省级交通运输、财政部门要积极推动省级人民政府建立健全农村公路管理养护工作机制，加强安全和信用管理，强化法规政策和队伍建设；大力推行县、乡、村三级路长制，因地制宜建立健全路长管理责任体系和运行机制；强化管理养护能力建设，优化机构职责配置，完善人才培养吸引和激励保障制度，落实乡级专职工作人员，开发公益岗位；对市、县级人民政府进行绩效管理，建立农村公路管理养护考核机制并将考核结果与相关投资挂钩。

（二）加大投入，强化农村公路管养资金保障。

地方各级财政、交通运输部门要在各级人民政府的统一领导下，积极做好农村公路管理养护资金的筹措、使用和监管工作，细化实化资金政策措施，加大投入力度。在制定改革实施方案时，要结合管理养护需求和资金投入实际明确以下资金保障政策：

1. 落实养护工程资金补助政策。继续执行省级人民政府对农村公路养护工程的补助政策，其中成品油税费改革新增收入替代原公路养路费部分（包括成品油税费改革转移支付的“替代性返还＋增长性补助”，以下简称“替代养路费部分”）补助农村公路养护工程的方式由原来的按里程定额补助（“7351”补助标准）转变为按比例补助。明确“替代养路费部分”不得低于本省改革基期年（2009 年）公路养路费收入占“六费”收入的比例，“替代养路费部分”中用于农村公路养护工程的资金（省级补助资金与切块到市县部分之和）不得低于“替代养路费部分”的 15%，实际高于上述比例的不得降低。同时，应满足《意见》提出的“替代养路费部分”用于普通公路养护的比例一般不得低于 80%，且不得用于公路新建。

2. 落实日常养护资金补助政策。省、市、县三级公共财政资金（不含“替代养路费部分”）用于农村公路日常养护的总额不得低于以下标准：县道每年每公里10000元，乡道每年每公里5000元，村道每年每公里3000元。要根据区域发展水平，明确省、市、县三级公共财政投入的比例。

3. 优化养护资金支出结构。将农村公路养护资金及管理机构运行经费和人员支出纳入一般公共财政预算。2022年起，成品油税费改革转移支付资金用于普通公路养护部分不再列支管理机构运行经费和人员等其他支出。

4. 建立动态调整机制。农村公路养护工程和日常养护补助政策，应建立与里程、养护成本变化等因素相关联的动态调整机制，原则上调整周期不超过五年。

5. 强化资金使用监管。地方各级财政、交通运输部门要加强资金使用监管，严格防控债务风险，公共财政资金实施全过程预算绩效管理，按规定对社会公开，接受群众监督，不断提升资金配置效率和使用效益。

6. 拓宽投融资渠道。发挥好政府资金的引导作用，采用资金补助、先养后补、以奖代补等多种方式支持农村公路养护。将农村公路发展纳入地方政府一般债券重点支持范围。按规定用好均衡性转移支付、税收返还等相关政策，积极探索将农村公路相关附属设施等有收益的项目与农村公路养护打包运行，创新资金筹措方式，拓宽资金来源渠道。

（三）创新机制，促进农村公路转型发展。

按照《意见》要求分类有序推动农村公路养护市场化改革，逐步建立政府与市场合理分工的养护生产组织模式，通过市场化的手段提高养护专业化、机械化水平。坚持以人民为中心的发展思想，继续把增强人民群众获得感、幸福感、安全感放到突出位置，充分发挥群众主观能动性，激发农村公路管理养护可持续发展的内生动力。

坚持绿色发展，节约集约利用资源，严守生态保护红线，实现路与自然和谐共生。大力开展“美丽农村路”建设，切实提升路域环境，将交通之美融入村容整体环境美当中。

坚持融合发展，推进农村公路与特色产业、乡村旅游等多元融合。积极拓展农村公路服务功能，为农村公路持续发展注入新动力。

坚持智慧发展，推动运用新技术、新手段赋能农村公路管理养护工作。加强5G、北斗、互联网、物联网、大数据、卫星遥感等新技术的应用，不断提升农村公路管理效能和养护水平。

四、加快开展改革试点工作

按照《意见》提出的完善管理养护体制、强化资金保障、建立长效机制等重点改革任务，各省级交通运输、财政部门要结合加快建设交通强国要求，推动省、市、县人民政府围绕试点推荐主题积极开展试点创建工作，并遴选部分工作基础较好、典型示范带动性强、推广价值高的试点区（可以省、市、县名义申报，以县为主）向交通运输部和财政部推荐。试点区推荐报告应于2020年4月30日前提交，内容包括试点主题、试点单位、试点内容、预期成效等。交通运输部、财政部将择优遴选部分推荐试点区加强跟踪指导，并将好的经验做法纳入后续“四好农村路”示范创建工作中。

五、建立健全改革保障机制

（一）健全协同联动机制。

地方各级交通运输、财政部门要积极推动地方各级人民政府建立协同联动机制，出台配套政策措施，有序推进《意见》及实施方案落地见效，切实落实主体责任。各级交通运输部门要主动作为，既要做好具体改革举措推进，又要做好牵头改革任务统筹协调；既要抓好本部门改革，又要加大对地方改革的指导。加强宣传和舆论引导，为深化改革营造良好的社会舆论氛围。

（二）完善考核激励机制。

各省级交通运输、财政部门要推动将农村公路管理养护工作纳入地方各级人民政府绩效考核、五级书记抓乡村振兴考核等，建立健全激励约束机制，将考核结果与财政补助资金挂钩，对工作推进情况良好的，给予奖励或增量补助；对工作推进情况较差的，实行约谈、责令整改、扣减补助等措施，充分发挥激励考核“指挥棒”作用。

（三）强化跟踪督导落实。

各省级交通运输部门要会同有关部门定期开展督导和评估，跟踪分析改革进展情况，评估改革推进效果，及时研究解决矛盾问题，适时调整政策措施，抓好改革落实，提升改革实效。各省级交通运输、财政部门每年年底前要分别向交通运输部和财政部报送改革进展情况。

交通运输部关于进一步做好公路水运工程疫情防控有序精准推动复工开工的通知

（交公路明电〔2020〕85号，交通运输部2020年3月4日发布）

各省、自治区、直辖市、新疆生产建设兵团交通运输厅（局、委）：

为进一步落实党中央、国务院部署，在严格防控新冠肺炎疫情的前提下，积极有序推动公路水运工程复工开工，为保持经济平稳运行作出积极贡献，现就有关事项通知如下：

一、精准复工复产

（一）精准分区推进。

在当地党委政府和疫情防控机制领导下，在卫生健康部门指导下，按照分区分级的要求，分类指导各地区有关单位制定完善疫情防控措施、预案及复工安排。低风险地区尽快将防控策略调整为外防输入，推动全面复工；中风险地区要依据防控形势有序复工；高风险地区继续集中精力抓好疫情防控工作。天气寒冷地区暂不具备条件的，要做好备工备料等复工准备，积极推进受天气影响较小的隧道等工程施工。

（二）精准分工负责。

除疫情防控任务较重省份外，其他省级交通运输主管部门要结合本地区实际情况和项目具体情况，在严格防控疫情的前提下积极有序推进复工复产，加强监督管理，督促指导相关单位切实履行疫情防控主体责任，协调地方政府和有关部门保障有利建设环境。建设单位要组织参建单位统筹做好疫情防控和复工复产，落实人员返岗、材料进场计划并协调保障建设环境等，在疫情防控措施到位的前提下加快推进工程建设，加快工程款计量支付。施工单位及其他相关参建单位要积极组织人员返岗，落实疫情防控责任和要求，加快施工进度，确保工程质量安全。

（三）精准督导项目。

按照项目属性、特点和各地区实际情况，在严格防控疫情的前提下分类推进项目复工，抢抓春季施工。除疫情防控重点地区和天气寒冷地区外，高速公路和重点水运工程建设项目要加大复工力度，加快施工进度；普通国省干线公路和其他水运工程建设项目要因地制宜加快推进，未复工项目力争3月15日前复工；跨年度的农村公路项目，具备条件的可有序组织复工。贯彻落实国家重大区域发展战略，助力打赢脱贫攻坚战，全力以赴保障重大项目和脱贫攻坚兜底性项目，注重发挥跨江跨海通道、山区高速公路、航电枢纽、干线高等级航道等重大工程示范带动作用。

（四）精准推进建设。

跨地区的项目，要加强地区间协作协调，根据各地区疫情风险等级和施工单位、劳务班组具体情况，差别化制定复工方案，精准落实分标段复工安排，在严格防控疫情的前提下尽早实现全面复工。加快实施相对易于封闭的桥梁、隧道、疏浚、清礁等工程。抓紧实施度汛工程关键环节，确保安全度汛和后续工程顺利实施。因疫情防控难以及时到位的少数施工单位和班组，要根据施工组织需要，加强标段之间、班组之间统筹，鼓励相互支持，确保完成投资任务。要避免在建项目长时间停工造成损失浪费，防止形成“半拉子”工程。

（五）精准落实人员。

建设单位和施工、监理、检测、设计等参

建单位要梳理参建人员情况，确保参建人员尽快就位履职。农民工输出、输入地交通运输主管部门可配合当地有关部门，积极衔接沟通，对目的地集中、具备一定出行规模的农民工群体，可组织采用“点对点”运输方式，确保顺利返岗。根据人员到位状况，合理优化施工组织和管理措施，确保管理体系健全、运转有效、保障有力，避免因人员不足导致生产脱节、管理脱节。因疫情管控不能及时到岗的管理技术人员，允许安排具备相应条件的其他人员暂时顶岗，或临时通过网络办公、视频会商等方式开展工作，不作为人员履约问题。

（六）精准制定政策。

依照有关规定，疫情属不可抗力因素。疫情防控有关投入纳入工程建设成本，防控费用的具体计列结算方式以及有关合同工期调整原则等，由省级交通运输主管部门加强指导，参建单位依据合同约定和相关规定进行处理。针对疫情防控期间新情况、新要求，及时了解工程项目和参建单位面临的实际困难，积极加强指导、协调和服务，改进监管方式，及时传达国家有关支持政策，更好地推动复工复产。

二、加快投资建设

（七）加快启动新项目。

组织实施“十三五”规划备选项目。提前启动一批支撑国家战略实施、符合“十四五”规划方向的建设项目，优先实施国家高速公路待贯通路段建设、交通繁忙路段扩容改造、内河高等级航道和沿海重要港区公共基础设施建设，推进普通国省道提质改造、剩余待建路段贯通以及城镇过境段改造。结合实施脱贫攻坚与乡村振兴战略，推动老旧县乡道提级改造、较大人口规模自然村通硬化路建设。积极推动重点货类专业化码头建设。

（八）加快前期工作。

根据疫情防控要求和工作安排，改进工作方式，分区分级精准统筹推进项目前期工作。抓紧开展现场勘察，充分利用无人机、卫星遥感和BIM技术等，加强工程现场图片和视频资料收集、分析，加快工程可行性研究报告、勘察设计文件编制等工作。在符合保密要求前提下，采用视频会商、网络办公、资料邮寄等方式，做好内业设计及文件内审等工作。加大与自然资源、生态环境、财政等部门的沟通协调力度，加快完善审批要件。

（九）加快审查审批。

按照国家有关规定，优化审批流程。对于需报部审查审批的项目，部将调整、改进疫情防控期间审批方式，及时安排咨询评估，符合条件的项目将及时出具资金安排意见，及时批复初步设计。在符合保密要求前提下，充分利用在线审批平台，或采用邮寄等方式报送文件资料；通过图文资料、视频信息相结合等方式核实了解工程现场情况，弥补难以现场踏勘的不足；采取视频会商等方式开展技术评审，加快批复文件办理。特殊复杂工程通过以上方式难以支撑技术决策的，可增加技术设计或专题论证，重要问题后置。疫情过后，可酌情增加设计回访或现场调研，更好地指导工程建设。

（十）加快招标工作。

积极对接当地公共资源交易中心，采取有效措施积极应对疫情防控对招标投标各环节的影响。充分利用信息化手段，积极推进招标投标备案、评标专家抽取等全程网上办理。鼓励优先采用电子招标，推行远程异地开标。暂未实现电子招标的省份，要积极探索邮寄或线上获取招标投标文件、采用远程视频开标等方式，实现“不见面开标”，确保招标投标顺利进行。

（十一）加快开工建设。

对符合条件的项目，加快办理施工许可。用足用好相关政策，积极协调有关部门加快办理各项审批备案手续，尽快做好施工准备，在严格防控疫情的前提下尽早进场施工。按照《交通运输部财政部对交通建设领域真抓实干成效明显地方进一步加大激励支持力度的实施方案》（交规划发〔2019〕40号），部将继续对推进有力的地区实施相关激励。

三、加强疫情防控和质量安全监督管理

（十二）落实复工开工条件。

根据疫情防控总体要求和属地统一部署，

强化质量安全、卫生防疫等岗前交底培训。结合项目特点，加强疫情防控措施核查、复工开工安全生产条件审查和隐患排查治理，做到准备工作充分、防范措施落实、隐患治理彻底。

（十三）严格工地疫情防控。

督促和指导项目单位及各参建单位，按照“谁用工、谁管理、谁负责”原则，落实属地要求，履行疫情防控主体责任，结合项目实际情况严格做好疫情防控工作。在卫生健康部门指导下，完善疫情防控制度和预案，落实防控经费、物资和人员，加强对重点场所消毒、通风，做好人员排查登记和体温检测，结合疫情防控需要科学合理组织施工，在严格防控疫情的前提下有序复工。

（十四）严格质量安全管理。

指导有关单位做好风险研判，督促参建企业制定质量安全措施和工作方案，落实质量安全责任，严格按图纸和规范施工，严禁抢赶工期、冒险作业等行为。充分考虑疫情影响，协助企业解决实际困难，把好材料设备进场关、工序验收关、质量评定关，确保工程质量标准不降低。

（十五）加强监督管理。

鼓励通过信息化方式办理质量监督手续及相关监管事项，采用远程监控等方式及时了解工程现场质量安全状况。可适当简化即将到期的施工企业主要负责人和安全生产管理人员考核合格证书的复核工作。采取有效措施，加强对建设单位和各参建单位疫情防控工作的监督检查。

（十六）做好应急保障。

加强对疫情、水文、气象、地质等信息的收集分析和预判，及时发布预警信息，落实监控措施。加强安全生产、疫情防控值班值守和信息报送工作，完善应急预案，提前做好物资、设备和人力储备与检查，落实落细各项应急准备工作，确保应急救援抢险、疫情处置等工作及时有效。

四、夯实工作基础

（十七）加强组织领导。

各地交通运输主管部门和各有关单位要提高政治站位，强化责任意识，充分认识加快复工开工建设、加大交通投资力度的重要意义，统筹考虑疫情防控要求和建设项目实际情况，加强组织领导，积极有序推动企业复工复产和项目开工建设。对重点地区、重点企业、重点项目，给予重点指导和支持，强化激励保障措施。建立项目复工台账，分类督促指导。有关情况及典型经验、问题及时报部。

（十八）积极促进就业。

工程建设中，注重吸纳劳动力就业，优先保障贫困地区、贫困劳动力就业。农村公路建设、养护可因地制宜，优先吸纳当地农民工就业。切实保障农民工生产生活条件，确保疫情防护措施到位，做好农民工工资支付有关工作。各有关单位要运用多种方式加大宣传力度，解除农民工后顾之忧。

（十九）拉动有效需求。

充分发挥交通基础设施建设基础性、先导性作用，以有效投资拉动有效需求，带动相关产业尽快复工复产。鼓励在保证质量的前提下，提前备工备料。指导建设单位、施工单位积极对接水泥、沥青、钢材、油料、砂石料、机电设施、工程机械等材料设备供应单位，衔接生产供应计划，及时主动发布招标计划和相关需求，有序恢复生产供应。

住房和城乡建设部办公厅关于加强新冠肺炎疫情防控期间房屋市政工程开复工质量安全工作的通知

（建办质函〔2020〕106号，住房和城乡建设部办公厅2020年3月5日发布）

各省、自治区住房和城乡建设厅，直辖市住房和城乡建设（管）委，新疆生产建设兵团住房和城乡建设局，山东省交通运输厅，上海市交通委员会：

当前，各地房屋市政工程（以下简称工程）逐渐进入全面恢复施工阶段，新冠肺炎疫情防控和工程开复工质量安全压力交织叠加。各地要认真贯彻落实习近平总书记关于统筹推进疫情防控和经济社会发展的重要指示精神，精准做好疫情防控和质量安全监管工作，有序推动工程开复工，保障工程质量安全。现就有关事项通知如下：

一、提高政治站位，严格落实责任

（一）强化政治意识。各地要进一步增强“四个意识”、坚定“四个自信”、做到“两个维护”，自觉把思想和行动统一到习近平总书记重要讲话精神和党中央决策部署上来，按照坚定信心、同舟共济、科学防治、精准施策的总要求，及时查漏补缺，坚决防止麻痹思想、厌战情绪、侥幸心理、松劲心态，坚决避免因工程开复工发生的聚集性疫情事件。

（二）坚持分区分级精准复工和监管。各地要根据疫情防控形势，制定差异化防控策略，实施分区分级精准开复工措施。低风险地区要全面推动企业和工程项目开复工，加大质量安全检查力度；中风险地区要在严格防控疫情的前提下，有序推动企业和工程项目分阶段、错时开复工，合理确定检查频次；高风险地区要确保在疫情得到有效防控后再逐步有序扩大工程开复工范围，原则上采用“互联网+监管”方式进行抽查。对检查、抽查发现存在违法违规行为的，要从严依法查处。

（三）落实质量安全生产责任。各地要牢固树立质量安全发展理念，进一步强化政府监管责任和企业主体责任，做到守土有责、守土担责、守土尽责。坚持科学防控、精准施策，聚焦疫情对工程质量安全带来的冲击影响，深入分析工程开复工面临的各类质量安全隐患，在做好防疫防控工作的前提下，认真落实各项质量安全防范措施，坚决遏制质量安全事故。

二、坚持科学防控，强化精准施策

（四）做好工程开复工准备。各地要严格遵守疫情防护和开复工安全有关规定，合理安排开复工计划，对涉及国计民生重大建设项目和重点项目要优先推动开复工。建设单位、施工单位提前做好务工人员使用计划，可采取局部开工、部分施工、优先安排机械施工等措施，实施分批分阶段复工返岗。建设单位项目负责人及施工单位项目负责人不能到岗的，原则上不得开复工。

（五）完善疫情防控体系。各地要建立开复工疫情防控管理体系，编制疫情防控工作方案，制定防控应急预案，随时监控工地疫情变化，及时上报健康信息。明确专人对接属地社区和疫情防控主管部门，形成部门联动、群防群控机制。及时妥善处置突发事件，做到“早发现、早隔离、早治疗”，防止聚集性传染，坚决杜绝聚集性疫情事件。

（六）加强现场防疫管理。实施建筑工地封闭管理。加强工地隔离防护设施建设，落实返岗人员隔离措施；摸排人员流向及来源，做到“即到即报”；最大限度减少工地现场人员外出流动；施工作业区域应采取相对隔离封闭措施，各施工作业面尽量减少交叉流动。全面落实建筑工人实名制管理。对进场工人实行每日体温检测登记，落实“一人一档”制度；对进出入工地的车辆、工具一律登记进出去向，进行冲洗、消毒。实行严格消毒制度。对施工人员集中的作业区、办公区、生活区、食堂、宿舍、厕所等重点部位和人员密集场所，采取定时消毒、清洁、通风换气等措施；保障职工饮水、洗手、通风等自然生活条件；工程项目部实行分餐、错时用餐，人员配备独立餐具，避免集中就餐。严格按照有关规定和规范，对生活垃圾、医用垃圾、化学品垃圾、建筑垃圾进行专业化分类回收处置。

（七）加强培训教育工作。各地要督促企业按照国家和本地区有关疫情防控的要求，在开复工前通过微信、视频等方式，对从业人员进行卫生防疫教育。要抓好质量安全教育培训，可采取网上免费授课的方式，组织专家对重点岗位人员、新录用人员进行质量安全培训，指导建筑工人提高质量安全防范意识，准确识别现场质量安全风险，熟练掌握安全防护和操作技能，正确使用安全防护用具。严格开展上岗前疫情防范、质量安全技术交底，确保各项要求落实到每一名员工、每一个岗位。

（八）坚决防止盲目抢工期。各地要督促建设单位切实保障工程项目合理工期安排，严禁盲目抢工期、赶进度等行为。要充分考虑疫情对工期造成的影响，科学确定工期及每个阶段所需的合理时间，严格执行合理工期。工期确需调整的必须经过充分论证，并采取相应措施，通过加大投入、优化施工组织等措施，确保工程质量安全。要根据疫情防控和安全防范需要，加大文明施工措施费用保障力度，确保防疫、安全的投入和措施落实到位。

（九）加强重大风险管控。各地要督促建设单位牵头组织开展开复工前安全条件检查，严格检查安全生产责任落实情况，重点检查建筑起重机械、深基坑、模板工程及支撑体系、脚手架、施工临时用电设施以及城市轨道交通工程等危险性较大工程的设备安全状况和现场防护情况，并对重要文件落实、专项施工方案、人员教育培训情况进行检查，及时发现问题，及时整改、不留死角。

（十）加强施工质量管理。各地要督促建设、施工、监理等单位完善项目质量保障体系，落实质量责任制度，严把“到岗履职关、材料检测关、过程控制关、质量验收关”，不得放松质量要求、降低质量标准。要重点加强对混凝土、钢筋等建筑材料质量检测工作，防止因价格上涨偷工减料、使用不合格材料，切实保证工程质量。

三、优化管理举措，提高服务水平

（十一）加强工作指导。各省级住房和城乡建设主管部门要指导所辖地区有序推动工程开复工，全面掌握本行政区域内各地市工程开复工基本情况，及时了解开复工过程中遇到的困难和问题，加强分类指导，统筹做好建筑工人返岗、建材供应、建筑工地疫情防控和物资保障等工作。

（十二）推行安全生产承诺制。对安全管理较好、2019 年以来没有发生生产安全事故的企业，在落实安全防范措施的前提下，由企业主要负责人作出安全承诺自行复工复产，不再层层报备、现场验收盖章。对 2019 年发生生产安全事故和基础薄弱的企业，实行精准监管、重点指导帮扶。

（十三）网上办理开复工审核。各地要对企业申报新建、改扩建施工许可和复工安全条件审核的项目，优化报批审核流程，实施网上快速办理，落实不见面审批服务，待疫情防控结束后再进行现场核验。对于开复工申请达到各项条件要求的，合格一个开复工一个。对于达不到开复工条件的，坚决不允许开复工。

（十四）实行到期证件自动顺延。各地要主动为工程开复工做好服务，帮助企业解决实际困难，支持企业安全开复工。在疫情防控期间，企业安全生产许可证和企业主要负责人、项目负责人、安全生产管理人员及特种作业人员安全证书到期的，有效期自动顺延至疫情防控结束。

（十五）采取临时顶岗措施。各地要对因疫情不能返岗的工程管理人员，允许企业安排执有相应资格证书的其他人员暂时顶岗，顶岗期间要确保疫情防控和质量安全责任落实到位。针对企业面临的重点难点问题和重大风险隐患，组织专家对企业实施点对点网上会诊，解决现场问题，帮助企业有效防控质量安全风险。

（十六）利用信息化监管。各地要严格控制对企业和工地现场的检查，除涉及防疫、安全、质量、消防等必要检查外，疫情期间原则上不到企业和工地现场检查。完善安全隐患排查治理信息化系统，以自动分析报告替代人工统计填表。对自查自报自改安全风险隐患的，重点实行线上跟踪指导服务。充分运用远程视频监控等在线检查管理方式，开展更加精准有效的质量安全监管。

四、严格值班值守，强化应急准备

（十七）强化协调指挥。各地要加强组织领导，充分发挥各级领导干部模范带头作用，深入一线，分析问题、解决难题。加强与应急管理、卫生健康部门对接联动，加强疫情和质量安全形势研判，积极主动做好相关工作。

（十八）加强应急准备和值班值守。各地要制定疫情期间质量安全事故处置应急预案，做好应急准备，强化应急演练，加强与专业应急救援队伍密切联系，时刻保持应急状态。要严格落实领导干部带班和重要岗位24小时值班及事故信息报告制度，对突发情况要及时有效应对，并按规定程序和时限及时上报信息。

政府采购

政府采购信息发布管理办法

（财政部令第101号，2019年11月27日发布）

《政府采购信息发布管理办法》已经财政部部务会议审议通过，现予公布，自2020年3月1日起施行。

政府采购信息发布管理办法

第一条 为了规范政府采购信息发布行为，提高政府采购透明度，根据《中华人民共和国政府采购法》《中华人民共和国政府采购法实施条例》等有关法律、行政法规，制定本办法。

第二条 政府采购信息发布，适用本办法。

第三条 本办法所称政府采购信息，是指依照政府采购有关法律制度规定应予公开的公开招标公告、资格预审公告、单一来源采购公示、中标（成交）结果公告、政府采购合同公告等政府采购项目信息，以及投诉处理结果、监督检查处理结果、集中采购机构考核结果等政府采购监管信息。

第四条 政府采购信息发布应当遵循格式规范统一、渠道相对集中、便于查找获得的原则。

第五条 财政部指导和协调全国政府采购信息发布工作，并依照政府采购法律、行政法规有关规定，对中央预算单位的政府采购信息发布活动进行监督管理。

地方各级人民政府财政部门（以下简称财政部门）对本级预算单位的政府采购信息发布活动进行监督管理。

第六条 财政部对中国政府采购网进行监督管理。省级（自治区、直辖市、计划单列市）财政部门对中国政府采购网省级分网进行监督管理。

第七条 政府采购信息应当按照财政部规定的格式编制。

第八条 中央预算单位政府采购信息应当在中国政府采购网发布，地方预算单位政府采购信息应当在所在行政区域的中国政府采购网省级分网发布。

除中国政府采购网及其省级分网以外，政府采购信息可以在省级以上财政部门指定的其他媒体同步发布。

第九条 财政部门、采购人和其委托的采购代理机构（以下统称发布主体）应当对其提供的政府采购信息的真实性、准确性、合法性负责。

中国政府采购网及其省级分网和省级以上财政部门指定的其他媒体（以下统称指定媒体）应当对其收到的政府采购信息发布的及时性、完整性负责。

第十条 发布主体发布政府采购信息不得有虚假和误导性陈述，不得遗漏依法必须公开的事项。

第十一条 发布主体应当确保其在不同媒体发布的同一政府采购信息内容一致。

在不同媒体发布的同一政府采购信息内容、时间不一致的，以在中国政府采购网或者其省级分网发布的信息为准。同时在中国政府采购网和省级分网发布的，以在中国政府采购网上发布的信息为准。

第十二条 指定媒体应当采取必要措施，对政府采购信息发布主体的身份进行核验。

第十三条 指定媒体应当及时发布收到的政府采购信息。

中国政府采购网或者其省级分网应当自收到政府采购信息起1个工作日内发布。

第十四条 指定媒体应当加强安全防护，确保发布的政府采购信息不被篡改、不遗漏，不得擅自删除或者修改信息内容。

第十五条 指定媒体应当向发布主体免费提供信息发布服务，不得向市场主体和社会公众收取信息查阅费用。

第十六条 采购人或者其委托的采购代理机构未依法在指定媒体上发布政府采购项目信息的，依照政府采购法实施条例第六十八条追究法律责任。

采购人或者其委托的采购代理机构存在其他违反本办法规定行为的，由县级以上财政部门依法责令限期改正，给予警告，对直接负责的主管人员和其他直接责任人员，建议其行政主管部门或者有关机关依法依规处理，并予通报。

第十七条 指定媒体违反本办法规定的，由实施指定行为的省级以上财政部门依法责令限期改正，对直接负责的主管人员和其他直接责任人员，建议其行政主管部门或者有关机关依法依规处理，并予通报。

第十八条 财政部门及其工作人员在政府采购信息发布活动中存在懒政怠政、滥用职权、玩忽职守、徇私舞弊等违法违纪行为的，依照《中华人民共和国政府采购法》《中华人民共和国公务员法》《中华人民共和国监察法》《中华人民共和国政府采购法实施条例》等国家有关规定追究相应责任；涉嫌犯罪的，依法移送有关国家机关处理。

第十九条 涉密政府采购项目信息发布，依照国家有关规定执行。

第二十条 省级财政部门可以根据本办法制定具体实施办法。

第二十一条 本办法自2020年3月1日起施行。财政部2004年9月11日颁布实施的《政府采购信息公告管理办法》（财政部令第19号）同时废止。

财政部关于公布废止和失效的财政规章和规范性文件目录（第十三批）的决定

（财政部令第103号，2020年1月23日发布）

《财政部关于公布废止和失效的财政规章和规范性文件目录（第十三批）的决定》已经2020年1月19日第一次部务会议审议通过，现予公布，自公布之日起施行。

财政部关于公布废止和失效的财政规章和规范性文件目录（第十三批）的决定

为了适应依法行政、依法理财的需要，根据《财政部规章和规范性文件清理工作规则》，我部对截至2017年12月底发布的现行财政规章和规范性文件进行了全面清理。经过清理，确定废止和失效的财政规章和规范性文件共796件，其中，废止的财政规章24件，失效的财政规章3件，废止的财政规范性文件521件，失效的财政规范性文件248件。现将废止和失效的财政规章和规范性文件的目录予以公布。

废止和失效的财政规章和规范性文件目录（第十三批）

（796件）

一、废止的财政规章目录（24件）

序号	文件名称	制定机关	文号	公布日期
1	国家农业综合开发资金和项目管理办法	财政部	财政部令第84号	2016年9月6日

续表

序号	文件名称	制定机关	文号	公布日期
2	关于修改《会计从业资格管理办法》的决定	财政部	财政部令第 82 号	2016 年 5 月 11 日
3	会计从业资格管理办法	财政部	财政部令第 73 号	2012 年 12 月 10 日
4	资产评估机构审批和监督管理办法	财政部	财政部令第 64 号	2011 年 8 月 11 日
5	关于修改《国家农业综合开发资金和项目管理办法》的决定	财政部	财政部令第 60 号	2010 年 9 月 4 日
6	中华人民共和国营业税暂行条例实施细则	财政部、国家税务总局	财政部、国家税务总局令第 52 号	2008 年 12 月 15 日
7	中华人民共和国耕地占用税暂行条例实施细则	财政部、国家税务总局	财政部、国家税务总局令第 49 号	2008 年 2 月 26 日
8	国际金融组织和外国政府贷款赠款管理办法	财政部	财政部令第 38 号	2006 年 7 月 3 日
9	国家农业综合开发资金和项目管理办法	财政部	财政部令第 29 号	2005 年 8 月 22 日
10	中外合作经营企业外国合作者先行回收投资审批办法	财政部	财政部令第 28 号	2005 年 6 月 9 日
11	会计师事务所审批和监督暂行办法	财政部	财政部令第 24 号	2005 年 1 月 18 日
12	政府采购供应商投诉处理办法	财政部	财政部令第 20 号	2004 年 8 月 11 日
13	政府采购信息公告管理办法	财政部	财政部令第 19 号	2004 年 8 月 11 日
14	政府采购货物和服务招标投标管理办法	财政部	财政部令第 18 号	2004 年 8 月 11 日
15	排污费资金收缴使用管理办法	财政部、环保总局	财政部、环保总局令第 17 号	2003 年 3 月 20 日
16	国际金融组织贷款债务清偿办法	财政部	财际字〔1999〕224 号	1999 年 11 月 8 日
17	社会保障基金财政专户会计核算暂行办法	财政部	财社字〔1999〕118 号	1999 年 8 月 4 日
18	社会保障基金财政专户管理暂行办法	财政部	财社字〔1999〕117 号	1999 年 8 月 4 日
19	社会保险基金会计制度	财政部	财会字〔1999〕20 号	1999 年 6 月 21 日
20	测绘事业单位会计制度	财政部	财会字〔1999〕1 号	1999 年 1 月 5 日
21	地质事业单位财务制度	财政部	财基字〔1998〕26 号	1998 年 4 月 2 日
22	中央水利建设基金财务管理暂行办法	财政部	财农字〔1997〕158 号	1997 年 7 月 28 日
23	粮食政策性财务挂账利息补贴专户管理办法	财政部、中国农业发展银行	财商字〔1996〕140 号	1996 年 6 月 25 日
24	地质勘查单位财务制度	财政部	财基字〔1996〕88 号	1996 年 4 月 12 日

二、失效的财政规章目录（3件）

序号	文件名称	制定机关	文号	公布日期
1	事业单位会计准则	财政部	财政部令第72号	2012年12月6日
2	行政单位会计制度	财政部	财预字〔1998〕49号	1998年2月6日
3	地质勘查单位会计制度	财政部	财会字〔1996〕15号	1996年5月6日

三、废止的财政规范性文件目录（521件）

综合类

序号	文件名称	制定机关	文号	公布日期
1	关于印发《城镇保障性安居工程财政资金绩效评价暂行办法》的通知	财政部、住房城乡建设部	财综〔2015〕6号	2015年2月25日
2	关于印发《中央财政城镇保障性安居工程专项资金管理办法》的通知	财政部、住房城乡建设部	财综〔2014〕14号	2014年3月24日
3	关于印发《彩票发行销售管理办法》的通知	财政部	财综〔2012〕102号	2012年12月28日
4	关于做好2013年城镇保障性安居工程财政资金筹措等相关工作的通知	财政部	财综〔2012〕99号	2012年12月26日
5	关于中央级彩票机构财务管理有关问题的通知	财政部	财综〔2004〕36号	2004年5月25日
6	关于加强和完善彩票机构财务及彩票资金管理的通知	财政部	财综〔2001〕85号	2001年12月12日

法治类

序号	文件名称	制定机关	文号	公布日期
7	关于完善财政行政复议行政应诉和行政处罚案件统计报告制度的通知	财政部	财法〔2007〕15号	2007年12月28日
8	关于加强对第三批取消和调整行政审批项目后续监管工作的通知	财政部	财法〔2004〕6号	2004年6月29日
9	关于贯彻执行国务院第三批取消和调整行政审批项目决定的通知	财政部办公厅	财办发〔2004〕47号	2004年6月23日

税收及非税收入类

序号	文件名称	制定机关	文号	公布日期
10	关于进一步做好全国重点企业税源调查快报工作的通知	财政部	财税〔2017〕70号	2017年9月7日
11	关于扩大小型微利企业所得税优惠政策范围的通知	财政部、国家税务总局	财税〔2017〕43号	2017年6月6日
12	关于创业投资企业和天使投资个人有关税收试点政策的通知	财政部、国家税务总局	财税〔2017〕38号	2017年4月28日

续表

序号	文件名称	制定机关	文号	公布日期
13	关于新增中国服务外包示范城市适用技术先进型服务企业所得税政策的通知	财政部、国家税务总局、商务部、科技部、国家发展改革委	财税〔2016〕108号	2016年10月12日
14	关于保险保障基金有关税收政策问题的通知	财政部、国家税务总局	财税〔2016〕10号	2016年2月3日
15	关于征收工业企业结构调整专项资金有关问题的通知	财政部	财税〔2016〕6号	2016年1月19日
16	关于实施商业健康保险个人所得税政策试点的通知	财政部、国家税务总局、保监会	财税〔2015〕126号	2015年11月27日
17	关于进一步扩大小型微利企业所得税优惠政策范围的通知	财政部、国家税务总局	财税〔2015〕99号	2015年9月2日
18	关于石油石化企业办社会支出有关企业所得税政策的通知	财政部、国家税务总局	财税〔2015〕85号	2015年7月24日
19	关于印发《挥发性有机物排污费试点办法》的通知	财政部、国家发展改革委、环境保护部	财税〔2015〕71号	2015年6月18日
20	关于推广中关村国家自主创新示范区税收试点政策有关问题的通知	财政部、国家税务总局	财税〔2015〕62号	2015年6月9日
21	关于高新技术企业职工教育经费税前扣除政策的通知	财政部、国家税务总局	财税〔2015〕63号	2015年6月9日
22	关于开展商业健康保险个人所得税政策试点工作的通知	财政部、国家税务总局、保监会	财税〔2015〕56号	2015年5月8日
23	关于节约能源使用新能源车船车船税优惠政策的通知	财政部、国家税务总局、工业和信息化部	财税〔2015〕51号	2015年5月7日
24	关于调整铁矿石资源税适用税额标准的通知	财政部、国家税务总局	财税〔2015〕46号	2015年4月27日
25	关于小型微利企业所得税优惠政策的通知	财政部、国家税务总局	财税〔2015〕34号	2015年3月13日
26	关于金融企业贷款损失准备金企业所得税税前扣除有关政策的通知	财政部、国家税务总局	财税〔2015〕9号	2015年1月15日
27	关于金融企业涉农贷款和中小企业贷款损失准备金税前扣除有关问题的通知	财政部、国家税务总局	财税〔2015〕3号	2015年1月15日

续表

序号	文件名称	制定机关	文号	公布日期
28	关于完善技术先进型服务企业有关企业所得税政策问题的通知	财政部、国家税务总局、商务部、科技部、国家发展改革委	财税〔2014〕59号	2014年10月8日
29	关于扩大启运港退税政策试点范围的通知	财政部、海关总署、国家税务总局	财税〔2014〕53号	2014年7月30日
30	关于占用草地苇田征收耕地占用税政策的通知	财政部、国家税务总局	财税〔2014〕20号	2014年3月18日
31	关于非营利组织免税资格认定管理有关问题的通知	财政部、国家税务总局	财税〔2014〕13号	2014年1月29日
32	关于中国农业银行三农事业部涉农贷款营业税优惠政策的通知	财政部、国家税务总局	财税〔2014〕5号	2014年1月10日
33	关于调整岩金矿石等品目资源税税额标准的通知	财政部、国家税务总局	财税〔2013〕109号	2013年12月20日
34	关于研究开发费用税前加计扣除有关政策问题的通知	财政部、国家税务总局	财税〔2013〕70号	2013年9月29日
35	关于营业税改征增值税试点有关文化事业建设费征收管理问题的通知	财政部、国家税务总局	财综〔2013〕88号	2013年8月29日
36	关于享受资源综合利用增值税优惠政策的纳税人执行污染物排放标准有关问题的通知	财政部、国家税务总局	财税〔2013〕23号	2013年4月1日
37	关于苏州工业园区技术先进型服务企业所得税试点政策有关问题的通知	财政部、国家税务总局、商务部、科技部、国家发展改革委	财税〔2013〕6号	2013年1月31日
38	关于营业税改征增值税试点中文化事业建设费征收有关问题的补充通知	财政部、国家税务总局	财综〔2012〕96号	2012年12月3日
39	关于营业税改征增值税试点中文化事业建设费征收有关问题的通知	财政部、国家税务总局	财综〔2012〕68号	2012年8月29日
40	关于中小企业信用担保机构有关准备金企业所得税税前扣除政策的通知	财政部、国家税务总局	财税〔2012〕25号	2012年4月11日
41	关于技工院校占用耕地免征耕地占用税的通知	财政部、国家税务总局	财税〔2012〕22号	2012年3月22日
42	关于证券行业准备金支出企业所得税税前扣除有关政策问题的通知	财政部、国家税务总局	财税〔2012〕11号	2012年2月16日

续表

序号	文件名称	制定机关	文号	公布日期
43	关于调整锡矿石等资源税适用税率标准的通知	财政部、国家税务总局	财税〔2012〕2号	2012年2月1日
44	关于金融企业贷款损失准备金企业所得税税前扣除政策的通知	财政部、国家税务总局	财税〔2012〕5号	2012年1月29日
45	关于重庆江北等5家机场民航国际航班使用进口保税航空燃油有关税收政策的通知	财政部、国家税务总局	财税〔2011〕123号	2011年12月28日
46	关于延长金融企业涉农贷款和中小企业贷款损失准备金税前扣除政策执行期限的通知	财政部、国家税务总局	财税〔2011〕104号	2011年10月19日
47	关于房屋土地权属由夫妻一方所有变更为夫妻双方共有契税政策的通知	财政部、国家税务总局	财税〔2011〕82号	2011年8月31日
48	关于工业产品生产许可证审查费有关问题的通知	财政部、国家发展改革委	财综〔2011〕3号	2011年1月12日
49	关于技术先进型服务企业有关企业所得税政策问题的通知	财政部、国家税务总局、商务部、科技部、国家发展改革委	财税〔2010〕65号	2010年11月5日
50	关于石油石化企业办社会支出有关企业所得税政策的通知	财政部、国家税务总局	财税〔2010〕93号	2010年10月25日
51	关于调整耐火粘土和萤石资源税适用税额标准的通知	财政部、国家税务总局	财税〔2010〕20号	2010年5月11日
52	关于金融企业涉农贷款和中小企业贷款损失准备金税前扣除政策的通知	财政部、国家税务总局	财税〔2009〕99号	2009年8月21日
53	关于金融企业贷款损失准备企业所得税税前扣除有关问题的通知	财政部、国家税务总局	财税〔2009〕64号	2009年4月30日
54	关于技术先进型服务企业有关税收政策问题的通知	财政部、国家税务总局、商务部、科技部、国家发展改革委	财税〔2009〕63号	2009年4月24日
55	关于发布第三批免征营业税的改制铁路房建生活单位名单的通知	财政部、国家税务总局	财税〔2009〕21号	2009年2月25日
56	关于耕地占用税减免税补征税款等问题的批复	财政部、国家税务总局	财税〔2009〕19号	2009年2月17号
57	关于调整硅藻土 珍珠岩 磷矿石和玉石等资源税税额标准的通知	财政部、国家税务总局	财税〔2008〕91号	2008年9月16日
58	关于公布节能节水专用设备企业所得税优惠目录（2008年版）和环境保护专用设备企业所得税优惠目录（2008年版）的通知	财政部、国家税务总局、国家发展改革委	财税〔2008〕115号	2008年8月20日

续表

序号	文件名称	制定机关	文号	公布日期
59	关于嵌入式软件增值税政策的通知	财政部、国家税务总局	财税〔2008〕92号	2008年6月30日
60	关于下发第二批铁路房建生活单位改制后企业名单的通知	财政部、国家税务总局	财税〔2008〕18号	2008年2月4日
61	关于耕地占用税平均税额和纳税义务发生时间问题的通知	财政部、国家税务总局	财税〔2007〕176号	2007年12月28日
62	关于在苏州工业园区进一步做好鼓励技术先进型服务企业发展试点工作有关税收政策的通知	财政部、国家税务总局、商务部、科技部	财税〔2007〕143号	2007年12月5日
63	关于调整铅锌矿石等税目资源税适用税额标准的通知	财政部、国家税务总局	财税〔2007〕100号	2007年7月5日
64	关于促进残疾人就业税收优惠政策的通知	财政部、国家税务总局	财税〔2007〕92号	2007年6月15日
65	关于将西部地区旅游景点和景区经营纳入西部大开发税收优惠政策范围的通知	财政部、国家税务总局	财税〔2007〕65号	2007年5月22日
66	关于调整盐资源税适用税额标准的通知	财政部、国家税务总局	财税〔2007〕5号	2007年1月24日
67	关于在苏州工业园区进行鼓励技术先进型服务企业发展试点工作有关政策问题的通知	财政部、国家税务总局、商务部、科技部	财税〔2006〕147号	2006年12月31日
68	关于调整工业产品生产许可证收费政策有关问题的通知	财政部、国家发展改革委	财综〔2006〕69号	2006年12月30日
69	关于设备监理单位资格评审收费等问题的复函	财政部、国家发展改革委	财综〔2006〕62号	2006年12月18日
70	关于钒矿石资源税有关政策的通知	财政部、国家税务总局	财税〔2006〕120号	2006年8月30日
71	关于同意文化部文化市场发展中心收取音像制品防伪标识费的复函	财政部、国家发展改革委	财综〔2006〕15号	2006年5月20日
72	关于印发《关于烟叶税若干具体问题的规定》的通知	财政部、国家税务总局	财税〔2006〕64号	2006年5月18日
73	关于调整钼矿石等品目资源税政策的通知	财政部、税务总局	财税〔2005〕168号	2005年12月12日
74	关于出口货物退（免）税若干具体问题的补充通知	财政部、国家税务总局	财税〔2005〕34号	2005年3月8日
75	关于石油石化企业办社会有关企业所得税问题的通知	财政部、国家税务总局	财税〔2004〕207号	2004年12月31日
76	关于调整东北老工业基地部分矿山 油田企业资源税税额的通知	财政部、国家税务总局	财税〔2004〕146号	2004年9月13日
77	关于葛洲坝电站电力产品增值税政策问题的通知	财政部、国家税务总局	财税〔2002〕168号	2002年12月4日

续表

序号	文件名称	制定机关	文号	公布日期
78	关于公布保留的政府性基金项目的通知	财政部	财综〔2002〕33 号	2002 年 5 月 20 日
79	关于批准收取统计人员岗位培训费的通知	财政部	财规〔2000〕475 号	2000 年 10 月 13 日
80	关于批准医师资格考试和执业医师注册收费的函	财政部、国家计委	财综字〔1999〕176 号	1999 年 10 月 27 日
81	关于批准收取出版物条形码胶片费等有关问题的通知	财政部、国家计委	财综字〔1999〕128 号	1999 年 8 月 23 日
82	关于变更新药审批费等收费项目归属的通知	财政部、国家计委	财综字〔1999〕5 号	1999 年 1 月 27 日
83	关于国际组织驻华代表机构及其官员购买中国产物品有关退税问题的通知	财政部、国家税务总局	财税字〔1998〕71 号	1998 年 4 月 16 日
84	关于外国驻华使（领）馆及其外交人员购买中国产物品有关退税问题的通知	财政部、国家税务总局	财税字〔1997〕81 号	1997 年 12 月 23 日
85	关于同意收取知识产权海关保护备案费 ATA 单证册调整费的通知	财政部、国家计委	（96）财综字第 68 号	1996 年 7 月 9 日
86	关于江苏海盐改按南方海盐征收资源税问题的批复	财政部、国家税务总局	财税字〔1996〕24 号	1996 年 2 月 26 日
87	关于征收城市公用事业附加的几项规定	财政部	财预王字〔64〕第 380 号	1964 年 6 月 26 日

关税类

序号	文件名称	制定机关	文号	公布日期
88	关于调整进口天然气税收优惠政策有关问题的通知	财政部、海关总署、国家税务总局	财关税〔2016〕16 号	2016 年 3 月 4 日
89	关于调整 2015 年进口种子种源免税政策执行方式有关问题的通知	财政部、海关总署、国家税务总局	财关税〔2015〕38 号	2015 年 9 月 14 日
90	关于调整煤炭进口关税的通知	国务院关税税则委员会	税委会〔2014〕27 号	2014 年 10 月 8 日
91	关于科技类民办非企业单位适用科学研究和教学用品进口税收政策的通知	财政部、科技部、民政部、海关总署、国家税务总局	财关税〔2012〕54 号	2012 年 11 月 12 日
92	关于恢复征收硫磺进口环节增值税的通知	财政部	财关税〔2009〕35 号	2009 年 5 月 22 日
93	关于调整矿产品进口环节增值税税率的通知	财政部、国家税务总局	财关税〔2008〕99 号	2008 年 12 月 19 日

续表

序号	文件名称	制定机关	文号	公布日期
94	关于调整音像制品和电子出版物进口环节增值税税率的通知	财政部、国家税务总局	财关税〔2007〕65号	2007年9月3日
95	关于调整工业盐和食用盐进口环节增值税税率的通知	财政部、国家税务总局	财关税〔2007〕61号	2007年8月27日
96	关于印发《扶贫 慈善性捐赠物资免征进口税收暂行办法》的通知	财政部、国家税务总局、海关总署	财税〔2000〕152号	2001年1月15日

预算类

序号	文件名称	制定机关	文号	公布日期
97	关于印发《中央对地方重点生态功能区转移支付办法》的通知	财政部	财预〔2017〕126号	2017年8月2日
98	关于全面推行营业税改征增值税试点有关问题的通知	财政部、国家税务总局、中国人民银行	财预明电〔2016〕2号	2016年4月26日
99	关于印发《2015年地方政府一般债券预算管理办法》的通知	财政部	财预〔2015〕47号	2015年4月10日
100	关于印发《2015年地方政府专项债券预算管理办法》的通知	财政部	财预〔2015〕32号	2015年3月18日
101	关于营业税改征增值税试点有关预算管理问题的通知	财政部、中国人民银行、国家税务总局	财预〔2013〕275号	2013年6月28日
102	关于印发《中央部门财政拨款结转和结余资金管理办法》的通知	财政部	财预〔2010〕7号	2010年1月18日
103	关于加强新疆生产建设兵团预算管理的若干意见	财政部	财农〔2009〕420号	2009年11月29日
104	关于印发《中央对地方专项拨款管理办法》的通知	财政部	财预〔2000〕128号	2000年8月7日
105	关于印发《预算外资金管理实施办法》的通知	财政部	(96)财综字第104号	1996年11月18日

国库类

序号	文件名称	制定机关	文号	公布日期
106	关于印发2017年中央国库现金管理商业银行定期存款招投标规则的通知	财政部、中国人民银行	财库〔2017〕60号	2017年2月16日
107	关于印发《2016年中央国库现金管理商业银行定期存款招投标规则》的通知	财政部	财库〔2016〕36号	2016年2月28日
108	关于印发《国库集中支付电子化管理接口报文规范(2015)》的通知	财政部	财库〔2015〕253号	2015年12月25日

续表

序号	文件名称	制定机关	文号	公布日期
109	关于印发《政府综合财务报告编制操作指南（试行）》的通知	财政部	财库〔2015〕224号	2015年12月3日
110	关于印发《政府部门财务报告编制操作指南（试行）》的通知	财政部	财库〔2015〕223号	2015年12月2日
111	关于地方财政通过库款垫付拟发政府债券资金有关工作的通知	财政部	财库〔2015〕108号	2015年5月20日
112	关于印发《国债承销团组建工作管理暂行办法》的通知	财政部、中国人民银行、证监会	财库〔2014〕186号	2014年11月17日
113	关于印发《国库集中支付业务电子化管理接口报文规范（暂行）》的通知	财政部、中国人民银行	财库〔2013〕75号	2013年6月18日
114	关于印发《全国政府采购管理交易系统建设总体规划》和《政府采购业务基础数据规范》的通知	财政部	财库〔2013〕18号	2013年1月31日
115	关于《中央财政国库集中支付代理银行手续费计付管理暂行办法》的补充通知	财政部	财库〔2012〕178号	2012年12月26日
116	关于信息系统建设项目采购有关问题的通知	财政部	财库〔2011〕59号	2011年4月13日
117	关于加强和规范民口科技重大专项资金垫付和归垫管理有关事项的通知	财政部办公厅	财办库〔2010〕308号	2010年11月15日
118	关于民口科技重大专项资金国库集中支付管理有关事项的通知	财政部	财库〔2009〕135号	2009年10月12日
119	关于印发《新型农村合作医疗补助资金国库集中支付管理暂行办法》的通知	财政部	财库〔2008〕33号	2008年4月14日
120	关于印发《自主创新产品政府首购和订购管理办法》的通知	财政部	财库〔2007〕120号	2007年12月27日
121	关于财政农业保险保费补贴国库集中支付有关事项的通知	财政部	财库〔2007〕58号	2007年6月27日
122	关于印发《中央部门决算工作考核评比暂行办法》的通知	财政部	财库〔2007〕17号	2007年3月13日
123	关于印发《地方部门决算工作考核评比暂行办法》的通知	财政部	财库〔2007〕18号	2007年3月13日
124	关于加强政府采购货物和服务项目价格评审管理的通知	财政部	财库〔2007〕2号	2007年1月10日
125	关于加强农村义务教育经费保障机制改革中央专项资金国库集中支付管理的紧急通知	财政部	财库〔2006〕112号	2006年12月26日

续表

序号	文件名称	制定机关	文号	公布日期
126	关于印发《农村义务教育经费保障机制改革中央专项资金支付管理暂行办法》的通知	财政部、教育部	财库〔2006〕23号	2006年4月6日
127	关于加强与规范财政资金专户管理的通知	财政部	财办〔2006〕12号	2006年3月23日
128	关于印发《中央财政国库集中支付代理银行手续费计付管理暂行办法》的通知	财政部	财库〔2006〕6号	2006年1月28日
129	关于印发《政府采购评审专家管理办法》的通知	财政部、监察部	财库〔2003〕119号	2003年11月17日
130	关于严格控制和规范管理财政资金专户的通知	财政部办公厅	财办库〔2001〕44号	2001年7月23日

行政政法类

序号	文件名称	制定机关	文号	公布日期
131	关于印发《国家棉花公证检验经费管理办法》的通知	财政部、质检总局	财行〔2017〕526号	2017年12月30日
132	关于进一步加强党政机关出差和会议定点管理工作的通知	财政部	财行〔2012〕254号	2012年8月20日
133	关于落实出差和会议定点管理工作的通知	财政部、监察部	财行〔2007〕285号	2007年8月9日
134	关于印发《驻外使领馆车辆调回国内的处置办法（内部操作办法）》的通知	财政部	财行〔2005〕131号	2005年7月25日
135	关于印发《驻外使领馆现有车辆处理原则》的通知	财政部、外交部	财行〔2005〕62号	2005年3月16日
136	关于印发《中央补助地方侦办经济犯罪大要案件办案经费管理暂行办法》的通知	财政部、公安部	财行〔2003〕3号	2003年1月25日
137	关于印发《党政领导干部和各类人才培训专项经费管理暂行办法》的通知	财政部、中组部	财行〔2002〕40号	2002年3月14日
138	关于印发棉花公证检验专项经费管理暂行办法的通知	财政部、国家质量技术监督局	财经字〔2000〕299号	2000年5月30日
139	关于印发《工商行政管理单位财务管理办法》的通知	财政部、国家工商行政管理局	财公字〔1999〕4号	1999年1月22日

科教类

序号	文件名称	制定机关	文号	公布日期
140	关于《民口科技重大专项资金管理暂行办法》的补充通知	财政部、科技部、国家发展改革委	财科教〔2016〕56号	2016年12月8日

续表

序号	文件名称	制定机关	文号	公布日期
141	关于印发《中等职业学校免学费补助资金管理办法》的通知	财政部、教育部、人力资源社会保障部	财科教〔2016〕36号	2016年12月6日
142	关于印发《中等职业学校国家助学金管理办法》的通知	财政部、教育部、人力资源社会保障部	财科教〔2016〕35号	2016年12月6日
143	关于印发《支持学前教育发展资金管理办法》的通知	财政部、教育部	财科教〔2016〕33号	2016年12月5日
144	关于印发《农村义务教育薄弱学校改造补助资金管理办法》的通知	财政部、教育部	财科教〔2016〕28号	2016年12月5日
145	关于《国家重点档案专项资金管理办法》的补充通知	财政部、国家档案局	财科教〔2016〕18号	2016年12月1日
146	关于民口科技重大专项项目（课题）结题财务决算工作的补充通知	财政部	财科教〔2016〕60号	2016年11月30日
147	关于《民口科技重大专项后补助项目（课题）资金管理办法》的补充通知	财政部	财科教〔2016〕59号	2016年11月30日
148	关于民口科技重大专项项目（课题）预算调整规定的补充通知	财政部	财科教〔2016〕58号	2016年11月30日
149	关于《民口科技重大专项管理工作经费管理暂行办法》的补充通知	财政部	财科教〔2016〕57号	2016年11月30日
150	关于印发《城乡义务教育补助经费管理办法》的通知	财政部、教育部	财科教〔2016〕7号	2016年11月22日
151	关于印发《国家重点档案专项资金管理办法》的通知	财政部、国家档案局	财教〔2016〕63号	2016年4月21日
152	关于印发《现代职业教育质量提升计划专项资金管理办法》的通知	财政部、教育部	财教〔2015〕525号	2015年12月22日
153	关于印发《中小学幼儿园教师国家级培训计划专项资金管理办法》的通知	财政部、教育部	财教〔2015〕524号	2015年12月22日
154	关于对直接招收为士官的高等学校学生施行国家资助的通知	财政部、教育部、总参谋部	财教〔2015〕462号	2015年11月18日
155	关于印发《特殊教育补助资金管理办法》的通知	财政部、教育部	财教〔2015〕463号	2015年11月14日
156	关于印发《改善普通高中学校办学条件补助资金管理办法》的通知	财政部、教育部	财教〔2015〕420号	2015年9月30日
157	关于印发《中央财政支持学前教育发展资金管理办法》的通知	财政部、教育部	财教〔2015〕222号	2015年7月1日

续表

序号	文件名称	制定机关	文号	公布日期
158	关于中央财政科技计划管理改革过渡期资金管理有关问题的通知	财政部、教育部	财教〔2015〕154号	2015年6月17日
159	关于印发《农村义务教育薄弱学校改造补助资金管理办法》的通知	财政部、教育部	财教〔2015〕3号	2015年1月23日
160	关于民口科技重大专项项目（课题）结题财务决算工作的通知	财政部	财教〔2013〕489号	2013年12月27日
161	关于印发《民口科技重大专项后补助项目（课题）资金管理办法》的通知	财政部	财教〔2013〕443号	2013年11月14日
162	关于印发《高等学校学生应征入伍服义务兵役国家资助办法》的通知	财政部、教育部、总参谋部	财教〔2013〕236号	2013年8月20日
163	关于印发《研究生国家助学金管理暂行办法》的通知	财政部、教育部	财教〔2013〕220号	2013年7月29日
164	关于印发《研究生学业奖学金管理暂行办法》的通知	财政部、教育部	财教〔2013〕219号	2013年7月29日
165	关于印发《中等职业学校国家助学金管理办法》的通知	财政部、教育部、人力资源社会保障部	财教〔2013〕110号	2013年6月3日
166	关于印发《中等职业学校免学费补助资金管理办法》的通知	财政部、教育部、人力资源社会保障部	财教〔2013〕84号	2013年6月3日
167	关于进一步加强中央教科文部门财政拨款结转和结余资金管理的通知	财政部	财教〔2012〕492号	2012年12月21日
168	关于印发《中央补助地方科技基础条件专项资金管理办法》的通知	财政部	财教〔2012〕396号	2012年10月24日
169	关于印发《研究生国家奖学金管理暂行办法》的通知	财政部、教育部	财教〔2012〕342号	2012年9月29日
170	关于民口科技重大专项项目（课题）预算调整规定的补充通知	财政部	财教〔2012〕277号	2012年9月4日
171	关于印发《农村义务教育学生营养改善计划专项资金管理暂行办法》的通知	财政部、教育部	财教〔2012〕231号	2012年7月24日
172	关于实施退役士兵教育资助政策的意见	财政部、教育部、民政部、总参谋部、总政治部	财教〔2011〕538号	2011年10月25日
173	关于印发《民口科技重大专项项目（课题）财务验收办法》的通知	财政部	财教〔2011〕287号	2011年7月1日

续表

序号	文件名称	制定机关	文号	公布日期
174	关于加强中央高校基本科研业务费管理工作的通知	财政部、教育部	财教〔2011〕171号	2011年6月2日
175	关于印发《中央教科文部门预算执行管理办法》的通知	财政部	财教〔2011〕128号	2011年5月4日
176	关于印发《国家重点档案抢救和保护补助费管理办法》的通知	财政部、国家档案局	财教〔2011〕21号	2011年2月24日
177	关于印发《民口科技重大专项管理工作经费管理暂行办法》的通知	财政部	财教〔2010〕673号	2010年12月31日
178	关于印发《“985工程”专项资金管理办法》的通知	财政部、教育部	财教〔2010〕596号	2010年12月6日
179	关于印发《普通高中国家助学金管理暂行办法》的通知	财政部、教育部	财教〔2010〕461号	2010年11月3日
180	关于扩大中等职业学校免学费政策覆盖范围的通知	财政部、国家发展改革委、教育部、人力资源社会保障部	财教〔2010〕345号	2010年9月14日
181	关于调整国家公派留学人员奖学金资助标准的通知	财政部、教育部	财教〔2010〕286号	2010年8月20日
182	关于进一步做好地方财政教科文预算执行工作的通知	财政部	财教〔2010〕197号	2010年7月7日
183	关于印发《民口科技重大专项预算管理部内工作规程》的通知	财政部办公厅	财办教〔2010〕22号	2010年5月18日
184	关于印发《中央财政支持地方高校发展专项资金管理办法》的通知	财政部	财教〔2010〕21号	2010年4月8日
185	关于印发《中央级普通高校捐赠收入财政配比资金管理暂行办法》的通知	财政部、教育部	财教〔2009〕275号	2009年10月12日
186	关于印发《民口科技重大专项资金管理暂行办法》的通知	财政部、科技部、国家发展改革委	财教〔2009〕218号	2009年9月2日
187	关于印发《中央高校基本科研业务费专项资金管理暂行办法》的通知	财政部、教育部	财教〔2009〕173号	2009年8月5日
188	关于印发《高等学校毕业生学费和国家助学贷款代偿暂行办法》的通知	财政部、教育部	财教〔2009〕15号	2009年3月11日
189	关于印发《高等学校本科教学质量与教学改革工程专项资金管理暂行办法》的通知	财政部、教育部	财教〔2007〕376号	2007年12月11日

续表

序号	文件名称	制定机关	文号	公布日期
190	关于印发《普通本科高校、高等职业学校国家助学金管理暂行办法》的通知	财政部、教育部	财教〔2007〕92号	2007年6月27日
191	关于印发《普通本科高校、高等职业学校国家励志奖学金管理暂行办法》的通知	财政部、教育部	财教〔2007〕91号	2007年6月27日
192	关于印发《普通本科高校、高等职业学校国家奖学金管理暂行办法》的通知	财政部、教育部	财教〔2007〕90号	2007年6月26日
193	关于印发《关于进一步加强科技重大专项概（预）算编制工作的若干意见》的通知	财政部	财教〔2007〕94号	2007年6月18日
194	关于印发《国家社会科学基金项目经费管理办法》的通知	财政部、全国哲学社会科学规划领导小组	财教〔2007〕30号	2007年4月10日
195	关于印发《国家助学贷款奖补专项资金管理暂行办法》的通知	财政部	财教〔2006〕332号	2006年12月25日
196	关于印发《中央级公益性科研院所基本科研业务费专项资金管理办法（试行）》的通知	财政部	财教〔2006〕288号	2006年12月8日
197	关于下达东部地区农村义务教育经费保障改革经费分担比例的通知	财政部	财教〔2006〕142号	2006年9月18日
198	关于印发《港澳及华侨学生奖学金管理暂行办法》的通知	财政部、教育部	财教〔2006〕129号	2006年8月25日
199	关于印发《农村中小学校舍维修改造专项资金管理办法》的通知	财政部、教育部	财教〔2006〕6号	2006年1月19日
200	关于印发《农村中小学公用经费支出管理暂行办法》的通知	财政部、教育部	财教〔2006〕5号	2006年1月19日
201	关于印发《全国农村义务教育阶段学生免收学杂费的实施管理办法》的通知	财政部、教育部	财教〔2006〕4号	2006年1月19日
202	关于印发《台湾学生奖学金管理暂行办法》的通知	财政部、教育部	财教〔2005〕325号	2005年12月19日
203	关于印发《中央级教科文部门项目绩效考评管理办法》的通知	财政部	财教〔2005〕149号	2005年9月9日
204	关于印发《关于进一步加强免费提供教科书工作的若干意见》的通知	财政部、教育部	财教〔2005〕4号	2005年1月28日
205	关于印发《中央级新购大型科学仪器设备联合评议工作管理办法（试行）》的通知	财政部、科技部、教育部、中国科学院	财教〔2004〕33号	2004年4月14日

续表

序号	文件名称	制定机关	文号	公布日期
206	关于印发《对农村义务教育阶段家庭经济困难学生免费提供教科书工作暂行管理办法》的通知	财政部、教育部	财教〔2004〕5号	2004年2月16日
207	关于印发《"211工程"专项资金管理办法》的通知	财政部、国家发改委、教育部	财教〔2003〕80号	2003年8月1日
208	关于印发《教育财务管理研究与项目评估专项经费使用管理办法》的通知	财政部	财教〔2003〕2号	2003年1月8日
209	关于印发《高等学校博士学科点专项科研基金管理办法》的通知	财政部、教育部	财教〔2002〕123号	2002年8月1日
210	关于印发《中央级普通高等学校房屋修缮和仪器设备购置专项资金及项目管理办法》的通知	财政部	财教〔2001〕74号	2001年8月3日
211	关于印发《教科文事业财务管理重要情况报告制度》的通知	财政部	财教〔2001〕28号	2001年5月18日

文化类

序号	文件名称	制定机关	文号	公布日期
212	关于印发《运动员保障专项资金财务管理办法》的通知	财政部	财教〔2008〕8号	2008年2月29日

经济建设类

序号	文件名称	制定机关	文号	公布日期
213	关于修订《重点生态保护修复治理专项资金管理办法》的通知	财政部、国土资源部、环境保护部	财建〔2017〕735号	2017年11月9日
214	关于《大气污染防治专项资金管理办法》的补充通知	财政部、环境保护部	财建〔2016〕874号	2016年12月9日
215	关于印发《特大型地质灾害防治专项资金管理办法》的补充通知	财政部、国土资源部	财建〔2016〕861号	2016年12月7日
216	关于《中央农村节能减排资金使用管理办法》的补充通知	财政部、环境保护部	财建〔2016〕875号	2016年12月6日
217	关于《中央海岛和海域保护资金使用管理办法》的补充通知	财政部、国家海洋局	财建〔2016〕854号	2016年12月6日
218	关于印发《土壤污染防治专项资金管理办法》的通知	财政部、环境保护部	财建〔2016〕601号	2016年8月11日
219	关于印发《大气污染防治专项资金管理办法》的通知	财政部、环境保护部	财建〔2016〕600号	2016年7月20日
220	关于印发《中央农村节能减排资金使用管理办法》的通知	财政部、环境保护部	财建〔2015〕919号	2015年10月20日

续表

序号	文件名称	制定机关	文号	公布日期
221	关于印发《“粮安工程”危仓老库维修专项资金管理暂行办法》的通知	财政部、国家粮食局	财建〔2015〕260号	2015年6月8日
222	关于印发《粮油市场调控专项资金管理暂行办法》的通知	财政部	财建〔2015〕255号	2015年6月8日
223	关于印发《中央海岛和海域保护资金使用管理办法》的通知	财政部、国家海洋局	财建〔2015〕250号	2015年6月2日
224	关于印发2015年产粮（油）大县奖励办法的通知	财政部	财建〔2015〕91号	2015年5月4日
225	关于印发《关于推进水污染防治领域政府和社会资本合作的实施意见》的通知	财政部、环境保护部	财建〔2015〕90号	2015年4月1日
226	关于市政公用领域开展政府和社会资本合作项目推介工作的通知	财政部、住房城乡建设部	财建〔2015〕29号	2015年2月1日
227	关于印发《特大型地质灾害防治专项资金管理办法》的通知	财政部、国土资源部	财建〔2014〕886号	2014年12月26日
228	财政部关于印发2014年产粮（油）大县奖励办法的通知	财政部	财建〔2014〕529号	2014年9月24日
229	关于印发《2014年中央补助地方“粮安工程”危仓老库维修专项资金分配办法》的通知	财政部、国家粮食局	财建〔2014〕440号	2014年8月5日
230	关于印发《中央财政玉树地震灾后恢复重建基金地方包干资金使用管理办法》的通知	财政部	财建〔2010〕475号	2010年8月3日
231	关于印发《国家留成油串换为国家储备油管理暂行办法》的通知	财政部、国家发展改革委	财建〔2006〕432号	2006年8月27日

农业类

序号	文件名称	制定机关	文号	公布日期
232	关于印发《中央财政农业生产救灾及特大防汛抗旱补助资金管理办法》的通知	财政部、农业部、水利部、国土资源部	财农〔2017〕91号	2017年7月19日
233	关于修订相关资金管理办法的通知	财政部、农业部	财农〔2016〕238号	2016年12月30日
234	关于修改《特大防汛抗旱补助费管理办法》有关条文的通知	财政部、水利部	财农〔2016〕178号	2016年12月7日
235	关于修改有关资金管理办法条文的通知	财政部、国家林业局	财农〔2016〕192号	2016年12月5日
236	关于印发《中央财政水利发展资金使用管理办法》的通知	财政部、水利部	财农〔2016〕181号	2016年12月2日
237	关于印发《中央财政农村综合改革转移支付资金管理办法》的通知	财政部	财农〔2016〕177号	2016年11月29日

续表

序号	文件名称	制定机关	文号	公布日期
238	关于印发《农业支持保护补贴资金管理办法》的通知	财政部、农业部	财农〔2016〕74号	2016年6月23日
239	关于印发《江河湖库水系综合整治资金使用管理暂行办法》的通知	财政部、水利部	财农〔2016〕11号	2016年4月5日
240	关于印发《农田水利设施建设和水土保持补助资金使用管理办法》的通知	财政部、水利部	财农〔2015〕226号	2015年12月16日
241	关于印发《中央财政农业科技成果转化与技术推广服务资金管理办法》的通知	财政部、科技部、农业部	财农〔2014〕31号	2014年6月16日
242	关于印发《中央财政农业资源及生态保护补助资金管理办法》的通知	财政部、农业部	财农〔2014〕32号	2014年6月9日
243	关于印发《中央财政农村综合改革转移支付资金管理暂行办法》的通知	财政部	财预〔2014〕90号	2014年5月30日
244	关于印发《中央财政林业补助资金管理办法》的通知	财政部、国家林业局	财农〔2014〕9号	2014年4月30日
245	关于印发《中央财政山洪灾害防治经费使用管理办法》的通知	财政部、水利部	财农〔2014〕1号	2014年1月16日
246	关于印发《2013年对种粮农民直接补贴工作经费管理办法》的通知	财政部	财建〔2013〕677号	2013年9月29日
247	关于印发《小Ⅱ型病险水库除险加固项目中央专项资金管理办法》的通知	财政部、水利部	财建〔2013〕574号	2013年9月24日
248	关于印发《中央财政农民专业合作组织发展资金管理办法》的通知	财政部	财农〔2013〕156号	2013年7月23日
249	关于印发《中央财政农业生产防灾救灾资金管理办法》的通知	财政部、农业部	财农〔2013〕3号	2013年2月1日
250	关于印发《中央财政现代农业生产发展资金管理办法》的通知	财政部	财农〔2013〕1号	2013年1月6日
251	关于印发《大中型水库移民后期扶持结余资金使用管理暂行办法》的通知	财政部	财企〔2012〕315号	2012年10月19日
252	关于印发《中央财政财政支农政策培训补助资金管理暂行办法》的通知	财政部	财农〔2012〕31号	2012年6月26日
253	关于印发《中央财政山洪灾害防治县级非工程措施建设补助资金管理暂行办法》的通知	财政部、水利部、国土资源部、中国气象局	财农〔2012〕3号	2012年3月9日

续表

序号	文件名称	制定机关	文号	公布日期
254	关于印发《村级公益事业建设一事一议财政奖补资金管理办法》的通知	财政部	财预〔2011〕561号	2011年12月21日
255	关于印发《财政专项扶贫资金管理办法》的通知	财政部、国家发展改革委、国务院扶贫办	财农〔2011〕412号	2011年11月7日
256	关于印发《大中型水库移民后期扶持政策实施工作专项补助经费使用管理暂行办法》的通知	财政部	财企〔2011〕303号	2011年9月30日
257	关于印发《中央财政现代农业生产发展资金绩效评价办法》的通知	财政部	财农〔2011〕333号	2011年9月14日
258	关于印发《特大防汛抗旱补助费管理办法》的通知	财政部、水利部	财农〔2011〕328号	2011年9月8日
259	关于调整生猪屠宰环节病害猪无害化处理补贴标准的通知	财政部	财建〔2011〕599号	2011年7月29日
260	关于印发《中央专项彩票公益金支持贫困革命老区整村推进项目资金管理办法》的通知	财政部、国务院扶贫办	财农〔2011〕152号	2011年7月11日
261	关于印发《天然林资源保护工程财政专项资金管理办法》的通知	财政部、国家林业局	财农〔2011〕138号	2011年6月22日
262	关于印发《中小河流治理财政专项资金绩效评价暂行办法》的通知	财政部、水利部	财建〔2011〕361号	2011年5月30日
263	关于印发《中央财政林业科技推广示范资金绩效评价暂行办法》的通知	财政部、国家林业局	财农〔2011〕3号	2011年1月26日
264	关于印发《重点小型病险水库除险加固项目和资金管理办法》的通知	财政部、水利部	财建〔2010〕436号	2010年7月29日
265	关于印发《中央财政农作物良种补贴资金管理办法》的通知	财政部、农业部	财农〔2009〕440号	2009年12月14日
266	关于印发《中央财政新增农资综合补贴资金集中用于粮食基础能力建设暂行管理办法》的通知	财政部	财建〔2009〕786号	2009年11月16日
267	关于印发《关于进一步完善农资综合补贴资金集中用于粮食基础能力建设暂行管理办法》的通知	财政部、国家发展改革委、农业部	财建〔2009〕492号	2009年8月19日
268	关于印发《中央财政天然橡胶良种补贴项目资金管理办法（试行）》的通知	财政部、农业部	财农〔2009〕70号	2009年6月2日
269	关于村级公益事业一事一议中央财政奖补事项的通知	财政部	财预〔2009〕5号	2009年1月19日

续表

序号	文件名称	制定机关	文号	公布日期
270	关于印发《财政扶贫资金绩效考评试行办法》的通知	财政部、国务院扶贫办	财农〔2008〕91号	2008年5月14日
271	关于印发《完善退耕还林政策补助资金管理办法》的通知	财政部	财农〔2007〕339号	2007年11月26日
272	关于印发《重点小型病险水库除险加固项目财政专项补助资金管理暂行办法》的通知	财政部	财建〔2007〕619号	2007年11月1日
273	关于印发《屠宰环节病害猪无害化处理财政补贴资金管理暂行办法》的通知	财政部	财建〔2007〕608号	2007年10月26日
274	关于印发《生猪良种补贴资金管理暂行办法》的通知	财政部、农业部	财农〔2007〕186号	2007年8月14日
275	关于印发《奶牛良种补贴资金管理暂行办法》的通知	财政部、农业部	财农〔2007〕164号	2007年8月8日
276	关于印发《能繁母猪补贴资金管理暂行办法》的通知	财政部	财农〔2007〕160号	2007年7月30日
277	关于印发《高致病性禽流感防控基金管理暂行办法》的通知	财政部	财农〔2006〕31号	2006年4月25日
278	关于印发《财政扶贫资金绩效考评试行办法》的通知	财政部	财农〔2006〕18号	2006年3月10日
279	关于印发《农村劳动力转移培训财政补助资金管理办法》的通知	财政部、农业部	财农〔2005〕18号	2005年3月30日
280	关于印发《农业机械购置补贴专项资金使用管理暂行办法》的通知	财政部、农业部	财农〔2005〕11号	2005年2月25日
281	关于印发《关于进一步完善对种粮农民直接补贴政策的意见》的通知	财政部、国家发展改革委、农业部、国家粮食局、中国农业发展银行	财建〔2005〕59号	2005年2月3日
282	关于印发《高致病性禽流感防治经费管理暂行办法》的通知	财政部、农业部	财农〔2004〕5号	2004年2月10日
283	关于印发《退耕还林工程现金补助资金管理办法》的通知	财政部	财农〔2002〕156号	2002年11月6日
284	关于印发《边境草原森林防火隔离带补助费管理规定》的通知	财政部	财农〔2002〕70号	2002年7月17日
285	关于印发《财政扶贫资金报账制管理办法》（试行）的通知	财政部	财农〔2001〕93号	2001年8月2日
286	关于颁发《水利工程管理单位财务制度》（暂行）和《水利工程管理单位会计制度》（暂行）的通知	财政部	（94）财农字第397号	1994年12月26日

社会保障类

序号	文件名称	制定机关	文号	公布日期
287	关于印发《促进就业工作先进地区激励实施办法（试行）》的通知	财政部、人力资源社会保障部	财社〔2017〕1号	2017年1月10日
288	关于《中央财政困难群众基本生活救助补助资金管理办法》的补充通知	财政部、民政部	财社〔2016〕220号	2016年12月13日
289	关于《中央财政流浪乞讨人员救助补助资金管理办法》的补充通知	财政部、民政部	财社〔2016〕219号	2016年12月9日
290	关于孤儿基本生活费专项补助资金管理办法的补充通知	财政部、民政部	财社〔2016〕201号	2016年12月7日
291	关于印发《医疗服务能力提升补助资金管理暂行办法》的通知	财政部、卫生计生委、中医药局	财社〔2016〕231号	2016年11月30日
292	关于修订《公共卫生服务补助资金管理暂行办法》的通知	财政部、卫生计生委、食品药品监管总局、中医药局	财社〔2016〕229号	2016年11月30日
293	关于修订《计划生育服务补助资金管理暂行办法》的通知	财政部、卫生计生委	财社〔2016〕228号	2016年11月30日
294	关于修订《基层医疗卫生机构实施国家基本药物制度补助资金管理办法》的通知	财政部、卫生计生委	财社〔2016〕227号	2016年11月30日
295	关于《中央财政残疾人事业发展补助资金管理办法》的补充通知	财政部、中国残联	财社〔2016〕221号	2016年11月30日
296	关于印发《优抚安置事业单位专项补助资金使用管理办法》的通知	财政部、民政部	财社〔2016〕132号	2016年9月2日
297	关于印发《中央财政困难群众基本生活救助补助资金管理办法》的通知	财政部、民政部	财社〔2016〕87号	2016年7月1日
298	关于机关事业单位基本养老保险基金财务管理有关问题的通知	财政部、人力资源社会保障部	财社〔2016〕101号	2016年6月30日
299	关于印发《就业补助资金管理暂行办法》的通知	财政部、人力资源社会保障部	财社〔2015〕290号	2015年12月30日
300	关于印发《公共卫生服务补助资金管理暂行办法》的通知	财政部、卫生计生委、食品药品监管总局、中医药局	财社〔2015〕255号	2015年12月4日
301	关于印发《计划生育服务补助资金管理暂行办法》的通知	财政部、卫生计生委	财社〔2015〕257号	2015年11月30日

续表

序号	文件名称	制定机关	文号	公布日期
302	关于印发《公立医院补助资金管理暂行办法》的通知	财政部、卫生计生委、中医药局	财社〔2015〕256号	2015年11月24日
303	关于修订《城镇居民基本医疗保险和新型农村合作医疗中央财政补助资金拨付办法》的通知	财政部、人力资源社会保障部、卫生计生委	财社〔2015〕229号	2015年10月29日
304	关于修订《基层医疗卫生机构实施国家基本药物制度补助资金管理办法》的通知	财政部、卫生计生委	财社〔2015〕169号	2015年7月22日
305	关于城镇居民基本医疗保险和新型农村合作医疗中央财政补助资金审核事项的补充通知	财政部、人力资源社会保障部、卫生计生委	财社〔2015〕9号	2015年2月6日
306	关于印发《中央财政困难群众基本生活救助补助资金管理办法》的通知	财政部、民政部	财社〔2015〕1号	2015年1月6日
307	关于印发《基层医疗卫生机构实施国家基本药物制度补助资金管理办法》的通知	财政部、卫生计生委	财社〔2014〕139号	2014年9月24日
308	关于印发《中央财政流浪乞讨人员救助补助资金管理办法》的通知	财政部、民政部	财社〔2014〕71号	2014年7月7日
309	关于印发《中国残疾人事业“十二五”发展纲要专项资金管理办法》的通知	财政部、中国残联	财社〔2013〕1号	2013年1月8日
310	关于印发《孤儿基本生活费专项补助资金管理办法》的通知	财政部、民政部	财社〔2012〕226号	2012年12月25日
311	关于加强和规范社会保障基金财政专户管理有关问题的通知	财政部	财社〔2012〕3号	2012年2月15日
312	关于中央财政新型农村和城镇居民社会养老保险试点专项补助资金管理有关问题的通知	财政部、人力资源社会保障部	财社〔2011〕323号	2011年12月31日
313	关于印发《中央专项彩票公益金支持残疾人事业项目资金管理办法》的通知	财政部、中国残联	财社〔2011〕228号	2011年12月7日
314	关于完善人口和计划生育投入保障机制的意见	财政部、人口计生委	财教〔2011〕558号	2011年11月16日
315	关于印发《中央农村危房改造补助资金管理暂行办法》的通知	财政部、国家发展改革委、住房城乡建设部	财社〔2011〕88号	2011年6月22日

续表

序号	文件名称	制定机关	文号	公布日期
316	关于印发《新型农村社会养老保险基金财务管理暂行办法》的通知	财政部、人力资源社会保障部	财社〔2011〕16号	2011年3月3日
317	关于印发《全国计划生育家庭特别扶助专项资金管理暂行办法》的通知	财政部、人口计生委	财教〔2010〕244号	2010年7月22日
318	关于印发《西部地区计划生育“少生快富”工程专项资金管理暂行办法》的通知	财政部、人口计生委	财教〔2010〕242号	2010年7月22日
319	关于印发《高校毕业生“三支一扶”计划中央补助专项经费管理办法》的通知	财政部、人力资源社会保障部	财行〔2009〕494号	2009年11月13日
320	关于未纳入国有资本经营预算试行范围的困难中央企业离休干部医药费补助申请拨付有关问题的通知	财政部	财社〔2008〕297号	2008年12月10日
321	关于优抚对象医疗补助资金使用管理有关问题的通知	财政部、民政部、劳动和社会保障部	财社〔2008〕35号	2008年2月3日
322	关于印发《新型农村合作医疗基金财务制度》的通知	财政部、卫生部	财社〔2008〕8号	2008年1月22日
323	关于印发《中央社会保障部门项目支出绩效考评暂行办法》的通知	财政部	财社〔2005〕99号	2005年9月1日
324	关于印发《全国农村部分计划生育家庭奖励扶助专项资金管理办法（试行）》的通知	财政部、人口计生委	财教〔2005〕77号	2005年8月2日
325	关于加强社会保险基金财务管理有关问题的通知	财政部、劳动保障部	财社〔2003〕47号	2003年5月14日
326	关于印发《中央补助地方计划生育事业专项经费使用管理办法》的通知	财政部、国家计生委	财教〔2002〕25号	2002年3月21日
327	关于加强财政社会保障补助资金专户管理若干问题的通知	财政部、中国人民银行	财社〔2002〕4号	2002年1月17日
328	关于加强国有企业下岗职工基本生活保障 城镇居民最低生活保障资金和企业离退休人员基本养老金使用管理问题的补充通知	财政部	财社字〔2000〕67号	2000年5月31日
329	关于加强国有企业下岗职工基本生活保障 城镇居民最低生活保障资金和企业离退休人员基本养老金使用管理问题的通知	财政部、劳动和社会保障部、民政部	财社字〔1999〕131号	1999年9月1日

续表

序号	文件名称	制定机关	文号	公布日期
330	关于印发《社会保险基金财务制度》的通知	财政部、劳动和社会保障部	财社字〔1999〕60号	1999年6月15日
331	关于机关事业单位社会保险制度改革有关问题的通知	财政部	（94）财社字第66号	1994年12月7日

资产管理类

序号	文件名称	制定机关	文号	公布日期
332	关于取消豁免国有创业投资机构和国有创业投资引导基金国有股转持义务审批事项后有关管理工作的通知	财政部	财资〔2015〕39号	2015年8月11日
333	关于调整资产评估机构审批有关事项的补充通知	财政部	财资〔2015〕13号	2015年4月30日
334	关于贯彻实施《资产评估机构审批和监督管理办法》认真做好资产评估机构管理工作的通知	财政部	财企〔2011〕450号	2011年12月16日
335	关于印发《中央国有资本经营预算编报办法》的通知	财政部	财企〔2011〕318号	2011年10月13日
336	关于印发《中央国有资本经营预算企业离休干部医药费补助资金管理办法》的通知	财政部	财企〔2011〕206号	2011年7月26日
337	关于评估机构母子公司试点有关问题的通知	财政部	财企〔2010〕347号	2010年11月25日
338	关于印发《境内证券市场转持部分国有股充实全国社会保障基金实施办法》的通知	财政部、国资委、证监会、社保基金会	财企〔2009〕94号	2009年6月19日
339	关于印发《中央企业国有资本收益收取管理暂行办法》的通知	财政部、国资委	财企〔2007〕309号	2007年12月11日
340	关于规范珠宝首饰艺术品评估管理有关问题的通知	财政部	财企〔2007〕141号	2007年7月18日
341	关于少数民族地区和经济欠发达地区降低资产评估机构设立条件有关事项的通知	财政部	财企〔2005〕208号	2005年11月14日
342	关于印发《资产评估准则——基本准则》和《资产评估职业道德准则——基本准则》的通知	财政部	财企〔2004〕20号	2004年2月25日

金融类

序号	文件名称	制定机关	文号	公布日期
343	关于印发《农村金融机构定向费用补贴资金管理办法》的通知	财政部	财金〔2014〕12号	2014年3月11日
344	关于加强小额担保贷款财政贴息资金管理的通知	财政部、人力资源社会保障部、中国人民银行	财金〔2013〕84号	2013年9月18日

续表

序号	文件名称	制定机关	文号	公布日期
345	关于进一步明确金融企业国有股转持有关问题的通知	财政部、国资委、证监会、社保基金会	财金〔2013〕78号	2013年8月14日
346	关于开展小额贷款公司涉农贷款增量奖励试点的通知	财政部	财金〔2012〕56号	2012年6月28日
347	关于修订金融企业产权登记表证及填报说明的通知	财政部	财金〔2011〕131号	2011年10月17日
348	关于印发《金融企业绩效评价办法》的通知	财政部	财金〔2011〕50号	2011年5月12日
349	关于印发《金融企业选聘会计师事务所招标管理办法（试行）》的通知	财政部	财金〔2010〕169号	2010年12月3日
350	关于进一步扩大县域金融机构涉农贷款增量奖励范围的通知	财政部	财金〔2010〕117号	2010年9月25日
351	关于印发《财政县域金融机构涉农贷款增量奖励资金管理办法》的通知	财政部	财金〔2010〕116号	2010年9月25日
352	关于扩大农村金融机构定向费用补贴政策范围的通知	财政部	财金〔2010〕41号	2010年5月18日
353	关于进一步做好县域金融机构涉农贷款增量奖励试点工作的通知	财政部	财金〔2009〕176号	2009年12月27号
354	关于完善小额担保贷款财政贴息政策推动妇女创业就业工作的通知	财政部、人力资源社会保障部、中国人民银行、中华全国妇女联合会	财金〔2009〕72号	2009年7月27日
355	关于规范小额担保贷款微利项目贴息比例的通知	财政部、人力资源社会保障部、中国人民银行	财金〔2009〕41号	2009年5月20日
356	关于中央财政森林保险保费补贴试点工作有关事项的通知	财政部	财金〔2009〕25号	2009年3月27日
357	关于开展县域金融机构涉农贷款增量奖励试点工作的通知	财政部	财金〔2009〕16号	2009年3月2日
358	关于实行新型农村金融机构定向费用补贴的通知	财政部	财金〔2009〕15号	2009年3月2日
359	关于印发《中国保险保障基金有限责任公司财务管理办法》的通知	财政部	财金〔2009〕18号	2009年2月26日
360	关于印发《期货投资者保障基金财务管理暂行办法》的通知	财政部	财金〔2008〕166号	2008年12月4日

续表

序号	文件名称	制定机关	文号	公布日期
361	关于印发《小额担保贷款财政贴息资金管理办法》的通知	财政部、中国人民银行、人力资源社会保障部	财金〔2008〕100号	2008年8月28日
362	关于印发《中央财政养殖业保险保费补贴管理办法》的通知	财政部	财金〔2008〕27号	2008年2月26日
363	关于印发《中央财政种植业保险保费补贴管理办法》的通知	财政部	财金〔2008〕26号	2008年2月26日
364	关于印发《金融类企业国有资产产权登记管理暂行办法》的通知	财政部	财金〔2006〕82号	2006年10月12日
365	关于印发《中国证券投资者保护基金有限责任公司财务管理办法》的通知	财政部	财金〔2006〕16号	2006年3月10日
366	关于推进下岗失业人员小额贷款工作财政支持政策具体实施意见的通知	财政部、中国人民银行、劳动和社会保障部	财金〔2004〕66号	2004年7月22日
367	关于金融资产管理公司和国有银行国有股减持有关问题的通知	财政部	财金函〔2004〕21号	2004年3月9日
368	关于继续做好金融类国有企业国有资产管理有关事项的通知	财政部	财金〔2003〕133号	2003年12月2日
369	关于印发《关于加强国有金融企业集中采购管理的若干规定》的通知	财政部	财金〔2001〕209号	2001年9月20日

国际财金合作类

序号	文件名称	制定机关	文号	公布日期
370	关于印发《国际金融组织贷款赠款项目绩效评价管理办法》的通知	财政部	财际〔2013〕5号	2013年2月18日
371	关于印发《国际金融组织贷款赠款项目选聘采购代理机构管理办法》的通知	财政部	财际〔2011〕133号	2011年12月30日
372	关于印发《外国政府贷款项目监督检查办法》的通知	财政部	财金〔2011〕117号	2011年9月26日
373	关于印发《国际金融组织贷款赠款项目财务管理暂行办法》的通知	财政部	财际〔2011〕10号	2011年1月30日
374	关于印发《外国政府贷款采购工作管理办法》的通知	财政部	财金〔2009〕157号	2009年12月4日
375	关于进一步做好外国政府贷款工作有关事项的通知	财政部办公厅	财办金〔2009〕41号	2009年4月3日

续表

序号	文件名称	制定机关	文号	公布日期
376	关于日元贷款项目实施有关问题的通知	财政部办公厅	财办金〔2009〕38号	2009年4月3日
377	关于印发《关于进一步加强国际金融组织贷款项目前期工作的若干意见》的通知	财政部	财际〔2009〕19号	2009年2月16日
378	关于印发《外国政府贷款管理规定》的通知	财政部	财金〔2008〕176号	2008年12月17日
379	关于进一步加强主权外债管理工作的通知	财政部	财金〔2008〕154号	2008年12月3日
380	关于外国政府赠款形成资产管理有关问题的通知	财政部	财金〔2008〕102号	2008年9月3日
381	关于印发《国际农业发展基金项目管理办法》的通知	财政部	财际〔2008〕16号	2008年4月24日
382	关于印发《外国政府贷款项目绩效评价暂行办法》的通知	财政部	财金〔2008〕24号	2008年2月15日
383	关于印发《全球环境基金赠款项目管理办法》的通知	财政部	财际〔2007〕45号	2007年6月26日
384	关于进一步规范招标确定外国政府贷款项目采购公司有关问题的通知	财政部	财金〔2006〕90号	2006年10月27日
385	关于进一步加强外国政府贷款项目和资金管理的通知	财政部	财金〔2006〕59号	2006年8月7日
386	关于确定意大利政府贷款转贷银行的通知	财政部办公厅	财办金〔2006〕72号	2006年8月1日
387	关于印发《关于进一步加强外国政府贷款提前还款资金再转贷管理的规定》的通知	财政部	财金〔2006〕57号	2006年7月31日
388	关于开展治理外国政府及国际金融组织贷款领域商业贿赂专项工作的意见	财政部	财金〔2006〕53号	2006年7月12日
389	关于贯彻落实《国际金融组织和外国政府贷款赠款管理办法》的通知	财政部	财法〔2006〕15号	2006年7月3日
390	关于加强外国政府贷款债务统计工作有关问题的通知	财政部	财金〔2006〕39号	2006年6月5日
391	关于委托办理日元贷款部分管理工作的通知	财政部	财金函〔2006〕54号	2006年4月19日
392	关于日元贷款管理工作有关事宜的通知	财政部	财金〔2006〕27号	2006年4月19日
393	关于印发修订后的《日元贷款人才培养项目工作规程》的通知	财政部	财金〔2006〕19号	2006年3月31日

续表

序号	文件名称	制定机关	文号	公布日期
394	关于印发修订后的《外国政府贷款项目采购公司招标办法》的通知	财政部	财金〔2005〕103号	2005年11月1日
395	关于印发《中国进出口银行转贷外国政府贷款贷后管理暂行规定》的通知	财政部	财金〔2004〕62号	2004年7月19日
396	关于对国外赠款项目下形成的资产加强管理的通知	财政部	财国际〔2004〕57号	2004年3月11日
397	关于防止逃废国际金融组织贷款债务问题的通知	财政部	财际〔2004〕7号	2004年2月11日
398	关于印发《国际金融组织贷（赠）款项目执行监督检查管理办法》的通知	财政部	财际〔2003〕104号	2003年12月11日
399	关于对参与外国政府贷款项目外方公司资质问题意见的函	财政部	财金便函〔2003〕146号	2003年5月29日
400	关于利用国际金融组织贷款企业在偿债责任落实前不得破产问题的通知	财政部	财际函〔2002〕82号	2002年12月27日
401	关于印发《外国政府赠款项目转赠财务管理办法（试行）》和《外国政府赠款项目转赠会计核算办法（试行）》的通知	财政部	财金〔2002〕179号	2002年12月14日
402	关于印发《日本政府贷款项目采购程序》的通知	财政部办公厅	财办金〔2002〕71号	2002年5月13日
403	关于在中国国际招标网上开展外国政府贷款项目采购业务的通知	财政部	财金〔2002〕16号	2002年2月6日
404	关于下发《国际金融组织贷款债务报表编报及评比办法》的通知	财政部	财国际〔2002〕1号	2002年1月4日
405	关于印发《利用国际金融组织贷款出国团组管理办法》的通知	财政部	财际〔2001〕99号	2001年7月31日
406	关于外国政府贷款第三类项目管理有关问题的通知	财政部	财金〔2001〕172号	2001年7月16日
407	关于印发《日元贷款植树造林项目特别账户工作规程（试行）》的通知	财政部办公厅	财办金〔2001〕132号	2001年6月15日
408	关于修改地方财政部门办理世界银行贷款项目出国经费预领和核销办法的通知	财政部	财际函字〔2000〕108号	2000年4月22日
409	关于世界银行贷款专用账户提款报账管理变动的通知	财政部	财际函字〔2000〕107号	2000年4月22日
410	关于日元贷款项目有关问题的通知	财政部	财债函字〔2000〕63号	2000年2月24日

续表

序号	文件名称	制定机关	文号	公布日期
411	关于地方财政部门办理世界银行贷款项目出国经费预领和核销的通知	财政部	财际函字〔1999〕225号	1999年10月11日
412	关于规范利用北欧国家政府贷款采购国内设备的通知	财政部	财债字〔1999〕138号	1999年6月29日
413	关于在省级财政部门设立世行贷款打捆项目外汇周转金的通知	财政部	财际函字〔1999〕107号	1999年5月4日
414	关于由地方财政部门办理世行贷款项目出国手续的通知	财政部	财际函字〔1998〕98号	1998年12月1日
415	关于世界银行亚洲开发银行贷款项目外汇外债管理若干问题的通知	财政部	财际函字〔1998〕63号	1998年10月27日
416	关于将世界银行贷款项目专用账户利息收入纳入预算外资金进行管理的通知	财政部	财世字〔1998〕59号	1998年3月16日
417	关于印发《世界银行贷款项目财务报告暂行规定》的通知	财政部	财世字〔1997〕6号	1997年1月17日

会计及注册会计师管理类

序号	文件名称	制定机关	文号	公布日期
418	关于印发《中央在京单位会计从业资格认定职能移交工作实施方案》的通知	财政部	财会〔2016〕14号	2016年8月17日
419	关于印发《会计从业资格考试大纲（修订）》的通知	财政部办公厅	财办会〔2016〕34号	2016年8月11日
420	关于做好会计师事务所工商登记后置审批改革政策衔接工作的通知	财政部	财会〔2014〕30号	2014年12月11日
421	关于印发《会计从业资格信息化调转有关事项的说明》的通知	财政部办公厅	财办会〔2014〕32号	2014年10月23日
422	关于做好注册会计师行业经济数据库部署实施工作的通知	中国注册会计师协会	会协〔2014〕10号	2014年3月19日
423	关于规范和简化会计师事务所信息报备工作的通知	财政部	财会〔2013〕22号	2013年12月24日
424	关于印发《利用基本医疗保险基金向商业保险机构购买城乡居民大病保险会计核算补充规定》的通知	财政部	财会〔2013〕21号	2013年12月6日
425	关于印发《会计从业资格考试管理规定》的通知	财政部	财会〔2013〕19号	2013年9月25日
426	关于印发《会计人员继续教育规定》的通知	财政部	财会〔2013〕18号	2013年8月27日

续表

序号	文件名称	制定机关	文号	公布日期
427	关于加强全国会计从业人员信息数据上报工作的通知	财政部办公厅	财办会〔2013〕19号	2013年5月29日
428	关于印发《新版会计从业资格证书样式及有关问题》的通知	财政部	财会〔2013〕9号	2013年4月27日
429	关于贯彻实施《会计从业资格管理办法》的指导意见	财政部	财会〔2013〕8号	2013年4月25日
430	关于印发新旧《会计从业资格管理办法》有关衔接规定的通知	财政部	财会〔2013〕3号	2013年3月11日
431	关于做好注册会计师行业法律法规库部署实施工作的通知	中国注册会计师协会	会协〔2012〕215号	2012年10月18日
432	关于同意重庆市财政局实施会计从业资格电子证书试点的函	财政部办公厅	财办会〔2012〕7号	2012年2月28日
433	关于同意河北省财政厅实施会计从业资格电子证书试点的函	财政部办公厅	财办会〔2011〕25号	2011年8月31日
434	关于印发《全国会计从业资格证书信息化调转暂行办法》的通知	财政部	财会〔2011〕11号	2011年5月16日
435	关于进行全国会计从业资格无纸化考试题库试点的通知	财政部办公厅	财办会〔2011〕11号	2011年3月11日
436	关于印发《新型农村社会养老保险基金会计核算暂行办法》的通知	财政部	财会〔2011〕3号	2011年3月9日
437	关于采集全国会计从业人员基本信息的通知	财政部办公厅	财办会〔2010〕18号	2010年8月25日
438	关于印发《财政部 工商总局关于推动大中型会计师事务所采用特殊普通合伙组织形式的暂行规定》的通知	财政部、工商总局	财会〔2010〕12号	2010年7月21日
439	关于印发《财政部关于科学引导小型会计师事务所规范发展的暂行规定》的通知	财政部	财会〔2010〕13号	2010年7月5日
440	关于推进省级会计人员管理系统建设的指导意见	财政部	财会〔2009〕13号	2009年11月20日
441	关于推进会计从业资格无纸化考试的指导意见	财政部	财会〔2008〕16号	2008年12月18日
442	关于印发《新型农村合作医疗基金会计制度》的通知	财政部	财会〔2008〕1号	2008年2月14日
443	关于印发《铁路运输企业会计核算办法》的通知	财政部	财会〔2004〕4号	2004年7月1日
444	关于印发《企业集团会计报表审计指导意见》的通知	中国注册会计师协会	会协〔2004〕27号	2004年4月15日
445	关于印发《社会保障基金会计核算若干问题补充规定》的通知	财政部	财会〔2003〕19号	2003年6月19日

续表

序号	文件名称	制定机关	文号	公布日期
446	关于具有证券期货相关业务许可证会计师事务所执行上市公司年报审计业务报备工作的通知	中国注册会计师协会	会协〔2001〕265号	2001年11月7日
447	关于印发《企业商品期货业务会计处理补充规定》的通知	财政部	财会〔2000〕19号	2000年11月29日
448	关于印发《三峡工程库区移民资金会计制度补充规定》的通知	财政部	财会字〔1999〕3号	1999年1月4日
449	关于印发《企业商品期货业务会计处理暂行规定》的通知	财政部	财会字〔1997〕51号	1997年10月24日
450	关于印发《国有企业试行破产有关会计处理问题暂行规定》的通知	财政部	财会字〔1997〕28号	1997年7月30日
451	关于印发《境外会计师事务所常驻代表机构管理暂行办法》的通知	财政部	财会协字〔1996〕1号	1996年1月4日

农业综合开发类

序号	文件名称	制定机关	文号	公布日期
452	关于加强和规范农业综合开发项目评审工作的指导意见	国家农业综合开发办公室	国农办〔2017〕3号	2017年1月16日
453	关于农业综合开发项目实行“先建后补”的意见	国家农业综合开发办公室	国农办〔2016〕51号	2016年12月5日
454	关于做好2017年国家农业综合开发产业化发展项目申报工作的通知	国家农业综合开发办公室	国农办〔2016〕46号	2016年10月12日
455	关于开展农业综合开发高标准农田建设模式创新试点的通知	国家农业综合开发办公室	国农办〔2016〕31号	2016年6月3日
456	关于印发《国家农业综合开发县管理办法》的通知	财政部	财发〔2015〕44号	2015年12月25日
457	关于印发《国家农业综合开发省级管理工作综合考核办法（试行)》的通知	国家农业综合开发办公室	国农办〔2015〕76号	2015年11月23日
458	关于印发《农业综合开发扶持农业优势特色产业促进农业产业化发展的指导意见》的通知	财政部	财发〔2015〕42号	2015年11月4日
459	关于编报2016年国家农业综合开发土地治理项目计划的通知	国家农业综合开发办公室	国农办〔2015〕73号	2015年11月3日
460	关于印发《2016年国家农业综合开发产业化经营项目申报指南》的通知	国家农业综合开发办公室	国农办〔2015〕68号	2015年9月28日
461	关于创新投融资模式加快推进高标准农田建设的通知	财政部、中国农业发展银行、中国农业银行	财发〔2015〕30号	2015年8月19日

续表

序号	文件名称	制定机关	文号	公布日期
462	关于创新投融资模式加快推进高标准农田建设的通知	财政部、国家开发银行	财发〔2015〕26号	2015年8月7日
463	关于调整和完善农业综合开发扶持农业产业化发展相关政策的通知	国家农业综合开发办公室	国农办〔2015〕52号	2015年6月30日
464	关于印发《农业综合开发推进农业适度规模经营的指导意见》的通知	财政部	财发〔2015〕12号	2015年6月2日
465	关于进一步规范国家农业综合开发外资项目地方出国培训工作的通知	国家农业综合开发办公室	国农办〔2015〕38号	2015年5月15日
466	关于印发《农业综合开发信息工作考核办法的通知》	国家农业综合开发办公室	国农办〔2015〕9号	2015年1月13日
467	关于在农业部直属垦区开展境外农业综合开发试点的意见	国家农业综合开发办公室	国农办〔2014〕270号	2014年12月25日
468	关于《国家农业综合开发项目评审试行办法》的补充通知	国家农业综合开发办公室	国农办〔2014〕259号	2014年12月18日
469	关于编报2015年国家农业综合开发存量资金土地治理项目计划的通知	国家农业综合开发办公室	国农办〔2014〕254号	2014年12月5日
470	关于报请增加中国科学院为国家农业综合开发联席会议成员单位的请示	财政部	财发〔2014〕53号	2014年11月15日
471	关于印发支持有机肥生产试点指导意见的通知	国家农业综合开发办公室	国农办〔2014〕156号	2014年9月9日
472	关于印发《国家农业综合开发项目评审试行办法》的通知	国家农业综合开发办公室	国农办〔2014〕132号	2014年7月23日
473	关于中央财政扶持重庆市武陵山民族贫困地区农业综合开发项目政策措施及资金安排的意见	财政部	财发〔2014〕30号	2014年7月11日
474	关于报请修订国家农业综合开发联席会议制度及重新确认联席会议成员的请示	财政部	财发〔2014〕19号	2014年5月30日
475	关于印发《国家农业综合开发监督检查办法》的通知	财政部	财发〔2014〕18号	2014年5月29日
476	关于降低农业部所属农垦总局和新疆生产建设兵团农业综合开发土地治理项目自筹资金投入比例的通知	财政部	财发〔2014〕1号	2014年2月7日
477	关于国家农业综合开发现代农业园区试点若干政策规定解释的函	国家农业综合开发办公室	国农办函〔2013〕42号	2013年8月1日

续表

序号	文件名称	制定机关	文号	公布日期
478	关于印发《利用亚洲开发银行贷款农业综合开发项目采购管理办法》的通知	国家农业综合开发办公室	国农办〔2013〕167号	2013年7月3日
479	关于印发《利用亚洲开发银行贷款农业综合开发项目会计核算办法》的通知	国家农业综合开发办公室	国农办〔2013〕166号	2013年7月3日
480	关于印发《利用亚洲开发银行贷款农业综合开发项目提款报账管理办法》的通知	国家农业综合开发办公室	国农办〔2013〕165号	2013年7月3日
481	关于印发《利用亚洲开发银行贷款农业综合开发项目财务管理办法》的通知	国家农业综合开发办公室	国农办〔2013〕164号	2013年7月3日
482	关于印发《利用亚洲开发银行贷款农业综合开发项目管理办法》的通知	财政部	财发〔2013〕13号	2013年6月6日
483	关于发布实施《国家农业综合开发高标准农田建设规划》的通知	财政部	财发〔2013〕4号	2013年3月21日
484	关于降低山东省农业综合开发地方财政配套资金比例的通知	财政部	财发〔2011〕41号	2011年12月18日
485	关于中央财政农业综合开发资金收缴方式有关事宜的通知	财政部	财发〔2011〕35号	2011年9月14日
486	关于与中国农业银行合作扶持农业产业化经营推进现代农业发展的意见	财政部	财发〔2011〕33号	2011年8月22日
487	关于印发《国家农业综合开发项目资金绩效评价办法（试行）》的通知	国家农业综合开发办公室	国农办〔2011〕178号	2011年7月14日
488	关于印发《国家农业综合开发县管理办法》的通知	财政部	财发〔2011〕25号	2011年6月22日
489	关于印发《国家农业综合开发部门项目管理办法》的通知	国家农业综合开发办公室	国农办〔2011〕169号	2011年6月21日
490	关于印发农业综合开发土地治理项目工程管护资金会计核算的有关规定的通知	财政部	财发〔2011〕15号	2011年6月17日
491	关于发挥乡镇财政监管优势进一步加强农业综合开发资金和项目管理的通知	国家农业综合开发办公室	国农办〔2011〕126号	2011年5月19日
492	关于印发《农业综合开发财政资金违规违纪行为处理办法》的通知	财政部	财发〔2011〕7号	2011年3月17日
493	关于印发《农业综合开发资金若干投入比例的规定》的通知	财政部	财发〔2010〕46号	2010年8月26日

续表

序号	文件名称	制定机关	文号	公布日期
494	关于印发国家农业综合开发产业化经营财政补助项目农民专业合作社申报书编写参考大纲的通知	国家农业综合开发办公室	国农办〔2010〕187号	2010年8月12日
495	关于印发《关于加强和规范农业综合开发项目评审工作的指导意见》的通知	国家农业综合开发办公室	国农办〔2010〕6号	2010年1月22日
496	关于加快农业综合开发资金支出进度有关事宜的通知	财政部	财发〔2009〕36号	2009年10月28日
497	关于积极开展合作共同推进农业产业化经营的通知	财政部 中国农业发展银行	财发〔2009〕34号	2009年10月23日
498	关于印发《国家农业综合开发投资参股企业国有股权转让管理办法》的通知	财政部	财发〔2008〕67号	2008年12月15日
499	关于印发《农业综合开发中央财政贴息资金管理办法》的通知	财政部	财发〔2008〕62号	2008年12月2日
500	关于印发《利用全球环境基金赠款适应气候变化农业综合开发项目管理办法》的通知	国家农业综合开发办公室	国农办〔2008〕184号	2008年10月16日
501	关于印发《国家农业综合开发土地治理项目工程管护暂行办法》的通知	国家农业综合开发办公室	国农办〔2008〕183号	2008年10月15日
502	关于印发《国家综合开发投资参股国有股权收益收缴管理办法》的通知	财政部	财发〔2007〕53号	2007年9月26日
503	关于印发《国家农业综合开发资金和项目管理工作质量考评办法(试行)》的通知	国家农业综合开发办公室	国农办〔2007〕41号	2007年4月13日
504	关于印发《农业综合开发财务管理办法》的通知	财政部	财发〔2006〕39号	2006年7月27日
505	关于印发《农业综合开发投资参股资产运营机构考核办法（试行)》的通知	财政部	财发〔2006〕1号	2006年3月9日
506	关于印发《关于加强农业综合开发土地治理项目科技推广费管理工作的指导意见》的通知	国家农业综合开发办公室	国农办〔2006〕13号	2006年1月26日
507	关于印发《国家农业综合开发投资参股经营试点管理办法》的通知	财政部	财发〔2005〕39号	2005年10月10日
508	关于印发《国家农业综合开发农民筹资投劳管理规定（试行)》的通知	国家农业综合开发办公室	国农办〔2005〕239号	2005年9月6日

续表

序号	文件名称	制定机关	文号	公布日期
509	关于加强国家农业综合开发项目竣工验收工作的指导意见	国家农业综合开发办公室	国农办〔2005〕64号	2005年5月13日
510	关于印发《国家农业综合开发中型灌区节水配套改造项目管理实施办法》的通知	国家农业综合开发办公室、水利部	国农办〔2005〕26号	2005年2月25日
511	关于印发《国家农业综合开发项目统计报表》的通知	国家农业综合开发办公室	国农办〔2004〕302号	2004年12月6日
512	关于印发《国家农业综合开发部门项目统计报表》的通知	国家农业综合开发办公室	国农办〔2004〕303号	2004年12月6日
513	《国家农业综合开发土地治理项目工程建设监理办法（试行）》的补充规定	国家农业综合开发办公室	国农办〔2004〕295号	2004年12月3日
514	关于严格推行农业综合开发土地治理项目工程建设监理制的通知	国家农业综合开发办公室	国农办〔2004〕112号	2004年6月25日
515	关于印发《国家农业综合开发土地治理项目工程建设监理办法（试行）》的通知	国家农业综合开发办公室	国农办〔2004〕49号	2004年5月28日
516	关于印发《国家农业综合开发土地治理项目建设标准》的通知	国家农业综合开发办公室	国农办〔2004〕48号	2004年5月24日
517	关于印发《国家农业综合开发土地治理项目和资金公示制暂行规定》的通知	国家农业综合开发办公室	国农办〔2004〕35号	2004年4月5日
518	关于认真贯彻落实农业综合开发若干意见的通知	国家农业综合开发办公室	国农办〔2002〕55号	2002年3月1日
519	关于印发《农业综合开发事业费使用管理若干规定》的通知	财政部	财发字〔1999〕102号	2000年1月7日
520	关于印发《农业综合开发资金决算和项目统计工作评比暂行办法》的通知	财政部	财发字〔1998〕49号	1998年12月16日
521	关于在财政预算中安排农业综合开发事业费的通知	财政部	财发字〔1998〕36号	1998年11月13日

四、失效的财政规范性文件目录（248件）

法治类

序号	文件名称	制定机关	文号	公布日期
1	关于废止和修改部分财政规章中行政处罚条款的通知	财政部	财法字〔1998〕9号	1998年3月23日
2	关于印发《财政部门贯彻实施〈行政处罚法〉若干问题的意见》的通知	财政部	财法字〔1997〕17号	1997年3月13日
3	关于贯彻《中华人民共和国行政处罚法》的通知	财政部	财法字〔1996〕15号	1996年5月8日

税收及非税收入类

序号	文件名称	制定机关	文号	公布日期
4	关于下达2017年“母亲健康快车”项目流动医疗车免征车辆购置税指标的通知	财政部、国家税务总局	财税〔2017〕93号	2017年12月25日
5	关于下达2017年防汛专用车免征车辆购置税指标的通知	财政部、国家税务总局	财税〔2017〕92号	2017年12月25日
6	关于下达2017年森林消防专用车免征车辆购置税指标的通知	财政部、国家税务总局	财税〔2017〕91号	2017年12月25日
7	关于减征1.6升及以下排量乘用车车辆购置税的通知	财政部、国家税务总局	财税〔2016〕136号	2016年12月13日
8	关于2016年“母亲健康快车”项目流动医疗车免征车辆购置税的通知	财政部、国家税务总局	财税〔2016〕128号	2016年11月24日
9	关于2016年防汛专用车免征车辆购置税的通知	财政部、国家税务总局	财税〔2016〕123号	2016年11月16日
10	关于在服务贸易创新发展试点地区推广技术先进型服务企业所得税优惠政策的通知	财政部、国家税务总局、商务部、科技部、国家发展改革委	财税〔2016〕122号	2016年11月10日
11	关于2016年森林消防专用车免征车辆购置税的通知	财政部、国家税务总局	财税〔2016〕102号	2016年9月18日
12	关于中央电视台广告费和有线电视费收入企业所得税政策问题的通知	财政部、国家税务总局	财税〔2016〕80号	2016年7月13日
13	关于铁路债券利息收入所得税政策问题的通知	财政部、国家税务总局	财税〔2016〕30号	2016年3月10日
14	关于继续实行农村饮水安全工程建设运营税收优惠政策的通知	财政部、国家税务总局	财税〔2016〕19号	2016年2月25日
15	关于开展2016年度重点企业税源调查快报工作的通知	财政部	财税〔2016〕24号	2016年2月22日
16	关于继续实行农产品批发市场 农贸市场房产税城镇土地使用税优惠政策的通知	财政部、国家税务总局	财税〔2016〕1号	2016年1月13日
17	关于2015年母亲健康快车项目流动医疗车免征车辆购置税的通知	财政部、国家税务总局	财税〔2015〕134号	2015年12月29日
18	关于2015年森林消防专用车免征车辆购置税的通知	财政部、国家税务总局	财税〔2015〕133号	2015年12月28日
19	关于2015年防汛专用车免征车辆购置税的通知	财政部、国家税务总局	财税〔2015〕132号	2015年12月28日
20	关于减征1.6升及以下排量乘用车车辆购置税的通知	财政部、国家税务总局	财税〔2015〕104号	2015年9月29日

续表

序号	文件名称	制定机关	文号	公布日期
21	关于继续实施物流企业大宗商品仓储设施用地城镇土地使用税优惠政策的通知	财政部、国家税务总局	财税〔2015〕98号	2015年8月31日
22	关于进一步支持企业事业单位改制重组有关契税政策的通知	财政部、国家税务总局	财税〔2015〕37号	2015年3月31日
23	关于企业改制重组有关土地增值税政策的通知	财政部、国家税务总局	财税〔2015〕5号	2015年2月2日
24	关于中国扶贫基金会小额信贷试点项目继续参照执行农村金融有关税收政策的通知	财政部、国家税务总局	财税〔2015〕12号	2015年1月5日
25	关于延续并完善支持农村金融发展有关税收政策的通知	财政部、国家税务总局	财税〔2014〕102号	2014年12月26日
26	关于苏州工业园区继续试点有限合伙制创业投资企业法人合伙人企业所得税政策的通知	财政部、国家税务总局	财税〔2014〕110号	2014年12月24日
27	关于金融机构与小型微型企业签订借款合同免征印花税的通知	财政部、国家税务总局	财税〔2014〕78号	2014年10月24日
28	关于进一步支持小微企业增值税和营业税政策的通知	财政部、国家税务总局	财税〔2014〕71号	2014年9月25日
29	关于中关村国家自主创新示范区有关股权奖励个人所得税试点政策的通知	财政部、国家税务总局、科技部	财税〔2014〕63号	2014年8月30日
30	关于促进公共租赁住房发展有关税收优惠政策的通知	财政部、国家税务总局	财税〔2014〕52号	2014年8月11日
31	关于免征新能源汽车车辆购置税的公告	财政部、国家税务总局、工业和信息化部	公告2014年第53号	2014年8月1日
32	关于继续实施支持和促进重点群体创业就业有关税收政策的通知	财政部、国家税务总局、人力资源社会保障部	财税〔2014〕39号	2014年4月29日
33	关于调整完善扶持自主就业退役士兵创业就业有关税收政策的通知	财政部、国家税务总局、民政部	财税〔2014〕42号	2014年4月29日
34	关于小型微利企业所得税优惠政策有关问题的通知	财政部、国家税务总局	财税〔2014〕34号	2014年4月8日
35	关于国家大学科技园税收政策的通知	财政部、国家税务总局	财税〔2013〕118号	2013年12月31日
36	关于科技企业孵化器税收政策的通知	财政部、国家税务总局	财税〔2013〕117号	2013年12月31日
37	关于免征新疆国际大巴扎项目营业税的通知	财政部、国家税务总局	财税〔2013〕77号	2013年10月17日

续表

序号	文件名称	制定机关	文号	公布日期
38	关于支持芦山地震灾后恢复重建有关税收政策问题的通知	财政部、海关总署、国家税务总局	财税〔2013〕58号	2013年9月30日
39	关于广告费和业务宣传费支出税前扣除政策的通知	财政部、国家税务总局	财税〔2012〕48号	2012年5月30日
40	关于保险公司准备金支出企业所得税税前扣除有关政策问题的通知	财政部、国家税务总局	财税〔2012〕45号	2012年5月15日
41	关于支持农村饮水安全工程建设运营税收政策的通知	财政部、国家税务总局	财税〔2012〕30号	2012年4月24日
42	关于保险公司农业巨灾风险准备金企业所得税税前扣除政策的通知	财政部、国家税务总局	财税〔2012〕23号	2012年3月29日
43	关于生产和装配伤残人员专门用品企业免征企业所得税的通知	财政部、国家税务总局、民政部	财税〔2011〕81号	2011年10月20日
44	关于揭阳潮汕机场减征耕地占用税问题的批复	财政部、国家税务总局	财税〔2009〕126号	2009年10月23日
45	关于专项用途财政性资金有关企业所得税处理问题的通知	财政部、国家税务总局	财税〔2009〕87号	2009年6月16日
46	关于邮政企业代办金融业务免征营业税的通知	财政部、国家税务总局	财税〔2009〕7号	2009年1月4日
47	关于试点企业集团缴纳企业所得税有关问题的通知	财政部、国家税务总局	财税〔2008〕119号	2008年10月17日
48	关于贯彻落实国务院关于实施企业所得税过渡优惠政策有关问题的通知	财政部、国家税务总局	财税〔2008〕21号	2008年2月4日
49	关于贯彻落实新修订的《中华人民共和国耕地占用税暂行条例》有关工作的通知	财政部、国家税务总局、中央编办	财税〔2007〕163号	2007年12月3日
50	关于印发《全国税收调查专项补助经费管理办法》的通知	财政部	财税〔2007〕106号	2007年7月26日
51	关于完善城镇社会保障体系试点中有关所得税政策问题的通知	财政部、国家税务总局	财税〔2001〕9号	2001年3月8日

关税类

序号	文件名称	制定机关	文号	公布日期
52	关于实施中国—韩国 中国—澳大利亚自由贸易协定协定税率的通知	国务院关税税则委员会	税委会〔2015〕25号	2015年12月10日
53	关于科研机构进口医疗检测分析仪器有关税收事项的通知	财政部、海关总署、国家税务总局	财关税〔2015〕23号	2015年6月3日

续表

序号	文件名称	制定机关	文号	公布日期
54	关于调整自动柜员机用出钞器产品税目及进口暂定税率的通知	国务院关税税则委员会	税委会〔2014〕9号	2014年4月25日
55	关于修改营运支线飞机航线的国内航空公司维修用航空器材进口税收暂行规定有关条文的通知	财政部	财关税〔2014〕7号	2014年3月10日
56	关于中国—阿拉伯国家博览会等展会相关留购展品免征进口关税的通知	财政部	财关税〔2013〕64号	2013年9月9日
57	关于国家中小企业公共技术服务示范平台适用科技开发用品进口税收政策的通知	财政部、工业和信息化部、海关总署、国家税务总局	财关税〔2011〕71号	2011年11月21日
58	关于调整进境物品税税目税率的通知	国务院关税税则委员会	税委会〔2011〕3号	2011年1月24日

预算类

序号	文件名称	制定机关	文号	公布日期
59	关于开展2016年度中央部门项目支出绩效目标执行监控试点工作的通知	财政部办公厅	财办预〔2016〕85号	2016年7月22日
60	关于推进省以下预决算公开工作的通知	财政部	财预〔2013〕309号	2013年8月1日
61	关于印发《西部地区基层政权建设资金管理办法》的通知	财政部	财预〔2013〕90号	2013年6月19日
62	关于印发《地方国有农场办社会职能改革中央财政奖励资金管理办法》的通知	财政部	财预〔2012〕442号	2012年11月29日
63	关于印发《预算绩效管理工作规划（2012—2015年）》的通知	财政部	财预〔2012〕396号	2012年9月21日
64	关于深入推进基层财政专项支出预算公开的意见	财政部	财预〔2011〕27号	2011年1月28日
65	关于进一步做好预算信息公开工作的指导意见	财政部	财预〔2010〕31号	2010年3月1日
66	关于进一步推进财政预算信息公开的指导意见	财政部	财预〔2008〕390号	2008年9月10日
67	关于下达大湖区农民负担综合改革中央对地方转移支付资金的通知	财政部	财预〔2007〕463号	2007年11月14日
68	关于进一步推动地方财政部门政务公开工作的意见	财政部	财预〔2006〕7号	2006年1月19日
69	关于印发《地方预算编制软件应用管理暂行办法》的通知	财政部	财预〔2002〕289号	2002年4月23日

续表

序号	文件名称	制定机关	文号	公布日期
70	关于新疆生产建设兵团作为一级预算单位在财政部单列后有关财务问题的通知	财政部	财农字〔1997〕329号	1997年12月9日

国库类

序号	文件名称	制定机关	文号	公布日期
71	关于中央预算单位2018年预算执行管理有关问题的通知	财政部	财库〔2017〕207号	2017年12月22日
72	关于专员办审核2016年度部门决算工作的通知	财政部	财库〔2016〕228号	2016年12月27日
73	关于中央预算单位2017年预算执行管理有关问题的通知	财政部	财库〔2016〕207号	2016年11月28日
74	关于2016年度部门决算工作的通知	财政部	财库〔2016〕185号	2016年11月4日
75	关于2016年开展全国政府采购代理机构监督检查工作的通知	财政部	财库〔2016〕76号	2016年5月3日
76	关于2016年地方财政库款管理有关工作的通知	财政部	财库〔2016〕13号	2016年1月21日
77	关于专员办审核2015年度部门决算工作的通知	财政部	财库〔2015〕258号	2015年12月31日
78	关于印发《财政部代办兑付的地方政府债券2016年还本付息计划表》的通知	财政部办公厅	财办库〔2015〕368号	2015年12月16日
79	关于做好2016年中央预算单位政府采购计划和执行情况及信息统计编报工作的通知	财政部	财库〔2015〕240号	2015年12月14日
80	关于中央预算单位2016年预算执行管理有关问题的通知	财政部	财库〔2015〕220号	2015年12月2日
81	关于全面开展财政资金安全检查工作的通知	财政部	财库〔2015〕216号	2015年11月23日
82	关于2014年度部门决算工作的通知	财政部	财库〔2014〕188号	2015年11月19日
83	关于2015年度部门决算工作的通知	财政部	财库〔2015〕210号	2015年11月17日
84	关于印发《2014年度权责发生制政府综合财务报告试编办法》的通知	财政部	财库〔2015〕57号	2015年2月28日
85	关于印发《2015—2017年国债承销团专家评审内部操作规程》的通知	财政部办公厅	财办库〔2014〕522号	2014年12月15日
86	关于做好政府采购代理机构资格认定行政许可取消后相关政策衔接工作的通知	财政部	财库〔2014〕122号	2014年9月26日

续表

序号	文件名称	制定机关	文号	公布日期
87	关于印发《财政部代理发行2014年地方政府债券招标发行规则》的通知	财政部	财库〔2014〕42号	2014年4月25日
88	关于印发《2014年储蓄国债发行额度管理办法》的通知	财政部、中国人民银行	财库〔2014〕17号	2014年2月27日
89	关于印发《2011年地方政府自行发债试点办法》的通知	财政部	财库〔2011〕141号	2011年10月17日
90	关于印发《财政部代理发行2010年地方政府债券发行兑付办法》的通知	财政部	财库〔2010〕33号	2010年3月31日
91	关于确认国家旅游局A级旅游景区标牌工本费和工农业旅游示范点标牌工本费纳入收入收缴管理制度改革范围有关事宜的通知	财政部	财库〔2006〕14号	2006年2月21日
92	关于重新清理和规范中央财政国库管理制度改革试点部门银行账户的通知	财政部	财库〔2002〕64号	2002年12月3日
93	关于贯彻实施《中华人民共和国政府采购法》的通知	财政部	财库〔2002〕35号	2002年7月9日
94	关于做好定向债券收款单 国债代保管凭证销毁工作的通知	财政部	财库〔2001〕57号	2001年9月13日
95	关于进行国债券代保管凭证清理工作的通知	财政部	财国债字〔1997〕28号	1997年4月18日

行政政法类

序号	文件名称	制定机关	文号	公布日期
96	关于印发《2014年亚洲相互协作与信任措施会议第四次峰会经费及财产物资管理办法》的通知	财政部、外交部	财行〔2014〕11号	2014年4月23日
97	关于印发《青少年校外活动场所专项补助经费管理办法》的通知	财政部、共青团中央	财行〔2013〕518号	2013年12月26日
98	关于印发《中央财政对地方税务部门专项经费管理暂行办法》的通知	财政部	财行〔2012〕295号	2012年9月17日
99	关于印发《出入境检验检疫系统执法执勤用车配备使用管理办法(试行)》的通知	财政部、质检总局	财行〔2011〕601号	2011年11月23日
100	关于印发《国际金融组织和外国政府贷款、赠款项目公证审计专项经费管理暂行办法》的通知	财政部、审计署	财行〔2007〕645号	2007年12月28日
101	关于印发《华侨农场土地确权登记办证中央财政奖补资金实施办法》的通知	财政部、国务院侨办	财行〔2007〕212号	2007年8月1日

续表

序号	文件名称	制定机关	文号	公布日期
102	关于印发《财政监察专员办事处对国家税务局代扣代收代征税款手续费审核暂行办法》的通知	财政部	财监〔2007〕1号	2007年1月10日
103	关于印发《关于制定基层司法行政机关公用经费保障标准的意见》的通知	财政部、司法部	财行〔2006〕273号	2006年10月8日
104	关于印发《关于制定县级人民检察院公用经费保障标准的意见》的通知	财政部、最高人民检察院	财行〔2005〕243号	2005年9月27日
105	关于印发《中央补助地方法律援助办案专款管理暂行办法》的通知	财政部、司法部	财行〔2005〕191号	2005年9月6日
106	关于印发《中央补助地方武器弹药专款管理暂行办法》的通知	财政部、公安部	财行〔2005〕124号	2005年7月14日
107	关于印发《关于制定基层人民法院公用经费保障标准的意见》的通知	财政部、最高人民法院	财行〔2005〕11号	2005年1月24日
108	关于印发《关于制定县级公安机关公用经费保障标准的意见》的通知	财政部、公安部	财行〔2004〕157号	2004年9月30日
109	关于印发《关于劳动教养管理所资产划分有关规定》的通知	财政部、司法部	财行〔2003〕8号	2003年2月26日
110	关于印发《劳动教养机关财务管理暂行办法》的通知	财政部、司法部	财行〔2003〕7号	2003年2月26日
111	关于切实做好公安部门办案经费保障工作的通知	财政部	财公字〔1999〕574号	1999年10月13日
112	关于海关系统行政性收费纳入预算管理有关问题的通知	财政部、海关总署	（96）财文字第227号	1996年6月3日

科教类

序号	文件名称	制定机关	文号	公布日期
113	关于印发《基层科普行动计划专项资金管理办法》的通知	财政部、中国科协	财教〔2012〕171号	2012年7月10日
114	关于印发《科技富民强县专项行动计划资金管理暂行办法》的通知	财政部、科技部	财教〔2005〕140号	2005年8月29日
115	关于印发《国家基础科学人才培养基金项目资助经费管理办法》的通知	财政部、国家自然科学基金委员会、教育部、科技部	财教〔2002〕36号	2002年4月2日

文化类

序号	文件名称	制定机关	文号	公布日期
116	关于城市社区文化中心（文化活动室）设备购置专项资金审批责任追究有关问题的通知	财政部、文化部	财文〔2016〕31号	2016年11月30日
117	关于县城数字影院建设补贴资金申报和管理工作的补充通知	财政部、新闻出版广电总局	财教〔2015〕5号	2015年2月21日
118	关于印发《少数民族文化事业发展补助资金管理办法》的通知	财政部	财教〔2014〕186号	2014年7月1日
119	关于县城数字影院建设补贴资金申报和管理工作的通知	财政部、新闻出版广电总局	财教〔2013〕249号	2013年8月29日
120	关于印发《城市社区文化中心（文化活动室）设备购置专项资金管理办法》的通知	财政部、文化部	财教〔2009〕447号	2009年12月14日
121	关于印发《国家重点京剧院团保护和扶持专项资金管理办法》的通知	财政部、文化部	财教〔2007〕175号	2007年9月4日

经济建设类

序号	文件名称	制定机关	文号	公布日期
122	关于印发《水污染防治专项资金管理办法》的通知	财政部、环境保护部	财建〔2015〕226号	2016年12月7日
123	关于明确滦河流域国土江河综合整治试点总体目标和重点任务的通知	财政部、水利部、环境保护部	财建〔2015〕1111号	2015年11月25日
124	关于明确东江流域国土江河综合整治试点总体目标和重点任务的通知	财政部、水利部、环境保护部	财建〔2015〕1110号	2015年11月25日
125	关于开展国土江河综合整治试点工作的指导意见	财政部、水利部、环境保护部	财建〔2015〕135号	2015年5月27日
126	关于印发《江河湖泊生态环境保护项目资金绩效评价暂行办法》的通知	财政部、环境保护部	财建〔2014〕650号	2014年11月18日
127	关于印发《矿山地质环境恢复治理专项资金管理办法》的通知	财政部、国土资源部	财建〔2013〕80号	2013年3月27日
128	关于印发《国家级地质遗迹保护专项资金管理办法》的通知	财政部、国土资源部	财建〔2013〕65号	2013年3月12日
129	关于将矿产资源专项收入统筹安排使用的通知	财政部、国土资源部	财建〔2010〕925号	2010年11月19日
130	关于印发《中央分成新增建设用地土地有偿使用费稽查暂行办法》的通知	财政部、国土资源部	财建〔2008〕30号	2008年3月7日

续表

序号	文件名称	制定机关	文号	公布日期
131	关于探矿权采矿权有偿取得制度改革有关问题的补充通知	财政部、国土资源部	财建〔2008〕22 号	2008 年 2 月 28 日
132	关于深化探矿权采矿权有偿取得制度改革有关问题的通知	财政部、国土资源部	财建〔2006〕694 号	2006 年 10 月 25 日
133	关于探矿权采矿权价款收入管理有关事项的通知	财政部、国土资源部、中国人民银行	财建〔2006〕394 号	2006 年 8 月 14 日
134	关于逐步建立矿山环境治理和生态恢复责任机制的指导意见	财政部、国土资源部、环保总局	财建〔2006〕215 号	2006 年 2 月 10 日
135	关于印发《财政监察专员办事处对部分国家储备商品补贴就地审核监督操作规程》的通知	财政部	财监〔2003〕11 号	2003 年 2 月 18 日
136	关于印发《新疆维吾尔自治区地质勘查中央专项资金管理暂行办法》的通知	财政部	财建〔2001〕411 号	2001 年 7 月 12 日
137	关于印发《国家物资储备事业单位财务制度补充规定》的通知	财政部	财经字〔1998〕277 号	1998 年 12 月 4 日
138	关于印发《国家物资储备资金会计制度》的通知	财政部	财经字〔1998〕46 号	1998 年 8 月 6 日
139	关于印发《国家物资储备事业单位财务制度》的通知	财政部	财工字〔1997〕494 号	1997 年 12 月 8 日

农业类

序号	文件名称	制定机关	文号	公布日期
140	关于进一步加强对种粮农民直接补贴工作经费管理的通知	财政部	财建〔2014〕378 号	2017 年 7 月 10 日
141	关于以高标准农田建设为平台开展涉农资金整合试点的意见	财政部、国家发展改革委、国土资源部、水利部、农业部	财农〔2015〕247 号	2015 年 12 月 25 日
142	关于调整完善农业三项补贴政策的指导意见	财政部、农业部	财农〔2015〕31 号	2015 年 5 月 13 日
143	关于开展涉农资金专项整治行动的实施意见	财政部、国家发展改革委、农业部	财农〔2015〕7 号	2015 年 3 月 19 日
144	关于印发《中央财政人工影响天气补助资金管理暂行办法》的通知	财政部、中国气象局	财农〔2012〕21 号	2012 年 4 月 6 日
145	关于印发《中央专项彩票公益金支持小额信贷扶贫试点项目资金管理办法》的通知	财政部	财农〔2012〕13 号	2012 年 3 月 23 日

续表

序号	文件名称	制定机关	文号	公布日期
146	关于开展国有农场办社会职能改革试点工作的意见	国务院农村综合改革工作小组	国农改〔2012〕4号	2012年3月15日
147	关于支持黑龙江省 吉林省 内蒙古自治区 辽宁省实施“节水增粮行动”的意见	财政部、水利部、农业部	财农〔2011〕502号	2011年12月30日
148	关于做好“十二五”时期农业财政工作的指导意见	财政部	财农〔2011〕350号	2011年9月15日
149	关于进一步加强小型农田水利重点县建设管理工作确保如期实现重点县建设目标的意见	财政部、水利部	财农〔2011〕1号	2011年1月11日
150	关于做好2010年扩大村级公益事业建设一事一议财政奖补试点的通知	国务院农村综合改革工作小组、财政部、农业部	国农改〔2010〕1号	2010年3月1日
151	关于印发《小型农田水利重点县建设资金绩效考评暂行办法》的通知	财政部、水利部	财农〔2009〕457号	2009年12月28日
152	关于印发《中央财政小型农田水利重点县建设管理办法》的通知	财政部、水利部	财农〔2009〕336号	2009年11月4日
153	关于实施中央财政小型农田水利重点县建设的意见	财政部、水利部	财农〔2009〕92号	2009年6月19日
154	关于扩大村级公益事业建设一事一议财政奖补试点的通知	国务院农村综合改革工作小组、财政部、农业部	国农改〔2009〕3号	2009年5月21日
155	关于开展村级公益事业建设一事一议财政奖补试点工作的通知	国务院农村综合改革工作小组、财政部、农业部	国农改〔2008〕2号	2008年2月1日
156	关于印发《重点小型病险水库除险加固项目管理办法》的通知	财政部、水利部	财建〔2007〕1025号	2007年12月29日
157	关于印发《巩固退耕还林成果专项资金使用和管理办法》的通知	财政部、国务院西部开发办、国家发展改革委、农业部、国家林业局、国家粮食局	财农〔2007〕327号	2007年11月28日
158	关于推进中国农民补贴网建设 进一步加强种粮农民补贴管理的通知	财政部	财建〔2006〕406号	2006年8月24日

社会保障类

序号	文件名称	制定机关	文号	公布日期
159	关于印发《优抚安置事业单位专项补助资金使用管理办法》的通知	财政部、民政部	财社〔2016〕132号	2016年9月2日
160	关于印发《优抚事业单位专项补助资金使用管理办法》的通知	财政部、民政部	财社〔2014〕202号	2014年11月25日
161	关于提高2014年新型农村合作医疗和城镇居民基本医疗保险筹资标准的通知	财政部、国家卫计委、人力资源社会保障部	财社〔2014〕14号	2014年4月25日
162	关于技师培训项目补贴资金使用管理有关问题的通知	财政部、人力资源社会保障部	财社〔2013〕141号	2013年9月26日
163	关于印发《残疾人假肢矫形器装配及辅助器具流动服务车彩票公益金使用管理办法》的通知	财政部	财社〔2009〕248号	2009年12月17日
164	关于印发《中央财政补助地方劳动力市场建设专项资金管理暂行办法》的通知	财政部、劳动保障部	财社〔2007〕70号	2007年6月26日

资产管理类

序号	文件名称	制定机关	文号	公布日期
165	关于印发《中国资产评估行业发展规划》的通知	财政部	财企〔2012〕330号	2012年10月23日
166	关于解决中央下放煤炭 有色等政策性关闭破产企业移交中小学校公安机构补助经费问题的通知	财政部	财企〔2011〕331号	2011年10月21日
167	关于中央下放政策性关闭破产有色金属矿山企业尾矿库闭库治理安全工程项目概算审核有关问题的通知	财政部	财企〔2010〕2号	2010年1月12日
168	关于印发《中央下放地方政策性关闭破产有色金属矿山企业尾矿库闭库治理安全工程项目和补助资金管理暂行办法》的通知	财政部、国家安全监管总局	财企〔2009〕120号	2009年7月8日
169	关于中外合作经营企业外方合作者先行回收投资有关问题的通知	财政部	财企〔2008〕159号	2008年8月6日
170	关于淘汰高能耗高污染行业落后生产设备设施有关财务问题的通知	财政部	财企〔2007〕198号	2007年9月14日
171	关于印发《行政事业单位资产核实暂行办法》的通知	财政部	财办〔2007〕19号	2007年4月3日

续表

序号	文件名称	制定机关	文号	公布日期
172	关于印发《行政事业单位资产清查暂行办法》的通知	财政部	财办〔2006〕52号	2006年12月13日
173	关于关闭破产三线军队保障性企业职工异地安置费用测算有关问题的通知	财政部	财企〔2005〕121号	2005年8月17日

金融类

序号	文件名称	制定机关	文号	公布日期
174	关于印发《PPP物有所值评价指引（试行）》的通知	财政部	财金〔2015〕167号	2015年12月18日
175	关于印发《政府和社会资本合作项目财政承受能力论证指引》的通知	财政部	财金〔2015〕21号	2015年4月7日
176	关于印发《政府和社会资本合作模式操作指南（试行）》的通知	财政部	财金〔2014〕113号	2014年11月29日
177	关于当前应对金融危机加强银行业金融机构财务和风险管理的意见	财政部、银监会	财金〔2009〕40号	2009年5月26日
178	关于国有金融机构2008年度高管人员薪酬分配有关问题的通知	财政部	财金〔2009〕23号	2009年4月7日
179	关于进一步规范金融资产管理公司商业化转型过渡期间股权投资有关问题的通知	财政部	财金〔2007〕143号	2007年12月26日
180	关于金融资产管理公司商业化转型期间财务管理有关问题的通知	财政部	财金〔2007〕18号	2007年3月9日
181	关于金融资产管理公司进一步做好不良资产处置和财务管理有关问题的通知	财政部、银监会	财金〔2006〕76号	2006年9月15日
182	关于进一步做好金融资产管理公司资产处置和财务管理工作的通知	财政部	财金〔2005〕104号	2005年11月4日
183	关于进一步做好清理党政机关及事业单位用公款为个人购买商业保险和清缴党政领导干部拖欠公款工作的通知	财政部、监察部	财金〔2005〕82号	2005年8月15日
184	关于国有商业银行第二次剥离不良贷款整改工作有关问题的通知	财政部、中国人民银行、银监会	财金〔2005〕35号	2005年4月7日
185	关于国有商业银行第二次不良贷款剥离中档案资料交接有关问题的通知	财政部、中国人民银行	财金〔2005〕33号	2005年4月7日

续表

序号	文件名称	制定机关	文号	公布日期
186	关于印发《金融资产管理公司托管业务有关财务管理问题的规定》的通知	财政部	财金〔2004〕108 号	2004 年 10 月 30 日
187	关于加强国有商业银行不良贷款剥离过程中责任追究工作的通知	财政部、中国人民银行、银监会	财金〔2004〕77 号	2004 年 8 月 19 日
188	关于印发《中国银行和中国建设银行改制过程中可疑类贷款处置管理办法》的通知	财政部	财金〔2004〕53 号	2004 年 6 月 4 日
189	关于印发《金融资产管理公司有关业务风险管理办法》的通知	财政部	财金〔2004〕40 号	2004 年 4 月 28 日
190	关于调整国有商业银行费用成本考核指标的通知	财政部	财金〔2004〕31 号	2004 年 4 月 20 日
191	关于加强金融资产管理公司资产处置和财务管理有关问题的通知	财政部	财金〔2002〕6 号	2002 年 1 月 22 日
192	关于加强金融资产管理公司管理的通知	财政部	财金函〔2001〕11 号	2001 年 9 月 30 日
193	关于金融资产管理公司资产处置和财务管理有关问题的通知	财政部	财金〔2001〕193 号	2001 年 8 月 17 日
194	关于金融资产管理公司资产处置和财务管理制度中有关问题说明的函	财政部	财金函〔2001〕4 号	2001 年 8 月 17 日
195	关于金融资产管理公司接受以物抵债资产过户税费问题的通知	财政部	财金〔2001〕189 号	2001 年 8 月 3 日
196	关于加强和规范金融资产管理公司电子化建设有关问题的通知	财政部	财金〔2001〕180 号	2001 年 7 月 25 日
197	关于金融资产管理公司经营管理若干问题的通知	财政部	财金〔2001〕27 号	2001 年 2 月 7 日
198	关于申请办理出口信用保险若干规定的通知	财政部	财商字〔1998〕103 号	1998 年 3 月 4 日
199	关于印发《出口信用保险有关政策规定》的通知	财政部	财商字〔1998〕80 号	1998 年 2 月 20 日

国际财金合作类

序号	文件名称	制定机关	文号	公布日期
200	关于进一步规范国际金融组织贷款项目管理费收取和使用管理的通知	财政部	财国际〔2008〕132 号	2008 年 8 月 15 日
201	关于重申世行贷款项目利费奖励资金使用范围的通知	财政部	财际函〔2000〕233 号	2000 年 8 月 30 日

会计及注册会计师管理类

序号	文件名称	制定机关	文号	公布日期
202	《关于民航事业单位执行〈事业单位会计制度〉的补充规定》	财政部	财会〔2015〕2号	2015年1月16日
203	关于印发《会计师事务所信息化建设奖励办法》的通知	中国注册会计师协会	会协〔2014〕48号	2014年9月1日
204	关于发布《会计师事务所综合评价办法》的通知	中国注册会计师协会	会协〔2014〕22号	2014年5月13日
205	关于印发《新旧中小学校会计制度有关衔接问题的处理规定》的通知	财政部	财会〔2014〕5号	2014年1月27日
206	关于印发《新旧科学事业单位会计制度有关衔接问题的处理规定》的通知	财政部	财会〔2014〕4号	2014年1月27日
207	关于印发《新旧高等学校会计制度有关衔接问题的处理规定》的通知	财政部	财会〔2014〕3号	2014年1月23日
208	关于印发《彩票机构新旧会计制度有关衔接问题的处理规定》的通知	财政部	财会〔2014〕2号	2014年1月23日
209	关于印发《高等学校会计制度》的通知	财政部	财会〔2013〕30号	2013年12月30日
210	关于印发《科学事业单位会计制度》的通知	财政部	财会〔2013〕29号	2013年12月30日
211	关于印发《中小学校会计制度》的通知	财政部	财会〔2013〕28号	2013年12月27日
212	关于印发《彩票机构会计制度》的通知	财政部	财会〔2013〕23号	2013年12月24日
213	关于印发《支持会计师事务所进一步做强做大若干政策措施奖励资金申报办法》的通知	中国注册会计师协会	会协〔2013〕17号	2013年3月19日
214	关于印发《新旧事业单位会计制度有关衔接问题的处理规定》的通知	财政部	财会〔2013〕2号	2013年1月10日
215	关于印发《事业单位会计制度》的通知	财政部	财会〔2012〕22号	2012年12月19日
216	关于印发《关于规范为拟设立会计师事务所合伙人或者股东出具证明工作的指导意见》的通知	中国注册会计师协会	会协〔2011〕122号	2011年12月22日
217	关于印发《中国注册会计师行业人才发展规划（2011—2015年）》的通知	中国注册会计师协会	会协〔2011〕111号	2011年12月1日
218	关于印发《中国注册会计师行业发展规划（2011—2015年）》的通知	中国注册会计师协会	会协〔2011〕50号	2011年9月4日

续表

序号	文件名称	制定机关	文号	公布日期
219	关于进一步落实《会计师事务所服务收费管理办法》的通知	财政部	财会〔2011〕18号	2011年9月1日
220	关于印发《大中型会计师事务所转制为特殊普通合伙组织形式实施细则》的通知	财政部	财会〔2011〕7号	2011年4月11日
221	关于印发《新旧医院会计制度有关衔接问题的处理规定》的通知	财政部	财会〔2011〕5号	2011年4月6日
222	关于印发基层医疗卫生机构新旧会计制度有关衔接问题的处理规定的通知	财政部	财会〔2011〕6号	2011年4月2日
223	关于印发《医院会计制度》的通知	财政部	财会〔2010〕27号	2010年12月31日
224	关于印发《基层医疗卫生机构会计制度》的通知	财政部	财会〔2010〕26号	2010年12月29日
225	关于印发《注册会计师业务指导目录（2010年）》的通知	中国注册会计师协会	会协〔2010〕38号	2010年5月13日
226	关于印发《全国会计领军（后备）人才培养十年规划》的通知	财政部	财会〔2007〕8号	2007年5月8日
227	关于规范注册会计师执行企业年度检验审计业务的通知	中国注册会计师协会	会协〔2007〕17号	2007年4月5日
228	关于取消外国会计师事务所在中国境内临时执行审计业务行政许可收费的通知	财政部	财会〔2006〕7号	2006年3月2日
229	关于排污费资金收缴使用有关会计问题的复函	财政部办公厅	财办会〔2003〕27号	2003年7月2日
230	关于重申不得以行政手段干预会计师事务所依法执业等有关问题的通知	财政部	财协字〔2000〕25号	2000年3月24日
231	关于印发《事业单位住房基金和离退休经费会计核算规定》的通知	财政部	财会字〔1999〕32号	1999年9月7日
232	关于印发《会计基础工作规范化管理办法》的通知	财政部	财会字〔1997〕23号	1997年7月10日
233	关于会计基础工作规范化的意见	财政部	财会字〔1996〕20号	1996年6月17日
234	关于印发《境外会计师事务所常驻代表机构管理暂行办法》的通知	财政部	财会协字〔1996〕1号	1996年1月4日
235	关于印发《会计改革与发展纲要》的通知	财政部	财会字〔1995〕71号	1995年12月15日
236	关于印发《国有林场与苗圃会计制度（暂行）》的通知	财政部	财农字〔1994〕371号	1994年11月23日

农业综合开发类

序号	文件名称	制定机关	文号	公布日期
237	关于印发《2017年农业综合开发资金和项目重点监控工作方案》的通知	国家农业综合开发办公室	国农办〔2017〕8号	2017年3月20日
238	关于调整完善2016年部门项目管理政策的通知	国家农业综合开发办公室	国农办〔2015〕74号	2015年11月10日
239	关于编报2014年第二批中央财政农业综合开发存量资金土地治理项目计划的通知	国家农业综合开发办公室	国农办〔2014〕111号	2014年6月13日
240	关于2014年国家农业综合开发现代农业园区试点项目申报几个具体政策问题的通知	国家农业综合开发办公室	国农办〔2013〕255号	2013年12月25日
241	关于2014年国家农业综合开发现代农业园区试点项目申报有关事宜的通知	国家农业综合开发办公室	国农办〔2013〕233号	2013年11月4日
242	关于2013年国家农业综合开发现代农业园区试点项目年度实施计划编报要求的通知	国家农业综合开发办公室	国农办〔2013〕229号	2013年10月25日
243	关于2013年国家农业综合开发现代农业园区试点申报立项有关事宜的通知	国家农业综合开发办公室	国农办〔2013〕108号	2013年5月30日
244	关于印发《国家农业综合开发2013年推进现代农业发展的实施意见（试行）》的通知	国家农业综合开发办公室	国农办〔2013〕92号	2013年5月8日
245	关于印发《农业综合开发财政有偿资金呆账核销和延期还款办法》的通知	财政部	财发〔2008〕61号	2008年12月2日
246	关于印发《农业综合开发财政有偿资金管理办法》的通知	财政部	财发〔2008〕4号	2008年3月20日
247	关于加强农业综合开发专项科技示范项目运行监管和农发国有资产处置管理的指导意见	财政部	财发〔2004〕29号	2004年9月28日
248	国家农业综合开发财政有偿资金委托贷款试点办法	财政部、中国农业银行	财发〔2000〕20号	2000年9月29日

关于印发《项目支出绩效评价管理办法》的通知

（财预〔2020〕10号，财政部2020年2月25日发布）

有关中央预算单位，各省、自治区、直辖市、计划单列市财政厅（局），新疆生产建设兵团财政局：

为深入贯彻落实《中共中央 国务院关于

全面实施预算绩效管理的意见》精神，我们在《财政支出绩效评价管理暂行办法》（财预〔2011〕285 号）的基础上，修订形成了《项目支出绩效评价管理办法》，现予印发，请遵照执行。

附件：项目支出绩效评价管理办法

附件

项目支出绩效评价管理办法

第一章　总则

第一条　为全面实施预算绩效管理，建立科学、合理的项目支出绩效评价管理体系，提高财政资源配置效率和使用效益，根据《中华人民共和国预算法》和《中共中央 国务院关于全面实施预算绩效管理的意见》等有关规定，制定本办法。

第二条　项目支出绩效评价（以下简称绩效评价）是指财政部门、预算部门和单位，依据设定的绩效目标，对项目支出的经济性、效率性、效益性和公平性进行客观、公正的测量、分析和评判。

第三条　一般公共预算、政府性基金预算、国有资本经营预算项目支出的绩效评价适用本办法。涉及预算资金及相关管理活动，如政府投资基金、主权财富基金、政府和社会资本合作（PPP）、政府购买服务、政府债务项目等绩效评价可参照本办法执行。

第四条　绩效评价分为单位自评、部门评价和财政评价三种方式。单位自评是指预算部门组织部门本级和所属单位对预算批复的项目绩效目标完成情况进行自我评价。部门评价是指预算部门根据相关要求，运用科学、合理的绩效评价指标、评价标准和方法，对本部门的项目组织开展的绩效评价。财政评价是财政部门对预算部门的项目组织开展的绩效评价。

第五条　绩效评价应当遵循以下基本原则：

（一）科学公正。绩效评价应当运用科学合理的方法，按照规范的程序，对项目绩效进行客观、公正的反映。

（二）统筹兼顾。单位自评、部门评价和财政评价应职责明确，各有侧重，相互衔接。单位自评应由项目单位自主实施，即“谁支出、谁自评”。部门评价和财政评价应在单位自评的基础上开展，必要时可委托第三方机构实施。

（三）激励约束。绩效评价结果应与预算安排、政策调整、改进管理实质性挂钩，体现奖优罚劣和激励相容导向，有效要安排、低效要压减、无效要问责。

（四）公开透明。绩效评价结果应依法依规公开，并自觉接受社会监督。

第六条　绩效评价的主要依据：

（一）国家相关法律、法规和规章制度；

（二）党中央、国务院重大决策部署，经济社会发展目标，地方各级党委和政府重点任务要求；

（三）部门职责相关规定；

（四）相关行业政策、行业标准及专业技术规范；

（五）预算管理制度及办法，项目及资金管理办法、财务和会计资料；

（六）项目设立的政策依据和目标，预算执行情况，年度决算报告、项目决算或验收报告等相关材料；

（七）本级人大审查结果报告、审计报告及决定，财政监督稽核报告等；

（八）其他相关资料。

第七条　绩效评价期限包括年度、中期及项目实施期结束后；对于实施期 5 年及以上的项目，应适时开展中期和实施期后绩效评价。

第二章　绩效评价的对象和内容

第八条　单位自评的对象包括纳入政府预

算管理的所有项目支出。

第九条 部门评价对象应根据工作需要，优先选择部门履职的重大改革发展项目，随机选择一般性项目。原则上应以5年为周期，实现部门评价重点项目全覆盖。

第十条 财政评价对象应根据工作需要，优先选择贯彻落实党中央、国务院重大方针政策和决策部署的项目，覆盖面广、影响力大、社会关注度高、实施期长的项目。对重点项目应周期性组织开展绩效评价。

第十一条 单位自评的内容主要包括项目总体绩效目标、各项绩效指标完成情况以及预算执行情况。对未完成绩效目标或偏离绩效目标较大的项目要分析并说明原因，研究提出改进措施。

第十二条 财政和部门评价的内容主要包括：

（一）决策情况；

（二）资金管理和使用情况；

（三）相关管理制度办法的健全性及执行情况；

（四）实现的产出情况；

（五）取得的效益情况；

（六）其他相关内容。

第三章 绩效评价指标、评价标准和方法

第十三条 单位自评指标是指预算批复时确定的绩效指标，包括项目的产出数量、质量、时效、成本，以及经济效益、社会效益、生态效益、可持续影响、服务对象满意度等。

单位自评指标的权重由各单位根据项目实际情况确定。原则上预算执行率和一级指标权重统一设置为：预算执行率10%、产出指标50%、效益指标30%、服务对象满意度指标10%。如有特殊情况，一级指标权重可做适当调整。二级、三级指标应当根据指标重要程度、项目实施阶段等因素综合确定，准确反映项目的产出和效益。

第十四条 财政和部门绩效评价指标的确定应当符合以下要求：与评价对象密切相关，全面反映项目决策、项目和资金管理、产出和效益；优先选取最具代表性、最能直接反映产出和效益的核心指标，精简实用；指标内涵应当明确、具体、可衡量，数据及佐证资料应当可采集、可获得；同类项目绩效评价指标和标准应具有一致性，便于评价结果相互比较。

财政和部门评价指标的权重根据各项指标在评价体系中的重要程度确定，应当突出结果导向，原则上产出、效益指标权重不低于60%。同一评价对象处于不同实施阶段时，指标权重应体现差异性，其中，实施期间的评价更加注重决策、过程和产出，实施期结束后的评价更加注重产出和效益。

第十五条 绩效评价标准通常包括计划标准、行业标准、历史标准等，用于对绩效指标完成情况进行比较。

（一）计划标准。指以预先制定的目标、计划、预算、定额等作为评价标准。

（二）行业标准。指参照国家公布的行业指标数据制定的评价标准。

（三）历史标准。指参照历史数据制定的评价标准，为体现绩效改进的原则，在可实现的条件下应当确定相对较高的评价标准。

（四）财政部门和预算部门确认或认可的其他标准。

第十六条 单位自评采用定量与定性评价相结合的比较法，总分由各项指标得分汇总形成。

定量指标得分按照以下方法评定：与年初指标值相比，完成指标值的，记该指标所赋全部分值；对完成值高于指标值较多的，要分析原因，如果是由于年初指标值设定明显偏低造成的，要按照偏离度适度调减分值；未完成指标值的，按照完成值与指标值的比例记分。

定性指标得分按照以下方法评定：根据指标完成情况分为达成年度指标、部分达成年度指标并具有一定效果、未达成年度指标且效果较差三档，分别按照该指标对应分值区间100%～80%（含）、80%～60%（含）、60%～0合理确定分值。

第十七条 财政和部门评价的方法主要包括成本效益分析法、比较法、因素分析法、最低成本法、公众评判法、标杆管理法等。根据

评价对象的具体情况，可采用一种或多种方法。

（一）成本效益分析法。是指将投入与产出、效益进行关联性分析的方法。

（二）比较法。是指将实施情况与绩效目标、历史情况、不同部门和地区同类支出情况进行比较的方法。

（三）因素分析法。是指综合分析影响绩效目标实现、实施效果的内外部因素的方法。

（四）最低成本法。是指在绩效目标确定的前提下，成本最小者为优的方法。

（五）公众评判法。是指通过专家评估、公众问卷及抽样调查等方式进行评判的方法。

（六）标杆管理法。是指以国内外同行业中较高的绩效水平为标杆进行评判的方法。

（七）其他评价方法。

第十八条 绩效评价结果采取评分和评级相结合的方式，具体分值和等级可根据不同评价内容设定。总分一般设置为100分，等级一般划分为四档：90（含）～100分为优、80（含）～90分为良、60（含）～80分为中、60分以下为差。

第四章 绩效评价的组织管理与实施

第十九条 财政部门负责拟定绩效评价制度办法，指导本级各部门和下级财政部门开展绩效评价工作；会同有关部门对单位自评和部门评价结果进行抽查复核，督促部门充分应用自评和评价结果；根据需要组织实施绩效评价，加强评价结果反馈和应用。

第二十条 各部门负责制定本部门绩效评价办法，组织部门本级和所属单位开展自评工作，汇总自评结果，加强自评结果审核和应用；具体组织实施部门评价工作，加强评价结果反馈和应用。积极配合财政评价工作，落实评价整改意见。

第二十一条 部门本级和所属单位按照要求具体负责自评工作，对自评结果的真实性和准确性负责，自评中发现的问题要及时进行整改。

第二十二条 财政和部门评价工作主要包括以下环节：

（一）确定绩效评价对象和范围；

（二）下达绩效评价通知；

（三）研究制订绩效评价工作方案；

（四）收集绩效评价相关数据资料，并进行现场调研、座谈；

（五）核实有关情况，分析形成初步结论；

（六）与被评价部门（单位）交换意见；

（七）综合分析并形成最终结论；

（八）提交绩效评价报告；

（九）建立绩效评价档案。

第二十三条 财政和部门评价根据需要可委托第三方机构或相关领域专家（以下简称第三方，主要是指与资金使用单位没有直接利益关系的单位和个人）参与，并加强对第三方的指导，对第三方工作质量进行监督管理，推动提高评价的客观性和公正性。

第二十四条 部门委托第三方开展绩效评价的，要体现委托人与项目实施主体相分离的原则，一般由主管财务的机构委托，确保绩效评价的独立、客观、公正。

第五章 绩效评价结果应用及公开

第二十五条 单位自评结果主要通过项目支出绩效自评表的形式反映，做到内容完整、权重合理、数据真实、结果客观。财政和部门评价结果主要以绩效评价报告的形式体现，绩效评价报告应当依据充分、分析透彻、逻辑清晰、客观公正。

绩效评价工作和结果应依法自觉接受审计监督。

第二十六条 各部门应当按照要求随同部门决算向本级财政部门报送绩效自评结果。

部门和单位应切实加强自评结果的整理、分析，将自评结果作为本部门、本单位完善政策和改进管理的重要依据。对预算执行率偏低、自评结果较差的项目，要单独说明原因，提出整改措施。

第二十七条 财政部门和预算部门应在绩效评价工作完成后，及时将评价结果反馈被评价部门（单位），并明确整改时限；被评价部门（单位）应当按要求向财政部门或主管部门报送整改落实情况。

各部门应按要求将部门评价结果报送本级财政部门，评价结果作为本部门安排预算、完善政策和改进管理的重要依据；财政评价结果作为安排政府预算、完善政策和改进管理的重要依据。原则上，对评价等级为优、良的，根据情况予以支持；对评价等级为中、差的，要完善政策、改进管理，根据情况核减预算。对不进行整改或整改不到位的，根据情况相应调减预算或整改到位后再予安排。

第二十八条　各级财政部门、预算部门应当按照要求将绩效评价结果分别编入政府决算和本部门决算，报送本级人民代表大会常务委员会，并依法予以公开。

第六章　法律责任

第二十九条　对使用财政资金严重低效无效并造成重大损失的责任人，要按照相关规定追责问责。对绩效评价过程中发现的资金使用单位和个人的财政违法行为，依照《中华人民共和国预算法》、《财政违法行为处罚处分条例》等有关规定追究责任；发现违纪违法问题线索的，应当及时移送纪检监察机关。

第三十条　各级财政部门、预算部门和单位及其工作人员在绩效评价管理工作中存在违反本办法的行为，以及其他滥用职权、玩忽职守、徇私舞弊等违法违纪行为的，依照《中华人民共和国预算法》、《中华人民共和国公务员法》、《中华人民共和国监察法》、《财政违法行为处罚处分条例》等国家有关规定追究相应责任；涉嫌犯罪的，依法移送司法机关处理。

第七章　附则

第三十一条　各地区、各部门可结合实际制定具体的管理办法和实施细则。

第三十二条　本办法自印发之日起施行。《财政支出绩效评价管理暂行办法》（财预〔2011〕285 号）同时废止。

附：1. 项目支出绩效自评表

2. 项目支出绩效评价指标体系框架（参考）

3. 项目支出绩效评价报告（参考提纲）

附 1

项目支出绩效自评表

（　　年度）

<table>
<tr><td>项目名称</td><td colspan="7"></td></tr>
<tr><td>主管部门</td><td colspan="3"></td><td>实施单位</td><td colspan="3"></td></tr>
<tr><td rowspan="5">项目资金
（万元）</td><td></td><td>年初预算数</td><td>全年预算数</td><td>全年执行数</td><td>分值</td><td>执行率</td><td>得分</td></tr>
<tr><td>年度资金总额</td><td></td><td></td><td></td><td>10</td><td></td><td></td></tr>
<tr><td>其中：当年财政拨款</td><td></td><td></td><td></td><td>—</td><td></td><td>—</td></tr>
<tr><td>上年结转资金</td><td></td><td></td><td></td><td>—</td><td></td><td>—</td></tr>
<tr><td>其他资金</td><td></td><td></td><td></td><td>—</td><td></td><td>—</td></tr>
<tr><td rowspan="2">年度总体目标</td><td colspan="3">预期目标</td><td colspan="4">实际完成情况</td></tr>
<tr><td colspan="3"></td><td colspan="4"></td></tr>
</table>

续表

	一级指标	二级指标	三级指标	年度指标值	实际完成值	分值	得分	偏差原因分析及改进措施
绩效指标	产出指标	数量指标	指标1：					
			指标2：					
			……					
		质量指标	指标1：					
			指标2：					
			……					
		时效指标	指标1：					
			指标2：					
			……					
		成本指标	指标1：					
			指标2：					
			……					
	效益指标	经济效益指标	指标1：					
			指标2：					
			……					
		社会效益指标	指标1：					
			指标2：					
			……					
		生态效益指标	指标1：					
			指标2：					
			……					
		可持续影响指标	指标1：					
			指标2：					
			……					
	满意度指标	服务对象满意度指标	指标1：					
			指标2：					
			……					
总分						100		

附 2

项目支出绩效评价指标体系框架（参考）

一级指标	二级指标	三级指标	指标解释	指标说明
决策	项目立项	立项依据充分性	项目立项是否符合法律法规、相关政策、发展规划以及部门职责，用以反映和考核项目立项依据情况。	评价要点： ①项目立项是否符合国家法律法规、国民经济发展规划和相关政策； ②项目立项是否符合行业发展规划和政策要求； ③项目立项是否与部门职责范围相符，属于部门履职所需； ④项目是否属于公共财政支持范围，是否符合中央、地方事权支出责任划分原则； ⑤项目是否与相关部门同类项目或部门内部相关项目重复。
		立项程序规范性	项目申请、设立过程是否符合相关要求，用以反映和考核项目立项的规范情况。	评价要点： ①项目是否按照规定的程序申请设立； ②审批文件、材料是否符合相关要求； ③事前是否已经过必要的可行性研究、专家论证、风险评估、绩效评估、集体决策。
	绩效目标	绩效目标合理性	项目所设定的绩效目标是否依据充分，是否符合客观实际，用以反映和考核项目绩效目标与项目实施的相符情况。	评价要点： （如未设定预算绩效目标，也可考核其他工作任务目标） ①项目是否有绩效目标； ②项目绩效目标与实际工作内容是否具有相关性； ③项目预期产出效益和效果是否符合正常的业绩水平； ④是否与预算确定的项目投资额或资金量相匹配。
		绩效指标明确性	依据绩效目标设定的绩效指标是否清晰、细化、可衡量等，用以反映和考核项目绩效目标的明细化情况。	评价要点： ①是否将项目绩效目标细化分解为具体的绩效指标； ②是否通过清晰、可衡量的指标值予以体现； ③是否与项目目标任务数或计划数相对应。
	资金投入	预算编制科学性	项目预算编制是否经过科学论证、有明确标准，资金额度与年度目标是否相适应，用以反映和考核项目预算编制的科学性、合理性情况。	评价要点： ①预算编制是否经过科学论证； ②预算内容与项目内容是否匹配； ③预算额度测算依据是否充分，是否按照标准编制； ④预算确定的项目投资额或资金量是否与工作任务相匹配。

续表

一级指标	二级指标	三级指标	指标解释	指标说明
决策	资金投入	资金分配合理性	项目预算资金分配是否有测算依据，与补助单位或地方实际是否相适应，用以反映和考核项目预算资金分配的科学性、合理性情况。	评价要点： ①预算资金分配依据是否充分； ②资金分配额度是否合理，与项目单位或地方实际是否相适应。
过程	资金管理	资金到位率	实际到位资金与预算资金的比率，用以反映和考核资金落实情况对项目实施的总体保障程度。	资金到位率=(实际到位资金/预算资金)×100%。 实际到位资金：一定时期（本年度或项目期）内落实到具体项目的资金。 预算资金：一定时期（本年度或项目期）内预算安排到具体项目的资金。
		预算执行率	项目预算资金是否按照计划执行，用以反映或考核项目预算执行情况。	预算执行率=(实际支出资金/实际到位资金)×100%。 实际支出资金：一定时期（本年度或项目期）内项目实际拨付的资金。
		资金使用合规性	项目资金使用是否符合相关的财务管理制度规定，用以反映和考核项目资金的规范运行情况。	评价要点： ①是否符合国家财经法规和财务管理制度以及有关专项资金管理办法的规定； ②资金的拨付是否有完整的审批程序和手续； ③是否符合项目预算批复或合同规定的用途； ④是否存在截留、挤占、挪用、虚列支出等情况。
	组织实施	管理制度健全性	项目实施单位的财务和业务管理制度是否健全，用以反映和考核财务和业务管理制度对项目顺利实施的保障情况。	评价要点： ①是否已制定或具有相应的财务和业务管理制度； ②财务和业务管理制度是否合法、合规、完整。
		制度执行有效性	项目实施是否符合相关管理规定，用以反映和考核相关管理制度的有效执行情况。	评价要点： ①是否遵守相关法律法规和相关管理规定； ②项目调整及支出调整手续是否完备； ③项目合同书、验收报告、技术鉴定等资料是否齐全并及时归档； ④项目实施的人员条件、场地设备、信息支撑等是否落实到位。
产出	产出数量	实际完成率	项目实施的实际产出数与计划产出数的比率，用以反映和考核项目产出数量目标的实现程度。	实际完成率=(实际产出数/计划产出数)×100%。 实际产出数：一定时期（本年度或项目期）内项目实际产出的产品或提供的服务数量。 计划产出数：项目绩效目标确定的在一定时期（本年度或项目期）内计划产出的产品或提供的服务数量。

续表

一级指标	二级指标	三级指标	指标解释	指标说明
产出	产出质量	质量达标率	项目完成的质量达标产出数与实际产出数的比率，用以反映和考核项目产出质量目标的实现程度。	质量达标率=(质量达标产出数/实际产出数)×100%。 质量达标产出数：一定时期（本年度或项目期）内实际达到既定质量标准的产品或服务数量。既定质量标准是指项目实施单位设立绩效目标时依据计划标准、行业标准、历史标准或其他标准而设定的绩效指标值。
	产出时效	完成及时性	项目实际完成时间与计划完成时间的比较，用以反映和考核项目产出时效目标的实现程度。	实际完成时间：项目实施单位完成该项目实际所耗用的时间。 计划完成时间：按照项目实施计划或相关规定完成该项目所需的时间。
	产出成本	成本节约率	完成项目计划工作目标的实际节约成本与计划成本的比率，用以反映和考核项目的成本节约程度。	成本节约率=[(计划成本－实际成本)/计划成本]×100%。 实际成本：项目实施单位如期、保质、保量完成既定工作目标实际所耗费的支出。 计划成本：项目实施单位为完成工作目标计划安排的支出，一般以项目预算为参考。
效益	项目效益	实施效益	项目实施所产生的效益。	项目实施所产生的社会效益、经济效益、生态效益、可持续影响等。可根据项目实际情况有选择地设置和细化。
		满意度	社会公众或服务对象对项目实施效果的满意程度。	社会公众或服务对象是指因该项目实施而受到影响的部门（单位）、群体或个人。一般采取社会调查的方式。

附 3

项目支出绩效评价报告（参考提纲）

一、基本情况

（一）项目概况。包括项目背景、主要内容及实施情况、资金投入和使用情况等。

（二）项目绩效目标。包括总体目标和阶段性目标。

二、绩效评价工作开展情况

（一）绩效评价目的、对象和范围。

（二）绩效评价原则、评价指标体系（附表说明）、评价方法、评价标准等。

（三）绩效评价工作过程。

三、综合评价情况及评价结论（附相关评分表）

四、绩效评价指标分析

（一）项目决策情况。

（二）项目过程情况。

（三）项目产出情况。

（四）项目效益情况。

五、主要经验及做法、存在的问题及原因分析

六、有关建议

七、其他需要说明的问题

关于印发《政府采购公告和公示信息格式规范（2020 年版）》的通知

（财办库〔2020〕50 号，财政部办公厅 2020 年 3 月 18 日发布）

各中央预算单位办公厅（室），各省、自治区、直辖市、计划单列市财政厅（局），新疆生产建设兵团财政局：

为规范政府采购公告和公示信息发布行为，提高政府采购活动透明度，财政部研究制定了《政府采购公告和公示信息格式规范（2020 年版）》，现印发给你们，请遵照执行。

各部门、各地区要高度重视政府采购信息公开工作，督促指导采购单位和采购代理机构自 2020 年 7 月 1 日起按照本格式规范编制发布政府采购信息。执行中如遇政策问题，请及时向财政部国库司反馈。

附件：政府采购公告和公示信息格式规范（2020 年版）

附件

政府采购公告和公示信息格式规范（2020 年版）

目　录

监督检查处理结果公告
集中采购机构考核结果公告

政府采购意向公告

(单位名称)____年__（至）__月政府采购意向

为便于供应商及时了解政府采购信息，根据《财政部关于开展政府采购意向公开工作的通知》（财库〔2020〕10号）等有关规定，现将（单位名称）__年__（至）__月采购意向公开如下：

序号	采购项目名称	采购需求概况	预算金额（万元）	预计采购时间（填写到月）	备注
	（填写具体采购项目的名称）	（填写采购标的名称，采购标的需实现的主要功能或者目标，采购标的数量，以及采购标的需满足的质量、服务、安全、时限等要求）	（精确到万元）	（填写到月）	（其他需要说明的情况）
	……				
	……				

本次公开的采购意向是本单位政府采购工作的初步安排，具体采购项目情况以相关采购公告和采购文件为准。

（单位名称）
年　月　日

资格预审公告

项目概况

（采购标的）招标项目的潜在资格预审申请人应在（地址）领取资格预审文件，并于__年__月__日__点__分（北京时间）前提交申请文件。

一、项目基本情况

项目编号（或招标编号、政府采购计划编号、采购计划备案文号等，如有）：

项目名称：

采购方式：☐公开招标　☐邀请招标

预算金额：

最高限价（如有）：

采购需求：（包括但不限于标的的名称、数量、简要技术需求或服务要求等）

合同履行期限：

本项目（是/否）接受联合体投标。

二、申请人的资格要求：

1. 满足《中华人民共和国政府采购法》第二十二条规定；

2. 落实政府采购政策需满足的资格要求：（如属于专门面向中小企业采购的项目，供应商应为中小微企业、监狱企业、残疾人福利性单位）

3. 本项目的特定资格要求：（如项目接受联合体投标，对联合体应提出相关资格要求；如属于特定行业项目，供应商应当具备特定行业法定准入要求）

三、领取资格预审文件

时间：__年__月__日至__年__月__日（提供期限自本公告发布之日起不得少于5个工作日），每天上午__至__，下午__至__（北京时间，法定节假日除外 ）

地点：

方式：

四、资格预审申请文件的组成及格式

（可详见附件）

五、资格预审的审查标准及方法

六、拟邀请参加投标的供应商数量

□采用随机抽取的方式邀请____家供应商参加投标。如通过资格预审供应商数量少于拟邀请供应商数量，采用下列方式（□1 或□2）。（适用于邀请招标）

1. 如通过资格预审供应商数量少于拟邀请供应商数量，但不少于三家则邀请全部通过资格预审供应商参加投标。

2. 如通过资格预审供应商数量少于拟邀请供应商数量，则重新组织招标活动。

□邀请全部通过资格预审供应商参加投标。（适用于公开招标）

七、申请文件提交

应在__年__月__日__点__分（北京时间）前，将申请文件提交至__。

八、资格预审日期

资格预审日期为申请文件提交截止时间至__年__月__日前。

九、公告期限

自本公告发布之日起5个工作日。

十、其他补充事宜

十一、凡对本次资格预审提出询问，请按以下方式联系

1. 采购人信息

名称：

地址：

联系方式：

2. 采购代理机构信息（如有）

名称：

地址：

联系方式：

3. 项目联系方式

项目联系人：（组织本项目采购活动的具体工作人员姓名）

电话：

（说明：1. 采用竞争性谈判、竞争性磋商、询价等非招标方式采购过程中，如需要使用资格预审的，可参照上述格式发布公告。2. 格式规范文本中标注斜体的部分是对文件相关内容提示或说明，下同）

招标公告

项目概况

（采购标的）招标项目的潜在投标人应在（地址）获取招标文件，并于__年__月__日__点__分（北京时间）前递交投标文件。

一、项目基本情况

项目编号（或招标编号、政府采购计划编号、采购计划备案文号等，如有）：

项目名称：

预算金额：

最高限价（如有）：

采购需求：（包括但不限于标的的名称、数量、简要技术需求或服务要求等）

合同履行期限：

本项目（是/否）接受联合体投标。

二、申请人的资格要求：

1. 满足《中华人民共和国政府采购法》第二十二条规定；

2. 落实政府采购政策需满足的资格要求：（如属于专门面向中小企业采购的项目，供应商应为中小微企业、监狱企业、残疾人福利性单位）

3. 本项目的特定资格要求：（如项目接受联合体投标，对联合体应提出相关资格要求；如属于特定行业项目，供应商应当具备特定行业法定准入要求）

三、获取招标文件

时间：__年__月__日至__年__月__日（提供期限自本公告发布之日起不得少于5个工作日），每天上午__至__，下午__至__（北京时间，法定节假日除外）

地点：

方式：

售价：

四、提交投标文件截止时间、开标时间和地点

__年__月__日__点__分（北京时间）（自招标文件开始发出之日起至投标人提交投标文件截止之日止，不得少于20日）

地点：

五、公告期限

自本公告发布之日起5个工作日。

六、其他补充事宜

七、对本次招标提出询问，请按以下方式联系。

1. 采购人信息

名称：

地址：

联系方式：

2. 采购代理机构信息（如有）

名称：

地址：

联系方式：

3. 项目联系方式

项目联系人：（组织本项目采购活动的具体工作人员姓名）

电话：

竞争性谈判（竞争性磋商、询价）公告

项目概况

（采购标的）采购项目的潜在供应商应在（地址）获取采购文件，并于__年__月__日__点__分（北京时间）前提交响应文件。

一、项目基本情况

项目编号（或招标编号、政府采购计划编号、采购计划备案文号等，如有）：

项目名称：

采购方式：□竞争性谈判 □竞争性磋商 □询价

预算金额：

最高限价（如有）：

采购需求：（包括但不限于标的的名称、数量、简要技术需求或服务要求等）

合同履行期限：

本项目（是/否）接受联合体。

二、申请人的资格要求：

1. 满足《中华人民共和国政府采购法》第二十二条规定；

2. 落实政府采购政策需满足的资格要求：（如属于专门面向中小企业采购的项目，供应商应为中小微企业、监狱企业、残疾人福利性单位）

3. 本项目的特定资格要求：（如项目接受联合体投标，对联合体应提出相关资格要求；如属于特定行业项目，供应商应当具备特定行业法定准入要求）

三、获取采购文件

时间：__年__月__日至__年__月__日（磋商文件的发售期限自开始之日起不得少于5个工作日），每天上午__至__，下午__至__（北京时间，法定节假日除外）

地点：

方式：

售价：

四、响应文件提交

截止时间：__年__月__日__点__分（北京时间）（从磋商文件开始发出之日起至供应商提交首次响应文件截止之日止不得少于10日；从谈判文件开始发出之日起至供应商提交首次响应文件截止之日止不得少于3个工作日；从询价通知书开始发出之日起至供应商提交响应文件截止之日止不得少于3个工作日）

地点：

五、开启（竞争性磋商方式必须填写）

时间：__年__月__日__点__分（北京时间）

地点：

六、公告期限

自本公告发布之日起3个工作日。

七、其他补充事宜

八、凡对本次采购提出询问，请按以下方式联系。

1. 采购人信息

名称：

地址：

联系方式：

2. 采购代理机构信息（如有）

名称：

地址：

联系方式：

3. 项目联系方式

项目联系人：（组织本项目采购活动的具体工作人员姓名）

电话：

中标（成交）结果公告

一、项目编号（或招标编号、政府采购计划编号、采购计划备案文号等，如有）：

二、项目名称：

三、中标（成交）信息

供应商名称：

供应商地址：

中标（成交）金额：（可填写下浮率、折扣率或费率）

四、主要标的信息

货物类	服务类	工程类
名称： 品牌（如有）： 规格型号： 数量： 单价：	名称： 服务范围： 服务要求： 服务时间： 服务标准：	名称： 施工范围： 施工工期： 项目经理： 执业证书信息：

五、评审专家（单一来源采购人员）名单：

六、代理服务收费标准及金额：

七、公告期限

自本公告发布之日起1个工作日。

八、其他补充事宜

九、凡对本次公告内容提出询问，请按以下方式联系。

1. 采购人信息

名称：

地址：

联系方式：

2. 采购代理机构信息（如有）

名称：

地址：

联系方式：

3. 项目联系方式

项目联系人：（组织本项目采购活动的具体工作人员姓名）

电话：

十、附件

1. 采购文件（已公告的可不重复公告）

2. 被推荐供应商名单和推荐理由（适用于邀请招标、竞争性谈判、询价、竞争性磋商采用书面推荐方式产生符合资格条件的潜在供应商的）

3. 中标、成交供应商为中小企业的，应公告其《中小企业声明函》

4. 中标、成交供应商为残疾人福利性单位的，应公告其《残疾人福利性单位声明函》

5. 中标、成交供应商为注册地在国家级贫困县域内物业公司的，应公告注册所在县扶贫部门出具的聘用建档立卡贫困人员具体数量的证明。

更正公告

一、项目基本情况

原公告的采购项目编号（或招标编号、政府采购计划编号、采购计划备案文号等，如有）：

原公告的采购项目名称：

首次公告日期：

二、更正信息

更正事项：□采购公告　□采购文件　□采购结果

更正内容：（采购结果更正，还需同时在附件中公告变更后的中标（成交）供应商的相关信息）

更正日期：

三、其他补充事宜

四、凡对本次公告内容提出询问，请按以下方式联系。

1. 采购人信息

名称：

地址：

联系方式：

2. 采购代理机构信息（如有）

名称：

地址：

联系方式：

3. 项目联系方式

项目联系人：（组织本项目采购活动的具体工作人员姓名）

电话：

五、附件（适用于更正中标、成交供应商）

1. 中标、成交供应商为中小企业的，应公告其《中小企业声明函》

2. 中标、成交供应商为残疾人福利性单位的，应公告其《残疾人福利性单位声明函》

3. 中标、成交供应商为注册地在国家级贫困县域内物业公司的，应公告注册所在县扶贫部门出具的聘用建档立卡贫困人员具体数量的证明。

终 止 公 告

一、项目基本情况

采购项目编号（或招标编号、政府采购计划编号、采购计划备案文号等，如有）：

采购项目名称：

二、项目终止的原因

三、其他补充事宜

四、凡对本次公告内容提出询问，请按以下方式联系。

1. 采购人信息

名称：

地址：

联系方式：

2. 采购代理机构信息（如有）

名称：

地址：

联系方式：

3. 项目联系方式

项目联系人：（组织本项目采购活动的具体工作人员姓名）

电话：

合 同 公 告

一、合同编号：

二、合同名称：

三、项目编号（或招标编号、政府采购计划编号、采购计划备案文号等，如有）：

四、项目名称：

五、合同主体

采购人（甲方）：

地址：

联系方式：

供应商（乙方）：

地址：

联系方式：

六、合同主要信息

主要标的名称：

规格型号（或服务要求）：

主要标的数量：

主要标的单价：

合同金额：

履约期限、地点等简要信息：

采购方式：（如公开招标、竞争性磋商、单一来源采购等）

七、合同签订日期：

八、合同公告日期：

九、其他补充事宜：

附件：上传合同（采购人应当按照《政府采购法实施条例》有关要求，将政府采购合同中涉及国家秘密、商业秘密的内容删除后予以公开）

公共服务项目验收结果公告

一、合同编号：

二、合同名称：

三、项目编号（或招标编号、政府采购计划编号、采购计划备案文号等，如有）：

四、项目名称：

五、合同主体

采购人（甲方）：

地址：

联系方式：

供应商（乙方）：

地址：

联系方式：

六、合同主要信息

服务内容：

服务要求：
服务期限：
服务地点：
七、验收日期：
八、验收组成员（应当邀请服务对象参与）：
九、验收意见：
十、其他补充事宜：

单一来源采购公示

一、项目信息
采购人：
项目名称：
拟采购的货物或服务的说明：
拟采购的货物或服务的预算金额：
采用单一来源采购方式的原因及说明：
二、拟定供应商信息
名称：
地址：
三、公示期限
__年__月__日至__年__月__日（公示期限不得少于5个工作日）
四、其他补充事宜：
五、联系方式
1. 采购人
联系人：
联系地址：
联系电话：
2. 财政部门
联系人：
联系地址：
联系电话：
3. 采购代理机构（如有）
联系人：
联系地址：
联系电话：
六、附件
单一来源采购方式专业人员论证意见（格式见附件）

附件

单一来源采购方式专业人员论证意见

专业人员信息	姓名：	
	职称：	
	工作单位：	
项目信息	项目名称：	
	供应商名称：	
专业人员论证意见	（专业人员论证意见应当完整、清晰和明确的表达从唯一供应商处采购的理由）	
专业人员签字		日期____年__月__日

注：本表格中专业人员论证意见由专业人员手工填写。

投诉处理结果公告

一、项目编号（或招标编号、政府采购计划编号、采购计划备案文号等，如有）：

二、项目名称：

三、相关当事人

投诉人：

地址：

被投诉人：

地址：

相关供应商：

地址：

当事人：

地址：

四、基本情况

五、处理依据及结果

六、其他补充事宜

（执法机关名称）

年　　月　　日

监督检查处理结果公告

一、项目编号（或招标编号、政府采购计划编号、采购计划备案文号等，如有）：

二、项目名称：

三、相关当事人

当事人 1：

地址：

当事人 2：

地址：

……

四、基本情况

五、处理依据及结果

六、其他补充事宜

（执法机关名称）

年　　月　　日

集中采购机构考核结果公告

一、考核单位名称：

二、被考核单位名称：

三、考核内容

四、考核方法

五、工作成效及存在问题

六、考核结果

七、其他补充事宜

年　　月　　日

国务院办公厅关于印发《中央预算单位政府集中采购目录及标准（2020 年版）》的通知

（国办发〔2019〕55 号，国务院办公厅 2019 年 12 月 26 日发布）

国务院各部委、各直属机构：

《中央预算单位政府集中采购目录及标准（2020 年版）》已经国务院同意，现印发给你们，请遵照执行。

《中央预算单位政府集中采购目录及标准（2020 年版）》自 2020 年 1 月 1 日起实施，2016 年 12 月 21 日印发的《中央预算单位 2017—2018 年政府集中采购目录及标准》同时废止。

中央预算单位政府集中采购目录及标准（2020 年版）

一、集中采购机构采购项目

以下项目必须按规定委托集中采购机构代理采购：

目录项目	适用范围	备　注
一、货物类		
台式计算机		不包括图形工作站
便携式计算机		不包括移动工作站
计算机软件		指非定制的通用商业软件，不包括行业专用软件
服务器		10 万元以下的系统集成项目除外
计算机网络设备		指单项或批量金额在 1 万元以上的网络交换机、网络路由器、网络存储设备、网络安全产品，10 万元以下的系统集成项目除外
复印机		不包括印刷机
视频会议系统及会议室音频系统		指单项或批量金额在 20 万元以上的视频会议多点控制器（MCU）、视频会议终端、视频会议系统管理平台、录播服务器、中控系统、会议室音频设备、信号处理设备、会议室视频显示设备、图像采集系统
多功能一体机		指单项或批量金额在 5 万元以上的多功能一体机
打印设备		指喷墨打印机、激光打印机、热式打印机，不包括针式打印机和条码专用打印机
扫描仪		指平板式扫描仪、高速文档扫描仪、书刊扫描仪和胶片扫描仪，不包括档案、工程专用的大幅面扫描仪
投影仪		指单项或批量金额在 5 万元以上的投影仪
复印纸	京内单位	不包括彩色复印纸
打印用通用耗材	京内单位	指非原厂生产的兼容耗材
乘用车		指轿车、越野车、商务车、皮卡，包含新能源汽车
客车		指小型客车、大中型客车，包含新能源汽车
电梯	京内单位	指单项或批量金额在 100 万元以上的电梯
空调机	京内单位	指除中央空调（包括冷水机组、溴化锂吸收式冷水机组、水源热泵机组等）、多联式空调（指由一台或多台室外机与多台室内机组成的空调机组）以外的空调
办公家具	京内单位	指单项或批量金额在 20 万元以上的木制或木制为主、钢制或钢制为主、铝制或铝制为主的家具
二、工程类		
限额内工程	京内单位	指投资预算在 120 万元以上的建设工程，适用招标投标法的建设工程项目除外
装修工程	京内单位	指投资预算在 120 万元以上，与建筑物、构筑物新建、改建、扩建无关的装修工程

续表

目录项目	适用范围	备注
拆除工程	京内单位	指投资预算在120万元以上，与建筑物、构筑物新建、改建、扩建无关的拆除工程
修缮工程	京内单位	指投资预算在120万元以上，与建筑物、构筑物新建、改建、扩建无关的修缮工程
三、服务类		
车辆维修保养及加油服务	京内单位	指在京内执行的车辆维修保养及加油服务
机动车保险服务	京内单位	
印刷服务	京内单位	指单项或批量金额在20万元以上的本单位文印部门（含本单位下设的出版部门）不能承担的票据、证书、期刊、文件、公文用纸、资料汇编、信封等印刷业务（不包括出版服务）
工程造价咨询服务	京内单位	指单项或批量金额在20万元以上的在京内执行的工程造价咨询服务
工程监理服务	京内单位	指单项或批量金额在20万元以上的在京内执行的建设工程（包括建筑物和构筑物的新建、改建、扩建、装修、拆除、修缮）项目的监理服务，适用招标投标法的工程监理服务项目除外
物业管理服务	京内单位	指单项或批量金额在100万元以上的本单位物业管理服务部门不能承担的在京内执行的机关办公场所水电供应、设备运行、建筑物门窗保养维护、保洁、保安、绿化养护等项目，多单位共用物业的物业管理服务除外
云计算服务		指单项或批量金额在100万元以上的基础设施服务（Infrastructure as a Service，IaaS），包括云主机、块存储、对象存储等，系统集成项目除外
互联网接入服务	京内单位	指单项或批量金额在20万元以上的互联网接入服务

注：
1. 表中“适用范围”栏中未注明的，均适用于所有中央预算单位。
2. 表中所列项目不包括部门集中采购项目和中央高校、科研院所采购的科研仪器设备。

二、部门集中采购项目

部门集中采购项目是指部门或系统有特殊要求，需要由部门或系统统一配置的货物、工程和服务类专用项目。各中央预算单位可按实际工作需要确定，报财政部备案后组织实施采购。

三、分散采购限额标准

除集中采购机构采购项目和部门集中采购项目外，各部门自行采购单项或批量金额达到100万元以上的货物和服务的项目、120万元以上的工程项目应按《中华人民共和国政府采购法》和《中华人民共和国招标投标法》有关规定执行。

四、公开招标数额标准

政府采购货物或服务项目，单项采购金额达到200万元以上的，必须采用公开招标方式。政府采购工程以及与工程建设有关的货物、服务公开招标数额标准按照国务院有关规定执行。

关于印发《地方预算单位政府集中采购目录及标准指引（2020年版）》的通知

（财库〔2019〕69号，财政部2019年12月31日发布）

各省、自治区、直辖市、计划单列市财政厅（局），新疆生产建设兵团财政局：

为推进统一全国集中采购目录及标准相关工作，财政部制定了《地方预算单位政府集中采购目录及标准指引（2020年版）》（以下简称《地方目录及标准指引》），现予印发，并就有关事项通知如下：

一、充分认识统一全国集中采购目录的重要意义。规范并逐步在全国统一集中采购目录是建立集中采购机构竞争机制的基础和保障。各地应逐步规范集中采购范围，取消市、县级集中采购目录，实现集中采购目录省域范围相对统一，充分发挥集中采购制度优势，不断提升集中采购服务质量和专业水平。

二、关于集中采购机构采购项目。各地应依据《地方目录及标准指引》，结合本地区实际确定本地区货物、服务类集中采购机构采购项目，可在《地方目录及标准指引》基础上适当增加品目，原则上不超过10个。各地可结合本地区实际自行确定各品目具体执行范围、采购限额等。政府采购工程纳入集中采购机构采购的项目，由各地结合本地区实际确定。集中采购目录原则上不包含部门集中采购项目，部门集中采购项目由各主管预算单位结合自身业务特点自行确定，报省级财政部门备案后实施。

三、关于分散采购限额标准和公开招标数额标准。为落实“放管服”改革精神，降低行政成本，提高采购效率，省级单位政府采购货物、服务项目分散采购限额标准不应低于50万元，市县级单位政府采购货物、服务项目分散采购限额标准不应低于30万元，政府采购工程项目分散采购限额标准不应低于60万元；政府采购货物、服务项目公开招标数额标准不应低于200万元，政府采购工程以及与工程建设有关的货物、服务公开招标数额标准按照国务院有关规定执行。

四、关于《地方目录及标准指引》执行要求。各地可依据《地方目录及标准指引》确定的品目范围、限额标准等，结合本地区实际，将本地区集中采购目录及标准逐步调整到位，确保2021年1月1日起按照本通知规定实施。

附件：地方预算单位政府集中采购目录及标准指引（2020年版）

附件

地方预算单位政府集中采购目录及标准指引（2020年版）

一、集中采购机构采购项目

以下项目必须按规定委托集中采购机构代理采购：

序号	品目	编码	备注
计算机设备及软件（A0201）			
计算机设备		A020101	

续表

序号	品目	编码	备注
1	服务器	A02010103	
2	台式计算机	A02010104	
3	便携式计算机	A02010105	
输入输出设备		A020106	
打印设备		A02010601	
4	喷墨打印机	A0201060101	
5	激光打印机	A0201060102	
6	针式打印机	A0201060104	
显示设备		A02010604	
7	液晶显示器	A0201060401	
图形图像输入设备		A02010609	
8	扫描仪	A0201060901	
计算机软件		A020108	
9	基础软件	A02010801	
10	信息安全软件	A02010805	
办公设备（A0202）			
11	复印机	A020201	
12	投影仪	A020202	
13	多功能一体机	A020204	
14	LED 显示屏	A020207	
15	触控一体机	A020208	
销毁设备		A020211	
16	碎纸机	A02021101	
车辆（A0203）			
17	乘用车	A020305	
18	客车	A020306	
机械设备（A0205）			
19	电梯	A02051228	
电气设备（A0206）			
20	不间断电源（UPS）	A02061504	
21	空调机	A0206180203	
其他货物			
22	家具用具	A06	
23	复印纸	A090101	
服务			
24	互联网接入服务	C030102	
25	车辆维修和保养服务	C050301	
26	车辆加油服务	C050302	

续表

序号	品目	编码	备注
27	印刷服务	C081401	
28	物业管理服务	C1204	
29	机动车保险服务	C15040201	
30	云计算服务		

注：表中所列项目不包括高校、科研机构所采购的科研仪器设备。

二、分散采购限额标准

除集中采购机构采购项目外，各单位自行采购单项或批量金额达到分散采购限额标准的项目应按《中华人民共和国政府采购法》和《中华人民共和国招标投标法》有关规定执行。

省级单位货物、服务项目分散采购限额标准不应低于 50 万元，市县级单位货物、服务项目分散采购限额标准不应低于 30 万元，工程项目分散采购限额标准不应低于 60 万元。

三、公开招标数额标准

政府采购货物或服务项目，公开招标数额标准不应低于 200 万元。政府采购工程以及与工程建设有关的货物、服务公开招标数额标准按照国务院有关规定执行。

关于促进政府采购公平竞争优化营商环境的通知

（财库〔2019〕38 号，财政部 2019 年 7 月 26 日发布）

各中央预算单位，各省、自治区、直辖市、计划单列市财政厅（局），新疆生产建设兵团财政局：

为贯彻落实中央深改委审议通过的《深化政府采购制度改革方案》和《国务院办公厅关于聚焦企业关切进一步推动优化营商环境政策落实的通知》（国办发〔2018〕104 号）有关要求，构建统一开放、竞争有序的政府采购市场体系，现就促进政府采购领域公平竞争、优化营商环境相关事项通知如下：

一、全面清理政府采购领域妨碍公平竞争的规定和做法

各地区、各部门应当严格落实《中华人民共和国政府采购法》等相关法律法规的要求，依法保障各类市场主体平等参与政府采购活动的权利。要全面清理政府采购领域妨碍公平竞争的规定和做法，重点清理和纠正以下问题：

（一）以供应商的所有制形式、组织形式或者股权结构，对供应商实施差别待遇或者歧视待遇，对民营企业设置不平等条款，对内资企业和外资企业在中国境内生产的产品、提供的服务区别对待；

（二）除小额零星采购适用的协议供货、定点采购以及财政部另有规定的情形外，通过入围方式设置备选库、名录库、资格库作为参与政府采购活动的资格条件，妨碍供应商进入政府采购市场；

（三）要求供应商在政府采购活动前进行不必要的登记、注册，或者要求设立分支机构，设置或者变相设置进入政府采购市场的障碍；

（四）设置或者变相设置供应商规模、成立年限等门槛，限制供应商参与政府采购活动；

（五）要求供应商购买指定软件，作为参加电子化政府采购活动的条件；

（六）不依法及时、有效、完整发布或者

提供采购项目信息，妨碍供应商参与政府采购活动；

（七）强制要求采购人采用抓阄、摇号等随机方式或者比选方式选择采购代理机构，干预采购人自主选择采购代理机构；

（八）设置没有法律法规依据的审批、备案、监管、处罚、收费等事项；

（九）除《政府采购货物和服务招标投标管理办法》第六十八条规定的情形外，要求采购人采用随机方式确定中标、成交供应商；

（十）违反法律法规相关规定的其他妨碍公平竞争的情形。

各地区、各部门要抓紧清理政府采购领域妨碍公平竞争的规定和做法，有关清理结果要及时向社会公开，并于2019年10月31日前报送财政部。

二、严格执行公平竞争审查制度

各地区、各部门制定涉及市场主体的政府采购制度办法，要严格执行公平竞争审查制度，充分听取市场主体和相关行业协会商会意见，评估对市场竞争的影响，防止出现排除、限制市场竞争问题。重点审查制度办法是否设置不合理和歧视性的准入条件排斥潜在供应商参与政府采购活动，是否设置没有法律法规依据的行政审批或者具有审批性质的备案，是否违规给予特定供应商优惠待遇等。经审查认为不具有排除、限制竞争效果的，可以颁布实施；具有排除、限制竞争效果的，应当不予出台或者调整至符合相关要求后出台；未经公平竞争审查的，不得出台。

在政府采购相关制度办法实施过程中，应当定期或者适时评估其对全国统一市场和公平竞争的影响，对妨碍统一市场和公平竞争的，要及时修改完善或者予以废止。

三、加强政府采购执行管理

优化采购活动办事程序。对于供应商法人代表已经出具委托书的，不得要求供应商法人代表亲自领购采购文件或者到场参加开标、谈判等。对于采购人、采购代理机构可以通过互联网或者相关信息系统查询的信息，不得要求供应商提供。除必要的原件核对外，对于供应商能够在线提供的材料，不得要求供应商同时提供纸质材料。对于供应商依照规定提交各类声明函、承诺函的，不得要求其再提供有关部门出具的相关证明文件。

细化采购活动执行要求。采购人允许采用分包方式履行合同的，应当在采购文件中明确可以分包履行的具体内容、金额或者比例。采购人、采购代理机构对投标（响应）文件的格式、形式要求应当简化明确，不得因装订、纸张、文件排序等非实质性的格式、形式问题限制和影响供应商投标（响应）。实现电子化采购的，采购人、采购代理机构应当向供应商免费提供电子采购文件；暂未实现电子化采购的，鼓励采购人、采购代理机构向供应商免费提供纸质采购文件。

规范保证金收取和退还。采购人、采购代理机构应当允许供应商自主选择以支票、汇票、本票、保函等非现金形式缴纳或提交保证金。收取投标（响应）保证金的，采购人、采购代理机构约定的到账（保函提交）截止时间应当与投标（响应）截止时间一致，并按照规定及时退还供应商。收取履约保证金的，应当在采购合同中约定履约保证金退还的方式、时间、条件和不予退还的情形，明确逾期退还履约保证金的违约责任。采购人、采购代理机构不得收取没有法律法规依据的保证金。

及时支付采购资金。政府采购合同应当约定资金支付的方式、时间和条件，明确逾期支付资金的违约责任。对于满足合同约定支付条件的，采购人应当自收到发票后30日内将资金支付到合同约定的供应商账户，不得以机构变动、人员更替、政策调整等为由延迟付款，不得将采购文件和合同中未规定的义务作为向供应商付款的条件。

完善对供应商的利益损害赔偿和补偿机制。采购人和供应商应当在政府采购合同中明确约定双方的违约责任。对于因采购人原因导致变更、中止或者终止政府采购合同的，采购人应当依照合同约定对供应商受到的损失予以赔偿或者补偿。

四、加快推进电子化政府采购

推进采购项目电子化实施。要加快完善电子化政府采购平台的网上交易功能，实现在线发布采购公告、提供采购文件、提交投标（响应）文件，实行电子开标、电子评审。逐步建立电子化政府采购平台与财政业务、采购单位内部管理等信息系统的衔接，完善和优化合同签订、履约验收、信用评价、用户反馈、提交发票、资金支付等线上流程。

加快实施“互联网＋政府采购”行动。积极推进电子化政府采购平台和电子卖场建设，建立健全统一的技术标准和数据规范，逐步实现全国范围内的互联互通，推动与公共资源交易平台数据共享，提升供应商参与政府采购活动的便利程度。

五、进一步提升政府采购透明度

加强政府采购透明度建设。完善政府采购信息发布平台服务功能。中国政府采购网及地方分网等政府采购信息发布平台应当提供便捷、免费的在线检索服务，向市场主体无偿提供所有依法公开的政府采购信息。推进开标活动对外公开，在保证正常开标秩序的前提下，允许除投标人及其代表之外的其他人员观摩开标活动。

推进采购意向公开。采购意向包括主要采购项目、采购内容及需求概况、预算金额、预计采购时间等。为便于供应商提前了解采购信息，各地区、各部门应当创造条件积极推进采购意向公开（涉密信息除外）。自 2020 年起，选择部分中央部门和地方开展公开采购意向试点。在试点基础上，逐步实现各级预算单位采购意向公开。

六、完善政府采购质疑投诉和行政裁决机制

畅通供应商质疑投诉渠道。研究建立与“互联网＋政府采购”相适应的快速裁决通道，为供应商提供标准统一、高效便捷的维权服务。对供应商提出的质疑和投诉，采购人、采购代理机构和各级财政部门应当依法及时答复和处理。完善质疑答复内部控制制度，有条件的采购人和集中采购机构应当实现政府采购质疑答复岗位与操作执行岗位相分离，进一步健全政府采购质疑投诉处理机制。

依法依规实施行政处罚。各级财政部门实施政府采购行政处罚，应当依法保障当事人的告知权、陈述权、申辩权、听证权等，保证程序合法。坚持处罚和教育相结合的原则，正确适用和区分从轻处罚、减轻处罚和不予处罚情形，作出的行政处罚应与违法行为的事实、性质、情节以及社会危害程度相当。

各地区、各部门要充分认识维护政府采购公平竞争市场秩序、优化政府采购营商环境的重要意义，加强组织领导，明确工作责任，周密安排部署，强化监督检查，确保各项要求落实到位。

本通知自 2019 年 9 月 1 日起施行。

关于继续执行研发机构采购设备增值税政策的公告

（财政部 商务部 税务总局公告 2019 年第 91 号，财政部、商务部、税务总局 2019 年 11 月 11 日发布）

为了鼓励科学研究和技术开发，促进科技进步，继续对内资研发机构和外资研发中心采购国产设备全额退还增值税。现将有关事项公告如下：

一、适用采购国产设备全额退还增值税政策的内资研发机构和外资研发中心包括：

（一）科技部会同财政部、海关总署和税务总局核定的科技体制改革过程中转制为企业和进入企业的主要从事科学研究和技术开发工作的机构；

（二）国家发展改革委会同财政部、海关总署和税务总局核定的国家工程研究中心；

（三）国家发展改革委会同财政部、海关总署、税务总局和科技部核定的企业技术中心；

（四）科技部会同财政部、海关总署和税务总局核定的国家重点实验室（含企业国家重点实验室）和国家工程技术研究中心；

（五）科技部核定的国务院部委、直属机构所属从事科学研究工作的各类科研院所，以及各省、自治区、直辖市、计划单列市科技主管部门核定的本级政府所属从事科学研究工作的各类科研院所；

（六）科技部会同民政部核定或者各省、自治区、直辖市、计划单列市及新疆生产建设兵团科技主管部门会同同级民政部门核定的科技类民办非企业单位；

（七）工业和信息化部会同财政部、海关总署、税务总局核定的国家中小企业公共服务示范平台（技术类）；

（八）国家承认学历的实施专科及以上高等学历教育的高等学校（以教育部门户网站公布名单为准）；

（九）符合本公告第二条规定的外资研发中心；

（十）财政部会同国务院有关部门核定的其他科学研究机构、技术开发机构和学校。

二、外资研发中心，根据其设立时间，应分别满足下列条件：

（一）2009 年 9 月 30 日及其之前设立的外资研发中心，应同时满足下列条件：

1. 研发费用标准：（1）对外资研发中心，作为独立法人的，其投资总额不低于 500 万美元；作为公司内设部门或分公司的非独立法人的，其研发总投入不低于 500 万美元；（2）企业研发经费年支出额不低于 1000 万元。

2. 专职研究与试验发展人员不低于 90 人。

3. 设立以来累计购置的设备原值不低于 1000 万元。

（二）2009 年 10 月 1 日及其之后设立的外资研发中心，应同时满足下列条件：

1. 研发费用标准：作为独立法人的，其投资总额不低于 800 万美元；作为公司内设部门或分公司的非独立法人的，其研发总投入不低于 800 万美元。

2. 专职研究与试验发展人员不低于 150 人。

3. 设立以来累计购置的设备原值不低于 2000 万元。

外资研发中心须经商务主管部门会同有关部门按照上述条件进行资格审核认定。具体审核认定办法见附件 1。在 2018 年 12 月 31 日（含）以前，初次取得退税资格或通过资格复审未满 2 年的，可继续享受至 2 年期满。

三、经核定的内资研发机构、外资研发中心，发生重大涉税违法失信行为的，不得享受退税政策。具体退税管理办法由税务总局会同财政部另行制定。相关研发机构的牵头核定部门应及时将内资研发机构、外资研发中心的新设、变更及撤销名单函告同级税务部门，并注明相关资质起止时间。

四、本公告的有关定义。

（一）本公告所述“投资总额”，是指商务主管部门发放的外商投资企业批准证书或设立、变更备案回执等文件所载明的金额。

（二）本公告所述“研发总投入”，是指外商投资企业专门为设立和建设本研发中心而投入的资产，包括即将投入并签订购置合同的资产（应提交已采购资产清单和即将采购资产的合同清单）。

（三）本公告所述“研发经费年支出额”，是指近两个会计年度研发经费年均支出额；不足两个完整会计年度的，可按外资研发中心设立以来任意连续 12 个月的实际研发经费支出额计算；现金与实物资产投入应不低于 60%。

（四）本公告所述“专职研究与试验发展人员”，是指企业科技活动人员中专职从事基础研究、应用研究和试验发展三类项目活动的人员，包括直接参加上述三类项目活动的人员以及相关专职科技管理人员和为项目提供资料文献、材料供应、设备的直接服务人员，上述人员须与外资研发中心或其所在外商投资企业签订 1 年以上劳动合同，以外资研发中心提交申请的前一日人数为准。

（五）本公告所述“设备”，是指为科学研究、教学和科技开发提供必要条件的实验设备、装置和器械。在计算累计购置的设备原值时，应将进口设备和采购国产设备的原值一并计入，包括已签订购置合同并于当年内交货的设备（应提交购置合同清单及交货期限），上述采购国产设备应属于本公告《科技开发、科学研究和教学设备清单》所列设备（见附件2）。对执行中国产设备范围存在异议的，由主管税务机关逐级上报税务总局商财政部核定。

五、本公告规定的税收政策执行期限为2019年1月1日至2020年12月31日，具体从内资研发机构和外资研发中心取得退税资格的次月1日起执行。《财政部 商务部 国家税务总局关于继续执行研发机构采购设备增值税政策的通知》（财税〔2016〕121号）同时废止。

附件：1. 外资研发中心采购国产设备退税资格审核认定办法

2. 科技开发、科学研究和教学设备清单

附件1

外资研发中心采购国产设备退税资格审核认定办法

为落实好外资研发中心（包括独立法人和非独立法人研发中心，以下简称研发中心）采购国产设备相关税收政策，特制定以下资格审核认定办法：

一、资格条件的审核

（一）各省、自治区、直辖市、计划单列市及新疆生产建设兵团商务主管部门会同同级财政、税务部门（以下简称审核部门），根据本地情况，制定审核流程和具体办法。研发中心应按本通知有关要求向其所在地商务主管部门提交申请材料。

（二）商务主管部门牵头召开审核部门联席会议，对研发中心上报的申请材料进行审核，按照本通知正文第二条所列条件和本审核认定办法要求，确定符合退税资格条件的研发中心名单。

（三）经审核，对符合退税资格条件的研发中心，由审核部门以公告形式联合发布，并将名单抄送商务部（外资司）、财政部（税政司）、国家税务总局（货物和劳务税司）备案。对不符合有关规定的，由商务主管部门根据联席会议的决定出具书面审核意见，并说明理由。上述公告或审核意见应在审核部门受理申请之日起45个工作日之内做出。

（四）审核部门每两年对已获得退税资格的研发中心进行资格复审。对于不再符合条件的研发中心取消其享受退税优惠政策的资格。

二、需报送的材料

研发中心申请采购国产设备退税资格，应提交以下材料：

（一）研发中心采购国产设备退税资格申请书和审核表；

（二）研发中心为独立法人的，应提交外商投资企业批准证书或设立、变更备案回执及营业执照复印件；研发中心为非独立法人的，应提交其所在外商投资企业的外商投资企业批准证书或设立、变更备案回执及营业执照复印件；

（三）验资报告及上一年度审计报告复印件；

（四）研发费用支出明细、设备购置支出明细和清单以及通知规定应提交的材料；

（五）专职研究与试验发展人员名册（包括姓名、工作岗位、劳动合同期限、联系方式）；

（六）审核部门要求提交的其他材料。

三、相关工作的管理

（一）在公告发布后，列入公告名单的研发中心，可按有关规定直接向其所在地税务部门申请办理采购国产设备退税手续。

（二）审核部门在共同审核认定研发中心

资格的过程中，可到研发中心查阅有关资料，了解情况，核实其报送的申请材料的真实性。同时应注意加强对研发中心的政策指导和服务，提高工作效率。

（三）省级商务主管部门应将《外资研发中心采购设备免、退税资格审核表》有关信息及时录入外商投资综合管理信息系统研发中心选项。

附：外资研发中心采购设备免、退税资格审核表

附：

外资研发中心采购设备免、退税资格审核表

编码：

<table>
<tr><td>研发中心名称</td><td colspan="5"></td></tr>
<tr><td>设立批准/备案机关</td><td colspan="5"></td></tr>
<tr><td>组织机构代码/统一社会信用代码</td><td></td><td colspan="2">研发中心设立日期</td><td colspan="2">年　月　日</td></tr>
<tr><td>研发中心性质</td><td colspan="5">□独立法人　□ 分公司　□ 内设部门</td></tr>
<tr><td>联系人</td><td></td><td>电话</td><td></td><td>传真</td><td></td></tr>
<tr><td>经营范围</td><td colspan="5"></td></tr>
<tr><td>研发领域（可多选）</td><td colspan="5">□电子　□生物医药　□新能源　□新材料　□环保　□汽车　□化工　□农业　□软件开发　□专用设备　□轻工　□其他</td></tr>
<tr><td>投资总额/研发总投入（万美元）</td><td></td><td colspan="2">专职研究与试验发展人员人数</td><td colspan="2"></td></tr>
<tr><td>研发经费年支出额（万元）</td><td></td><td colspan="2">已缴税金（元）</td><td colspan="2"></td></tr>
<tr><td rowspan="3">累计采购设备原值（万元）</td><td>进口设备</td><td colspan="4"></td></tr>
<tr><td>采购国产设备</td><td colspan="4"></td></tr>
<tr><td>总计</td><td colspan="4"></td></tr>
<tr><td colspan="6">以下由审核部门填写</td></tr>
<tr><td>审核意见</td><td colspan="4"></td><td>□通过
□未通过</td></tr>
<tr><td rowspan="2">各部门签字（盖章）</td><td>商务</td><td colspan="2">财政</td><td>海关</td><td>税务</td></tr>
<tr><td>年　月　日</td><td colspan="2">年　月　日</td><td>年　月　日</td><td>年　月　日</td></tr>
<tr><td>公告日期</td><td colspan="5">年　月　日</td></tr>
</table>

注：

1. 外资研发中心为分公司或内设机构的，企业名称和组织机构代码/统一社会信用代码均填写其所在外商投资企业。
2. 币种以表内标注为准，金额根据当年人民币汇率平均价计算。
3. 已缴税金为自 2019 年 1 月 1 日起，外资研发中心采购符合条件的设备所缴纳的增值税。

附件 2

科技开发、科学研究和教学设备清单

科技开发、科学研究和教学设备，是指符合《中华人民共和国增值税暂行条例实施细则》（财政部 国家税务总局令第 50 号）第二十一条“固定资产”的相关规定，为科学研究、教学和科技开发提供必要条件的实验设备、装置和器械（不包括中试设备）。具体包

括以下四类：

一、实验环境方面

（一）教学实验仪器及装置；

（二）教学示教、演示仪器及装置；

（三）超净设备（如换气、灭菌、纯水、净化设备等）；

（四）特殊实验环境设备（如超低温、超高温、高压、低压、强腐蚀设备等）；

（五）特殊电源、光源设备；

（六）清洗循环设备；

（七）恒温设备（如水浴、恒温箱、灭菌仪等）；

（八）小型粉碎、研磨制备设备。

二、样品制备设备和装置

（一）特种泵类（如分子泵、离子泵、真空泵、蠕动泵、蜗轮泵、干泵等）；

（二）培养设备（如培养箱、发酵罐等）；

（三）微量取样设备（如取样器、精密天平等）；

（四）分离、纯化、浓缩设备（如离心机、层析、色谱、萃取、结晶设备、旋转蒸发器等）；

（五）气体、液体、固体混合设备（如旋涡混合器等）；

（六）制气设备、气体压缩设备；

（七）专用制样设备（如切片机、压片机、镀膜机、减薄仪、抛光机等），实验用注射、挤出、造粒、膜压设备，实验室样品前处理设备。

三、实验室专用设备

（一）特殊照相和摄影设备（如水下、高空、高温、低温等）；

（二）科研飞机、船舶用关键设备；

（三）特种数据记录设备（如大幅面扫描仪、大幅面绘图仪、磁带机、光盘机等）；

（四）材料科学专用设备（如干胶仪、特种坩埚、陶瓷、图形转换设备、制版用干板、特种等离子体源、离子源、外延炉、扩散炉、溅射仪、离子刻蚀机，材料实验机等），可靠性试验设备，微电子加工设备，通信模拟仿真设备，通信环境试验设备；

（五）小型熔炼设备（如真空、粉末、电渣等），特殊焊接设备；

（六）小型染整、纺丝试验专用设备；

（七）电生理设备。

四、计算机工作站，中型、大型计算机。

关于印发《政府采购贫困地区农副产品实施方案》的通知

（财库〔2019〕41号，财政部、国务院扶贫办、供销合作总社2019年8月5日发布）

各中央预算单位，各省、自治区、直辖市、计划单列市财政厅（局）、扶贫办（局）、供销合作社，新疆生产建设兵团财政局、扶贫办、供销合作社：

为贯彻《国务院办公厅关于深入开展消费扶贫助力打赢脱贫攻坚战的指导意见》（国办发〔2018〕129号），根据《财政部 国务院扶贫办关于运用政府采购政策支持脱贫攻坚的通知》（财库〔2019〕27号）有关规定，我们制定了《政府采购贫困地区农副产品实施方案》。现将方案印发给你们，请结合本地区、本单位实际情况，认真贯彻执行。

附件：政府采购贫困地区农副产品实施方案

附件

政府采购贫困地区农副产品实施方案

为贯彻《国务院办公厅关于深入开展消费扶贫助力打赢脱贫攻坚战的指导意见》（国办

发〔2018〕129号）要求，根据《财政部国务院扶贫办关于运用政府采购政策支持脱贫攻坚的通知》（财库〔2019〕27号）有关规定，进一步运用好政府采购政策，鼓励动员各级预算单位等购买贫困地区农副产品，实施精准消费扶贫，带动建档立卡贫困户增收，助力打赢脱贫攻坚战，制定本方案。

一、总体要求

深入贯彻落实习近平总书记关于扶贫工作的重要论述，坚持精准扶贫精准脱贫基本方略，坚持政府引导、社会参与、市场运作、互利共赢原则，围绕贫困人口稳定脱贫和贫困地区长远发展，以国家级贫困县（以下简称贫困县）特别是深度贫困地区为重点，以促进贫困地区农副产品销售、建档立卡贫困户增收为目标，充分运用政府采购政策鼓励动员各级预算单位等通过优先采购、预留采购份额方式，采购贫困地区农副产品，助力打赢脱贫攻坚战。

二、任务目标

2019年10月底前，建成集“交易、服务、监管”于一体的贫困地区农副产品网络销售平台（以下简称网络销售平台），实现贫困地区农副产品在线展示、网上交易、物流跟踪、在线支付、产品追溯的一站式聚合。

2019年10月底前，编制国家级贫困县重点扶贫产品供应商名录（以下简称供应商名录），首批贫困地区农副产品入驻网络销售平台，鼓励各级预算单位通过网络销售平台先行启动贫困地区农副产品采购工作。建立政府采购政策支持消费扶贫数据库（以下简称消费扶贫数据库），启动政府采购贫困地区农副产品采购交易数据统计工作。

自2020年起，各级预算单位通过网络销售平台全面启动贫困地区农副产品采购工作，财政部、国务院扶贫办依托网络销售平台定期统计和通报采购情况。动态更新和丰富完善供应商名录，推动全社会广泛参与贫困地区农副产品采购工作，网络销售平台逐步向非政府采购领域拓展，全社会采购贫困地区农副产品的积极性活跃度显著增强。

三、重点工作

（一）加强贫困地区农副产品货源组织。

国务院扶贫办组织指导相关省份加强贫困地区农副产品货源组织，建立完善供给体系。

贫困县扶贫部门在本地区党委、政府领导下做好农副产品货源组织工作，向省级扶贫部门推荐本地区农副产品和带贫能力强、产品质量好、有诚信的企业、合作社、家庭农场等市场主体，并对拟推荐的市场主体带贫益贫成效进行审核，出具相关证明。贫困县要引导本地区市场主体按照市场需求发展本地区特色优势产业，打造区域公共品牌，实现贫困地区农副产品产地、质量等可追溯。

有关省（区、市）扶贫办要结合本地区脱贫攻坚实际，会同有关部门对贫困县推荐的农副产品及市场主体进行审核，并向国务院扶贫办报送本地区重点扶贫农副产品和供应商建议名录。产品和供应商建议名录要向深度贫困地区倾斜，优先支持参与全国民营企业“万企帮万村”行动的市场主体。

国务院扶贫办对有关省（区、市）扶贫部门报送的重点扶贫产品及供应商进行甄别、汇总，形成供应商名录。

（二）搭建贫困地区农副产品销售平台。

供销合作总社按照财政部、国务院扶贫办的有关要求，依托现有平台改造建设运营网络销售平台（网址：www.fupin832.com）。

网络销售平台按照落实政府采购支持脱贫攻坚政策要求、符合电商交易特点的原则，制定完善交易规则，编制用户操作手册，为采购人、供应商提供便捷高效的交易服务；列入供应商名录的市场主体按照网络销售平台有关要求注册上线，有关省份扶贫办和贫困县扶贫办在线对供应商身份进行审核把关；完善平台在线议价、价格监测、诚信评价等功能，按照市场化原则建立健全平台交易争议处理机制；做好交易信息统计工作，将各类采购主体纳入统计范围，为各级财政和扶贫部门交易监管、信息统计提供数据支撑。

网络销售平台实行“零收费”。除按商业原则由平台代收的通道费、第三方服务费及履约保证金外，不向供应商收取入场费、平台使用费等相关费用，不向预算单位收取交易服务费。

积极探索网络销售平台与其他经财政部和国务院扶贫办认可的贫困地区农副产品销售平台对接，拓宽预算单位采购贫困地区农副产品渠道，扩大平台影响力。

（三）组织引导预算单位购买贫困地区农副产品。

各级财政部门负责汇总预算单位预留贫困地区农副产品采购比例等信息，指导本级预算单位采购贫困地区农副产品。各预算单位要加强农副产品采购工作的计划安排，按照预留比例通过网络销售平台采购贫困地区农副产品，严格按照合同约定支付货款，不得拖欠。

鼓励各级预算单位工会组织通过网络销售平台采购工会福利、慰问品等。有关单位工会采购金额纳入本单位扶贫统计范围。鼓励承担定点帮扶任务的中央企业和地方国有企业预留一定采购比例，通过网络销售平台采购贫困地区农副产品。

国务院扶贫办依托消费扶贫数据库统计、汇总各地区、各单位采购情况，作为其参与消费扶贫的重要依据。有下列情况之一者，可通过其他渠道购买，购买数额列入消费扶贫数据库统计范围：

（1）承担扶贫协作任务的、贫困县定点扶贫任务的预算单位购买扶贫协作地区和定点贫困县农副产品，并能够提供任务证明、采购凭证、带贫成效等相关佐证材料的；

（2）贫困县所属预算单位购买本县农副产品，并能够提供采购凭证、带贫成效等相关佐证材料的；

（3）在国务院扶贫办指导下，各省（区、市）和中央定点扶贫单位通过产销对接会等方式，组织本地区、本系统、本行业集中采购贫困县农副产品，并能够提供采购凭证、带贫成效等相关佐证材料的；

（4）其他经国务院扶贫办、财政部共同认可的采购行为。

有以上情况的预算单位需将佐证材料，按月上传至消费扶贫数据库，其中带贫成效主要是指带动建档立卡贫困人口数和增收数额，经贫困县扶贫办初审后报省级扶贫办审核认定。购买扶贫协作地区贫困县农副产品的预算单位还需本地区扶贫协作部门复核。

四、工作机制

（一）组织保障机制。财政部、国务院扶贫办会同供销合作总社等有关部门统筹推进贫困地区农副产品采购工作。各省级财政部门、扶贫部门要会同供销等有关部门建立协作机制，明确责任，形成合力，统筹推进、指导、协调本地区贫困地区农副产品采购工作。贫困县财政部门、扶贫部门要在地方党委、政府领导下，积极引导地方有关机构建立金融保障机制，运用保险、担保、小额贷款等方式为贫困地区农副产品销售提供金融支持；以电子商务进农村综合示范为基础，建设和完善贫困地区农村电商公共服务体系，加强物流配送体系建设。各级供销合作社要积极与供应商对接，协助扶贫部门做好货源组织、宣传培训和扶贫属性追溯等工作，为供应商提供仓储物流、电商运营等服务，配合有关部门做好产品质量追溯工作。

（二）利益联结机制。各级扶贫部门要把促进贫困地区农副产品销售、增加建档立卡贫困户收入作为主要目标，建立完善建档立卡贫困户和供应商之间的利益联结机制，切实把政府采购支持脱贫攻坚的成效体现在帮助贫困地区脱贫、贫困户增收上。对带贫益贫效果好的供应商可做优先重点推介。对带贫益贫效果弄虚作假的供应商，将取消供应商资格，情节严重的对所在贫困县和省份进行通报。

（三）宣传引导机制。各级财政部门、扶贫部门要做好本级预算单位培训指导工作，加强政府采购支持脱贫攻坚政策与成效宣传，在部分地区开展试点示范，及时总结推广典型案例和优秀做法，鼓励和引导各级预算单位加大采购贫困地区农副产品力度。

（四）激励约束机制。财政部和国务院扶

贫办将定期对预算单位购买贫困地区农副产品、有关省份推进政府采购支持脱贫攻坚、供应商带贫益贫等情况进行通报。对工作积极、成效明显的预算单位和地方，予以通报表扬。建立供应商评价和退出机制。对存在弄虚作假、以次充好、扰乱市场行为的供应商取消入驻和上架资格，出现严重产品质量和食品安全问题的供应商，按照相关法律法规追究责任，并向所在贫困县进行通报；对供应商出现问题较多的贫困县及其所在省份进行通报，情节严重的限制或取消其推荐本地区农副产品和市场主体的资格。

（五）监督举报机制。坚持阳光操作，接受社会公众监督。发现平台或供应商有违法违规、虚假瞒报等情况，可及时向国务院扶贫办消费扶贫工作专班和“12317”监督举报电话举报。国务院扶贫办将委托第三方开展核查评估，组织专家、媒体等开展暗访，坚决杜绝弄虚作假、借机敛财、“搭便车”等现象。

五、实施步骤

2019 年 9 月 15 日前，各省级扶贫部门将本地区贫困县填写的《贫困县重点扶贫产品供应商推荐名录》（附 1）和审核认定后的《贫困县重点扶贫产品供应商建议名录》（附 2）报国务院扶贫办汇总。

2019 年 10 月底前，网络销售平台上线运行，消费扶贫数据库系统启用，部分地区启动试点示范。国务院扶贫办会同有关部门发布首批供应商名录，供销合作总社启动供应商培训工作。各省级财政部门会同扶贫部门按要求汇总本地区预算单位预留采购份额比例报财政部备案。

2020 年起，各级预算单位全面启动贫困地区农副产品采购工作，财政部、国务院扶贫办定期通报预算单位购买贫困地区农副产品、有关省份推进政府采购支持脱贫攻坚、供应商带贫益贫等情况，国务院扶贫办组织开展核查评估等工作。

方案实施过程中遇到问题，请及时向相关部门反映。财政部国库司：010-68552389，68553724；国务院扶贫办社会扶贫司：010-84419783；供销合作总社财会部：010-66050431。

网络销售平台系统操作及具体交易过程中遇到问题，请联系 010-80889017；电子邮箱：fupin832@fupin832. com。

附：1. 国家级贫困县重点扶贫产品供应商推荐名录

2. 国家级贫困县重点扶贫产品供应商建议名录

附 1

国家级贫困县重点扶贫产品供应商推荐名录

省　市　县										
是否是深度贫困县：　国家级　省级										
本县主要特色农副产品及年产量：										
本县特色农副产品品牌：										
产品名称	产地	供应商名称	产品品类	生产资料来源	年产量	单价	供货时间	常用物流	带贫成效（附佐证材料）	联系方式

联系人：　　　　　　联系方式：

附 2

国家级贫困县重点扶贫产品供应商建议名录

省										
产品名称	产地	供应商名称	产品品类	生产资料来源	年产量	单价	供货时间	常用物流	带贫成效（附佐证材料）	联系方式

联系人：　　　　　　　　　　　　　　　　联系方式：

中国人民银行关于印发《国库资金经收支付服务管理办法（试行）》的通知

（银发〔2019〕292号，中国人民银行2019年12月6日发布）

中国人民银行上海总部，各分行、营业管理部，各省会（首府）城市中心支行，各副省级城市中心支行；各国有商业银行、股份制商业银行，中国邮政储蓄银行；中国银联股份有限公司、网联清算有限公司：

为规范国库资金经收支付服务有关各方的业务行为，维护国库资金安全，保障缴款人合法权益，中国人民银行制定了《国库资金经收支付服务管理办法（试行）》，现印发给你们，请遵照执行。

请中国人民银行各分支机构将本通知转发至辖区内各城市商业银行、农村商业银行、农村合作银行、农村信用社、村镇银行、民营银行、外资法人银行和非银行支付机构。

附件：国库资金经收支付服务管理办法（试行）

附件

国库资金经收支付服务管理办法（试行）

第一章　总则

第一条　为规范国库资金经收支付服务有关各方的业务行为，维护国库资金安全，保障缴款人合法权益，根据《中华人民共和国中国人民银行法》、《中华人民共和国国家金库条例》、《中华人民共和国国家金库条例实施细则》[（1989）财预字第68号]、《商业银行、信用社代理国库业务管理办法》（中国人民银行令〔2001〕第1号发布）、《非金融机构支付服务管理办法》（中国人民银行令〔2010〕第2号发布）、《银行卡清算机构管理办法》（中国人民银行 中国银行业监督管理委员会令〔2016〕第2号发布）、《非银行支付机构网络支付业务管理办法》（中国人民银行公告〔2015〕第43号公布）等法律法规和规章制度，制定本办法。

第二条　本办法所称国库资金经收支付服务，是指非银行支付机构依托商业银行或清算机构与国库直连的网络通道，为各类预算收入经收入库提供的网络支付服务。国库资金经收支付服务是国库经收业务的延伸，是仅面向个人银行结算账户提供的网络支付服务。

国库资金经收支付服务包括两种业务模式：一是非银行支付机构通过清算机构与商业银行连接，依托商业银行直连国库的网络通道提供经收支付服务（以下简称模式一）；二是非银行支付机构依托清算机构直连国库的网络通道提供经收支付服务（以下简称模式二）。

本办法所称非银行支付机构，是指持有中国人民银行颁发的《支付业务许可证》的境内法人机构。

本办法所称清算机构，是指具备合法清算资质，且已加入国库信息处理系统（TIPS）的法人机构。

本办法所称商业银行，是指通过 TIPS 经收预算收入的商业银行和信用社。

商业银行、清算机构加入 TIPS 的有关要求另行规定。

第三条　符合以下条件的非银行支付机构，可参与提供国库资金经收支付服务。

（一）遵守中国人民银行有关国库业务和非银行支付机构业务各项管理规定；

（二）符合本办法规定；

（三）能够提供国库资金经收支付服务必须的技术支持与系统改造服务；

（四）获得互联网支付或移动电话支付业务许可；

（五）最近三年分类评级均为 B 类及以上，且未发生重大违法违规行为。

第四条　本办法适用于在预算收入逐笔经收缴入国库过程中，非银行支付机构参与提供的网络支付服务。

第二章　服务合作协议的一般规定

第五条　在国库资金经收支付服务模式一中，非银行支付机构、商业银行和清算机构应签订国库资金经收支付服务合作协议；在国库资金经收支付服务模式二中，非银行支付机构和清算机构应签订国库资金经收支付服务合作协议。

第六条　国库资金经收支付服务合作协议应当包括以下内容：

（一）协议各方的名称（统一社会信用代码）、法定代表人姓名、联系电话；

（二）国库资金经收支付服务覆盖的业务范围、行政区域和服务期限；

（三）国库资金经收支付服务的业务模式、流程和资金扣划清算方式；

（四）国库资金经收支付服务中的信息交互传送标准；

（五）协议各方责任、权利与义务；

（六）信息保密条款；

（七）监督制约事项；

（八）其他有关事项。

协议还应当明确和细化本办法有关国库资金经收支付服务的其他具体要求。

协议由各方法定代表人签字并加盖单位公章后生效。

国库资金经收支付服务内容发生变更的，各方应当就变更部分签订补充协议或签订新协议。

第七条　国库资金经收支付服务各方应当在业务开展 10 个工作日前完成协议签订，并于协议签订后的 5 个工作日内，分别报送中国人民银行备案。

国库资金经收支付服务内容发生变更的，应当自补充协议或新协议签订后 5 个工作日内，各方分别向中国人民银行重新备案。

国库资金经收支付服务终止的，除按本条第二款要求进行备案外，各方还应当提前一个月分别书面告知中国人民银行。

第八条　国库资金经收支付服务各方不得将该项服务通过委托等方式全部或部分转给其他机构或单位。

第三章　服务行为管理

第九条　提供国库资金经收支付服务的非银行支付机构，在缴款人缴款时，应当向缴款人明确提示本机构在缴款过程中提供的支付服务内容。

第十条　国库资金经收支付服务各方应当提供该项服务必须且符合相关信息安全管理要求的系统连接、数据传输、信息安全等技术支持，并制定突发事件应急预案，保障资金安全和服务的连续性。

国库资金经收支付服务各方因系统维护、系统升级等原因影响服务提供，需要暂停或变更业务处理时间的，责任方应当提前5个工作日向中国人民银行和有关征收机关报告，并通过适当方式向社会公告。

国库资金经收支付服务各方因系统故障等突发情况影响服务的，应当尽快解决故障，并立即将具体情况同步报告中国人民银行和有关征收机关。

第十一条　国库资金经收支付服务各方应当坚持最小且必要原则采集、使用、存储和传输与该项业务有关的信息，使用涉税信息应依法且遵循保密原则。

非银行支付机构应当告知缴款人所采集信息的使用目的和范围，采集的必要信息包括缴款人名称和缴款金额。

国库资金经收支付服务各方不得将已采集信息用于该项服务之外的其他业务，不得向其他机构或个人提供缴款人信息及资金相关信息，法律法规另有规定的除外。

第十二条　在国库资金经收支付服务中，商业银行、清算机构应当按照TIPS银行端查询缴税方式要求，与TIPS实现逐笔信息交互，信息交互内容应当符合本办法规定，同时符合银行端查询缴税报文内容要求。

在国库资金经收支付服务模式一中，商业银行应当对传送给非银行支付机构的缴款人缴款信息进行过滤，确保非银行支付机构采集信息范围符合本办法规定。在国库资金经收支付服务模式二中，清算机构应当对传送给非银行支付机构的缴款人缴款信息进行过滤，确保非银行支付机构采集信息范围符合本办法规定。

在国库资金经收支付服务中，商业银行、清算机构应当保障传递到TIPS的缴款信息完整，准确反映缴款人开户行及账号等信息。

第十三条　非银行支付机构提供国库资金经收支付服务时，资金应当从缴款人个人银行结算账户扣划。

在国库资金经收支付服务模式一中，商业银行负责发起TIPS银行端查询缴税业务。资金从缴款人个人银行结算账户扣划后，由商业银行直接划入“待结算财政款项”一级科目有关账户，并根据TIPS对账报文严格执行缴库操作。

在国库资金经收支付服务模式二中，清算机构负责发起TIPS银行端查询缴税业务。资金从缴款人个人银行结算账户直接扣划至清算机构在中国人民银行开设的专门用于收纳预算收入资金的清算账户，等待缴库；待TIPS对账结束后，清算机构根据TIPS对账场次，参照对账文件，将清算账户内的待划转国库资金执行缴库操作。

国库资金经收支付服务各方应按照国库经收业务管理规定，履行资金划缴和对账等各项工作要求。

第十四条　在国库资金经收支付服务中，非银行支付机构不得参与资金核算与存放。

清算机构不得使用本办法第十三条限定的清算账户以外的其他账户核算资金，不得将资金转入其他账户。

商业银行不得使用本办法第十三条限定的“待结算财政款项”一级科目有关账户以外的其他账户核算资金，不得将资金转入其他账户。

国库资金经收支付服务各方不得延解、占压或挪用应当入库的资金。

第十五条　国库资金经收支付服务各方以TIPS银行端缴款处理成功的信息作为资金缴款业务成功的唯一电子标准。

第十六条　资金入库后需要退库的，按照国库退库管理有关规定办理。

非银行支付机构不得办理退库业务。

第四章　监督管理

第十七条　国库资金经收支付服务各方发生重大风险事件的，应当及时向中国人民银行报告。

第十八条　非银行支付机构提供国库资金经收支付服务，应当接受中国人民银行及其分支机构的指导、培训和监督检查。

清算机构提供国库资金经收支付服务的，应当接受中国人民银行的指导、培训和监督检查。

商业银行提供国库资金经收支付服务的，其业务属于商业银行国库经收业务的一部分，相关业务处理必须符合国库经收各项规章制度要求，接受中国人民银行及其分支机构的指导、培训和监督检查。

第十九条 非银行支付机构提供国库经收支付服务存在以下情形的，商业银行、清算机构应当及时提醒其限时纠正；对纠正无效的，应当将情况及时报告中国人民银行，并视情节轻重暂停或停止与非银行支付机构的国库资金经收支付业务往来。

（一）未按本办法签订合作协议或合作协议不合规的；

（二）未按本办法备案的；

（三）业务办理流程不符合合作协议规定的；

（四）延解、占压或挪用应当入库资金的；

（五）违规使用缴款人缴款信息的；

（六）其他违反本办法要求或相关法律法规和规章制度的行为。

第二十条 中国人民银行及其分支机构有权督促非银行支付机构依法合规提供国库资金经收支付服务，对非银行支付机构违法违规提供服务的情况，有权责令其限时整改，并视情节轻重依法作出行政处罚。

第二十一条 中国人民银行有权督促清算机构依法合规提供国库资金经收支付服务，对清算机构提供服务存在以下情形的，中国人民银行有权责令清算机构限时整改，并视情节轻重依法作出行政处罚，以及暂停或停止清算机构在TIPS中的业务权限。

（一）未按本办法签订合作协议或合作协议不合规的；

（二）未按本办法备案的；

（三）业务办理流程不符合合作协议规定的；

（四）延解、占压或挪用应当入库资金的；

（五）违规使用缴款人缴款信息的；

（六）未及时通过暂停或停止国库资金经收支付业务往来等措施，切实防范非银行支付机构业务不规范运行产生的风险的；

（七）其他违反本办法要求或相关法律法规和规章制度的行为。

第二十二条 对非银行支付机构与商业银行、清算机构提供国库经收支付服务的行为违法违规的，中国人民银行视情节轻重和风险程度，有权要求清算机构暂停或停止与相关非银行支付机构的对应资金清算。

第二十三条 中国人民银行及其分支机构有权督促商业银行依法合规提供国库经收支付服务，对商业银行提供服务存在以下情形的，中国人民银行及其分支机构有权责令商业银行限时整改，并视情节轻重依法作出行政处罚，并采取措施暂停或停止相关业务往来。

（一）未按本办法签订合作协议或协议不合规的；

（二）未按本办法备案的；

（三）业务办理流程不符合合作协议规定的；

（四）延解、占压或挪用应当入库资金的；

（五）违规使用缴款人缴款信息的；

（六）未及时通过暂停或停止国库资金经收支付业务往来等措施，切实防范非银行支付机构业务不规范运行产生的风险的；

（七）其他违反本办法要求或相关法律法规和规章制度的行为。

第五章 附则

第二十四条 非银行支付机构与商业银行、清算机构已通过其他方式逐笔提供国库资金经收支付服务的，应当自本办法施行之日起三个月内按照本办法规定完成整改。

第二十五条 本办法自2020年1月6日起施行。

第二十六条 本办法由中国人民银行负责解释。

关于修订印发《记账式国债发行远程招标现场管理与监督办法》的通知

（财库〔2020〕8号，财政部2020年1月17日发布）

中央国债登记结算有限责任公司、中国证券登记结算有限责任公司、上海证券交易所、深圳证券交易所、记账式国债承销团成员：

为进一步规范记账式国债招标发行，保证国债发行公平、公开、有序，经商中国人民银行，财政部对《记账式国债发行远程招标现场管理与监督办法》进行了修订，现予公布，请遵照执行。

记账式国债发行远程招标现场管理与监督办法

第一章　总则

第一条　为规范记账式国债发行远程招标现场管理，保证国债发行公平、公开、有序，根据《中华人民共和国预算法》、《中华人民共和国中国人民银行法》等法律法规，制定本办法。

第二条　本办法所称记账式国债，是指财政部通过记账式国债承销团向投资者发行的以电子方式记录债权的可流通国债。

第三条　记账式国债发行远程招标通过财政部政府债券发行系统（以下称发行系统）进行。发行系统包括中心端和客户端。

第四条　本办法所称记账式国债发行远程招标现场（以下称招标现场），是指在财政部记账式国债发行文件规定的竞争性招标时间、追加投标时间、填制债权托管申请书时间、以及可能发生的应急投标时间内，财政部通过发行系统中心端完成记账式国债发行远程招标相关操作的区域。

第五条　本办法所称记账式国债发行远程招标现场管理，是指对招标现场人员和操作等方面的管理，包括招标现场人员管理、招标现场通讯管理、技术支持部门管理、应急投标管理。

第六条　财政部授权中央国债登记结算有限责任公司或其他单位为技术支持部门，为记账式国债发行招标提供技术支持、信息安全维护及招标现场保障等服务。

第二章　招标现场人员管理

第七条　招标现场人员包括进入招标现场的发行人员、技术支持人员等。未经财政部批准，其他人员不得进入招标现场。

第八条　发行人员由财政部派出，技术支持人员由技术支持部门派出。

第九条　招标现场人员应当严格遵守有关法律法规要求，不得做出违背国债发行公平公正原则的行为。

第十条　招标现场人员进入招标现场应当履行登记手续，并不得在竞争性招标期间离开招标现场。

第十一条　发行人员应当于竞争性招标开始前进入招标现场。

第十二条　发行人员负责组织招标现场各项工作。

第十三条　技术支持人员负责保障发行系统及招标现场设备正常运行。技术支持人员应当于竞争性招标开始前离开招标现场。竞争性招标过程中如有需要，发行人员使用专用电话通知技术支持人员进入招标现场。

第十四条　中标结果须经发行人员负责人签字确认后方能生效。

第三章　招标现场通讯管理

第十五条　招标现场应当与其他区域严格

隔离，并全程实施必要的无线电屏蔽。

第十六条　招标现场应当配备能满足记账式国债发行招标需要的专用电话、应急投标传真机、专用打印机、密押核对器等设备。招标现场所有专用电话、应急投标传真机应当实行通话录音。

第十七条　招标现场人员不得携带任何有通讯功能的设备进入招标现场。

第四章　技术支持部门管理

第十八条　技术支持部门应当做好发行系统技术支持工作，确保发行系统中心端、客户端能够实现记账式国债发行招标、投标所需各项功能。

第十九条　技术支持部门应当确保招标现场专用电话、应急投标传真机等设备运行正常，通讯线路畅通，并有效实施必要的无线电屏蔽。

第二十条　财政部委托技术支持部门妥善保存招标现场人员登记记录、招标现场专用电话录音、应急投标书等资料，保存期限不少于10年。

第二十一条　技术支持部门及人员应当依法严格履行记账式国债发行招标相关信息保密义务。

第五章　应急投标管理

第二十二条　在应急投标方式下，技术支持人员负责记录收到应急投标书时间，核对应急投标书密押，并签字确认。

第二十三条　发行人员负责审核应急投标书收到时间是否在投标截止时间前，是否按规定格式填写，是否字迹清晰、意思明确。

对收到时间在投标截止时间后、或者未按规定格式填写、或者字迹不清晰意思不明确、或者密押核对不符的应急投标书，均做无效投标处理。

第二十四条　应急投标书经发行人员确认各项要素有效完整，并经发行人员负责人签字认可后，由技术支持人员将应急投标信息录入招标系统。

第二十五条　如技术支持部门负责维护的发行系统或通讯主干线运行出现问题，经技术支持部门出具应急投标原因说明书，并经发行人员负责人签字同意，可以在投标截止时间后延长应急投标时间半小时。

第二十六条　本办法自发布之日起施行。《财政部 中国人民银行关于印发〈记账式国债发行远程招标现场管理与监督办法〉的通知》（财库〔2011〕186号）同时废止。

关于疫情防控采购便利化的通知

（财办库〔2020〕23号，财政部办公厅2020年1月26日发布）

各中央预算单位办公厅（室），各省、自治区、直辖市、计划单列市财政厅（局），新疆生产建设兵团财政局：

为贯彻落实习近平总书记对新型冠状病毒感染肺炎疫情防控工作作出的重要指示批示精神，按照党中央、国务院决策部署，支持打赢疫情防控攻坚战，现就新型冠状病毒感染肺炎疫情防控采购相关事项通知如下：

一、各级国家机关、事业单位和团体组织（以下简称采购单位）使用财政性资金采购疫情防控相关货物、工程和服务的，应以满足疫情防控工作需要为首要目标，建立采购“绿色通道”，可不执行政府采购法规定的方式和程序，采购进口物资无需审批。

二、各采购单位应当建立健全紧急采购内控机制，在确保采购时效的同时，提高采购资金的使用效益，保证采购质量。

三、各采购单位应当加强疫情防控采购项目采购文件和凭据的管理，留存备查。

四、任何单位和个人发现采购单位及采购人员存在徇私舞弊等违法违纪行为的，应当及时向同级财政部门或有关部门举报。

特此通知。

关于做好新冠肺炎疫情防控资产保障工作的通知

（财资〔2020〕4号，财政部2020年2月14日发布）

党中央有关部门，国务院各部委、各直属机构，全国人大常委会办公厅，全国政协办公厅，最高人民法院，最高人民检察院，各民主党派中央，有关人民团体，各省、自治区、直辖市、计划单列市财政厅（局），新疆生产建设兵团财政局，有关中央管理企业：

为深入贯彻落实习近平总书记关于坚决打赢新冠肺炎疫情防控阻击战重要指示精神和党中央、国务院决策部署，积极应对疫情，保障人民生命健康，现就行政事业单位疫情防控资产管理工作通知如下：

一、简化配置程序。疫情防控期间，行政事业单位根据疫情防控工作需要紧急配置救治器械、医药防护用品等疫情防控资产，各部门、各地方本着急事急办、特事特办的原则，可简化资产配置审批程序，在履行必要的内部程序后，快速高效配置。

二、统筹调配使用。疫情防控期间，行政事业单位根据工作需要统筹调配、捐赠疫情防控资产，按照审批权限需报财政部门审批的，可按主管部门要求履行相关程序后实施，待疫情结束后统一报财政部门备案。

三、完善内部管理。各部门、各地方要指导行政事业单位建立疫情防控资产登记台账，完善疫情防控资产的验收、保管、领用、报损制度，明确责任人，确保资产安全完整、流向可查。加强资产管理部门与采购管理、预算管理、财务管理等部门的协调对接，按规定入账。

四、规范资产处置。疫情结束后，行政事业单位应回收可重复使用的疫情防控资产，由财政部门和主管部门按权限统筹调剂使用、公开拍卖或捐赠；报废、报损的疫情防控资产，按照行政事业单位资产处置审批权限审批或备案。已建立“公物仓”等国有资产集中处置管理平台的地方，鼓励对行政事业单位闲置的疫情防控资产进行集中统一处置。

五、加强监督检查。各级财政部门会同主管部门加强对行政事业单位疫情防控资产管理的监督检查，严禁“搭便车”购置与疫情防控工作无关的资产，避免国有资产损失和浪费。对于违规违纪违法操作，造成不良影响和国有资产流失的，由相关部门按照有关规定追究责任。

关于加强新冠肺炎疫情防控财税政策落实和财政资金监管工作的通知

（财办〔2020〕11号，财政部2020年2月17日发布）

各省、自治区、直辖市、计划单列市财政厅（局），新疆生产建设兵团财政局，财政部各地监管局：

为打赢新冠肺炎疫情防控阻击战，支持企业复工复产、保障经济运行，中央财政和地方陆续出台相关财税政策，不断加大财政资金支持力度。现就加强相关财税政策落实和财政资金监管有关事项通知如下：

一、加强督促指导，确保疫情防控财税政策落到实处

各级财政部门要认真学习针对疫情防控出台的有关经费保障、财政补助、税收优惠、金

融支持、政府采购等相关政策措施，理解领会吃透政策精神。加强政策宣传解释和辅导，确保患者、参与疫情防控的医务及相关人员、有关医疗卫生机构“应享尽享”救助补助或经费保障政策，确保疫情防控重点保障企业和个人尽享财税支持政策，及时获得资金支持。密切跟踪相关财税政策落地实施情况，及时了解政策实施中遇到的困难和问题，加强疫情对当地经济发展和财政收支影响的分析，研究提出相关政策调整和完善建议。

省级财政部门要加强对市县级财政部门的业务指导，认真落实《财政部关于进一步做好新型冠状病毒感染肺炎疫情防控经费保障工作的通知》（财办〔2020〕7号）等文件精神，指导当地相关部门和基层财政部门落实好各项财税政策。

财政部各地监管局要积极协助地方财政部门细化出台相关实施细则或操作指引，明确患者费用补助、临时性工作补助、税收优惠、财政贴息、物资采购政策等实施范围、使用方向、补助对象、补助标准、申报流程等，确保疫情防控的各项财税政策落实落细。

二、强化财政监管，确保疫情防控财政资金用在实处

各级财政部门要切实加强疫情防控财政资金监管，重点关注与疫情防控有关的患者救助费用补助、临时性工作补助、财政贴息、物资采购等有关财政资金的审核、拨付、管理使用等情况，督促指导相关部门规范疫情防控资金财务管理和会计核算，切实保障资金使用安全合规有效。疫情防控期间以非现场监管为主，灵活采用线上报送、线上跟踪等“非现场、不见面”的“互联网＋监管”方式，利用视频会议、电话沟通、微信联系等手段，有效有序开展监管工作。对于疫情防控财税政策落实不到位，财政资金分配、资金补助不合理等问题，要及时予以纠正。要充分发挥舆论和群众监督的作用，及时向社会公开相关财税政策和资金分配等信息，通过网络、电话等多种形式，及时受理群众举报，发现问题严肃处理。疫情结束后结合实际适时开展现场监管，严肃财经纪律，查处违法违规行为。涉及重大违法违纪问题，要及时移交纪检监察或司法机关处理。

地方各级财政部门要加强中央转移支付以及地方一般公共预算、政府性基金预算、社会捐赠等各项资金的统筹，按照“特事特办、急事急办”原则，加快预算执行，及时、足额拨付各项疫情防控资金。

财政部各地监管局要及时掌握中央财政补助资金下达情况，建立疫情防控资金台账。督促地方财政部门统筹做好资金调度、垫付，优先保障和拨付疫情防控资金，切实保障基层疫情防控及“三保”支出需求。对资金使用中存在的困难和问题，要及时反映并提出改进建议。发现地方财政部门将中央专项转移支付用于平衡预算，以及资金分配、资金补助不合理等问题，要及时指出并督促纠正；对擅自截留、挤占、挪用疫情防控资金，购置与疫情防控无关物资等违法违规行为，要督促地方严肃查处。

三、做好绩效评价，提高疫情防控财税政策和财政资金绩效

疫情防控工作结束后，各地财政部门和财政部各地监管局要及时对相关财税政策落实和财政资金使用效果开展绩效评价。要结合出台的财税政策和财政补助资金确定的工作目标和要求，科学设计绩效评价指标，全面收集各项数据信息，进行必要的现场调研。围绕政策落实和资金管理使用的时效性、公平性、有效性开展评价，重点关注政策和资金是否及时、精准到位，资金补助标准是否科学合理，资金分配是否公开透明、公平公正，防控政策和资金是否达到预期效果等。根据评价情况，系统总结政策落实和资金使用中好的做法和经验，分析存在的不足和问题，有针对性的提出意见建议，作为调整完善财税政策、加强资金管理的重要参考和依据。

财政部各地监管局的重点绩效评价和绩效自评抽审工作由财政部统一组织实施，地方财政部门绩效评价工作按照财政部的有关要求自行组织开展。

四、改进工作作风，切实提高监管工作实效

（一）提高政治站位，强化责任担当。加强新冠肺炎疫情防控财税政策落实和财政资金监管，是保障相关财税政策取得实效和财政资金安全规范使用的重要举措。各级财政部门要认真落实习近平总书记“切实把各项工作抓实、抓细、抓落地，坚决打赢疫情防控的人民战争、总体战、阻击战，努力实现今年经济社会发展目标任务”的要求，进一步提高政治站位，树牢“四个意识”，做到“两个维护”，认真履职，勇于担当，切实做到守土有责、守土担责、守土尽责。

（二）加强沟通协调，形成监管合力。财政部各地监管局和地方财政部门要加强沟通协调，既要各尽其责，又要相互支持，强化数据共享、信息互通。各级财政部门要注重同当地人行、银保监、税务、发改以及纪检监察、审计等部门的协调配合，推动形成监管合力。

（三）坚持实事求是，改进工作作风。各级财政部门既要严格执行工作程序和内部控制要求，又要充分考虑疫情防控非常时期的特殊情况，坚持具体情况具体分析，注意听取多方意见建议，全面、客观、审慎看待发现的问题，实事求是作出判断。要减少基层财政数据统计、报表填报、文件报送等工作，坚决杜绝形式主义、官僚主义，做到高效有序监管。

关于进一步做好新型冠状病毒感染肺炎疫情防控经费保障工作的通知

（财办〔2020〕7号，财政部2020年1月31日发布）

各省、自治区、直辖市、计划单列市财政厅（局），新疆生产建设兵团财政局：

近期，湖北省武汉市等地发生新型冠状病毒感染肺炎疫情，防控形势十分严峻。各级财政部门认真贯彻落实习近平总书记的重要指示精神，按照党中央、国务院的统一部署，及时响应、果断应对，疫情防控经费保障工作总体有序有力。但也要看到，这次疫情防控时间紧、任务重，又逢春节假期，防控形势依然复杂严峻。各级财政部门要切实把思想和行动统一到习近平总书记重要指示精神上来，统一到党中央、国务院决策部署上来，立足财政部门职责，加强统筹谋划，采取更加有力的举措，全力支持疫情防控工作，坚决打赢疫情防控阻击战。现就进一步做好疫情防控经费保障工作通知如下：

一、明确经费保障目标

各级财政部门要按照习近平总书记重要指示精神，坚决贯彻党中央、国务院的决策部署，按照财政部《关于认真学习贯彻习近平总书记重要指示精神 在打赢疫情防控阻击战中积极有效发挥财政职能作用的通知》（财办〔2020〕5号）的要求，进一步增强支持做好疫情防控工作的政治责任感、使命感和紧迫感，切实加强组织领导，努力做到工作部署更细致、政策考虑更周全、资金安排更科学，全力做好疫情防控经费保障工作。确保人民群众不因担心费用问题而不敢就诊，确保各地不因资金问题而影响医疗救治和疫情防控。

二、统筹安排经费预算

近期，按照党中央、国务院统一部署，财政部会同有关部门已经明确了患者救治费用补助、参加防治工作的医务工作者临时性工作补助以及防护、诊断和治疗专用设备、快速诊断试剂采购经费补助等政策，并预拨了部分资金。地方各级财政部门要用好中央财政转移支付资金，同时千方百计筹措资金，切实履行好经费保障职能。年初卫生防疫经费预算安排不

足的，要及时调整增加预算安排。要统筹一般公共预算、政府性基金预算等财政资金以及社会捐赠资金，进一步优化财政支出结构，大力盘活财政存量资金，加大医疗卫生投入力度，优先保障疫情防控经费需求。充分保障相关部门疫情防控工作经费，加大对疫情严重、防控资金缺口较大地区的转移支付力度。各地不得将上级财政安排的疫情防控相关转移支付资金用于平衡预算。对应由地方财政负担的支出，地方各级财政部门要足额安排资金；对应由中央财政负担的支出，要求地方先行垫付的，地方各级财政部门要积极筹措资金，足额安排垫付资金，并做好建立台账、票据审核等资金结算基础工作。同时，对基层财政“三保”经费的保障力度也要切实加强。

三、加快调度拨付资金

地方各级财政部门要加强库款形势分析研判，有序规范组织资金调度，必要时可采取预拨、垫付等措施，优先保障疫情防控资金拨付。按照“急事急办、特事特办”的原则，协调人民银行、代理国库集中支付业务的商业银行、经办财政专户业务的商业银行等，开通资金支付绿色通道，及时足额支付预算安排的疫情防控资金。省级财政部门要密切关注各市县库款情况，督导疫情防控任务重、库款保障水平偏低的市县科学调度资金，并适时予以专项调度支持，切实保障基层疫情防控支出需要。

四、细化相关政策措施

地方各级财政部门要积极主动与相关业务主管部门协商，研究细化疫情防控经费保障政策措施。要配合人力资源社会保障、卫生健康等部门细化疫情防控医疗卫生工作人员待遇保障政策，按规定抓紧落实；配合医疗保障部门细化确诊和疑似参保患者、异地就医参保患者医疗费用个人负担部分财政补助政策，科学合理确定补助标准，明确医保支付、财政补助及个人负担费用的具体结算流程；配合卫生健康、医疗保障等部门明确未参保患者医疗费用补助政策；配合生态环境、卫生健康等部门做好医疗废物应急处置工作。在当地党委政府的统一领导下，地方各级财政部门可结合本地实际，及时研究出台其他相关保障政策，全面做好疫情经费保障工作。

五、支持做好物资保障

地方各级财政部门要积极配合有关部门做好疫情防控物资保障和采购工作。一是积极配合相关部门做好医药物资采购储备调拨和资金保障工作。二是根据肺炎疫情科研攻关需要，加大资金支持，全力配合相关部门及时拨付资金，切实保障研制快速简易确诊试剂、疫苗、有效药物等科研攻关的资金需求。全力配合相关部门加大对疫苗研究的支持力度，争取尽早投入使用。三是密切关注农副产品市场供应，配合相关部门做好动用政府储备粮油相关工作，确保供应充足、物价稳定。四是支持开展饮用水源等应急环境加密监测，强化应急监测物资保障，切实保障人民群众饮水安全，避免疾病传播和环境污染。五是要按照《财政部办公厅关于疫情防控采购便利化的通知》（财办库〔2020〕23 号）要求，做好疫情防控物资采购工作。

六、强化资金使用监管

地方各级财政部门要及时制定疫情防控资金使用管理具体办法，明确经费列支渠道和相关预算调剂程序，既要优先保障疫情防控资金需求，又要确保有限的资金用在“刀刃”上。要加强对资金使用的事前、事中和事后全流程监管，规范资金审批程序，确保资金专款专用，任何地方不得擅自截留、挤占、挪用或改变资金用途。要“关口前移”，督促指导相关部门建立健全资金使用明细账和各项物资入库登记、领用发放及使用管理等规章制度，确保手续完备、凭证齐全。严禁使用财政补助资金超标准装修改造或购置与疫情防控工作无关的设备、器材、交通工具等。财政部各地监管局要做好资金的追踪问效，发现问题应及时向财政部报告。

七、切实做好信息上报和新闻宣传工作

地方各级财政部门要进一步畅通信息沟通渠道，提升信息报送的时效性和准确性。及时跟踪有关财政经费保障政策的落实情况，发现问题要及时研究应对预案，重大问题要及时向财政部报告。及时总结各地有关疫情防控情况，特别是要总结推广经费调度、物资采购等工作中好的经验和做法。及时上报各地疫情防控财政投入情况和出台的经费保障政策，严格执行财政部疫情防控财政工作日报制度。及时报送工作信息，认真审核信息内容，确保信息的真实性和准确性。要加强新闻宣传和舆论引导，主动回应社会关切，及时公开财政支持保障信息，增强社会信心。

各级财政部门要按照本通知要求，进一步提高政治站位，加大工作力度，确保疫情防控经费保障政策落实到位、工作部署到位、预算安排到位、资金拨付到位、监督管理到位，全力支持做好疫情防控工作，坚决打赢疫情防控阻击战。

关于疫情防控期间开展政府采购活动有关事项的通知

（财办库〔2020〕29号，财政部办公厅2020年2月6日发布）

各中央预算单位办公厅（室），各省、自治区、直辖市、计划单列市财政厅（局），新疆生产建设兵团财政局：

为做好新型冠状病毒感染的肺炎疫情防控，有效减少人员聚集，保障相关人员的生命安全和身体健康，现就疫情防控期间开展政府采购活动有关事项通知如下：

一、合理安排政府采购活动。各地区、各部门根据疫情防控和实际工作需要，积极履职尽责，科学合理开展政府采购活动。对于与疫情防控相关的采购项目，作为紧急采购项目，按照《财政部办公厅关于疫情防控采购便利化的通知》（财办库〔2020〕23号）的规定执行。对于非紧急的采购活动，因疫情防控而无法开展或无法按规定时间继续进行的采购活动，可酌情暂停或延期，并按规定发布相关信息、通知有关当事人；对于确有必要在疫情防控期间开展的政府采购活动及相关工作，要尽量选择网络、电话、邮寄等非现场方式实施。疫情防控期间需要选取政府采购评审专家的，原则上不采取现场抽取方式，可由采购人通过网络随机抽取或根据实际情况自行选定。对确需开展、按规定应在公共资源交易中心实施的采购活动，因公共资源交易中心暂停业务无法开展的，可在其他平台或其他场所进行。

二、加强采购活动场所防护。对确需现场办理或开展的采购活动，采购人、采购代理机构应当严格执行疫情防控要求，做好采购活动场所的通风、消杀、体温监测、人员信息登记等工作，尽可能减少现场人数、加大座位间隔、缩短工作时间。参加政府采购活动的供应商代表、评审专家及采购人、采购代理机构工作人员应当做好个人防护，严格执行疫情报告、人员隔离等要求。

三、推进采购项目电子化实施。有条件的地方尽量在线提供采购文件、提交投标（响应）文件，实行电子开标、电子评审等流程。鼓励各地区电子卖场加强疫情防控相关物资的货源组织，设置专区发布疫情防控采购需求信息和供应商供应信息，促进供需对接。加强对电子卖场的价格监控和供应商管理，依法处理提供假冒伪劣产品、哄抬物价等违法违规行为。

四、关于投诉处理工作。疫情防控期间，各级财政部门可暂停现场受理、质证等工作，相关业务改为网上办理。现场业务恢复时间由各级财政部门根据本地疫情防控工作实际情况确定并公告。因疫情防控期间无法召开专家审查会议，可酌情暂缓作出相关案件的处理决定，并提前告知相关当事人。

五、关于工作日的计算。在政府采购活动及相关质疑、投诉工作中需计算工作日的，国务院及地方各级人民政府规定的延长假期作为公休日，不计入工作日。

六、自疫情防控终止之日起，即恢复正常采购活动。

特此通知。

关于开展政府采购意向公开工作的通知

（财库〔2020〕10号，财政部2020年3月2日发布）

各中央预算单位，各省、自治区、直辖市、计划单列市财政厅（局），新疆生产建设兵团财政局：

为进一步提高政府采购透明度，优化政府采购营商环境，根据《深化政府采购制度改革方案》和《财政部关于促进政府采购公平竞争优化营商环境的通知》（财库〔2019〕38号）有关要求，现就政府采购意向公开有关工作安排通知如下：

一、高度重视采购意向公开工作

推进采购意向公开是优化政府采购营商环境的重要举措。做好采购意向公开工作有助于提高政府采购透明度，方便供应商提前了解政府采购信息，对于保障各类市场主体平等参与政府采购活动，提升采购绩效，防范抑制腐败具有重要作用。各地区、各部门要充分认识此项工作的重要意义，高度重视、精心组织，认真做好采购意向公开工作。

二、关于采购意向公开工作推进步骤

采购意向公开工作遵循“试点先行，分步实施”的原则。2020年在中央预算单位和北京市、上海市、深圳市市本级预算单位开展试点。对2020年7月1日起实施的采购项目，中央预算单位和北京市、上海市、深圳市市本级预算单位应当按规定公开采购意向。各试点地区应根据地方实际尽快推进其他各级预算单位采购意向公开。其他地区可根据地方实际确定采购意向公开时间，原则上省级预算单位2021年1月1日起实施的采购项目，省级以下各级预算单位2022年1月1日起实施的采购项目，应当按规定公开采购意向；具备条件的地区可适当提前开展采购意向公开工作。

三、关于采购意向公开的主体和渠道

采购意向由预算单位负责公开。中央预算单位的采购意向在中国政府采购网（www.ccgp.gov.cn）中央主网公开，地方预算单位的采购意向在中国政府采购网地方分网公开，采购意向也可在省级以上财政部门指定的其他媒体同步公开。主管预算单位可汇总本部门、本系统所属预算单位的采购意向集中公开，有条件的部门可在其部门门户网站同步公开本部门、本系统的采购意向。

四、关于采购意向公开的内容

采购意向按采购项目公开。除以协议供货、定点采购方式实施的小额零星采购和由集中采购机构统一组织的批量集中采购外，按项目实施的集中采购目录以内或者采购限额标准以上的货物、工程、服务采购均应当公开采购意向。

采购意向公开的内容应当包括采购项目名称、采购需求概况、预算金额、预计采购时间等，政府采购意向公开参考文本见附件。其中，采购需求概况应当包括采购标的名称，采购标的需实现的主要功能或者目标，采购标的数量，以及采购标的需满足的质量、服务、安全、时限等要求。采购意向应当尽可能清晰完整，便于供应商提前做好参与采购活动的准备。采购意向仅作为供应商了解各单位初步采购安排的参考，采购项目实际采购需求、预算金额和执行时间以预算单位最终发布的采购公告和采购文件为准。

五、关于采购意向公开的依据和时间

采购意向由预算单位定期或者不定期公开。部门预算批复前公开的采购意向，以部门预算“二上”内容为依据；部门预算批复后公开的采购意向，以部门预算为依据。预算执行中新增采购项目应当及时公开采购意向。采购意向公开时间应当尽量提前，原则上不得晚于采购活动开始前 30 日公开采购意向。因预算单位不可预见的原因急需开展的采购项目，可不公开采购意向。

六、工作要求

各中央预算单位要加强采购活动的计划性，按照本通知要求及时、全面公开采购意向。各中央主管预算单位应当做好统筹协调工作，及时安排部署，加强对本部门所属预算单位的督促和指导，确保所属预算单位严格按规定公开采购意向，做到不遗漏、不延误。

各省级财政部门要根据本通知要求抓紧制定具体工作方案，对本地区采购意向公开工作进行布置，着重加强对市县级预算单位政府采购意向公开工作的指导，并在中国政府采购网地方分网设置相关专栏，确保本地区各级预算单位按要求完成采购意向公开工作。

各地区、各部门要认真总结采购意向公开工作中好的做法和经验，对推进过程中遇到的新情况、新问题，要研究完善有关举措，并及时向财政部反映。财政部将结合政府采购透明度评估工作，对采购意向公开情况进行检查并对检查结果予以通报。

特此通知。

附件：政府采购意向公开参考文本

附件

政府采购意向公开参考文本

(单位名称) ____年____（至）____月 政府采购意向

为便于供应商及时了解政府采购信息，根据《财政部关于开展政府采购意向公开工作的通知》（财库〔2020〕10 号）等有关规定，现将（单位名称）__年__（至）__月采购意向公开如下：

序号	采购项目名称	采购需求概况	预算金额（万元）	预计采购时间（填写到月）	备注
	填写具体采购项目的名称	填写采购标的名称，采购标的需实现的主要功能或者目标，采购标的数量，以及采购标的需满足的质量、服务、安全、时限等要求	精确到万元	填写到月	其他需要说明的情况
	……				
	……				

本次公开的采购意向是本单位政府采购工作的初步安排，具体采购项目情况以相关采购公告和采购文件为准。

××（单位名称）

年　月　日

政府和社会资本合作

国家发展改革委关于依法依规加强 PPP 项目投资和建设管理的通知

（发改投资规〔2019〕1098 号，国家发展改革委 2019 年 6 月 21 日发布）

各省、自治区、直辖市及计划单列市发展改革委，新疆生产建设兵团发展改革委：

为了贯彻落实党中央、国务院关于基础设施补短板、防范化解地方政府隐性债务风险的决策部署，加强 PPP 项目投资和建设管理、提高 PPP 项目投资决策科学性，按照近日国务院颁布实施的《政府投资条例》（国务院令第 712 号），以及《企业投资项目核准和备案管理条例》（国务院令第 673 号）、《国务院办公厅关于保持基础设施领域补短板力度的指导意见》（国办发〔2018〕101 号）等规定，现就有关事项通知如下。

一、全面、深入开展 PPP 项目可行性论证和审查

（一）PPP 项目涉及公共资源配置和公众利益保障，其建设的必要性、可行性等重大事项应由政府研究认可。按照国务院关于“加强 PPP 项目可行性论证，合理确定项目主要内容和投资规模”的要求，所有拟采用 PPP 模式的项目，均要开展可行性论证。通过可行性论证审查的项目，方可采用 PPP 模式建设实施。

（二）PPP 项目可行性论证既要从经济社会发展需要、规划要求、技术和经济可行性、环境影响、投融资方案、资源综合利用以及是否有利于提升人民生活质量等方面，对项目可行性进行充分分析和论证，也要从政府投资必要性、政府投资方式比选、项目全生命周期成本、运营效率、风险管理以及是否有利于吸引社会资本参与等方面，对项目是否适宜采用 PPP 模式进行分析和论证。

（三）实行审批制管理的 PPP 项目，在可行性研究报告审批通过后，方可开展 PPP 实施方案审查、社会资本遴选等后续工作。实行核准制的 PPP 项目，应在核准的同时或单独开展可行性论证和审查。实行备案制的 PPP 项目，应单独开展可行性论证和审查。

二、严格依法依规履行项目决策程序

（四）PPP 项目要严格执行《政府投资条例》、《企业投资项目核准和备案管理条例》，依法依规履行审批、核准、备案程序。采取政府资本金注入方式的 PPP 项目，按照《政府投资条例》规定，实行审批制。列入《政府核准的投资项目目录》的企业投资项目，按照《企业投资项目核准和备案管理条例》规定，实行核准制。对于实行备案制的企业投资项目，拟采用 PPP 模式的，要严格论证项目可行性和 PPP 模式必要性。

（五）未依法依规履行审批、核准、备案及可行性论证和审查程序的 PPP 项目，为不规范项目，不得开工建设。不得以实施方案审查等任何形式规避或替代项目审批、核准、备案，以及可行性论证和审查程序。

（六）实施方案、招投标文件、合同的主要内容应与经批准的可行性研究报告、核准文件、备案信息保持一致。实施方案、招投标文件、合同或建设中出现以下情形的，应当报请原审批、核准、备案机关重新履行项目审核备程序：（1）项目建设地点发生变化；（2）项目建设规模和主要建设内容发生较大变化；（3）项目建设标准发生较大变化；（4）项目投资规模超过批复投资的 10%。

三、严格实施方案审核，依法依规遴选社会资本

（七）加强对 PPP 项目实施方案的审核，通过实施方案审核的 PPP 项目，方可开展社

会资本遴选。鼓励各地建立PPP项目实施方案联审机制，各级发展改革部门要严格审查实施方案主要内容是否与经批复的可行性研究报告、项目核准文件、备案信息相一致。对建设内容单一、投资规模较小、技术方案简单的PPP项目，可将实施方案纳入可行性研究报告一并审核。

（八）公开招标应作为遴选社会资本的主要方式。不得排斥、限制民间资本参与PPP项目，消除隐性壁垒，确保一视同仁、公平竞争。招标文件的主要内容应与经批准的PPP项目实施方案保持一致。

四、严格执行国务院关于固定资产投资项目资本金制度的各项规定

（九）按照国务院有关规定，"投资项目资本金对投资项目来说是非债务性资金，项目法人不承担这部分资金的任何利息和债务；投资者可按其出资的比例依法享有所有者权益，也可转让其出资，但不得以任何方式抽回"。各行业固定资产投资项目资本金必须满足国务院规定的最低比例要求，防止过度举债融资等问题。

（十）PPP项目的融资方式和资金来源应符合防范化解地方政府隐性债务风险的相关规定。不得通过约定回购投资本金、承诺保底收益等方式违法违规变相增加地方政府隐性债务，严防地方政府债务风险。

五、依法依规将所有PPP项目纳入全国投资项目在线审批监管平台统一管理

（十一）严格执行《政府投资条例》、《企业投资项目核准和备案管理条例》，除涉密项目外，所有PPP项目须使用全国投资项目在线审批监管平台（以下简称"在线平台"）生成的项目代码分别办理各项审批手续。不得以其他任何形式规避、替代PPP项目纳入在线平台统一管理。

（十二）依托在线平台建立全国PPP项目信息监测服务平台，加强PPP项目管理和信息监测。对于通过项目审批、核准或备案，以及可行性论证、实施方案审查的PPP项目，要通过平台公开项目信息，实现全国PPP项目信息定期发布、动态监测、实时查询等功能，便于社会资本、金融机构等有关方面更好参与PPP项目。

（十三）全国PPP项目信息监测服务平台信息审核实行属地管理，原则上由项目实施主体所在地同级发展改革部门审核项目单位填报的项目信息。各级发展改革部门要采取在线监测、现场核查等方式，加强对PPP项目实施情况的监督检查。未录入全国PPP项目信息监测服务平台的项目为不规范项目。

（十四）落实《政府信息公开条例》（国务院令第492号）、《国务院办公厅关于推进重大建设项目批准和实施领域政府信息公开的意见》（国办发〔2017〕94号）等要求，依托在线平台，重点公开PPP项目的批准服务信息、批准结果信息、招标投标信息，以及施工、竣工等有关信息。

六、加强PPP项目监管，坚决惩戒违规失信行为

（十五）依照《政府投资条例》、《企业投资项目核准和备案管理条例》和本通知有关规定，加强PPP项目监管。政府应依法依规履行承诺，不得擅自变更合同约定的政府方责任和义务。根据PPP项目合同约定，加强对社会资本方履约能力全过程动态监管，防止因社会资本方超出自身能力过度投资、过度举债，或因公司股权、管理结构发生重大变化等导致项目无法实施。依照规定将存在严重失信行为的地方政府、社会资本，通过"信用中国"网站等平台向社会公示，由相关部门依法依规对其实施联合惩戒。

（十六）指导监督PPP咨询机构严格执行《工程咨询行业管理办法》（国家发展改革委令2017年第9号），通过在线平台履行法定备案义务、接受行业监督管理。指导监督PPP咨询机构资信评价工作，引导PPP咨询机构积极参与行业自律管理，指导有关方面通过充分竞争、自主择优选取PPP咨询机构。严禁通

过设置“短名单”、“机构库”等方式限制社会资本方、金融机构等自主选择PPP咨询机构。对PPP咨询机构不履行备案程序和违反合同服务、关联回避、质量追溯、反垄断等规定，以及违反《政府投资条例》决策程序规定、咨询或评估服务存在严重质量问题影响项目决策实施的，要严格按照规定给予处罚。

各级发展改革部门要严格按照《政府投资条例》、《企业投资项目核准和备案管理条例》规定，并参照本通知要求，抓紧完善本地区PPP项目管理制度，确保与上位法保持一致。本通知自2019年7月1日起执行。原有政策规定与本通知内容不符的，以本通知为准。

国家发展改革委 财政部关于印发《关于深化农村公共基础设施管护体制改革的指导意见》的通知

（发改农经〔2019〕1645号，国家发展改革委、财政部2019年10月19日发布）

各省、自治区、直辖市人民政府，中央和国家机关有关部门：

《关于深化农村公共基础设施管护体制改革的指导意见》已经中央全面深化改革委员会会议审议通过，现印发给你们，请结合实际认真贯彻落实。

关于深化农村公共基础设施管护体制改革的指导意见

农村公共基础设施包括农村水电路气信以及公共人居环境、公共管理、公共服务等设施，是促进农村经济社会持续健康发展的重要支撑，是推进乡村全面振兴的重要基础。为深化农村公共基础设施管护体制改革，现提出如下意见。

一、总体要求

（一）指导思想。以习近平新时代中国特色社会主义思想为指导，全面贯彻党的十九大和十九届二中、三中全会精神，紧紧围绕统筹推进“五位一体”总体布局和协调推进“四个全面”战略布局，按照党中央、国务院决策部署，坚持农业农村优先发展总方针，以实施乡村振兴战略为总抓手，以推进城乡融合发展为目标，在全面补齐农村公共基础设施短板的同时，改革创新管护机制，构建适应经济社会发展阶段、符合农业农村特点的农村公共基础设施管护体系，全面提升管护水平和质量，切实增强广大农民群众的获得感、幸福感和安全感。

（二）基本原则。

城乡融合、服务一体。坚持城乡融合发展，逐步建立健全城乡公共基础设施一体化发展机制，实现城乡公共基础设施统一规划、统一建设、统一管护。

政府主导、市场运作。在强化政府责任的同时，充分发挥市场作用，引入竞争机制，鼓励社会各类主体参与农村公共基础设施管护。

明确主体、落实责任。按产权归属落实农村公共基础设施管护责任，统筹考虑政府事权、资金来源、受益群体等因素，合理确定管护主体，保障管护经费。

因地制宜、分类施策。根据各地区经济社会发展水平和不同类型农村公共基础设施特点，科学制定管护标准和规范，合理选择管护模式，有序推进管护体制改革。

建管并重、协同推进。按照“建管一体”的要求，坚持先建机制、后建工程，统一谋划农村公共基础设施建设、运营和管护，建立健全有利于长期发挥效益的体制机制。

（三）主要目标。到2025年，政府主导、多方参与、市场运作的农村公共基础设施管护体制机制初步建立，管护主体和责任明晰，管护标准和规范健全，管护经费较好落实，管护水平和质量显著提升。到2035年，城乡一体化管护体制基本健全，权责明确、主体多元、保障有力的长效管护机制基本形成，农村各类公共基础设施管护基本到位。

二、建立明晰的管护责任制度

（四）落实地方政府主导责任。县级政府是农村公共基础设施管护的责任主体，乡镇政府履行属地管理职责，省、市级政府应为县级政府履行责任创造有利条件。地方各级政府要在明确财政事权、支出责任和各类设施所有权、经营权、管理权的基础上，按照中央与地方财政事权和支出责任划分改革要求，编制农村公共基础设施管护责任清单，明确管护对象、主体和标准等，建立公示制度。（各地方政府负责）

（五）压实行业主管部门监管责任。各级行业主管部门对农村公共基础设施管护负有监管责任，要按照部门职责分工，加快制定本领域农村公共基础设施管护制度、标准和规范，明确管护目标、质量要求、管护方法、操作规程及应急保障机制等，加强培训和监督管理，不断提高农村公共基础设施管护水平。建立农村公共基础设施管护评价体系，推进管护信息化、智慧化，促进各类设施安全有效持续使用。（教育部、工业和信息化部、民政部、住房城乡建设部、交通运输部、水利部、农业农村部、文化和旅游部、国家卫生健康委、应急管理部、广电总局、体育总局、国家能源局、国家林草局、国家邮政局等部门按职责分工负责）

（六）充分发挥村级组织作用。村级组织对所属公共基础设施承担管护责任。对于应由村民自治组织承担管护责任的公共基础设施，如委托村民、农民合作社或者社会力量等代管的，村民自治组织要承担监督责任。（各地方政府负责）

（七）强化运营企业管护责任。供水、电力、燃气、通信、邮政等设施运营企业应落实普遍服务要求，全面加强对所属农村公共基础设施的管护，自觉接受政府、村民自治组织和村民监督，确保所属农村公共基础设施稳定运行。学校（幼儿园）、医院（卫生院）、养老院等农村公共服务供给单位应承担所属设施管护责任。（教育部、工业和信息化部、民政部、住房城乡建设部、水利部、农业农村部、国家卫生健康委、广电总局、国家能源局、国家邮政局等部门按职责分工负责）

（八）落实受益者责任。广大农民群众是农村公共基础设施的直接受益主体，应增强主动参与设施管护的意识，自觉缴纳有偿服务和产品的费用。探索建立农村公共基础设施使用者管理协会，鼓励采用“门前三包”、党员责任区、文明户评选等形式，引导农民参与村内道路、垃圾收集处理设施和公共绿地等的管护。（各地方政府负责）

三、健全高效的分类管护机制

（九）完善非经营性设施政府或村级组织管护机制。没有收益的农村公共管理和公共服务设施、绿化设施、道路等非经营性基础设施，按照权属关系，由地方政府或村级组织负责管护。鼓励地方政府逐步由直接提供管护服务向购买服务转变，采用多种形式，有序引导社会力量参与管护。鼓励集体经济实力强的村对所属各类农村公共基础设施实行统一管护。鼓励地方设立公益性管护岗位，优先从贫困户中聘请管护员，负责村属公共基础设施日常巡查、小修、保洁等管护工作。（各地方政府负责）

（十）健全准经营性设施多元化管护机制。经营收益不足以弥补建设和运营成本的准经营性设施，按照权属关系，由运营企业、地方政府或村级组织负责管护。地方政府和经济实力强的村根据实际情况对运营企业予以合理补偿，运营企业应控制成本、提高效益。（各地方政府负责）

（十一）创新经营性设施市场化管护机制。经营收益可以弥补建设和运营成本的经营性设施，由运营企业自行或委托第三方管护。地方政府应完善相关支持政策，鼓励各类企业、专业机构从事运营管护。鼓励运营企业与村级组织开展管护合作，聘用村民参与管护。（工业和信息化部、住房城乡建设部、交通运输部、水利部、广电总局、国家能源局、国家邮政局

等部门和各地方政府按职责分工负责）

（十二）梯次推进公共基础设施城乡一体化管护。通过统一管护机构、统一经费保障、统一标准制定等方式，将城市公共基础设施管护资源、模式和手段逐步向农村延伸。各地区要结合当地实际，确定公共基础设施城乡一体化管护的设施类别、工作路径和时间表。东部沿海发达地区、中西部省会城市等具备条件的地区，应率先实现城乡一体化管护。（各地方政府负责）

四、完善相关的管护配套制度

（十三）健全农村公共基础设施产权管理制度。结合农村集体产权制度改革，研究制定管理办法，推动各类农村公共基础设施确权登记颁证，确权登记颁证成果纳入县级相关信息平台，实行信息化、动态化管理。农村公共基础设施由财政资金投入建设的，产权归承担项目实施责任的地方政府或其授权部门所有；明确划归村级组织或由村级组织通过自主筹资筹劳以及接受政府补助、社会捐助等兴建的，产权归村级组织所有。由企事业单位投资兴建的电力、燃气、通信、邮政等经营性公共基础设施，产权归投资主体所有。（各地方政府负责）

（十四）建立设施建设与管护机制同步落实制度。按照城乡融合发展的要求，结合县域国土空间规划、村庄规划以及其他专项规划，合理布局和建设农村公共基础设施，通盘考虑设施建设和运营维护。在项目规划设计阶段，要明确设施管护主体、管护责任、管护方式、管护经费来源等。在项目竣工验收时，同步验收管护机制到位情况。（各地方政府负责）

（十五）建立市场化专业化管护制度。制定完善鼓励社会资本和专业化企业有序参与农村公共基础设施管护的政策措施，保障管护主体合理收益，形成多元化管护格局。将从事农村公共基础设施管护的社会主体统筹纳入政府购买服务承接主体范围。对于农村公路、供水、垃圾污水处理等设施，可探索通过出让冠名权、广告权等方式，引入专业化企业进行管护。支持有条件的地方政府将城乡基础设施项目整体打包，实行一体化开发建设管护。（各地方政府负责）

五、优化多元的资金保障机制

（十六）加快建立政府投入稳定增长机制。中央统筹考虑地方实际和发展需要，加大一般性转移支付力度，由地方按规定统筹用于农村公共基础设施管护补助，并向贫困地区、少数民族地区、革命老区、边境地区等倾斜。地方各级政府要依据管护责任、规模和标准，建立城乡一体化的公共财政预算支出体制，将应由政府承担的农村公共基础设施管护费用纳入本级政府预算。有条件的地方对集体经济薄弱、筹措资金困难的村，适当予以补助。（财政部和各地方政府按职责分工负责）

（十七）拓宽管护经费来源渠道。调整完善土地出让收入使用范围，加大对农村公共基础设施管护的投入力度。农村集体经营性建设用地入市收益，安排一定比例用于农村公共基础设施管护。规范运用政府和社会资本合作模式，努力开拓市场化筹资渠道。村级组织可通过提取公益金、村民“一事一议”制度等，积极筹措管护资金。探索开展农村公共基础设施灾毁保险。（财政部、自然资源部、农业农村部、中国银保监会等部门和各地方政府按职责分工负责）

（十八）完善使用者付费制度。正确处理好使用者合理付费与增加农民支出的关系，逐步完善农村准经营性、经营性基础设施收费制度。逐步理顺农村公共基础设施产品、服务价格形成机制，充分考虑成本变化、农户承受能力、政府财政能力等因素，合理确定和调整价格水平，逐步实现城乡同网同质同价。具备条件的，促进价格由市场形成。（各地方政府负责）

六、保障措施

（十九）加强组织领导。各地要充分认识深化农村公共基础设施管护体制改革的重要意义，把加强农村公共基础设施管护工作摆上重要议事日程，创新管护体制机制，合理把握改革节奏力度，确保各项措施平稳有效落地落实。各行业主管部门要按照职责分工，制定实施方案，细化配套措施，加强跟踪评估，支持和指导地方相关企业做好改革工作。（教育部、工业和信息化部、民政部、住房城乡建设部、交通运输部、水利部、农业农村部、文化和旅游部、国家卫生健康委、应急管理部、广电总局、国家能源局、国家林草局、国家邮政局等部门，各地方政府按职责分工负责）

（二十）强化监督考核。开展运营质量和服务效果检查，保障农村公共基础设施长效运行。将农村公共基础设施管护情况纳入地方乡村振兴实绩考核。加强农村公共基础设施管护资金绩效管理，建立健全激励约束机制。加快推进农村公共基础设施领域信用体系建设，将建设管护主体和使用者履约情况纳入全国信用信息共享平台，对严重失信行为责任主体，按规定实施联合惩戒，营造诚实守信的市场环境。（中央农办、国家发展改革委、财政部等部门，各地方政府按职责分工负责）

（二十一）抓好试点示范。各地区要结合实际积极探索深化农村公共基础设施管护体制改革的有效形式，选择本区域内具备条件的地区开展改革试点，不断积累经验，发挥示范效应，以点带面推进改革，防止一哄而上、急躁冒进。要及时梳理成功经验和好的做法，推广可复制的典型经验。（各地方政府负责）

（二十二）注重宣传引导。充分发挥传统媒体和新媒体作用，加强法律宣传和政策解读，提高广大农民群众对使用者付费制度、村民“一事一议”筹资筹劳用于村级公益事业的认识和接受程度，引导农民增强契约意识。畅通意见表达渠道，积极回应各方合理关切。（各地方政府负责）

关于印发《2019年降低企业杠杆率工作要点》的通知

（发改财金〔2019〕1276号，国家发展改革委、人民银行、财政部、银保监会2019年7月26日发布）

各省、自治区、直辖市、计划单列市人民政府，新疆生产建设兵团，积极稳妥降低企业杠杆率工作部际联席会议各成员部门和单位、审计署，国有大型商业银行、股份制商业银行：

为深入学习习近平新时代中国特色社会主义思想，全面贯彻党的十九大和十九届二中、三中全会精神，认真落实中央经济工作会议和政府工作报告各项部署，打好防范化解重大风险攻坚战，使宏观杠杆率得到有效控制。经国务院同意，现将《2019年降低企业杠杆率工作要点》印发你们，请认真组织实施，抓好任务落实。

附件

2019年降低企业杠杆率工作要点

为深入学习贯彻习近平新时代中国特色社会主义思想和党的十九大精神，认真落实中央经济工作会议和政府工作报告各项部署，按照《国务院关于积极稳妥降低企业杠杆率的意见》（国发〔2016〕54号）、《中共中央办公厅国务院办公厅印发〈关于加强国有企业资产负债约束的指导意见〉的通知》要求，现提出2019年降低企业杠杆率工作要点如下。

一、加大力度推动市场化法治化债转股增量扩面提质

（一）推动金融资产投资公司发挥市场化债转股主力军作用。设立金融资产投资公司的

商业银行要进一步加强行司联动，扩大金融资产投资公司编制，充实金融资产投资人才队伍，建立符合股权投资特点的绩效评价和薪酬管理体系。（各设立金融资产投资公司的商业银行负责，完成时间：2019 年 9 月底前）

（二）拓宽社会资本参与市场化债转股渠道。出台金融资产投资公司发起设立资管产品备案制度。（银保监会负责，完成时间：2019 年 9 月底前）将市场化债转股资管产品列入保险资金等长期限资金允许投资的白名单。（银保监会负责，完成时间：2019 年 9 月底前）探索提出允许在满足一定条件下公募资管产品依法合规参与优质企业债转股。（人民银行、银保监会、国家发展改革委、证监会按职责分工负责，完成时间：2019 年底前）

（三）加快股份制商业银行定向降准资金使用。支持符合条件的股份制商业银行利用所属具有股权投资功能的子公司、同一金融控股集团的现有股权投资机构或拟开展合作的具有股权投资功能的机构参与市场化债转股。（银保监会、国家发展改革委、人民银行、财政部按职责分工负责，完成时间：持续推进）推动符合条件的股份制商业银行单独或联合设立金融资产投资公司。（银保监会负责，完成时间：持续推进）

（四）加强对商业银行定向降准资金使用情况的评估考核。进一步推动商业银行调动全行资源用好定向降准资金支持市场化债转股。（人民银行负责，完成时间：持续推进）

（五）采取多种措施解决市场化债转股资本占用过多问题。支持商业银行发行永续债补充资本。鼓励外资依法合规入股金融资产投资公司等债转股实施机构。（人民银行、银保监会按职责分工负责，完成时间：持续推进）妥善解决金融资产投资公司等机构持有债转股股权风险权重较高、资本占用较多问题。（银保监会负责，完成时间：2019 年底前）

（六）加快推进市场化债转股资产交易。推动具备条件的各类交易场所依法合规开展转股资产交易，尽快选择若干家交易场所开展相对集中交易试点。（人民银行、证监会按职责分工负责，完成时间：2019 年底前）

（七）鼓励对优质企业开展市场化债转股。鼓励对品牌知名度高、市场竞争力强、经营运转正常的高杠杆优质企业或企业集团内优质子公司及业务板块优先实施市场化债转股，增强优质企业资本实力，降低债务风险，提高抗冲击能力。（国家发展改革委、人民银行、财政部、国务院国资委、银保监会按职责分工负责，完成时间：持续推进）

（八）支持对民营企业实施市场化债转股。鼓励和支持实施机构对符合政策和条件的民营企业实施市场化债转股，降低民营企业债务风险，促进民营经济发展。（国家发展改革委、人民银行、财政部、银保监会按职责分工负责，完成时间：持续推进）

（九）大力开展债转优先股试点。鼓励依法合规以优先股方式开展市场化债转股，扩大非上市非公众股份公司债转优先股试点范围。（国家发展改革委、人民银行、财政部、国务院国资委、银保监会按职责分工负责，完成时间：持续推进）

（十）进一步提高市场化债转股资产定价市场化水平。对市场化债转股过程中涉及的国有资产定价问题进行深入调研，找准问题，提出解决方案。有效完善国有企业、债转股实施机构等尽职免责办法，解除相关主体后顾之忧。（国务院国资委、财政部、银保监会、国家发展改革委、人民银行、审计署按职责分工负责，完成时间：2019 年 9 月底前）

（十一）强化公司治理和社会资本权益保护。引导实施机构依法向转股对象企业派驻董事、监事，实质性参与公司治理，积极推动企业转型升级；促进市场化债转股与混合所有制改革等有机结合，优化股权结构，推动完善现代企业制度。（国家发展改革委、国务院国资委牵头，人民银行、财政部、银保监会、证监会参与按职责分工负责，完成时间：持续推进）

二、综合运用各类降杠杆措施

（十二）推进企业战略重组与结构调整。鼓励通过兼并重组整合资源，出清过剩产能，提高产业集中度，减少同质化无序竞争和资源浪费；鼓励有效整合企业内部优质资源，提升内部资源配置效率，提高优质业务板块股权融资能力。（工业和信息化部、国家发展改革委、国务院国资委、财政部、人民银行、银保监会、证监会按职责分工负责，完成时间：持续推进）

（十三）加快“僵尸企业”债务处置。对已列入处置名单的“僵尸企业”，积极推动银企双方按照相关政策加快债务清理和处置；符合破产等退出条件的，各相关方不得以任何方式阻碍其退出，相关企业不得通过转移资产等方式恶意逃废债务。切实履行好维稳、政策协调、职工权益保障等公共服务职能，做好与人民法院破产案件审理工作的对接，为“僵尸企业”债务处置创造良好环境。（各地区负责，完成时间：持续推进）

（十四）完善破产退出相关保障机制。依法解决企业拖欠职工薪金社保费以及欠税、破产案件受理后相关部门保全措施解除等重点难点问题，鼓励有条件的地方政府支持人民法院破产审判队伍专业化、职业化建设，探索建立破产经费筹措机制，优化破产管理人选任机制和名册、报酬制度，推动成立全国破产管理人行业协会。（国家发展改革委、财政部、人力资源社会保障部、最高人民法院、税务总局按职责分工负责，完成时间：持续推进）

（十五）大力发展股权融资。完善交易所市场股权融资功能，改革股票发行制度，提升上市公司质量；加强对中小投资者权益的保护，增强投资者信心；按照投资者适当性原则，有序促进社会储蓄转化为股权投资，拓宽企业资本补充渠道；鼓励私募股权投资基金等多元化投资主体发展，丰富股权融资市场投资者群体。（证监会、人民银行、银保监会按职责分工负责，完成时间：持续推进）

三、进一步完善企业债务风险防控机制

（十六）完善企业债务风险监测预警机制。建立覆盖全部国有企业法人单位的债务风险监测系统，分行业、分地区定期对企业杠杆率和债务风险进行动态监测。重点做好大型企业债务风险监测，加强涉企信息整合和共享。（国家发展改革委、国务院国资委、财政部、人民银行、银保监会及各地区按职责分工负责，完成时间：持续推进）

（十七）加强金融机构对企业的负债融资约束。通过债权人委员会、联合授信等机制以及银行对企业客户开展债务风险评估等方式，加强授信管理，限制高负债企业过度债务融资。（银保监会、人民银行牵头，国家发展改革委、国务院国资委、财政部、证监会按职责分工负责，完成时间：持续推进）

（十八）充实国有企业资本。拓宽国有企业资本补充渠道，鼓励国有企业通过发行普通股和优先股充实资本金，进一步规范国有企业资本管理，防止虚假降杠杆。（国务院国资委、国家发展改革委牵头，人民银行、财政部、银保监会按职责分工负责，完成时间：持续推进）

（十九）及时处置企业债务风险。在企业债务风险暴露初期及时介入，积极引导各市场主体按照市场化法治化原则协商处置，对扭亏无望的企业慎用减息停息、借新还旧等金融手段，避免债务风险越拖越大。对潜在影响较大的债务风险事件，相关部门联合开展协调，提高处置效率并确保依法合规，防止风险蔓延。（国家发展改革委、银保监会、人民银行、财政部、国务院国资委及各地区按职责分工负责，完成时间：持续推进）

四、做好组织协调和服务监督

（二十）持续深入开展政策解读。在全国范围组织降低企业杠杆率、市场化债转股政策宣讲与项目对接会，推动地方政府、市场化债转股实施机构、企业等相关主体，通过法律法规和政策方针解读、具体案例剖析、潜在项目推介等形式，面对面解决疑难问题，提高各相关主体对降低企业杠杆率、市场化债转股工作的认识水平和工作能力。（国家发展改革委、人民银行、财政部、银保监会等积极稳妥降低企业杠杆率工作部际联席会议成员单位及各地区按职责分工负责，完成时间：2019年底前）

（二十一）建立市场化债转股项目评估检查机制。加强市场化债转股全过程监管。定期

就市场化债转股项目在降低企业资产负债率、改善公司治理、完善现代企业制度等方面落实情况进行现场调研、评估和监督检查，防止借债转股名义掩盖不良债权，粉饰资产负债表，确保业务流程合法合规。（国家发展改革委、人民银行、财政部、银保监会等部际联席会议成员单位及各地区按职责分工负责，完成时间：持续推进）

关于加强政府投资基金管理 提高财政出资效益的通知

（财预〔2020〕7号，财政部2020年2月12日发布）

党中央有关部门，国务院各部委、各直属机构，各省、自治区、直辖市、计划单列市财政厅（局），新疆生产建设兵团财政局：

近年来，各级政府批准设立的政府投资基金（以下简称基金）已经形成较大规模，对创新财政资金使用、引导新兴产业发展、撬动社会资本投入发挥了重要作用。但同时一些基金也存在政策目标重复、资金闲置和碎片化等问题。为加强对设立基金或注资的预算约束，提高财政出资效益，促进基金有序运行，现就有关事项通知如下：

一、强化政府预算对财政出资的约束。对财政出资设立基金或注资须严格审核，纳入年度预算管理，报本级人大或其常委会批准；数额较大的，应根据基金投资进度分年安排。设立基金要充分考虑财政承受能力，合理确定基金规模和投资范围。年度预算中，未足额保障“三保”、债务付息等必保支出的，不得安排资金新设基金。预算执行中收回的沉淀资金，按照推进财政资金统筹使用和盘活存量资金的规定，履行必要程序后，可用于经济社会发展急需领域的基金注资。

二、着力提升政府投资基金使用效能。发挥财政出资的杠杆作用，积极带动社会资本投入，围绕产业转型升级、推进供给侧结构性改革和做好“六稳”等开展基金运作。完善基金内部治理结构，加快基金投资进度，提高基金运作效率，减少资金闲置，从严控制管理费用。支持地方政府推进基金布局适度集中，聚焦需要政府调节的关键性、创新型行业领域，防止对民间投资形成挤出效应。鼓励上下级政府按照市场化原则互相参股基金，形成财政出资合力。同一行业领域设立多支目标雷同基金的，要在尊重出资人意愿的基础上，推动整合或调整投资定位。

三、实施政府投资基金全过程绩效管理。财政部门会同相关部门对基金实施全过程绩效管理。行业主管部门负责做好事前绩效评估，制定绩效目标和绩效指标，开展绩效监控，每年末基金实施绩效自评。自评结果报财政部门和其他主要出资人审核。财政部门可组织对基金开展重点绩效评价，主要评价政策目标实现程度、财务效益和管理水平。绩效自评和重点绩效评价结果作为基金存续、计提管理费的重要依据。

四、健全政府投资基金退出机制。设立基金要规定存续期限和提前终止条款，并设置明确的量化指标。基金投资项目偏离目标领域的，财政部门应会同行业主管部门及时纠正；问题严重的，报经本级政府批准后，可中止财政出资或收回资金。基金绩效达不到预期效果、投资进度缓慢或资金长期闲置的，财政出资应按照章程（协议）择机退出。基金未按约定时间完成设立、开展业务，或募集社会资本低于约定下限的，财政出资可提前退出。

五、禁止通过政府投资基金变相举债。严格遵守党中央、国务院关于地方政府债务管理的各项规定，不得通过基金以任何方式变相举债。地方政府债券资金不得用于基金设立或注资。地方财政部门要会同相关部门对违反上述规定的基金严肃整改。财政部各地监管局按照有关职责和工作部署，加强对涉嫌变相举债基金的监管，协助地方防范隐性债务风险。

六、完善政府投资基金报告制度。受托管理基金的机构应定期向财政部门和其他出资人报告基金运行情况。财政部门会同相关部门监测基金运行情况，向本级政府汇总报告其批准设立基金的总体情况，包括政策引导效果、财政出资变动、基金投资回报和管理费用等。

以上要求适用于中央和地方政府直接出资的政府投资基金（包括作为管理平台的母基金）。母基金出资设立的子基金及以下层级基金，参照本通知精神执行。

请省级（含计划单列市）财政部门于2020年5月31日前，将落实本通知的简要情况，包括已采取政策措施、下一步工作安排等报送我部。

关于进一步明确国有金融企业增资扩股股权管理有关问题的通知

（财金〔2019〕130号，财政部2019年11月25日发布）

国务院有关部委、有关直属机构，各省、自治区、直辖市、计划单列市财政厅（局），新疆生产建设兵团财政局，各中央管理金融企业：

为进一步加强国有金融资本管理，规范国有金融企业增资扩股行为，明确进场交易相关流程，防止国有金融资产流失，根据国家有关法律、行政法规，现就国有金融企业增资扩股股权管理有关问题通知如下：

一、本通知所称国有金融企业是指国家可实际控制的金融企业（包括依法设立的获得金融业务许可证的各类金融企业，主权财富基金、金融控股公司、金融投资运营公司以及金融基础设施等实质性开展金融业务的其他企业或机构），即通过出资或投资关系、协议、其他安排，能够实际支配金融企业行为，包括独资、全资、绝对控股、实际控制等情形。

本通知所称增资扩股，是指国有金融企业增加资本金的行为。各级政府或履行出资人职责的机构对国有金融企业注资，以及风险金融机构接受风险救助的情形除外。

二、中央及地方财政部门按照统一政策、分级管理的原则，依职责对国有金融企业增资行为进行监督管理。

（一）国有金融企业本级因增资导致国有股权比例变动的，须依法报同级财政部门履行相关程序；因增资导致国家不再拥有所出资金融企业控股权的，财政部门须报同级人民政府批准。

（二）国有金融企业完成公司制改革、治理结构健全的，所属子公司增资行为原则上由集团（控股）公司按照公司治理程序自主决策。派驻国有金融企业的股权董事应当按照授权办法、本办法规定和派出单位的指示发表意见、行使表决权。

其中，重点子公司因增资行为导致实际控制权转移的，须报财政部门履行相关程序。重点子公司由集团（控股）公司综合考虑公司长期发展战略、金融业务布局、财务管理水平、风险管控能力、投资行业范围等因素确定，包括但不限于集团（控股）公司具有实际控制权的金融企业和上市公司，以及当期净资产占集团（控股）公司本级净资产超过一定比例（一般不低于5%）的各级子公司。

国有金融企业应建立重点子公司动态名录，并报同级财政部门备案。

（三）国有金融企业未完成公司制改革、治理结构不健全的，所属子公司增资行为须报财政部门履行相关程序。

（四）行政事业单位（除金融管理部门外）所办竞争性国有金融企业因增资行为导致实际控制权转移的，按现行管理体制，报财政部门履行相关程序。

三、增资行为的报告主体为集团（控股）公司。被增资企业为多家国有金融企业共同持股的，由其中持股比例最大的国有股东负责履行相关程序；各国有股东持股比例相同的，由相关股东协商后确定其中一家股东负责履行相关程序。

四、国有金融企业增资应当符合企业发展战略，做好可行性研究，制定增资方案，明确增资资金金额、用途、投资方应具备的条件、选择标准和遴选方式等。

五、被增资企业应对意向投资方进行资格审查，增资引入的投资方应当符合股东资质相关要求。除法律法规另有规定外，增资资金应为真实合法的自有资金（增资额一般应低于投资方的净资产），不得使用受托（管理）资金、债务资金等非自有资金参与增资，以非货币财产出资的应当依法进行资产评估。

投资方为境外机构的，应符合国家有关外商投资的监督管理规定，由被增资企业集团（控股）公司按照有关规定报经政府有关部门批准。

六、国有金融企业增资，应根据资产评估有关规定，委托符合条件的资产评估机构开展相关工作，并以被增资企业评估价值和投资方出资额为依据确定资本及股权比例。存在以下情形的，可以依据评估报告或最近一期审计报告确定资本及股权比例：

（一）被增资企业原股东参与增资，且未造成国有股权比例变动的；

（二）国有金融企业对其全资子公司增资的；

（三）被增资企业和投资方均为国有独资或国有全资金融企业的。

七、国有金融企业增资原则上应在符合条件的省级（含）以上产权交易机构公开披露信息，征集意向投资方，公开征集时间不得少于40个工作日。

信息披露内容包括企业的基本情况、近三年审计报告中的主要财务指标，增资行为的决策及批准情况，拟增资金额及用途，增资前后的股权结构，投资方的资格条件及遴选方式，投资金额和持股比例要求以及增资终止的条件等事项。

八、以下情形依法报同级财政部门履行相关程序后，可以采取非公开协议方式进行增资：

（一）国有金融企业因资本布局结构调整需要，各投资方均为国有企业的；

（二）国家有关规定对投资方有特殊要求的；

（三）由政府或履行出资人职责的机构指定其他单位参与增资的；

（四）经同级财政部门认可的其他情形。

九、以下情形经集团（控股）公司审议决策，可以采取非公开协议方式进行增资：

（一）集团（控股）公司直接或指定其控股、实际控制的子公司，对其子公司进行增资的；

（二）国有金融企业债权转为股权的；

（三）国有金融企业原股东增资的，其中，非原股东同比例增资的，参与增资的股东连续持股时间原则上不宜短于一年。

十、国有金融企业增资，须报财政部门履行相关程序的，需报送的资料包括：

（一）国有金融企业关于增资扩股问题的申请报告；

（二）增资方案及内部决策文件；

（三）被增资企业的产权登记表（证）；

（四）被增资企业审计报告，最近一期财务报告、主要财务数据；

（五）被增资企业最近一期前十大股东名称和持股比例；

（六）前次增资资金使用情况报告和本次增资资金运用的可行性研究报告；

（七）拟引入投资方的资格条件、投资金额、持股比例要求和遴选原则等；

（八）使用自有资金增资的相关证明文件；

（九）拟选择的产权交易机构及信息披露方案；

（十）财政部门认为必要的其他文件。

采取非公开协议方式增资的，还应提供采取非公开协议方式增资的必要性、投资方情况、增资协议、增资行为的法律意见书以及其他必要的文件。

十一、国有金融企业审议决策下属子公司增资行为时，应当审核的文件参照第十条执行。

十二、增资协议签订并生效后，应将有关情况抄报同级财政部门。采取进场交易的，应通过产权交易机构对外公告结果，公告内容包括投资方名称、投资金额、持股比例等。公告信息原则上应长期保留。

十三、因增资导致集团（控股）公司对被增资企业失去实际控制权的，被增资企业名称中不宜再使用集团（控股）公司名称中所含的字号。

十四、国有金融企业应当根据本通知要求，加强对增资扩股行为的管理。各地财政部门可依据本通知制定相关实施细则。

十五、国有金融企业未按本通知要求履行相关程序、选择增资方式、有效管理增资行为的，由财政部门责令其改正，情节严重的，对单位给予通报批评，可建议有关部门对相关责任人员给予行政处分；造成国有资产损失的，可建议有关部门依法追究相关董事、监事及高管人员的责任；涉嫌犯罪的，依法移送司法机关处理。

十六、各级财政部门及其工作人员在国有金融企业增资监督管理工作中，存在违反规定进行批准行为，以及滥用职权、玩忽职守、徇私舞弊等违法违纪行为的，按照预算法、公务员法、监察法、财政违法行为处罚处分条例等国家有关规定追究相关部门和个人责任；涉嫌犯罪的，依法移送司法机关处理。

十七、本通知自 2019 年 12 月 20 日起施行。

关于印发《国有金融资本产权登记管理办法（试行）》的通知

（财金〔2019〕93 号，财政部 2019 年 9 月 20 日发布）

国务院各部委、各直属机构，全国社会保障基金理事会，各省、自治区、直辖市、计划单列市财政厅（局），新疆生产建设兵团财政局，财政部各地监管局，各国有金融机构：

为贯彻落实《中共中央 国务院关于完善国有金融资本管理的指导意见》精神，建立健全全流程、全覆盖的国有金融资本基础管理体系，切实加强国有金融资本产权登记管理，及时、全面、准确反映国有金融资本变动与分布情况，实现国有产权全流程监管，防止国有资产流失，我部制定了《国有金融资本产权登记管理办法（试行）》，现印发给你们，请遵照执行。执行中有何问题，请及时反馈我部。

国有金融资本产权登记管理办法（试行）

第一章　总则

第一条　为加强国有金融资本产权登记管理，及时、全面、准确反映国有金融资本变动与分布情况，实现对国有产权变动的全链条动态穿透监管，防止国有资产流失，根据《中共中央 国务院关于完善国有金融资本管理的指导意见》（中发〔2018〕25 号）、《企业国有资产产权登记管理办法》（国务院令第 192 号），制定本办法。

第二条　本办法所称国有金融资本，是指国家及其授权投资主体直接或间接对金融机构出资所形成的资本和应享有的权益。凭借国家权力和信用支持的金融机构所形成的资本和应享有的权益，纳入国有金融资本管理，法律另有规定的除外。

本办法所称金融机构，包括依法设立的获得金融业务许可证的各类金融企业，主权财富基金、金融控股公司、金融投资运营公司以及金融基础设施等实质性开展金融业务的其他企业或机构。

本办法所称产权登记是指财政部门对占有国有金融资本的金融机构产权及其分布状况、变动情况进行登记管理的行为。

第三条　在中华人民共和国境内或境外设立的占有国有金融资本的金融机构（以下统称金融机构），应按本办法规定办理产权登记。国有控股金融机构拥有实际控制权的境内外各级企业及前述企业投资参股的企业（以下统称所属企业），应当纳入产权登记范围，所属企业包括非金融企业。

前款所称国有控股金融机构是指国家控股或通过投资关系、协议、其他安排拥有实际控制权的金融机构（包括国有独资金融机构、国有全资金融机构）。

第四条 本办法将金融机构的实收资本按出资来源分为以下五类：

（一）国家资本，是指国家及其授权投资主体直接对金融机构的出资，以及凭借国家权力和信用支持的金融机构所形成的资本（法律另有规定的除外）；

（二）国有出资，由国家及其授权投资主体、国有独资企业、国有独资公司单独或者共同出资设立的企业出资所形成的资本；

（三）国有绝对控股出资，由国家及其授权投资主体和国有出资人直接或者间接合计持股比例超过50％不足100％的企业出资所形成的资本；

（四）国有实际控制出资，以上三类资本的出资人直接或者间接合计持股比例未超过50％但享有的表决权足以对股东（大）会决议产生重大影响，或通过股东协议、公司章程、董事会决议或者其他安排能够实际支配企业行为的企业出资所形成的资本；

（五）其他出资，以上四类出资人以外的企业、自然人或其他经济组织出资所形成的资本。

（一）、（二）、（三）、（四）类资本的出资人统称为国有控制出资人。

第五条 以下类型的股权可不进行产权登记：

（一）金融机构依法行使债权或担保物权而受偿于债务人、担保人或第三人，以及因开展受托理财等正常经营业务所形成的股权资产，不属于产权登记的范围，但要按相关规定做好内部登记和处置工作。

（二）以交易为目的持有的股权，不在长期股权投资项下核算的，不进行产权登记。当持有目的改变后，应当及时按规定办理产权登记。

第六条 产权登记的登记主体为金融机构。金融机构总部负责本级的产权登记申请工作，以及其所属企业的产权登记申请、审核、检查等监督管理相关工作，并对申报产权登记事项的真实性、完整性和合法性负责。

第七条 办理产权登记的机构应当权属清晰。产权归属关系不清楚、发生产权纠纷或者资产被司法机关冻结的，应当暂缓办理产权登记，并在产权界定清楚、产权纠纷处理完毕或者资产被司法机关解冻后，30日内申请办理产权登记。

第八条 国有金融资本产权登记和管理机关为同级财政部门。国有金融资本产权登记按照统一规制、分级管理的原则，由县级以上（含县级，下同）财政部门组织实施。

（一）财政部负责中央国有金融资本产权登记管理工作。

（二）县级以上地方财政部门负责本级国有金融资本产权登记管理工作。

上级财政部门指导和监督下级财政部门的国有金融资本产权登记管理工作。财政部各地监管局根据财政部的委托，协助办理中央国有金融资本产权登记工作，开展属地国有金融资本产权登记监督管理工作。

第九条 各级财政部门履行以下职责：

（一）依法确认金融机构国有产权归属、理顺产权关系，核发产权登记证（表）；

（二）监督国有控股金融机构的出资和产权变动及处置行为；

（三）对金融机构产权被司法冻结等产权或有变动事项进行备案；

（四）监督金融机构国有资本经营状况；

（五）统计、监测、汇总和分析国有金融资本占有、使用和变动情况；

（六）向上级财政部门报送国有金融资本产权登记情况与产权变动状况分析报告。

国有金融资本产权登记管理制度、产权登记证（表）以及产权登记信息系统由财政部统一制订、制作和开发。

第十条 国有金融资本产权登记的职责划分：

（一）两个及两个以上国有控制出资人共同投资设立的金融机构，按拥有实际控制权的出资人的产权归属关系确定产权登记的主管财政部门；任一方均不拥有实际控制权的，按持股比例最大的一方确定；各方持股比例相等的，按其共同推举的一方确定。

（二）隶属于各级人民政府或政府部门直接管理的一级金融机构由财政部门核发产权登记证；其他机构由财政部门核发产权登记表。

第十一条　产权登记证（表）是金融机构办结产权登记的证明，是客观记载金融机构产权状况基本信息的文件，是金融机构依法占有、使用国有金融资本的凭证，是依法确认其国有产权归属关系的基础依据。

金融机构在办理国有股权类资产评估，国有产权转让等有关事项时，按规定须办理产权登记的，必须出具产权登记证（表）。

第二章　产权登记形式和内容

第十二条　产权登记分为产权占有登记、产权变动登记和产权注销登记。

第十三条　有下列情形之一的，应当办理产权占有登记：

（一）因投资、分立、合并而新设机构的；

（二）因收购、投资入股而取得机构股权的；

（三）其他应当办理产权占有登记的情形。

第十四条　产权占有登记应包括下列内容：

（一）机构出资人名称、出资类别、出资金额、出资形式及资金来源；

（二）机构注册资本、出资比例；

（三）机构名称及级次；

（四）机构组织形式及类别；

（五）机构注册时间、注册地；

（六）机构主营业务范围、所属行业；

（七）机构主要管理人员情况；

（八）财政部门要求的其他内容。

第十五条　申请办理产权占有登记，应当提交下列文件和资料：

（一）产权占有登记申请；

（二）国有金融资本产权占有登记申报表；

（三）经济行为决策或者批复文件；

（四）机构章程；

（五）出资证明文件以及占有单位的最近一期财务会计报告；

（六）主要出资人《营业执照》复印件或其他证明文件，国有控制出资人的国有产权证明文件；

（七）《营业执照》《事业单位法人证书》或《社会团体法人登记证书》复印件；

（八）财政部门认定需提交的其他文件和资料。

第十六条　有下列情形之一的，应当办理产权变动登记：

（一）名称、注册地、主营业务范围、境内机构法定代表人发生变动；

（二）注册资本发生变动；

（三）组织形式、机构类别及级次发生变动；

（四）国有控制出资人名称、出资类别、出资金额、出资比例发生变动；

（五）其他应当办理产权变动登记的情形。

第十七条　申请办理产权变动登记，应当提交下列文件和资料：

（一）产权变动登记申请；

（二）国有金融资本产权变动登记申报表；

（三）经济行为决策或者批复文件；

（四）产权登记证（表）；

（五）《营业执照》《事业单位法人证书》或《社会团体法人登记证书》复印件；

（六）修改后的机构章程；

（七）出资证明文件以及变动单位的最近一期财务会计报告；

（八）国有控制出资人发生变动的，提交新加入的国有控制出资人的《营业执照》《事业单位法人证书》或《社会团体法人登记证书》复印件及国有产权证明文件；

（九）通过产权交易机构转让国有产权、增资扩股的，提交产权交易机构出具的国有产权相关交易凭证；

（十）财政部门认定需提交的其他文件和资料。

金融机构申请办理产权变动登记仅涉及第十六条第（一）项以及仅涉及国有控制出资人名称变动的，可以只提交本条第（一）至（六）项和第（十）项规定的文件和资料。

第十八条　有下列情形之一的，应当办理产权注销登记：

（一）因解散、破产进行清算，并注销法人资格的；

（二）因产权转让、减资、股权出资、出资人性质改变等导致出资人中不再存在国有控制出资人的；

（三）其他应当办理产权注销登记的情形。

第十九条 申请办理产权注销登记，应当提交下列文件和资料：

（一）产权注销登记申请；

（二）国有金融资本产权注销登记申报表；

（三）经济行为决策或者批复文件；

（四）注销证明；

（五）产权登记证（表），《营业执照》《事业单位法人证书》或《社会团体法人登记证书》复印件；

（六）机构的资产清查、清算报告，或者资产评估备案表、核准文件；

（七）国有产权（股权）有偿转让或者整体改制的协议、方案；

（八）受让方为企业的，应当提交《营业执照》复印件；受让方为事业单位或社会团体的，应当提交《事业单位法人证书》或《社会团体法人登记证书》复印件；受让方为自然人的，应当提交自然人有效的身份证复印件；

（九）通过产权交易机构转让国有产权的，提交产权交易机构出具的转让国有产权的交易凭证；

（十）财政部门认定需提交的其他文件和资料。

第三章 产权登记程序

第二十条 金融机构（含所属企业，下同）发生产权登记相关经济行为时，应当自相关经济行为完成后30日内，申请办理产权登记。逾期后申请补办的，应书面提交由本单位主要负责人签字的申请文件，说明逾期原因；财政部门应在产权登记证（表）中注明“补办”字样。

第二十一条 金融机构申请办理产权登记，应当按照产权登记系统填报要求，填写有关登记内容和相关经济行为合规性资料目录，并提交有关文件和资料（含电子文档），逐级报送金融机构总部。金融机构总部对登记内容及相关经济行为的合规性进行审核后，通过产权登记系统向财政部门申请登记。

金融机构总部申办本级产权登记时，还应当将所需提交的文件和资料的纸质材料整理成卷，附加目录清单。未按要求提交文件和资料的，财政部门不予受理。

第二十二条 财政部门应当自收到金融机构总部报送的产权登记信息起30日内，对符合登记要求的金融机构予以办理产权登记；对经济行为操作过程不符合相关规定的金融机构，财政部门应当向金融机构总部下发限期整改通知书，完成整改后予以办理产权登记。

第二十三条 产权登记申请材料已经财政部门审核通过的金融机构，由财政部门按规定核发产权登记证（表）。

金融机构产权注销登记后，产权登记证（表）应当及时收回，予以注销。

第二十四条 金融机构未办理产权占有登记的，发生产权变动或者注销情形时，应当先补办产权占有登记，再申请办理产权变动或者注销登记。未办理产权占有登记的不得进行国有产权转让。

金融机构补办产权占有登记时，应当提交其设立（被收购、投资入股）和自设立（被收购、投资入股）至补办产权占有登记时发生的产权变动文件和资料。

第四章 产权登记监督与管理

第二十五条 金融机构总部及其所属企业应当建立健全产权登记制度和工作体系，落实产权登记管理工作责任，明确本单位职能部门和岗位人员。金融机构总部应当对制度执行情况进行监督检查。年度检查结果应当书面报告财政部门。

第二十六条 财政部门应当对金融机构产权登记工作的日常登记情况、年度检查情况和限期整改事项落实情况等进行监督，并向有关单位通报情况。

第二十七条 金融机构总部应当于每年5月20日前，完成上一年度本级及其所属企业的产权登记情况的监督检查工作，并报财政部门备案。年度监督检查备案材料包括：

（一）产权登记年度监督检查结果报告；

（二）国有金融资本产权登记监督检查表；

（三）国有金融资本经营年度报告书；

（四）产权登记证（表）和《营业执照》《事业单位法人证书》或《社会团体法人登记证书》复印件；

（五）经注册会计师审计的上一年度财务会计报告；

（六）财政部门认定需提交的其他文件和资料。

第二十八条　国有金融资本经营年度报告书是反映金融机构在检查年度内国有金融资本经营状况、产权变动情况的书面文件。主要报告以下内容：

（一）国有金融资本保值增值情况；

（二）国有资本金实际到位和增减变动情况；

（三）国有资本金的分布及结构变化，包括对外投资及投资收益情况；

（四）金融机构本级及其所属企业发生产权变动以及办理相应产权变动登记情况；

（五）提供担保以及资产被司法机关冻结等产权或有变动事项；

（六）其他需要说明的问题。

第二十九条　下级财政部门应当于每年6月20日前，编制并向上级财政部门报送上一年度本级国有金融资本产权登记年度汇总表与产权变动状况的分析报告。

第三十条　金融机构应当及时对产权登记年度监督检查中发现的问题进行整改，并按照本办法规定，申请补办产权登记或者对原有登记内容进行更正。未按要求及时整改的，财政部门对相关单位给予通报批评或警告。

第三十一条　财政部门依据产权登记监督情况和问题整改情况，在产权登记证上签署年度监督意见。

第三十二条　任何单位和个人不得伪造、涂改、出租、出借、出售产权登记证（表）。产权登记证（表）若有遗失或者毁坏的应说明情况，再向原核发产权登记证（表）的财政部门申请补领。

第三十三条　金融机构应保证申报材料的全面真实有效，按规定填写相应的产权登记内容，并在规定期限内如实申报产权占有、变动和注销登记的有关文件资料，确保电子文档与纸质材料一致。

第三十四条　财政部门、金融机构总部应当建立健全产权登记档案管理制度；金融机构总部对办理完成的产权登记事项，应当及时将有关资料整理归档，分户建立产权登记档案。

第三十五条　金融机构在办理产权登记过程中，有下列行为之一的，由财政部门责令其改正。情节严重的，对单位给予通报批评，可以按规定处以罚款，并提请有关部门或单位对相关领导人员和直接责任人员按照规定给予处分。造成国有资产损失的，依照有关规定追究相关单位领导人员和有关人员的责任，涉嫌犯罪的，依法移送司法机关处理：

（一）未按本办法规定及时、如实申请办理产权登记的；

（二）伪造、涂改、出租、出借、出售产权登记证（表）的；

（三）其他违法违规行为。

第三十六条　在国有金融资本产权转让和处置过程中，按规定须办理产权登记的金融机构未出示产权登记证（表）的，产权交易机构不得受理其转让申请。

第三十七条　财政部门工作人员在产权登记工作中应严格执行本办法，不得玩忽职守、滥用职权。存在违规登记及其他滥用职权、玩忽职守、徇私舞弊等违法违纪行为的，按照《公务员法》《监察法》等有关规定追究责任；涉嫌犯罪的，依法移送司法机关处理。

第五章　附则

第三十八条　各省级财政部门可以根据本地区实际情况制定地方国有金融资本产权登记管理具体办法，并报财政部备案。

第三十九条　国有控股金融机构所属事业单位等下属机构视为其子企业进行产权登记。

第四十条　行政事业单位（除金融管理部门外）所办的金融机构和非金融国有企业集团所办的金融机构，应当向相应国有资产监督管理机构申请办理产权登记。

取得国有资产产权登记证（表）的上述金融机构，依证（表）向财政部门报备产权信息，财政部门不重复审核。

第四十一条 本办法自2019年10月20日起施行。《金融类企业国有资产产权登记管理暂行办法》（财金〔2006〕82号）同时废止。

关于印发《城市管网及污水处理补助资金管理办法》的通知

（财建〔2019〕288号，财政部2019年6月13日发布）

各省、自治区、财政厅、住房城乡建设厅，直辖市、计划单列市、财政局、建委，新疆生产建设兵团财政局、建设局：

为贯彻落实党中央国务院关于加强城市基础设施建设有关要求部署，根据《中华人民共和国预算法》和《国务院关于加强城市基础设施建设的意见》（国发〔2013〕36号）等相关法律法规和财政规章制度，我们制定了《城市管网及污水处理补助资金管理办法》。现予印发，请遵照执行。

城市管网及污水处理补助资金管理办法

第一条 为了规范和加强城市管网及污水处理补助资金管理，提高财政资金使用效益，根据《中华人民共和国预算法》、《中共中央国务院关于全面实施预算绩效管理的意见》、《国务院关于加强城市基础设施建设的意见》等相关法律法规和财政规章制度制定本办法。

第二条 本办法所称城市管网及污水处理补助资金（以下简称补助资金），是指中央财政安排支持城市管网建设、城市地下空间集约利用、城市污水处理设施建设、城市排水防涝及水生态修复的转移支付资金。

第三条 补助资金实行专款专用，专项管理。

第四条 补助资金由财政部会同住房城乡建设部负责管理。

财政部负责制定补助资金支出的标准和分配要素，根据住房城乡建设部报送的资金安排建议，确定补助资金年度规模和分配方案，并拨付资金，组织开展预算绩效管理工作，指导地方加强资金管理等。

住房城乡建设部负责制定有关规划或实施方案，提出资金安排建议，指导督促地方做好相关实施工作等。

第五条 地方财政部门主要负责筹集并落实地方支持资金，将预算和绩效目标分解下达，做好全过程预算绩效管理，切实提高财政资金使用效益。

地方住房城乡建设部门负责实施方案编制论证并组织项目实施，按规定使用补助资金等，加强预算绩效管理等。

第六条 补助资金用于支持以下事项：

（一）海绵城市建设试点；

（二）地下综合管廊建设试点；

（三）城市黑臭水体治理示范；

（四）中西部地区城镇污水处理提质增效。

第七条 补助资金整体实施期限不超过5年，各支持事项根据党中央国务院有关部署要求，相应确定实施期限。

海绵城市建设及地下综合管廊建设试点每批次实施期限3年，到2018年底全部到期结束，2019、2020年开展政策收尾有关工作；

城市黑臭水体治理示范2018年起分批启动，2020年底全部到期结束；

中西部地区城镇污水处理提质增效2018年启动，2021年底到期结束；

财政部每年编制年度预算前，会同住房城乡建设部对补助资金支持项目合规性、有效性进行评估评价。根据评估结果区分不同情形，按照预算管理相关规定，作出取消、调整、整合、继续执行等处理。

第八条　补助资金根据不同支持事项采取不同方式进行分配。

海绵城市、地下综合管廊建设试点，按照既定补贴标准对试点城市给予定额补助（海绵城市试点：直辖市6亿元/年、省会城市5亿元/年、其他城市4亿元/年；地下综合管廊试点：直辖市5亿元/年、省会城市4亿元/年、其他城市3亿元/年）。试点期满后，根据绩效评价结果，对每批次综合评价排名靠前及应用PPP模式效果突出的，按照定额补助总额的10%给予奖励。

黑臭水体治理示范通过竞争性评审等方式确定示范城市。财政部会同住房城乡建设部等部门共同印发申报通知，通过组织专家资料审核、现场公开评审，确定年度入围城市。中央财政对入围城市给予定额补助，根据入围批次，补助标准分别为6亿元、4亿元、3亿元。

中西部城镇污水处理提质增效根据住房城乡建设部组织中西部省份上报确定的3年建设任务投资额，按因素法分配资金，并按照相同投资额中西部0.7∶1的比例，对西部地区给予倾斜。某省份年度获取资金额度＝年度资金总额×某省3年建设任务总投资额×中西部调节系数/Σ（中西部省份3年建设任务总投资额×中西部调节系数）。

第九条　财政部根据党中央国务院有关部署，商住房城乡建设部等部门，确定年度重点支持领域及资金额度，并在全国人民代表大会批准预算后90日内将补助资金预算下达省级财政。预算下达文件需同时抄送财政部当地监管局。补助资金分配结果在预算下达文件形成后20日内向社会公开。

第十条　省级财政部门在收到补助资金预算后，应当在30日内正式分解下达本级有关部门和本行政区域县级以上各级政府财政部门，按规定将资金分配结果向社会公开，将资金分配结果报财政部备案并抄送财政部当地监管局。

第十一条　补助资金的支付应当按照国家有关财政管理制度的规定执行。属于政府采购管理范围的，应当按照国家有关政府采购的规定执行。属于引入社会资本管理范围的，应当按照国家有关政府和社会资本合作的规定执行。

第十二条　补助资金用于与支持事项直接相关的工程项目建设，严禁用于修建楼堂馆所、行政事业单位基本支出、购置交通工具和通讯设备及其他与支持事项非直接相关的支出。

第十三条　各级财政部门会同住房城乡建设等相关部门按照全面实施预算绩效管理的要求，科学合理确定绩效目标，实施全过程预算绩效管理，切实提高财政资金使用效益。财政部会同住房城乡建设部等相关部门依据财政专项资金绩效管理有关规定，组织实施对地方的绩效评价，绩效评价结果作为预算安排、政策调整和改进管理的依据。

第十四条　各级财政、住房城乡建设等相关部门按照职责分工，对下一级政府城市管网及污水处理补助资金使用及相关工作组织实施情况进行监督管理。

第十五条　补助资金审批管理各环节相关人员存在以下违法违纪行为的，按照《预算法》、《公务员法》、《监察法》、《财政违法行为处罚处分条例》等国家有关规定追究相应责任；涉嫌犯罪的，移送司法机关处理：

（一）违反竞争性程序等相关规定，干扰公平公开公正确定支持对象的；

（二）分配资金超出实施方案范围及标准的；

（三）未按规定程序申请、拨付、管理专项资金的；

（四）未按相关要求开展督促落实工作，或未按规定组织开展绩效评价工作的；

（五）其他滥用职权、玩忽职守、徇私舞弊等违法违纪行为的。

第十六条　各级财政部门要按照《中华人民共和国政府信息公开条例》及有关文件要求，及时做好预算公开相关工作。

第十七条　对年度未支出的补助资金，应按照财政部结转结余资金管理的有关规定执行。当年结转补助基金，全部结转到下年度安排使用。对结余资金和连续两年未用完的结转资金，预算尚未分配到部门和下级政府财政部门的，由本级政府财政部门在办理上下级财政结算时向上级政府财政部门报告，上级政府财政部门在收到报告后30日内办理发文收回结转结余资金；已分配到部门的，由该部门本级政府财政部门在年度终了后90日内收回统筹使用。

第十八条 财政部各地监管局按照工作职责和财政部要求，对属地补助资金进行监管。补助资金预算下达文件同时抄送财政部当地监管局。

第十九条 本办法自公布之日起施行。《财政部 住房城乡建设部关于印发〈城市管网专项资金管理办法〉的通知》（财建〔2016〕863号）、《财政部 住房城乡建设部关于印发〈城市管网专项资金绩效评价暂行办法〉的通知》（财建〔2016〕52号》同时废止。

关于印发《水利发展资金管理办法》的通知

（财农〔2019〕54号，财政部、水利部2019年6月23日发布）

各省、自治区、直辖市、计划单列市财政厅（局）、水利（水务）厅（局），新疆生产建设兵团财政局、水利局：

为进一步规范中央财政水利发展资金管理，财政部、水利部制定了《水利发展资金管理办法》。现予印发，请遵照执行。

水利发展资金管理办法

第一条 为加强水利发展资金管理，提高资金使用的规范性、安全性和有效性，促进水利改革发展，依据《中华人民共和国预算法》《中共中央 国务院关于全面实施预算绩效管理的意见》等有关法律法规和制度规定，制定本办法。

第二条 本办法所称水利发展资金，是指中央财政预算安排用于支持有关水利建设和改革的转移支付资金。水利发展资金的分配、使用、管理和监督适用本办法。

第三条 水利发展资金政策实施期限至2023年，到期前由财政部会同水利部评估确定是否继续实施和延续期限。在编制年度预算前或预算执行中，财政部会同水利部根据政策实施情况和工作需要，开展相关评估工作，根据评估结果完善资金管理政策。

第四条 水利发展资金管理遵循科学规范、公开透明；统筹兼顾、突出重点；绩效管理、强化监督的原则。

第五条 水利发展资金由财政部会同水利部负责管理。

财政部负责编制资金预算，审核资金分配方案并下达预算，组织开展预算绩效管理工作，指导地方加强资金管理等相关工作。

水利部负责组织水利发展资金支持的相关规划或实施方案的编制和审核，研究提出资金分配和任务清单建议方案，协同做好预算绩效管理工作，督促指导地方做好项目和资金管理等相关工作。

地方财政部门主要负责水利发展资金的预算分解下达、资金审核拨付、资金使用监督以及本地区预算绩效管理总体工作等。

地方水利部门主要负责水利发展资金相关规划或实施方案编制、项目审查筛选、项目组织实施和监督等，研究提出资金和任务清单分解安排建议方案，做好本地区预算绩效管理具体工作。

第六条 水利发展资金支出范围包括：

（一）中小河流治理，用于流域面积200～3000平方公里中小河流防洪治理，中小河流重点县综合整治。

（二）地下水超采综合治理，用于地下水超采区水利工程措施、非工程措施及体制机制创新等。

（三）小型水库建设及除险加固，用于新建小型水库及小型病险水库除险加固。

（四）中型灌区节水改造等，用于中型灌区建设和节水改造、牧区水利、小型水源建设。

（五）水土保持工程建设，用于水土流失综合治理。

（六）淤地坝治理，用于病险淤地坝除险加固。

（七）河湖水系连通，用于江河湖库水系连通建设及农村河塘整治等。

（八）水资源节约与保护，用于实施最严格水资源管理制度、节约用水和水资源保护。

（九）山洪灾害防治，用于山洪灾害防治等非工程措施建设、重点山洪沟防洪治理等。

（十）水利工程设施维修养护，用于非经营性水利工程设施、农村饮水工程维修养护，河湖管护及农业水价综合改革相关支出等。

水利发展资金不得用于征地移民、城市景观、财政补助单位人员经费和运转经费、交通工具和办公设备购置等与项目建设和维修养护无关的经常性支出以及楼堂馆所建设支出。

县级可按照从严从紧的原则，在中央财政水利发展资金中列支勘测设计、工程监理、工程招标、工程验收等费用，省级财政部门应会同水利部门确定费用上限比例，省、市两级不得在中央财政水利发展资金中提取上述费用。

水利发展资金不得与中央基建投资重复安排，但按照涉农资金统筹整合有关规定执行的除外。

第七条　水利发展资金实行中期财政规划管理。财政部会同水利部根据党中央、国务院决策部署，水利中长期发展目标，国家宏观调控总体要求和跨年度预算平衡需要，编制水利发展资金三年滚动规划和年度预算。

第八条　水利部汇总编制完成的以水利发展资金为主要资金渠道的相关规划或实施方案应商财政部同意后印发实施。地方水利部门在编制本地区水利发展资金相关规划和实施方案时，应充分征求地方同级财政部门意见。

第九条　中央对各省（自治区、直辖市、计划单列市，以下统称省）分配水利发展资金时，除对党中央、国务院明确的重点建设项目以及相关水利规划中水利建设任务较少的直辖市、计划单列市可采取定额补助外，采取因素法分配。因素法的分配因素及权重如下：

（一）目标任务（权重50%），以财政部、水利部根据党中央、国务院决策部署，确定的水利发展目标任务为依据，通过相关规划或实施方案明确的分省任务量（或投资额）以及项目实施进度测算。

（二）政策倾斜（权重20%），以全国贫困县、革命老区县（含中央苏区县）、民族县、边境县个数为依据。

（三）绩效因素（权重30%），以国务院最严格水资源管理制度考核结果，财政部、水利部组织开展的相关绩效评价结果，有关监督检查结果等为依据。

因素法分配公式如下：

$$\begin{array}{c}\times\text{省因素法分配}\\\text{水利发展资金预算}\end{array}=\sum_{\begin{array}{c}\times\text{省有建设任务}\\\text{的支出方向}\end{array}}\left\{\left(\frac{\times\text{省建设任务}}{\text{因素法分配省份建设任务之和}}\times 50\%+\frac{\times\text{省政策倾斜县数}}{\text{因素法分配省份政策倾斜县数之和}}\times 20\%+\frac{\times\text{省绩效综合分数}}{\text{因素法分配省份绩效综合分数之和}}\times 30\%\right)\times\text{水利发展资金该支出方向因素法分配预算金额}\right\}$$

第十条　水利发展资金采取“大专项＋任务清单”的管理方式。财政部应当在每年10月31日前将下一年度水利发展资金预计数和任务清单初步安排情况提前下达省级财政部门，并抄送水利部、省级水利部门和财政部当地监管局。财政部应当在全国人民代表大会审查批准中央预算后30日内印发下达水利发展资金预算文件，将水利发展资金正式预算、任务清单下达省级财政部门，批复区域绩效目标作为绩效评价依据，同时抄送水利部、省级水利部门和财政部当地监管局。

任务清单主要包括水利发展资金支持的年度重点工作、支出方向、具体任务指标等。其中，党中央、国务院明确要求的涉及国计民生的事项、重大规划任务、新设试点任务等为约束性任务，其他任务为指导性任务。约束性任务可明确资金额度。省级财政部门会同省级水利部门依据相关规划或实施方案等分解下达预算，在优先保证完成约束性任务的基础上，可根据本地区情况统筹安排各支出方向的预算额度；根据财政部、水利部要求，在规定时间内，将汇总形成的全省绩效目标、分支出方向资金安排情况报财政部、水利部，并抄送财政部当地监管局。

第十一条 水利发展资金项目审批权限下放到地方。地方各级水利部门应当会同同级财政部门采取竞争立项、建立健全项目库等方式，及时将水利发展资金预算落实到具体项目。同时，督促项目单位提前做好项目前期工作，加快项目实施和预算执行进度。

第十二条 水利发展资金鼓励采取先建后补、以奖代补、民办公助等方式，加大对农户、村组集体、农民专业合作组织等新型农业经营主体实施项目的支持力度；鼓励采用政府和社会资本合作（PPP）模式开展项目建设，创新项目投资运营机制；遵循“先建机制、后建工程”原则，坚持建管并重，支持农业水价综合改革和水利工程建管体制机制改革创新。

第十三条 各级财政部门应当会同同级水利部门按照《国务院关于探索建立涉农资金统筹整合长效机制的意见》（国发〔2017〕54号）以及财政部涉农资金统筹整合使用有关规定，加强水利发展资金统筹整合。

水利发展资金纳入贫困县统筹整合使用涉农资金试点范围，按照《国务院办公厅关于支持贫困县开展统筹整合使用财政涉农资金试点的意见》（国办发〔2016〕22号）等有关规定执行。在脱贫攻坚政策实施期内，有关省在分解下达水利发展资金预算时，用于国家扶贫开发工作重点县和连片特殊困难地区县（以下简称贫困县）的资金总体增幅不低于中央下达该省水利发展资金总体增幅。分配给贫困县的水利发展资金一律采取“切块下达”，资金项目审批权限完全下放到县，不得指定具体项目，不得以任何形式干扰贫困县统筹整合使用资金。对于纳入贫困县涉农资金整合方案的水利发展资金，任务清单和区域绩效目标对应的指标按被整合资金额度相应调减，不再考核该部分资金对应的任务完成情况。

第十四条 水利发展资金的支付按照国库集中支付制度有关规定执行。属于政府采购管理范围的，按照政府采购有关法律法规规定执行。结转结余的资金，按照《中华人民共和国预算法》和其他有关结转结余资金管理的相关规定处理。属于政府和社会资本合作项目的，按照国家有关规定执行。

第十五条 各级财政部门应当会同同级水利部门加强水利发展资金预算绩效管理，建立健全全过程预算绩效管理机制，提高财政资金使用效益。水利发展资金绩效管理办法另行制定。

第十六条 财政部应当将水利发展资金分配结果在预算下达文件形成后20日内向社会公开。水利发展资金使用管理应当全面落实预算信息公开有关要求。

第十七条 各级财政部门和水利部门都应加强水利发展资金的监督。财政部各地监管局按照工作职责和财政部授权，开展水利发展资金预算监管工作。分配、管理、使用水利发展资金的部门、单位及个人，应当依法接受审计、纪检监察等部门监督，对发现的问题，应及时制定整改措施并落实。

第十八条 水利发展资金申报、使用管理中存在弄虚作假或挤占、挪用、滞留资金等财政违法行为的，对相关单位及个人，依照《中华人民共和国预算法》以及《财政违法行为处罚处分条例》等国家有关规定追究相应责任。

各级财政、水利等有关部门及其工作人员在水利发展资金分配、项目安排中，存在违反规定分配或使用资金，以及其他滥用职权、玩忽职守、徇私舞弊等违法违纪行为的，按照《中华人民共和国预算法》《中华人民共和国公务员法》《中华人民共和国监察法》以及《财政违法行为处罚处分条例》等国家有关规定追究相应责任。

第十九条 省级财政部门可会同省级水利

部门，结合本地区实际制定务实管用的举措，进一步加强水利发展资金管理。

第二十条　本办法自 2019 年 7 月 1 日起施行。《中央财政水利发展资金使用管理办法》（财农〔2016〕181 号）同时废止。

财政部办公厅关于印发污水处理和垃圾处理领域 PPP 项目合同示范文本的通知

（财办金〔2020〕10 号，财政部办公厅 2020 年 2 月 21 日发布）

各省、自治区、直辖市、计划单列市财政厅（局），新疆生产建设兵团财政局：

为推动污水处理和垃圾处理领域 PPP 项目规范运作，加强项目前期准备和合同管理工作，我们组织编制了污水处理厂网一体化和垃圾处理 PPP 项目合同示范文本，现印发你们，请结合项目实际参考使用。

附件：1. 污水处理厂网一体化及垃圾处理 PPP 项目合同示范文本使用说明

2. 政府和社会资本合作（PPP）项目合作协议

3. 政府和社会资本合作（PPP）项目承继协议

4. 污水处理厂网一体化 PPP 项目合同（略）

5. 污水处理厂网一体化 PPP 项目运营维护服务协议（略）

6. 垃圾处理 PPP 项目合同（略）

附件 1

污水处理厂网一体化及垃圾处理 PPP 项目合同示范文本使用说明

一、编制依据

本示范文本依据《中华人民共和国政府采购法》、《中华人民共和国民法总则》、《中华人民共和国合同法》等相关法律法规，以及《财政部关于推广运用政府和社会资本合作模式有关问题的通知》（财金〔2014〕76 号）、《财政部关于规范政府和社会资本合作合同管理工作的通知》（财金〔2014〕156 号）、《财政部关于印发〈政府和社会资本合作项目政府采购管理办法〉的通知》（财库〔2014〕215 号）、《财政部关于在公共服务领域深入推进政府和社会资本合作工作的通知》（财金〔2016〕90 号）、《财政部办公厅关于规范政府和社会资本合作（PPP）综合信息平台项目库管理的通知》（财办金〔2017〕92 号）、《财政部关于推进政府和社会资本合作规范发展的实施意见》（财金〔2019〕10 号）等相关规范性文件编制，并将根据适用法律的规定适时进行修订和完善。

二、组成部分

本示范文本由以下合同文件组成：

（一）合作协议，指《政府和社会资本合作（PPP）项目合作协议》；

（二）PPP 项目合同，指《污水处理厂网一体化政府和社会资本合作（PPP）项目合同》和/或《垃圾处理政府和社会资本合作（PPP）项目合同》；

（三）运营维护服务协议，指《污水处理厂网一体化政府和社会资本合作（PPP）项目运营维护服务协议》；

（四）承继协议，指《政府和社会资本合作（PPP）项目承继协议》。

三、适用范围

（一）适用项目类型

1. 污水处理厂网一体化 PPP 项目

本示范文本主要适用于属于政府公共服务范围的污水处理厂网一体化 PPP 项目；单体污水处理厂 PPP 项目、特殊行业的污水处理 PPP 项目（如农村分散式污水处理项目、工业园区污水处理项目）以及包含污水处理服务在内的水环境综合整治类 PPP 项目可参考适用本示范文本。

其中，《PPP 项目合同》由污水处理厂网一体化 PPP 项目合同标准条款和存量厂网一体化 PPP 项目合同特殊条款两部分组成，新建污水处理厂网一体化 PPP 项目适用标准条款；存量污水处理厂网一体化 PPP 项目在适用标准条款基础上，以特殊条款代替或增补相应的标准条款内容。

2. 垃圾处理 PPP 项目

本示范文本主要适用于属于政府公共服务范围的新建城市生活垃圾处理 PPP 项目（焚烧发电工艺）；采用其他垃圾处理工艺及特殊行业的垃圾处理 PPP 项目（如农村生活垃圾处理项目、餐厨垃圾处理项目等）可参考适用本示范文本。

（二）直接适用于设立项目公司的运作架构

本示范文本仅考虑设立项目公司运作的情形，不设项目公司运作的 PPP 项目可参考适用。

（三）适用示范文本的细化和补充

本示范文本作为各地实施污水处理厂网一体化或垃圾处理 PPP 项目过程中签订的示范性文件。鉴于项目的具体情况各有不同，各地在参照使用本示范文本时，应根据实际情况对本示范文本的相应条款加以选择适用、细化和补充。但是，合同约定不得违反 PPP 适用法律的相关规定，包括但不限于：

1. PPP 参与主体方面：

（1）政府方签约主体应为县级及县级以上人民政府或其授权的机关或事业单位，国有企业或政府融资平台公司不得作为政府方签署 PPP 项目合同；

（2）政府融资平台公司及其实际控股的国有企业，不得作为社会资本参与 PPP 项目。

2. 规范推进 PPP 项目实施方面：

（1）不得采用建设－移交（BT）方式实施；

（2）合作期限（含建设期）不得低于 10 年；

（3）政府方不得进行变相融资举债，包括不得利用 PPP、政府出资的各类投资基金等方式违法违规变相举债；不得以任何方式承诺回购社会资本的投资本金；不得以任何方式承担社会资本的投资本金损失；不得以任何方式向社会资本承诺最低收益或固定收益回报；不得为项目债务提供任何形式担保；不得对任何股权投资方式额外附加条款变相举债；

（4）社会资本方不得只承担项目建设、不承担项目运营责任，弱化或免除社会资本的投资建设运营责任；

（5）不得以债务性资金充当项目资本金，虚假出资或出资不实；

（6）不得约定将项目运营责任返包给政府方出资代表承担或另行指定社会资本以外的第三方承担；

（7）每一年度本级全部 PPP 项目从一般公共预算列支的财政支出责任，不超过当年本级一般公共预算支出的 10%；

（8）相关法律和政策规定的其他违法违规现象。

四、签约主体及时序安排

（一）中标/成交通知书发出后、项目公司设立前，由本级人民政府或其授权的实施机构（以下简称“实施机构”）与中选社会资本同时签署以下协议：

1.《合作协议》，主要确认采购双方达成的项目合作核心条件，包括项目合作内容、合作期限、政府方和中选社会资本的主要权利和义务、绩效目标等；

2.《PPP 项目合同》及《运营维护服务协议》（如有）。

（二）项目公司设立后，由项目公司与实

施机构和中选社会资本签署关于《PPP 项目合同》及《运营维护服务协议》（如有）的《承继协议》，承继中选社会资本在前述合同文件项下的权利义务。项目公司签署《承继协议》后，社会资本与实施机构之间的权利义务按照《合作协议》等相关约定执行。

五、合规风险提示

在采用 PPP 模式实施项目的过程中，政府方应重视项目的程序合规性，不得发生违反 PPP 适用法律相关规定的情形，包括但不限于：

（一）前期准备工作不到位：

1. 项目不符合城市总体规划和各类专项规划的；

2. 新建、改扩建项目未按规定履行相关立项审批手续的；

3. 涉及国有资产权益转移的存量项目未按规定履行相关国有资产审批、评估手续的；

4. 未通过物有所值评价和财政承受能力论证的。

（二）未按规定开展“两个论证”：

1. 已进入采购阶段但未开展物有所值评价或财政承受能力论证的；

2. 虽已开展物有所值评价和财政承受能力论证，但评价方法和程序不符合规定的。

（三）未按规定开展政府采购活动：

1. 已进入采购阶段或执行阶段的项目，未按政府采购相关规定选择社会资本合作方的；

2. 采用单一来源采购方式的项目，但不符合法定条件和程序的；

3. 设置明显不合理的准入门槛或所有制歧视条款的；

4. 未经采购程序直接指定第三方代持社会资本方股权的。

（四）未按规定进行信息公开：

1. 违反国家有关法律法规，所公开信息与党的路线方针政策不一致或涉及国家秘密，可能危及国家安全、公共安全、经济安全和社会稳定，或涉及商业秘密、个人隐私和知识产权可能损害公民、法人或其他组织合法权益的；

2. 未按规定及时充分披露项目信息或披露虚假项目信息的。

《合作协议》使用说明

《合作协议》为示范文本的重要组成部分，对政府方和中选社会资本双方合作关系的建立、项目公司的组建及其他重大权利和义务作出明确约定，该协议可适用于所有采用 PPP 模式实施的项目。其中，对《合作协议》的重要条款作说明如下：

一、项目合作范围的确定

（一）具体条款

详见《合作协议》第 2.1 款。

（二）使用说明

PPP 各参与方在使用本条款时，应结合项目运作方式等具体情况在本条款中选择、确定对应的项目合作范围。合作范围须包括项目设施的运营维护，政府方应始终确保项目合作内容属于公共服务领域。同时，未经政府方同意，合作范围不应包含公共服务之外的其他经营性业务，社会资本和项目公司也不得将本项目合作范围内的经营权以出租或以任何形式转让、承包给第三人。《PPP 项目合同》中关于项目合作范围的约定应与《合作协议》保持一致。

二、项目合作期限的确定

（一）具体条款

详见《合作协议》第 2.4 款。

（二）使用说明

PPP 各参与方在使用本条款时，应结合政府所需公共产品或服务的供给期间、项目资产的经济和技术生命周期、投资回收期限、财政承受能力以及项目前期工作文件规定等综合因素相应确定项目合作期限及其起始时间要求，一般包括建设期和运营期。其中，项目建设期通常自《合作协议》生效日起算，并涵盖了设计和施工等建设工作所需期限。因此，建议PPP各参与方应当基于项目实际情况，兼顾项目必要的准备期限、设计和施工等所需的必要期限，合理确定项目建设期。同时，PPP各参与方可根据项目实施需要在《PPP项目合同》第3.4.1款中约定项目合作期限延长的相关情形，确保项目实施的灵活性和适用性。

三、项目融资义务的承担

（一）具体条款

详见《合作协议》第5.2.7款。

（二）使用说明

考虑到能否如期完成融资交割将直接影响PPP项目是否顺利实施，并且项目融资风险应当主要由社会资本承担，如果项目公司未能按照合同约定履行项目融资义务时，中选社会资本应采取有效措施完成资金筹措，避免造成项目建设资金链中断。PPP各参与方在使用本条款时，应按照项目采购要求及双方确定的融资计划和方案明确项目公司完成融资交割的具体时限，并就中选社会资本的补充融资责任予以约定。

四、项目公司股权变更的限制

（一）具体条款

详见《合作协议》第4条。

（二）使用说明

为避免由于项目公司股权结构发生变化可能会导致不适格主体成为项目投资人或实际控制人，进而影响项目的合法有序实施，PPP各参与方在使用本条款时，需要根据项目的具体情况设定股权锁定期。但是，为增加项目融资的可行性和资本的灵活性，避免僵化适用股权锁定期的约定，应在合理的期限和限度内限制社会资本不当变更股权。

五、社会资本补充履约责任

（一）具体条款

详见《合作协议》第5.2.8款。

（二）使用说明

虽然在PPP项目实施过程中，主要由项目公司按照《PPP项目合同》的约定负责项目的投融资、建设、运营和移交等具体事宜，但是考虑到PPP项目中相关建设、运营和维护等风险实际由社会资本承担，且项目公司由社会资本实际控制，当项目公司在项目建设和运营过程中出现资金、经营管理困难等导致无法继续实施的情形时，社会资本有义务在合理期限内采取有效措施恢复项目公司履约能力，确保项目的正常建设和运营管理。因此，《合作协议》应约定关于社会资本的补充履约责任。

六、争议解决方式的确定

（一）具体条款

详见《合作协议》第9条。

（二）使用说明

《合作协议》履行过程中，政府方和社会资本如发生争议，双方应当本着友好、互利的原则协商解决，必要时也可由政府有关部门调解解决。当协商或调解不成的，则双方可选择采用仲裁或诉讼方式予以解决，并在《合作协议》中明确。同时，为提高争议解决的效率，建议《PPP项目合同》与《合作协议》两份协议文件对争议解决方式的约定保持一致。

《PPP项目合同》使用说明

《PPP项目合同》是项目合同体系的核心文件，用于约定项目合作内容、双方基本权利义务等核心边界条件。其中，对《PPP项目合同》中的重要条款作说明如下：

一、项目经营权

（一）具体条款

详见《PPP项目合同》第3.2款、第

3.5 款。

（二）使用说明

就项目经营权授予方式上，是由政府方与社会资本方通过签署《PPP 项目合同》方式授予，其中，对于存量项目，需根据适用法律规定通过经营权转让或项目设施资产所有权转让等具体方式实现。同时，就项目经营权具体权能方面，应当结合项目合作范围予以确定。

此外，就项目经营权的排他性约定上，结合同类污水处理或垃圾处理项目经验和项目实际需要，《PPP 项目合同》第 3.5 款分别设置了项目设施的经营权和合作区域的经营权，前者的排他性限于项目设施本所，后者的排他性限于双方约定区域（如政府方行政辖区或商定的特定区域范围）；PPP 各参与方应当综合考虑授予社会资本方项目经营权的独占性、排他性范围是限于项目设施，还是特定的合作区域，以保障该项目能够顺利获得融资支持、满足社会资本方合理收益的同时，政府方仍享有在排他性范围之外依法进行新建其他项目设施的权利。

二、项目前期工作及费用的承担

（一）具体条款

详见《PPP 项目合同》第 6 条。

（二）使用说明

根据适用法律的规定，启动 PPP 项目采购程序前需由政府方负责组织实施必要的前期工作，对此《PPP 项目合同》中需要就前期工作内容及前期工作费用的承担予以约定。PPP 各参与方在使用本条款时，应当根据项目具体情况明确前期工作内容和费用承担主体以及政府方在合同约定时间内完成前期工作成果的交接。

三、土地使用权利的获取

（一）具体条款

详见《PPP 项目合同》第 7 条。

（二）使用说明

《PPP 项目合同》的项目用地条款，是在项目实施中涉及的土地方面的权利义务规定。PPP 各参与方在使用本条款时，应当根据规划确定用地范围、用途和规划建设条件等因素确定项目用地的具体范围。同时，政府方应根据项目资产权属、项目投融资模式以及建设手续办理等因素，合法合理确定项目所涉建设用地的供应方式，如划拨、出让或租赁等。其中，以租赁方式供应项目所涉建设用地时，应当确保土地使用权租赁期限能够有效覆盖 PPP 项目的合作期限。

四、项目承包商的选择

（一）具体条款

详见《PPP 项目合同》第 8.3 款。

（二）使用说明

PPP 各参与方在使用本条款时，应当根据项目合作范围或项目采购需求，确定具体项目的承包商的范围（可包含工程总承包商、施工总承包商以及设备和材料供应商等）。其中，对于项目所涉工程建设、设备采购或服务外包的内容，如符合《招标投标法实施条例》第九条规定，中选社会资本依法能够自行建设、生产或者提供服务的，可以不再进行招标。

五、项目绩效评价机制的设置

（一）具体条款

详见《PPP 项目合同》第 11 条。

（二）使用说明

政府付费或提供可行性缺口补助的 PPP 项目中，政府方应以绩效评价结果作为对价支付的依据。对此，政府方应遵循财办金〔2017〕92 号、财金〔2019〕10 号等文件关于“建立完全与项目产出绩效相挂钩的付费机制，不得通过降低考核标准等方式，提前锁定、固化政府支出责任”等相关规定，建立政府、公众共同参与的综合性评价体系，由项目实施机构会同行业主管部门建立“事前设定绩效目标、事中进行绩效跟踪、事后进行绩效评价”的全生命周期绩效管理机制，制定具体的《绩效评价管理办法》作为《PPP 项目合同》附件，并据此进行绩效评价和服务费价格调整，确保实现公共利益最大化。

同时，各级财政部门应根据预算绩效管理的相关规定，在项目实施阶段对项目资金管理、施工过程、竣工结算、运营管理等各方面开展监督管理，加强项目预算审核，必要时可以组织第三方机构独立开展绩效评估，将审核和评估结果作为预算安排的重要参考依据。

六、项目付费机制的设置

（一）污水处理厂网一体化 PPP 项目

1. 具体条款

详见《PPP 项目合同》第 12～13 条。

2. 使用说明

PPP 各参与方在使用本条款时，应当基于污水处理的基本水量及服务费基本单价，设置分层级的使用量付费机制，并可根据项目合作范围、回报机制、投融资结构和采购文件要求等因素，采取污水处理服务和管网服务分别报价或者合并报价模式，并相应在《PPP 项目合同》中对服务费的定价、计算和调价方式予以约定。

（二）垃圾处理 PPP 项目

1. 具体条款

详见《PPP 项目合同》第 12～14 条。

2. 使用说明

基于垃圾处理项目采用使用量付费机制，应由政府方承担提供一定的垃圾基本供应量以确保该类项目设施运营具备可行性。因此，PPP 各参与方在使用该等条款时，根据具体项目情况确定政府方提供的垃圾基本供应量及计量标准、垃圾质量等事项，并以基本供应量为基准，结合当期垃圾处理结算量及垃圾处理单价，确定基本垃圾处理服务费和超额垃圾处理服务费，以及收付款程序、逾期付款责任等事项。其中，就垃圾处理单价是否调整及调整方式问题，可由 PPP 各参与方根据项目采购文件规定予以确定并落实到第 13.2.2 款约定。

同时，考虑到目前垃圾处理领域以焚烧发电为主要工艺，通过处理垃圾及综合利用，将会产生电力、热力等相关产品，可以利用对该等产品的处分收益实现项目实施的整体收益平衡。PPP 各参与方在使用第 14 条款时，应当根据具体项目产出的产品类型完善具体条款内容。

七、项目履约担保的设置

（一）具体条款

详见污水处理厂网一体化 PPP 项目《PPP 项目合同》第 15 条；详见垃圾处理 PPP 项目《PPP 项目合同》第 16 条。

（二）使用说明

为确保 PPP 各参与方能够按照合同约定履约，在具体项目中可以要求社会资本或项目公司提供相应的履约担保。原则上，所选用的履约担保方式应足够担保社会资本或项目公司按合同约定履约，例如保障项目建设和运营的稳定开展，不会产生资金链断裂或出现重大违约情形等。PPP 各参与方在使用本条款时，可以根据项目所处不同阶段、项目风险分配原则以及预期风险的发生概率等因素，确定是否需要提供履约担保以及履约担保的形式、额度和期限等。

八、政府方的介入权利

（一）具体条款

详见污水处理厂网一体化 PPP 项目《PPP 项目合同》第 17 条；详见垃圾处理 PPP 项目《PPP 项目合同》第 18 条。

（二）使用说明

由于 PPP 项目通常是涉及公共利益的特殊项目，从履行公共管理职能的角度出发，政府方需要对项目执行的情况和质量进行必要的监督和管理，在特定情形下应赋予政府方直接介入项目或临时接管项目的权利。通常情况下，政府方的介入权应适用于项目实施过程中发生短期严重的问题且该问题需要被快速解决、而政府方在解决该问题上更有优势和便利的情形。介入权作为政府方所享有的权利，其具体适用情形和行使程序可以由政府方根据项目实际情况在《PPP 项目合同》中予以明确约定，通常包括发生紧急情况或者危及社会公众和公共利益的情形，以及社会资本或项目公司严重违约的情形等。

九、政府方的一般补偿义务

（一）具体条款

详见污水处理厂网一体化 PPP 项目《PPP 项目合同》第 23.1 款；详见垃圾处理 PPP 项目《PPP 项目合同》第 24.1 款。

（二）使用说明

由于 PPP 项目期限较长，且存在无法预计的风险因素较多，项目实施过程中如因法律变更、政府行政指令、公共利益需要等导致社会资本或项目公司对项目的资本投资或经常性支出增加的，政府方应当给予一定的补偿。通常情况下，应确保社会资本或项目公司不会因项目客观形势的变化而受到经济损失或获得额外利益。PPP 各参与方在使用本条款时，应当明确具体补偿情形，并且可通过协商选择如现金补偿、调整服务费及/或延长合作期等不同的补偿方式。

十、合同终止与补偿

（一）具体条款

详见污水处理厂网一体化 PPP 项目《PPP 项目合同》第 24 条；详见垃圾处理 PPP 项目《PPP 项目合同》第 25 条。

（二）使用说明

PPP 项目实施过程中，如发生政府方违约事件、社会资本或项目公司违约事件、法律变更或政府行为、不可抗力或者 PPP 参与各方协商一致等情形导致项目提前终止的，通常会涉及政府方接管项目设施的义务和提前终止补偿（确定终止补偿金）两方面的事项。实践中，通常只有在社会资本或项目公司违约导致项目终止的情形下，政府方可以选择是否接管该项目设施。就提前终止的补偿范围，需基于项目终止的不同事由加以合理评估确定。PPP 各参与方在使用该等条款时，应当明确导致合同提前终止的情形、终止程序及其后果。

其中，对于因政府方违约事件、法律变更或政府行为等情形导致项目提前终止的，应当确保社会资本或项目公司不会因此而遭到损失或获得额外利益（其中，政府方出于公共利益而终止合同情形，一般情况下应当按照政府方违约处理，给予社会资本或项目公司合理补偿；否则，会产生不当的激励，以自愿终止合同代替违约），其提前终止补偿金通常设定为债务价值（如尚未偿还的所有贷款、项目公司股东在项目终止之前投资项目的资金总和等）加上一定的权益，也可以包括损失的未来利润（如有）；对于社会资本或项目公司违约事件导致项目提前终止的，在确定其提前终止补偿金时可选方案包括：未偿还债务的全部价值或者指定比例、折旧资产账面价值、未来现金流量净现值（扣除整改成本）、在公开市场进行 PPP 经营权重新采购的收益；对于不可抗力导致项目提前终止的，一般原则是由双方共同分摊风险，其提前终止补偿金通常在扣除保险理赔金额，且不包括预期利润损失的前提下，考虑未偿还融资方的贷款、项目公司股东在项目终止前投入项目的资金以及欠付承包商的款项予以确定。同时，PPP 各参与方在使用该等条款时，可明确约定提前终止补偿金的具体支付方式、时间和程序要求。

十一、争议解决方式的确定

（一）具体条款

详见污水处理厂网一体化 PPP 项目《PPP 项目合同》第 26 条；详见垃圾处理 PPP 项目《PPP 项目合同》第 27 条。

（二）使用说明

由于 PPP 项目涉及的参与方众多、利益关系复杂且项目期限较长，因此在 PPP 项目所涉合同中需要就合同签订后可能产生的争议解决机制进行明确约定。PPP 各参与方在使用本条款时，应当根据项目的具体情况进行灵活选择，一般以仲裁或者诉讼作为最终的争议解决方式。并且，在最终的争议解决方式前应设置其他的争议解决机制，如设立项目协调委员会，以期在无需仲裁或者诉讼的情况下快速解决争议，或达成一个具有约束力、但可在之后的仲裁或诉讼中重新审议的临时解决办法。同时，为提高争议解决的效率，建议《PPP 项目合同》与《合作协议》两份协议文件对争议解决方式的约定保持一致。

《运营维护服务协议》使用说明

考虑到污水处理 PPP 项目的行业惯例、污水处理厂网一体化 PPP 项目包含污水处理厂及管网的项目设施运营维护的复杂性，以及示范文本条款设置的均衡性，本示范合同文本单独编制《运营维护服务协议》以对社会资本或项目公司在合作期内的运营维护责任、项目产出标准、政府方监督管理方式和程序予以详细约定。其中，对污水处理厂网一体化 PPP 项目《运营维护服务协议》涉及的重要条款作说明如下：

一、项目运维产出标准的确定

（一）具体条款

详见《运营维护服务协议》第三章。

（二）使用说明

PPP 各参与方在使用本条款时，应当根据项目需求目标对运营维护的具体产出标准予以明确，包括污水处理厂进水水质标准、出水水质标准、管网运营维护标准、污泥出厂标准、噪声和臭气标准等，确保符合国家、行业以及项目所在地省、市的相关规范标准，并作为社会资本或项目公司开展运营维护的最低要求。同时，产出标准的确定也应同时体现在项目绩效评价机制中。

二、项目检测、检查及处理

（一）具体条款

详见《运营维护服务协议》第四章。

（二）使用说明

项目检测是政府方行使项目知情权、管理权和监督权的重要途径，也是项目绩效评价机制的编制基础。PPP 各参与方在使用本条款时，应当根据项目需求、产出目标和政府监管程度的不同，确定项目进水水质、出水水质、污泥等重要指标的检测方式和频次，确保检测频次及相关要求符合《城镇污水处理厂运行、维护及安全运行技术规程》（CJJ 60—2011）等国家、行业以及项目所在地省、市的相关规范标准，并进一步明确进水水质和出水水质不达标的处置措施。

附件 2

政府和社会资本合作（PPP）项目合作协议

甲方：____________________

乙方：____________________

签订日期：____年____月____日

目　　录

本协议由以下双方于【】年【】月【】日在【签订地点】签订：

甲方：【实施机构名称】

和

乙方：【中选社会资本名称】

鉴于：

（1）【项目名称】已经____人民政府批准

采用政府和社会资本合作（PPP）模式实施，并授权甲方作为本项目实施机构，具体负责项目准备、采购、监管和移交等工作，并代表____人民政府与社会资本及项目公司签署相关合同文件；

（2）甲方已通过【采购方式】选定乙方作为本项目中选社会资本，乙方同意并认可本项目采购文件以及与甲方签署的《确认谈判备忘录》的全部内容；甲、乙双方确认并同意签订本《合作协议》。

甲、乙双方遵循平等、合作、守信的原则，就本项目实施相关事项协商一致，并根据《中华人民共和国合同法》及有关适用法律规定，共同达成协议如下：

第1条　定义及解释

1.1　定义

除非本协议另有约定，下述术语具有下列含义：

1.1.1　项目公司，指乙方为实施本项目而按照适用法律规定及采购文件要求组建的特殊目的公司。

1.1.2　本项目，指____________________政府和社会资本合作（PPP）项目。

1.1.3　本协议，指甲方与乙方就本项目而签订的本《合作协议》。

1.1.4　《PPP项目合同》，指甲方和乙方签署的《【项目名称】政府和社会资本合作（PPP）项目合同》。

1.1.5　《股东协议》，指【政府方出资代表名称】和乙方签订的《【项目名称】股东协议》（如有）。

1.1.6　政府方，指____人民政府或其依法授权的实施机构，可指其中之一，也可统指人民政府和实施机构。

1.1.7　融资方，指融资文件中的贷款人或项目融资资金的提供人。

1.1.8　生效日，指本协议甲、乙双方法定代表人或授权代表签字并加盖公章之日。

1.1.9　项目设施，指与本项目建设和运营管理相关的设施，包括全部构筑物、建筑物、设施、设备等。

1.1.10　批准，指为了使乙方能够履行其在本合同项下的义务和行使其在本合同项下的权利，乙方必须或希望从政府机关依法获得的所需要的任何许可、执照、同意、授权、批准、免除或相同及类似的文件。

1.1.11　适用法律，指所有适用的中华人民共和国法律、法规、规章、地方性法规、司法解释、政府部门颁布的标准、规范或其他适用的强制性要求、有法律约束力的规范性文件等。为本协议目的，任何政府主管部门签发的对双方履行本协议有实质性影响的文件（包括批文、执照、许可、授权等）视为适用法律的一部分。

1.1.12　采购文件，指《________________PPP项目采购文件》。

1.2　解释

本协议中的标题仅为参考所设，不应影响条文的解释。以下规定同样适用于对本协议进行解释，除非其上下文明确显示其不适用。在本协议中：

1.2.1　协议或文件，指包括经修订、更新、补充或替代后的该协议或文件；

1.2.2　“元”，指中国的法定货币单位“人民币”；

1.2.3　条款或附件，指本协议的条款或附件；

1.2.4　一方、双方，指本协议中的一方或双方，并且包括经允许的替代该方的主体或该方的受让人；

1.2.5　“包括”，指包括但不限于；

1.2.6　“以上”、“以下”、“以内”或“内”均含本数，“超过”、“以外”均不含本数；

1.2.7　日、月、季、年，指公历的日、月、季、年；

1.2.8　本协议并不限制或以其他方式影响甲方及其他政府主管部门行使其法定行政职权。

第2条　合作关系建立

2.1　合作范围

乙方作为本项目中选社会资本，按照采购文件要求出资组建项目公司，按照《PPP项目合同》等合同文件约定负责本项目合作范围内的项目设施的【□投融资；□建设；□运营维护；□移交】工作。

2.2 项目投融资规模

本项目的总投资为____元，其中项目资本金为项目总投资的____%，即人民币____元；债务性资金为项目总投资的____%，即人民币____元。

2.3 经营权授予

甲方已获得本级人民政府的授权，通过与乙方签订《PPP项目合同》等合同文件的方式，将本项目的经营权授予乙方，即由乙方负责项目设施的【□投融资；□建设；□运营维护；□移交】，并享有获取相应合理回报的权利。

2.4 合作期限

本项目合作期限共____年，自本协议生效日起至____年____月____日____时止，包括项目建设期和运营期。其中，建设期共____年，自____年____月____日____时起至____年____月____日____时止；运营期共____年，自____年____月____日____时起至____年____月____日____时止。

合作期限的其他约定：

2.5 协议安排

政府方参股的，本协议签署之时，乙方应当按本项目采购文件规定与政府方出资代表同步签署《股东协议》（如有）。

第3条 项目公司组建

乙方与【政府方出资代表】（如有）应于本协议签署后____日内完成项目公司的设立，并领取营业执照。

项目公司的注册资本、股东的出资额、出资方式和出资时间，具体约定如下：

第4条 股权变更

4.1 锁定期

锁定期是指自项目公司成立之日起，至项目进入运营期____年内，未经甲方书面同意，乙方持有的项目公司股权不得发生转让等变更。

4.2 锁定期的例外情形

锁定期内，如果发生以下特殊情形，经甲方书面同意，可以允许发生股权变更：

（1）项目融资方为实现本项目融资项下的担保权利而涉及的股权结构变更；

（2）政府方参股的，则政府方出资代表转让其持有的项目公司股权不受上述股权变更限制；

（3）经甲方同意进行资产证券化等再融资活动，由此而导致股权变更的；

（4）双方约定的其他情形：

4.3 锁定期满股权变更的限制

4.3.1 锁定期满后，在符合第4.3.2款约定的前提下，经甲方事先书面同意，则任意一方股东可以依法转让其持有的项目公司股权。

4.3.2 股权受让方应满足本项目采购文件规定或具备项目实施所必需的技术能力、财务实力、资格信用、运营经验等基本条件，并已经以书面形式明示，在其成为项目公司股东后，承继股权转让方（即本协议乙方）在本协议项下的义务（甲、乙双方另有约定的除外），同时督促并确保项目公司继续承担《PPP项目合同》等合同文件项下的义务。否则，甲方对相应股权转让有权予以否决。

4.4 合作期满乙方股权的处分

本项目合作期满后，对于乙方持有项目公司的股权处分，双方约定如下：

第5条 权利和义务及双方承诺

5.1 甲方的权利和义务

5.1.1 甲方有权自行或委托第三方机构对乙方的出资、项目公司的设立，以及乙方和项目公司在合作范围内所有工作的开展情况进行监督管理和绩效评价。

5.1.2 甲方应当按照适用法律，在其权限和管辖范围内协助乙方获取项目公司设立以及项目公司开展合作范围内工作所必需的批准文件。

5.1.3 如政府方参股的，甲方应当督促

【政府方出资代表】依约履行出资等义务。

5.1.4 甲方应当确保将本项目的财政支出责任（如有）纳入相应年度的财政预算和中期财政规划，并按照《PPP项目合同》约定根据绩效评价结果足额支付相应费用。

5.2 乙方的权利和义务

5.2.1 乙方有权根据合同文件约定享有合理的投资收益。

5.2.2 乙方确认并同意在项目公司成立前，按照《PPP项目合同》和《运营维护服务协议》（如有）等合同文件的约定，享有合同权利，履行合同义务。

5.2.3 乙方应当督促项目公司在成立之日起____日内与甲方及乙方签订关于《PPP项目合同》和《运营维护服务协议》（如有）等合同文件（本协议除外）的《承继协议》，由项目公司承继乙方在前述合同文件项下的权利和义务。

5.2.4 乙方应当确保项目公司机构设置和技术、管理、财务人员素质符合约定的条件和要求并应满足项目建设和运营管理的需要，符合国家规定的市场准入条件。

5.2.5 乙方与【政府方出资代表】（如有）签署《股东协议》、《公司章程》前应获得甲方认可，正式签署的《股东协议》（原件）、登记备案的《公司章程》（副本）及市场监督管理部门颁发的项目公司营业执照（副本）应交甲方存档一份。

5.2.6 乙方应出资的项目资本金为____元，乙方应采取有效措施确保项目资本金按双方商定方案注入，不得以任何方式通过项目公司筹措应由乙方出资的项目资本金，不得以债务性资金充当项目资本金。

5.2.7 乙方应当确保项目公司采取多种渠道合法地筹集本项目资本金以外的其他资金。如项目公司无法在规定的期限内全额获得本项目债务性资金，乙方负有补充融资义务，乙方应在前述债务性融资期限届满日后的____日内向甲方提交补充融资方案，并经甲方批准后实施。乙方未按本协议约定向甲方提交补充融资方案，或提交的补充融资方案不能满足本项目融资需要的，乙方应与项目公司共同承担相应责任。

5.2.8 乙方应促使项目公司在签署前述《承继协议》后全面履行《PPP项目合同》等合同文件项下的义务，乙方同时有义务采取必要的协助和保障措施，确保项目公司依照合同约定和绩效目标完成项目融资、项目建设及项目运营等义务。如项目公司在项目建设和运营过程中出现资金紧张、经营管理困难等导致无法继续实施项目建设和运营的，则乙方有义务采取有效措施限期恢复项目公司履约能力，确保项目的正常建设和运营管理。

5.3 双方承诺

5.3.1 截至本协议生效日止，不存在可能会构成违反有关法律或可能妨碍其履行在本协议项下义务的情况；不存在未披露的对其签署本协议或履行其在本协议项下义务可能产生严重不利影响的事件，包括但不限于可能要提起的诉讼、仲裁、已经或将要进行的政府调查或行政处罚程序及其他法律程序。

5.3.2 无论是本协议的签署还是对本协议项下义务的履行，均不会抵触、违反或违背其营业执照、公司章程或任何适用法律或任何政府部门的批准，或其为签约一方的任何协议。

第6条 履约担保

乙方应当按照本项目采购文件规定自本协议签署后____日内向甲方递交履约担保，担保形式为：【□保证金；□保函】，担保金额为____元。履约担保在下列条件全部成就后的____日内由甲方向乙方退还：

（1）项目公司已成立；

（2）项目公司已与甲方及乙方签订《承继协议》；

（3）建设履约担保（如有）已按约定向甲方递交；

（4）其他：

第7条 违约情形与责任

7.1 甲方的违约情形与责任

7.1.1 因甲方原因导致未能在本协议签署后____日内注册成立项目公司，且甲方未能在收到乙方要求甲方纠正其违约行为的书面通知后____日内改正此行为的，项目公司注册每延期一日，甲方应向乙方支付____元的违约金。因甲方原因致使在本协议签署后____日内项目公司仍未能注册的，则乙方有权单方面发出解除本协议通知，与甲方解除本协议。

7.1.2　因甲方原因导致【政府方出资代表】未能按照本协议及《股东协议》约定将项目资本金出资到位，且甲方未能在收到乙方要求甲方纠正其违约行为的书面通知后____日内改正此行为的，乙方有权单方面发出解除本协议通知，与甲方解除本协议，并且甲方应向乙方支付____元的违约金。

7.1.3　因甲方原因致使本协议无法履行，且甲方未能在收到乙方要求甲方纠正其违约行为的书面通知后____日内改正此行为的，乙方有权通过向甲方发出有效通知的方式，终止或解除本协议，甲方应当按照【□约定补偿标准：______________；□遵循“恢复相同经济地位”原则另行商定补偿方案】对乙方的损失给予补偿。

7.2　乙方的违约情形及责任

7.2.1　因乙方原因导致未能在本协议签署后____日内注册成立项目公司，或虽已遵守上述规定但甲方有合理理由认为其尚无实施本项目的足够能力时，乙方应按甲方的要求完善项目公司的机构设置、人员配备、资金筹措等方面的工作，直至甲方批准为止。项目公司注册每延期一日，乙方应向甲方支付________元的违约金。如因乙方原因致使在本协议签署后____日项目公司仍未能注册的，或虽已注册但不符合约定要求的，则甲方有权单方面发出解除本协议通知，与乙方解除本协议。

7.2.2　乙方未能按照本协议及《股东协议》约定将项目资本金出资到位，或者在项目建设期内抽回、侵占或挪用项目资本金及其他建设资金，经甲方责令限期改正后仍未改正的，甲方有权单方面发出解除本协议通知，与乙方解除本协议，并且乙方应向甲方支付____元的违约金。

7.2.3　乙方未能按照本协议约定提交履约担保的，经甲方责令限期提交后仍未改正的，甲方有权单方面发出解除本协议通知，与乙方解除本协议，并且乙方应向甲方支付____元的违约金。

7.2.4　因乙方原因导致项目公司未能按照本协议约定期限与甲方及乙方签订《承继协议》的，每延期一日，乙方应向甲方支付____元的违约金；如延期超过____日，则甲方有权单方解除本协议。

7.2.5　如项目公司无法在规定的期限内全额获得本项目债务性资金，且乙方未按本协议约定向甲方提交补充融资方案，或提交的补充融资方案未能满足本项目融资需要的，每延期一日，乙方应向甲方支付____元的违约金。如延期时间超过____日，则甲方有权单方解除本协议，并且乙方应向甲方支付____元的违约金。

7.2.6　乙方违反本协议关于股权变更限制的要求，经甲方责令限期改正后仍未改正的，则甲方有权单方解除本协议，并且乙方应向甲方支付____元的违约金。

7.2.7　因乙方原因致使本协议无法履行，且乙方方未能在收到甲方要求乙方纠正其违约行为的书面通知后____日内改正此行为的，甲方有权通过向乙方发出有效通知的方式，终止或解除本协议。

第 8 条　不可抗力

8.1　不可抗力事件

任何一方由于出现不可抗力事件使该方无法全部或部分履行其本协议项下的义务时，该方应有权中止履行本协议项下的义务。不可抗力应包括但不限于下列事件：

（1）雷电、干旱、火灾、地震、火山爆发、山崩、滑坡、水灾、暴风雨、海啸、台风或龙卷风；

（2）流行病、饥荒或疫情；

（3）战争行为（无论是否宣战）、入侵、武装冲突或外敌行为、封锁或军事力量的使用、禁运、暴乱或民众骚乱、恐怖行为、军事演习或政变；

（4）化学或放射性污染或核辐射；

（5）其他：

8.2 因不可抗力致使一方不能履行本协议的，根据不可抗力的影响可全部或部分免除该方在本协议项下的相应义务，但该方应及时采取补救措施并通知对方，并在____日内向对方提供证明。一方未及时采取补救措施的，应就扩大的损失负赔偿责任。

8.3 因不可抗力致使本协议无法按期履行或不能履行的，在不可抗力事件持续期间，受影响方无需为其中止履约或履约延误承担违约责任。

第9条 争议解决

本协议在履行过程中发生的争议，双方应本着友好、互利的原则协商解决或由有关部门调解解决；协商或调解不成的，双方应采取以下第____种争议解决方式：

（1）提交____________仲裁委员会申请仲裁；

（2）向______________人民法院提起诉讼。

第10条 本协议的生效及终止

10.1 本协议经甲、乙双方法定代表人或其授权代表签字，并加盖公章之日起生效。

10.2 除本协议另有约定外，本协议应在项目合作期届满后终止。

10.3 若《PPP项目合同》提前终止的，除非双方另有约定，则本协议应在《PPP项目合同》签约各方已履行完成提前终止相关责任义务后，方可终止。

第11条 其他事项

11.1 本协议一式____份，甲、乙双方各执____份。

11.2 本协议未尽事宜，由甲、乙双方另行协商确定。

11.3 双方对本协议及合作过程中的所有商业机密资料承担保密义务，未经对方书面许可或依适用法律规定，不得对任何其他第三方泄露和传播。

签署页（本页无正文）

甲方（盖章）：

法定代表人或其授权代表（签字）：

日期：

乙方（盖章）：

法定代表人或其授权代表（签字）：

日期：

附件3

政府和社会资本合作（PPP）项目承继协议

甲方：____________________

乙方：____________________

丙方：____________________

签订日期：____年____月____日

本协议由以下各方于【】年【】月【】日在【签订地点】签订：

甲方：【实施机构名称】

和

乙方：【中选社会资本名称】

丙方：【项目公司名称】

鉴于：

（1）【项目名称】PPP项目已经____人民政府批准采用政府和社会资本合作（PPP）模式实施，并授权甲方作为本项目实施机构，具体负责项目准备、采购、监管和移交等工作；

（2）甲方已通过【采购方式】选定乙方作为本项目中选社会资本，并于____年____月____日与乙方签署《合作协议》、《PPP项目合同》和《运营维护服务协议》（如有）等合同文件。

（3）根据《合作协议》的约定，乙方与【政府方出资代表名称】（如有）共同出资设立项目公司后，应当督促项目公司在成立之日起____日内与甲方及乙方签订关于《PPP项目合同》和《运营维护服务协议》（如有）等合同文件（《合作协议》除外）的承继协议，由项目公司承继乙方在前述合同文件项下的权利和义务。

甲、乙、丙三方遵循平等、合作、守信的原则，就本项目实施相关事项协商一致，并根据《中华人民共和国合同法》及有关适用法律规定，共同达成协议如下：

第一条 甲方和乙方同意并认可，丙方确认并概括承继乙方在下列合同文件项下的权利和义务（但本协议和下列合同文件另有约定的除外）：

（1）《____________PPP项目合同》；

（2）《____________PPP项目运营维护服务协议》（如有）；

（3）其他协议：____________________。

第二条 虽有上述权利和义务概括承继的约定，但以下事项所涉及的权利和义务仍由本协议乙方享有和承担：

（1）乙方所持丙方的股权变更限制；

（2）乙方对项目资本金的出资责任；

（3）乙方承担的补充融资责任；

（4）其他：__________________________。

上述事项具体以甲方与乙方之间签署的《合作协议》等相关约定为准。

第三条 如本协议与第一条所列合同文件的约定有冲突的，以本协议的约定为准。

第四条 本协议经甲、乙、丙三方法定代表人或其授权代表签字，并加盖公章之日起生效。

第五条 本协议一式____份，甲、乙、丙三方各执____份。

签署页（本页无正文）

甲方（盖章）：

法定代表人或其授权代表（签字）：

日期：

乙方（盖章）：

法定代表人或其授权代表（签字）：

日期：

丙方（盖章）：

法定代表人或其授权代表（签字）：

日期：

关于印发《政府会计准则第10号——政府和社会资本合作项目合同》的通知

（财会〔2019〕23号，财政部2019年12月17日发布）

党中央有关部门，国务院各部委、各直属机构，全国人大常委会办公厅，全国政协办公厅，最高人民法院，最高人民检察院，各民主党派中央，有关人民团体，各省、自治区、直辖市、计划单列市财政厅（局），新疆生产建设兵团财政局：

为了适应权责发生制政府综合财务报告制度改革需要，规范政府方对政府和社会资本合作项目合同的确认、计量和相关信息的列报，提高会计信息质量，根据《政府会计准则——基本准则》，我部制定了《政府会计准则第10号——政府和社会资本合作项目合同》，现予印发，请遵照执行。

执行中有何问题，请及时反馈我部。

附件：政府会计准则第10号——政府和社会资本合作项目合同

附件

政府会计准则第 10 号——政府和社会资本合作项目合同

第一章　总则

第一条　为了规范政府方对政府和社会资本合作（PPP）项目合同的确认、计量和相关信息的列报，根据《政府会计准则——基本准则》，制定本准则。

第二条　本准则所称 PPP 项目合同，是指政府方与社会资本方依法依规就 PPP 项目合作所订立的合同，该合同应当同时具有以下特征：

（一）社会资本方在合同约定的运营期间内代表政府方使用 PPP 项目资产提供公共产品和服务；

（二）社会资本方在合同约定的期间内就其提供的公共产品和服务获得补偿。

本准则所称政府方，是指政府授权或指定的 PPP 项目实施机构，通常为政府有关职能部门或事业单位。

本准则所称社会资本方，是指与政府方签署 PPP 项目合同的社会资本或项目公司。

本准则所称 PPP 项目资产，是指 PPP 项目合同中确定的用来提供公共产品和服务的资产。该资产有以下两方面来源：

（一）由社会资本方投资建造或者从第三方购买，或者是社会资本方的现有资产；

（二）政府方现有资产，或者对政府方现有资产进行改建、扩建。

第三条　本准则适用于同时满足以下条件的 PPP 项目合同：

（一）政府方控制或管制社会资本方使用 PPP 项目资产必须提供的公共产品和服务的类型、对象和价格；

（二）PPP 项目合同终止时，政府方通过所有权、收益权或其他形式控制 PPP 项目资产的重大剩余权益。

第四条　通常情况下，采用建设—运营—移交（BOT）、转让—运营—移交（TOT）、改建—运营—移交（ROT）方式运作的 PPP 项目合同，满足本准则第三条规定的条件，应当适用本准则。

下列各项适用其他相关会计准则：

（一）不同时具有本准则第二条第一款规定的两个特征的合同，如建设—移交（BT）、租赁、无偿捐赠等，不属于本准则所称的 PPP 项目合同，不适用本准则，应当由政府方按照其他相关政府会计准则制度的规定进行会计处理。

（二）不同时满足本准则第三条规定的两个条件的 PPP 项目合同，如采用建设—拥有—运营（BOO）、转让—拥有—运营（TOO）等方式运作的 PPP 项目合同，不适用本准则，应当由政府方按照其他相关政府会计准则制度的规定进行会计处理。

（三）PPP 项目合同中有关政府方对项目公司的直接投资，适用《政府会计准则第 2 号——投资》；有关代表政府出资的企业对项目公司的投资，适用相关企业会计准则。

（四）社会资本方对 PPP 项目合同的确认、计量和相关信息的披露，适用相关企业会计准则。

第二章　PPP 项目资产的确认

第五条　符合本准则第二条、第三条规定的 PPP 项目资产，在同时满足以下条件时，应当由政府方予以确认：

（一）与该资产相关的服务潜力很可能实现或者经济利益很可能流入；

（二）该资产的成本或者价值能够可靠地计量。

第六条　PPP 项目资产的各组成部分具有不同使用年限或者以不同方式提供公共产品和服务的，应当分别将各组成部分确认为一个单项 PPP 项目资产。

第七条　由社会资本方投资建造或从第三

方购买形成的 PPP 项目资产，政府方应当在 PPP 项目资产验收合格交付使用时予以确认。

使用社会资本方现有资产形成的 PPP 项目资产，政府方应当在 PPP 项目开始运营日予以确认。

政府方使用其现有资产形成 PPP 项目资产的，应当在 PPP 项目开始运营日将其现有资产重分类为 PPP 项目资产。

社会资本方对政府方现有资产进行改建、扩建形成的 PPP 项目资产，政府方应当在 PPP 项目资产验收合格交付使用时予以确认，同时终止确认现有资产。

第八条 在 PPP 项目资产运营过程中发生的后续支出，满足本准则第五条规定的确认条件的，政府方应当计入 PPP 项目资产成本。

通常情况下，为增加 PPP 项目资产的使用效能或延长其使用年限而发生的改建、扩建等后续支出，政府方应当计入 PPP 项目资产的成本；为维护 PPP 项目资产的正常使用而发生的日常维修、养护等后续支出，不计入 PPP 项目资产的成本。

第九条 PPP 项目合同终止时，PPP 项目资产按规定移交至政府方的，政府方应当根据 PPP 项目资产的性质和用途，将其重分类为公共基础设施等资产。

第三章 PPP 项目资产的计量

第十条 政府方在取得 PPP 项目资产时一般应当按照成本进行初始计量；按规定需要进行资产评估的，应当按照评估价值进行初始计量。

第十一条 社会资本方投资建造形成的 PPP 项目资产，其成本包括该项资产至验收合格交付使用前所发生的全部必要支出，包括建筑安装工程投资、设备投资、待摊投资、其他投资等支出。

已交付使用但尚未办理竣工财务决算手续的 PPP 项目资产，应当按照估计价值入账，待办理竣工财务决算后再按照实际成本调整原来的暂估价值。

第十二条 社会资本方从第三方购买形成的 PPP 项目资产，其成本包括购买价款、相关税费以及验收合格交付使用前发生的可归属于该项资产的运输费、装卸费、安装费和专业人员服务费等。

第十三条 使用社会资本方现有资产形成的 PPP 项目资产，其成本按规定以该项资产的评估价值确定。

第十四条 政府方使用其现有资产形成的 PPP 项目资产，其成本按照 PPP 项目开始运营日该资产的账面价值确定；按照相关规定对现有资产进行资产评估的，其成本按照评估价值确定，资产评估价值与评估前资产账面价值的差额计入当期收入或当期费用。

第十五条 社会资本方对政府方现有资产进行改建、扩建形成的 PPP 项目资产，其成本按照该资产改建、扩建前的账面价值加上改建、扩建发生的支出，再扣除该资产被替换部分账面价值后的金额确定。

第十六条 除本准则第十七条和第二十三条规定外，政府方应当参照《政府会计准则第 3 号——固定资产》《政府会计准则第 5 号——公共基础设施》等，对 PPP 项目资产进行后续计量。

第十七条 PPP 项目合同终止时，PPP 项目资产按规定移交至政府方并进行资产评估的，政府方应当以评估价值作为重分类后资产的入账价值，评估价值与 PPP 项目资产账面价值的差额计入当期收入或当期费用；政府方按规定无需对移交的 PPP 项目资产进行资产评估的，应当以 PPP 项目资产的账面价值作为重分类后资产的入账价值。

第四章 PPP 项目净资产的确认和计量

第十八条 除本准则第十九条规定外，政府方在确认 PPP 项目资产时，应当同时确认一项 PPP 项目净资产，PPP 项目净资产的初始入账金额与 PPP 项目资产的初始入账金额相等。

第十九条 政府方使用其现有资产形成 PPP 项目资产的，在初始确认 PPP 项目资产时，应当同时终止确认现有资产，不确认 PPP 项目净资产。

社会资本方对政府方现有资产进行改建、

扩建形成 PPP 项目资产的，政府方应当仅按照 PPP 项目资产初始入账金额与政府方现有资产账面价值的差额确认 PPP 项目净资产。

第二十条　按照 PPP 项目合同约定，政府方承担向社会资本方支付款项的义务的，相关义务应当按照《政府会计准则第 8 号——负债》有关规定进行会计处理，会计处理结果不影响 PPP 项目资产及净资产的账面价值。

政府方按照《政府会计准则第 8 号——负债》有关规定不确认负债的，应当在支付款项时计入当期费用。政府方按照《政府会计准则第 8 号——负债》有关规定确认负债的，应当同时确认当期费用；在以后期间支付款项时，相应冲减负债的账面余额。

第二十一条　在 PPP 项目合同约定的期间内，政府方从社会资本方收到款项的，应当按规定做应缴款项处理或计入当期收入。

第二十二条　在 PPP 项目运营过程中，政府方因 PPP 项目资产改建、扩建等后续支出增加 PPP 项目资产成本的，应当依据本准则第十八、十九条的规定同时增加 PPP 项目净资产的账面余额。

第二十三条　政府方按照本准则规定在确认 PPP 项目资产的同时确认 PPP 项目净资产的，在 PPP 项目运营期间内，按月对该 PPP 项目资产计提折旧（摊销）的，应当于计提折旧（摊销）时冲减 PPP 项目净资产的账面余额。

政府方初始确认的 PPP 项目净资产金额等于 PPP 项目资产初始入账金额的，应当按照计提的 PPP 项目资产折旧（摊销）金额，等额冲减 PPP 项目净资产的账面余额。

政府方初始确认的 PPP 项目净资产金额小于 PPP 项目资产初始入账金额的，应当按照计提的 PPP 项目资产折旧（摊销）金额的相应比例（即 PPP 项目净资产初始入账金额占 PPP 项目资产初始入账金额的比例），冲减 PPP 项目净资产的账面余额；当期计提的折旧（摊销）金额与所冲减的 PPP 项目净资产金额的差额，应当计入当期费用。

PPP 项目合同终止时，政府方应当将尚未冲减完的 PPP 项目净资产账面余额转入累计盈余。

第五章　列报

第二十四条　政府方应当在资产负债表中单独列示 PPP 项目资产及相应的 PPP 项目净资产。

第二十五条　政府方应当在附注中披露与 PPP 项目合同有关的下列信息：

（一）对 PPP 项目合同的总体描述。

（二）PPP 项目合同中的重要条款：

1. PPP 项目合同主要参与方；

2. 合同生效日、建设完工日、运营开始日、合同终止日等关键时点；

3. PPP 项目资产的来源；

4. PPP 项目的付费方式；

5. 合同终止时资产移交的权利和义务；

6. 政府方和社会资本方其他重要权利和义务。

（三）报告期间所发生的 PPP 项目合同变更情况。

（四）相关会计信息：

1. 政府方确认的 PPP 项目资产及其类别；

2. PPP 项目资产、PPP 项目净资产初始入账金额及其确定依据；

3. 政府方确认的与 PPP 项目合同有关的负债金额及其确定依据；

4. 报告期内 PPP 项目资产折旧（摊销）冲减 PPP 项目净资产的金额；

5. 报告期内政府方向社会资本方支付的款项金额，或者从社会资本方收到的款项金额；

6. 其他需要披露的会计信息。

第二十六条　政府方除应遵循本准则第二十五条的披露要求外，还应遵循其他政府会计准则制度关于 PPP 项目合同的披露要求。

第六章　附则

第二十七条　对于不满足本准则第三条规定条件的 PPP 项目合同，政府方应当按照本准则第二十五条（一）至（三）的规定披露与该合同相关的信息。

第二十八条　本准则自 2021 年 1 月 1 日

起施行。政府方关于存量PPP项目合同会计处理的新旧衔接办法，由财政部另行规定。

关于印发《政府和社会资本合作（PPP）项目绩效管理操作指引》的通知

（财金〔2020〕13号，财政部2020年3月16日发布）

各省、自治区、直辖市、计划单列市财政厅（局），新疆生产建设兵团财政局：

为规范政府和社会资本合作（PPP）项目全生命周期绩效管理工作，提高公共服务供给质量和效率，保障合作各方合法权益，我们制定了《政府和社会资本合作（PPP）项目绩效管理操作指引》，现印发给你们，请遵照执行。

附件：政府和社会资本合作（PPP）项目绩效管理操作指引

附件

政府和社会资本合作（PPP）项目绩效管理操作指引

第一章 总则

第一条 为规范政府和社会资本合作项目（以下简称PPP项目）全生命周期绩效管理工作，提高公共服务供给质量和效率，保障合作各方合法权益，根据《中华人民共和国预算法》、《中共中央 国务院关于全面实施预算绩效管理的意见》、《国务院办公厅转发财政部发展改革委人民银行关于在公共服务领域推广政府和社会资本合作模式指导意见的通知》等有关规定，制定本指引。

第二条 PPP项目绩效管理是指在PPP项目全生命周期开展的绩效目标和指标管理、绩效监控、绩效评价及结果应用等项目管理活动。

第三条 项目实施机构应在项目所属行业主管部门的指导下开展PPP项目绩效管理工作，必要时可委托第三方机构协助。

各级财政部门负责PPP项目绩效管理制度建设、业务指导及再评价、后评价工作。

第四条 本指引适用于所有PPP项目，包括政府付费、可行性缺口补助和使用者付费项目。

第五条 各参与方应当按照科学规范、公开透明、物有所值、风险分担、诚信履约、按效付费等原则开展PPP项目全生命周期绩效管理。

第二章 PPP项目绩效目标与绩效指标管理

第六条 项目实施机构负责编制PPP项目绩效目标与绩效指标，报项目所属行业主管部门、财政部门审核。

第七条 PPP项目绩效目标包括总体绩效目标和年度绩效目标。总体绩效目标是PPP项目在全生命周期内预期达到的产出和效果；年度绩效目标是根据总体绩效目标和项目实际确定的具体年度预期达到的产出和效果，应当具体、可衡量、可实现。

PPP项目绩效目标编制应符合以下要求：

（一）指向明确。绩效目标应符合区域经济、社会与行业发展规划，与当地财政收支状况相适应，以结果为导向，反映项目应当提供的公共服务，体现环境－社会－公司治理责任（ESG）理念。

（二）细化量化。绩效目标应从产出、效果、管理等方面进行细化，尽量进行定量表述；不能以量化形式表述的，可采用定性表述，但应具有可衡量性。

（三）合理可行。绩效目标应经过调查研究和科学论证，符合客观实际，既具有前瞻性，又有可实现性。

（四）物有所值。绩效目标应符合物有所值的理念，体现成本效益的要求。

第八条　PPP 项目绩效目标应包括预期产出、预期效果及项目管理等内容。

预期产出是指项目在一定期限内提供公共服务的数量、质量、时效等。

预期效果是指项目可能对经济、社会、生态环境等带来的影响情况，物有所值实现程度，可持续发展能力及各方满意程度等。

项目管理是指项目全生命周期内的预算、监督、组织、财务、制度、档案、信息公开等管理情况。

第九条　PPP 项目绩效指标是衡量绩效目标实现程度的工具，应按照系统性、重要性、相关性、可比性和经济性的原则，结合预期产出、预期效果和项目管理等绩效目标细化量化后合理设定。

第十条　PPP 项目绩效指标体系由绩效指标、指标解释、指标权重、数据来源、评价标准与评分方法构成。

指标权重是指标在评价体系中的相对重要程度。确定指标权重的方法通常包括专家调查法、层次分析法、主成分分析法、熵值法等。

数据来源是在具体指标评价过程中获得可靠和真实数据或信息的载体或途径。获取数据的方法通常包括案卷研究、资料收集与数据填报、实地调研、座谈会、问卷调查等。

评价标准是指衡量绩效目标完成程度的尺度。绩效评价标准具体包括计划标准、行业标准、历史标准或其他经相关主管部门确认的标准。

评分方法是结合指标权重，衡量实际绩效值与评价标准值偏离程度，对不同的等级赋予不同分值的方法。

第十一条　PPP 项目绩效目标与绩效指标各阶段管理应符合以下要求：

（一）PPP 项目准备阶段，项目实施机构应根据项目立项文件、历史资料，结合 PPP 模式特点，在项目实施方案中编制总体绩效目标和绩效指标体系并充分征求相关部门、潜在社会资本等相关方面的意见。财政部门应会同相关主管部门从依据充分性、设置合理性和目标实现保障度等方面进行审核。

（二）PPP 项目采购阶段，项目实施机构可结合社会资本响应及合同谈判情况对绩效指标体系中非实质性内容进行合理调整。PPP 项目绩效目标和指标体系应在项目合同中予以明确。

（三）PPP 项目执行阶段，绩效目标和指标体系原则上不予调整。但因项目实施内容、相关政策、行业标准发生变化或突发事件、不可抗力等无法预见的重大变化影响绩效目标实现而确需调整的，由项目实施机构和项目公司（未设立项目公司时为社会资本，下同）协商确定，经财政部门及相关主管部门审核通过后报本级人民政府批准。

PPP 项目移交完成后，财政部门应会同有关部门针对项目总体绩效目标实现情况，从全生命周期的项目产出、成本效益、物有所值实现情况、按效付费执行情况及对本地区财政承受能力的影响、监管成效、可持续性、PPP 模式应用等方面编制绩效评价（即后评价）指标体系。

第十二条　项目公司（社会资本）对绩效目标或指标体系调整结果有异议的，可申请召开评审会，就调整结果的科学性、合理性、可行性等进行评审。双方对评审意见无异议的，按评审意见完善后履行报批程序；仍有异议的，按照合同约定的争议解决机制处理。

第十三条　编制政府付费和可行性缺口补助 PPP 项目年度支出预算时，应将年度绩效目标和指标连同编制的预算申报材料一并报送财政部门审核。使用者付费 PPP 项目参照执行。

第三章　PPP 项目绩效监控

第十四条　项目实施机构应根据项目合同约定定期开展 PPP 项目绩效监控，项目公司（社会资本）负责日常绩效监控。

第十五条　PPP 项目绩效监控是对项目日常运行情况及年度绩效目标实现程度进行的跟踪、监测和管理，通常包括目标实现程度、目标保障措施、目标偏差和纠偏情况等。

PPP项目绩效监控应符合以下要求：

（一）严格遵照国家规定、行业标准、项目合同约定，按照科学规范、真实客观、重点突出等原则开展绩效监控。重点关注最能代表和反映项目产出及效果的年度绩效目标与指标，客观反映项目运行情况和执行偏差，及时纠偏，改进绩效。

（二）项目实施机构应根据PPP项目特点，考虑绩效评价和付费时点，合理选择监控时间、设定监控计划，原则上每年至少开展一次绩效监控。

第十六条 PPP项目绩效监控工作通常按照以下程序进行：

（一）开展绩效监控。项目公司（社会资本）开展PPP项目日常绩效监控，按照项目实施机构要求，定期报送监控结果。项目实施机构应对照绩效监控目标，查找项目绩效运行偏差，分析偏差原因，结合项目实际，提出实施纠偏的路径和方法，并做好信息记录。

（二）反馈、纠偏与报告。项目实施机构应根据绩效监控发现的偏差情况及时向项目公司（社会资本）和相关部门反馈，并督促其纠偏；偏差原因涉及自身的，项目实施机构应及时纠偏；偏差较大的，应撰写《绩效监控报告》报送相关主管部门和财政部门。

第四章 PPP项目绩效评价

第十七条 项目实施机构应根据项目合同约定，在执行阶段结合年度绩效目标和指标体系开展PPP项目绩效评价。

财政部门应会同相关主管部门、项目实施机构等在项目移交完成后开展PPP项目后评价。

第十八条 PPP项目绩效评价应符合以下要求：

（一）严格按照规定程序，遵循真实、客观、公正的要求，采用定量与定性分析相结合的方法。

（二）结合PPP项目实施进度及按效付费的需要确定绩效评价时点。原则上项目建设期应结合竣工验收开展一次绩效评价，分期建设的项目应当结合各期子项目竣工验收开展绩效评价；项目运营期每年度应至少开展一次绩效评价，每3～5年应结合年度绩效评价情况对项目开展中期评估；移交完成后应开展一次后评价。

（三）绩效评价结果依法依规公开并接受监督。

第十九条 PPP项目绩效评价工作通常按照以下程序进行：

（一）下达绩效评价通知。项目实施机构确定绩效评价工作开展时间后，应至少提前5个工作日通知项目公司（社会资本）及相关部门做好准备和配合工作。

（二）制定绩效评价工作方案。项目实施机构应根据政策要求及项目实际组织编制绩效评价工作方案，内容通常包括项目基本情况、绩效目标和指标体系、评价目的和依据、评价对象和范围、评价方法、组织与实施计划、资料收集与调查等。项目实施机构应组织专家对项目建设期、运营期首次及移交完成后绩效评价工作方案进行评审。

（三）组织实施绩效评价。项目实施机构应根据绩效评价工作方案对PPP项目绩效情况进行客观、公正的评价。通过综合分析、意见征询，区分责任主体，形成客观、公正、全面的绩效评价结果。对于不属于项目公司或社会资本责任造成的绩效偏差，不应影响项目公司（社会资本）绩效评价结果。

（四）编制绩效评价报告。PPP项目绩效评价报告应当依据充分、真实完整、数据准确、客观公正，内容通常包括项目基本情况、绩效评价工作情况、评价结论和绩效分析、存在问题及原因分析、相关建议、其他需要说明的问题。

（五）资料归档。项目实施机构应将绩效评价过程中收集的全部有效资料，主要包括绩效评价工作方案、专家论证意见和建议、实地调研和座谈会记录、调查问卷、绩效评价报告等一并归档，并按照有关档案管理规定妥善管理。

（六）评价结果反馈。项目实施机构应及时向项目公司（社会资本）和相关部门反馈绩效评价结果。

第二十条 项目公司对绩效评价结果有异议的，应在5个工作日内明确提出并提供有效的佐证材料，向项目实施机构解释说明并达成一致意见。无法达成一致的，应组织召开评审会，双方对评审意见无异议的，根据评审意见确定最终评价结果；仍有异议的，按照合同约定的争议解决机制处理。

第二十一条　项目实施机构应将 PPP 项目绩效评价报告报送相关主管部门、财政部门复核，复核重点关注绩效评价工作方案是否落实、引用数据是否真实合理、揭示的问题是否客观公正、提出的改进措施是否有针对性和可操作性等。

第二十二条　PPP 项目绩效评价结果是按效付费、落实整改、监督问责的重要依据。

（一）按效付费。

政府付费和可行性缺口补助项目，政府承担的年度运营补贴支出应与当年项目公司（社会资本）绩效评价结果完全挂钩。财政部门应按照绩效评价结果安排相应支出，项目实施机构应按照项目合同约定及时支付。

使用者付费项目，项目公司（社会资本）获得的项目收益应与当年项目公司（社会资本）绩效评价结果挂钩。绩效评价结果优于约定标准的，项目实施机构应执行项目合同约定的奖励条款。绩效评价结果未达到约定标准的，项目实施机构应执行项目合同约定的违约条款，可通过设置影响项目收益的违约金、项目展期限制或影响调价机制等方式实现。

绩效评价结果可作为项目期满合同是否展期的考量因素。

（二）落实整改。

项目实施机构应根据绩效评价过程中发现的问题统筹开展整改工作，并将整改结果报送相关主管部门和财政部门。涉及自身问题的，项目实施机构应及时整改；涉及项目公司（社会资本）或其他相关部门问题的，项目实施机构应及时督促整改。

（三）监督问责。

项目实施机构应及时公开绩效评价结果并接受社会监督；项目实施机构绩效评价结果应纳入其工作考核范畴。

第五章　组织保障

第二十三条　各级财政部门应会同相关部门，建立健全 PPP 项目绩效管理工作相关制度和共性指标框架，加强项目识别论证、政府采购、预算收支与绩效管理及信息披露等业务指导，切实做好项目合规性审查，确保项目全生命周期规范实施、高效运营。

各级财政部门应结合预算绩效管理要求，认真审核 PPP 项目财政收支预算申请及 PPP 项目绩效目标和指标体系，充分考虑本级财政承受能力，合理安排财政预算，加强对财政资金使用合规性和有效性的监督。

各级财政部门可结合每年工作重点，选取重大 PPP 项目开展绩效再评价。

第二十四条　各级行业主管部门应按照绩效管理相关制度要求，建立健全本行业、本领域核心绩效指标体系，明确绩效标准；合规履行预算编制、申报和执行程序；加强与财政及其他相关部门的协调配合。

第二十五条　项目实施机构、项目公司（社会资本）应严格履行合同约定，确保各项工作合法合规。

项目实施机构应做好 PPP 项目绩效管理具体工作，并对 PPP 项目实施规范性、财政资金使用的合规性和有效性负责。

项目公司（社会资本）应做好项目投资、建设、运营、维护、移交等工作的日常管理和信息记录；积极配合开展 PPP 项目绩效管理工作，并对所提供资料和信息的真实性、完整性、有效性负责。

第二十六条　各级财政部门应会同相关主管部门依托 PPP 综合信息平台，加强 PPP 项目信息管理。项目实施机构、项目公司（社会资本）应根据项目实际进展及时提供和更新 PPP 项目绩效管理相关信息，做好信息公开，接受社会监督。

第六章　附则

第二十七条　本指引自印发之日起 30 日后施行。

本指引施行前已发布中标通知书的项目，沿用采购文件或项目合同中约定的绩效评价指标及结果应用等条款，按照本指引开展绩效监控、绩效评价相关工作，绩效目标与绩效指标体系不完善的，可参照本指引进行补充完善。

附：1. PPP 项目全生命周期绩效管理导图

2. PPP 项目绩效评价工作方案（参考）

3. PPP 项目绩效评价报告（参考）

4. PPP 项目建设期绩效评价共性指标框架（参考）

5. PPP 项目运营期绩效评价共性指标框架（参考）

附 1

PPP 项目全生命周期绩效管理导图

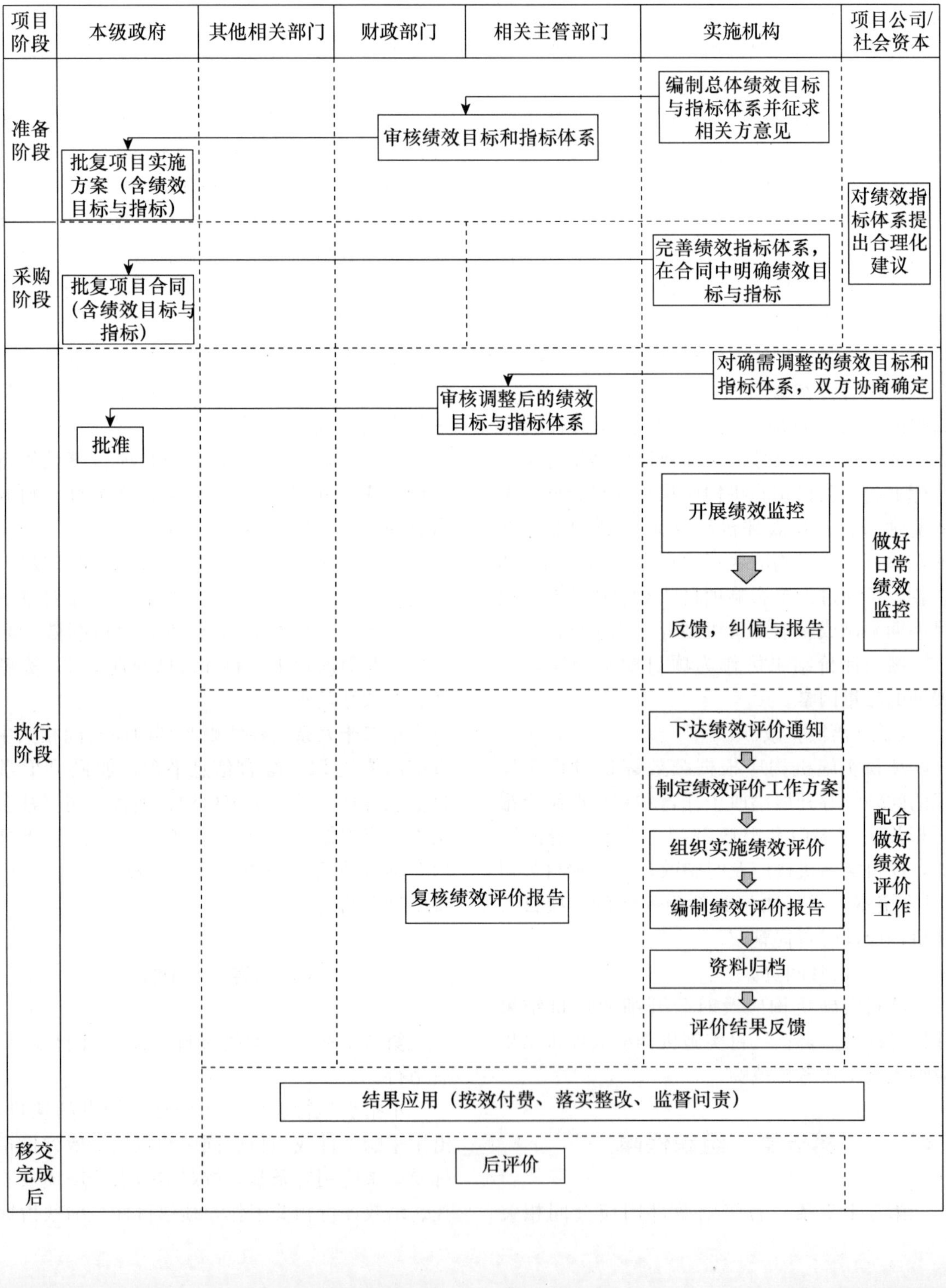

附 2

PPP 项目绩效评价工作方案（参考）

PPP 项目绩效评价工作方案
（参考）

一、项目基本情况

（一）项目概况。

（二）项目产出说明。

（三）绩效目标和指标体系。

PPP 项目合同约定的绩效目标与指标体系、年度绩效目标与指标体系及调整情况。

（四）项目主要参与方。

说明项目主要参与方职责及参与情况，主要参与方通常包括项目公司（社会资本）、项目实施机构、相关主管部门及其他相关政府部门，项目服务对象及社会公众等其他相关方。

（五）项目实施情况。

项目实施进展情况、实施内容调整及变更情况等。

二、绩效评价思路

（一）绩效评价目的和依据。

确定评价工作基本导向，明确绩效评价工作开展所要达到的目标和结果。

评价依据通常包括 PPP 项目合同，项目相关法律、法规和规章制度，相关行业标准及专业技术规范等。

（二）绩效评价对象和范围。

评价对象为 PPP 项目，评价范围包括项目产出、项目实施效果和项目管理等。

（三）绩效评价时段。

项目本次被评价的时间范围，应明确具体的起止时间。

（四）绩效评价方法。

明确开展绩效评价所选用的相关评价方法及原因。

三、绩效评价组织与实施

（一）明确项目负责人及项目团队的职责与分工。

（二）明确各个环节及各项工作的时间节点及工作计划。

（三）明确绩效评价工作质量控制措施。

四、资料收集与调查

明确开展绩效评价工作所需的资料收集与调查方案，包括资料收集内容与途径、数据资料来源以及具体的调查方法。

调查方法通常包括案卷研究、实地调研、座谈会及问卷调查等，应当尽可能明确调查对象、调查方法、调查内容、调查时间及地点等。如果调查对象涉及抽样，应当说明调查对象总体情况、样本总数、抽样方法及抽样比例。

五、相关附件

通常包括资料清单、数据填报格式、访谈提纲及调查问卷等。

附 3

PPP 项目绩效评价报告（参考）

PPP 项目绩效评价报告
（参考）

一、项目基本情况

（一）项目概况。

简述项目背景、PPP 模式基本安排，包括基本信息、运作模式、回报机制、交易结构等内容。

（二）项目绩效目标。

（三）项目主要参与方。

（四）项目实施情况。

包括项目实施的具体内容、范围、计划及进展情况等。如果项目内容在实施期内发生变更，应当说明变更的内容、依据及变更程序。

（五）资金来源和使用情况。

项目资金来源与使用情况、投融资管理情况、财务管理状况、预算情况等。

二、绩效评价工作情况

（一）绩效评价目的。

（二）绩效评价对象、范围与时段。

（三）绩效评价工作方案制定过程。

（四）绩效评价原则与方法。

（五）绩效评价实施过程。

（六）数据收集方法。

（七）绩效评价的局限性（如有）。

三、评价结论和绩效分析

（一）评价结论。

（二）绩效分析。

对项目产出、效果和管理指标进行分析和评价。

在对绩效指标进行分析和评价时，要充分利用评价工作中所收集的数据，做到定量分析和定性分析相结合。绩效指标评分应当依据充分、数据使用合理恰当，确保绩效评价结果的公正性、客观性、合理性。

四、存在问题及原因分析

通过分析各指标的评价结果，总结项目存在的不足及原因，明确责任主体，为提出相关建议奠定基础。

五、相关建议

通过综合考虑各指标的评价结果，有针对性地对项目存在的不足提出改进措施和建议。措施或建议应当具有较强的可行性、前瞻性及科学性，有利于促进和提高项目绩效水平。

六、绩效评价报告使用限制等其他需要说明的问题。

七、评价主体签章

绩效评价报告应当由评价主体加盖公章。

八、相关附件

通常包括主要评价依据、实地调研和座谈会相关资料、调查问卷汇总信息及其他支持评价结论的相关资料。

附 4

PPP 项目建设期绩效评价共性指标框架（参考）

PPP 项目绩效评价共性指标框架（参考）——建设期

	一级指标	二级指标	指标解释
项目公司（社会资本）绩效评价（100 分）	产出	竣工验收	评价项目是否通过竣工验收及竣工验收情况。
	效果	社会影响	评价项目建设活动对社会发展所带来的直接或间接的正负面影响情况。如新增就业、社会荣誉、重大诉讼、公众舆情与群体性事件等。
		生态影响	评价项目建设期间对生态环境所带来的直接或间接的正负面影响情况。如节能减排、环保处罚等。
		可持续性	评价项目公司或社会资本是否做好项目运营准备工作，如资源配置、潜在风险及沟通协调机制等。
		满意度	政府相关部门、项目实施机构、社会公众（服务对象）对项目公司或社会资本建设期间相关工作的满意程度。
	管理	组织管理	评价项目公司组织架构是否健全、人员配置是否合理，能否满足项目日常运作需求。
		资金管理	评价社会资本项目资本金及项目公司融资资金的到位率和及时性。
		档案管理	评价项目建设相关资料的完整性、真实性以及归集整理的及时性。
		信息公开	评价项目公司或社会资本履行信息公开义务的及时性与准确性。
项目实施机构绩效评价（100 分）	产出	履约情况	评价项目实施机构是否及时、有效履行 PPP 项目合同约定的义务。
		成本控制	评价项目实施机构履行项目建设成本监督管控责任的情况。（注：PPP 项目合同对建设成本进行固定总价约定的不适用本指标）。
	效果	满意度	社会公众、项目公司或社会资本对项目实施机构工作开展的满意程度。
		可持续性	评价项目实施机构是否为项目可持续性建立有效的工作保障和沟通协调机制。
	管理	前期工作	评价项目实施机构应承担的项目前期手续及各项工作的落实情况。
		资金（资产）管理	评价项目实施机构股权投入、配套投入等到位率和及时性。
		监督管理	评价项目实施机构是否按照 PPP 项目合同约定履行监督管理职能，如质量监督、财务监督及日常管理等。
		信息公开	评价项目实施机构是否按照信息公开相关要求及时、准确公开信息。

备注：应根据项目行业特点与实际情况等适当调整二级指标，细化形成三级指标。

附 5

PPP 项目运营期绩效评价共性指标框架（参考）

PPP 项目绩效评价共性指标框架（参考）——运营期

	一级指标	二级指标	指标解释	说明
项目公司（社会资本）绩效评价（100 分）	产出	项目运营	评价项目运营的数量、质量与时效等目标完成情况。如完成率、达标率与及时性等。	1. “产出”指标应作为按效付费的核心指标，指标权重不低于总权重的 80%，其中“项目运营”与“项目维护”指标不低于总权重的 60%； 2. 原则上不低于 80 分才可全额付费。
		项目维护	评价项目设施设备等相关资产维护的数量、质量与时效等目标完成情况。如设施设备维护频次、完好率与维护及时性等。	
		成本效益	评价项目运营维护的成本情况。如成本构成合理性、实际成本与计划成本对比情况、成本节约率、投入产出比等。（注：PPP 项目合同中未对运营维护成本控制进行约定的项目适用本指标）	
		安全保障	评价项目公司（或社会资本）在提供公共服务过程中安全保障情况。如重大事故发生率、安全生产率、应急处理情况等。	
	效果	经济影响	评价项目实施对经济发展所带来的直接或间接的正负面影响情况。如对产业带动及区域经济影响等。	
		生态影响	评价项目实施对生态环境所带来的直接或间接的正负面影响情况。如节能减排、环保处罚等。	
		社会影响	评价项目实施对社会发展所带来的直接或间接的正负面影响情况。如新增就业、社会荣誉、重大诉讼、公众舆情与群体性事件等。	
		可持续性	评价项目在发展、运行管理及财务状况等方面的可持续性情况。	
		满意度	政府相关部门、项目实施机构、社会公众（服务对象）对项目公司或社会资本提供公共服务质量和效率的满意程度。	
	管理	组织管理	评价项目运营管理实施及组织保障等情况。如组织架构、人员管理及决策审批流程等。	
		财务管理	评价项目资金管理、会计核算等财务管理内容的合规性。	
		制度管理	评价内控制度的健全程度及执行效率。	
		档案管理	评价项目运营、维护等相关资料的完整性、真实性以及归集整理的及时性。	
		信息公开	评价项目公司或社会资本履行信息公开义务的及时性与准确性。	

续表

	一级指标	二级指标	指标解释	说明
项目实施机构绩效评价（100分）	产出	按效付费	评价项目实施机构是否及时、充分按照PPP项目合同约定履行按效付费义务。	“物有所值”指标可结合中期评估等工作定期开展。
		其他履约情况	评价项目实施机构是否及时、有效履行PPP项目合同约定的其他义务。	
	效果	满意度	社会公众、项目公司或社会资本对项目实施机构工作开展的满意程度。	
		可持续性	评价项目实施机构是否为项目可持续性建立有效的工作保障和沟通协调机制。	
		物有所值	评价项目物有所值实现程度。	
	管理	预算编制	评价项目实施机构是否及时、准确将PPP项目支出责任纳入年度预算。	
		绩效目标与指标	评价项目实施机构是否编制合理、明确的年度绩效目标和绩效指标。	
		监督管理	评价项目实施机构是否按照PPP项目合同约定履行监督管理职能，如质量监督、财务监督及日常管理等。	
		信息公开	评价项目实施机构是否按照信息公开相关要求及时、准确公开信息。	

备注：应根据项目行业特点与实际情况等适当调整二级指标，细化形成三级指标。

市 场 监 管

国务院办公厅关于加快推进社会信用体系建设构建以信用为基础的新型监管机制的指导意见

（国办发〔2019〕35号，国务院办公厅2019年7月9日发布）

各省、自治区、直辖市人民政府，国务院各部委、各直属机构：

为加强社会信用体系建设，深入推进“放管服”改革，进一步发挥信用在创新监管机制、提高监管能力和水平方面的基础性作用，更好激发市场主体活力，推动高质量发展，经国务院同意，现提出如下意见。

一、总体要求

以习近平新时代中国特色社会主义思想为指导，深入贯彻落实党的十九大和十九届二中、三中全会精神，按照依法依规、改革创新、协同共治的基本原则，以加强信用监管为着力点，创新监管理念、监管制度和监管方式，建立健全贯穿市场主体全生命周期，衔接事前、事中、事后全监管环节的新型监管机制，不断提升监管能力和水平，进一步规范市场秩序，优化营商环境，推动高质量发展。

二、创新事前环节信用监管

（一）建立健全信用承诺制度。在办理适用信用承诺制的行政许可事项时，申请人承诺符合审批条件并提交有关材料的，应予即时办理。申请人信用状况较好、部分申报材料不齐备但书面承诺在规定期限内提供的，应先行受理，加快办理进度。书面承诺履约情况记入信用记录，作为事中、事后监管的重要依据，对不履约的申请人，视情节实施惩戒。要加快梳理可开展信用承诺的行政许可事项，制定格式规范的信用承诺书，并依托各级信用门户网站向社会公开。鼓励市场主体主动向社会作出信用承诺。支持行业协会商会建立健全行业内信用承诺制度，加强行业自律。（各地区各部门按职责分别负责）

（二）探索开展经营者准入前诚信教育。充分利用各级各类政务服务窗口，广泛开展市场主体守法诚信教育。为市场主体办理注册、审批、备案等相关业务时，适时开展标准化、规范化、便捷化的法律知识和信用知识教育，提高经营者依法诚信经营意识。开展诚信教育不得收费，也不得作为市场准入的必要条件。（各地区各部门按职责分别负责）

（三）积极拓展信用报告应用。鼓励各类市场主体在生产经营活动中更广泛、主动地应用信用报告。在政府采购、招标投标、行政审批、市场准入、资质审核等事项中，充分发挥公共信用服务机构和第三方信用服务机构出具的信用报告作用。探索建立全国统一的信用报告标准，推动信用报告结果实现异地互认。（发展改革委、人民银行牵头，各地区各部门按职责分别负责）

三、加强事中环节信用监管

（四）全面建立市场主体信用记录。根据权责清单建立信用信息采集目录，在办理注册登记、资质审核、日常监管、公共服务等过程中，及时、准确、全面记录市场主体信用行为，特别是将失信记录建档留痕，做到可查可核可溯。（各地区各部门按职责分别负责）完善法人和非法人组织统一社会信用代码制度，以统一社会信用代码为标识，整合形成完整的市场主体信用记录，并通过“信用中国”网站、国家企业信用信息公示系统或中国政府网及相关部门门户网站等渠道依法依规向社会公开。完成12315市场监管投诉举报热线和信息化平台整合工作，大力开展消费投诉公示，促进经营者落实消费维权主体责任。（发展改革委、市场监管总局负责）

（五）建立健全信用信息自愿注册机制。

鼓励市场主体在“信用中国”网站或其他渠道上自愿注册资质证照、市场经营、合同履约、社会公益等信用信息，并对信息真实性公开作出信用承诺，授权网站对相关信息进行整合、共享与应用。经验证的自愿注册信息可作为开展信用评价和生成信用报告的重要依据。（发展改革委牵头，各部门按职责分别负责）

（六）深入开展公共信用综合评价。全国信用信息共享平台要加强与相关部门的协同配合，依法依规整合各类信用信息，对市场主体开展全覆盖、标准化、公益性的公共信用综合评价，定期将评价结果推送至相关政府部门、金融机构、行业协会商会参考使用，并依照有关规定向社会公开。推动相关部门利用公共信用综合评价结果，结合部门行业管理数据，建立行业信用评价模型，为信用监管提供更精准的依据。（发展改革委牵头，各部门按职责分别负责）

（七）大力推进信用分级分类监管。在充分掌握信用信息、综合研判信用状况的基础上，以公共信用综合评价结果、行业信用评价结果等为依据，对监管对象进行分级分类，根据信用等级高低采取差异化的监管措施。“双随机、一公开”监管要与信用等级相结合，对信用较好、风险较低的市场主体，可合理降低抽查比例和频次，减少对正常生产经营的影响；对信用风险一般的市场主体，按常规比例和频次抽查；对违法失信、风险较高的市场主体，适当提高抽查比例和频次，依法依规实行严管和惩戒。（各地区各部门按职责分别负责）

四、完善事后环节信用监管

（八）健全失信联合惩戒对象认定机制。有关部门依据在事前、事中监管环节获取并认定的失信记录，依法依规建立健全失信联合惩戒对象名单制度。以相关司法裁判、行政处罚、行政强制等处理结果为依据，按程序将涉及性质恶劣、情节严重、社会危害较大的违法失信行为的市场主体纳入失信联合惩戒对象名单。加快完善相关管理办法，明确认定依据、标准、程序、异议申诉和退出机制。制定管理办法要充分征求社会公众意见，出台的标准及其具体认定程序以适当方式向社会公开。支持有关部门根据监管需要建立重点关注对象名单制度，对存在失信行为但严重程度尚未达到失信联合惩戒对象认定标准的市场主体，可实施与其失信程度相对应的严格监管措施。（各部门按职责分别负责）

（九）督促失信市场主体限期整改。失信市场主体应当在规定期限内认真整改，整改不到位的，按照“谁认定、谁约谈”的原则，由认定部门依法依规启动提示约谈或警示约谈程序，督促失信市场主体履行相关义务、消除不良影响。约谈记录记入失信市场主体信用记录，统一归集后纳入全国信用信息共享平台。大力推进重点领域失信问题专项治理，采取有力有效措施加快推进整改。（各部门按职责分别负责）

（十）深入开展失信联合惩戒。加快构建跨地区、跨行业、跨领域的失信联合惩戒机制，从根本上解决失信行为反复出现、易地出现的问题。依法依规建立联合惩戒措施清单，动态更新并向社会公开，形成行政性、市场性和行业性等惩戒措施多管齐下，社会力量广泛参与的失信联合惩戒大格局。重点实施惩戒力度大、监管效果好的失信惩戒措施，包括依法依规限制失信联合惩戒对象股票发行、招标投标、申请财政性资金项目、享受税收优惠等行政性惩戒措施，限制获得授信、乘坐飞机、乘坐高等级列车和席次等市场性惩戒措施，以及通报批评、公开谴责等行业性惩戒措施。（发展改革委牵头，各地区各部门按职责分别负责）

（十一）坚决依法依规实施市场和行业禁入措施。以食品药品、生态环境、工程质量、安全生产、养老托幼、城市运行安全等与人民群众生命财产安全直接相关的领域为重点，实施严格监管，加大惩戒力度。对拒不履行司法裁判或行政处罚决定、屡犯不改、造成重大损失的市场主体及其相关责任人，坚决依法依规在一定期限内实施市场和行业禁入措施，直至永远逐出市场。（发展改革委牵头，各地区各部门按职责分别负责）

（十二）依法追究违法失信责任。建立健全责任追究机制，对被列入失信联合惩戒对象名单的市场主体，依法依规对其法定代表人或主要负责人、实际控制人进行失信惩戒，并将相关失信行为记入其个人信用记录。机关事业单位、国有企业出现违法失信行为的，要通报上级主管单位和审计部门；工作人员出现违法失信行为的，要通报所在单位及相关纪检监察、组织人事部门。（各地区各部门按职责分别负责）

（十三）探索建立信用修复机制。失信市场主体在规定期限内纠正失信行为、消除不良影响的，可通过作出信用承诺、完成信用整改、通过信用核查、接受专题培训、提交信用报告、参加公益慈善活动等方式开展信用修复。修复完成后，各地区各部门要按程序及时停止公示其失信记录，终止实施联合惩戒措施。加快建立完善协同联动、一网通办机制，为失信市场主体提供高效便捷的信用修复服务。鼓励符合条件的第三方信用服务机构向失信市场主体提供信用报告、信用管理咨询等服务。（发展改革委牵头，各地区各部门按职责分别负责）

五、强化信用监管的支撑保障

（十四）着力提升信用监管信息化建设水平。充分发挥全国信用信息共享平台和国家“互联网＋监管”系统信息归集共享作用，对政府部门信用信息做到“应归尽归”，推进地方信用信息平台、行业信用信息系统互联互通，畅通政企数据流通机制，形成全面覆盖各地区各部门、各类市场主体的信用信息“一张网”。依托全国信用信息共享平台和国家“互联网＋监管”系统，将市场主体基础信息、执法监管和处置信息、失信联合惩戒信息等与相关部门业务系统按需共享，在信用监管等过程中加以应用，支撑形成数据同步、措施统一、标准一致的信用监管协同机制。（发展改革委、国务院办公厅牵头，各地区各部门按职责分别负责）

（十五）大力推进信用监管信息公开公示。在行政许可、行政处罚信息集中公示基础上，依托“信用中国”网站、中国政府网或其他渠道，进一步研究推动行政强制、行政确认、行政征收、行政给付、行政裁决、行政补偿、行政奖励和行政监督检查等其他行政行为信息7个工作日内上网公开，推动在司法裁判和执行活动中应当公开的失信被执行人、虚假诉讼失信人相关信息通过适当渠道公开，做到“应公开、尽公开”。（各地区各部门按职责分别负责）

（十六）充分发挥“互联网＋”、大数据对信用监管的支撑作用。依托国家“互联网＋监管”等系统，有效整合公共信用信息、市场信用信息、投诉举报信息和互联网及第三方相关信息，充分运用大数据、人工智能等新一代信息技术，实现信用监管数据可比对、过程可追溯、问题可监测。鼓励各地区各部门结合实际，依法依规与大数据机构合作开发信用信息，及时动态掌握市场主体经营情况及其规律特征。充分利用国家“互联网＋监管”等系统建立风险预判预警机制，及早发现防范苗头性和跨行业跨区域风险。运用大数据主动发现和识别违法违规线索，有效防范危害公共利益和群众生命财产安全的违法违规行为。鼓励通过物联网、视联网等非接触式监管方式提升执法监管效率，实现监管规范化、精准化、智能化，减少人为因素，实现公正监管，杜绝随意检查、多头监管等问题，实现“进一次门、查多项事”，减少对监管对象的扰动。（国务院办公厅、发展改革委、市场监管总局牵头，各部门按职责分别负责）

（十七）切实加大信用信息安全和市场主体权益保护力度。严肃查处违规泄露、篡改信用信息或利用信用信息谋私等行为。加强信用信息安全基础设施和安全防护能力建设。建立健全信用信息异议投诉制度，对市场主体提出异议的信息，信息提供和采集单位要尽快核实并反馈结果，经核实有误的信息要及时予以更正或撤销。因错误认定失信联合惩戒对象名单、错误采取失信联合惩戒措施损害市场主体合法权益的，有关部门和单位要积极采取措施消除不良影响。（各地区各部门按职责分别负责）

（十八）积极引导行业组织和信用服务机构协同监管。支持有关部门授权的行业协会商会协助开展行业信用建设和信用监管，鼓励行业协会商会建立会员信用记录，开展信用承诺、信用培训、诚信宣传、诚信倡议等，将诚信作为行规行约重要内容，引导本行业增强依法诚信经营意识。推动征信、信用评级、信用保险、信用担保、履约担保、信用管理咨询及培训等信用服务发展，切实发挥第三方信用服务机构在信用信息采集、加工、应用等方面的专业作用。鼓励相关部门与第三方信用服务机构在信用记录归集、信用信息共享、信用大数据分析、信用风险预警、失信案例核查、失信行为跟踪监测等方面开展合作。（发展改革委、民政部、人民银行按职责分别负责）

六、加强信用监管的组织实施

（十九）加强组织领导。各地区各部门要把构建以信用为基础的新型监管机制作为深入推进“放管服”改革的重要举措，摆在更加突出的位置，加强组织领导，细化责任分工，有力有序有效推动落实。完善信用监管的配套制度，并加强与其他“放管服”改革事项的衔接。负有市场监管、行业监管职责的部门要切实承担行业信用建设和信用监管的主体责任，充分发挥行业组织、第三方信用服务机构作用，为公众监督创造有利条件，整合形成全社会共同参与信用监管的强大合力。（发展改革委牵头，各地区各部门按职责分别负责）

（二十）开展试点示范。围绕信用承诺、信用修复、失信联合惩戒、信用大数据开发利用等重点工作，组织开展信用建设和信用监管试点示范。在各地区各部门探索创新的基础上，及时总结、提炼、交流开展信用建设和信用监管的好经验、好做法，在更大范围复制推广。（发展改革委牵头，各地区各部门按职责分别负责）

（二十一）加快建章立制。推动制定社会信用体系建设相关法律，加快研究出台公共信用信息管理条例、统一社会信用代码管理办法等法规。建立健全全国统一的信用监管规则和标准，及时出台相关地方性法规、政府规章或规范性文件，将信用监管中行之有效的做法上升为制度规范。抓紧制定开展信用监管急需的国家标准。（发展改革委、司法部牵头，各地区各部门按职责分别负责）

（二十二）做好宣传解读。各地区各部门要通过各种渠道和形式，深入细致向市场主体做好政策宣传解读工作，让经营者充分理解并积极配合以信用为基础的新型监管措施。加强对基层和一线监管人员的指导和培训。组织新闻媒体广泛报道，积极宣传信用监管措施及其成效，营造良好社会氛围。（发展改革委牵头，各地区各部门按职责分别负责）

国务院关于加强和规范事中事后监管的指导意见

（国发〔2019〕18 号，国务院 2019 年 9 月 6 日发布）

各省、自治区、直辖市人民政府，国务院各部委、各直属机构：

为深刻转变政府职能，深化简政放权、放管结合、优化服务改革，进一步加强和规范事中事后监管，以公正监管促进公平竞争，加快打造市场化法治化国际化营商环境，提出以下意见。

一、总体要求

（一）指导思想。以习近平新时代中国特色社会主义思想为指导，全面贯彻党的十九大和十九届二中、三中全会精神，牢固树立新发展理念，充分发挥市场在资源配置中的决定性作用，更好发挥政府作用，持续深化“放管服”改革，坚持放管结合、并重，把更多行政资源从事前审批转到加强事中事后监管上来，落实监管责任，健全监管规则，创新监管方式，加快构建权责明确、公平公正、公开透明、简约高效的事中事后监管体系，形成市场自律、政府监管、社会监督互为支撑的协同监管格局，切实管出公平、管出效率、管出活力，促进提高市场主体竞争力和市场效率，推动经济社会持续健康发展。

（二）基本原则。

依法监管。坚持权责法定、依法行政，法定职责必须为，法无授权不可为，严格按照法律法规规定履行监管责任，规范监管行为，推进事中事后监管法治化、制度化、规范化。

公平公正。对各类市场主体一视同仁，坚决破除妨碍公平竞争的体制机制障碍，依法保护各类市场主体合法权益，确保权利公平、机会公平、规则公平。

公开透明。坚持以公开为常态、不公开为例外，全面推进政府监管规则、标准、过程、结果等依法公开，让监管执法在阳光下运行，给市场主体以稳定预期。

分级分类。根据不同领域特点和风险程度，区分一般领域和可能造成严重不良后果、涉及安全的重要领域，分别确定监管内容、方式和频次，提升事中事后监管精准化水平。对新兴产业实施包容审慎监管，促进新动能发展壮大。

科学高效。充分发挥现代科技手段在事中事后监管中的作用，依托互联网、大数据、物联网、云计算、人工智能、区块链等新技术推动监管创新，努力做到监管效能最大化、监管成本最优化、对市场主体干扰最小化。

寓管于服。推进政府监管与服务相互结合、相互促进，坚持行“简约”之道，做到程序、要件等删繁就简、利企便民，营造良好发展环境，增强人民群众幸福感、获得感和安全感。

二、夯实监管责任

（三）明确监管对象和范围。要严格按照法律法规和“三定”规定明确的监管职责和监管事项，依法对市场主体进行监管，做到监管全覆盖，杜绝监管盲区和真空。除法律法规另有规定外，各部门对负责审批或指导实施的行政许可事项，负责事中事后监管；实行相对集中行政许可权改革的，要加强审管衔接，把监管责任落到实处，确保事有人管、责有人负；对已经取消审批但仍需政府监管的事项，主管部门负责事中事后监管；对下放审批权的事项，要同时调整监管层级，确保审批监管权责统一；对审批改为备案的事项，主管部门要加强核查，对未经备案从事相关经营活动的市场主体依法予以查处；对没有专门执法力量的行业和领域，审批或主管部门可通过委托执法、联合执法等方式，会同相关综合执法部门查处违法违规行为，相关综合执法部门要积极予以支持。

（四）厘清监管事权。各部门要充分发挥在规则和标准制定、风险研判、统筹协调等方面的作用，指导本系统开展事中事后监管。对涉及面广、较为重大复杂的监管领域和监管事项，主责部门要发挥牵头作用，相关部门要协同配合，建立健全工作协调机制。省级人民政府要统筹制定本行政区域内监管计划任务，指导和督促省级部门、市县级人民政府加强和规范监管执法；垂直管理部门要统筹制定本系统监管计划任务，并加强与属地政府的协同配合。市县级人民政府要把主要精力放在加强公正监管上，维护良好的市场秩序。

三、健全监管规则和标准

（五）健全制度化监管规则。各部门要围绕服务企业发展，分领域制订全国统一、简明易行的监管规则和标准，并向社会公开，以科学合理的规则标准提升监管有效性，降低遵从和执法成本。对边界模糊、执行弹性大的监管规则和标准，要抓紧清理规范和修订完善。要结合权责清单编制，在国家“互联网＋监管”系统监管事项目录清单基础上，全面梳理各级政府和部门职责范围内的监管事项，明确监管主体、监管对象、监管措施、设定依据、处理方式等内容，纳入国家“互联网＋监管”系统统一管理并动态更新，提升监管规范化、标准化水平。强化竞争政策的基础性地位，落实并完善公平竞争审查制度，加快清理妨碍全国统一市场和公平竞争的各种规定和做法。

（六）加强标准体系建设。加快建立完善各领域国家标准和行业标准，明确市场主体应当执行的管理标准、技术标准、安全标准、产品标准，严格依照标准开展监管。精简整合强制性标准，重点加强安全、卫生、节能、环保等领域的标准建设，优化强制性标准底线。鼓励企业、社会团体制定高于强制性标准的标准，开展标准自我声明公开并承诺执行落实，推动有关产品、技术、质量、服务等标准与国际接轨互认。适应新经济新技术发展趋势，及时修订调整已有标准，加快新产业新业态标准的研究制定。加强质量认证体系建设，对涉及安全、健康、环保等方面的产品依法实施强制性认证。

四、创新和完善监管方式

（七）深入推进“互联网＋监管”。依托国家“互联网＋监管”系统，联通汇聚全国信用信息共享平台、国家企业信用信息公示系统等重要监管平台数据，以及各级政府部门、社会投诉举报、第三方平台等数据，加强监管信息归集共享，将政府履职过程中形成的行政检查、行政处罚、行政强制等信息以及司法判决、违法失信、抽查抽检等信息进行关联整合，并归集到相关市场主体名下。充分运用大数据等技术，加强对风险的跟踪预警。探索推行以远程监管、移动监管、预警防控为特征的非现场监管，提升监管精准化、智能化水平。

（八）提升信用监管效能。以统一社会信用代码为标识，依法依规建立权威、统一、可查询的市场主体信用记录。大力推行信用承诺制度，将信用承诺履行情况纳入信用记录。推进信用分级分类监管，依据企业信用情况，在监管方式、抽查比例和频次等方面采取差异化措施。规范认定并设立市场主体信用“黑名单”，建立企业信用与自然人信用挂钩机制，强化跨行业、跨领域、跨部门失信联合惩戒，对失信主体在行业准入、项目审批、获得信贷、发票领用、出口退税、出入境、高消费等方面依法予以限制。建立健全信用修复、异议申诉等机制。在保护涉及公共安全、国家秘密、商业秘密和个人隐私等信息的前提下，依法公开在行政管理中掌握的信用信息，为社会公众提供便捷高效的信用查询服务。

（九）全面实施“双随机、一公开”监管。在市场监管领域全面实行随机抽取检查对象、随机选派执法检查人员、抽查情况及查处结果及时向社会公开，除特殊行业、重点领域外，原则上所有日常涉企行政检查都应通过“双随机、一公开”的方式进行。不断完善“双随机、一公开”监管相关配套制度和工作机制，健全跨部门随机抽查事项清单，将更多事项纳入跨部门联合抽查范围。将随机抽查的比例频次、被抽查概率与抽查对象的信用等级、风险程度挂钩，对有不良信用记录、风险高的要加大抽查力度，对信用较好、风险较低的可适当减少抽查。抽查结果要分别通过国家企业信用信息公示系统、“信用中国”网站、国家“互联网＋监管”系统等全面进行公示。

（十）对重点领域实行重点监管。对直接涉及公共安全和人民群众生命健康等特殊重点领域，依法依规实行全覆盖的重点监管，强化全过程质量管理，加强安全生产监管执法，严格落实生产、经营、使用、检测、监管等各环节质量和安全责任，守住质量和安全底线。对食品、药品、医疗器械、特种设备等重点产品，建立健全以产品编码管理为手段的追溯体系，形成来源可查、去向可追、责任可究的信息链条。地方各级政府可根据区域和行业风险特点，探索建立重点监管清单制度，严格控制重点监管事项数量，规范重点监管程序，并筛选确定重点监管的生产经营单位，实行跟踪监管、直接指导。

（十一）落实和完善包容审慎监管。对新技术、新产业、新业态、新模式，要按照鼓励创新原则，留足发展空间，同时坚守质量和安全底线，严禁简单封杀或放任不管。加强对新生事物发展规律研究，分类量身定制监管规则和标准。对看得准、有发展前景的，要引导其健康规范发展；对一时看不准的，设置一定的“观察期”，对出现的问题及时引导或处置；对潜在风险大、可能造成严重不良后果的，严格监管；对非法经营的，坚决依法予以查处。推进线上线下一体化监管，统一执法标准和尺度。

（十二）依法开展案件查办。对监管中发现的违法违规问题，综合运用行政强制、行政处罚、联合惩戒、移送司法机关处理等手段，依法进行惩处。对情节轻微、负面影响较小的苗头性问题，在坚持依法行政的同时，主要采取约谈、警告、责令改正等措施，及时予以纠正。对情节和后果严重的，要依法责令下架召回、停工停产或撤销吊销相关证照，涉及犯罪的要及时移送司法机关处理。建立完善违法严惩制度、惩罚性赔偿和巨额罚款制度、终身禁入机制，让严重违法者付出高昂成本。

五、构建协同监管格局

（十三）加强政府协同监管。加快转变传统监管方式，打破条块分割，打通准入、生产、流通、消费等监管环节，建立健全跨部门、跨区域执法联动响应和协作机制，实现违法线索互联、监管标准互通、处理结果互认。深化市场监管、生态环境保护、交通运输、农业、文化市场综合行政执法改革，在其他具备条件的领域也要积极推进综合行政执法改革，统筹配置行政处罚职能和执法资源，相对集中行政处罚权，整合精简执法队伍，推进行政执法权限和力量向基层乡镇街道延伸下沉，逐步实现基层一支队伍管执法，解决多头多层重复执法问题。

（十四）强化市场主体责任。建立完善市场主体首负责任制，促使市场主体在安全生产、质量管理、营销宣传、售后服务、诚信纳税等方面加强自我监督、履行法定义务。督促涉及公众健康和安全等的企业建立完善内控和风险防范机制，落实专人负责，强化员工安全教育，加强内部安全检查。规范企业信息披露，进一步加强年报公示，推行“自我声明＋信用管理”模式，推动企业开展标准自我声明和服务质量公开承诺。加快建立产品质量安全事故强制报告制度，切实保障公众知情权。

（十五）提升行业自治水平。推动行业协会商会建立健全行业经营自律规范、自律公约和职业道德准则，规范会员行为。鼓励行业协会商会参与制定国家标准、行业规划和政策法规，制定发布行业产品和服务标准。发挥行业协会商会在权益保护、纠纷处理、行业信用建设和信用监管等方面的作用，支持行业协会商会开展或参与公益诉讼、专业调解工作。规范行业协会商会收费、评奖、认证等行为。

（十六）发挥社会监督作用。建立“吹哨人”、内部举报人等制度，对举报严重违法违规行为和重大风险隐患的有功人员予以重奖和严格保护。畅通群众监督渠道，整合优化政府投诉举报平台功能，力争做到“一号响应”。依法规范牟利性“打假”和索赔行为。培育信用服务机构，鼓励开展信用评级和第三方评估。发挥会计、法律、资产评估、认证检验检测、公证、仲裁、税务等专业机构的监督作用，在监管执法中更多参考专业意见。强化舆论监督，持续曝光典型案件，震慑违法行为。

六、提升监管规范性和透明度

（十七）规范涉企行政检查和处罚。对涉企现场检查事项进行全面梳理论证，通过取消、整合、转为非现场检查等方式，压减重复或不必要的检查事项，着力解决涉企现场检查事项多、频次高、随意检查等问题。清理规范行政处罚事项，对重复处罚、标准不一、上位法已作调整的事项及时进行精简和规范。加强行政执法事项目录管理，从源头上减少不必要的执法事项。健全行政执法自由裁量基准制度，合理确定裁量范围、种类和幅度，严格限定裁量权的行使。禁止将罚没收入与行政执法机关利益挂钩。

（十八）全面推进监管执法公开。聚焦行政执法的源头、过程、结果等关键环节，严格落实行政执法公示、执法全过程记录、重大执法决定法制审核制度。建立统一的执法信息公示平台，按照“谁执法谁公示”原则，除涉及国家秘密、商业秘密、个人隐私等依法不予公开的信息外，行政执法职责、依据、程序、结果等都应对社会公开。对行政执法的启动、调查取证、审核决定、送达执行等全过程进行记录，做到全程留痕和可回溯管理。重大行政执法决定必须经过法制审核，未经法制审核或审核未通过的，不得作出决定。

（十九）健全尽职免责、失职问责办法。全面落实行政执法责任制和问责制，促进监管执法部门和工作人员履职尽责、廉洁自律、公平公正执法。对忠于职守、履职尽责的，要给予表扬和鼓励；对未履行、不当履行或违法履行监管职责的，严肃追责问责；涉嫌犯罪的，移送有关机关依法处理。加快完善各监管执法领域尽职免责办法，明确履职标准和评判界线，对严格依据法律法规履行监管职责、监管对象出现问题的，应结合动机态度、客观条件、程序方法、性质程度、后果影响以及挽回损失等情况进行综合分析，符合条件的要予以免责。

七、强化组织保障

（二十）认真抓好责任落实。各地区、各部门要认真贯彻落实党中央、国务院决策部署，按照本意见提出的各项措施和要求，落实和强化监管责任，科学配置监管资源，鼓励基层探索创新，细化实化监管措施，切实维护公平竞争秩序。将地方政府公正监管水平纳入中国营商环境评价指标体系。国务院办公厅负责对本意见落实工作的跟踪督促，确保各项任务和措施落实到位。

（二十一）加强法治保障。按照重大改革于法有据的要求，根据监管工作需要和经济社会发展变化，加快推进相关法律法规和规章立改废释工作，为事中事后监管提供健全的法治保障。加强监管执法与司法的衔接，建立监管部门、公安机关、检察机关间案情通报机制，完善案件移送标准和程序。

（二十二）加强监管能力建设。加快建设高素质、职业化、专业化的监管执法队伍，扎实做好技能提升工作，大力培养“一专多能”的监管执法人员。推进人财物等监管资源向基层下沉，保障基层经费和装备投入。推进执法装备标准化建设，提高现代科技手段在执法办案中的应用水平。

国家发展改革委 商务部关于印发《市场准入负面清单（2019年版）》的通知

（发改体改〔2019〕1685号，国家发展改革委、商务部2019年10月24日发布）

各省、自治区、直辖市人民政府，新疆生产建设兵团，中央和国家机关各有关部委：

国家发展改革委、商务部以习近平新时代中国特色社会主义思想为指导，认真落实党中央、国务院决策部署，会同各地区各有关部门对《市场准入负面清单（2018年版）》开展全面修订，形成《市场准入负面清单（2019年版）》，经党中央、国务院批准印发实施。现将有关要求通知如下：

一、认真做好清单落地实施工作。对清单所列事项，各地区各部门要持续优化管理方式，严格规范审批行为，优化审批流程，提高审批效率，正确高效地履行职责。对清单之外的行业、领域、业务等，各类市场主体皆可依法平等进入，不得违规另设市场准入行政审批。需提请修改完善相关法律、法规、国务院决定的措施，各地区各部门要尽快按法定程序办理，并做好相关规章和规范性文件“立改废”工作。

二、严格落实“全国一张清单”管理模式。坚决维护市场准入负面清单制度的统一性、严肃性和权威性，确保“一单尽列、单外无单”。按照党中央、国务院要求编制的涉及行业性、领域性、区域性等方面，需要用负面清单管理思路或管理模式出台相关措施的，应纳入全国统一的市场准入负面清单。已经纳入的，各有关部门要做好对地方细化措施的监督指导，确保符合“全国一张清单”管理要求。严禁各地区各部门自行发布市场准入性质的负面清单。

三、加快完善清单信息公开机制。各地区各部门要配合做好市场准入负面清单的信息完善和公开工作，依托全国一体化政务服务平台建设，进一步梳理清单所列事项措施的管理权限、审批流程、办理要件等，为实现清单事项“一目了然、一网通办”打好基础，不断提升市场准入透明度和便捷性。

四、持续推动放宽市场准入门槛。各地区各部门要密切关注市场反映，多渠道听取市场主体、行业协会等意见，及时发现并推动破除各种形式的市场准入不合理限制和隐性壁垒，努力营造稳定公平透明可预期的营商环境。国家发展改革委、商务部将紧密围绕国家重大战略，选取部分地区以服务业为重点开展进一步放宽市场准入限制试点。

五、健全完善市场准入制度体系。各地区各部门要持续跟踪关注清单实施情况，认真研究解决发现的问题，及时提出完善市场准入负面清单制度的意见建议。要进一步健全完善与市场准入负面清单制度相适应的准入机制、审批机制、事中事后监管机制、社会信用体系和激励惩戒机制、商事登记制度等，系统集成、协同高效地推进市场准入制度改革工作。

国家发展改革委、商务部将会同各地区各部门认真落实党中央、国务院部署要求，扎实做好市场准入负面清单制度组织实施工作。清单实施中的重大情况及时向党中央、国务院报告。

附件：市场准入负面清单（2019 年版）

附件

市场准入负面清单

（2019 年版）

说　　明

一、《市场准入负面清单（2019 年版）》包含禁止和许可两类事项。对禁止准入事项，市场主体不得进入，行政机关不予审批、核准，不得办理有关手续；对许可准入事项，包括有关资格的要求和程序、技术标准和许可要求等，由市场主体提出申请，行政机关依法依规作出是否予以准入的决定；对市场准入负面清单以外的行业、领域、业务等，各类市场主体皆可依法平等进入。

二、针对非投资经营活动的管理措施、准入后管理措施、备案类管理措施（含注册、登记）、职业资格类管理措施、只针对境外市场主体的管理措施以及针对自然保护区、风景名胜区、饮用水水源保护区等特定地理区域、空间的管理措施等不列入市场准入负面清单，从其相关规定。法律、法规、国务院决定等明确设立，且与市场准入相关的禁止性规定，在清单附件 1 中列出，以便市场主体参考。

三、列入清单的市场准入管理措施，由法律、行政法规、国务院决定或地方性法规设定，省级人民政府规章可设定临时性市场准入管理措施。个别设立依据效力层级不足且确需暂时列入清单的管理措施，应尽快完善立法程序，并以加★形式在清单中标明。

四、《产业结构调整指导目录》《政府核准的投资项目目录》及地方国家重点生态功能区和农产品主产区产业准入负面清单（或禁止限制目录）纳入市场准入负面清单。地方按照党中央、国务院要求制定的地方性产业结构禁止准入目录，统一纳入市场准入负面清单。其中，《产业结构调整指导目录》部分管理措施有调整，在清单附件 2 中列出；《政府核准的投资项目目录》直接在清单中列出；地方对两个目录有细化规定的，从其规定。

五、未经国务院授权，各地区、各部门不得自行发布市场准入性质的负面清单。因特殊原因需采取临时性准入管理措施的，经国务院同意，可实时列入清单。牵头部门应及时做好市场准入负面清单的变更调整工作。

六、我国参加的国际公约、与其他国家签署的双多边条约、与港澳台地区达成的相关安排等另有规定的，按照相关规定执行。涉及跨界河流水资源配置调整的重大水利项目和水电站、跨境电网工程、跨境输气管网等跨境事项，应征求外事部门意见。

七、为保护公共道德，维护公共利益，有关部门依法履行对文化领域和与文化相关新产业的市场准入政策调整和规制的责任。

八、市场准入负面清单未直接列出的地方对市场准入事项的具体实施性措施且法律依据充分的，按其规定执行。

九、本清单由国家发展改革委、商务部会同有关部门负责解释。

《市场准入负面清单（2019年版）》

项目号	禁止或许可事项	事项编码	禁止或许可准入措施描述	主管部门	地方性许可措施
一、禁止准入类					
1	法律、法规、国务院决定等明确设立且与市场准入相关的禁止性规定	100001	法律、法规、国务院决定等明确设立，且与市场准入相关的禁止性规定（见附件1）		
2	国家产业政策明令淘汰和限制的产品、技术、工艺、设备及行为	100002	《产业结构调整指导目录》中的淘汰类项目，禁止投资；限制类项目，禁止新建（调整修订的具体措施见附件2）		
3	不符合主体功能区建设要求的各类开发活动	100003	地方国家重点生态功能区产业准入负面清单（或禁止限制目录）、农产品主产区产业准入负面清单（或禁止限制目录）所列事项		
4	禁止违规开展金融相关经营活动	100004	非金融机构、不从事金融活动的企业，在注册名称和经营范围中不得使用“银行”“保险（保险公司、保险资产管理公司、保险集团公司、自保公司、相互保险组织）”“证券公司”“基金管理公司（注：指从事公募基金管理业务的基金管理公司）”“信托公司”“财务公司”“金融租赁”“汽车金融”“货币经纪”“消费金融”“融资担保”“典当”“征信”“交易所”等与金融相关的字样 ★非金融机构、不从事金融活动的企业，在注册名称和经营范围中原则上不得使用“融资租赁”“商业保理”“小额贷款”“金融”“资产管理”“理财”“网贷”“网络借贷”“P2P”“互联网保险”“支付”“外汇（汇兑、结售汇、货币兑换）”“基金管理（注：指从事私募基金管理业务的基金管理公司或者合伙企业）”等与金融相关的字样。凡在名称和经营范围中选择使用上述字样的企业（包括存量企业），市场监管部门将注册信息及时告知金融管理部门，金融管理部门、市场监管部门予以持续关注，并列入重点监管对象	人民银行 银保监会 证监会 市场监管总局 人民银行 银保监会 证监会 市场监管总局 外汇局	

续表

项目号	禁止或许可事项	事项编码	禁止或许可准入措施描述	主管部门	地方性许可措施
5	禁止违规开展互联网相关经营活动	100005	《互联网市场准入禁止许可目录》中的有关禁止类措施： ★禁止个人在互联网上发布危险物品信息；禁止任何单位和个人在互联网上发布危险物品制造方法的信息；禁止危险物品从业单位在本单位网站以外的互联网应用服务中发布危险物品信息及建立相关链接	公安部 国家互联网信息办 工业和信息化部 生态环境部 市场监管总局	
			★网络借贷信息中介机构不得提供增信服务，不得直接或间接归集资金，不得非法集资，不得损害国家利益和社会公共利益。网络借贷信息中介机构不得从事或者接受委托从事下列活动：（一）为自身或变相为自身融资；（二）直接或间接接受、归集出借人的资金；（三）直接或变相向出借人提供担保或者承诺保本保息；（四）自行或委托、授权第三方在互联网、固定电话、移动电话等电子渠道以外的物理场所进行宣传或推介融资项目；（五）发放贷款，但法律法规另有规定的除外；（六）将融资项目的期限进行拆分；（七）自行发售理财等金融产品募集资金，代销银行理财、券商资管、基金、保险或信托产品等金融产品；（八）开展类资产证券化业务或实现以打包资产、证券化资产、信托资产、基金份额等形式的债权转让行为；（九）除法律法规和网络借贷有关监管规定允许外，与其他机构投资、代理销售、经纪等业务进行任何形式的混合、捆绑、代理；（十）虚构、夸大融资项目的真实性、收益前景，隐瞒融资项目的瑕疵及风险，以歧义性语言或其他欺骗性手段等进行虚假片面宣传或促销等，捏造、散布虚假信息或不完整信息损害他人商业信誉，误导出借人或借款人；（十一）向借款用途为投资股票、场外配资、期货合约、结构化产品及其他衍生品等高风险的融资提供信息中介服务；（十二）从事股权众筹等业务；（十三）法律法规、网络借贷有关监管规定禁止的其他活动	银保监会 工业和信息化部 公安部 国家互联网信息办	
			★特殊医学用途配方食品中特定全营养配方食品不得进行网络交易	市场监管总局	
			★药品生产、经营企业不得违反规定采用邮寄、互联网交易等方式直接向公众销售处方药	市场监管总局 药监局	
			★非公有资本不得介入互联网新闻信息采编业务；任何组织不得设立中外合资经营、中外合作经营和外资经营的互联网新闻信息服务单位	国家互联网信息办	

续表

项目号	禁止或许可事项	事项编码	禁止或许可准入措施描述	主管部门	地方性许可措施
二、许可准入类					
（一）农、林、牧、渔业					
6	未获得许可或资质，不得从事特定植物种植加工或种子、种苗的生产、经营、检测和进出口	201001	农作物种子、林木种子、草种、烟草种、中药材种、食用菌菌种生产经营、进出口许可	农业农村部 林草局	工业大麻种植、加工许可（云南）
			农作物种子、林木种子、草种、烟草种、中药材种、食用菌菌种种子质量检验机构资格认定	农业农村部 林草局	
			采集或采伐国家重点保护的天然种质资源审批	林草局	
			向境外提供种质资源，或者与境外机构、个人开展合作研究利用种质资源的审批	农业农村部 林草局	
			向外国人转让农业、林业植物新品种申请权或品种权审批	农业农村部 林草局	
			大麻种植、加工及种子经营许可	林草局	
7	未获得许可，不得调运农林植物及其产品，不得从国外引进动物、动物产品、农业、林木种子、苗木及其他繁殖材料	201002	从国外引进动物、动物产品、农业、林木种子、苗木及其他繁殖材料检疫审批	农业农村部 林草局	
			农业、林业植物及其产品调运检疫及植物检疫证书签发	农业农村部 林草局	
8	未获得许可，不得从事农林转基因生物的研究、生产、加工和进口	201003	农业转基因生物入境许可	农业农村部	
			农业转基因生物生产与加工许可	农业农村部	
			从事农业转基因生物研究、试验应报告或经过批准	农业农村部	
			开展林木转基因工程活动审批	林草局	
9	未获得许可，不得从事林木经营或在林区开展生产经营活动	201004	林木采伐和木材运输许可	林草局	利用森林资源或在生态公益林区内开展旅游和其他经营活动需通过审批（各有关地区）

续表

项目号	禁止或许可事项	事项编码	禁止或许可准入措施描述	主管部门	地方性许可措施
9	未获得许可，不得从事林木经营或在林区开展生产经营活动	201004	森林资源资产评估项目核准	自然资源部	设立森林资源损失鉴定机构资质认定（北京） 采集、出售、收购、加工省级重点珍稀林木审批（各有关地区）
			国家级森林公园设立审批	林草局	省级以下森林公园设立审批、经营权流转核准；设立湿地公园审批（各有关地区）
10	未获得许可，不得从事种畜禽等动物遗传材料的生产经营	201005	种畜禽、畜禽冷冻精液、胚胎或者其他遗传材料的生产经营许可或审批	农业农村部	蚕种生产、储存、经营许可（四川）
			跨省引进乳用动物、种用动物及其精液、胚胎、种蛋检疫审批	农业农村部	
			水产苗种、转基因水产苗种生产经营许可，重要水产苗种进出口许可	农业农村部	
			从境外引进畜禽、蜂、蚕遗传资源，向境外输出或在境内与境外机构、个人合作研究利用列入保护名录的畜禽、蜂、蚕遗传资源审批	农业农村部	
11	未获得许可，不得从事特定渔业养殖、捕捞及相关生产经营活动	201006	渔业捕捞活动许可，渔船和企业到公海或他国管辖海域从事渔业生产许可，养殖、科研等特殊需要在禁渔期、禁渔区作业或捕捞名贵水生动物审批	农业农村部	
			使用全民所有的水域、滩涂从事养殖生产许可	农业农村部	
			捕捞有重要经济价值的水生动物苗种或者禁捕的怀卵亲体审批	农业农村部	
			建造人工鱼礁审批	农业农村部	
12	未获得许可，不得从事动物诊疗、进出境检疫及引种试种等业务	201007	动物诊疗许可	农业农村部	
			松材线虫病疫木加工板材定点加工企业审批	林草局	

续表

项目号	禁止或许可事项	事项编码	禁止或许可准入措施描述	主管部门	地方性许可措施
12	未获得许可，不得从事动物诊疗、进出境检疫及引种试种等业务	201007	从事进出境检疫处理业务单位认定 普及型国外引种试种苗圃资格认定	海关总署 林草局	
13	未获得许可，不得从事农药的试验、生产和经营	201008	农药登记许可；农药生产许可；农药经营（卫生用农药除外）许可 农药登记试验单位认定和新农药登记试验审批	农业农村部 农业农村部	
14	未获得许可或检疫，不得从事动物饲养、屠宰和经营	201009	设立动物饲养场（养殖小区）和隔离场所，设立动物屠宰加工场所、生猪定点屠宰厂（场）以及动物和动物产品无害化处理场所审批 屠宰、出售或者运输动物，以及出售或者运输动物产品检疫 饲料、饲料添加剂（含新饲料、新饲料添加剂）生产许可	农业农村部 农业农村部 农业农村部	
15	未获得许可，不得从事生鲜乳运输、生鲜乳收购	201010	生鲜乳运输、生鲜乳收购站许可	农业农村部	
（二）采矿业					
16	未获得许可或资质条件等，不得从事矿产资源的勘查开采、生产经营及对外合作	202001	探矿权和采矿权审批登记 铀矿资源开采审批 石油天然气勘查开采审批 非煤矿矿山企业（另有规定的除外）、煤矿企业及煤矿的安全生产许可证核发 煤矿建设、非煤矿矿山建设、金属冶炼建设等项目的安全设施设计审查 矿产资源储量评审备案与储量登记核准 石油、天然气、页岩气、煤层气对外合作专营；对外合作项目（含风险勘探区块、合作开发区块和总体开发方案）由指定公司专营；石油天然气（含煤层气）对外合作项目（含风险勘探和合作开发区域）审批	自然资源部 自然资源部 国防科工局 自然资源部 发展改革委 能源局 应急部 应急部 煤矿安监局 自然资源部 发展改革委 能源局 自然资源部	

续表

项目号	禁止或许可事项	事项编码	禁止或许可准入措施描述	主管部门	地方性许可措施
（三）制造业					
17	未获得许可或资质条件等，不得从事食品生产经营和进出口	203001	向境外出口食品的中国企业备案核准	海关总署	食品生产加工小作坊和食品摊贩等从事食品生产经营活动应按有关规定进行登记、获得许可或通过审批，清真饮食服务企业和食品生产加工企业改变服务方向应按有关规定进行审批（各有关地区）
			利用新的食品原料生产食品，或生产食品添加剂新品种、食品相关产品新品种，需通过安全性审查；进口尚无食品安全国家标准食品，需符合指定适用标准	卫生健康委	
			食品（含保健食品、婴幼儿配方食品和特殊医学用途配方食品等特殊食品）、食品添加剂生产许可；食品（含保健食品、婴幼儿配方食品和特殊医学用途配方食品等特殊食品）经营许可	市场监管总局	定点应急粮油加工资质认定（各有关地区）
			特殊医学用途配方食品、婴幼儿配方乳粉产品配方、使用保健食品原料目录以外原料的保健食品注册和首次进口的保健食品（不包括补充维生素、矿物质等营养物质的保健食品）注册审批	市场监管总局	
			食盐定点生产；食盐定点批发	工业和信息化部	
18	未获得许可或履行法定程序，不得种植烟草、从事烟草制品和涉烟产品的生产	203002	烟叶种植者应当与烟草公司签订合同，约定烟叶种植面积	烟草局	
			开办烟草制品生产企业及其分立、合并、撤销审批	烟草局	
			烟草专卖生产企业许可证核发	烟草局	
			优良烟草品种需由当地烟草公司组织供应	烟草局	
			开办卷烟纸生产、烟用丝束（二醋酸纤维丝束、聚丙烯纤维丝束）和滤嘴棒生产、烟草专用机械生产企业审批	烟草局	
			外国烟草制品来牌或来料加工、许可证生产、合作开发卷烟牌号审批	烟草局	

续表

项目号	禁止或许可事项	事项编码	禁止或许可准入措施描述	主管部门	地方性许可措施
19	未获得相应资质，不得制作车辆登记证书、行驶证、号牌、驾驶证	203003	制作机动车登记证书、行驶证、号牌、驾驶证资格限制	公安部	
			制作拖拉机和联合收割机登记证书、行驶证、号牌、驾驶证资格限制	农业农村部	
20	未经许可，不得从事印刷复制业特定业务	203004	印制发票、银行票据、清算凭证资格限制	人民银行 税务总局	
			从事印刷经营活动企业的设立、兼营或变更审批	新闻出版署	
			音像复制单位、电子出版物复制单位接受委托复制境外音像制品、电子出版物许可	新闻出版署	
			印刷企业接受委托印刷境外出版物审批；内部资料性出版物准印证核发	新闻出版署	
			承印加工境外包装装潢和其他印刷品备案核准	新闻出版署	
			从事制作、复制国家秘密载体业务资质认定	保密局	
21	未获得许可，不得从事涉核、放射性物品生产、运输和经营	203005	持有、使用、生产、储存、运输和处置核材料（含民用核材料）需获得许可	国防科工局	
			军用和民用核设施安全设备设计、制造、安装、无损检验活动许可	国防科工局 生态环境部	
			核电站实体保卫工程验收；民用核设施选址、建造、运行、退役等活动审批	国防科工局 生态环境部	
			放射性物品运输及道路运输经营许可、核乏燃料道路运输通行许可	公安部 交通运输部	
			一类放射性物品运输容器的设计审查批准、制造许可证核发；使用境外单位制造的一类放射性物品运输容器审批；一类放射性物品运输的核与辐射安全分析报告书审查批准	生态环境部	
			放射性同位素转让、野外示踪试验审批	生态环境部	
			生产、销售、使用放射性同位素与射线装置单位的许可证核发	生态环境部	

续表

项目号	禁止或许可事项	事项编码	禁止或许可准入措施描述	主管部门	地方性许可措施
22	未获得许可，不得从事特定化学品的生产经营及项目建设	203006	肥料生产经营登记许可	农业农村部	
			新建、改建、扩建危险化学品生产、储存的建设项目以及伴有危险化学品产生的化工建设项目（包括危险化学品长输管道建设项目）安全设施设计审查	应急部	
			第二、三类监控化学品和第四类监控化学品中含磷、硫、氟的特定有机化学品生产特别许可	工业和信息化部	
			第一类监控化学品为科研、医疗、制药、防护目的的生产和使用；第二类监控化学品经营、使用及改变使用目的的许可	工业和信息化部	
			新建、扩建或者改建用于生产第二、三类监控化学品和第四类监控化学品中含磷、硫、氟的特定有机化学品的设施建设审批和竣工验收	工业和信息化部	
			第一类监控化学品及其生产技术、专用设备进出口审核；第二、三类监控化学品及其生产技术、专用设备进出口审批	工业和信息化部	
			新建、改建、扩建危险化学品生产、储存的建设项目以及伴有危险化学品产生的化工建设项目（包括危险化学品长输管道建设项目）安全条件审查	应急部	
			危险化学品（另有规定的除外）安全生产许可证核发	应急部	
			第一类、第二类易制毒化学品运输许可证核发；第三类易制毒化学品运输备案证明核发	公安部	
			第一类非药品类易制毒化学品生产、经营、购买许可证核发；第二类、第三类易制毒化学品购买备案证明核发	应急部 公安部	
			危险化学品经营、安全使用许可证及进出口环境管理登记许可证核发；剧毒化学品购买许可	应急部 生态环境部 公安部	
			新化学物质环境管理登记证核发和科研备案	生态环境部	

续表

项目号	禁止或许可事项	事项编码	禁止或许可准入措施描述	主管部门	地方性许可措施
23	未获得许可，不得从事民用爆炸物品、烟花爆竹的生产经营及爆破作业	203007	民用爆炸物品生产、安全生产、进出口、运输、销售和购买许可	工业和信息化部 公安部	
			烟花爆竹生产、存储建设项目安全设施设计审查；烟花爆竹安全生产、批发零售、道路运输许可	应急部 公安部	
			爆破作业单位许可以及城市、风景名胜区和重要工程设施附近实施爆破作业审批	公安部	
24	未获得许可，不得从事化妆品的生产经营	203008	化妆品生产许可	药监局	
			化妆品新原料、国产特殊用途化妆品、首次进口的特殊用途化妆品审批	药监局	
25	未经过许可或检验，不得从事药品、生物制品的销售或进出口	203009	疫苗类制品、血液制品、用于血源筛查的体外诊断试剂以及国务院药品监督管理部门规定的其他生物制品销售前或进口时检验或审批	药监局	采集、猎捕国家和地方重点保护的野生药材物种许可（黑龙江）
			药品生产企业许可；药品委托生产审批	药监局	
			开展（涉及）麻醉药品和精神药品实验研究活动及成果转让审批	药监局	
			药品生产（GMP）、经营（GSP）和药物非临床研究（GLP）质量管理规范认证	药监局	
			国产药品注册审批（药物临床试验审批；新药证书核发；新药或者已有国家标准的药品生产审批；国产药品再注册审批；变更研制新药、生产药品已获证明文件及附件中载明事项补充申请审批）；国产药品不改变药品内在质量的补充申请行政许可	药监局	
			第一类中的药品类易制毒化学品、麻醉药品、精神药品生产审批	药监局	
			中药保护品种证书核发、中药品种保护初审	药监局	
			放射性药品生产、经营企业审批	药监局	

续表

项目号	禁止或许可事项	事项编码	禁止或许可准入措施描述	主管部门	地方性许可措施
26	未获得许可，不得从事兽药及兽用生物制品的临床试验、生产、经营和进出口	203010	兽药生产、经营许可；强制免疫所需兽用生物制品的指定生产	农业农村部	
			兽药产品批准文号核发及标签、说明书审批	农业农村部	
			兽医微生物菌（毒、虫）种进出口和使用审批	农业农村部	
			国内防疫急需的疫苗限制出口	农业农村部	
			向中国出口兽药注册和兽药进口（通关单）审批	农业农村部	
			新兽药注册、研制新兽药使用一类病原微生物，新兽用生物制品临床试验审批	农业农村部	
27	未获得许可，不得从事医疗器械或保健用品的生产与进口	203011	第二类、第三类医疗器械生产企业许可	药监局	保健用品批准证书发放（吉林）
			国产医疗器械注册审批（国产第三类医疗器械首次注册审批、变更注册审批、延续注册审批，国产第二类医疗器械产品注册审批）；进口医疗器械注册审批（进口医疗器械首次注册审批、变更注册审批、延续注册审批）	药监局	
			第三类高风险医疗器械临床试验审批	药监局	
28	未获得许可，不得从事武器装备、枪支及其他关系公共安全相关产品设备的研发、生产制造、配售、配置、配购和运输	203012	枪支（含主要零部件）制造、配售许可；配置、配购民用枪支许可；枪支弹药运输许可	公安部	
			武器装备科研生产许可；保密资格认定	国防科工局 保密局	
			人防工程防护设备生产安装许可	国家人防办	
			警用标志、制式服装和警械生产资格认定	公安部	
			弩的制造、销售、进口、运输和使用许可	公安部	
29	未获得许可或履行法定程序，不得从事船舶和渔船的制造、更新、购置、进口和营运	203013	渔业船舶登记审批及制造、更新改造、购置、进口渔业船舶（船网控制指标）审批	农业农村部	船舶设计、修造、修理资质许可（各有关地区）

续表

项目号	禁止或许可事项	事项编码	禁止或许可准入措施描述	主管部门	地方性许可措施
30	未获得许可，不得从事航空、航天器及相关设备制造及使用（发射）相关业务	203014	民用航天发射项目许可	国防科工局	
			民用航空器及其零部件出口适航批准；民用航空器（发动机、螺旋桨）型号合格证/型号认可证（TC/VTC）核发；民用航空器（发动机、螺旋桨）生产许可（PC）	民航局	
			民用航空器适航证（A/C）核发和外国民用航空器适航认可；民用航空器特许飞行资格认可	民航局	
			民用航空器改装设计批准书（MDA）核发	民航局	
			民用航空器补充型号合格证（STC）/补充型号认可证（VSTC）核发	民航局	
			民用航空器型号设计批准书（TDA）核发	民航局	
			民用航空进口材料、零部件、机载设备设计批准认可书（VDA）核发	民航局	
			民用航空产品技术标准规定项目批准书（CTSOA）核发	民航局	
			民用航空器零部件制造人批准书（PMA）核发	民航局	
			民用航空器零部件适航批准	民航局	
			民用航空油料供应商适航批准书、油料测试单位批准函核发	民航局	
			民用航空化学产品设计、生产批准	民航局	
31	未获得许可，不得从事铁路运输基础设备生产，机车车辆的设计、制造、维修、进口	203015	铁路运输基础设备生产企业审批	铁路局	
			铁路机车车辆设计、制造、维修或进口许可	铁路局	
32	未获得许可，不得从事道路机动车辆生产	203016	道路机动车辆生产企业及产品准入许可	工业和信息化部	
33	未获得许可、认证或资质条件，不得从事特种设备、重要工业产品等的生产经营	203017	特种设备生产单位许可	市场监管总局	
			重要工业产品生产许可（含建筑用钢筋、水泥、直接接触食品的材料等相关产品共计10类）；矿山井下特种设备安全标志核发	市场监管总局 应急部	

续表

项目号	禁止或许可事项	事项编码	禁止或许可准入措施描述	主管部门	地方性许可措施
33	未获得许可、认证或资质条件，不得从事特种设备、重要工业产品等的生产经营	203017	移动式压力容器、气瓶充装单位许可	市场监管总局	
			列入《强制性产品认证目录》的产品须取得认证并施加标识	市场监管总局	
34	未获得许可，不得从事电信、无线电等设备或计算机信息系统安全专用产品的生产、进口和经营	203018	电信设备进网许可（含试用）	工业和信息化部	
			无线电发射设备型号核准	工业和信息化部	
			计算机信息系统安全专用产品销售许可证核发	公安部	
35	未获得许可，不得从事单位或机构公章的刻制经营	203019	公章刻制业特种行业许可证核发	公安部	
36	未获得许可，不得从事商用密码产品的生产、质检测评、进出口和密码应用安全性评估	203020	商用密码产品品种和型号审批	密码局	
			密码产品和含有密码技术的设备进口许可；商用密码产品出口许可	密码局	
			商用密码产品质量检测机构审批	密码局	
			信息安全等级保护商用密码测评机构审批	密码局	
37	未获得许可，不得从事相关量值传递工作	203021	计量器具型式批准（样机试验、标准物质定级鉴定）许可	市场监管总局	
			一级、二级国防计量技术机构设置审批	国防科工局	
38	未获得资质条件，不得从事报废汽车回收拆解	203022	报废机动车回收企业资质认定	商务部	回收报废农业机械经营活动资格认定（各有关地区）
（四）电力、热力、燃气及水生产和供应业					
39	未获得许可，不得从事电力和市政公用领域特定业务	204001	电力业务、承装（修、试）电力设施业务许可	能源局	城市供排水、供热经营许可（各有关地区）
			燃气经营许可证核发	住房城乡建设部	燃气工程建设项目审批；燃气燃烧器具安装维修许可（各有关地区）

续表

项目号	禁止或许可事项	事项编码	禁止或许可准入措施描述	主管部门	地方性许可措施
39	未获得许可，不得从事电力和市政公用领域特定业务	204001	京津冀及周边地区、长三角地区、汾渭平原等区域严格控制燃煤机组新增装机规模	发展改革委 能源局 生态环境部	
（五）建筑业					
40	未取得许可或履行法定程序，不得从事建筑业及房屋、土木工程等相关项目建设	205001	建筑工程施工许可	住房城乡建设部	在湖泊保护范围内建设工程设施许可（山东）
			建筑业企业资质认定	住房城乡建设部	
			建设工程地震安全性评价结果审定及抗震设防要求的确定；超限高层建筑工程抗震设防审批	住房城乡建设部 地震局	
			房屋建筑工程、市政基础设施工程施工图设计文件审查	住房城乡建设部	
			涉及国家安全事项的建设项目审批	安全部	
			建筑施工企业安全生产许可证核发	住房城乡建设部	
			固定资产投资项目节能审查（按要求不单独进行节能审查的除外）	发展改革委	
			建设项目环境影响评价审批（按备案管理的除外）	生态环境部	
			建设项目压覆重要矿床审批	自然资源部	
			大中型水利水电工程移民安置规划大纲审批和移民安置规划审核	水利部 能源局	
			水利基建项目初步设计文件审批	水利部	
			非防洪建设项目洪水影响评价报告审批	水利部	
			占用农业灌溉水源、灌排工程审批	水利部	
			不同行政区域边界水工程、国家基本水文测站上下游建设影响水文监测工程、大坝管理和保护范围内建设项目批准	水利部 住房城乡建设部 交通运输部 农业农村部 能源局	

续表

项目号	禁止或许可事项	事项编码	禁止或许可准入措施描述	主管部门	地方性许可措施
40	未取得许可或履行法定程序，不得从事建筑业及房屋、土木工程等相关项目建设	205001	水利工程施工单位安全生产许可	住房城乡建设部	
			水利工程建设监理单位资质认定；水利工程质量检测单位资质认定	水利部	
			在江河、湖泊上新建、扩建及改建并调整原有功能的水工程建设规划同意书审核	水利部	
			历史建筑实施原址保护，进行外部修缮装饰、添加设施以及改变历史建筑的结构或使用性质审批	住房城乡建设部 文物局	
41	未履行法定程序，不得从事海洋工程建设及相关业务	205002	海岛领海基点保护范围内确需进行以保护领海基点为目的的工程建设项目审批	自然资源部	
			海洋工程建设项目环境影响报告书核准	生态环境部	
			海底电缆管道铺设路由调查勘测、铺设施工审批	自然资源部	
			海域使用权审批（含招拍挂）	自然资源部	
			在渔港内新建、改建、扩建各种设施，或者进行其他水上、水下施工作业审批	农业农村部	
（六）批发和零售业					
42	未获得许可、配额或资质，不得从事农产品、原油等特定商品、技术、服务的经营、流通贸易和进出口（含过境）	206001	对部分进出口货物实行配额管理（目前适用商品详见本年度进口许可证管理货物目录和出口许可证管理货物目录）	商务部	
			对部分进出口货物实行许可证管理（目前适用商品详见本年度进口许可证管理货物目录和出口许可证管理货物目录）	商务部	
			对部分货物实行进出口国营贸易经营资格管理（目前适用商品包括出口玉米、大米、棉花、烟草、原油、成品油、煤炭、钨、锑、白银和进口小麦、玉米、大米、棉花、食糖、烟草、原油、成品油、化肥等）	商务部	
			对部分重点敏感商品加工贸易实行管理（目前适用商品包括铜精矿、卫星接收设施、生皮等）	商务部	

续表

项目号	禁止或许可事项	事项编码	禁止或许可准入措施描述	主管部门	地方性许可措施
42	未获得许可、配额或资质，不得从事农产品、原油等特定商品、技术、服务的经营、流通贸易和进出口（含过境）	206001	对输港澳活畜禽实行经营资格管理（目前适用商品详见本年度出口许可证管理货物目录）	商务部	
			对部分货物（小麦、玉米、大米、棉花、食糖、羊毛、毛条、化肥）实行进口关税配额管理	发展改革委 商务部	
			技术进出口许可证管理	商务部	
			进口饲料和饲料添加剂登记许可	农业农村部	
			成品油零售经营资格审批	商务部	
43	未获得许可或履行法定程序，不得从事进出口运输、特定货物仓储、流通贸易等服务	206002	国际航行船舶保税供油	商务部 交通运输部 财政部 海关总署	
			设立免税场所审批；免税商店设立审批	财政部 海关总署	
			设立海关监管货物仓储资格审批	海关总署	
			进境（过境）动植物及产品检疫审批	海关总署	
44	未获得许可或履行法定程序，不得从事特定限制商品、技术的经营和进出口	206003	两用物项和技术进出口审批	商务部 国防科工局	
			列入限制进出口目录的放射性同位素进口审批	生态环境部	
			加工贸易项下光盘进出口审核	新闻出版署	
			核出口物项及相关技术审批	国防科工局	
			黄金及其制品进出口审批	人民银行	
			军品出口许可	国防科工局	
45	未获得许可或资质，不得从事特定粮油经营业务	206004	军粮供应站资格、军粮供应委托代理资格认定	粮食和储备局	承储地方储备粮油资格认定（各有关地区）
			粮食收购资格认定	粮食和储备局	
			中央储备粮代储资格认定	粮食和储备局	

续表

项目号	禁止或许可事项	事项编码	禁止或许可准入措施描述	主管部门	地方性许可措施
46	未获得许可或资质条件，不得从事拍卖、直销业务	206005	从事拍卖业务许可	商务部	
			直销企业及其分支机构直销经营资格的许可	商务部 市场监管总局	
47	未获得许可或履行法定程序，不得从事药品、医疗器械等特定产品的批发零售、经营和进出口	206006	药品批发、零售企业许可	药监局	
			进口药品、港澳台医药产品（包括进口药品、进口药材、临时进口药品）注册审批	药监局	
			医疗用毒性药品的收购、经营单位批准	药监局	
			蛋白同化制剂、肽类激素进出口审批	药监局	
			第三类医疗器械经营许可	药监局	
			经营、购买第一类中的药品类易制毒化学品审批	药监局	
			麻醉药品和精神药品进出口准许证核发	药监局	
			麻醉药品和第一类精神药品全国性批发企业审批	药监局	
			全国性批发企业向取得麻醉药品和第一类精神药品使用资格的医疗机构销售麻醉药品和第一类精神药品审批	药监局	
			区域性批发企业需就近向其他省、自治区、直辖市行政区域内的取得麻醉药品和第一类精神药品使用资格的医疗机构销售麻醉药品和第一类精神药品的审批	药监局	
			麻醉药品和第一类精神药品区域性批发企业经营审批、专门从事第二类精神药品批发企业经营审批	药监局	
			区域性批发企业从定点生产企业购买麻醉药品和第一类精神药品审批	药监局	
			麻醉药品和精神药品购买审批	药监局	
			麻醉药品和第一类精神药品运输证明	药监局	
			麻醉药品和精神药品邮寄证明核发	药监局	
			第二类精神药品零售业务审批	药监局	

续表

项目号	禁止或许可事项	事项编码	禁止或许可准入措施描述	主管部门	地方性许可措施
48	未获得许可或履行法定程序，不得从事烟酒及相关产品的批发零售、经营和进出口	206007	烟叶收购专营；烟草专卖批发、零售、准运证核发	烟草局	酒类专卖业务许可（上海）
			烟草制品批发企业的设立、分立、合并、撤销的审批	烟草局	
			烟草专卖品进出口专营；烟草类货物进出口统一授权经营	烟草局	
			烟草专用机械的购进、出售、转让许可	烟草局	
（七）交通运输、仓储和邮政业					
49	未获得许可或履行法定程序，不得从事公路、水运及与航道有关工程的建设及相关业务	207001	公路工程施工、公路水运工程监理企业资质、公路养护作业单位资质许可	交通运输部	
			航道通航条件影响评价审核	交通运输部	
			利用坝（堤）顶或者戗台兼作公路审批	水利部	
			公路、水运工程设计文件审批；公路、水运投资立项审批	发展改革委 交通运输部	
50	未获得许可或资质条件，不得从事客货道路运输经营及相关业务	207002	道路旅客运输经营许可（含国际道路）、道路货运经营许可（不包含总质量4500千克及以下普通货运车辆从事普通货运经营）、危险货物运输经营许可	交通运输部	特定公共汽车和电车客运线路运营许可（各有关地区）
			道路旅客运输站经营许可、机动车驾驶员培训许可	交通运输部	车辆租赁服务企业经营资质许可（各有关地区）
			出租汽车经营资格证、车辆运营证核发	交通运输部	机动车综合性能检测经营许可（各有关地区） 交通物流经营许可（江苏）
51	未获得许可，不得从事铁路运输业务	207003	铁路运输企业准入许可	铁路局	地方铁路运营许可证（含临时运营许可证）的核发（河北）

续表

项目号	禁止或许可事项	事项编码	禁止或许可准入措施描述	主管部门	地方性许可措施
52	未获得许可或资质条件，不得从事特定水上运输业务及其辅助活动	207004	船舶搭靠外轮许可	移民局	
			国内水路运输经营许可；国际客船、散装液体危险品船运输业务及国际班轮运输业务审批	交通运输部	
			禁止使用外国籍船舶经营国内水路运输业务（经交通运输部特殊批准情形、中资方便旗船舶从事国内其他港口与自贸区港口之间的沿海捎带业务除外）	交通运输部	
			国内船舶管理业务经营许可	交通运输部	
			大陆与台湾间海上运输业务审批；内地与港澳间客船、液体散装危险品船运输业务	交通运输部	
			特定的旅客班轮运输和散装液体危险货物运输航线、水域，可以暂停新增运力许可；水路运输经营者新增客船、危险品船运力，需通过审批	交通运输部	
			在港口总体规划区内建设港口设施，使用港口深水岸线或非深水岸线的，需通过审批	交通运输部 发展改革委	
			港口危险货物作业的建设项目安全条件审查	交通运输部	
			从事港口经营资质许可	交通运输部	
			新建、改建、扩建从事港口危险货物作业的建设项目安全设施设计审查	交通运输部	
			从事海员外派业务审批；培训机构从事船员、引航员培训业务审批	交通运输部	
53	未获得许可，不得从事民用机场建设、民航运输业务或其辅助活动	207005	规定权限内对新建、改建和扩建民用机场的审批和审核	民航局	
			在民用机场内从事航空燃油供应许可	民航局	
			民用机场使用许可证核发	民航局	
			民航安检设备使用许可	民航局	
			公共航空运输企业经营许可；公共航空运输企业航线（航班运输）经营许可	民航局	

续表

项目号	禁止或许可事项	事项编码	禁止或许可准入措施描述	主管部门	地方性许可措施
53	未获得许可，不得从事民用机场建设、民航运输业务或其辅助活动	207005	通用航空经营许可	民航局	
			航空营运人运输危险品资格批准	民航局	
			大型飞机公共航空运输承运人运行合格审定	民航局	
			特殊通用航空飞行活动任务审批	民航局	
			在中国境内国际国内定期和不定期飞行计划审批	民航局	
			小型航空器商业运输运营人合格审定	民航局	
			民航通信导航监视设备使用许可	民航局	
			民航无线电台（站）址审批、频率及呼号指配、航空器电台执照核发	民航局	
			商业非运输运营人、私用大型航空器运营人、航空器代管人运行合格审定	民航局	
			民用航空器维修单位维修许可	民航局	
			翻印、交换、转售和转让民用航空资料审批	民航局	
			飞行训练中心、民用航空器驾驶员学校、民用航空维修技术人员学校、飞行签派员培训机构合格审定	民航局	
			用于民用航空器驾驶员训练、考试或检查的飞机模拟机、飞行训练器鉴定审批	民航局	
			民航企业、机场联合重组改制审批	民航局	
			★国内市场主体投资民航重要领域股比及关联投资限制	民航局	
54	未获得许可，不得从事保税货物仓储物流业务	207006	设立保税仓库、出口监管仓库、保税物流中心（A型）或保税物流中心（B型）审批	海关总署	
55	未获得许可，不得从事邮政等相关业务	207007	快递业务经营许可	邮政局	
			经营邮政通信业务审批	邮政局	
			仿印邮票图案及其制品审批	邮政局	

续表

项目号	禁止或许可事项	事项编码	禁止或许可准入措施描述	主管部门	地方性许可措施
55	未获得许可，不得从事邮政等相关业务	207007	纪念邮票图案审查、纪念邮票和特种邮票发行计划审批	邮政局	
			邮政企业停止办理或者限制办理邮政普遍服务业务和特殊服务业务、撤销提供邮政普遍服务的邮政营业场所、停止使用邮资凭证审批	邮政局	
（八）住宿和餐饮业					
56	未获得许可，不得经营旅馆住宿业务	208001	旅馆业特种行业许可证核发	公安部	餐具、饮具集中消毒服务许可（黑龙江）
（九）信息传输、软件和信息技术服务业					
57	未获得许可，不得使用无线电频率、设置使用无线电台（站）和进关无线电发射设备	209001	无线电频率（含卫星通信网频率、空间电台频率、卫星通信网外地球站频率、地面无线电业务频率）使用许可	工业和信息化部	
			无线电台（站）（含卫星地球站、空间无线电台、地面无线电台（站）设置、使用许可；无线电台识别码（含呼号）核发	工业和信息化部	
			交通系统无线电台审批	交通运输部	
			无线电发射设备进关核准	工业和信息化部	
58	未获得许可，不得经营电信业务、建设和使用电信网络或使用通信资源	209002	经营电信业务，必须依照相关条例的规定取得国务院信息产业主管部门或者省、自治区、直辖市电信管理机构颁发的电信业务经营许可证。运用新技术试办《电信业务分类目录》未列出的新型电信业务的，应当向省、自治区、直辖市电信管理机构备案	工业和信息化部	
			互联网域名根服务器设置及其运行机构和注册管理机构、域名注册服务机构的设立审批	工业和信息化部	
			电信网码号资源使用和调整审批	工业和信息化部	
			主导电信企业制定的互联规程审批	工业和信息化部	
59	未获得许可，不得租用境外卫星资源或设立国际通信出入口局	209003	境内单位租用境外卫星资源核准	工业和信息化部	
			设立国际通信出入口局审批	工业和信息化部	

续表

项目号	禁止或许可事项	事项编码	禁止或许可准入措施描述	主管部门	地方性许可措施
60	超过股比限制，非公有资本不得投资新闻传媒领域特定业务	209004	非公有资本参股有线电视分配网建设和经营股比限制	广电总局	
			新闻媒体融资批准及控股权限制。转制为企业的出版社、报刊社等，要坚持国有独资或国有文化企业控股下的国有多元。此类企业上市后，要坚持国有资本绝对控股	新闻出版署	
61	未获得许可或资质条件，不得从事电子认证服务和涉密信息系统处理相关业务	209005	电子认证服务许可；电子认证服务使用密码许可	工业和信息化部 密码局	
			电子政务电子认证服务机构认定	密码局	
			从事涉密信息系统集成相关业务资质认定	保密局	
（十）金融业					
62	未获得许可，不得设立银行、证券、保险、基金等金融机构或变更其股权结构	210001	银行业（含分支机构）及非银行金融机构（含分支机构）设立、变更、终止审批	银保监会	
			证券公司设立、合并、分立、停业、解散、破产审批；证券金融公司设立和解散审批；证券公司设立、收购或撤销分支机构审批	证监会	
			证券公司增加注册资本且股权结构发生重大调整、变更持有5%以上股权的股东、实际控制人审批	证监会	
			期货公司设立、合并、分立、停业、解散或者破产；变更注册资本且调整股权结构；新增持有5%以上股权的股东或者控股股东发生变化的审批	证监会	
			保险集团公司及保险控股公司、专属自保组织和相互保险组织设立、合并、分立、变更和解散审批	银保监会	
			保险公司及其分支机构设立及分立、合并、终止（解散、破产、分支机构撤销）、变更注册资本、变更股东等重大事项变更审批	银保监会	
			保险资产管理公司及其分支机构设立和终止（解散、破产和分支机构撤销）、变更注册资本、变更股东等重大事项变更审批	银保监会	
			公募基金管理公司设立审批	证监会	
			公募基金管理公司变更重大事项审批	证监会	

续表

项目号	禁止或许可事项	事项编码	禁止或许可准入措施描述	主管部门	地方性许可措施
63	未获得许可或资质条件，不得设立融资担保、典当、小额贷款公司、征信机构等相关金融服务机构	210002	设立典当行及分支机构审批	银保监会	
			经营个人征信业务的征信机构设立许可（含机构许可；董事、监事、高管人员任职资格核准；设立分支机构、合并或者分立、变更注册资本、变更出资额占公司资本总额5%以上或者持股占公司股份5%以上的股东审批）	人民银行	
			★小额贷款公司及其分支机构设立、变更、终止及业务范围审批	银保监会	
			★融资租赁公司及其分支机构设立、变更、终止及业务范围审批	银保监会	
			★商业保理公司及其分支机构设立、变更、终止及业务范围审批	银保监会	
			★地方资产管理公司及其分支机构设立、变更、终止及业务范围审批	银保监会	
			融资担保公司及其分支机构设立、变更、终止及业务范围审批	银保监会	
64	未获得许可，不得设立金融机构营业场所、交易所	210003	证券交易所的设立审核、证券登记结算机构的设立审批	证监会	
			金融机构营业场所、金库安全防范设施建设方案及工程验收审批	公安部	
			期货交易等各类交易场所、期货专门结算机构设立审批	证监会	
65	未获得许可，不得从事特定金融业务	210004	金融机构发行金融债券、资本补充债券审批；保险公司发行次级定期债审批	人民银行 银保监会	农民专业合作社开展信用互助业务试点许可（山东）
			企业债券发行、公司债券发行、上市公司发行可转换为股票的公司债券核准	发展改革委 证监会	交易场所开展权益类或介于现货与期货之间的大宗商品交易业务许可（山东）
			金融债券承销商应符合相关条件	人民银行	地方金融控股企业针对金融机构和地方金融组织开展股权投资、企业和资产并购业务需经省地方金融监管机构批准（河北）

续表

项目号	禁止或许可事项	事项编码	禁止或许可准入措施描述	主管部门	地方性许可措施
65	未获得许可，不得从事特定金融业务	210004	银行间债券市场结算代理人、做市商审批	人民银行	
			证券公司发行短期融资券应符合相关条件	人民银行	
			境内机构外债、对外或有负债、外债转贷款审批、登记及履约核准	外汇局	
			信用评级机构进入银行间债券市场开展债券评级业务应符合相关条件	人民银行	
			境内金融机构赴境外发行人民币债券审批	人民银行	
			商业银行、政策性银行、金融资产管理公司对外从事股权投资及商业银行综合化经营审批	银保监会	
			银行业及非银行金融机构调整业务范围和增加业务品种审批	银保监会	
			开展存托业务资格核准	证监会	
			银行、农信社、兑换机构及非金融机构等结汇、售汇业务市场准入、退出审批；保险、证券公司等非银行金融机构外汇业务市场准入、退出审批	外汇局	
			从事银行卡清算业务许可	人民银行 银保监会	
			补充保险经办机构资格认定	人力资源社会保障部	
			证券公司、期货公司变更业务范围审批	证监会	
			保荐机构注册审批	证监会	
			证券公司为客户买卖证券提供融资融券服务审批	证监会	
			期货公司经营资产管理业务、境内及境外期货经纪业务、期货投资咨询业务许可	证监会	
			基金服务机构、公开募集基金募集申请注册	证监会	
			基金托管人、公募基金管理人资格核准或审批	证监会	

续表

项目号	禁止或许可事项	事项编码	禁止或许可准入措施描述	主管部门	地方性许可措施
65	未获得许可，不得从事特定金融业务	210004	关系社会公众利益的保险险种、依法实行强制保险的险种和新开发的人寿保险险种等的保险条款和保险费率审批	银保监会	
			保险公司拓宽保险资金运用形式审批	银保监会	
			保险代理机构、保险经纪人经营保险代理业务、保险经纪业务审批；保险公估人经营保险公估业务备案核准	银保监会	
66	未获得许可或资质条件，不得从事代理国库业务	210005	商业银行、信用社代理支库业务审批	人民银行	
			国库集中支付代理银行资格认定	人民银行	
67	未获得许可或资质条件，非金融机构不得从事证券期货服务及支付业务	210006	资产评估机构从事证券服务业务资格审批	财政部 证监会	
			会计师事务所从事证券、期货服务业务审批	财政部 证监会	
			投资咨询、财务顾问、资信评级机构从事证券服务业务审批	证监会	
			非金融机构从事支付业务许可	人民银行	
68	未履行法定程序，不得从事证券投资、衍生产品发行、外汇等相关业务	201007	合格境内机构投资者境外证券投资额度审批	外汇局	
			跨境从事有价证券、衍生产品发行、交易外汇登记	外汇局	
			境内机构（不含商业银行）向境外提供商业贷款审批与登记	外汇局	
			资本项目外汇资金结汇、汇出境外的购付汇核准	外汇局	
			外汇账户的开立、变更、关闭、撤销以及账户允许保留限额核准	外汇局	
			进口单位进口付汇核查；出口单位出口收汇核查	外汇局	
			外币现钞提取、调运和携带出境审核	外汇局	
69	未获得许可，不得发行股票或进行特定上市公司并购重组	210008	公司公开发行股票（A 股、B 股、优先股、存托凭证）核准；科创板首次公开发行股票注册	证监会	
			上市公司合并、分立核准；非公开发行新股、优先股核准	证监会	
			要约收购义务豁免、上市公司发行股份购买资产、重大购买、出售、置换资产行为（构成借壳上市的）核准	证监会	

续表

项目号	禁止或许可事项	事项编码	禁止或许可准入措施描述	主管部门	地方性许可措施
70	未获得许可和资质条件，不得从事人民币印制、跨境调运、技术设备材料相关业务	210009	非银行业金融机构运输人民币出入境审批	人民银行	
			印制人民币需由指定企业承担	人民银行	
			除中国人民银行指定的印刷人民币的企业外，任何单位和个人不得研制、仿制、引进、销售、购买和使用印刷人民币所特有的防伪材料、防伪技术、防伪工艺和专用设备	人民银行	
71	未获得许可，金融机构高级管理人员不得任职	210010	银行业金融机构及非银行金融机构董事和高级管理人员任职资格审批	银保监会	
			保险公司的董事、监事和高级管理人员任职资格审批	银保监会	
			保险经纪机构高级管理人员任职资格核准	银保监会	
			保险集团公司、保险控股公司及专属自保、相互保险等组织高级管理人员资格核准	银保监会	
			保险资产管理公司高级管理人员资格核准	银保监会	
			保险代理机构高级管理人员任职资格核准	银保监会	
			证券公司董事、监事、高级管理人员任职资格核准	证监会	
（十一）房地产业					
72	未获得资质条件，不得从事房地产开发、预售等相关业务	211001	房地产开发企业资质核定	住房城乡建设部	
			商品房预售许可	住房城乡建设部	
（十二）租赁和商务服务业					
73	未获得许可，不得从事会计、专利代理等商务服务	212001	会计师事务所及其分支机构、律师事务所（及分所）、公证机构、税务师事务所设立许可、审批或行政登记	司法部 财政部 税务总局	货运代理、货运信息服务经营许可（江苏）
			报关企业注册登记许可	海关总署	
			司法鉴定机构审核登记	司法部	
			从事会计代理记账业务应取得代理记账许可证书	财政部	
			专利代理机构执业许可证的颁发	知识产权局	

续表

项目号	禁止或许可事项	事项编码	禁止或许可准入措施描述	主管部门	地方性许可措施
74	未获得许可，不得从事职业中介、出入境、劳务派遣等中介服务	212002	从事职业中介活动应取得人力资源服务许可证	人力资源社会保障部	
			劳务派遣经营许可	人力资源社会保障部	
			内地输澳门劳务合作审批；内地输香港劳务合作审批	商务部 港澳办 澳门中联办 香港中联办	
			对外劳务合作经营资格审批	商务部	
75	未获得许可，不得从事保安服务	212003	保安服务许可证核发	公安部	
76	未获得许可，不得设立旅行社或经营特定旅游业务	212004	旅行社设立许可；经营出境旅游业务、边境游资格审批	文化和旅游部	
77	未获得许可，不得从事涉外统计调查业务	212005	涉外统计调查机构资格认定；涉外社会调查项目审批	统计局	
78	未获得许可或未履行法定程序，不得从事特定广告业务	212006	特殊医学用途配方食品、保健食品、医疗（含中医）、药品、医疗器械、兽药、农药广告审查	农业农村部 卫生健康委 市场监管总局 中医药局	
79	未获得许可，不得在境内举办涉外经济技术展览会	212007	境内举办涉外经济技术展览会行政审批（包括首次举办冠名“中国”等字样的涉外经济技术展览会；外国机构参与主办的涉外经济技术展览会）	商务部	
（十三）科学研究和技术服务业					
80	未获得许可，不得从事特定人类遗传资源相关业务	213001	中国人类遗传资源采集、保藏、国际合作科学研究、材料出境审批	科技部	
81	未获得许可或资质条件，不得从事动物、微生物等特定科学研究活动	213002	实验动物生产和使用许可	科技部	
			高等级病原微生物实验室建设审查	科技部	
			高致病性或疑似高致病性病原微生物实验活动审批	卫生健康委 农业农村部	

续表

项目号	禁止或许可事项	事项编码	禁止或许可准入措施描述	主管部门	地方性许可措施
82	未获得许可或资质条件，不得从事特定规划编制业务	213003	城乡规划编制单位资质许可	自然资源部	
			未获得资质条件，不得从事风景名胜区规划业务	自然资源部	
83	未获得资质条件，不得从事特定工程技术服务业务	213004	建设工程勘察、设计企业资质认定	住房城乡建设部	
			人民防空工程设计资质、建设监理资质许可	国家人防办	
			工程监理企业资质许可；工程造价咨询企业资质认定	住房城乡建设部	
84	未获得资质条件，不得从事勘查、检验检测、认证认可、评估业务	213005	认可机构确定	市场监管总局	安全技术防范系统设计、施工、维修资格证核发；安全技术防范系统设计方案核准及其竣工验收（广东）
			认证机构资质审批	市场监管总局	
			安全评价机构资质认定	应急部	
			检验检测机构资质认定	市场监管总局	
			农产品质量安全检测机构资格认定；林业质检机构资质认定	农业农村部 林草局	
			建设工程质量检测机构资质核准	住房城乡建设部	
			特种设备检验检测机构核准	市场监管总局	
			安全生产检测检验机构资质认定	应急部	
			对从事地质灾害危险性评估、承担专项地质灾害治理工程勘查、设计、施工和监理的单位实行资质管理	自然资源部	
			矿业权评估机构资质认定	相关行业协会依法代为审批	
			从事强制性认证及相关活动的认证机构、检查机构及实验室的指定	市场监管总局	
			进出口商品检验鉴定业务的检验许可	海关总署	
			海洋石油天然气发证检验机构资质认定	应急部	
85	未获得许可或资质条件，不得从事地理测绘、遥感及相关业务	213006	从事测绘活动的单位资质审批	自然资源部	
			大城市和国家重大工程项目建立相对独立的平面坐标系统审批	自然资源部	
			地图审核	自然资源部	

续表

项目号	禁止或许可事项	事项编码	禁止或许可准入措施描述	主管部门	地方性许可措施
86	未获得许可，不得从事特定海洋科学研究活动	213007	涉外海洋科学研究活动审批	自然资源部	
87	未获得许可或未履行法定程序，不得从事特定气象、地震服务等相关业务	213008	新建、扩建、改建建设工程避免危害气象探测、地震观测环境审批	气象局 地震局	
			气象专用技术装备（含人工影响天气作业设备）使用审批	气象局	
			升放无人驾驶自由气球或者系留气球活动审批；升放无人驾驶自由气球、系留气球单位资质认定	气象局	
（十四）水利、环境和公共设施管理业					
88	未获得许可，不得开发取用水资源	214001	直接从江河、湖泊或者地下取用水资源（除《取水许可和水资源费征收管理条例》规定的不需要申请领取取水许可证的以外），需取得许可	水利部	从事矿泉水资源开发需获得许可并通过矿泉水鉴定（吉林）
89	未获得许可，不得在河道管理范围内从事资源开采、建设工程、水文测站等特定活动，不得在山区、丘陵区、风沙区以及规划确定的容易发生水土流失的其他区域开办可能造成水土流失的生产建设项目	214002	河道采砂许可	水利部	在水利工程管理范围内从事生产经营活动和新建、扩建、改建工程审批（各有关地区）
			河道管理范围内建设项目工程建设方案及有关活动（不含河道采砂）审批	水利部	
			专用水文测站设立审批	水利部	
			生产建设项目水土保持方案审批	水利部	
90	未获得许可或资质条件，不得从事污染物监测、贮存、处置等经营业务	214003	从事放射性污染监测工作的机构资质认定	生态环境部	收集运输处置废弃食用油脂经营许可（福建）
			设立专门从事放射性固体废物处理、贮存、处置单位许可	生态环境部	生产性废旧金属收购业务许可（云南）

续表

项目号	禁止或许可事项	事项编码	禁止或许可准入措施描述	主管部门	地方性许可措施
90	未获得许可或资质条件，不得从事污染物监测、贮存、处置等经营业务	214003	列入限制进口目录的固体废物进口许可	生态环境部	
			危险废物经营许可	生态环境部	
			危险废物越境转移核准	生态环境部	
			废弃电器电子产品处理企业资格审批	生态环境部	
			从事城市生活垃圾经营性清扫、收集、运输、处理服务审批	住房城乡建设部	
			城市建筑垃圾处置核准许可	住房城乡建设部	
91	未获得许可，不得从事野生动植物捕捉采集、进出口及相关经营业务	214004	因科学研究、人工繁育、公众展示展演、文物保护、种群调控、疫源疫病监测或者其他特殊情况，需要捕捉国家重点保护野生动物或出售、收购、利用国家（省级）重点保护野生动物及其产品的，应经过批准	农业农村部 林草局	
			采集（含采伐、移植）国家重点保护野生植物审批	林草局 农业农村部	
			非国家重点保护野生动物狩猎证核发及捕猎量限额管理	林草局	
			出售、收购国家二级保护野生植物审批	林草局 农业农村部	
			出口国家重点保护野生动植物及其产品许可；野生动植物允许进出口证明书核发	林草局 农业农村部	
			列入《进出口野生动植物种商品目录》，但非国家重点保护、非国际公约限制进出口的其他野生动植物及其产品的物种证明核发	林草局 农业农村部	
			引进陆生野生动物外来物种种类及数量许可	林草局	
			人工繁育国家重点保护野生动物许可	农业农村部 林草局	
			从境外引进水生野生动物审批	农业农村部	
			限制出口的珍贵树木或其制品、衍生物出口审批	林草局	

续表

项目号	禁止或许可事项	事项编码	禁止或许可准入措施描述	主管部门	地方性许可措施
92	未获得许可，不得开发利用相关特定区域	214005	从事营利性治沙活动批准 无居民海岛开发利用项目审批	林草局 自然资源部	不得随意开发利用填埋过危险废物的场地（吉林）
93	未获得许可或资质，不得从事应对气候变化、消耗臭氧层物质生产经营	214006	★碳排放权交易核查机构资格认定 消耗臭氧层物质生产、使用及进出口行政审批	生态环境部 生态环境部	
94	未获得许可或资质认定，不得从事限定领域内防雷装置的设计和施工，不得从事雷电防护装置检测工作	214007	油库、气库、弹药库、化学品仓库、烟花爆竹、石化等易燃易爆建设工程和场所、雷电易发区内的矿区、旅游景点或者投入使用的建（构）筑物、设施等需要单独安装雷电防护装置的场所、雷电风险高且没有防雷标准规范、需要进行特殊论证的大型项目的防雷装置设计审核 防雷装置检测单位资质认定	气象局 气象局	
（十五）居民服务、修理和其他服务业					
95	未获得许可，不得建设殡葬设施	215001	建设殡仪馆、火葬场、殡仪服务站、骨灰堂、公墓等殡葬设施审批	民政部	开展殡仪服务业务批准（各有关地区）
96	未获得许可，不得从事国家秘密载体维修、销毁业务	215002	从事国家秘密载体维修、销毁业务资质认定	保密局	
（十六）教育					
97	未获得许可，不得设立、分立、合并、变更、终止民办学校、幼儿园	216001	实施学前教育、初等教育、中等教育、高等教育的学校、实施自学考试助学及其他文化教育的学校和教育机构的设立、变更和终止审批	教育部	设置民族学校和民族托幼园（所）批准（北京）

续表

项目号	禁止或许可事项	事项编码	禁止或许可准入措施描述	主管部门	地方性许可措施
97	未获得许可，不得设立、分立、合并、变更、终止民办学校、幼儿园	216001	民办学校举办者变更审批；实施以职业技能为主的职业资格培训、职业技能培训的民办学校的设立、变更和终止审批；外籍人员子女学校开办、民办学校办学许可审批；技工学校设立审批	教育部 人力资源社会保障部	设立专业技术人员继续教育实施机构审批（重庆）
			幼儿园控制主体或品牌加盟主体变更，须经所在区县教育部门审批，举办者变更须按规定办理核准登记手续，按法定程序履行资产交割	教育部	
98	未获得许可，不得开展保安培训业务	216002	保安培训许可证核发	公安部	
（十七）卫生和社会工作					
99	未获得许可或资质条件，不得设置医疗机构或从事特定医疗业务	217001	设置医疗机构批准书及医疗机构执业许可证核发	卫生健康委	开展新生儿疾病筛查需获得执业许可（各有关地区）
			设立单采血浆站审批	卫生健康委	
			职业卫生技术服务机构资质认定	卫生健康委	
			设置戒毒医疗机构或者医疗机构从事戒毒治疗业务批准、备案	卫生健康委	
			预防接种工作的接种单位指定	卫生健康委	
			医疗机构人体器官移植执业资格认定	卫生健康委	
			大型医用设备配置许可审批	卫生健康委	
			脐带血造血干细胞库审批	卫生健康委	
			药物临床试验机构资格认定	药监局 卫生健康委	
			兴奋剂检测机构资质认定	体育总局	

续表

项目号	禁止或许可事项	事项编码	禁止或许可准入措施描述	主管部门	地方性许可措施
99	未获得许可或资质条件，不得设置医疗机构或从事特定医疗业务	217001	医疗机构新建、扩建、改建建设项目和技术改造、技术引进项目职业病危害预评价报告审核	卫生健康委	
			医疗机构设置人类精子库，从事遗传病、产前诊断、婚前医学检查、助产技术服务，开展人类辅助生殖技术许可	卫生健康委	
			计划生育技术服务机构执业许可证核发（计划生育技术服务机构为独立设置的地区）	卫生健康委	
			医疗机构从事放置与取出宫内节育器、放置与取出皮下埋植剂、输卵（精）管结扎手术、终止妊娠手术、输卵（精）管复通术许可	卫生健康委 中医药局	
100	未获得许可，不得投资经营涉及公共卫生安全的业务	217002	公共场所、饮用水供水单位、消毒产品生产企业卫生许可；口岸卫生许可证核发	卫生健康委 海关总署	
			利用新材料、新工艺技术和新杀菌原理生产消毒剂和消毒器械卫生许可	卫生健康委	
			高致病性病原微生物菌（毒）种或样本运输审批	卫生健康委 农业农村部	
			涉及饮用水卫生安全的产品卫生许可	卫生健康委	
101	未获得许可或资质条件，不得从事医疗放射性产品相关业务	217003	放射防护器材和含放射性产品检测机构、医疗机构放射性危害评价（甲级）机构认定	卫生健康委	
			医疗机构放射性危害评价（乙级）技术服务机构认定、个人剂量监测机构认定	卫生健康委	
			放射源诊疗技术和医用辐射机构许可	卫生健康委	
102	未获得许可，不得配制医疗制剂、购买和使用特定药品	217004	医疗机构配制制剂许可；医疗机构配制的制剂品种和制剂调剂审批（包括省内调剂和跨省调剂）	药监局	
			医疗机构使用麻醉药品和第一类精神药品审批	卫生健康委	
			医疗单位使用放射性药品许可	药监局 生态环境部 卫生健康委	

续表

项目号	禁止或许可事项	事项编码	禁止或许可准入措施描述	主管部门	地方性许可措施
（十八）文化、体育和娱乐业					
103	未获得许可或资质条件，不得从事考古发掘、文物保护和经营等业务	218001	文物保护工程资质审批	文物局	
			考古发掘资质许可	文物局	
			馆藏文物修复、复制、拓印资质许可	文物局	
			文物商店设立审批	文物局	
			拍卖企业经营文物拍卖许可；文物拍卖标的审核	文物局	
104	未获得许可或资质条件，不得设立出版传媒机构或从事特定出版传媒相关业务	218002	设立出版单位审批；出版单位变更名称、主办单位或者其主管机关、业务范围、资本结构，合并或者分立，设立分支机构审批	新闻出版署	
			出版物批发单位设立、变更审批；出版物零售单位和个体工商户设立、变更审批；音像制作单位、电子出版物制作单位设立、变更审批；音像、电子出版物复制单位设立、变更审批	新闻出版署	
			著作权集体管理组织及分支机构设立审批	中央宣传部	
			新闻单位设立驻地方机构审批	中央宣传部	
			★报刊出版单位、广播电视类媒体和互联网站等媒体与外国新闻机构开展合作审批	国务院新闻办 国家互联网信息办	
			新闻出版中外合作项目审批	新闻出版署 国家互联网信息办	
			出版境外著作权人授权的电子出版物（含互联网游戏作品）审批	新闻出版署 国家互联网信息办	
			中学小学教科书出版、发行资质审批	新闻出版署	
			期刊、报纸、连续型电子出版物变更刊期、报纸变更开版审批	新闻出版署	
			印刷宗教内容的内部资料性出版物和宗教用品的审批	新闻出版署 中央统战部	
			图书出版社、报社、期刊社、电子出版物出版社、音像制品出版社等配合本版出版物的音像制品或电子出版物审核	新闻出版署	

续表

项目号	禁止或许可事项	事项编码	禁止或许可准入措施描述	主管部门	地方性许可措施
104	未获得许可或资质条件，不得设立出版传媒机构或从事特定出版传媒相关业务	218002	出版新的报纸、期刊、连续型电子出版物或者报纸、期刊、连续型电子出版物变更名称审批	中央宣传部	
			订户订购境外出版物审批；进口出版物目录备案核准审批	新闻出版署	
			图书、期刊印刷备案核准	中央宣传部	
			图书、音像、电子出版物、期刊出版机构重大选题备案核准	中央宣传部	
			举办境外出版物展览审批	中央宣传部	
			出版国产网络游戏作品审批	中央宣传部	
105	未获得许可或资质条件，不得从事特定文化产品的进出口业务	218003	经营文化产品进口业务许可	文化和旅游部	
			指定电影进口经营单位	电影局	
			艺术品进出口经营活动审批	文化和旅游部	
			设立出版物进口经营单位及其变更名称、业务范围、资本结构、主办单位或者其主管机关，合并或者分立，设立分支机构审批	中央宣传部	
			进口音像制品成品审批；进口电子出版物成品审批	新闻出版署	
106	未获得许可，不得从事广播电视相关设施的生产、经营、安装、使用和进口，不得使用广播电视专用频段	218004	卫星电视广播地面接收设施的生产、进口、销售、安装和使用许可；卫星电视广播地面接收设施进口证明核发	广电总局 工业和信息化部 商务部	
			广播电视专用频段频率使用许可证核发	广电总局	
			有线广播电视传输覆盖网工程建设及验收审核	广电总局	
			无线广播电视发射设备订购证明核发	广电总局	
			广播电视设备器材入网认定审批	广电总局	
107	未获得许可或资质条件，不得从事广播电视、电影的制作、引进、放映及相关业务	218005	广播电台、电视台设立、终止及有关单位设立有线广播电视站审批	广电总局	
			付费频道开办、终止和节目设置调整及播出区域、呼号、标识、识别号审批	广电总局	
			电影发行单位设立、变更业务范围或者兼并、合并、分立审批；电影放映单位设立审批	电影局	

续表

项目号	禁止或许可事项	事项编码	禁止或许可准入措施描述	主管部门	地方性许可措施
107	未获得许可或资质条件，不得从事广播电视、电影的制作、引进、放映及相关业务	218005	与境外机构合作摄制电影片审批；聘请境外人员参加广播影视节目制作审批	电影局 广电总局	
			涉及重大题材或者国家安全、外交、民族、宗教、军事等方面题材电影剧本审查和电影片审查	电影局	
			广播电视视频点播业务审批	广电总局	
			广播电视节目制作经营单位、电视剧（含电视动画片）制作单位设立审批	广电总局	
			广播电台、电视台以卫星等传输方式进口、转播境外广播电视节目审批	广电总局	
			影视节目制作机构与外方合作制作电视剧（含电视动画片）审批	广电总局	
			国产电视剧片（含电视动画片）审查	广电总局	
			引进用于广播电台、电视台播放的境外电影、电视剧（动画片）及其他广播电视节目审批	广电总局	
			引进专门用于信息网络传播的境外影视剧及其他节目审批	广电总局	
			经营广播电视节目传送业务审批	广电总局	
			举办中外电影展、国际电影节，国际性广播电视节目交流、交易活动，地方对等交流互办单一国家电影展映活动，区域性广播电视节目交流、交易活动审批	电影局 广电总局	
108	未获得许可或资质条件，不得发行销售彩票	218006	限制彩票发行、销售	财政部 民政部 体育总局	
109	未获得许可或资质条件，不得从事举办特定文体演艺活动和业务，不得设立娱乐场所或经营文体业务	218007	经营高危险性体育项目许可	体育总局	
			文艺表演团体、演出经纪机构从事营业性演出经营活动许可；开展营业性演出许可	文化和旅游部	
			大型焰火燃放作业单位资质证明；焰火燃放许可	公安部	
			娱乐场所从事娱乐场所经营活动许可	文化和旅游部	
			营业性射击场设立审批	公安部	

续表

项目号	禁止或许可事项	事项编码	禁止或许可准入措施描述	主管部门	地方性许可措施
110	未通过内容审核，不得面向国内销售游戏游艺设备	218008	游戏游艺设备内容审核	文化和旅游部 新闻出版署	
（十九）《政府核准的投资项目目录（2016年本）》明确实行核准制的项目（专门针对外商投资和境外投资的除外）					
111	未获得许可，不得投资建设特定农业、水利项目	221001	农业：涉及开荒的项目由省级政府核准 水利工程：涉及跨界河流、跨省（区、市）水资源配置调整的重大水利项目由国务院投资主管部门核准，其中库容10亿立方米及以上或者涉及移民1万人及以上的水库项目由国务院核准。其余项目由地方政府核准		
112	未获得许可，不得投资建设特定能源项目	221002	水电站：在跨界河流、跨省（区、市）河流上建设的单站总装机容量50万千瓦及以上项目由国务院投资主管部门核准，其中单站总装机容量300万千瓦及以上或者涉及移民1万人及以上的项目由国务院核准。其余项目由地方政府核准 抽水蓄能电站：由省级政府按照国家制定的相关规划核准 火电站（含自备电站）：由省级政府核准，其中燃煤燃气火电项目应在国家依据总量控制制定的建设规划内核准 热电站（含自备电站）：由地方政府核准，其中抽凝式燃煤热电项目由省级政府在国家依据总量控制制定的建设规划内核准 风电站：由地方政府在国家依据总量控制制定的建设规划及年度开发指导规模内核准 核电站：由国务院核准 电网工程：涉及跨境、跨省（区、市）输电的±500千伏及以上直流项目，涉及跨境、跨省（区、市）输电的500千伏、750千伏、1000千伏交流项目，由国务院投资主管部门核准，其中±800千伏及以上直流项目和1000千伏交流项目报国务院备案；不涉及跨境、跨省（区、市）输电的±500千伏及以上直流项目和500千伏、750千伏、1000千伏交流项目由省级政府按照国家制定的相关规划核准，其余项目由地方政府按照国家制定的相关规划核准		

续表

项目号	禁止或许可事项	事项编码	禁止或许可准入措施描述	主管部门	地方性许可措施
112	未获得许可，不得投资建设特定能源项目	221002	煤矿：国家规划矿区内新增年生产能力 120 万吨及以上煤炭开发项目由国务院行业管理部门核准，其中新增年生产能力 500 万吨及以上的项目由国务院投资主管部门核准并报国务院备案；国家规划矿区内的其余煤炭开发项目和一般煤炭开发项目由省级政府核准。国家规定禁止建设或列入淘汰退出范围的项目，不得核准 煤制燃料：年产超过 20 亿立方米的煤制天然气项目、年产超过 100 万吨的煤制油项目，由国务院投资主管部门核准 液化石油气接收、存储设施（不含油气田、炼油厂的配套项目）：由地方政府核准 进口液化天然气接收、储运设施：新建（含异地扩建）项目由国务院行业管理部门核准，其中新建接收储运能力 300 万吨及以上的项目由国务院投资主管部门核准并报国务院备案。其余项目由省级政府核准 输油管网（不含油田集输管网）：跨境、跨省（区、市）干线管网项目由国务院投资主管部门核准，其中跨境项目报国务院备案。其余项目由地方政府核准 输气管网（不含油气田集输管网）：跨境、跨省（区、市）干线管网项目由国务院投资主管部门核准，其中跨境项目报国务院备案。其余项目由地方政府核准 炼油：新建炼油及扩建一次炼油项目由省级政府按照国家批准的相关规划核准。未列入国家批准的相关规划的新建炼油及扩建一次炼油项目，禁止建设 变性燃料乙醇：由省级政府核准		
113	未获得许可，不得投资建设特定交通运输项目	221003	新建（含增建）铁路：列入国家批准的相关规划中的项目，中国铁路总公司为主出资的由其自行决定并报国务院投资主管部门备案，其他企业投资的由省级政府核准；地方城际铁路项目由省级政府按照国家批准的相关规划核准，并报国务院投资主管部门备案；其余项目由省级政府核准		

续表

项目号	禁止或许可事项	事项编码	禁止或许可准入措施描述	主管部门	地方性许可措施
113	未获得许可，不得投资建设特定交通运输项目	221003	公路：国家高速公路网和普通国道网项目由省级政府按照国家批准的相关规划核准，地方高速公路项目由省级政府核准，其余项目由地方政府核准 独立公（铁）路桥梁、隧道：跨境项目由国务院投资主管部门核准并报国务院备案。国家批准的相关规划中的项目，中国铁路总公司为主出资的由其自行决定并报国务院投资主管部门备案，其他企业投资的由省级政府核准；其余独立铁路桥梁、隧道及跨10万吨级及以上航道海域、跨大江大河（现状或规划为一级及以上通航段）的独立公路桥梁、隧道项目，由省级政府核准，其中跨长江干线航道的项目应符合国家批准的相关规划。其余项目由地方政府核准 煤炭、矿石、油气专用泊位：由省级政府按国家批准的相关规划核准 集装箱专用码头：由省级政府按国家批准的相关规划核准 内河航运：跨省（区、市）高等级航道的千吨级及以上航电枢纽项目由省级政府按国家批准的相关规划核准，其余项目由地方政府核准 民航：新建运输机场项目由国务院、中央军委核准，新建通用机场项目、扩建军民合用机场（增建跑道除外）项目由省级政府核准		
114	未获得许可，不得投资建设特定信息产业项目	221004	电信：国际通信基础设施项目由国务院投资主管部门核准；国内干线传输网（含广播电视网）以及其他涉及信息安全的电信基础设施项目，由国务院行业管理部门核准		
115	未获得许可，不得投资建设特定原材料项目	221005	稀土、铁矿、有色矿山开发：由省级政府核准 石化：新建乙烯、对二甲苯（PX）、二苯基甲烷二异氰酸酯（MDI）项目由省级政府按照国家批准的石化产业规划布局方案核准。未列入国家批准的相关规划的新建乙烯、对二甲苯（PX）、二苯基甲烷二异氰酸酯（MDI）项目，禁止建设		

续表

项目号	禁止或许可事项	事项编码	禁止或许可准入措施描述	主管部门	地方性许可措施
115	未获得许可，不得投资建设特定原材料项目	221005	煤化工：新建煤制烯烃、新建煤制对二甲苯（PX）项目，由省级政府按照国家批准的相关规划核准。新建年产超过 100 万吨的煤制甲醇项目，由省级政府核准。其余项目禁止建设 稀土：稀土冶炼分离项目、稀土深加工项目由省级政府核准 黄金：采选矿项目由省级政府核准		
116	未获得许可，不得投资建设特定机械制造项目	221006	汽车：按照国务院批准的《汽车产业发展政策》执行。其中，新建中外合资轿车生产企业项目，由国务院核准；新建纯电动乘用车生产企业（含现有汽车企业跨类生产纯电动乘用车）项目，由国务院投资主管部门核准；其余项目由省级政府核准		
117	未获得许可，不得投资建设特定轻工项目	221007	烟草：卷烟、烟用二醋酸纤维素及丝束项目由国务院行业管理部门核准		
118	未获得许可，不得投资建设特定高新技术项目	221008	民用航空航天：干线支线飞机、6 吨/9 座及以上通用飞机和 3 吨及以上直升机制造、民用卫星制造、民用遥感卫星地面站建设项目，由国务院投资主管部门核准；6 吨/9 座以下通用飞机和 3 吨以下直升机制造项目由省级政府核准		
119	未获得许可，不得投资建设特定城建项目	221009	城市快速轨道交通项目：由省级政府按照国家批准的相关规划核准 城市道路桥梁、隧道：跨 10 万吨级及以上航道海域、跨大江大河（现状或规划为一级及以上通航段）的项目由省级政府核准 其他城建项目：由地方政府自行确定实行核准或者备案		
120	未获得许可，不得投资建设特定社会事业项目	221010	主题公园：特大型项目由国务院核准，其余项目由省级政府核准 旅游：国家级风景名胜区、国家自然保护区、全国重点文物保护单位区域内总投资 5000 万元及以上旅游开发和资源保护项目，世界自然和文化遗产保护区内总投资 3000 万元及以上项目，由省级政府核准 其他社会事业项目：按照隶属关系由国务院行业管理部门、地方政府自行确定实行核准或者备案		

续表

项目号	禁止或许可事项	事项编码	禁止或许可准入措施描述	主管部门	地方性许可措施
（二十）《互联网市场准入禁止许可目录》中的许可类事项					
121	未经许可或取得相关资质，不得从事网约车经营	222001	申请从事网约车经营的，应当具备线上线下服务能力，根据经营区域向相应的出租汽车行政主管部门提出申请，取得《网络预约出租汽车经营许可证》。申请从事网约车经营的车辆，应当符合有关条件，取得相应出租汽车行政主管部门发放的《网络预约出租汽车运输证》。从事网约车服务的驾驶员，应当符合有关条件，取得相应出租汽车行政主管部门发放的《网络预约出租汽车驾驶员证》	交通运输部 工业和信息化部 公安部 商务部 国家互联网信息办	
122	未获得许可，不得从事互联网信息传输和信息服务	222002	国家对经营性互联网信息服务实行许可制度，对非经营性互联网信息服务实行备案制度	工业和信息化部	
			从事新闻、出版、药品和医疗器械、宗教等互联网信息服务，依照法律、行政法规以及国家有关规定须经有关主管部门审核同意，在申请经营许可或者履行备案手续前，应当依法经有关主管部门审核同意	工业和信息化部 新闻出版署 宗教局	
			互联网地图服务单位从事互联网地图出版活动的，应当经国务院出版行政主管部门依法审核批准	自然资源部 新闻出版署	
			拟提供互联网药品信息服务的网站，应当在向国务院信息产业主管部门或者省级电信管理机构申请办理经营许可证或者办理备案手续之前，按照属地监督管理的原则，向该网站主办单位所在地省、自治区、直辖市（食品）药品监督管理部门提出申请，经审核同意后取得提供互联网药品信息服务的资格	药监局	
			从事医疗器械网络销售的企业应当是依法取得医疗器械生产许可、经营许可或者办理备案的医疗器械生产经营企业，并按照许可或者备案的范围从事经营活动	药监局	
			危险物品从业单位从事互联网信息服务的，应当按照《互联网信息服务管理办法》规定，向电信主管部门申请办理互联网信息服务增值电信业务经营许可或者办理非经营性互联网信息服务备案手续，并按照《计算机信息网络国际联网安全保护管理办法》规定，持从事危险物品活动的合法资质材料到所在地县级以上人民政府公安机关接受网站安全检查	公安部 国家互联网信息办 工业和信息化部 生态环境部 应急部	

续表

项目号	禁止或许可事项	事项编码	禁止或许可准入措施描述	主管部门	地方性许可措施
122	未获得许可，不得从事互联网信息传输和信息服务	222002	即时通信工具、微博客服务提供者以及通过互联网用户公众账号提供信息服务应当取得法律法规规定的相关资质	国家互联网信息办	
			通过互联网站、应用程序、论坛、博客、微博客、公众账号、即时通信工具、网络直播等形式向社会公众提供互联网新闻信息服务，应当取得互联网新闻信息服务许可，禁止未经许可或超越许可范围开展互联网新闻信息服务活动	国家互联网信息办	
			互联网信息搜索服务提供者应当取得法律法规规定的相关资质	国家互联网信息办	
			★互联网新闻信息服务提供者变更主要负责人、总编辑、主管单位、股权结构等影响许可条件的重大事项，应当向原许可机关办理变更手续。互联网新闻信息服务单位与境内外中外合资经营、中外合作经营的企业进行涉及互联网新闻信息服务业务的合作，应当报国家互联网信息办公室进行安全评估。互联网新闻信息服务提供者应用新技术、调整增设具有新闻舆论属性或社会动员能力的应用功能，应当报国家或省、自治区、直辖市互联网信息办公室进行互联网新闻信息服务安全评估	国家互联网信息办	
			通过移动互联网应用程序提供信息服务，应当依法取得法律法规规定的相关资质	国家互联网信息办	
123	未获得许可，不得从事互联网金融信息服务	222003	保险机构开展互联网保险业务的自营网络平台，应具有互联网行业主管部门颁发的许可证或者在互联网行业主管部门完成网站备案。保险机构通过第三方网络平台开展互联网保险业务的，第三方网络平台应具有互联网行业主管部门颁发的许可证或者在互联网行业主管部门完成网站备案	银保监会	
124	未获得许可，不得从事互联网中介和商务服务	222004	互联网信息服务提供者专营或兼营人才信息网络中介服务的，必须申领许可证。职业中介实行行政许可制度。职业中介机构可以从事下列业务：根据国家有关规定从事互联网职业信息服务	人力资源社会保障部	
			通过网络经营旅行社业务的，应当依法取得旅行社业务经营许可，并在其网站主页的显著位置标明其业务经营许可证信息	文化和旅游部	

续表

项目号	禁止或许可事项	事项编码	禁止或许可准入措施描述	主管部门	地方性许可措施
125	未获得许可，不得从事互联网文化娱乐服务	222005	从事内容提供、集成播控、传输分发等专网及定向传播视听节目服务，应当取得《信息网络传播视听节目许可证》。从事互联网视听节目服务，应当依照相关规定取得广播电影电视主管部门颁发的《信息网络传播视听节目许可证》或履行备案手续	广电总局	
			申请从事经营性互联网文化活动，应当向所在地省、自治区、直辖市人民政府文化和旅游行政部门提出申请，由省、自治区、直辖市人民政府文化和旅游行政部门审核批准	文化和旅游部	
			从事网络出版服务，必须依法经过出版行政主管部门批准，取得《网络出版服务许可证》	新闻出版署	
			经营进口互联网文化产品的活动应当由取得文化行政部门核发的《网络文化经营许可证》的经营性互联网文化单位实施，进口互联网文化产品应当报文化和旅游部进行内容审查	文化和旅游部	
			国家对互联网上网服务营业场所经营单位的经营活动实行许可制度。未经许可，任何组织和个人不得设立互联网上网服务营业场所，不得从事互联网上网服务经营活动	文化和旅游部	
			未经批准，不得开展互联网销售彩票业务	财政部 民政部	
126	未获得许可，不得从事互联网游戏服务	222006	未经审批，网络游戏不得上网出版	新闻出版署	
			出版境外著作权人授权的网络游戏，须按有关规定办理审批手续	新闻出版署	
127	未经认证检测，不得销售或提供网络关键设备和网络安全专用产品	222007	网络关键设备和网络安全专用产品，由具备资格的机构安全认证合格或者安全检测符合要求后，方可销售或者提供	国家互联网信息办 工业和信息化部 公安部 市场监管总局	

续表

项目号	禁止或许可事项	事项编码	禁止或许可准入措施描述	主管部门	地方性许可措施
（二十一）其他					
128	未获得资质条件，不得实施援外项目	299001	援外项目实施企业资格认定	商务部	
129	以告知承诺方式获得许可但未践行信用承诺，依法限制或禁入相关行业	299002	以告知承诺方式获得许可但未践行信用承诺，撤销原发放许可并禁入相关行业	负责行业准入的相关部门	
130	特别严重违法失信主体，依法限制或禁入相关行业	299003	对拒不履行司法裁判或行政处罚决定、屡犯不改、造成重大损失的市场主体及其相关责任人，依法依规在一定期限内实施市场和行业禁入措施	负责行业准入的相关部门	
131	法律、法规、国务院决定、省级人民政府规章（可设定临时措施）规定的其他需许可后投资经营的行业、领域、业务等				

注：标★的为设立依据效力层级不足允许暂时保留的禁止或许可措施。

《市场准入负面清单（2019 年版）》附件 1

与市场准入相关的禁止性规定

说　明

本附件所列禁止措施是现有法律、法规、国务院决定等明确设立、且与市场主体投资经营活动密切相关的禁止性规定，在此汇总列出，以便市场主体参考。法律、法规、国务院决定设立的其他禁止性措施，从其规定。

与市场准入相关的禁止性规定

序号	禁止措施	设立依据	管理部门
（一）农、林、牧、渔业			
1	严禁占用永久基本农田挖塘造湖、植树造林、建绿色通道、堆放固体废弃物及其他毁坏基本农田种植条件和破坏基本农田的行为	《中华人民共和国土地管理法》 《中华人民共和国基本农田保护条例》 《中共中央　国务院关于加强耕地保护和改进占补平衡的意见》（中发〔2017〕4号） 《国土资源部关于强化管控落实最严格耕地保护制度的通知》（国土资发〔2014〕18号） 《国土资源部关于全面实行永久基本农田特殊保护的通知》（国土资规〔2018〕1号）	自然资源部 农业农村部
2	禁止占用耕地建窑、建坟或者擅自在耕地上建房、挖沙、采石、采矿、取土等	《中华人民共和国土地管理法》	自然资源部 农业农村部
3	禁止在二十五度以上陡坡地开垦种植农作物	《中华人民共和国水土保持法》	水利部
4	禁止开垦草原等活动；禁止在生态脆弱区的草原上采挖植物和从事破坏草原植被的其他活动	《中华人民共和国草原法》	林草局
5	禁止围湖造田（地）和违规围垦河道	《中华人民共和国水法》 《中华人民共和国防洪法》 《中华人民共和国河道管理条例》	水利部
6	禁止使用带有危险性病、虫的种子、苗木和其他繁殖材料育苗或造林，禁止试验、推广带有检疫性有害生物的种子、苗木和其他繁殖材料	《森林病虫害防治条例》 《植物检疫条例》	农业农村部 林草局
7	禁止农业检疫对象区内的种子、苗木及其他繁殖材料和应施检疫的植物、植物产品运出疫区	《植物检疫条例》 《植物检疫条例实施细则（农业部分）》	农业农村部
8	禁止毁林开垦和毁林采石、采砂、采土以及其他毁林行为	《中华人民共和国森林法》 《中华人民共和国森林法实施条例》	林草局
9	禁止将有毒、有害废物用作肥料或用于造田	《中华人民共和国清洁生产促进法》	农业农村部

续表

序号	禁止措施	设立依据	管理部门
10	禁止将剧毒、高毒农药用于防治卫生害虫和蔬菜、瓜果、茶叶、菌类、中草药材及水生植物的病虫害防治；禁止使用禁用的农药；禁止利用互联网经营列入《限制使用农药名录》中的农药	《中华人民共和国食品安全法》 《农药管理条例》	农业农村部
11	禁止将重金属污染物或者其他有毒有害物质用作回填或者充填材料，受重金属污染物或者其他有毒有害物质污染的土地复垦后，达不到国家有关标准的，不得用于种植食用农作物	《土地复垦条例》	自然资源部
12	禁止使用炸鱼、毒鱼、电鱼等破坏渔业资源的方法进行捕捞	《中华人民共和国渔业法》	农业农村部
13	禁止对重要的渔业苗种基地和养殖场所进行围垦	《中华人民共和国渔业法》	农业农村部
14	禁止制造、销售、使用禁用的渔具；禁止在禁渔区或禁渔期内销售非法捕捞的渔获物	《中华人民共和国渔业法》	农业农村部
15	禁止在沙化土地上砍挖灌木、药材及其他固沙植物	《中华人民共和国防沙治沙法》	林草局
16	禁止在湖泊保护范围内圈圩养殖（江苏）	《江苏省湖泊保护条例》	江苏省
17	禁止在沙化土地上放牧（陕西）	《陕西省实施〈中华人民共和国防沙治沙法〉办法》	陕西省
（二）制造业			
18	禁止生产和经营国家明令禁止生产的农药、未取得登记的农药	《农药管理条例》	农业农村部
19	禁止生产、销售、使用国家明令禁止的农业投入品	《中华人民共和国土壤污染防治法》	生态环境部 农业农村部
20	禁止生产、销售和使用粘土砖	《中华人民共和国循环经济促进法》	发展改革委
21	禁止生产、销售和使用有毒、有害物质超过国家标准的建筑和装修材料	《中华人民共和国清洁生产促进法》	住房城乡建设部 市场监管总局
22	禁止违规制造、销售和进口非法定计量单位的计量器具	《中华人民共和国计量法》	市场监管总局
23	重点区域（京津冀及周边地区、长三角地区、汾渭平原）严禁新增钢铁、焦化、电解铝、铸造、水泥和平板玻璃等产能	《国务院关于印发打赢蓝天保卫战三年行动计划的通知》（国发〔2018〕22号）	生态环境部
24	严禁钢铁、电解铝、水泥和平板玻璃等新增产能	《中共中央　国务院关于全面加强生态环境保护坚决打好污染防治攻坚战的意见》（中发〔2018〕17号）	生态环境部

续表

序号	禁止措施	设立依据	管理部门
25	禁止指定区域生产、销售烟花爆竹、民用爆炸物（各地区）	按所在地地方性法规及省级人民政府规章规定执行	各地区
（三）电力、热力、燃气及水生产和供应业			
26	禁止新建不符合国家规定的燃煤发电机组、燃油发电机组和燃煤热电机组	《中华人民共和国节约能源法》	发展改革委 能源局 生态环境部
27	京津冀、长三角、珠三角等区域新建项目禁止配套建设自备燃煤电站	《国务院关于印发大气污染防治行动计划的通知》（国发〔2013〕27号）	发展改革委 能源局 生态环境部
28	在集中供热管网覆盖地区，禁止新建、扩建分散燃煤供热锅炉	《中华人民共和国大气污染防治法》	生态环境部
29	★禁止公用电厂违规转为自备电厂	《国家发展改革委　国家能源局关于加强和规范燃煤自备电厂监督管理的指导意见》（发改经体〔2015〕2752号）	发展改革委 能源局
30	不得生产不符合安全性能要求和能效指标以及国家明令淘汰的特种设备；特种设备未经监督检验或者监督检验不合格的，不得出厂或者交付使用；因生产原因造成特种设备存在危及安全的同一性缺陷的，特种设备生产单位应当立即停止生产，主动召回；禁止销售、使用未取得许可生产、未经检验和检验不合格，以及国家明令淘汰和已经报废的特种设备；未经定期检验或者检验不合格的特种设备，不得继续使用；充装单位应当建立充装前后的检验、记录制度，禁止对不符合安全技术规范要求的移动式压力容器和气瓶进行充装	《中华人民共和国特种设备安全法》	市场监管总局
31	禁止在燃气管网和集中供热管网覆盖的地区新建、改建和扩建燃烧煤炭、重油、渣油等燃料的供热设施（吉林、广东）	《吉林省大气污染防治条例》 《广东省大气污染防治条例》	吉林省 广东省
（四）建筑业			
32	禁止在领海基点保护范围内进行工程建设以及其他可能改变该区域地形、地貌的活动	《中华人民共和国海岛保护法》	自然资源部
33	禁止擅自改变城乡规划确定的需要依法保护用地的用途	《中华人民共和国城乡规划法》	自然资源部

续表

序号	禁止措施	设立依据	管理部门
34	禁止在临时利用的无居民海岛上建造永久性建筑物或者设施	《中华人民共和国海岛保护法》	自然资源部
35	禁止破坏国防用途无居民海岛的自然地形、地貌；禁止将国防用途无居民海岛用于与国防无关的活动	《中华人民共和国海岛保护法》	自然资源部
36	禁止在依法确定为旅游娱乐用途的无居民海岛及周边海域建造居民定居场所和从事生产性养殖活动	《中华人民共和国海岛保护法》	自然资源部
37	除国家重大建设项目、军事国防项目、防灾减灾等涉及民生的公益项目外，禁止在海岸退缩线与海岸线之间新建、扩建和改建建筑物	《中共中央　国务院关于完善主体功能区战略和制度的若干意见》（中发〔2017〕27号）	自然资源部
38	禁止在临时使用土地上修建永久性建筑物	《中华人民共和国土地管理法》	自然资源部
39	禁止新建混凝土搅拌站（北京）	《北京市大气污染防治条例》	北京市
（五）批发和零售业			
40	列入《禁止进口货物目录》《禁止出口货物目录》的货物，或者属于临时禁止进口或出口的货物，禁止进口或出口	《中华人民共和国对外贸易法》 《中华人民共和国货物进出口管理条例》	商务部
41	禁止从事列入《加工贸易禁止类商品目录》的商品加工贸易	《中华人民共和国对外贸易法》 《中华人民共和国货物进出口管理条例》	商务部
42	《中国禁止进口限制进口技术目录》列明的禁止进口技术，禁止进口；《中国禁止出口限制出口技术目录》列明的禁止出口技术，禁止出口	《中华人民共和国对外贸易法》 《中华人民共和国技术进出口管理条例》	商务部
43	禁止销售境外密码产品	《商用密码管理条例》	密码局
44	动物诊疗机构不得在动物诊疗场所从事动物交易、寄养活动（北京）	《北京市动物防疫条例》	北京市
（六）交通运输、仓储和邮政业			
45	禁止港口理货业务经营人兼营货物装卸和仓储业务	《中华人民共和国港口法》	交通运输部
46	禁止利用内河封闭水域等内河航运渠道运输剧毒化学品以及国家规定禁止运输的其他危险化学品	《危险化学品安全管理条例》	交通运输部
47	★禁止非政府指定机构投资空中交通管理系统	《中华人民共和国民用航空法》 《中华人民共和国飞行基本规则》 《国内投资民用航空业规定》	民航局

续表

序号	禁止措施	设立依据	管理部门
48	禁止快递企业经营由邮政企业专营的信件寄递业务；禁止快递企业寄递国家机关公文；禁止普通邮政、快递等传递国家秘密载体	《中华人民共和国邮政法》 《中华人民共和国保守国家秘密法》	邮政局
（七）金融业			
49	商业银行在中华人民共和国境内不得从事信托投资和证券经营业务，不得向非自用不动产投资或者向非银行金融机构和企业投资，但国家另有规定的除外	《中华人民共和国商业银行法》	银保监会
（八）住宿和餐饮业			
50	禁止在居民住宅楼、未配套设立专用烟道的商住综合楼以及商住综合楼内与居住层相邻的商业楼层内新建、改建、扩建产生油烟、异味、废气的餐饮服务项目	《中华人民共和国大气污染防治法》	生态环境部
（九）信息传输、软件和信息技术服务业			
51	禁止任何组织或者个人占用、混同国家用于人民防空通信的专用频率和防空警报音响信号	《中华人民共和国人民防空法》	国家人防办
52	互联网信息服务提供者不得制作、复制、发布、传播含有下列内容的信息：（一）反对宪法所确定的基本原则的；（二）危害国家安全，泄露国家秘密，颠覆国家政权，破坏国家统一的；（三）损害国家荣誉和利益的；（四）煽动民族仇恨、民族歧视，破坏民族团结的；（五）破坏国家宗教政策，宣扬邪教和封建迷信的；（六）散布谣言，扰乱社会秩序，破坏社会稳定的；（七）散布淫秽、色情、赌博、暴力、凶杀、恐怖或者教唆犯罪的；（八）侮辱或者诽谤他人，侵害他人合法权益的；（九）含有法律、行政法规禁止的其他内容的	《互联网信息服务管理办法》	工业和信息化部
53	非公开募集基金，不得向合格投资者之外的单位和自然人募集资金，不得通过报刊、电台、电视台、互联网等公众传播媒体形式或者讲座、报告会、分析会等方式向不特定对象宣传推介	《中华人民共和国证券投资基金法》	证监会
54	禁止网络交易平台、商品交易市场等交易场所，为违法出售、购买、利用野生动物及其制品或者禁止使用的猎捕工具提供交易服务	《中华人民共和国野生动物保护法》	林草局 自然资源部 市场监管总局

续表

序号	禁止措施	设立依据	管理部门
55	任何个人和组织不得从事非法侵入他人网络、干扰他人网络正常功能、窃取网络数据等危害网络安全的活动；不得提供专门用于从事侵入网络、干扰网络正常功能及防护措施、窃取网络数据等危害网络安全活动的程序、工具；明知他人从事危害网络安全的活动的，不得为其提供技术支持、广告推广、支付结算等帮助	《中华人民共和国网络安全法》	国家互联网信息办 工业和信息化部 公安部
56	网络运营者不得收集与其提供的服务无关的个人信息，不得违反法律、行政法规的规定和双方的约定收集、使用个人信息；不得泄露、篡改、毁损其收集的个人信息；未经被收集者同意，不得向他人提供个人信息。任何个人和组织不得窃取或者以其他非法方式获取个人信息，不得非法出售或者非法向他人提供个人信息。未经评估核准，不得向境外提供在中华人民共和国境内运营中收集和产生的个人信息和重要数据	《中华人民共和国网络安全法》	国家互联网信息办 工业和信息化部 公安部
57	任何个人和组织不得设立用于实施诈骗，传授犯罪方法，制作或者销售违禁物品、管制物品等违法犯罪活动的网站、通讯群组，不得利用网络发布涉及实施诈骗，制作或者销售违禁物品、管制物品以及其他违法犯罪活动的信息	《中华人民共和国网络安全法》	国家互联网信息办 工业和信息化部 公安部
58	网络产品、服务的提供者不得设置恶意程序；任何个人和组织发送的电子信息、提供的应用软件，不得设置恶意程序，不得含有法律、行政法规禁止发布或者传输的信息	《中华人民共和国网络安全法》	国家互联网信息办 工业和信息化部 公安部
59	任何单位和个人不得编造、传播虚假恐怖事件信息；不得报道、传播可能引起模仿的恐怖活动的实施细节；不得发布恐怖事件中残忍、不人道的场景；在恐怖事件的应对处置过程中，除新闻媒体经负责发布信息的反恐怖主义工作领导机构批准外，不得报道、传播现场应对处置的工作人员、人质身份信息和应对处置行动情况	《中华人民共和国反恐怖主义法》	国家互联网信息办 工业和信息化部 公安部
（十）科学研究和技术服务业			
60	禁止非法定机构向社会发布公众气象预报、灾害性天气警报和预警信号	《中华人民共和国气象法》 《气象灾害防御条例》	气象局
61	禁止非法定机构向公众发布海洋预报和海洋灾害警报	《海洋观测预报管理条例》	自然资源部
62	禁止非法定机构向社会发布水文情报预报	《中华人民共和国水文条例》	水利部

续表

序号	禁止措施	设立依据	管理部门
63	国家对地震预报意见实行统一发布制度，禁止非法定机构向社会散布地震预报意见及其评审结果	《中华人民共和国防震减灾法》 《地震预报管理条例》	地震局
64	禁止非法定机构向社会发布农林业动植物疫情	《中华人民共和国动物防疫法》 《植物检疫条例》	农业农村部 林草局
65	禁止生产、经营使用国家重点保护野生动物及其制品制作的食品，或者使用没有合法来源证明的非国家重点保护野生动物及其制品制作的食品。禁止为食用非法购买国家重点保护的野生动物及其制品	《中华人民共和国野生动物保护法》	林草局
（十一）水利、环境和公共设施管理业			
66	禁止在大坝的集水区域内进行乱伐林木、陡坡开荒等导致水库淤积的活动，禁止在库区内围垦和进行采石、取土等危及山体的活动	《水库大坝安全管理条例》	水利部
67	禁止在大坝管理和保护范围内从事爆破、打井、采石、采矿、挖沙、取土、修坟等危害大坝安全的活动	《中华人民共和国水法》 《水库大坝安全管理条例》	水利部 住房城乡建设部 交通运输部 能源局
68	在饮用水水源保护区内，禁止设置排污口	《中华人民共和国水污染防治法》	生态环境部
69	禁止在饮用水水源准保护区内新建、扩建对水体污染严重的建设项目	《中华人民共和国水污染防治法》	生态环境部
70	禁止在饮用水水源一级保护区内新建、改建、扩建与供水设施和保护水源无关的建设项目	《中华人民共和国水污染防治法》	生态环境部
71	禁止在饮用水水源二级保护区内新建、改建、扩建排放污染物的建设项目	《中华人民共和国水污染防治法》	生态环境部
72	在风景名胜区水体、重要渔业水体和其他具有特殊经济文化价值的水体的保护区内，不得新建排污口	《中华人民共和国水污染防治法》	生态环境部 林草局
73	禁止在自然保护区的缓冲区开展旅游和生产经营活动	《中华人民共和国自然保护区条例》	生态环境部 自然资源部 林草局
74	禁止经中华人民共和国内水、领海转移危险废物	《中华人民共和国海洋环境保护法》	生态环境部
75	禁止中华人民共和国境外的废弃物在中华人民共和国管辖海域倾倒	《中华人民共和国海洋环境保护法》	生态环境部

续表

序号	禁止措施	设立依据	管理部门
76	禁止在海上焚烧废弃物。禁止在海上处置放射性废弃物或者其他放射性物质。废弃物中的放射性物质的豁免浓度由国务院制定	《中华人民共和国海洋环境保护法》	生态环境部
77	禁止在坝体修建码头、渠道、堆放杂物、晾晒粮草	《水库大坝安全管理条例》	水利部
78	禁止从事影响水文监测的各类活动	《中华人民共和国水文条例》	水利部
79	南水北调工程受水区内地下水超采区禁止新增地下水取用水量；具备水源替代条件的地下水超采区，应当划定为地下水禁采区，禁止取用地下水；南水北调工程受水区禁止新增开采深层承压水	《南水北调工程供用水管理条例》	水利部
80	禁止从事影响或破坏南水北调工程运行、危害工程安全和供水安全的活动；禁止进行危害南水北调工程设施的有关行为	《南水北调工程供用水管理条例》	水利部
81	南水北调东线工程干线、中线工程总干渠禁止设置排污口	《南水北调工程供用水管理条例》	生态环境部
82	禁止在水工程保护范围内从事影响水工程运行和危害水工程安全的活动	《中华人民共和国水法》 《中华人民共和国河道管理条例》	水利部
83	禁止在水土流失重点预防区和重点治理区从事破坏植被活动	《中华人民共和国水土保持法》	水利部
84	禁止在崩塌、滑坡危险区和泥石流易发区从事取土、挖砂、采石等可能造成水土流失的活动	《中华人民共和国水土保持法》	水利部
85	禁止在河道管理范围内从事影响防洪安全的活动，禁止在堤防和护堤地从事建房、放牧、开渠、打井、挖窖、葬坟、晒粮、存放物料、开采地下资源、进行考古挖掘以及开展集市贸易活动；禁止在江河、湖泊、水库、运河、渠道内弃置、堆放阻碍行洪的物体和种植阻碍行洪的林木及高秆作物；禁止在河道管理范围内建设妨碍行洪的建筑物、构筑物以及从事影响河势稳定、危害河岸堤防安全和其他妨碍河道行洪的活动	《中华人民共和国水法》 《中华人民共和国防洪法》 《中华人民共和国河道管理条例》	水利部
86	禁止非法引水、截水和侵占、破坏、污染水源；禁止破坏、侵占、毁损抗旱设施	《中华人民共和国抗旱条例》	水利部
87	禁止破坏、侵占、毁损堤防、水闸、护岸、抽水站、排水渠系等防洪工程和水文、通信设施以及防汛备用的器材、物料的行为	《中华人民共和国水法》 《中华人民共和国防洪法》 《水库大坝安全管理条例》	水利部

续表

序号	禁止措施	设立依据	管理部门
88	省、自治区、直辖市人民政府应当划定区域，禁止露天焚烧秸秆、落叶等产生烟尘污染的物质	《中华人民共和国大气污染防治法》	生态环境部
89	禁止在人口集中地区和其他依法需要特殊保护的区域内焚烧沥青、油毡、橡胶、塑料、皮革、垃圾以及其他产生有毒有害烟尘和恶臭气体的物质	《中华人民共和国大气污染防治法》	生态环境部
90	在禁燃区内，禁止销售、燃用高污染燃料；禁止新建、扩建燃用高污染燃料的设施	《中华人民共和国大气污染防治法》	生态环境部
91	禁止在海洋自然保护区的核心区实施各种与保护无关的工程建设	《中华人民共和国自然保护区条例》 《中共中央　国务院关于加快推进生态文明建设的意见》（中发〔2015〕12 号）	生态环境部 自然资源部 林草局
92	禁止在海洋特别保护区的预留区实施改变区内自然生态条件的生产活动和任何形式的工程建设活动	《中共中央　国务院关于加快推进生态文明建设的意见》（中发〔2015〕12 号）	生态环境部 自然资源部 林草局
93	禁止在海洋生态红线区内实施围填海、采挖海砂、新增入海路园工业直排口，以及其他可能对典型生态系统产生不利影响的开发利用活动。严格控制海洋生态红线区内河流入海污染物排放，控制渔业养殖规模	《中共中央　国务院关于加快推进生态文明建设的意见》（中发〔2015〕12 号）	生态环境部 自然资源部
94	禁止侵占自然湿地等水源涵养空间	《国务院关于印发水污染防治行动计划的通知》（国发〔2015〕17 号）	水利部 生态环境部 林草局
95	禁止采挖、破坏珊瑚和珊瑚礁；禁止砍伐海岛周边海域红树林	《中华人民共和国海岛保护法》	自然资源部
96	禁止出售、收购国家一级保护野生植物	《中华人民共和国野生植物保护条例》	林草局 农业农村部 市场监管总局
97	禁止破坏野生动物的生息繁衍的环境	《中华人民共和国陆生野生动物保护实施条例》	林草局
98	禁止在经济生物的自然产卵场、繁殖场、索饵场和鸟类栖息地进行围填海活动	《防治海洋工程建设项目污染损害海洋环境管理条例》	生态环境部 自然资源部
99	禁止将重点保护古生物化石转让、交换、赠与、质押给外国人或外国组织	《古生物化石保护条例》	自然资源部

续表

序号	禁止措施	设立依据	管理部门
123	机动车排放检验机构不得以任何方式经营或者参与经营机动车维修业务（广东）	《广东省大气污染防治条例》	广东省
124	禁止生产、销售、使用含石棉物质的建筑材料（广东）	《广东省大气污染防治条例》	广东省
125	禁止猎捕、买卖青蛙（河北）	《河北省陆生野生动物保护条例》	河北省
126	禁止生产、销售和在经营中使用不可降解的一次性发泡塑料餐具、塑料袋，以及含磷洗涤用品和一次性木筷（西藏）	《西藏自治区环境保护条例》	西藏自治区
（十二）居民服务、修理和其他服务业			
127	禁止除民政部门设立的儿童福利机构以外的其他组织和个人私自收留抚养孤儿、无法查明父母或者其他监护人以及其他生活无着落的儿童	《中华人民共和国民法通则》 《中华人民共和国未成年人保护法》 《儿童福利机构管理办法》	民政部
128	禁止制造、销售不符合国家技术标准或封建迷信的殡葬设备、丧葬用品；禁止在实行火葬的地区出售棺材等土葬用品	《殡葬管理条例》	民政部
129	禁止开发冰川（西藏）	《西藏自治区实施〈中华人民共和国水法〉办法》	西藏自治区
（十三）教育			
130	禁止开展违反中国法律，损害国家主权、安全和社会公共利益的教育对外交流项目	《中华人民共和国教育法》	教育部
131	禁止举办实施军事、警察、政治等特殊性质教育的民办学校和义务教育的营利性民办学校	《中华人民共和国民办教育促进法》 《中华人民共和国民办教育促进法实施条例》	教育部
132	禁止社会资本通过兼并收购、受托经营、加盟连锁、利用可变利益实体、协议控制等方式控制国有资产或集体资产举办的幼儿园、非营利性幼儿园	《中共中央　国务院关于学前教育深化改革规范发展的若干意见》（中发〔2018〕39 号）	教育部 发展改革委 市场监管总局 证监会
133	禁止民办园单独或作为一部分资产打包上市；禁止上市公司通过股票市场融资投资营利性幼儿园，禁止上市公司通过发行股份或支付现金等方式购买营利性幼儿园资产	《中共中央　国务院关于学前教育深化改革规范发展的若干意见》（中发〔2018〕39 号）	教育部 发展改革委 市场监管总局 证监会 外汇局
（十四）卫生和社会工作			
134	个体医疗机构不得从事计划生育手术	《计划生育技术服务管理条例》	卫生健康委

续表

序号	禁止措施	设立依据	管理部门
135	禁止非政府组织设置一般血站	《中华人民共和国献血法》 《血站管理办法》	卫生健康委
（十五）文化、体育和娱乐业			
136	禁止向外国人或者外国组织出卖、赠送属于集体所有的和个人所有的对国家和社会具有保存价值的或者应当保密的档案	《中华人民共和国档案法》	档案局
137	禁止出卖属于国家所有的档案	《中华人民共和国档案法》	档案局
138	禁止公民、法人和其他组织买卖法律规定不得买卖的文物	《中华人民共和国文物保护法》	文物局
139	禁止国有不可移动文物转让、抵押，禁止非国有不可移动文物转让、抵押给外国人	《中华人民共和国文物保护法》	文物局
140	禁止文物收藏单位举办或者参与举办文物商店或者经营文物拍卖的拍卖企业	《中华人民共和国文物保护法》	文物局 市场监管总局
141	禁止文物商店从事文物拍卖经营活动和设立经营文物拍卖的拍卖企业，禁止经营文物拍卖的拍卖企业从事文物购销经营活动和设立文物商店	《中华人民共和国文物保护法》	文物局 市场监管总局
142	禁止从事色情业、赌博业和发行销售境外彩票	《中华人民共和国刑法》 《中华人民共和国治安管理处罚法》 《彩票管理条例》	公安部 财政部 民政部 体育总局
143	非公有资本不得投资设立和经营通讯社、报刊社、出版社、广播电台（站）、电视台（站）、广播电视发射台（站）、转播台（站）、广播电视卫星、卫星上行站和收转站、微波站、监测台（站）、有线电视传输骨干网等；不得利用信息网络开展视听节目服务以及新闻网站等业务；不得经营报刊版面、广播电视频率频道和时段栏目；不得从事书报刊、影视片、音像制品成品等文化产品进口业务；不得进入国有文物博物馆	《国务院关于非公有资本进入文化产业的若干决定》（国发〔2005〕10号）	广电总局 新闻出版署 电影局
144	禁止商业资本介入宗教；禁止投资、承包经营宗教活动场所或者大型露天宗教造像	《中共中央　国务院关于加强和改进新形势下宗教工作的意见》（中发〔2016〕16号） 《宗教事务条例》	宗教局
145	禁止在禁止通行、没有道路通行的区域开展风险性较高的旅游活动（安徽）	《安徽省旅游条例》	安徽省

《市场准入负面清单（2019年版）》附件2

对《产业结构调整指导目录》有关措施的修订

序号	《产业结构调整指导目录（2011年本）》（修正）项目编号	修订前措施表述	修订后措施表述
1	淘汰类“二、煤炭”第2项	单井井型低于3万吨/年规模的矿井	删除
2	淘汰类“五、建材”第5项	一次冲洗用水量9升以上的便器	一次冲洗最大用水量8升以上的坐便器
3	淘汰类“六、有色金属”第4项	铝自焙电解槽及100kA及以下预焙槽（2011年）	铝自焙电解槽及160kA以下预焙槽（2015年）
4	淘汰类“六、有色金属”第24项	矿石处理量50万吨/年以下的轻稀土矿山开发项目；1500吨（REO）/年以下的离子型稀土矿山开发项目（2013年）	20000吨/年（REO）以下混合型稀土矿山开发项目；5000吨（REO）/年以下的氟碳铈矿稀土矿山开发项目；500吨（REO）/年以下的离子型稀土矿山开发项目
5	淘汰类“十七、其他”第1项	含有毒有害氰化物电镀工艺［氰化金钾电镀金及氰化亚金钾镀金（2014年）；银、铜基合金及予镀铜打底工艺（暂缓淘汰）］	含有毒有害氰化物电镀工艺（电镀金、银、铜基合金及予镀铜打底工艺暂缓淘汰）
6	限制类“二、煤炭”第1项	单井井型低于以下规模的煤矿项目：山西、内蒙古、陕西120万吨/年；重庆、四川、贵州、云南15万吨/年；福建、江西、湖北、湖南、广西9万吨/年；其他地区30万吨/年	禁止新建低于30万吨/年的煤矿、低于90万吨/年的煤与瓦斯突出矿井，其中，山西、内蒙古、陕西禁止新建低于120万吨/年的煤矿，宁夏禁止新建低于60万吨/年的煤矿
7	限制类“七、有色金属”第1项	新建、扩建钨、钼、锡、锑开采、冶炼项目，稀土开采、选矿、冶炼、分离项目以及氧化锑、铅锡焊料生产项目	新建、扩建钨金属储量小于1万吨、年开采规模小于30万吨矿石量的钨矿开采项目（现有钨矿山的深部和边部资源开采扩建项目除外）；稀土开采项目（符合开采总量控制指标要求的稀土企业集团项目除外）；新建、扩建钨、钼、锡、锑冶炼项目，稀土冶炼、分离项目以及氧化锑、铅锡焊料生产项目（符合国家节能环保等法律法规要求的项目除外）

第三部分

招标采购相关的法规与政策

保障农民工工资支付条例

（国务院令第 724 号，2019 年 12 月 30 日）

《保障农民工工资支付条例》已经 2019 年 12 月 4 日国务院第 73 次常务会议通过，现予公布，自 2020 年 5 月 1 日起施行。

保障农民工工资支付条例

第一章　总则

第一条　为了规范农民工工资支付行为，保障农民工按时足额获得工资，根据《中华人民共和国劳动法》及有关法律规定，制定本条例。

第二条　保障农民工工资支付，适用本条例。

本条例所称农民工，是指为用人单位提供劳动的农村居民。

本条例所称工资，是指农民工为用人单位提供劳动后应当获得的劳动报酬。

第三条　农民工有按时足额获得工资的权利。任何单位和个人不得拖欠农民工工资。

农民工应当遵守劳动纪律和职业道德，执行劳动安全卫生规程，完成劳动任务。

第四条　县级以上地方人民政府对本行政区域内保障农民工工资支付工作负责，建立保障农民工工资支付工作协调机制，加强监管能力建设，健全保障农民工工资支付工作目标责任制，并纳入对本级人民政府有关部门和下级人民政府进行考核和监督的内容。

乡镇人民政府、街道办事处应当加强对拖欠农民工工资矛盾的排查和调处工作，防范和化解矛盾，及时调解纠纷。

第五条　保障农民工工资支付，应当坚持市场主体负责、政府依法监管、社会协同监督，按照源头治理、预防为主、防治结合、标本兼治的要求，依法根治拖欠农民工工资问题。

第六条　用人单位实行农民工劳动用工实名制管理，与招用的农民工书面约定或者通过依法制定的规章制度规定工资支付标准、支付时间、支付方式等内容。

第七条　人力资源社会保障行政部门负责保障农民工工资支付工作的组织协调、管理指导和农民工工资支付情况的监督检查，查处有关拖欠农民工工资案件。

住房城乡建设、交通运输、水利等相关行业工程建设主管部门按照职责履行行业监管责任，督办因违法发包、转包、违法分包、挂靠、拖欠工程款等导致的拖欠农民工工资案件。

发展改革等部门按照职责负责政府投资项目的审批管理，依法审查政府投资项目的资金来源和筹措方式，按规定及时安排政府投资，加强社会信用体系建设，组织对拖欠农民工工资失信联合惩戒对象依法依规予以限制和惩戒。

财政部门负责政府投资资金的预算管理，根据经批准的预算按规定及时足额拨付政府投资资金。

公安机关负责及时受理、侦办涉嫌拒不支付劳动报酬刑事案件，依法处置因农民工工资拖欠引发的社会治安案件。

司法行政、自然资源、人民银行、审计、国有资产管理、税务、市场监管、金融监管等部门，按照职责做好与保障农民工工资支付相关的工作。

第八条　工会、共产主义青年团、妇女联合会、残疾人联合会等组织按照职责依法维护农民工获得工资的权利。

第九条 新闻媒体应当开展保障农民工工资支付法律法规政策的公益宣传和先进典型的报道，依法加强对拖欠农民工工资违法行为的舆论监督，引导用人单位增强依法用工、按时足额支付工资的法律意识，引导农民工依法维权。

第十条 被拖欠工资的农民工有权依法投诉，或者申请劳动争议调解仲裁和提起诉讼。

任何单位和个人对拖欠农民工工资的行为，有权向人力资源社会保障行政部门或者其他有关部门举报。

人力资源社会保障行政部门和其他有关部门应当公开举报投诉电话、网站等渠道，依法接受对拖欠农民工工资行为的举报、投诉。对于举报、投诉的处理实行首问负责制，属于本部门受理的，应当依法及时处理；不属于本部门受理的，应当及时转送相关部门，相关部门应当依法及时处理，并将处理结果告知举报、投诉人。

第二章 工资支付形式与周期

第十一条 农民工工资应当以货币形式，通过银行转账或者现金支付给农民工本人，不得以实物或者有价证券等其他形式替代。

第十二条 用人单位应当按照与农民工书面约定或者依法制定的规章制度规定的工资支付周期和具体支付日期足额支付工资。

第十三条 实行月、周、日、小时工资制的，按照月、周、日、小时为周期支付工资；实行计件工资制的，工资支付周期由双方依法约定。

第十四条 用人单位与农民工书面约定或者依法制定的规章制度规定的具体支付日期，可以在农民工提供劳动的当期或者次期。具体支付日期遇法定节假日或者休息日的，应当在法定节假日或者休息日前支付。

用人单位因不可抗力未能在支付日期支付工资的，应当在不可抗力消除后及时支付。

第十五条 用人单位应当按照工资支付周期编制书面工资支付台账，并至少保存3年。

书面工资支付台账应当包括用人单位名称，支付周期，支付日期，支付对象姓名、身份证号码、联系方式，工作时间，应发工资项目及数额，代扣、代缴、扣除项目和数额，实发工资数额，银行代发工资凭证或者农民工签字等内容。

用人单位向农民工支付工资时，应当提供农民工本人的工资清单。

第三章 工资清偿

第十六条 用人单位拖欠农民工工资的，应当依法予以清偿。

第十七条 不具备合法经营资格的单位招用农民工，农民工已经付出劳动而未获得工资的，依照有关法律规定执行。

第十八条 用工单位使用个人、不具备合法经营资格的单位或者未依法取得劳务派遣许可证的单位派遣的农民工，拖欠农民工工资的，由用工单位清偿，并可以依法进行追偿。

第十九条 用人单位将工作任务发包给个人或者不具备合法经营资格的单位，导致拖欠所招用农民工工资的，依照有关法律规定执行。

用人单位允许个人、不具备合法经营资格或者未取得相应资质的单位以用人单位的名义对外经营，导致拖欠所招用农民工工资的，由用人单位清偿，并可以依法进行追偿。

第二十条 合伙企业、个人独资企业、个体经济组织等用人单位拖欠农民工工资的，应当依法予以清偿；不清偿的，由出资人依法清偿。

第二十一条 用人单位合并或者分立时，应当在实施合并或者分立前依法清偿拖欠的农民工工资；经与农民工书面协商一致的，可以由合并或者分立后承继其权利和义务的用人单位清偿。

第二十二条 用人单位被依法吊销营业执照或者登记证书、被责令关闭、被撤销或者依法解散的，应当在申请注销登记前依法清偿拖欠的农民工工资。

未依据前款规定清偿农民工工资的用人单

位主要出资人，应当在注册新用人单位前清偿拖欠的农民工工资。

第四章 工程建设领域特别规定

第二十三条 建设单位应当有满足施工所需要的资金安排。没有满足施工所需要的资金安排的，工程建设项目不得开工建设；依法需要办理施工许可证的，相关行业工程建设主管部门不予颁发施工许可证。

政府投资项目所需资金，应当按照国家有关规定落实到位，不得由施工单位垫资建设。

第二十四条 建设单位应当向施工单位提供工程款支付担保。

建设单位与施工总承包单位依法订立书面工程施工合同，应当约定工程款计量周期、工程款进度结算办法以及人工费用拨付周期，并按照保障农民工工资按时足额支付的要求约定人工费用。人工费用拨付周期不得超过1个月。

建设单位与施工总承包单位应当将工程施工合同保存备查。

第二十五条 施工总承包单位与分包单位依法订立书面分包合同，应当约定工程款计量周期、工程款进度结算办法。

第二十六条 施工总承包单位应当按照有关规定开设农民工工资专用账户，专项用于支付该工程建设项目农民工工资。

开设、使用农民工工资专用账户有关资料应当由施工总承包单位妥善保存备查。

第二十七条 金融机构应当优化农民工工资专用账户开设服务流程，做好农民工工资专用账户的日常管理工作；发现资金未按约定拨付等情况的，及时通知施工总承包单位，由施工总承包单位报告人力资源社会保障行政部门和相关行业工程建设主管部门，并纳入欠薪预警系统。

工程完工且未拖欠农民工工资的，施工总承包单位公示30日后，可以申请注销农民工工资专用账户，账户内余额归施工总承包单位所有。

第二十八条 施工总承包单位或者分包单位应当依法与所招用的农民工订立劳动合同并进行用工实名登记，具备条件的行业应当通过相应的管理服务信息平台进行用工实名登记、管理。未与施工总承包单位或者分包单位订立劳动合同并进行用工实名登记的人员，不得进入项目现场施工。

施工总承包单位应当在工程项目部配备劳资专管员，对分包单位劳动用工实施监督管理，掌握施工现场用工、考勤、工资支付等情况，审核分包单位编制的农民工工资支付表，分包单位应当予以配合。

施工总承包单位、分包单位应当建立用工管理台账，并保存至工程完工且工资全部结清后至少3年。

第二十九条 建设单位应当按照合同约定及时拨付工程款，并将人工费用及时足额拨付至农民工工资专用账户，加强对施工总承包单位按时足额支付农民工工资的监督。

因建设单位未按照合同约定及时拨付工程款导致农民工工资拖欠的，建设单位应当以未结清的工程款为限先行垫付被拖欠的农民工工资。

建设单位应当以项目为单位建立保障农民工工资支付协调机制和工资拖欠预防机制，督促施工总承包单位加强劳动用工管理，妥善处理与农民工工资支付相关的矛盾纠纷。发生农民工集体讨薪事件的，建设单位应当会同施工总承包单位及时处理，并向项目所在地人力资源社会保障行政部门和相关行业工程建设主管部门报告有关情况。

第三十条 分包单位对所招用农民工的实名制管理和工资支付负直接责任。

施工总承包单位对分包单位劳动用工和工资发放等情况进行监督。

分包单位拖欠农民工工资的，由施工总承包单位先行清偿，再依法进行追偿。

工程建设项目转包，拖欠农民工工资的，由施工总承包单位先行清偿，再依法进行追偿。

第三十一条 工程建设领域推行分包单位农民工工资委托施工总承包单位代发制度。

分包单位应当按月考核农民工工作量并编制工资支付表，经农民工本人签字确认后，与当月工程进度等情况一并交施工总承包单位。

施工总承包单位根据分包单位编制的工资支付表，通过农民工工资专用账户直接将工资支付到农民工本人的银行账户，并向分包单位提供代发工资凭证。

用于支付农民工工资的银行账户所绑定的农民工本人社会保障卡或者银行卡，用人单位或者其他人员不得以任何理由扣押或者变相扣押。

第三十二条 施工总承包单位应当按照有关规定存储工资保证金，专项用于支付为所承包工程提供劳动的农民工被拖欠的工资。

工资保证金实行差异化存储办法，对一定时期内未发生工资拖欠的单位实行减免措施，对发生工资拖欠的单位适当提高存储比例。工资保证金可以用金融机构保函替代。

工资保证金的存储比例、存储形式、减免措施等具体办法，由国务院人力资源社会保障行政部门会同有关部门制定。

第三十三条 除法律另有规定外，农民工工资专用账户资金和工资保证金不得因支付为本项目提供劳动的农民工工资之外的原因被查封、冻结或者划拨。

第三十四条 施工总承包单位应当在施工现场醒目位置设立维权信息告示牌，明示下列事项：

（一）建设单位、施工总承包单位及所在项目部、分包单位、相关行业工程建设主管部门、劳资专管员等基本信息；

（二）当地最低工资标准、工资支付日期等基本信息；

（三）相关行业工程建设主管部门和劳动保障监察投诉举报电话、劳动争议调解仲裁申请渠道、法律援助申请渠道、公共法律服务热线等信息。

第三十五条 建设单位与施工总承包单位或者承包单位与分包单位因工程数量、质量、造价等产生争议的，建设单位不得因争议不按照本条例第二十四条的规定拨付工程款中的人工费用，施工总承包单位也不得因争议不按照规定代发工资。

第三十六条 建设单位或者施工总承包单位将建设工程发包或者分包给个人或者不具备合法经营资格的单位，导致拖欠农民工工资的，由建设单位或者施工总承包单位清偿。

施工单位允许其他单位和个人以施工单位的名义对外承揽建设工程，导致拖欠农民工工资的，由施工单位清偿。

第三十七条 工程建设项目违反国土空间规划、工程建设等法律法规，导致拖欠农民工工资的，由建设单位清偿。

第五章 监督检查

第三十八条 县级以上地方人民政府应当建立农民工工资支付监控预警平台，实现人力资源社会保障、发展改革、司法行政、财政、住房城乡建设、交通运输、水利等部门的工程项目审批、资金落实、施工许可、劳动用工、工资支付等信息及时共享。

人力资源社会保障行政部门根据水电燃气供应、物业管理、信贷、税收等反映企业生产经营相关指标的变化情况，及时监控和预警工资支付隐患并做好防范工作，市场监管、金融监管、税务等部门应当予以配合。

第三十九条 人力资源社会保障行政部门、相关行业工程建设主管部门和其他有关部门应当按照职责，加强对用人单位与农民工签订劳动合同、工资支付以及工程建设项目实行农民工实名制管理、农民工工资专用账户管理、施工总承包单位代发工资、工资保证金存储、维权信息公示等情况的监督检查，预防和减少拖欠农民工工资行为的发生。

第四十条 人力资源社会保障行政部门在查处拖欠农民工工资案件时，需要依法查询相关单位金融账户和相关当事人拥有房产、车辆等情况的，应当经设区的市级以上地方人民政府人力资源社会保障行政部门负责人批准，有关金融机构和登记部门应当予以配合。

第四十一条 人力资源社会保障行政部门在查处拖欠农民工工资案件时，发生用人单位拒不配合调查、清偿责任主体及相关当事人无法联系等情形的，可以请求公安机关和其他有关部门协助处理。

人力资源社会保障行政部门发现拖欠农民

工工资的违法行为涉嫌构成拒不支付劳动报酬罪的，应当按照有关规定及时移送公安机关审查并作出决定。

第四十二条 人力资源社会保障行政部门作出责令支付被拖欠的农民工工资的决定，相关单位不支付的，可以依法申请人民法院强制执行。

第四十三条 相关行业工程建设主管部门应当依法规范本领域建设市场秩序，对违法发包、转包、违法分包、挂靠等行为进行查处，并对导致拖欠农民工工资的违法行为及时予以制止、纠正。

第四十四条 财政部门、审计机关和相关行业工程建设主管部门按照职责，依法对政府投资项目建设单位按照工程施工合同约定向农民工工资专用账户拨付资金情况进行监督。

第四十五条 司法行政部门和法律援助机构应当将农民工列为法律援助的重点对象，并依法为请求支付工资的农民工提供便捷的法律援助。

公共法律服务相关机构应当积极参与相关诉讼、咨询、调解等活动，帮助解决拖欠农民工工资问题。

第四十六条 人力资源社会保障行政部门、相关行业工程建设主管部门和其他有关部门应当按照“谁执法谁普法”普法责任制的要求，通过以案释法等多种形式，加大对保障农民工工资支付相关法律法规的普及宣传。

第四十七条 人力资源社会保障行政部门应当建立用人单位及相关责任人劳动保障守法诚信档案，对用人单位开展守法诚信等级评价。

用人单位有严重拖欠农民工工资违法行为的，由人力资源社会保障行政部门向社会公布，必要时可以通过召开新闻发布会等形式向媒体公开曝光。

第四十八条 用人单位拖欠农民工工资，情节严重或者造成严重不良社会影响的，有关部门应当将该用人单位及其法定代表人或者主要负责人、直接负责的主管人员和其他直接责任人员列入拖欠农民工工资失信联合惩戒对象名单，在政府资金支持、政府采购、招投标、融资贷款、市场准入、税收优惠、评优评先、交通出行等方面依法依规予以限制。

拖欠农民工工资需要列入失信联合惩戒名单的具体情形，由国务院人力资源社会保障行政部门规定。

第四十九条 建设单位未依法提供工程款支付担保或者政府投资项目拖欠工程款，导致拖欠农民工工资的，县级以上地方人民政府应当限制其新建项目，并记入信用记录，纳入国家信用信息系统进行公示。

第五十条 农民工与用人单位就拖欠工资存在争议，用人单位应当提供依法由其保存的劳动合同、职工名册、工资支付台账和清单等材料；不提供的，依法承担不利后果。

第五十一条 工会依法维护农民工工资权益，对用人单位工资支付情况进行监督；发现拖欠农民工工资的，可以要求用人单位改正，拒不改正的，可以请求人力资源社会保障行政部门和其他有关部门依法处理。

第五十二条 单位或者个人编造虚假事实或者采取非法手段讨要农民工工资，或者以拖欠农民工工资为名讨要工程款的，依法予以处理。

第六章 法律责任

第五十三条 违反本条例规定拖欠农民工工资的，依照有关法律规定执行。

第五十四条 有下列情形之一的，由人力资源社会保障行政部门责令限期改正；逾期不改正的，对单位处2万元以上5万元以下的罚款，对法定代表人或者主要负责人、直接负责的主管人员和其他直接责任人员处1万元以上3万元以下的罚款：

（一）以实物、有价证券等形式代替货币支付农民工工资；

（二）未编制工资支付台账并依法保存，或者未向农民工提供工资清单；

（三）扣押或者变相扣押用于支付农民工工资的银行账户所绑定的农民工本人社会保障卡或者银行卡。

第五十五条 有下列情形之一的，由人力资源社会保障行政部门、相关行业工程建设主管部门按照职责责令限期改正；逾期不改正的，责令项目停工，并处5万元以上10万元以下的罚款；情节严重的，给予施工单位限制承接新工程、降低资质等级、吊销资质证书等处罚：

（一）施工总承包单位未按规定开设或者使用农民工工资专用账户；

（二）施工总承包单位未按规定存储工资保证金或者未提供金融机构保函；

（三）施工总承包单位、分包单位未实行劳动用工实名制管理。

第五十六条 有下列情形之一的，由人力资源社会保障行政部门、相关行业工程建设主管部门按照职责责令限期改正；逾期不改正的，处5万元以上10万元以下的罚款：

（一）分包单位未按月考核农民工工作量、编制工资支付表并经农民工本人签字确认；

（二）施工总承包单位未对分包单位劳动用工实施监督管理；

（三）分包单位未配合施工总承包单位对其劳动用工进行监督管理；

（四）施工总承包单位未实行施工现场维权信息公示制度。

第五十七条 有下列情形之一的，由人力资源社会保障行政部门、相关行业工程建设主管部门按照职责责令限期改正；逾期不改正的，责令项目停工，并处5万元以上10万元以下的罚款：

（一）建设单位未依法提供工程款支付担保；

（二）建设单位未按约定及时足额向农民工工资专用账户拨付工程款中的人工费用；

（三）建设单位或者施工总承包单位拒不提供或者无法提供工程施工合同、农民工工资专用账户有关资料。

第五十八条 不依法配合人力资源社会保障行政部门查询相关单位金融账户的，由金融监管部门责令改正；拒不改正的，处2万元以上5万元以下的罚款。

第五十九条 政府投资项目政府投资资金不到位拖欠农民工工资的，由人力资源社会保障行政部门报本级人民政府批准，责令限期足额拨付所拖欠的资金；逾期不拨付的，由上一级人民政府人力资源社会保障行政部门约谈直接责任部门和相关监管部门负责人，必要时进行通报，约谈地方人民政府负责人。情节严重的，对地方人民政府及其有关部门负责人、直接负责的主管人员和其他直接责任人员依法依规给予处分。

第六十条 政府投资项目建设单位未经批准立项建设、擅自扩大建设规模、擅自增加投资概算、未及时拨付工程款等导致拖欠农民工工资的，除依法承担责任外，由人力资源社会保障行政部门、其他有关部门按照职责约谈建设单位负责人，并作为其业绩考核、薪酬分配、评优评先、职务晋升等的重要依据。

第六十一条 对于建设资金不到位、违法违规开工建设的社会投资工程建设项目拖欠农民工工资的，由人力资源社会保障行政部门、其他有关部门按照职责依法对建设单位进行处罚；对建设单位负责人依法依规给予处分。相关部门工作人员未依法履行职责的，由有关机关依法依规给予处分。

第六十二条 县级以上地方人民政府人力资源社会保障、发展改革、财政、公安等部门和相关行业工程建设主管部门工作人员，在履行农民工工资支付监督管理职责过程中滥用职权、玩忽职守、徇私舞弊的，依法依规给予处分；构成犯罪的，依法追究刑事责任。

第七章　附则

第六十三条 用人单位一时难以支付拖欠的农民工工资或者拖欠农民工工资逃匿的，县级以上地方人民政府可以动用应急周转金，先行垫付用人单位拖欠的农民工部分工资或者基本生活费。对已经垫付的应急周转金，应当依法向拖欠农民工工资的用人单位进行追偿。

第六十四条 本条例自2020年5月1日起施行。

中华人民共和国外商投资法实施条例

（国务院令第723号，2019年12月26日）

《中华人民共和国外商投资法实施条例》已经2019年12月12日国务院第74次常务会议通过，现予公布，自2020年1月1日起施行。

中华人民共和国外商投资法实施条例

第一章　总则

第一条　根据《中华人民共和国外商投资法》（以下简称外商投资法），制定本条例。

第二条　国家鼓励和促进外商投资，保护外商投资合法权益，规范外商投资管理，持续优化外商投资环境，推进更高水平对外开放。

第三条　外商投资法第二条第二款第一项、第三项所称其他投资者，包括中国的自然人在内。

第四条　外商投资准入负面清单（以下简称负面清单）由国务院投资主管部门会同国务院商务主管部门等有关部门提出，报国务院发布或者报国务院批准后由国务院投资主管部门、商务主管部门发布。

国家根据进一步扩大对外开放和经济社会发展需要，适时调整负面清单。调整负面清单的程序，适用前款规定。

第五条　国务院商务主管部门、投资主管部门以及其他有关部门按照职责分工，密切配合、相互协作，共同做好外商投资促进、保护和管理工作。

县级以上地方人民政府应当加强对外商投资促进、保护和管理工作的组织领导，支持、督促有关部门依照法律法规和职责分工开展外商投资促进、保护和管理工作，及时协调、解决外商投资促进、保护和管理工作中的重大问题。

第二章　投资促进

第六条　政府及其有关部门在政府资金安排、土地供应、税费减免、资质许可、标准制定、项目申报、人力资源政策等方面，应当依法平等对待外商投资企业和内资企业。

政府及其有关部门制定的支持企业发展的政策应当依法公开；对政策实施中需要由企业申请办理的事项，政府及其有关部门应当公开申请办理的条件、流程、时限等，并在审核中依法平等对待外商投资企业和内资企业。

第七条　制定与外商投资有关的行政法规、规章、规范性文件，或者政府及其有关部门起草与外商投资有关的法律、地方性法规，应当根据实际情况，采取书面征求意见以及召开座谈会、论证会、听证会等多种形式，听取外商投资企业和有关商会、协会等方面的意见和建议；对反映集中或者涉及外商投资企业重大权利义务问题的意见和建议，应当通过适当方式反馈采纳的情况。

与外商投资有关的规范性文件应当依法及时公布，未经公布的不得作为行政管理依据。与外商投资企业生产经营活动密切相关的规范性文件，应当结合实际，合理确定公布到施行之间的时间。

第八条　各级人民政府应当按照政府主导、多方参与的原则，建立健全外商投资服务体系，不断提升外商投资服务能力和水平。

第九条　政府及其有关部门应当通过政府网站、全国一体化在线政务服务平台集中列明有关外商投资的法律、法规、规章、规范性文件、政策措施和投资项目信息，并通过多种途径和方式加强宣传、解读，为外国投资者和外商投资企业提供咨询、指导等服务。

第十条 外商投资法第十三条所称特殊经济区域，是指经国家批准设立、实行更大力度的对外开放政策措施的特定区域。

国家在部分地区实行的外商投资试验性政策措施，经实践证明可行的，根据实际情况在其他地区或者全国范围内推广。

第十一条 国家根据国民经济和社会发展需要，制定鼓励外商投资产业目录，列明鼓励和引导外国投资者投资的特定行业、领域、地区。鼓励外商投资产业目录由国务院投资主管部门会同国务院商务主管部门等有关部门拟订，报国务院批准后由国务院投资主管部门、商务主管部门发布。

第十二条 外国投资者、外商投资企业可以依照法律、行政法规或者国务院的规定，享受财政、税收、金融、用地等方面的优惠待遇。

外国投资者以其在中国境内的投资收益在中国境内扩大投资的，依法享受相应的优惠待遇。

第十三条 外商投资企业依法和内资企业平等参与国家标准、行业标准、地方标准和团体标准的制定、修订工作。外商投资企业可以根据需要自行制定或者与其他企业联合制定企业标准。

外商投资企业可以向标准化行政主管部门和有关行政主管部门提出标准的立项建议，在标准立项、起草、技术审查以及标准实施信息反馈、评估等过程中提出意见和建议，并按照规定承担标准起草、技术审查的相关工作以及标准的外文翻译工作。

标准化行政主管部门和有关行政主管部门应当建立健全相关工作机制，提高标准制定、修订的透明度，推进标准制定、修订全过程信息公开。

第十四条 国家制定的强制性标准对外商投资企业和内资企业平等适用，不得专门针对外商投资企业适用高于强制性标准的技术要求。

第十五条 政府及其有关部门不得阻挠和限制外商投资企业自由进入本地区和本行业的政府采购市场。

政府采购的采购人、采购代理机构不得在政府采购信息发布、供应商条件确定和资格审查、评标标准等方面，对外商投资企业实行差别待遇或者歧视待遇，不得以所有制形式、组织形式、股权结构、投资者国别、产品或者服务品牌以及其他不合理的条件对供应商予以限定，不得对外商投资企业在中国境内生产的产品、提供的服务和内资企业区别对待。

第十六条 外商投资企业可以依照《中华人民共和国政府采购法》（以下简称政府采购法）及其实施条例的规定，就政府采购活动事项向采购人、采购代理机构提出询问、质疑，向政府采购监督管理部门投诉。采购人、采购代理机构、政府采购监督管理部门应当在规定的时限内作出答复或者处理决定。

第十七条 政府采购监督管理部门和其他有关部门应当加强对政府采购活动的监督检查，依法纠正和查处对外商投资企业实行差别待遇或者歧视待遇等违法违规行为。

第十八条 外商投资企业可以依法在中国境内或者境外通过公开发行股票、公司债券等证券，以及公开或者非公开发行其他融资工具、借用外债等方式进行融资。

第十九条 县级以上地方人民政府可以根据法律、行政法规、地方性法规的规定，在法定权限内制定费用减免、用地指标保障、公共服务提供等方面的外商投资促进和便利化政策措施。

县级以上地方人民政府制定外商投资促进和便利化政策措施，应当以推动高质量发展为导向，有利于提高经济效益、社会效益、生态效益，有利于持续优化外商投资环境。

第二十条 有关主管部门应当编制和公布外商投资指引，为外国投资者和外商投资企业提供服务和便利。外商投资指引应当包括投资环境介绍、外商投资办事指南、投资项目信息以及相关数据信息等内容，并及时更新。

第三章 投资保护

第二十一条 国家对外国投资者的投资不

实行征收。

在特殊情况下，国家为了公共利益的需要依照法律规定对外国投资者的投资实行征收的，应当依照法定程序、以非歧视性的方式进行，并按照被征收投资的市场价值及时给予补偿。

外国投资者对征收决定不服的，可以依法申请行政复议或者提起行政诉讼。

第二十二条　外国投资者在中国境内的出资、利润、资本收益、资产处置所得、取得的知识产权许可使用费、依法获得的补偿或者赔偿、清算所得等，可以依法以人民币或者外汇自由汇入、汇出，任何单位和个人不得违法对币种、数额以及汇入、汇出的频次等进行限制。

外商投资企业的外籍职工和香港、澳门、台湾职工的工资收入和其他合法收入，可以依法自由汇出。

第二十三条　国家加大对知识产权侵权行为的惩处力度，持续强化知识产权执法，推动建立知识产权快速协同保护机制，健全知识产权纠纷多元化解决机制，平等保护外国投资者和外商投资企业的知识产权。

标准制定中涉及外国投资者和外商投资企业专利的，应当按照标准涉及专利的有关管理规定办理。

第二十四条　行政机关（包括法律、法规授权的具有管理公共事务职能的组织，下同）及其工作人员不得利用实施行政许可、行政检查、行政处罚、行政强制以及其他行政手段，强制或者变相强制外国投资者、外商投资企业转让技术。

第二十五条　行政机关依法履行职责，确需外国投资者、外商投资企业提供涉及商业秘密的材料、信息的，应当限定在履行职责所必需的范围内，并严格控制知悉范围，与履行职责无关的人员不得接触有关材料、信息。

行政机关应当建立健全内部管理制度，采取有效措施保护履行职责过程中知悉的外国投资者、外商投资企业的商业秘密；依法需要与其他行政机关共享信息的，应当对信息中含有的商业秘密进行保密处理，防止泄露。

第二十六条　政府及其有关部门制定涉及外商投资的规范性文件，应当按照国务院的规定进行合法性审核。

外国投资者、外商投资企业认为行政行为所依据的国务院部门和地方人民政府及其部门制定的规范性文件不合法，在依法对行政行为申请行政复议或者提起行政诉讼时，可以一并请求对该规范性文件进行审查。

第二十七条　外商投资法第二十五条所称政策承诺，是指地方各级人民政府及其有关部门在法定权限内，就外国投资者、外商投资企业在本地区投资所适用的支持政策、享受的优惠待遇和便利条件等作出的书面承诺。政策承诺的内容应当符合法律、法规规定。

第二十八条　地方各级人民政府及其有关部门应当履行向外国投资者、外商投资企业依法作出的政策承诺以及依法订立的各类合同，不得以行政区划调整、政府换届、机构或者职能调整以及相关责任人更替等为由违约毁约。因国家利益、社会公共利益需要改变政策承诺、合同约定的，应当依照法定权限和程序进行，并依法对外国投资者、外商投资企业因此受到的损失及时予以公平、合理的补偿。

第二十九条　县级以上人民政府及其有关部门应当按照公开透明、高效便利的原则，建立健全外商投资企业投诉工作机制，及时处理外商投资企业或者其投资者反映的问题，协调完善相关政策措施。

国务院商务主管部门会同国务院有关部门建立外商投资企业投诉工作部际联席会议制度，协调、推动中央层面的外商投资企业投诉工作，对地方的外商投资企业投诉工作进行指导和监督。县级以上地方人民政府应当指定部门或者机构负责受理本地区外商投资企业或者其投资者的投诉。

国务院商务主管部门、县级以上地方人民政府指定的部门或者机构应当完善投诉工作规则、健全投诉方式、明确投诉处理时限。投诉工作规则、投诉方式、投诉处理时限应当对外公布。

第三十条　外商投资企业或者其投资者认为行政机关及其工作人员的行政行为侵犯其合法权益，通过外商投资企业投诉工作机制申请协调解决的，有关方面进行协调时可以向被申请的行政机关及其工作人员了解情况，被申请的行政机关及其工作人员应当予以配合。协调结果应当以书面形式及时告知申请人。

外商投资企业或者其投资者依照前款规定申请协调解决有关问题的，不影响其依法申请行政复议、提起行政诉讼。

第三十一条 对外商投资企业或者其投资者通过外商投资企业投诉工作机制反映或者申请协调解决问题，任何单位和个人不得压制或者打击报复。

除外商投资企业投诉工作机制外，外商投资企业或者其投资者还可以通过其他合法途径向政府及其有关部门反映问题。

第三十二条 外商投资企业可以依法成立商会、协会。除法律、法规另有规定外，外商投资企业有权自主决定参加或者退出商会、协会，任何单位和个人不得干预。

商会、协会应当依照法律法规和章程的规定，加强行业自律，及时反映行业诉求，为会员提供信息咨询、宣传培训、市场拓展、经贸交流、权益保护、纠纷处理等方面的服务。

国家支持商会、协会依照法律法规和章程的规定开展相关活动。

第四章　投资管理

第三十三条 负面清单规定禁止投资的领域，外国投资者不得投资。负面清单规定限制投资的领域，外国投资者进行投资应当符合负面清单规定的股权要求、高级管理人员要求等限制性准入特别管理措施。

第三十四条 有关主管部门在依法履行职责过程中，对外国投资者拟投资负面清单内领域，但不符合负面清单规定的，不予办理许可、企业登记注册等相关事项；涉及固定资产投资项目核准的，不予办理相关核准事项。

有关主管部门应当对负面清单规定执行情况加强监督检查，发现外国投资者投资负面清单规定禁止投资的领域，或者外国投资者的投资活动违反负面清单规定的限制性准入特别管理措施的，依照外商投资法第三十六条的规定予以处理。

第三十五条 外国投资者在依法需要取得许可的行业、领域进行投资的，除法律、行政法规另有规定外，负责实施许可的有关主管部门应当按照与内资一致的条件和程序，审核外国投资者的许可申请，不得在许可条件、申请材料、审核环节、审核时限等方面对外国投资者设置歧视性要求。

负责实施许可的有关主管部门应当通过多种方式，优化审批服务，提高审批效率。对符合相关条件和要求的许可事项，可以按照有关规定采取告知承诺的方式办理。

第三十六条 外商投资需要办理投资项目核准、备案的，按照国家有关规定执行。

第三十七条 外商投资企业的登记注册，由国务院市场监督管理部门或者其授权的地方人民政府市场监督管理部门依法办理。国务院市场监督管理部门应当公布其授权的市场监督管理部门名单。

外商投资企业的注册资本可以用人民币表示，也可以用可自由兑换货币表示。

第三十八条 外国投资者或者外商投资企业应当通过企业登记系统以及企业信用信息公示系统向商务主管部门报送投资信息。国务院商务主管部门、市场监督管理部门应当做好相关业务系统的对接和工作衔接，并为外国投资者或者外商投资企业报送投资信息提供指导。

第三十九条 外商投资信息报告的内容、范围、频次和具体流程，由国务院商务主管部门会同国务院市场监督管理部门等有关部门按照确有必要、高效便利的原则确定并公布。商务主管部门、其他有关部门应当加强信息共享，通过部门信息共享能够获得的投资信息，不得再行要求外国投资者或者外商投资企业报送。

外国投资者或者外商投资企业报送的投资信息应当真实、准确、完整。

第四十条 国家建立外商投资安全审查制度，对影响或者可能影响国家安全的外商投资进行安全审查。

第五章　法律责任

第四十一条 政府和有关部门及其工作人

员有下列情形之一的，依法依规追究责任：

（一）制定或者实施有关政策不依法平等对待外商投资企业和内资企业；

（二）违法限制外商投资企业平等参与标准制定、修订工作，或者专门针对外商投资企业适用高于强制性标准的技术要求；

（三）违法限制外国投资者汇入、汇出资金；

（四）不履行向外国投资者、外商投资企业依法作出的政策承诺以及依法订立的各类合同，超出法定权限作出政策承诺，或者政策承诺的内容不符合法律、法规规定。

第四十二条　政府采购的采购人、采购代理机构以不合理的条件对外商投资企业实行差别待遇或者歧视待遇的，依照政府采购法及其实施条例的规定追究其法律责任；影响或者可能影响中标、成交结果的，依照政府采购法及其实施条例的规定处理。

政府采购监督管理部门对外商投资企业的投诉逾期未作处理的，对直接负责的主管人员和其他直接责任人员依法给予处分。

第四十三条　行政机关及其工作人员利用行政手段强制或者变相强制外国投资者、外商投资企业转让技术的，对直接负责的主管人员和其他直接责任人员依法给予处分。

第六章　附则

第四十四条　外商投资法施行前依照《中华人民共和国中外合资经营企业法》、《中华人民共和国外资企业法》、《中华人民共和国中外合作经营企业法》设立的外商投资企业（以下称现有外商投资企业），在外商投资法施行后5年内，可以依照《中华人民共和国公司法》、《中华人民共和国合伙企业法》等法律的规定调整其组织形式、组织机构等，并依法办理变更登记，也可以继续保留原企业组织形式、组织机构等。

自2025年1月1日起，对未依法调整组织形式、组织机构等并办理变更登记的现有外商投资企业，市场监督管理部门不予办理其申请的其他登记事项，并将相关情形予以公示。

第四十五条　现有外商投资企业办理组织形式、组织机构等变更登记的具体事宜，由国务院市场监督管理部门规定并公布。国务院市场监督管理部门应当加强对变更登记工作的指导，负责办理变更登记的市场监督管理部门应当通过多种方式优化服务，为企业办理变更登记提供便利。

第四十六条　现有外商投资企业的组织形式、组织机构等依法调整后，原合营、合作各方在合同中约定的股权或者权益转让办法、收益分配办法、剩余财产分配办法等，可以继续按照约定办理。

第四十七条　外商投资企业在中国境内投资，适用外商投资法和本条例的有关规定。

第四十八条　香港特别行政区、澳门特别行政区投资者在内地投资，参照外商投资法和本条例执行；法律、行政法规或者国务院另有规定的，从其规定。

台湾地区投资者在大陆投资，适用《中华人民共和国台湾同胞投资保护法》（以下简称台湾同胞投资保护法）及其实施细则的规定；台湾同胞投资保护法及其实施细则未规定的事项，参照外商投资法和本条例执行。

定居在国外的中国公民在中国境内投资，参照外商投资法和本条例执行；法律、行政法规或者国务院另有规定的，从其规定。

第四十九条　本条例自2020年1月1日起施行。《中华人民共和国中外合资经营企业法实施条例》、《中外合资经营企业合营期限暂行规定》、《中华人民共和国外资企业法实施细则》、《中华人民共和国中外合作经营企业法实施细则》同时废止。

2020年1月1日前制定的有关外商投资的规定与外商投资法和本条例不一致的，以外商投资法和本条例的规定为准。

国务院办公厅关于印发《全国深化“放管服”改革优化营商环境电视电话会议重点任务分工方案》的通知

（国办发〔2019〕39号，国务院办公厅2019年8月1日发布）

各省、自治区、直辖市人民政府，国务院各部委、各直属机构：

《全国深化“放管服”改革优化营商环境电视电话会议重点任务分工方案》已经国务院同意，现印发给你们，请结合实际认真贯彻落实。

全国深化“放管服”改革优化营商环境电视电话会议重点任务分工方案

党中央、国务院高度重视深化“放管服”改革、优化营商环境工作。2019年6月25日，李克强总理在全国深化“放管服”改革优化营商环境电视电话会议上发表重要讲话，部署深化“放管服”改革，加快打造市场化法治化国际化营商环境。为确保会议确定的重点任务落到实处，现制定如下分工方案。

一、推动简政放权向纵深发展，进一步放出活力

（一）进一步放宽市场准入，缩减市场准入负面清单事项，清单之外不得另设门槛和隐性限制。（发展改革委、商务部牵头，国务院相关部门及各地区按职责分工负责）

具体措施：

1. 2019年9月底前修订形成新版市场准入负面清单，缩减清单事项，以服务业为重点试点进一步放宽市场准入限制。推行“全国一张清单”管理模式，建立全国统一的清单代码体系，严禁各地区、各部门自行发布市场准入性质的负面清单。（发展改革委、商务部负责）

2. 2019年修订《公平竞争审查制度实施细则（暂行）》，组织各地区、各部门完成存量文件专项清理，修改、废止一批不利于公平竞争的政策措施，加快研究制定实施竞争政策的指导意见。（市场监管总局牵头，各地区、各部门负责）

3. 2019年9月底前部署开展招投标领域专项整治，全面清理各级政府及有关部门规章、行政规范性文件和其他政策措施中对民营、外资企业投标设置不合理限制和壁垒的规定，纠正并查处一批不合理限制或排斥潜在投标人等违法违规行为。（发展改革委等国务院相关部门按职责分工负责）

4. 加强对各地区、各部门政府采购活动的指导和监管，清理政府采购领域妨碍统一市场与公平竞争的规定和做法。（财政部、市场监管总局负责）

（二）继续压减中央和地方层面设定的行政许可事项。2019年内中央层面再取消下放一批行政许可事项。对保留的许可事项要逐项明确许可范围、条件和环节等，能简化的都要尽量简化。（国务院办公厅牵头，各地区、各部门负责）

具体措施：

1. 2019年底前研究提出50项以上拟取消下放和改变管理方式的行政许可事项，清理简并多部门、多层级实施的重复审批。编制公布中央层面设定的行政许可事项清单，逐项简化并明确许可范围、许可条件、许可有效期限等，细化审批标准、办理程序和时限等要求。（国务院办公厅牵头，国务院相关部门按职责分工负责）

2. 组织清理规范地方层面设定的行政许可事项，2019年底前以省为单位集中统一公布地方层面设定的行政许可事项清单。（国务院办公厅牵头，各地区负责）

3．深化交通运输领域简政放权。简化道路客运经营许可事项和申请材料，精简道路货运从业驾驶员培训考试。优化机动车产品准入，依法整合汽车产品公告、强制性产品认证、环保型式核准目录、道路运输车辆燃料消耗量达标车型公告等，实现一次送检、全面检测、结果互认。2019年底前形成货车“三检合一”实施方案。（发展改革委、公安部、交通运输部、生态环境部、工业和信息化部、市场监管总局按职责分工负责）

（三）继续压减工业产品生产许可证，2019年把许可证种类再压减一半以上。（市场监管总局负责）

具体措施：

1．进一步调整工业产品生产许可证管理目录，2019年9月底前将发证产品种类从24类压减至12类以内，压缩发证层级，减少产品单元。对保留和退出目录的产品都要制定加强事中事后监管的措施。（市场监管总局负责）

2．2019年10月底前将强制性产品认证目录再压减30种以上，继续扩大“自我声明”评价方式实施范围，简化强制性认证管理程序，减少认证证书种类数量。（市场监管总局负责）

3．推动检验检测认证机构与政府部门彻底脱钩，鼓励社会资本进入检验检测认证市场。清理检验检测行政许可，实施统一的资质认定管理，加快实现检验检测认证结果在不同部门、层级和地区间互认通用，避免重复评价。（市场监管总局牵头，国务院相关部门按职责分工负责）

（四）大力清理简并种类过多、划分过细的资质资格许可事项。（人力资源社会保障部、自然资源部、住房城乡建设部、交通运输部等国务院相关部门按职责分工负责）

具体措施：

1．推动技能人员水平评价类职业资格分批调整退出国家职业资格目录，2019年底前建立完善职业技能等级制度，推动实现由用人单位和第三方机构开展职业技能等级认定、颁发职业技能等级证书，政府不再颁发职业技能等级证书。对涉及国家安全、公共安全、生态环境安全、人身健康、生命财产安全的水平评价类职业资格，确需实施准入管理的，依照法定程序调整为准入类职业资格。2020年底前将国家职业资格数量再压减一半以上。（人力资源社会保障部牵头，国务院相关部门按职责分工负责）

2．大幅压减企业资质资格认定事项，力争2020年底前将工程建设、测绘等领域企业资质类别、等级压减三分之一以上，凡是能由市场机制调节的一律取消，对保留的事项要精简资质类别、归并等级设置。探索对部分资质资格实行告知承诺管理。（自然资源部、住房城乡建设部、交通运输部、应急部等国务院相关部门按职责分工负责）

（五）整治各类变相审批，摸清备案、登记、年检、认定等部门管理措施的底数，并持续清理压减。对确需保留的实行清单管理，并向社会公开。（国务院办公厅牵头，各地区、各部门负责）

具体措施：

2019年底前启动清理规范中央层面规定的目录、备案、计划、规划、登记、注册、年检、年报、监制、认定、认证、审定等管理措施，依法依规取消变相审批，分类编制事项清单并明确办理规则和流程。2020年6月底前研究提出一批简化、优化的管理措施，改为通过信息共享等方式优化办事流程。（国务院办公厅牵头，国务院相关部门按职责分工负责）

（六）继续推进“证照分离”改革，重点是“照后减证”。（国务院办公厅、市场监管总局、司法部牵头，国务院相关部门按职责分工负责）

具体措施：

2019年底前在自由贸易试验区启动“证照分离”改革全覆盖试点工作，将中央层面和地方层面设定的涉企经营许可事项全部纳入改革范围，通过直接取消审批、审批改为备案、实行告知承诺、优化审批服务等四种方式分类推进改革，2020年下半年在全国推开。（国务院办公厅、市场监管总局、司法部牵头，相关地区及国务院相关部门按职责分工负责）

（七）进一步压减企业开办时间，2019年底前压减到5个工作日以内，有条件的地方要

压减到3个工作日以内。（市场监管总局牵头，国务院相关部门及各地区按职责分工负责）

具体措施：

1. 加快电子营业执照、电子印章推广应用，简并现场登记环节。推广企业开办全程网上办，鼓励具备条件的地区加快实现开办企业时申领营业执照、刻制印章、申领发票、申领税控设备、社保登记、住房公积金开户登记等全流程网上申请和办理，现场“一窗”、一次领取企业开办全部材料。（市场监管总局牵头，公安部、住房城乡建设部、人力资源社会保障部、税务总局等国务院相关部门及各地区按职责分工负责）

2. 2019年底前建成全国统一的电子发票公共服务平台，为纳税人提供免费的电子发票开具服务，加快电子发票的推广应用。尽快研究推进增值税专用发票电子化。2019年底前将纳税人办税事项、纳税时间再压减10%，70%以上办税事项实现一次办结。（税务总局、财政部按职责分工负责）

（八）进一步完善市场主体退出机制，促进优胜劣汰。（发展改革委牵头，国务院相关部门及各地区按职责分工负责）

具体措施：

1. 2019年8月底前推动各地建成企业注销网上服务专区，实现企业注销“一网”服务。推行税务注销分类处理，大幅简化社保、商务、海关等注销手续，压缩企业注销时间。推进企业简易注销登记试点，对于被终止简易注销登记的企业，允许其符合条件后再次依程序申请简易注销。（市场监管总局牵头，人力资源社会保障部、商务部、海关总署、税务总局等国务院相关部门及各地区按职责分工负责）

2. 推动各地研究建立办理破产工作统一协调机制，统筹推进破产程序中的业务协调、信息共享等工作。研究建立自然人破产制度，重点解决企业破产产生的自然人连带责任担保债务问题。（发展改革委牵头，国务院相关部门及各地区按职责分工负责）

（九）全面开展工程建设项目审批制度改革，压减审批时间和环节，在确保实现将审批时间压减到120个工作日以内的基础上，有条件的地方要进一步压减审批时间。（住房城乡建设部牵头，国务院相关部门及各地区按职责分工负责）

具体措施：

1. 继续开展工程建设项目审批制度全流程、全覆盖改革，大力精简工程建设项目审批环节和事项，分类优化审批流程，实施联合审图和联合验收等。在试点地区探索取消施工图审查（或缩小审查范围）、实行告知承诺制和设计人员终身负责制，并加强事中事后监管。2019年底前在东部沿海地区率先实现“互联网+工程审批”，在全国基本实现“一窗受理、并联办理”。（住房城乡建设部牵头，国务院相关部门及各地区按职责分工负责）

2. 推进环评制度改革，对不涉及有毒有害及危险品的仓储、物流配送等一批基本不产生生态环境影响的项目，统一不再纳入环评管理。试点对环境影响小、风险可控的项目，简化环评手续或纳入环境影响登记表备案管理，2019年底前将项目环评审批时间压缩至法定时限的一半。（生态环境部牵头，国务院相关部门及各地区按职责分工负责）

3. 推进用地规划“多审合一、多证合一”改革，合并用地预审和规划选址，整合建设用地规划许可证、建设用地批准书、国有土地划拨决定书，2019年底前减少用地规划相关证照，压缩办理时限。（自然资源部及各地区按职责分工负责）

（十）治理各种不合理收费，防止地方非税收入非正常增长、抵消减税降费的政策效果，决不能再增加收费项目，确保减税降费的目标落实到位。（财政部、发展改革委、民政部、税务总局、市场监管总局等国务院相关部门及各地区按职责分工负责）

具体措施：

1. 2019年9月底前组织开展减税降费政策实施效果监督检查工作，重点关注非税收入增速异常和乱收费等情况，坚决纠正违规开征、多征、预征非税收入的行为，坚决查处乱收费、乱罚款和各种摊派等问题。（财政部负责）

2. 治理政府部门下属单位、行业协会商会、中介机构等涉企收费行为，坚决清理整治乱收费和第三方截留减税降费红利行为。动态调整行政事业性收费和实行政府定价的经营服务性收费目录清单，全面公示收费项目、标准和依据。2019 年 9 月底前制定出台进一步加强和改进行业协会商会收费管理的有关文件。（发展改革委、市场监管总局、工业和信息化部、民政部、财政部等国务院相关部门按职责分工负责）

3. 降低企业物流成本，督促各地做好口岸收费目录清单公示，整治港口、船公司、物流堆场、货代、船代等乱收费、不合理收费行为，2020 年底前将全国单个集装箱进出口环节常规收费压减至 400 美元以内。清理铁路、水路的货运和客运杂费，降低收费标准，2019 年底前公布收费和处罚事项清单。（交通运输部、海关总署、发展改革委、财政部、市场监管总局、铁路局等国务院相关部门及各地区按职责分工负责）

4. 2019 年底前开展降低融资收费专项清理行动，规范中小企业融资时强制要求办理的担保、保险、评估、公证等事项，减少融资过程中的附加费用。（银保监会牵头，国务院相关部门按职责分工负责）

二、加强公正监管，切实管出公平

（十一）有关部门要分领域抓紧制订全国统一、简明易行的监管规则和标准，并向全社会公开。抓紧清理规范和修订完善那些边界宽泛、执行弹性大的监管规则和标准。（国务院相关部门按职责分工负责）

具体措施：

1. 2019 年底前对已取消下放的行政许可事项事中事后监管措施落实情况进行全面评估，按照法律规定和“三定”规定确定的监管职责，进一步明确相应的事中事后监管措施，确保监管全覆盖。（各地区、各部门负责）

2. 2019 年 9 月底前制定出台加强和规范事中事后监管的指导意见，落实放管结合、并重的要求，建立健全适合我国高质量发展要求、全覆盖、保障安全的事中事后监管制度。（国务院办公厅、市场监管总局负责）

3. 2019 年底前对现有的主要监管规则标准进行修订完善，尽可能消除模糊和兜底条款，并依法依规向社会公开。在市场监管、生态环境保护、交通运输、农业农村、文化市场等行政执法领域分别制定规范执法自由裁量权的办法，明确法律依据和处罚标准。（生态环境部、交通运输部、农业农村部、文化和旅游部、市场监管总局等国务院相关部门及各地区按职责分工负责）

4. 2019 年底前对现有涉企现场检查事项进行全面梳理论证，通过取消、整合、转为非现场检查等方式，压减重复或不必要检查事项，着力解决涉企现场检查事项多、频次高、随意检查等问题。持续清理规范行政处罚事项，对重复处罚、标准不一、上位法已作调整的事项及时进行精简和规范。（国务院相关部门及各地区按职责分工负责）

5. 全面落实行政执法公示、执法全过程记录、重大执法决定法制审核三项制度，2020 年底前基本实现各级行政执法机关及时准确公示执法信息、执法全过程留痕和可回溯管理、重大执法决定法制审核全覆盖。（司法部牵头，国务院相关部门及各地区按职责分工负责）

（十二）完善“双随机、一公开”监管制度和工作机制，推动日常监管“双随机、一公开”全覆盖。（市场监管总局牵头，国务院相关部门及各地区按职责分工负责）

具体措施：

推进“双随机、一公开”跨部门联合监管，以省为单位建立统一的监管平台，实现各部门监管信息与省级平台互联互通。2019 年底前市场监管部门完成双随机抽查全流程整合，实现双随机抽查覆盖企业比例达 5%。2020 年底前在市场监管领域实现相关部门“双随机、一公开”监管全覆盖，地方各级人民政府相关部门联合“双随机、一公开”监管常态化。（市场监管总局牵头，国务院相关部门及各地区按职责分工负责）

（十三）对重点领域进行重点监管，特别是对疫苗、药品、特种设备、危险化学品等涉及到人民生命安全、社会关注度高的领域，要实行全主体、全品种、全链条严格监管。（应急部、市场监管总局、药监局等国务院相关部门及各地区按职责分工负责）

具体措施：

1. 加快研究建立违法严惩制度、惩罚性赔偿和巨额罚款制度、内部举报人奖励制度等，提高重点监管效能，让严重违法者付出高昂成本。（市场监管总局牵头，国务院相关部门按职责分工负责）

2. 2019年11月底前组织开展危险化学品质量安全风险隐患排查和专项整治。（市场监管总局等国务院相关部门及各地区按职责分工负责）

3. 建立疫苗生产企业巡查检查制度，实施对全部在产疫苗生产企业全覆盖检查。推行向疫苗生产企业派驻检查员制度。开展中药饮片质量专项整治。加强对国家组织药品集中采购和使用试点中标品种的日常监管、产品抽检和不良反应监测，督促企业落实主体责任。（药监局牵头，国务院相关部门及各地区按职责分工负责）

4. 开展打击欺诈骗保专项治理活动，实现对全国定点医疗机构和零售药店监督检查全覆盖，公开曝光欺诈骗保典型案例。（医保局负责）

（十四）加强社会信用体系建设，大力推进信用监管，推行承诺制，让市场主体和公民讲诚信，自主承诺。对违背承诺、搞虚假承诺甚至坑蒙拐骗的，一经发现要严厉惩罚。（发展改革委、人民银行、市场监管总局牵头，国务院相关部门及各地区按职责分工负责）

具体措施：

1. 规范认定并设立市场主体信用“黑名单”，建立健全信用修复、异议申诉等机制。2019年底前修订《严重违法失信企业名单管理暂行办法》，完善经营异常名录和严重违法失信企业名单管理等制度。（发展改革委、市场监管总局等国务院相关部门按职责分工负责）

2. 围绕信用承诺、信用修复、失信联合惩戒、信用大数据开发利用等工作，2020年启动信用建设和信用监管试点示范。（发展改革委牵头，各地区、各部门负责）

3. 2020年底前建立全国统一的信用报告标准，推动信用报告结果实现异地互认。（发展改革委、人民银行牵头，各地区、各部门负责）

4. 依托国家“互联网＋监管”等系统，有效整合公共信用信息、市场信用信息、投诉举报信息和互联网及第三方相关信息，充分运用大数据、人工智能等新一代信息技术，加快实现信用监管数据可比对、过程可追溯、问题可监测。（国务院办公厅、发展改革委、市场监管总局牵头，各部门按职责分工负责）

5. 建立完善以信用为基础的新型海关监管机制，根据企业信用等级实施差别化通关监管措施，2019年底前出台对跨境电子商务等企业的认证标准。（海关总署负责）

6. 推进知识产权领域信用体系建设，研究制定知识产权（专利）领域严重失信联合惩戒对象名单管理办法。加强对商标抢注和恶意注册、非正常专利申请等行为的信用监管。研究制定规范商标注册申请行为的有关规定。（知识产权局负责）

（十五）加快推进“互联网＋监管”，及时总结推广地方好的经验做法，提高监管及时性、精准性、有效性。（国务院办公厅牵头，国务院相关部门及各地区按职责分工负责）

具体措施：

1. 2019年9月底前完成国家“互联网＋监管”系统主体功能建设并上线运行，归集共享各类监管数据，建立完善相关风险预警模型，实现对违法行为早发现、早提醒、早处置。（国务院办公厅负责）

2. 加快推进地方和部门“互联网＋监管”系统建设并与国家“互联网＋监管”系统对接联通，推动形成统一规范、信息共享、协同联动的全国“互联网＋监管”体系。（国务院办公厅牵头，各地区、各部门负责）

（十六）坚持对新兴产业实施包容审慎监管，在监管中找到新生事物发展规律，该处置的处置，该客观对待的客观对待，不简单封杀，但也决不能放任不管，推动新业态更好更健康发展。（国务院相关部门及各地区按职责分工负责）

具体措施：

1. 2019年8月底前出台促进平台经济规范健康发展的指导意见，加大政策支持力度，创新监管方式，落实和完善包容审慎监管要

求，推动建立健全适应平台经济发展特点的新型监管机制。(国务院办公厅牵头，国务院相关部门及各地区按职责分工负责)

2. 优化新业态发展环境，放宽新兴行业企业名称登记限制，完善互联网平台企业用工、灵活就业人员相关政策，加强政府部门与互联网平台数据共享，2019年底前建成全国一体化在线政务服务平台电子证照共享服务系统。鼓励各地探索适应新业态特点、有利于公平竞争的公正监管办法，更好支持新业态发展。(国务院办公厅、市场监管总局、人力资源社会保障部等国务院相关部门及各地区按职责分工负责)

三、大力优化政府服务，努力服出便利

(十七) 切实增强服务意识，不断提升服务能力和水平，大力提升政务服务效率，针对群众办事来回跑、环节多材料多、政府服务效率低等问题，对政务服务流程、方式进行系统化改革。(国务院办公厅牵头，国务院相关部门及各地区按职责分工负责)

具体措施：

1. 2019年9月底前制定出台建立政务服务"好差评"制度有关指导意见，倒逼各级政府部门不断改进工作。(国务院办公厅负责)

2. 加快实现公安、市场监管、住房城乡建设、税务、司法、民政等部门信息与不动产登记信息共享集成。对登记中涉及多个部门交叉办理的事项，通过信息化手段整合集成业务流程，2019年底前在全国基本实现"一窗受理、并行办理"，东部沿海地区力争率先实现办理一般登记、抵押登记时间压缩至5个工作日以内；2020年底前"互联网+不动产登记"在地级及以上城市全面实施，办理一般登记、抵押登记时间力争全部压缩至5个工作日以内。(自然资源部牵头，国务院相关部门及各地区按职责分工负责)

3. 提升跨境贸易便利化水平，加强国际贸易"单一窗口"与银行、保险、民航、铁路、港口等相关行业机构合作对接，2019年底前实现主要申报业务应用率达100%。进一步精简进出口环节监管证件数量，加快推行进出口"提前申报"、"两步申报"通关模式和无纸化通关作业。(海关总署牵头，交通运输部、银保监会、民航局、铁路局等国务院相关部门及各地区按职责分工负责)

4. 试点建立统一的现代动产担保系统，2020年底前力争整合各类动产登记和权利担保登记系统，实现企业担保在一个平台上登记，各相关部门按职责分别实施后台监管。(人民银行牵头，交通运输部、市场监管总局、知识产权局等国务院相关部门按职责分工负责)

5. 扩大异地就医结算范围，2019年底前基本实现异地就医患者在定点医院住院持卡看病、即时结算，2020年底前基本实现符合条件的跨省异地就医患者在所有定点医院能直接结算。(医保局及各地区按职责分工负责)

6. 加快建成全国统一的社会保险公共服务平台，实现个人权益记录查询、自主认证、养老保险待遇测算、社保卡应用状态查询等"一站式"功能，全面取消领取社保待遇资格集中认证，优化社保卡服务，加快推进电子社保卡。2019年底前实现养老保险关系转移接续业务网上办理。(人力资源社会保障部及各地区按职责分工负责)

7. 推广商标和专利电子化申请，2019年底前将高价值专利审查周期压缩至17.5个月、商标注册平均审查周期压缩到5个月，消减发明专利审查积压10万件。(知识产权局负责)

8. 2019年10月底前改进优化来华工作外国人入境和居留管理制度办法，优化外国人来华相关审批、审查服务，压减办理时间。同时，向全社会开放出入境证件身份认证服务平台，为境内港澳居民、华侨持用出入境证件办理金融、教育、医疗等社会事务提供便利。(公安部、科技部、人力资源社会保障部、移民局按职责分工负责)

9. 2020年6月底前全面推广证明事项告知承诺制。进一步改进和规范基层群众性自治组织出具证明工作，解决群众反映强烈的"万能居委会"、"社区万能章"等问题。(司法部、民政部按职责分工负责)

(十八) 依托全国一体化在线政务服务平

台，加快打造全国政务服务“一张网”，实现更大范围“一网通办”、异地可办、“掌上可办”，确需到现场办的再到政务服务大厅办理。在办理政务服务事项过程中要注意保护商业秘密和个人隐私。（国务院办公厅牵头，国务院相关部门及各地区按职责分工负责）

具体措施：

1. 2019 年 9 月底前上线运行以国家政务服务平台为总枢纽的全国一体化在线政务服务平台，建立完善全国一体化在线政务服务平台标准规范体系、安全保障体系和法规制度体系，在更大范围实现“一网通办”、异地可办。2019 年底前首批推动 10 种高频电子证照全国标准化应用和互信互认，推动 100 项以上政务服务事项在各省（区、市）内和跨省（区、市）实现“一网通办”。2020 年底前基本完成对依申请办理的政务服务事项名称、编码、依据、类型等基本要素和办事指南要素在国家、省、市、县四级统一。（国务院办公厅牵头，各地区、各部门负责）

2. 更大力度推动央地数据共享，建立权威高效的数据共享协调机制，2019 年再新增拓展 1000 项共享数据，将直接关系到企业和群众办事、应用频次高的数据优先纳入共享范围，满足 30 项以上全国普遍性高频政务服务事项的数据共享需求。加快推进“互联网＋可信身份认证”平台、全国人口信息社会应用平台等多种网上身份认证能力融合，为全国一体化在线政务服务平台提供统一身份认证支撑。（国务院办公厅、发展改革委、公安部按职责分工负责）

3. 提升政务服务大厅“一站式”功能，2019 年底前政务服务事项进驻综合性实体政务服务大厅基本实现“应进必进”，70%以上政务服务事项实现“一窗”分类受理。推动政务服务大厅与政务服务平台全面对接融合。（国务院办公厅牵头，各地区、各部门负责）

（十九）一些带有垄断性质的供电、供水、供气、供暖等公用事业单位及医院、银行等服务机构，要从方便市场主体和人民群众出发，提高服务质量和效率，大幅压减自来水、电力、燃气、供暖办理时间，提高相关政策透明度，大力推行 APP 办事、移动支付等。（发展改革委、住房城乡建设部、水利部、卫生健康委、人民银行、银保监会、能源局等国务院相关部门及各地区按职责分工负责）

具体措施：

1. 2019 年底前研究制定规范水电气暖等行业收费、管理、服务等方面的综合性意见。（发展改革委牵头，住房城乡建设部等国务院相关部门按职责分工负责）

2. 进一步压减办电时间，加快推广低压小微企业用电报装“三零”（零上门、零审批、零投资）服务，2019 年底前在全国各直辖市、省会城市实现低压小微企业用电报装“三零”服务，将办电时间压缩至 30 个工作日以内。地方政府要大幅压缩电力接入工程审批时间。研究建立针对供电企业停电超过一定频次和时间的处罚机制。（能源局及各地区按职责分工负责）

3. 优化水气报装服务，指导地方落实新修订的《城镇供水服务》、《燃气服务导则》等国家标准，将水气设施报装提前到施工许可证核发后即可办理，2019 年底前将供水新增、扩容改装的报装时间分别压缩至 20 个、15 个工作日以内，将燃气报装时间压缩至 16 个工作日以内，大幅压减报装、安装费用。（住房城乡建设部、发展改革委及各地区按职责分工负责）

4. 指导督促商业银行优化服务，2019 年底前解决银行卡解绑和异地注销难、“睡眠卡”收费不透明等一批群众反映强烈的问题，加快推动解决继承财产支取难问题。优化电信服务，持续推进降低电信收费、异地销户、携号转网等工作。持续优化老年证、居住证、流动人员人事档案管理等证件或手续办理流程，减少公用企事业单位索要的证明材料。（银保监会、工业和信息化部、公安部、民政部、卫生健康委、人力资源社会保障部、发展改革委、住房城乡建设部、司法部等国务院相关部门及各地区按职责分工负责）

（二十）大力发展服务业，采用政府和市场多元化投入的方式，引导鼓励更多社会资本进入服务业，扩大服务业对外开放，结合城镇老旧小区改造，大力发展养老、托幼、家政和“互联网＋教育”、“互联网＋医疗”等服务，有效增加公共服务供给、提高供给质量，更好满足人民群众需求。（发展改革委、教育部、民政部、住房城乡建设部、商务部、卫生健康委等国务院相关部门及各地区按职责分工负责）

具体措施：

1. 2019年8月底前制定出台加快发展“互联网+社会服务”的意见，提出进一步推进“互联网+”与教育、健康医疗、养老、文化、旅游、体育、家政等领域深度融合发展的政策措施，充分发挥社会领域公共服务资源作用，创新服务模式，更好惠及人民群众。（发展改革委牵头，教育部、民政部、商务部、文化和旅游部、卫生健康委、体育总局等国务院相关部门按职责分工负责）

2. 结合城镇老旧小区改造，深入落实养老、托幼、家政等服务业有关政策意见。推进建设城乡便民消费服务中心，进一步扩大建设范围和数量，鼓励建设社区生活服务中心，在城乡社区推动包括家政服务在内的居民生活服务业发展，更好满足群众需要。支持社会力量发展普惠性托育服务，增加普惠性托育服务有效供给，促进婴幼儿照护服务标准化、规范化发展。（住房城乡建设部、商务部、民政部、卫生健康委、发展改革委等国务院相关部门按职责分工负责）

3. 2020年底前落实互联网诊疗和互联网医院管理相关政策，推动二级以上医院普遍提供分时段预约诊疗、诊间结算、移动支付等服务。探索建立老年人长期护理需求认定和等级评定标准体系，加强医疗护理员培训，促进老龄健康服务业发展。（卫生健康委、医保局按职责分工负责）

四、强化责任担当，确保“放管服”改革不断取得新成效

（二十一）抓紧研究制定《优化营商环境条例》，为营商环境建设提供法治保障。2019年要开展营商环境百项诉求处理行动，破解一批营商环境痛点难点。（发展改革委、司法部、国务院办公厅牵头，国务院相关部门及各地区按职责分工负责）

具体措施：

1. 抓紧研究制定《优化营商环境条例》，2019年8月底前完成向各有关方面征求意见和法规审查工作、形成草案，9月底前公布实施。（发展改革委、司法部、国务院办公厅牵头，国务院相关部门按职责分工负责）

2. 围绕开办企业、办理建筑许可、获得电力、登记财产、纳税、跨境贸易等优化营商环境重点领域，搜集一批企业和群众反映强烈的问题，2019年底前推动各地区、各部门研究出台具体解决措施。（发展改革委牵头，国务院相关部门及各地区按职责分工负责）

3. 对标国际先进水平，聚焦营商环境关键领域和薄弱环节，研究制定优化营商环境重点任务台账，并抓好落实。（财政部、国务院办公厅牵头，国务院相关部门及各地区按职责分工负责）

（二十二）鼓励支持各地大胆创新，及时指导帮助地方解决改革中遇到的难题。要进一步加大向地方放权特别是综合授权的力度，充分调动和发挥地方推进改革发展的积极性、主动性和创造性。（国务院相关部门及各地区按职责分工负责）

（二十三）对滞后于改革要求、不利于优化营商环境、制约新产业新业态新模式发展的有关规定，要加快清理修改。对与改革决策相抵触的行政法规、部门规章和行政规范性文件，要应改尽改、应废尽废。涉及到修改法律的，要与改革方案同步提出修法建议。各地区可通过制定地方性法规、规章，将实践证明行之有效、人民群众满意、市场主体支持的改革举措固化下来。（各地区、各部门负责）

（二十四）要把“放管服”改革、优化营商环境各项举措落实情况，作为2019年国务院大督查的重点。继续用好督查奖惩这个有效办法，对成效明显的加大表扬和政策激励力度，对不作为乱作为延误改革的要严肃问责。（国务院办公厅牵头，各地区、各部门负责）

各地区、各部门的贯彻落实情况，年底前书面报国务院。工作中取得的重大进展、存在的突出问题要及时报告。

国务院办公厅关于做好优化营商环境改革举措复制推广借鉴工作的通知

（国办函〔2019〕89号，国务院办公厅2019年9月3日发布）

各省、自治区、直辖市人民政府，国务院各部委、各直属机构：

优化营商环境是党中央、国务院在新形势下作出的重大决策部署，是促进高质量发展的重要举措。近年来，各地区、各部门认真贯彻落实党中央、国务院决策部署，深入推进“放管服”改革，深刻转变政府职能，持续优化营商环境，取得积极成效。其中，北京市、上海市聚焦市场主体反映的突出问题，对标国际先进，推出大量改革举措，形成了一批典型经验做法。经国务院同意，现就在全国复制推广借鉴京沪两地优化营商环境改革举措有关事项通知如下。

一、在全国复制推广借鉴改革举措的主要内容

（一）在全国复制推广的改革举措。

主要包括：实行开办企业全程网上办，压缩企业设立登记时间，全面推广电子营业执照，优化印章刻制服务，实行社保用工登记“二合一”；实行客户用电线上报装；提供不动产登记、交易和缴税“一窗受理、并行办理”服务，提供不动产登记信息网上查询和现场自助查询服务；纳税“最多跑一次”；推广应用国际贸易“单一窗口”，公开口岸收费目录清单，口岸通关提前申报；建立“基本解决执行难”联动机制等13项改革举措。

（二）供全国借鉴的改革举措。

主要包括：提供企业档案“容e查”服务；优化环境影响评价分类分级管理，实行数字化联合审图，推行工程招投标交易全过程电子化，实行施工许可证全程网上办；提供低压小微企业接电“零上门零审批零投资”服务，提供客户接电移动作业终端实时响应服务，实行接电工程双经理负责制；推行不动产登记信息和地籍管理信息互联互通，实行不动产登记电子证照协同互认，建立健全不动产登记和土地权籍测绘投诉机制及土地纠纷相关信息公开制度；住房公积金缴存业务全程网上办、“通缴通取”，实行纳税人线上“一表申请”、“一键报税”；实行通关全流程电子化，推行海关内部核批“一步作业”，推行集装箱设备交接单无纸化，实行口岸分类验放，实行跨境贸易大数据监管，优化关税征管全流程服务，同步通关和物流作业；推行法院网上立案与司法数据常态化公开，推行全流程网络化办案，构建诉讼服务平台等23项改革举措。

二、高度重视复制推广借鉴工作

各地区、各部门要坚决贯彻落实党中央、国务院决策部署，深刻认识复制推广借鉴京沪两地优化营商环境改革举措的重大意义，加快转变政府管理理念和方式，着力推动制度创新，以简审批优服务便利投资兴业、以公正监管促进公平竞争、以改革推动降低涉企收费，下硬功夫打造好发展软环境，持续提升政府服务水平和办事效率，加快建立健全统一开放、竞争有序的现代市场体系，打造市场化、法治化、国际化营商环境，持续释放改革红利，进一步激发市场主体活力和社会创造力。

三、切实做好组织实施

各地区要主动对标先进，相互学习借鉴，将优化营商环境改革举措复制推广借鉴工作纳入本地区重点工作，加强组织领导，落实工作责任，确保复制推广借鉴工作顺利推进。国务院各有关部门要结合工作职责，积极协调、指导推进复制推广借鉴工作。国务院办公厅、国家发展改革委要加强跟踪督促，及时总结推广

典型经验做法，进一步改善全国营商环境。复制推广借鉴工作中遇到的重大问题，要及时报告国务院。

附件：在全国复制推广借鉴的京沪两地优化营商环境改革举措清单

附件

在全国复制推广借鉴的京沪两地优化营商环境改革举措清单

一、在全国复制推广的改革举措（13 项）

序号	改革举措	主要做法
（一）开办企业（5 项） 责任单位：市场监管总局牵头，工业和信息化部、公安部、人力资源社会保障部、人民银行、税务总局等国务院相关部门及各地区按职责分工负责		
1	实行开办企业全程网上办	开办企业申领营业执照、刻制印章、申领发票、用工信息登记、银行预约开户全流程在线申报。
2	压缩企业设立登记时间	通过企业名称自主申报、经营范围规范化、系统智能审批，推行标准化、智能化、自动化的全程电子化登记，确保企业设立登记 2 个工作日内办结。
3	全面推广电子营业执照	不需领取法人一证通等 CA 证书，凭电子营业执照即可办理后续税务、社保、公积金、银行开户等开办企业事项。
4	优化印章刻制服务	依托地方政务服务平台等，通过开办企业全程网上办，刻制公章环节与申请营业执照合并办理，实现企业在登记环节可自主选择公章制作单位。
5	实行社保用工登记“二合一”	将原用工登记和社保登记 2 个环节合并为就业参保登记 1 个环节，企业可网上一步办结。
（二）获得电力（1 项） 责任单位：国家能源局牵头，国家电网有限公司、中国南方电网有限责任公司、内蒙古电力（集团）有限责任公司等电网企业及各地区按职责分工负责		
6	实行客户用电线上报装	使用手机 APP 在线申报，提供用电报装“不见面”服务，客户线上提交用电申请、查询业务办理进程、评价服务质量，无需往返供电营业厅，客户报装在线化、定制化、透明化。
（三）登记财产（2 项） 责任单位：自然资源部牵头，住房城乡建设部、税务总局等国务院相关部门及各地区按职责分工负责		
7	提供不动产登记、交易和缴税“一窗受理、并行办理”服务	整合房屋交易管理部门、税务部门和不动产登记部门窗口，因地制宜设立“一窗式”综合服务窗口，统一受理各项业务所需资料，并同时提交相关部门并行办理，当事人在综合服务窗口即可完成不动产登记、交易、缴税等业务。
8	提供不动产登记信息网上查询和现场自助查询服务	提供不动产登记信息网上查询服务，公众、机构注册并实名认证后，通过不动产登记信息查询系统进行查询。提供不动产登记信息现场自助查询服务，在不动产登记受理大厅安放自助查询设备，权利人可以查询自己名下的所有不动产登记资料，其他人可以根据不动产坐落查阅用途、面积、抵押情况、限制信息和地籍图等登记资料。

续表

序号	改革举措	主要做法
（四）缴纳税费（1项） 责任单位：财政部牵头，人力资源社会保障部、住房城乡建设部、税务总局等国务院相关部门及各地区按职责分工负责		
9	纳税“最多跑一次”	制定“最多跑一次”办税事项清单，发布办税指南和标准化材料清单，实现纳税事项“最多跑一次”。
（五）跨境贸易（3项） 责任单位：海关总署牵头，交通运输部、商务部等国务院相关部门及各地区按职责分工负责		
10	推广应用国际贸易“单一窗口”	海关、交通运输部门和地方政府通过“单一窗口”、港口电子数据交换中心等信息平台向进出口企业、口岸作业场站推送查验通知，增强通关时效的可预期性。
11	公开口岸收费目录清单	公开口岸收费目录清单，规定清单之外不得收费。
12	口岸通关提前申报	建立提前申报容错机制，实行“提前申报”和“通关＋物流并联作业”，在舱单传输后、货物抵达港区前，企业即可向海关办理进出口申报手续，货物运抵后依据风险分析实施快速验放，前推通关作业环节，缩短货物通关时间。海关对提前申报引起的进口日期修改，以及由于装运、配载等原因造成货物变更运输工具的，不予记录报关差错。
（六）执行合同（1项） 责任单位：最高人民法院牵头，司法部等国务院相关部门及各地区按职责分工负责		
13	建立“基本解决执行难”联动机制	人民法院、人民检察院及发展改革、公安、司法行政、税务、市场监管、房管等单位集中签署执行联动合作协议。各单位对被执行人财产实行网络联动查控，覆盖房产、存款、车辆、证券、工商登记等财产信息；联动采取信用监督惩戒措施，在购买不动产、土地招拍挂、矿产资源开发、担任公职及公司高管，以及乘坐飞机、乘坐高等级列车和席次、投资、招投标等方面对失信被执行人实行限制。

二、供全国借鉴的改革举措（23项）

序号	改革举措	主要做法
（一）开办企业（1项） 责任单位：市场监管总局牵头，工业和信息化部、人力资源社会保障部、人民银行、税务总局等国务院相关部门及各地区按职责分工负责		
1	提供企业档案“容e查”服务	为企业提供带有签章和防伪水印的电子档案查询、拷贝服务，“一次拷贝，终生使用”，提升企业档案查询的实效性和便利度。
（二）办理建筑许可（4项） 责任单位：住房城乡建设部牵头，国家发展改革委、自然资源部、生态环境部等国务院相关部门及各地区按职责分工负责		
2	优化环境影响评价分类分级管理	实行环境影响评价分类管理，对不涉及有毒、有害及危险品的仓储、物流配送项目等一批基本不产生生态环境影响的项目，统一不再纳入环评管理。结合各地区实际情况和基层生态环境部门承接能力，优化省级及以下生态环境部门环评审批权限，做到有收有放、放管结合。

续表

序号	改革举措	主要做法
3	实行数字化联合审图	实行施工图审查无纸化申报和网上审查，实现多图联审全过程数字化。
4	推行工程招投标交易全过程电子化	推行招投标全过程无纸化在线电子交易和电子化监管，全程网上受理、网上审批、网上办结。
5	实行施工许可证全程网上办	实行建筑工程施工许可证网上申报、限时审批、网上发证，申请人全程网上办理。
（三）获得电力（3 项） 责任单位：国家能源局牵头，国家电网有限公司、中国南方电网有限责任公司、内蒙古电力（集团）有限责任公司等电网企业及各地区按职责分工负责		
6	提供低压小微企业接电“零上门零审批零投资”服务	提供低压小微企业接电“零上门零审批零投资”服务，压缩小微企业获得电力报装时间、环节及成本，前置到申请环节在线完成合同签订。将电网接入工程中的规划许可、绿化许可、掘路许可等审批环节从串联前置审批改为并联同步操作，取消低压小微企业用户外部接电工程费用。
7	提供客户接电移动作业终端实时响应服务	创新勘察设计移动作业终端，实时响应客户接电需求，整合典型设计、配网资源、地理信息等大数据。应用基于 GIS 系统的移动作业终端，精准定位用户，自动搜索电源，推行典型设计。通过 GPS 定位作业现场，实现电网资源数据与客户需求互联互通，压减现场勘察时间。
8	实行接电工程双经理负责制	客户经理负责项目整体协调推进，项目经理负责外线工程建设，实现“受理业务、施工准备、工程实施、计划排定”责任到人。
（四）登记财产（3 项） 责任单位：自然资源部牵头，国务院相关部门及各地区按职责分工负责		
9	推行不动产登记信息和地籍管理信息互联互通	建立省级层面统一的不动产登记和地籍管理信息系统平台，以不动产登记单元号作为唯一关联码，实现不动产登记“带图作业”，登记信息和地籍管理信息融合互通。平台同时实现网上申请、登记办理、网上查询、信息共享等多种功能。
10	实行不动产登记电子证照协同互认	推进政务服务“一网通办”，推行不动产登记电子证照协同互认。通过部门间数据共享获取不动产登记业务办理需要的数据，不再要求申请人重复提交。
11	建立健全不动产登记和土地权籍测绘投诉机制及土地纠纷相关信息公开制度	设立投诉热线，专门负责不动产登记和土地测绘调查的投诉处理。在自然资源管理部门和高级人民法院网站设立“土地权属争议调查处理统计查询”和“法院涉及土地纠纷案件统计查询”栏目，向社会公开土地权属争议案件的调查处理情况，在“法院审判信息网”同步公开涉及土地纠纷案件的审理情况及数据。
（五）缴纳税费（2 项） 责任单位：财政部牵头，人力资源社会保障部、住房城乡建设部、税务总局等国务院相关部门及各地区按职责分工负责		
12	住房公积金缴存业务全程网上办、“通缴通取”	推行住房公积金单位登记开户、单位信息变更、缴存业务全程网上办；住房公积金归集业务“通缴通取”，缴存单位和缴存人可就近自行办理业务。

续表

序号	改革举措	主要做法
13	实行纳税人线上“一表申请”、“一键报税”	打造电子税务局，探索“财税一体化”，实现企业财务报表与税务申报表数据自动转换，逐步扩大“一键报税”范围。符合条件的纳税人在电子税务局上申请发票配送，选择提货方式、配送地址、配送公司、申领份数，税务部门提供发票配送上门服务。
（六）跨境贸易（7 项） 责任单位：海关总署牵头，交通运输部、商务部等国务院相关部门及各地区按职责分工负责		
14	实行通关全流程电子化	实行进口许可证件申领和通关作业无纸化，减少进出口环节验核的监管证件，全面推广电子报关委托，实现网上申报、自助打印。
15	推行海关内部核批“一步作业”	简化和下放部分海关内部核批作业，“两步作业”减为“一步作业”。如报关单修撤、直接退运、暂时进出口货物及延期、特殊通道申报等，在通关现场完成核批，职能管理部门开展后续核查、不再事中干预。
16	推行集装箱设备交接单无纸化	按照先易后难原则选取企业进行双轨制试点，在保留使用现行纸质单证的同时，通过上海水运口岸国际集装箱设备交接单无纸化系统平台，实现信息电子化传递。出口集装箱进港无需向港区码头提交纸质集装箱装箱单，凭电子装箱单信息即可完成出口集装箱进港业务。
17	实行口岸分类验放	在监管场所联网基础上，对进口汽车零部件直接采信 CCC 认证结果；对进口矿产品先放行后检测；对鲜活农产品实施绿色通道即到即查，合格的快速放行；对符合条件商品的木质包装实施优先检疫、集中监管等便利措施，优化监管流程。
18	实行跨境贸易大数据监管	开发应用跨境贸易管理大数据平台，采集贸易链、供应链、物流链、金融链、政务链的全程数据，与上海大数据中心、中国（上海）国际贸易“单一窗口”、航运企业、海空港口、生产经营企业等进行对接，实行信息共享互用、联网核验。
19	优化关税征管全流程服务	为企业提供归类先例、税收要素预裁定等服务；推广关税保证保险和企业自助打印出口原产地证书、税单等凭证；推动属地纳税人管理制度落地，打造企业可选择、结果可预期的纳税模式。
20	同步通关和物流作业	建立集装箱“通关＋物流”应用系统，同步进行通关和物流作业。
（七）执行合同（3 项） 责任单位：最高人民法院牵头，司法部等国务院相关部门及各地区按职责分工负责		
21	推行法院网上立案与司法数据常态化公开	对买卖合同、金融借款合同、委托合同等商事案件开通网上直接立案。当事人申请网上立案符合立案条件的，人民法院即予以登记立案，并在线生成诉讼费用缴纳通知书发送给原告，原告可以不再另行提交纸质诉状。高级人民法院在门户网站设立常态化司法公开平台，向社会动态公开辖区内三级法院商事案件平均审理天数、结案率等信息。设立诉讼服务平台或热线，向当事人公开单一案件受理、缴费、开庭日期等案件进展信息。
22	推行全流程网络化办案	高级人民法院探索统筹建设网络办案系统，实行当事人诉讼和法院审判全流程网上办理，将规定的一审民商事案件所涉诉讼流程全部纳入数据化办理平台，同时在网上平台设立“数字卷宗”，当事人提交的和法院办案中产生的材料全部自动归集、自动归档。

续表

序号	改革举措	主要做法
23	构建诉讼服务平台	高级人民法院牵头，会同司法行政部门，建设供律师使用的诉讼平台。平台主要服务功能包括：网上立案、案件查询、文书送达、材料提交、开庭提醒、联系法官、卷宗借阅、找法问案、网上交费、证据交换等；提供立案流程指引、网上立案、诉讼费计算、诉讼费用缴纳、文书样式查询、个案查询、失信被执行人信息查询、司法拍卖、在线调解等诉讼服务。

注：上述36项改革举措的京沪两地相关具体做法，将同步在中国政府网公布。

国务院关于进一步做好利用外资工作的意见

（国发〔2019〕23号，国务院2019年10月30日发布）

各省、自治区、直辖市人民政府，国务院各部委、各直属机构：

对外开放是我国基本国策。外资在我国经济发展中发挥了独特而重要的作用，推动高质量发展、推进现代化建设必须始终高度重视利用外资。当前，国际投资格局深刻调整，我国利用外资工作面临新形势、新特点、新挑战。为深入贯彻习近平新时代中国特色社会主义思想，全面贯彻党的十九大和十九届二中、三中、四中全会精神，统筹推进“五位一体”总体布局，协调推进“四个全面”战略布局，落实党中央、国务院关于稳外资工作的决策部署，以激发市场活力、提振投资信心为出发点，以保障外商投资企业国民待遇为重点，以打造公开、透明、可预期的外商投资环境为着力点，持续深化“放管服”改革，进一步做好利用外资工作，稳定外资规模，优化外资结构，现提出以下意见。

一、深化对外开放

（一）支持外商投资新开放领域。继续压减全国和自由贸易试验区外商投资准入负面清单，全面清理取消未纳入负面清单的限制措施，保障开放举措有效实施，持续提升开放水平。（发展改革委、商务部牵头，各有关部门、各省级人民政府按职责分工负责）

（二）加快金融业开放进程。全面取消在华外资银行、证券公司、基金管理公司等金融机构业务范围限制，丰富市场供给，增强市场活力。减少外国投资者投资设立银行业、保险业机构和开展相关业务的数量型准入条件，取消外国银行来华设立外资法人银行、分行的总资产要求，取消外国保险经纪公司在华经营保险经纪业务的经营年限、总资产要求。扩大投资入股外资银行和外资保险机构的股东范围，取消中外合资银行中方唯一或主要股东必须是金融机构的要求，允许外国保险集团公司投资设立保险类机构。继续支持按照内外资一致的原则办理外资保险公司及其分支机构设立及变更等行政许可事项。2020年取消证券公司、证券投资基金管理公司、期货公司、寿险公司外资持股比例不超过51%的限制。（人民银行、银保监会、证监会按职责分工负责）

（三）优化汽车领域外资政策。各地区要保障内外资汽车制造企业生产的新能源汽车享受同等市场准入待遇。修订乘用车企业平均燃料消耗量与新能源汽车积分并行管理办法，在外方与中方合资伙伴协商一致后，允许外方在华投资的整车企业之间转让积分。（工业和信息化部、各省级人民政府按职责分工负责）

（四）着力营造公平经营环境。各地区、各部门要着力提高市场的公平性，及时纠正违反公平竞争的做法，着力消除妨害公平竞争的制度性障碍。统一内外资建筑业企业承揽业务范围。完善外国投资者申请从事互联网上网服务营业场所、娱乐场所经营等业务相关规定。坚持按照内外资机构同等待遇原则，开展强制性产品认证机构的资质审批工作。增加化学品物理危险性鉴定机构数量，不得针对外商投资企业设置限制性条件。（发展改革委、住房城乡建设部、商务部、文化和旅游部、应急部、市场监管总局、各省级人民政府按职责分工负责）

二、加大投资促进力度

（五）优化外商投资企业科技创新服务。加强对外商投资企业申请高新技术企业认定的指导和服务，组织开展政策专题培训，加强政策宣传，鼓励和引导外资更多投向高新技术产业。（科技部、财政部、税务总局、各省级人民政府按职责分工负责）

（六）提升自由贸易试验区建设水平。支持地方和部门聚焦市场主体期盼，提出支持自由贸易试验区进一步扩大开放和创新发展的具体措施，推进相关深层次改革事项在自由贸易试验区先行先试，充分发挥自由贸易试验区改革开放试验田作用。对有条件的自由贸易试验区下放更多省级经济管理审批权限，尤其是投资审批、市场准入等权限。（商务部牵头，发展改革委等有关部门、各有关省级人民政府按职责分工负责）

（七）提升开放平台引资质量。鼓励地方人民政府对有条件建设具有较强竞争力产业集群的国家级经济技术开发区予以支持，打造品牌化招商引资平台。建立重点企业联系制度，提供专业化、全流程服务，着力培育带动力强、辐射面广的龙头企业和产业链核心企业。在确有发展需要且符合条件的中西部地区，优先增设一批综合保税区。切实推进国家级经济技术开发区“审批不出区”、“互联网+政务服务”和“最多跑一次”改革，创新完善企业服务体系，构建一流营商环境。（财政部、工业和信息化部、商务部、海关总署、税务总局、各省级人民政府按职责分工负责）

（八）支持地方加大对外资的招商引资力度。鼓励地方政府根据当地招商工作实际，制定考核激励政策，对招商部门、团队内非公务员岗位实行更加灵活的激励措施。鼓励地方政府在法定权限内合理设定招商引资工作经费额度与标准，对出境招商活动、团组申请等予以支持。（外交部、发展改革委、财政部、人力资源社会保障部、商务部、各省级人民政府按职责分工负责）

（九）抓好政策宣传解读。各地区、各部门要通过设立投资服务平台、政策咨询窗口等方式，积极开展政策宣传，深入企业宣讲政策，了解政策实施难点、堵点，全方位回应企业诉求，依法依规支持外商投资企业享受配套优惠政策，协助企业用足用好各项政策。（各有关部门、各省级人民政府按职责分工负责）

三、深化投资便利化改革

（十）降低资金跨境使用成本。尽快出台具体措施，支持外商投资企业扩大人民币跨境使用。扩大资本项目收入支付便利化改革试点范围。推进企业发行外债登记制度改革，完善全口径跨境融资宏观审慎管理政策，支持外商投资企业自主选择借用外债模式，降低融资成本。鼓励外商投资企业资本金依法用于境内股权投资。（发展改革委、商务部、人民银行、外汇局按职责分工负责）

（十一）提高来华工作便利度。支持各地区根据本地经济发展需要，对于急需紧缺的创新创业人才、专业技能人才来华工作，可适当放宽年龄、学历或工作经历等限制。对有创新创业意愿的外国留学生，可凭中国高校毕业证书申请2年私人事务类居留许可。已连续两次申请办理工作类居留许可的外国人，可在第三次申请时按规定签发5年有效期的工作类居留许可。优化外国人申请来华工作许可办理流程，完善部门信息共享机制，探索整合外国人工作许可证和工作类居留许可。（外交部、科技部、人力资源社会保障部、移民局、各省级人民政府按职责分工负责）

（十二）优化外资项目规划用地审批程序。持续深化规划用地“放管服”改革，加快外资项目落地进度。合并规划选址和用地预审，合并建设用地规划许可和用地批准，推进多测整合、多验合一，推进信息共享，简化报件审批材料。（自然资源部牵头，发展改革委、住房城乡建设部、商务部等部门和各省级人民政府按职责分工负责）

四、保护外商投资合法权益

（十三）全面贯彻外商投资法。外商投资法及其配套法规实施后，各地区、各部门要严格贯彻落实，进一步清理相关法规规定，抓紧制定完善具体实施办法和有关司法解释，做好解读和培训工作，确保外商投资法各项制度切实有效执行。（商务部、发展改革委、最高人民法院、司法部牵头，各部门、各省级人民政府按职责分工负责）

（十四）保护外商投资企业合法权益。各地区应建立健全外商投资企业投诉受理机构，完善处理规则，规范处理程序，提高处理效率。各地区、各部门应严格遵照外商投资法、行政许可法等法律法规对外商投资实施行政许可，不得擅自改变行政许可范围、程序及标准等，行政机关及其工作人员不得通过行政许可、监督检查、行政强制等，强制或者变相强制外国投资者、外商投资企业转让技术。（商务部牵头，各部门、各省级人民政府按职责分工负责）

（十五）强化监管政策执行规范性。优化监管方式，科学合理设定环境保护、安全生产等监管执法检查频次，降低外商投资企业合规成本。地方政府应依照大气污染防治法等有关法律法规规定采取重污染天气应急措施。指导各地在市场监管领域细化、量化行政处罚自由裁量标准。（生态环境部、应急部、市场监管总局等部门和各省级人民政府按职责分工负责）

（十六）提高行政规范性文件制定透明度。各地区、各部门制定出台涉及外商投资的行政规范性文件，应当加强合法性审核。与外商投资企业生产经营活动密切相关的行政规范性文件，应当结合实际，合理确定公布到施行之间的时间，提高政策可预见性和透明度。（各部门、各省级人民政府按职责分工负责）

（十七）发挥知识产权司法保护重要作用。充分发挥财产保全、证据保全、行为保全的制度效能，提高知识产权司法救济的及时性和便利性。优化涉及外商投资企业知识产权案件中对证据形式要件的要求，适用事实推定，合理减轻外方当事人的诉讼负担。依法加强保护商业秘密、合理分配举证责任，加大民事保护和刑事保护力度。依法集中、统一审理专利无效与侵权上诉案件，进一步提升审判质效。充分尊重知识产权的市场价值，积极运用惩罚性赔偿，加大对恶意侵权行为、重复侵权行为的打击力度。进一步完善技术调查官制度，加强技术类案件的多元事实查明机制建设。加强涉及标准必要专利的案件审理，保障公平竞争市场秩序。充分发挥知识产权案件多元化调解的作用，实质性解决纠纷。进一步统一知识产权案件诉讼证据和司法裁判标准，适时出台有关司法解释，发布指导性案例，持续提升知识产权司法审判工作规范化、科学化、国际化水平。（最高人民法院负责）

（十八）完善知识产权保护工作机制。建立健全知识产权快速协同保护和信用联合惩戒机制，持续推进知识产权纠纷仲裁调解工作，构建完善知识产权纠纷多元化解决机制。完善注册商标撤销程序。健全地理标志保护制度。完善电子商务知识产权保护机制，完善电子商务平台专利侵权判定通知、移除规则，完善电子商务领域专利执法维权协作调度机制。积极运用标准化方法，加强知识产权保护。（商务部、市场监管总局、知识产权局、各省级人民政府按职责分工负责）

（十九）支持参与标准制定。指导各地区、各部门全面落实内外资企业公平参与我国标准化工作，鼓励外商投资企业参与我国医疗器械、食品药品、信息化产品等标准制定，提高行业标准和技术规范制修订的科学性和透明度。（市场监管总局牵头，各部门、各省级人民政府按职责分工负责）

（二十）保障依法平等参与政府采购。各地区、各部门在政府采购信息发布、供应商条件确定、评标标准等方面，不得对外商投资企业实行歧视待遇，不得限定供应商的所有制形式、组织形式、股权结构或者投资者国别，以及产品或服务品牌等。（财政部牵头，各部门、

各省级人民政府按职责分工负责）

各地区、各部门要深入贯彻党中央、国务院关于稳外资工作的部署要求，充分认识当前进一步做好利用外资工作的重要意义，提高站位，主动作为，务求实效，狠抓各项政策措施落实。涉及修订或废止行政法规、国务院文件、经国务院批准的部门规章的，由原牵头起草部门或商务部会同有关部门报请国务院修订或废止。商务部要会同有关部门加强指导和协调，重大问题及时向国务院报告。

产业结构调整指导目录（2019 年本）

（国家发展和改革委员会令 2019 年第 29 号，国家发展和改革委员会 2019 年 10 月 30 日发布）

《产业结构调整指导目录（2019 年本）》已经 2019 年 8 月 27 日第 2 次委务会议审议通过，现予公布，自 2020 年 1 月 1 日起施行。《产业结构调整指导目录（2011 年本）（修正）》同时废止。

产业结构调整指导目录

（2019 年本）

第一类　鼓励类

一、农林业

1. 农田建设与保护工程（含高标准农田建设、农田水利建设、高效节水灌溉、农田整治等），土地综合整治

2. 农产品及农作物种子基地建设

3. 蔬菜、瓜果、花卉设施栽培（含无土栽培）先进技术开发与应用，优质、高产、高效标准化栽培技术开发与应用

4. 畜禽标准化规模养殖技术开发与应用

5. 重大病虫害及动物疫病防治

6. 动植物（含野生）优良品种选育、繁育、保种和开发，生物育种，种子（种苗）生产、加工、包装、检验、鉴定技术和仓储、运输设备的开发与应用

7. 旱作节水农业、保护性耕作、生态农业建设、耕地质量建设、新开耕地快速培肥、水肥一体化技术开发与应用

8. 生态种（养）技术开发与应用

9. 全生物降解地膜农田示范与应用及受污染耕地风险管控与修复

10. 获得绿色食品生产资料标志的饲料、饲料添加剂、肥料、农药、兽药等优质安全环保农业投入品及绿色食品生产允许使用的食品添加剂开发

11. 内陆流域性大湖资源增殖保护工程

12. 远洋渔业、人工鱼礁、渔政渔港工程

13. 牛羊胚胎（体内）及精液工厂化生产

14. 农业生物技术开发与应用

15. 耕地保养管理与土、肥、水速测技术开发与应用

16. 农、林作物、畜禽和渔业种质资源保护地、保护区建设；动植物种质资源收集、保存、鉴定、开发与应用

17. 农作物秸秆综合利用（秸秆肥料化利用，秸秆饲料化利用，秸秆能源化利用，秸秆基料化利用，秸秆原料化利用等）

18. 农村可再生资源综合利用开发工程（沼气工程、生物天然气工程、“三沼”综合利用、沼气发电，生物质能清洁供热，秸秆气化清洁能源利用工程，废弃菌棒利用，太阳能利用）

19. 草原、森林灾害综合治理工程

20. 退耕还林还草、退牧还草及天然草原

植被恢复工程，优质高产牧草人工种植与加工

21. 动物疫病新型诊断试剂、疫苗及低毒低残留兽药（含兽用生物制品）新工艺、新技术开发与应用

22. 天然橡胶及杜仲种植生产

23. 无公害农产品及其产地环境的有害元素监测技术开发与应用

24. 有机废弃物无害化处理及有机肥料产业化技术开发与应用

25. 农牧渔产品无公害、绿色生产技术开发与应用

26. 农林牧渔产品储运、保鲜、加工与综合利用

27. 防护林工程，天然林等自然资源保护工程，森林抚育、低质低效林改造工程

28. 国家储备林建设、特色经济林建设，碳汇林建设、植树种草工程及林草种苗工程，油茶、油棕等木本粮油基地建设，生物质能源林定向培育与产业化

29. 水土流失综合治理工程，荒漠化、石漠化防治及防沙治沙工程

30. 海洋、森林、野生动植物、湿地、荒漠、草原等自然保护区建设及生态示范工程

31. 固沙、保水、改土新材料生产

32. 抗盐与耐旱植物培植

33. 竹藤、花卉基地建设、产品开发及精深加工

34. 林木、草原基因资源保护工程，野生经济林树种保护、改良及开发利用

35. 珍稀濒危野生动植物和古树名木保护工程

36. 次小薪材、沙生灌木及三剩物深加工与产品开发

37. 野生动植物培植、驯养繁育基地及疫源疫病监测预警体系建设

38. 道地中药材及优质、丰产、濒危或紧缺动植物药材的种植（养殖），香料、野生花卉等林下资源人工培育与开发

39. 木、竹、草（包括秸秆）人造板及其复合材料技术开发及应用

40. 松脂林建设、林产化学品深加工

41. 人工增雨防雹等人工影响天气技术开发与应用

42. 数字（信息）农业、林草技术开发与应用

43. 农业农村环境保护与治理技术开发与应用

44. 淡水与海水健康养殖及产品深加工，淡水与海水渔业资源增殖与保护，海洋牧场

45. 生态清洁型小流域建设及面源污染防治

46. 粮油干燥节能设备、农户绿色储粮生物技术、驱鼠技术、农户新型储粮仓（彩钢板组合仓、钢骨架矩形仓、钢网式干燥仓、热浸镀锌钢板仓等）推广应用

47. 农作物、林木害虫密度自动监测技术开发与应用

48. 气象卫星工程（卫星研制、生产及配套软件系统、地面接收处理设备、卫星遥感应用技术）和气象信息服务

49. 农业生产数字化改造和智慧农业工程

50. 乡村厕所废物废水以及餐厨废物废水的收集处理与生态农业联合经营

51. 面向资源化的乡村生活废水、生活废物、畜禽粪便、农业废弃物与农田面源污染协同综合治理

52. 休闲农业和乡村旅游精品工程

53. 畜禽养殖废弃物处理和资源化利用（畜禽粪污肥料化、能源化、基料化和垫料化利用，病死畜禽无害化处理）

54. 数字农村建设和信息进村入户工程

55. “互联网＋”农产品出村进城工程

56. 木材及木（竹）质材料节能、节材、环保加工技术开发与利用

57. 湿态酒精糟（WDGS）的应用、生物质液体有机肥的应用

二、水利

1. 江河湖海堤防建设及河道治理工程
2. 跨流域调水工程
3. 城乡供水水源工程
4. 农村饮水安全工程
5. 蓄滞洪区建设
6. 江河湖库清淤疏浚工程
7. 病险水库、水闸除险加固工程

8. 堤坝隐患监测与修复技术开发与应用
9. 城市积涝预警和防洪工程
10. 出海口门整治工程
11. 综合利用水利枢纽工程
12. 淤地坝工程
13. 水利工程用土工合成材料及新型材料开发制造
14. 灌区及配套设施建设、改造
15. 高效输配水、节水灌溉技术推广应用
16. 灌溉排水泵站更新改造工程
17. 水利血吸虫病防治工程
18. 山洪地质灾害防治工程（山洪地质灾害防治区监测预报预警体系建设及山洪沟、泥石流沟和滑坡治理等）
19. 水生态系统及地下水保护与修复工程
20. 水源地保护工程（水源地保护区划分、隔离防护、水土保持、水资源保护、水生态环境修复及有关技术开发推广）
21. 水土流失监测预报自动化系统开发与应用
22. 防洪调动自动化系统开发、洪水风险图编制技术及应用（大江大河中下游及重点防洪区、防洪保护区等特定地区洪涝灾害信息专题地图）
23. 水资源管理信息系统建设
24. 水文站网基础设施以及水文水资源监测能力建设
25. 非常规水源开发利用

三、煤炭

1. 煤田地质及地球物理勘探
2. 矿井灾害（瓦斯、煤尘、矿井水、火、围岩、地温、冲击地压等）防治
3. 型煤及水煤浆技术开发与应用
4. 煤炭共伴生资源加工与综合利用
5. 煤层气勘探、开发、利用和煤矿瓦斯抽采、利用
6. 煤矸石、煤泥、洗中煤等低热值燃料综合利用
7. 管道输煤
8. 煤炭清洁高效洗选技术开发与应用
9. 地面沉陷区治理、矿井水资源保护与利用
10. 煤电一体化建设
11. 提高资源回收率的采煤方法、工艺开发与应用
12. 矿井采空区、建筑物下、铁路等基础设施下、水体下采用煤矸石等物质填充采煤技术开发与应用
13. 井下救援技术及特种装备开发与应用
14. 煤矿生产过程综合监控技术、装备开发与应用
15. 大型煤炭储运中心、煤炭交易市场建设及储煤场地环保改造
16. 新型矿工避险自救器材开发与应用
17. 煤矿智能化开采技术及煤矿机器人研发应用
18. 煤炭清洁高效利用技术

四、电力

1. 大中型水力发电及抽水蓄能电站
2. 单机60万千瓦及以上超超临界机组电站建设
3. 采用背压（抽背）型热电联产、热电冷多联产、30万千瓦及以上超（超）临界热电联产机组
4. 缺水地区单机60万千瓦及以上大型空冷机组电站建设
5. 重要用电负荷中心且天然气充足地区天然气调峰发电项目
6. 30万千瓦及以上循环流化床、增压流化床、整体煤气化联合循环发电等洁净煤发电
7. 单机30万千瓦及以上采用流化床锅炉并利用煤矸石、中煤、煤泥等发电
8. 500千伏及以上交、直流输变电
9. 燃煤发电机组超低排放技术
10. 电网改造与建设，增量配电网建设
11. 继电保护技术、电网运行安全监控信息技术开发与应用
12. 大型电站及大电网变电站集约化设计和自动化技术开发与应用
13. 跨区电网互联工程技术开发与应用
14. 输变电节能、环保技术推广应用
15. 降低输、变、配电损耗技术开发与

应用

16. 分布式供电及并网（含微电网）技术推广应用

17. 燃煤发电机组多污染物协同治理

18. 火力发电废烟气脱硝催化剂再生及低温催化剂开发生产

19. 水力发电中低温水恢复措施工程、过鱼措施工程技术开发与应用

20. 大容量电能储存技术开发与应用

21. 电动汽车充电设施

22. 乏风瓦斯发电技术及开发利用

23. 垃圾焚烧发电成套设备

24. 分布式能源

25. 高效电能替代技术及设备

26. 燃煤耦合生物质发电

27. 火力发电机组灵活性改造

28. 智慧能源系统

五、新能源

1. 太阳能热发电集热系统、太阳能光伏发电系统集成技术开发应用、逆变控制系统开发制造

2. 氢能、风电与光伏发电互补系统技术开发与应用

3. 太阳能建筑一体化组件设计与制造

4. 高效太阳能热水器及热水工程，太阳能中高温利用技术开发与设备制造

5. 生物质纤维素乙醇、生物燃油（柴油、汽油、航空煤油）等非粮生物质燃料生产技术开发与应用

6. 生物质直燃、气化发电技术开发与设备制造

7. 农林生物质资源收集、运输、储存技术开发与设备制造；农林生物质成型燃料加工设备、锅炉和炉具制造

8. 以农作物秸秆、畜禽粪便、生活垃圾、工业有机废弃物、有机污水污泥等各类城乡有机废弃物为原料的大型沼气和生物天然气生产成套设备

9. 沼气发电机组、沼气净化设备、沼气管道供气、装罐成套设备制造

10. 海洋能、地热能利用技术开发与设备制造

11. 5MW 及以上海上风电机组技术开发与设备制造

12. 海上风电场建设与设备及海底电缆制造

13. 能源路由、能源交易等能源互联网技术与设备

14. 高效制氢、运氢及高密度储氢技术开发应用及设备制造，加氢站及车用清洁替代燃料加注站

15. 移动新能源技术开发及应用

16. 传统能源与新能源发电互补技术开发及应用

六、核能

1. 铀矿地质勘查和铀矿采冶、铀精制、铀转化

2. 先进核反应堆及多用途模块化小型堆建造与技术开发

3. 核电站建设

4. 高性能核燃料元件、MOX 元件、金属元件制造

5. 乏燃料后处理

6. 同位素、加速器及辐照应用技术开发

7. 先进的铀同位素分离技术开发与设备制造

8. 辐射防护技术开发与监测设备制造

9. 核安保关键系统开发与设备制造

10. 核设施退役及放射性废物治理

11. 核电站延寿及退役技术和设备

12. 核电站应急抢险技术和设备

13. 核能综合利用（供暖、供汽、海水淡化等）

七、石油、天然气

1. 常规石油、天然气勘探与开采

2. 页岩气、页岩油、致密油、油砂、天然气水合物等非常规资源勘探开发

3. 原油、天然气、液化天然气、成品油的储运和管道输送设施、网络和液化天然气加注设施建设

4. 油气伴生资源综合利用

5. 油气田提高采收率技术、安全生产保障技术、生态环境恢复与污染防治工程技术开发利用

6. 放空天然气回收利用与装置制造

7. 天然气分布式能源技术开发与应用

8. 石油储运设施挥发油气回收技术开发与应用

9. 液化天然气技术、装备开发与应用

10. 油气回收自动监控设备

八、钢铁

1. 黑色金属矿山接替资源勘探及关键勘探技术开发，低品位难选矿综合选别和利用技术，高品质铁精矿绿色高效智能化生产技术与装备

2. 焦炉加热精准控制、焦炉烟气脱硫脱硝副产物资源化利用、脱硫废液资源化利用、焦化废水深度处理回用、煤焦油炭基材料、煤沥青制针状焦、焦炉煤气高附加值利用、荒煤气和循环氨水等余热回收、低阶粉煤干燥成型-干馏一体化等先进技术的研发和应用、综合污水深度处理回用、冷轧废水深度处理回用、烧结烟气脱硫废水处理回用等技术研发和应用

3. 非高炉炼铁技术

4. 高性能轴承钢，高性能齿轮用钢，高性能冷镦钢，高性能合金弹簧钢，先进轨道交通装备用钢，节能与新能源汽车用钢，低铁损高磁感取向电工钢，高性能工模具钢，建筑结构用高强度抗震钢筋、钢板及型钢，超高强度桥梁缆索用钢，高性能管线钢，高性能耐磨钢，高性能耐蚀钢，高强度高韧性工程机械用钢，海洋工程装备及高技术船舶用钢，电力装备用特殊钢，油气钻采集输用高品质特殊钢，高性能不锈钢，高温合金，高延性冷轧带肋钢筋，非调质钢，汽车等机械行业用高强钢，高纯度、高品质合金粉末，复合钢材，半导体用高纯高性能钢

5. 在线热处理、在线性能控制、在线强制冷却的新一代热机械控制加工（TMCP）工艺、铸坯直接轧制、无头轧制、超快速冷却、节能高效轧制及后续处理等技术应用

6. 直径 600 毫米及以上超高功率电极、高炉用微孔和超微孔碳砖、特种石墨（高强、高密、高纯、高模量）、石墨（质）化阴极、内串石墨化炉开发与生产，环保均质化凉料设备开发与生产应用

7. 焦炉、高炉、热风炉用长寿节能环保耐火材料生产工艺，精炼钢用低碳、无碳耐火材料、保温材料和高效连铸用功能环保性耐火材料生产工艺

8. 钢铁产品全流程质量管控技术

9. 利用钢铁生产设备处理社会废弃物（不含危险废物）

10. 钢铁行业超低排放技术，以及副产物资源化、再利用化技术

11. 冶金固体废弃物（含冶金矿山废石、尾矿，钢铁厂产生的各类尘、泥、渣、铁皮等）综合利用先进工艺技术；冶金废液（含废水、废酸、废油等）循环利用工艺技术与设备

12. 钢铁与相关产业间可循环流程工艺技术开发与应用

13. 带式焙烧等高效球团矿生产工艺技术，高炉高比例球团冶炼工艺技术

九、有色金属

1. 有色金属现有矿山接替资源勘探开发，紧缺资源的深部及难采矿床开采

2. 高效、低耗、低污染、新型冶炼技术开发

3. 高效、节能、低污染、规模化再生资源回收与综合利用。(1) 废杂有色金属回收利用。(2) 有价元素的综合利用。(3) 赤泥及其他冶炼废渣综合利用。(4) 高铝粉煤灰提取氧化铝。(5) 钨冶炼废渣的减量化、资源化和无害化利用处置

4. 信息、新能源有色金属新材料生产。(1) 信息：直径 200mm 以上的硅单晶及抛光片、直径 125mm 以上直拉或直径 50mm 以上水平生长化合物半导体材料、铝铜硅钨钼稀土等大规格高纯靶材、超高纯稀有金属及靶材、高端电子级多晶硅、超大规模集成电路铜镍硅和铜铬锆引线框架材料、电子焊料等。(2) 新能源：核级海绵锆及锆材、高容量长寿命二次

电池电极材料、前驱体材料

5. 交通运输、高端制造及其他领域有色金属新材料。（1）交通运输：抗压强度不低于500MPa、导电率不低于80%IACS的铜合金精密带材和超长线材制品等高强高导铜合金、交通运输工具主承力结构用的新型高强、高韧、耐蚀铝合金材料及大尺寸制品（航空用铝合金抗压强度不低于650MPa，高速列车用铝合金抗压强度不低于500MPa）、高性能镁合金及其制品。（2）高端制造及其他领域：用于航空航天、核工业、医疗等领域高性能钨材料及钨基复合材料，高性能超细、超粗、复合结构硬质合金材料及深加工产品，蜂窝陶瓷载体及稀土催化材料，低模量钛合金材料及记忆合金等生物医用材料，耐腐蚀热交换器用铜合金及钛合金材料，3D打印用高端金属粉末材料，高品质稀土磁性材料、储氢材料、光功能材料、合金材料、特种陶瓷材料、助剂及高端应用

6. 新能源、半导体照明、电子领域用连续性金属卷材、真空镀膜材料、高性能铜箔材料

十、黄金

1. 黄金深部（1000米及以下）探矿与开采

2. 从尾矿及废石中回收黄金

3. 黄金冶炼有价元素高效综合利用［难处理矿石选冶回收率≥75%；低品位矿石选冶回收率≥65%（不含堆浸）；当黄金与其他矿物共生时，综合利用率≥70%；当黄金与其他矿物伴生时，综合利用率≥50%］

十一、石化化工

1. 高标准油品生产技术开发与应用，煤经甲醇制对二甲苯

2. 硫、钾、硼、锂、溴等短缺化工矿产资源勘探开发及综合利用，磷矿选矿尾矿综合利用技术开发与应用，中低品位磷矿、萤石矿采选与利用，磷矿、萤石矿伴生资源综合利用

3. 零极距、氧阴极等离子膜烧碱电解槽节能技术、废盐酸制氯气等综合利用技术、铬盐清洁生产新工艺的开发和应用，全封闭高压水淬渣及无二次污染磷泥处理黄磷生产工艺，气动流化塔生产高锰酸钾，全热能回收热法磷酸生产，大型脱氟磷酸钙生产装置

4. 10万吨/年及以上离子交换法双酚A、15万吨/年及以上直接氧化法环氧丙烷、20万吨/年及以上共氧化法环氧丙烷、万吨级己二腈生产装置，万吨级脂肪族异氰酸酯生产技术开发与应用

5. 优质钾肥及各种专用肥、水溶肥、液体肥、中微量元素肥、硝基肥、缓控释肥的生产，磷石膏综合利用技术开发与应用

6. 高效、安全、环境友好的农药新品种、新剂型、专用中间体、助剂的开发与生产，定向合成法手性和立体结构农药生产，生物农药新产品、新技术的开发与生产

7. 水性木器、工业、船舶用涂料，高固体分、无溶剂、辐射固化涂料，低VOCs含量的环境友好、资源节约型涂料，用于大飞机、高铁等重点领域的高性能防腐涂料生产；单线产能3万吨/年及以上氯化法钛白粉生产

8. 高固着率、高色牢度、高提升性、高匀染性、高重现性、低沾污性以及低盐、低温、小浴比染色用和湿短蒸轧染用的活性染料，高超细旦聚酯纤维染色性、高洗涤牢度、高染着率、高光牢度和低沾污性（尼龙、氨纶）、高耐碱性、低毒低害环保型、小浴比染色用的分散染料，聚酰胺纤维、羊毛和皮革染色用高耐洗、高氯漂、高匀染、高遮盖力的酸性染料，高色牢度、功能性还原染料，高色牢度、功能性、低芳胺、无重金属、易分散、原浆着色的有机颜料，采用上述染料、颜料生产的水性液态着色剂

9. 染料、有机颜料及其中间体清洁生产、本质安全的新技术（包括发烟硫酸连续磺化、连续硝化、连续酰化、连续萃取、连续加氢还原、连续重氮偶合等连续化工艺，催化、三氧化硫磺化、绝热硝化、定向氯化、组合增效、溶剂反应、双氧水氧化、循环利用等技术，以及取代光气等剧毒原料的适用技术，膜过滤和原浆干燥技术）的开发和应用

10. 乙烯-乙烯醇共聚树脂、聚偏氯乙烯

等高性能阻隔树脂，聚异丁烯、乙烯-辛烯共聚物、茂金属聚乙烯等特种聚烯烃，高碳α烯烃等关键原料的开发与生产，液晶聚合物、聚苯硫醚、聚苯醚、芳族酮聚合物、聚芳醚醚腈等工程塑料生产以及共混改性、合金化技术开发和应用，高吸水性树脂、导电性树脂和可降解聚合物的开发与生产，长碳链尼龙、耐高温尼龙等新型聚酰胺开发与生产

11. 5万吨/年及以上溴化丁基橡胶、溶聚丁苯橡胶、稀土顺丁橡胶，丙烯酸酯橡胶，固含量大于60%的丁苯胶乳、异戊二烯胶乳开发与生产；合成橡胶化学改性技术开发与应用；聚丙烯热塑性弹性体（PTPE）、热塑性聚酯弹性体（TPEE）、氢化苯乙烯－异戊二烯热塑性弹性体（SEPS）、动态全硫化热塑性弹性体（TPV）、有机硅改性热塑性聚氨酯弹性体等热塑性弹性体材料开发与生产

12. 改性型、水基型胶黏剂和新型热熔胶，环保型吸水剂、水处理剂，分子筛固汞、无汞等新型高效、环保催化剂和助剂，纳米材料，功能性膜材料，超净高纯试剂、光刻胶、电子气、高性能液晶材料等新型精细化学品的开发与生产

13. 苯基氯硅烷、乙烯基氯硅烷等新型有机硅单体，苯基硅油、氨基硅油、聚醚改性型硅油等，苯基硅橡胶、苯撑硅橡胶等高性能硅橡胶及杂化材料，甲基苯基硅树脂等高性能树脂，三乙氧基硅烷等高效偶联剂

14. 全氟烯醚等特种含氟单体，聚全氟乙丙烯、聚偏氟乙烯、聚三氟氯乙烯、乙烯-四氟乙烯共聚物等高品质氟树脂，氟醚橡胶、氟硅橡胶、四丙氟橡胶、高含氟量246氟橡胶等高性能氟橡胶，含氟润滑油脂，消耗臭氧潜能值（ODP）为零、全球变暖潜能值（GWP）低的消耗臭氧层物质（ODS）替代品，全氟辛基磺酰化合物（PFOS）和全氟辛酸（PFOA）及其盐类的替代品和替代技术开发和应用，含氟精细化学品和高品质含氟无机盐

15. 高性能子午线轮胎［包括无内胎载重子午胎、巨型工程子午胎（49吋以上），低断面和扁平化（低于55系列）］及智能制造技术与装备，航空轮胎、农用子午胎及配套专用材料和设备生产，新型天然橡胶开发与应用

16. 生物高分子材料、填料、试剂、芯片、干扰素、传感器、纤维素生化产品开发与生产

17. 四氯化碳、四氯化硅、甲基三氯硅烷、三甲基氯硅烷等副产物的综合利用，二氧化碳的捕获与应用

十二、建材

1. 利用不低于2000吨/日（含）新型干法水泥窑或不低于6000万块/年（含）新型烧结砖瓦生产线协同处置废弃物，水泥窑协同处置垃圾焚烧飞灰使用水洗工艺脱盐预处理；新型干法水泥窑生产硫（铁）铝酸盐水泥、铝酸盐水泥、白色硅酸盐水泥等特种水泥工艺技术及产品的研发与应用；新型静态水泥熟料煅烧工艺技术的研发与应用；新型干法水泥窑替代燃料技术、烟气二氧化碳捕集纯化技术的研发与应用；水泥外加剂的开发与应用；粉磨系统节能改造（水泥立磨、生料辊压机终粉磨等）；水泥包装自动插袋机、包装机、装车机开发与应用

2. 规模不超过150吨/日（含）的电子信息产业用超薄基板玻璃、触控玻璃、高铝盖板玻璃、载板玻璃、导光板玻璃生产线、技术装备和产品；高硼硅玻璃，微晶玻璃；交通工具和太阳能装备用铝硅酸盐玻璃；大尺寸（1平方米及以上）铜铟镓硒和碲化镉等薄膜光伏电池背电极玻璃；节能、安全、显示、智能调控等功能玻璃产品及技术装备；连续自动化真空玻璃生产线；玻璃熔窑用全氧/富氧燃烧技术；一窑多线平板玻璃生产技术与装备；玻璃熔窑用低导热熔铸锆刚玉、长寿命（12年及以上）无铬碱性高档耐火材料

3. 适用于装配式建筑的部品化建材产品；低成本相变储能墙体材料及墙体部件；光伏建筑一体化部品部件；岩棉复合材料制品/部品；气凝胶节能材料；A级阻燃保温材料制品，建筑用复合真空绝热保温材料，保温、装饰等功能一体化复合板材，桥梁隧道、地下管廊、岛礁设施、海工设施等领域用长寿命防水防腐阻燃复合材料，改性沥青防水卷材、高分子防水卷材、水性或高固含量防水涂料等新型建筑防

水材料；功能型装饰装修材料及制品，绿色无醛人造板以及路面砖（板）、路面透水砖（板）、广场透水砖（板）、装饰砖（砌块）、仿古砖、护坡生态砖（砌块）、水工生态砖（砌块）等绿色建材产品技术开发与生产应用

4. 陶瓷集中制粉、陶瓷园区清洁煤制气生产技术开发与应用；单块面积大于1.62平方米（含）的陶瓷板生产线和工艺装备技术开发与应用；利用尾矿、废弃物等生产的轻质发泡陶瓷隔墙板及保温板材生产线和工艺装备技术开发与应用

5. 一次冲洗用水量6升及以下的坐便器、蹲便器，节水型生活用水器具及节水控制设备，智能坐便器、卫浴集成系统，满足装配式要求的整体卫浴部品开发与生产

6. 8万吨/年及以上无碱玻璃纤维粗纱（单丝直径>9微米）池窑拉丝技术，5万吨/年及以上无碱玻璃纤维细纱（单丝直径≤9微米）池窑拉丝技术，超细、高强高模、耐碱、低介电、高硅氧、可降解、异形截面等高性能玻璃纤维及玻纤制品技术开发与生产；玄武岩纤维池窑拉丝技术；碳化硅纤维、复合纤维；航空航天、环保、海工、电工电子、交通、能源、建筑、物联网、畜牧养殖等领域用热塑性、热固性复合材料产品及其高效成型制备工艺和装备；树脂基复合材料废弃物回收利用技术与装备；20万吨/年及以上矿物原料粉体加工生产线

7. 使用合成矿物纤维、芳纶纤维等作为增强材料的无石棉摩擦、密封材料新工艺、新产品开发与生产

8. 信息、新能源、国防、航天航空等领域用高品质人工晶体材料、制品和器件，功能性人造金刚石材料生产装备技术开发；高纯石英原料（纯度大于等于99.999%）、半导体用高端石英坩埚、化学气相合成石英玻璃等制造技术开发与生产；航天航空等领域所需的特种玻璃制造技术开发与生产；高纯纳米级球形硅微粉与高纯工业硅的生产、应用及其技术装备开发与应用

9. 石墨烯材料生产及应用开发；环境治理、节能储能、电子信息、保温隔热、农业用等非金属矿物功能材料生产及其技术装备开发应用；矿物超细材料加工在线检测与控制智能化生产线；非金属矿开采、加工、贸易、应用、投资等产业大数据平台技术开发和建设

10. 30万平方米/年及以上超薄复合石材生产；机械化石材矿山开采；矿石碎料和板材边角料、石粉综合利用生产及工艺装备开发；无机人造石的生产，采用无毒或低毒树脂的树脂基人造石的生产

11. 利用矿山尾矿、建筑废弃物、工业废弃物、江河湖（渠）海淤泥以及农林剩余物等二次资源生产建材及其工艺技术装备开发

12. 精细陶瓷粉体、适用于增材制造的陶瓷前驱体及陶瓷短切纤维；陶瓷球、陶瓷阀门、陶瓷螺杆等精密成型的陶瓷部件；陶瓷膜、蜂窝陶瓷、泡沫陶瓷；陶瓷基板、陶瓷绝缘部件、电子陶瓷材料及部件；连续陶瓷纤维及纤维增强陶瓷基复合材料；医用精细陶瓷材料及部件；陶瓷墨水材料；精密研磨及抛光用陶瓷材料等工业陶瓷技术开发与生产应用；信息、新能源、国防、航空航天等领域用高性能陶瓷的制造技术开发与生产

13. 储料区、主机搅拌楼、物料输送系统等主要生产区域实现全封闭，并配置主动式收尘、降尘设备，采用信息化集成管理系统进行运营管理，具备消纳城市固废能力的智能化预拌混凝土生产线；海洋工程用混凝土、轻质高强混凝土、超高性能混凝土、混凝土自修复材料的开发和应用

14. 用于工程或装备的建材产品质量追溯体系开发与应用

十三、医药

1. 拥有自主知识产权的新药开发和生产，天然药物开发和生产，满足我国重大、多发性疾病防治需求的通用名药物首次开发和生产，药物新剂型、新辅料、儿童药、短缺药的开发和生产，药物生产过程中的膜分离、超临界萃取、新型结晶、手性合成、酶促合成、连续反应、系统控制等技术开发与应用，基本药物质量和生产技术水平提升及降低成本，原料药生产节能降耗减排技术、新型药物制剂技术开发与应用

2. 重大疾病防治疫苗、抗体药物、基因治疗药物、细胞治疗药物、重组蛋白质药物、核酸药物，大规模细胞培养和纯化技术、大规模药用多肽和核酸合成、抗体偶联、无血清无蛋白培养基培养、发酵、纯化技术开发和应用，纤维素酶、碱性蛋白酶、诊断用酶等酶制剂，采用现代生物技术改造传统生产工艺

3. 新型药用包装材料与技术的开发和生产（中性硼硅药用玻璃，化学稳定性好、可降解、具有高阻隔性的功能性材料，气雾剂、粉雾剂、自我给药、预灌封、自动混药等新型包装给药系统及给药装置）

4. 濒危稀缺药用动植物人工繁育技术开发，实验动物标准化养殖及动物实验服务，先进农业技术在中药材规范化种植、养殖中的应用，中药质量控制新技术开发和应用，中药现代剂型的工艺技术，中药饮片炮制技术传承与创新，中药经典名方的开发与生产，中药创新药物的研发与生产，中成药二次开发和生产，民族药物开发和生产

5. 新型医用诊断设备和试剂、数字化医学影像设备，人工智能辅助医疗设备，高端放射治疗设备，电子内窥镜、手术机器人等高端外科设备，新型支架、假体等高端植入介入设备与材料及增材制造技术开发与应用，危重病用生命支持设备，移动与远程诊疗设备，新型基因、蛋白和细胞诊断设备

6. 高端制药设备开发与生产，透皮吸收、粉雾剂等新型制剂生产设备，大规模生物反应器及附属系统，蛋白质高效分离和纯化设备，中药高效提取设备，药品连续化生产技术及装备

十四、机械

1. 高档数控机床及配套数控系统：五轴及以上联动数控机床，数控系统，高精密、高性能的切削刀具、量具量仪和磨料磨具

2. 大型发电机组、大型石油化工装置、大型冶金成套设备等重大技术装备用分散型控制系统（DCS），现场总线控制系统（FCS），新能源发电控制系统

3. 具备运动控制功能和远程 IO 的可编程控制系统（PLC），输入输出点数 512 个以上，拥有独立的软件系统、独立的通讯协议、兼容多种通用通讯协议、支持实时多任务、拥有多样化编程语言、拥有可定制化指令集等

4. 数字化、智能化、网络化工业自动检测仪表，原位在线成份分析仪器，电磁兼容检测设备，智能电网用智能电表（具有发送和接收信号、自诊断、数据处理功能），具有无线通信功能的低功耗各类智能传感器，可加密传感器，核级监测仪表和传感器

5. 用于辐射、有毒、可燃、易爆、重金属、二噁英等检测分析的仪器仪表，水质、烟气、空气检测仪器；药品、食品、生化检验用高端质谱仪、色谱仪、光谱仪、X 射线仪、核磁共振波谱仪、自动生化检测系统及自动取样系统和样品处理系统

6. 科学研究、智能制造、测试认证用测量精度达到微米以上的多维几何尺寸测量仪器，自动化、智能化、多功能材料力学性能测试仪器，工业 CT、三维超声波探伤仪等无损检测设备，用于纳米观察测量的分辨率高于 3.0 纳米的电子显微镜

7. 城市智能视觉监控、视频分析、视频辅助刑事侦察技术设备

8. 矿井灾害（瓦斯、煤尘、矿井水、火、围岩噪声、振动等）监测仪器仪表和安全报警系统

9. 综合气象观测仪器装备（地面、高空、海洋气象观测仪器装备，专业气象观测、大气成分观测仪器装备，气象雷达及耗材等）、移动应急气象观测系统、移动应急气象指挥系统、气象计量检定设备、气象观测仪器装备运行监控系统

10. 水文数据采集仪器及设备、水文仪器计量检定设备

11. 地震、地质灾害监测仪器仪表

12. 海洋观测、探测、监测技术系统及仪器设备

13. 数字多功能一体化办公设备（复印、打印、传真、扫描）、数字照相机、数字电影放映机等现代文化办公设备

14. 时速 200 公里以上动车组轴承，轴重 23 吨及以上大轴重重载铁路货车轴承，大功

率电力/内燃机车轴承，使用寿命240万公里以上的新型城市轨道交通轴承，使用寿命25万公里以上轻量化、低摩擦力矩汽车轴承及单元，耐高温（400℃以上）汽车涡轮、机械增压器轴承，P4级、P2级数控机床轴承，2兆瓦（MW）及以上风电机组用各类精密轴承，使用寿命大于5000小时盾构机等大型施工机械轴承，P5级、P4级高速精密冶金轧机轴承，飞机发动机轴承及其他航空轴承，医疗CT机轴承，深井超深井石油钻机轴承，海洋工程轴承，电动汽车驱动电机系统高速轴承（转速≥1.2万转/分钟），工业机器人RV减速机谐波减速机轴承，以及上述轴承的零件

15. 单机容量80万千瓦及以上混流式水力发电设备（水轮机、发电机及调速器、励磁等附属设备），单机容量35万千瓦及以上抽水蓄能、5万千瓦及以上贯流式和10万千瓦及以上冲击式水力发电设备及其关键配套辅机

16. 60万千瓦及以上超临界、超超临界火电机组用发电机保护断路器、泵、阀等关键配套辅机、部件

17. 60万千瓦及以上超临界参数循环流化床锅炉

18. 燃气轮机高温部件（300MW以上重型燃机用转子体锻件、大型高温合金轮盘、缸体、叶片等）及控制系统

19. 60万千瓦及以上发电设备用转子（锻造、焊接）、转轮、叶片、泵、阀、主轴护环等关键铸件、锻件

20. 高强度、高塑性球墨铸铁件；高性能蠕墨铸铁件；高精度、高压、大流量液压铸件；有色合金特种铸造工艺铸件；高强钢锻件；耐高温、耐低温、耐腐蚀、耐磨损等高性能，轻量化新材料铸件、锻件；高精度、低应力机床铸件、锻件；汽车、能源装备、轨道交通装备、航空航天、军工、海洋工程装备关键铸件、锻件

21. 500千伏（kV）及以上超高压、特高压交直流输电设备及关键部件：变压器（出线装置、套管、调压开关），开关设备（灭弧装置、液压操作机构、大型盆式绝缘子），高强度支柱绝缘子和空心绝缘子，悬式复合绝缘子，绝缘成型件，特高压避雷器、直流避雷器，电控、光控晶闸管，换流阀（平波电抗器、水冷设备），控制和保护设备，直流场成套设备等

22. 高压真空元件及开关设备，智能化中压开关元件及成套设备，使用环保型中压气体的绝缘开关柜，智能型（可通信）低压电器，非晶合金、卷铁芯等节能配电变压器

23. 二代改进型、三代、四代核电设备及关键部件，多用途模块化小型堆设备及关键部件；2.5兆瓦以上风电设备整机及2.0兆瓦以上风电设备控制系统、变流器等关键零部件；各类晶体硅和薄膜太阳能光伏电池生产设备；海洋能（潮汐、海浪、洋流）发电设备

24. 直接利用高炉铁液生产铸铁件的短流程熔化工艺与装备；铝合金集中熔炼短流程铸造工艺与装备；铸造用高纯生铁、铸造用超高纯生铁生产工艺与装备；黏土砂高紧实度造型自动生产线及配套砂处理系统；自硬砂高效成套设备及配套砂处理系统；消失模/V法/实型成套技术与装备；外热送风水冷长炉龄大吨位（10吨/小时以上）冲天炉；外热风冲天炉余热利用技术与装备；大型压铸机（合模力3500吨以上）；自动化智能制芯中心；壳型、精密组芯造型、硅溶胶熔模、压铸、半固态、挤压、差压、调压等特种铸造技术与装备；应用于铸造生产的3D打印和砂型切削快速成型技术与装备；自动浇注机；铸件在线检测技术与装备；铸件高效自动化清理成套设备；铸造专用机器人的制造与应用

25. 铸造用树脂砂、黏土砂等干（热）法再生回用技术应用；环保树脂、无机黏结剂造型和制芯技术的应用

26. 高速精密压力机（180～2500kN，2000～750次/分钟）、黑色金属液压挤压机（150毫米/秒以上）、轻合金液压挤压机（10毫米/秒以下）、高速精密剪切机（2000kN以上，70～80次/分钟，断面斜度1.5°以下）、内高压成形机（10000kN以上）、大型折弯机（60000kN以上）、数字化钣金加工中心（柔性制造中心/柔性制造系统）、高速强力旋压机（径向旋压力/每轮：1000kN，轴向旋压力/每轮：800kN，主轴转矩：240kN·m，主轴最高转速：95转/分钟）、数控多工位冲压机

（替换为伺服多工位压力机）、大公称压力冷/温锻压力机（有效公称力行程 25mm 以上，公称力 10000kN 以上）、4 工位以上自动温/热锻造压力机（公称力 16000kN 以上）；伺服多工位压力机（12000～30000kN）、大型伺服压力机（8000～25000kN）、级进模压力机（6000～16000kN）、复合驱动热成型压力机（公称力≥12000kN，对称连杆增力机构，行程次数 14～18 次/分钟，滑块行程 1100mm，滑块调节量 500mm，下行最大速度 1000mm/s，回程最大速度 1000mm/s，连杆增力系数≥6）、高速复合传动压力机智能化冲压线（公称力≥30600kN，复合油缸驱动对称连杆增力机构，单机连续行程次数≥12 次/分钟，生产线节拍 6～8 件/分钟）、新一代飞机蒙皮综合拉形智能化成套装备研发与制造［最大拉伸力≥15MN，板料厚度≤10mm，钳口最大开口度≤80mm，钳口极限负载系数（单位宽度最大拉伸力）≥63kN/mm，主缸拉伸位置同步精度±0.5mm，延伸量控制精度≤0.2%］；航空航天大型及超大型钣金零件充液成型工艺及装备（大涵道比发动机进气道整体唇口制造技术）：（设备公称力 200MN，拉深吨位 16000T，压边吨位 4000T，滑块行程 3000mm，工作台面尺寸 5000mm×5000mm，液室压力 10MPa，液室容积 6000L，排水量 4300L）；径向锻造机（精锻机）和旋锻机（630～22000kN）；脉动挤压机（振动挤压机）（630～22000kN），高速镦锻机（100 件/分钟，锻件重量 1.6kg 以上）

27. 乙烯裂解三机，40 万吨级（聚丙烯等）挤压造粒机组，50 万吨级合成气、氨、氧压缩机等关键设备

28. 大型风力发电密封件（使用寿命 7 年以上，工作温度－45～100℃）；核电站主泵机械密封（适用压力≥17 兆帕，工作温度 26.7～73.9℃）；盾构机主轴承密封（使用寿命 5000 小时）；轿车动力总成系统以及传动系统旋转密封；石油钻井、测井设备密封（适用压力≥105 兆帕）；液压支架密封件；高 PV 值旋转动密封件；超大直径（≥2 米）机械密封；航天用密封件（工作温度－54～275℃，线速度≥150 米/秒）；高压液压元件密封件（适用压力≥31.5 兆帕）；高精密液压铸件（流道尺寸精度≤0.25 毫米，疲劳性能测试≥200 万次）

29. 高性能无石棉密封材料（耐热温度 500℃，抗拉强度≥20 兆帕）；高性能碳石墨密封材料（耐热温度 350℃，抗压强度≥270 兆帕）；高性能无压烧结碳化硅材料［弯曲强度≥200 兆帕，热导率≥130 瓦/米·开尔文（W/m·K）］

30. 智能焊接设备，激光焊接和切割、电子束焊接等高能束流焊割设备，搅拌摩擦、复合热源等焊接设备，数字化、大容量逆变焊接电源

31. 大型模具（下底板半周长度冲压模＞2500 毫米，下底板半周长度型腔模＞1400 毫米）、精密模具（冲压模精度≤0.02 毫米，型腔模精度≤0.05 毫米）、多工位自动深拉伸模具、多工位自动精冲模具

32. 大型（装炉量 1 吨以上）多功能可控气氛热处理设备、程控化学热处理设备、程控多功能真空热处理设备及装炉量 500 公斤以上真空热处理设备、全纤维炉衬热处理加热炉

33. 合金钢、不锈钢、耐候钢高强度紧固件、钛合金、铝合金紧固件和精密紧固件；航空、航天、高铁、发动机等用弹簧；高精度传动联结件，大型轧机联结轴；新型粉末冶金零件：高密度（≥7.0 克/立方厘米）、高精度、形状复杂结构件；高速列车、飞机摩擦装置；含油轴承；动车组用齿轮变速箱，船用可变桨齿轮传动系统、2.0 兆瓦以上风电用变速箱、冶金矿山机械用变速箱；汽车动力总成、工程机械、大型农机用链条；重大装备和重点工程配套基础零部件

34. 海水淡化设备

35. 机器人及集成系统：特种服务机器人、医疗康复机器人、公共服务机器人、个人服务机器人、人机协作机器人、双臂机器人、弧焊机器人、重载 AGV、专用检测与装配机器人集成系统等。机器人用关键零部件：高精密减速器、高性能伺服电机和驱动器、全自主编程等高性能控制器、传感器、末端执行器等。机器人共性技术：检验检测与评定认证、智能机器人操作系统、智能机器人云服务平台

36. 500万吨/年及以上矿井、薄煤层综合采掘设备，1000万吨级/年及以上大型露天矿关键装备

37. 18MW及以上集成式压缩机组、直径1200毫米及以上的天然气输气管线配套压缩机、燃气轮机、阀门等关键设备；单线260万吨/年及以上天然气液化配套的压缩机及驱动机械、低温设备等；大型输油管线配套的3000立方米/小时及以上输油泵等关键设备

38. 单张纸多色胶印机（幅宽≥750毫米，印刷速度：单面多色≥16000张/小时，双面多色≥13000张/小时）；商业卷筒纸胶印机（幅宽≥787毫米，印刷速度≥7米/秒，套印精度≤0.1毫米）；报纸卷筒纸胶印机（印刷速度：单纸路单幅机≥75000张/小时，双纸路双幅机≥15万张/小时，套印精度≤0.1毫米）；多色宽幅柔性版印刷机（印刷宽度≥1300毫米，印刷速度≥400米/分钟）；机组式柔性版印刷机（印刷速度≥250米/分钟）；环保多色卷筒料凹版印刷机（印刷速度≥300米/分钟，套印精度≤0.1毫米）；喷墨数字印刷机（出版用：印刷速度≥150米/分钟，分辨率≥600dpi；包装用：印刷速度≥30米/分，分辨率≥1000dpi；可变数据用：印刷速度≥100米/分钟，分辨率≥300dpi）；CTP直接制版机（成像速度≥35张/小时，版材幅宽≥750毫米，重复精度0.01毫米，分辨率≥3000dpi）；无轴数控平压平烫印机（烫印速度≥1万张/小时，加工精度0.05毫米）

39. 100马力以上、配备有动力换挡变速箱或无级变速箱、总线控制系统、安全驾驶室、动力输出轴有2个以上转速、液压输出点不少于3组的两轮或四轮驱动的轮式拖拉机、履带式拖拉机。配套动力50马力以上的中耕型拖拉机、果园用拖拉机、高地隙拖拉机（最低离地高度40厘米以上）

40. 100马力以上拖拉机配套农机具：保护性耕作所需要的深松机、联合整地机和整地播种联合作业机等，常规农业作业所需要的单体幅宽≥40厘米的铧式犁、圆盘耙、谷物条播机、中耕作物精密播种机、中耕机、免耕播种机、大型喷雾（喷粉）机等

41. 100马力以上拖拉机关键零部件：动力换挡变速箱，液压机械无级变速箱、一体式泵马达、轮式拖拉机用带轮边制动和限滑式差速锁的前驱动桥，ABS制动系统，电动拖拉机电池、电机及其控制系统，离合器，液压泵、液压油缸、各种阀及液压输出阀等封闭式液压系统，闭心变量、负载传感的电控液压提升器，电控系统，液压转向机构等

42. 农作物移栽机械：乘坐式盘土机动高速水稻插秧机（每分钟插次350次以上，每穴3～5株，适应行距20～30厘米，株距可调，适应株距12～22厘米）；盘土式机动水稻摆秧机（乘坐式或手扶式，适应行距为20～30厘米，株距可调，适应株距为12～22厘米）等

43. 农业收获机械：自走式谷物联合收割机（喂入量6千克/秒以上）；自走式半喂入水稻联合收割机（4行以上，配套发动机44千瓦以上）；自走式玉米联合收割机（3～6行，摘穗型，带有剥皮装置，以及茎秆粉碎还田装置或茎秆切碎收集装置）；穗茎兼收玉米收获机（摘穗剥皮、茎秆切碎回收），自走式玉米籽粒联合收获机（4行以上，籽粒直收型）；自走式大麦、草苜蓿、玉米、高粱等青贮饲料收获机（配套动力147千瓦以上，茎秆切碎长度10～60毫米，"具有金属探测、石块探测安全装置及籽粒破碎功能"）；棉花采摘机（3行以上，自走式或拖拉机背负式，摘花装置为机械式或气力式，适应棉珠高度35～160厘米，装有籽棉集装箱和自动卸棉装置）；马铃薯收获机（自走式或拖拉机牵引式，2行以上，行距可调，带有去土装置和收集装置，最大挖掘深度35厘米），甘蔗收获机（自走式或拖拉机背负式，配套功率58千瓦以上，宿根破碎率≤18%，损失率≤7%）；残膜回收与茎秆粉碎联合作业机；牧草收获机械（自走式牧草收割机、悬挂式割草压扁机、指盘式牧草搂草机、牧草捡拾压捆机等）；自走式薯类收获机械；杂交构树联合收获机械

44. 节水灌溉设备：各种大中型喷灌机、各种类型微滴灌设备等；抗洪排涝设备（排水量1500立方米/小时以上，扬程5～20米，功率1500千瓦以上，效率60%以上，可移动）

45. 沼气发生设备：沼气发酵及储气一体化（储气容积300～2000立方米系列产品）、

沼液抽渣设备（抽吸量1立方米/分钟以上）等

46. 大型施工机械：30吨以上液压挖掘机、6米及以上全断面掘进机、320马力及以上履带推土机、6吨及以上装载机、600吨及以上架桥设备（含架桥机、运梁车、提梁机）、400吨及以上履带起重机、100吨及以上全地面起重机、25吨及以上集装箱正面吊、1000吨/米及以上塔式起重机、钻孔100毫米以上凿岩台车、1米宽及以上铣刨机、75吨及以上矿用车、220马力及以上平地机、18吨及以上振动液压式压路机、9米及以上摊铺机、1米及以上铣刨机、20吨及以上集装箱叉车、8吨及以上内燃叉车、3吨及以上电瓶叉车、40米及以上砼泵车、8立方米及以上砼搅拌车、90立方米/时及以上砼搅拌站、400千瓦及以上砼冷热再生设备、2000毫米及以上旋挖钻机、400毫米及以上地下连续墙开挖设备；关键零部件：动力换挡变速箱、湿式驱动桥、回转支承、液力变矩器、为电动叉车配套的电机、电控、压力25兆帕以上液压马达、泵、控制阀

47. 智能物流与仓储装备、信息系统，智能物料搬运装备，智能港口装卸设备，农产品智能物流装备等

48. 非道路移动机械用高可靠性、低排放、低能耗的内燃机：寿命指标（重型8000～12000小时，中型5000～7000小时，轻型3000～4000小时）、排放指标（符合欧ⅢB、欧Ⅳ、欧Ⅴ、国三、国四排放指标要求）；影响非道路移动机械用内燃机动力性、经济性、环保性的燃油系统、增压系统、排气后处理系统（均包括电子控制系统）

49. 制冷空调设备及关键零部件：热泵、复合热源（空气源与太阳能）热泵热水机、二级能效及以上制冷空调压缩机、微通道和降膜换热技术与设备、电子膨胀阀和两相流喷射器及其关键零部件；使用环保制冷剂（ODP为0、GWP值较低）的制冷空调压缩机

50. 12000米及以上深井钻机、极地钻机、高位移性深井沙漠钻机、沼泽难进入区域用钻机、海洋钻机、车装钻机、特种钻井工艺用钻机等钻机成套设备

51. 危险废物（含医疗废物）集中处理设备

52. 大型高效二板注塑机（合模力1000吨以上）、全电动塑料注射成型机（注射量1000克以下）、节能型塑料橡胶注射成型机（能耗0.4千瓦时/千克以下）、高速节能塑料挤出机组（生产能力30～3000公斤/小时，能耗0.35千瓦时/千克以下）、微孔发泡塑料注射成型机（合模力60～1000吨，注射量30～5000克，能耗0.4千瓦时/千克以下）、大型双螺杆挤出造粒机组（生产能力30～60万吨/年）、大型对位芳纶反应挤出机组（生产能力1.4万吨/年以上）、碳纤维预浸胶机组（生产能力60万米/年以上；幅宽1.2米以上）、纤维增强复合材料在线混炼注塑成型设备（合模力200～6800吨，注射量600～85000克）

53. 纳滤膜和反渗透膜纯水装备

54. 安全饮水设备：组合式一体化净水器（处理量100～2500吨/小时）

55. 大气污染治理装备：燃煤发电机组脱硫、脱硝、除尘等超低排放成套技术装备；钢铁炉窑烟气细颗粒物预荷电袋式除尘技术装备；焦炉烟气SDA脱硫＋SCR脱硝技术装备；电解铝烟气氧化铝脱氟除尘技术装备；钢铁烧结烟气干法脱硫除尘成套装备；袋式除尘器；电袋复合除尘技术装备（颗粒物排放浓度＜10毫克/立方米）；催化裂化再生烟气除尘脱硫技术装备；VOCs吸附回收装置；VOCs焚烧装置；炉窑、料场的无组织排放控制技术装备；饮食业油烟净化设备

56. 污水防治技术设备：城镇污水处理成套装备（除磷脱氮）；污泥水解厌氧消化技术装备；污泥干燥焚烧技术装备（减渣量90%以上）；浸没式膜生物反应器（COD去除率90%以上）；陶瓷真空过滤机（真空度：0.09～0.098兆帕，孔隙：0.2～20微米）；超生耦合法和生物膜法处理高浓度有机废水技术装备；油污水、化学品洗舱水处置技术装备

57. 固体废物防治技术设备：生活垃圾清洁焚烧技术装备（助燃煤量20%以下）；厨余垃圾集中无害化处理技术装备（利用率95%以上）；垃圾填埋渗滤液和臭气处理技术装备（处理量50吨/天以上）；生活垃圾自动化分选技术装备（分选率80%以上）；建筑垃圾处理

和再利用工艺技术装备（处理量100吨/小时以上）；工业危险废弃物处置处理技术装备（处理率90%以上）；油田钻井废弃物处理处置技术与成套装备（减容50%以上，处理率70%以上）；医疗废物清洁焚烧、高温蒸煮无害化处理技术装备（处理量150千克/小时以上，燃烧效率70%以上）以及医疗废物微波、化学消毒处理技术装备；畜禽粪污集中处理技术装备（处理量20吨/天以上）

58. 土壤修复技术装备：破碎筛分一体机、气味抑制设备、直接热解吸设备、间接热解吸设备、土壤淋洗设备、土壤改良机、直推式钻探与采样设备

59. 撬毛台车、天井钻机钻、多功能破碎清塞机、双系统制动静液压四驱地下矿用多功能服务车、矿用便携式气体检测仪、井下近矿体帷幕注浆技术、井下电机车远程操控技术、膏体及高浓度尾矿充填技术与装备、切割井钻机

60. 热泵（地源、水源、空气源等）技术开发与装备制造

61. 智能配电网核心设备电力电子变压器技术开发与生产

62. 噪声与振动污染控制设备：声屏障、消声器、阻尼弹簧隔振器

63. 增材制造装备和专用材料

十五、城市轨道交通装备

1. 城市轨道交通减震、降噪技术应用

2. 自动售检票系统（AFC），车门、站台屏蔽门、车钩系统、风挡系统，火灾报警和自动灭火系统

3. 以无线通信为基础的信号系统［含自动列车监控系统（ATS）、列车自动保护装置（ATP）、自动列车运行装置（ATO）］

4. 轨道车辆交流牵引传动系统、制动系统及核心元器件（含IGCT、IGBT、SiC元器件），网络控制系统，永磁牵引电机，直流高速开关、真空断路器（GIS）、新型智能开关器件

5. 车体、转向架、齿轮箱及车内装饰材料轻量化应用

6. 城轨列车再生制动吸收装置、能量回馈、能量储存系统

7. 轨道交通用检测试验仪器和监控系统

8. 全自动运行系统（FAO），基于车车通信的列车自主运行系统（TACS），智能运维系统

9. 城市轨道交通牵引供电系统（基于25kV交流牵引供电制式的城轨线路）

10. 磁悬浮列车，胶轮轨道交通技术装备

十六、汽车

1. 汽车关键零部件：汽油机增压器、电涡流缓速器、液力缓速器、随动前照灯系统、LED前照灯、数字化仪表、电控系统执行机构用电磁阀、低地板大型客车专用车桥、空气悬架、吸能式转向系统、大中型客车变频空调、高强度钢车轮、商用车盘式制动器、商用车轮胎爆胎应急防护装置、转向轴式电动助力转向系统（C-EPS）、转向齿条式电动助力转向系统（R-EPS）、怠速启停系统、高效高可靠性机电耦合系统；双离合器变速器（DCT）、电控机械变速器（AMT）、7挡及以上自动变速器（7挡及以上AT）、无级自动变速器（CVT）；高效柴油发动机颗粒捕捉器；电控高压共轨喷射系统及其喷油器；高效增压系统（最高综合效率≥55%）；废气再循环系统；电制动、电动转向及其关键零部件

2. 轻量化材料应用：高强度钢（符合GB/T 20564《汽车用高强度冷连轧钢板及钢带》标准或GB/T 34566《汽车用热冲压钢板及钢带》标准）、铝合金、镁合金、复合塑料、粉末冶金、高强度复合纤维等；先进成型技术应用：3D打印成型、激光拼焊板的扩大应用、内高压成型、超高强度钢板（强度≥980MPa、强塑积20～50GPa·%）热成型、柔性滚压成型等；环保材料应用：水性涂料、无铅焊料等

3. 新能源汽车关键零部件：高安全性能量型动力电池单体（能量密度≥300Wh/kg，循环寿命≥1800次）；电池正极材料（比容量≥180mAh/g，循环寿命2000次不低于初始放电容量的80%），电池负极材料（比容量≥500mAh/g，循环寿命2000次不低于初始放电

容量的80%），电池隔膜（厚度≤12μm，孔隙率35%～60%，拉伸强度MD≥800kgf/cm²，TD≥800kgf/cm²）；电池管理系统，电机控制器，电动汽车电控集成；电动汽车驱动电机系统（高效区：85%工作区效率≥80%），车用DC/DC（输入电压100～400V），大功率电子器件（IGBT，电压等级≥750V，电流≥300A）；插电式混合动力机电耦合驱动系统；燃料电池发动机（质量比功率≥350W/kg）、燃料电池堆（体积比功率≥3kW/L）、膜电极（铂用量≤0.3g/kW）、质子交换膜（质子电导率≥0.08S/cm）、双极板（金属双极板厚度≤1.2mm，其他双极板厚度≤1.6mm）、低铂催化剂、碳纸（电阻率≤3MΩ·cm）、空气压缩机、氢气循环泵、氢气引射器、增湿器、燃料电池控制系统、升压DC/DC、70MPa氢瓶、车载氢气浓度传感器；电动汽车用热泵空调；电机驱动控制专用32位及以上芯片（不少于2个硬件内核，主频不低于180MHz，具备硬件加密等功能，芯片设计符合功能安全ASILC以上要求）；一体化电驱动总成（功率密度≥2.5kW/kg）；高速减速器（最高输入转速≥12000rpm，噪声<75dB）

4. 车载充电机（满载输出工况下效率≥95%）、双向车载充电机、非车载充电设备（输出电压250～950V，电压范围内效率≥88%）；高功率密度、高转换效率、高适用性无线充电、移动充电技术及装备，快速充电及换电设施

5. 汽车电子控制系统：发动机控制系统（ECU）、变速箱控制系统（TCU）、制动防抱死系统（ABS）、牵引力控制（ASR）、电子稳定控制（ESC）、网络总线控制、车载故障诊断仪（OBD）、电控智能悬架、电子驻车系统、电子油门、车道保持辅助系统（LKA）、自动紧急制动系统（AEBS）、电控制动系统（EBS）、载货汽车用轴荷自动测量系统等

6. 智能汽车、新能源汽车及关键零部件、高效车用内燃机研发能力建设

7. 智能汽车关键零部件及技术：传感器、车载芯片、中央处理器、车载操作系统和信息控制系统、车网通信系统设备、视觉识别系统、高精度定位装置、线控底盘系统、智能车用安全玻璃；新型智能终端模块、多核异构智能计算平台技术、全天候复杂交通场景高精度定位和地图技术、传感器融合感知技术、车用无线通信关键技术、基础云控平台技术；新型安全隔离架构技术、软硬件协同攻击识别技术、终端芯片安全加密和应用软件安全防护技术、无线通信安全加密技术、安全通讯及认证授权技术、数据加密技术；测试评价体系架构研发，虚拟仿真、实车道路测试等技术和验证工具，整车级和系统级测试评价方法，测试基础数据库建设

十七、船舶

1. 散货船、油船、集装箱船适应绿色、环保、安全要求的优化升级，以及满足国际造船新规范、新标准的船型开发建造

2. 10万立方米以上液化天然气运输船、1.5万立方米以上液化石油气船、万箱以上集装箱船、5000车位及以上汽车运输船、豪华客滚船、IMOⅡ型以上化学品船、大中型豪华邮轮、2000车位以上汽车滚装船、3000米车道以上的货物滚装船、LNG加注船、牲畜运输船、甲醇（乙烷）运输船、油电混合动力船、电池驱动船及多用途船、极地邮轮、极地运输船舶、极地多用途船、极地物探船等高技术、高附加值船舶

3. 大型远洋捕捞加工渔船、1万立方米以上耙吸式挖泥船、火车渡轮、科学考察船、破冰船、海洋调查船、甲板运输船、海洋监管船等特种船舶及其专用设备

4. 小水线面双体船、水翼船、地效应船、气垫船、穿浪船等高性能船舶

5. 120米及以上水深自升式钻井平台、1500米及以上深钻井船、1500米及以上水深半潜式钻井平台等主流海洋移动钻井平台（船舶）；15万吨及以上浮式生产储卸装置（FPSO）、1500米水深半潜式生产平台、立柱式生产平台（SPAR）、张力腿平台（TLP）、LNG-FPSO、边际油田型浮式生产储油装置等浮式生产系统；万马力水级深水三用工作船、1500米水深大型起重铺管船、1500米水深工程勘察船、高性能物探船、5万吨及以上半潜运输

船、海上风车安装船、浮式储存及再气化装置（FSRU）、深水动力定位原油输送装置、超深水海工作业船、深远海大型养殖装备、起重能力1万吨以上的重吊船、天然气水合物钻采船装备、海底金属矿产资源勘探开发装备、岛礁重载建设平台、海上油田设施拆解装置等海洋工程作业船和辅助船

6. 动力定位系统、FPSO单点系泊系统、大型海洋平台电站集成系统、主动力及传动系统、钻井平台升降系统、水下油气生产系统等通用和专用海洋工程配套设备

7. 游艇开发制造及配套产业

8. 智能环保型船用中低速柴油机及其关键零部件、大型甲板机械、船用锅炉、油水分离机、海水淡化装置、压载水处理系统、船舶使用岸电技术及设备、液化天然气船用双燃料发动机、吊舱推进器、直翼舵桨推进装置、大型高效喷水推进装置、大功率中高压发电机、船舶通讯导航及自动化系统、综合电力推进系统及关键设备、船舶尾气处理装置、余热回收系统、双金属气阀、大型船用垃圾焚烧炉、生活污水处理系统、货油系统等关键船用配套设备

9. 海底采矿机器人、海底挖沟机等海底矿产资源开发装备及深海采矿系统、深海立管相关配套系统和设备，水下潜器、机器人及探测观测设备

10. 精度管理控制、数字化造船、单元组装、预舾装和模块化、先进涂装、高效焊接技术应用、超高压水除锈装置、激光焊接机器人、智能化分段流水线、船舶小组立焊接生产线、船舶中组立焊接工作站、船舶分段智能涂装机器人、船舶管子加工生产线、船舶船体小构件自由边打磨生产线

11. 高技术高附加值船舶、海洋工程装备的修理与改装以及爬壁机器人、高压智能清洗机器人等绿色环保修船技术应用

12. 智能船舶、无人船艇开发和相关智能系统及设备开发，船舶全寿命安全运行监管技术装备开发

13. 安全节能环保内河、江海联运及沿海船舶开发制造

14. “胀断连杆”生产制造

15. 纯电动和天然气船舶；替代燃料、混合动力、纯电动、燃料电池等机动车船技术；混合动力、插电式混合动力专用发动机，优化动力总成系统匹配

十八、航空航天

1. 干线、支线、通用飞机及零部件开发制造

2. 航空发动机开发制造

3. 机载设备、任务设备、空管设备和地面保障设备系统开发制造

4. 直升机总体、旋翼系统、传动系统开发制造

5. 航空航天用新型材料开发生产

6. 航空航天用燃气轮机制造

7. 卫星、运载火箭及零部件制造

8. 航空、航天技术应用及系统软硬件产品、终端产品开发生产

9. 航空器地面模拟训练系统、试验系统开发制造

10. 航空器地面维修、维护、检测设备开发制造

11. 卫星地面和应用系统建设及设备制造

12. 航空器专用应急救援装备开发与应用

13. 航空器、设备及零件维修

14. 先进卫星载荷研制及生产

15. 无人机总体、材料、通信、控制系统等开发制造

16. 民用飞机、直升机的设计

17. 航空航天用太阳能电池开发生产

十九、轻工

1. 单条化学木浆30万吨/年及以上、化学机械木浆10万吨/年及以上、化学竹浆10万吨/年及以上的林纸一体化生产线及相应配套的纸及纸板生产线（新闻纸、铜版纸除外）建设；采用清洁生产工艺、以非木纤维为原料、单条10万吨/年及以上的纸浆生产线建设；先进制浆、造纸设备开发与制造；无元素氯（ECF）和全无氯（TCF）化学纸浆漂白工艺开发及应用

2. 非金属制品精密模具设计、制造

3. 生物可降解塑料及其系列产品开发、生产与应用，农用塑料节水器材和长寿命（三年及以上）功能性农用薄膜的开发、生产

4. 新型塑料建材（高气密性节能塑料窗、大口径排水排污管道、抗冲击改性聚氯乙烯管、地源热泵系统用聚乙烯管、非开挖用塑料管材、复合塑料管材、塑料检查井）；防渗土工膜；塑木复合材料和分子量≥200 万的超高分子量聚乙烯管材及板材生产

5. 动态塑化和塑料拉伸流变塑化的技术应用及装备制造；应用电磁感应加热和伺服驱动系统的塑料加工装备

6. 应用于工业、医学、电子、航空航天等领域的特种陶瓷生产及技术、装备开发；陶瓷清洁生产及综合利用技术开发

7. 高效节能缝制机械（采用嵌入式数字控制、无油或微油润滑等先进技术）及关键零部件开发制造

8. 用于制笔、钟表等行业的多工位组合机床研发与制造

9. 高新、数字、智能印刷技术及高清晰度制版系统开发与应用

10. 少数民族特需用品制造

11. 真空镀铝、喷镀氧化硅、聚乙烯醇（PVA）涂布型薄膜、功能性聚酯（PET）薄膜、定向聚苯乙烯（OPS）薄膜及纸塑基多层共挤或复合等新型包装材料

12. 二色及二色以上金属板印刷、配套光固化（UV）、薄板覆膜和高速食品饮料罐加工及配套设备制造

13. 锂二硫化铁、锂亚硫酰氯等新型锂原电池；锂离子电池、氢镍电池、新型结构（双极性、铅布水平、卷绕式、管式等）密封铅蓄电池、铅碳电池、超级电池、燃料电池、锂/氟化碳电池等新型电池和超级电容器

14. 锂离子电池用三元和多元、磷酸铁锂等正极材料、中间相炭微球和硅碳等负极材料、单层与三层复合锂离子电池隔膜、氟代碳酸乙烯酯（FEC）等电解质与添加剂；废旧电池资源化和绿色循环生产工艺及其装备制造

15. 铅蓄电池自动化、智能化生产线；锂离子电池自动化、智能化生产成套制造装备；碱性锌锰电池 600 只/分钟以上自动化、智能化生产成套制造装备

16. 制革及毛皮加工清洁生产、皮革后整饰新技术开发及关键设备制造、含铬皮革固体废弃物综合利用；皮革及毛皮加工废液的循环利用，三价铬污泥综合利用；无灰膨胀（助）剂、无氨脱灰（助）剂、无盐浸酸（助）剂、高吸收铬鞣（助）剂、天然植物鞣剂、水性涂饰（助）剂等高档皮革用功能性化工产品开发、生产与应用

17. 高效节能电光源（高、低气压放电灯和固态照明产品）技术开发、产品生产及固汞生产工艺应用；废旧灯管回收再利用

18. 符合国家 1 级能效或 2 级能效家用电器开发与生产

19. 多效、节能、节水、环保型表面活性剂、助剂和洗涤剂的开发与生产

20. 采用新型制冷剂替代氢氯氟烃-22（HCFC-22 或 R22）的空调器开发、制造，采用新型发泡剂替代氢氯氟烃-141b（HCFC-141b）的家用电器生产，采用新型发泡剂替代氢氯氟烃-141b（HCFC-141b）的硬质聚氨酯泡沫的生产与应用

21. 节能环保型玻璃窑炉（含全电熔、电助熔、全氧燃烧技术、NOx 产生浓度≤1200mg/m^3 的低氮燃烧技术）的设计、应用；玻璃熔窑 DCS 节能自动控制技术

22. 轻量化玻璃瓶罐（轻量化度≤1.0）工艺技术和关键装备的开发与生产

23. 水性油墨、紫外光固化油墨、植物油油墨等节能环保型油墨生产

24. 天然食品添加剂、天然香料新技术开发与生产

25. 先进的食品生产设备研发与制造；食品质量与安全监测（检测）仪器、设备的研发与生产

26. 热带果汁、浆果果汁、谷物饮料、本草饮料、茶浓缩液、茶粉、植物蛋白饮料等高附加价值植物饮料的开发生产与加工原料基地建设；果渣、茶渣等的综合开发与利用

27. 营养健康型大米、小麦粉（食品专用米、发芽糙米、留胚米、食品专用粉、全麦粉及营养强化产品等）及制品的开发生产；传统

主食工业化生产；杂粮加工专用设备开发与生产；粮油加工副产物（稻壳、米糠、麸皮、胚芽、饼粕等）综合利用关键技术开发应用

28. 菜籽油生产线：采用膨化、负压蒸发、热能自平衡利用、低消耗蒸汽真空系统等技术，油菜籽主产区日处理油菜籽400吨及以上、吨料溶剂消耗1.5公斤以下（其中西部地区日处理油菜籽200吨及以上、吨料溶剂消耗2公斤以下）；花生油生产线：花生主产区日处理花生200吨及以上，吨料溶剂消耗2公斤以下；棉籽油生产线：棉籽产区日处理棉籽300吨及以上，吨料溶剂消耗2公斤以下；米糠油生产线：采用分散快速膨化，集中制油、精炼技术；玉米胚芽油生产线；油茶籽、核桃等木本油料和胡麻、芝麻、葵花籽、牡丹籽等小品种油料加工生产线以及利用超临界二氧化碳萃取工艺技术生产植物油

29. 采用发酵法工艺生产小品种氨基酸（赖氨酸、谷氨酸、苏氨酸除外），以糖蜜为原料年产8000吨及以上酵母制品及酵母衍生制品，新型酶制剂和复合型酶制剂、多元糖醇及生物法化工多元醇、功能性发酵制品（功能性糖类、功能性红曲、发酵法抗氧化和复合功能配料、活性肽、微生态制剂）等开发、生产、应用。酵素生产工艺技术开发及工业化、规范化生产

30. 畜禽骨、血、羽毛及内脏等副产物综合利用与无害化处理

31. 搪瓷静电粉、搪瓷预磨粉的技术研发和生产

32. 冷凝式燃气热水器、使用聚能燃烧技术的燃气灶具等高效节能环保型燃气具的开发与制造

二十、纺织

1. 差别化、功能性聚酯（PET）的连续共聚改性［阳离子染料可染聚酯（CDP、ECDP）、碱溶性聚酯（COPET）、高收缩聚酯（HSPET）、阻燃聚酯、低熔点聚酯、非结晶聚酯、生物可降解聚酯、采用绿色催化剂生产的聚酯等］；阻燃、抗静电、抗紫外、抗菌、相变储能、光致变色、原液着色等差别化、功能性化学纤维的高效柔性化制备技术；智能化、超仿真等功能性化学纤维生产；原创性开发高速纺丝加工用绿色高效环保油剂

2. 聚对苯二甲酸丙二醇酯（PTT）、聚萘二甲酸乙二醇酯（PEN）、聚对苯二甲酸丁二醇酯（PBT）、聚丁二酸丁二酯（PBS）、聚对苯二甲酸环已烷二甲醇酯（PCT）、生物基聚酰胺、生物基呋喃环等新型聚酯和纤维的开发、生产与应用

3. 采用绿色、环保工艺与装备生产新溶剂法纤维素纤维（Lyocell）、细菌纤维素纤维、以竹、麻等新型可再生资源为原料的再生纤维素纤维、聚乳酸纤维（PLA）、海藻纤维、壳聚糖纤维、聚羟基脂肪酸酯纤维（PHA）、动植物蛋白纤维

4. 高性能纤维及制品的开发、生产、应用［碳纤维（CF）（拉伸强度≥4200MPa，弹性模量≥230GPa）、芳纶（AF）、芳砜纶（PSA）、超高分子量聚乙烯纤维（UHMWPE）（纺丝生产装置单线能力≥300吨/年，断裂强度≥40cN/dtex，初始模量≥1800cN/dtex）、聚苯硫醚纤维（PPS）、聚酰亚胺纤维（PI）、聚四氟乙烯纤维（PTFE）、聚苯并双噁唑纤维（PBO）、聚芳噁二唑纤维（POD）、玄武岩纤维（BF）、碳化硅纤维（SiCF）、聚醚醚酮纤维（PEEK）、高强型玻璃纤维（HT-AR）、聚2,5-二羟基-1,4-苯撑吡啶并二咪唑纤维（PIPD）等］

5. 符合环保要求的特种动物纤维、麻纤维、桑柞茧丝、彩色棉花、彩色桑茧丝类天然纤维的加工技术与产品

6. 建立智能化纺纱工厂，采用智能化、连续化纺纱成套装备（清梳联、粗细联、细络联及数控单机及喷气涡流纺、高速转杯纺等短流程先进纺纱设备），生产高品质纱线；采用高速数控无梭织机、自动穿经机、全成形电脑横机、高速电脑横机、高速经编机等新型数控装备，生产高支、高密、提花等高档机织、针织纺织品

7. 采用数字化智能化印染技术装备、染整清洁生产技术（酶处理、高效短流程前处理、针织物连续平幅前处理、低温前处理及染色、低盐或无盐染色、低尿素印花、小浴比气

流或气液染色、数码喷墨印花、泡沫整理等）、功能性整理技术、新型染色加工技术、复合面料加工技术，生产高档纺织面料；智能化筒子纱染色技术装备开发与应用

8. 采用非织造、机织、针织、编织等工艺及多种工艺复合、长效整理等新技术，生产功能性产业用纺织品

9. 智能化、高效率、低能耗纺织机械，关键专用基础件、计量、检测仪器及试验装备开发与制造

10. 高档地毯、抽纱、刺绣产品生产

11. 数字化、网络化、智能化服装生产技术和装备开发、应用

12. 纺织行业生物脱胶、无聚乙烯醇（PVA）浆料上浆、少水无水节能印染加工、“三废”高效治理与资源回收再利用技术的推广与应用

13. 废旧纺织品回收再利用技术、设备的研发和应用，利用聚酯回收材料生产涤纶工业丝、差别化和功能性涤纶长丝、非织造材料等高附加值产品

二十一、建筑

1. 建筑隔震减震结构体系及产品研发与推广

2. 智能建筑产品与设备的生产制造与集成技术研究

3. 集中供热系统计量与调控技术、产品的研发与推广

4. 高强、高性能结构材料与体系的应用

5. 太阳能热利用及光伏发电应用一体化建筑

6. 先进适用的建筑成套技术、产品和住宅部品研发与推广

7. 钢结构住宅集成体系及技术研发与推广

8. 节能建筑、绿色建筑、装配式建筑技术、产品的研发与推广

9. 工厂化全装修技术推广

10. 移动式应急生活供水系统开发与应用

11. 建筑信息模型（BIM）相关技术开发与应用

12. 既有房屋建筑抗震加固技术研发与工程应用

13. 装配式钢结构绿色建筑技术体系的研发及推广

二十二、城镇基础设施

1. 城市高精度导航、高精度遥感影像和三维数据生产及关键技术开发

2. 依托基础地理信息资源的城市立体管理信息系统

3. 城市公共交通建设

4. 城市道路及智能交通体系建设

5. 城市交通管制系统技术开发及设备制造

6. 城市及市域轨道交通新线建设（含轻轨、有轨电车）

7. 城镇安全饮水工程、供水水源及净水厂工程

8. 城镇地下管道共同沟建设，地下管网地理信息系统

9. 城镇供排水管网工程、管网排查、检测及修复与改造工程、非开挖施工与修复技术，供水管网听漏检漏设备、相关技术开发和设备生产

10. 城市燃气工程

11. 城镇集中供热建设和改造工程

12. 城市雨水收集利用工程

13. 城镇园林绿化及生态小区建设

14. 既有停车设施改造；停车楼、地下停车场、机械式立体停车库等集约化的停车设施建设；停车场配建电动车充电设施

15. 城市建设管理信息化技术应用

16. 城市生态系统关键技术应用

17. 城市节水技术开发与应用

18. 城市照明智能化、绿色照明产品及系统技术开发与应用

19. 再生水利用技术与工程

20. 城市供水、排水、燃气塑料管道应用工程

21. 城市应急与后备水源建设工程

22. 沿海城镇海水供水管网及海水淡化工程

23. 城市积涝监测预警技术开发与应用，城市排水防涝工程

24. 海绵城市建设关键技术产品开发与应用

25. 合流制溢流污染、初期雨水等快速净化装备、分散净化设施

26. 基于大数据、物联网、GIS 等为基础的城市信息模型（CIM）相关技术开发与应用

二十三、铁路

1. 铁路新线建设

2. 既有铁路改扩建及铁路专用线建设

3. 客运专线、高速铁路系统技术开发与建设

4. 铁路行车及客运、货运安全保障系统技术与装备，铁路列车运行控制与车辆控制系统开发建设

5. 铁路运输信息系统开发与建设

6. 7200 千瓦及以上交流传动电力机车、6000 马力及以上交流传动内燃机车、时速 200 公里以上动车组、海拔 3000 米以上高原机车、高原动车组、大型专用货车、机车车辆特种救援设备

7. 干线轨道车辆交流牵引传动系统、制动系统及核心元器件（含 IGCT、IGBT 元器件）

8. 时速 200 公里及以上铁路接触网、道岔、扣配件、牵引供电设备

9. 电气化铁路牵引供电功率因数补偿技术应用

10. 大型养路机械、铁路工程建设机械装备、线桥隧检测设备

11. 行车调度指挥自动化技术开发

12. 混凝土结构物修补和提高耐久性技术、材料开发

13. 铁路旅客列车集便器及污物地面接收、处理工程

14. 铁路 GSM-R 通信信号系统

15. LTE-R 等铁路宽带通信系统开发与建设

16. 数字铁路与智能运输开发与建设

17. 时速在 300 公里及以上高速铁路或客运专线减震降噪技术应用

18. 城际、市域（郊）铁路

二十四、公路及道路运输（含城市客运）

1. 国家高速公路网项目建设

2. 国省干线改造升级

3. 汽车客货运站、城市公交站

4. 高速公路不停车收费系统相关技术开发与应用

5. 公路智能运输、快速客货运输、公路甩挂运输系统开发与建设

6. 公路管理服务、应急保障系统开发与建设

7. 公路工程新材料开发与生产

8. 公路集装箱和厢式运输

9. 特大跨径桥梁修筑和养护维修技术应用

10. 长大隧道修筑和维护技术应用

11. 农村客货运输网络开发与建设

12. 农村公路建设

13. 城际快速系统开发与建设

14. 出租汽车服务调度信息系统开发与建设

15. 高速公路车辆应急疏散通道建设

16. 低噪声路面技术开发

17. 高速公路快速修筑与维护技术和材料开发与应用

18. 城市公交

19. 运营车辆安全监控记录系统开发与应用

20. 公路主干线交通安全和治安管控装备及技术开发和应用

二十五、水运

1. 深水泊位（沿海万吨级、内河千吨级及以上）建设

2. 沿海深水航道和内河高等级航道及通航建筑物建设，西部地区、贫困地区内河航道建设

3. 沿海陆岛交通运输码头建设

4. 大型港口装卸自动化工程

5. 海运电子数据交换系统应用

6. 水上交通安全监管和救助系统建设

7. 内河船型标准化

8. 老港区技术改造工程

9. 船舶污染物港口接收处置设施建设及设备制造，港口危险化学品、油品应急设施建设及设备制造

10. 内河自卸式集装箱船运输系统

11. 水上高速客运

12. 港口龙门吊油改电节油改造工程

13. 水上滚装多式联运

14. 水运行业信息系统建设

15. 国际邮轮运输及邮轮母港建设

二十六、航空运输

1. 机场及配套设施建设与运营

2. 公共航空运输

3. 通用航空

4. 空中交通管制和通信导航监视系统建设

5. 航空计算机管理及其网络系统开发与建设

6. 航空油料加油服务及设施建设

7. 海上空中监督巡逻和搜救服务及设施建设，小型航空器应急起降场地建设

二十七、综合交通运输

1. 综合交通枢纽建设与改造

2. 综合交通枢纽便捷换乘及行李捷运系统建设

3. 综合交通枢纽运营管理信息系统建设与应用

4. 综合交通枢纽诱导系统建设

5. 综合交通枢纽一体化服务设施建设

6. 综合交通枢纽防灾救灾及应急疏散系统

7. 综合交通枢纽便捷货运换装系统建设

8. 旅客联程运输设施设备、票务一体化、联运产品的研发推广应用

二十八、信息产业

1. 2.5GB/s及以上光同步传输系统建设

2. 155MB/s及以上数字微波同步传输设备制造及系统建设

3. 卫星通信系统、地球站设备制造及建设

4. 网管监控、时钟同步、计费等通信支撑网建设

5. 窄带物联网（NB-IoT）、宽带物联网（eMTC）等物联网（传感网）、智能网等新业务网设备制造与建设

6. 物联网（传感网）等新业务网设备制造与建设

7. 宽带网络设备制造与建设

8. 数字蜂窝移动通信网建设

9. IP业务网络建设

10. 基于IPv6的下一代互联网技术研发及服务，网络设备、芯片、系统以及相关测试设备的研发和生产

11. 卫星数字电视广播系统建设

12. 增值电信业务平台建设

13. 32波及以上光纤波分复用传输系统设备制造

14. 10GB/s及以上数字同步系列光纤通信系统设备制造

15. 支撑通信网的路由器、交换机、基站等设备

16. 同温层通信系统设备制造

17. 数字移动通信、移动自组网、接入网系统、数字集群通信系统及路由器、网关等网络设备制造

18. 大中型电子计算机、百万亿次高性能计算机、便携式微型计算机、每秒一万亿次及以上高档服务器、大型模拟仿真系统、大型工业控制机及控制器制造

19. 集成电路设计，线宽0.8微米以下集成电路制造，及球栅阵列封装（BGA）、插针网格阵列封装（PGA）、芯片规模封装（CSP）、多芯片封装（MCM）、栅格阵列封装（LGA）、系统级封装（SIP）、倒装封装（FC）、晶圆级封装（WLP）、传感器封装（MEMS）等先进

封装与测试

20. 集成电路装备制造

21. 新型电子元器件（片式元器件、频率元器件、混合集成电路、电力电子器件、光电子器件、敏感元器件及传感器、新型机电元件、高密度印刷电路板和柔性电路板等）制造

22. 半导体、光电子器件、新型电子元器件（片式元器件、电力电子器件、光电子器件、敏感元器件及传感器. 新型机电元件、高频微波印制电路板、高速通信电路板、柔性电路板、高性能覆铜板等）等电子产品用材料

23. 软件开发生产（含民族语言信息化标准研究与推广应用）

24. 数字化系统（软件）开发及应用：智能设备嵌入式软件、集散式控制系统（DCS）、可编程逻辑控制器（PLC）、数据采集与监控（SCADA）、先进控制系统（APC）等工业控制系统；制造执行系统（MES），计算机辅助设计（CAD）、辅助工程（CAE）、工艺规划（CAPP）、产品全生命周期管理（PLM）、工业云平台、工业APP等工业软件；能源管理系统（EMS）、建筑信息模型（BIM）系统等专用系统

25. 半导体照明设备，光伏太阳能设备，片式元器件设备，新型动力电池设备，表面贴装设备（含钢网印刷机、自动贴片机、无铅回流焊、光电自动检查仪）等

26. 打印机（含高速条码打印机）和海量存储器等计算机外部设备

27. 薄膜场效应晶体管LCD（TFT-LCD）、有机发光二极管（OLED）、电子纸显示、激光显示、3D显示等新型平板显示器件、液晶面板产业用玻璃基板、电子及信息产业用盖板玻璃等关键部件及关键材料

28. 新型（非色散）单模光纤及光纤预制棒制造

29. 高密度数字激光视盘播放机盘片制造

30. 只读光盘和可记录光盘复制生产

31. 音视频编解码设备、音视频广播发射设备、数字电视演播室设备、数字电视系统设备、数字电视广播单频网设备、数字电视接收设备、数字摄录机、数字录放机、数字电视产品

32. 网络安全产品、数据安全产品，网络监察专用设备开发制造

33. 智能移动终端产品及关键零部件的技术开发和制造

34. 多普勒雷达技术及设备制造

35. 医疗电子、健康电子、生物电子、汽车电子、电力电子、金融电子、航空航天仪器仪表电子、图像传感器、传感器电子等产品制造

36. 无线局域网技术开发、设备制造

37. 电子商务和电子政务系统开发与应用服务

38. 卫星导航芯片、系统技术开发与设备制造

39. 应急广播电视系统建设

40. 量子通信设备

41. 薄膜晶体管液晶显示（TFT-LCD）、发光二极管（LED）及有机发光二极管显示（OLED）、电子纸显示、激光显示、3D显示等新型显示器件生产专用设备

42. 半导体照明衬底、外延、芯片、封装及材料（含高效散热覆铜板、导热胶、导热硅胶片）等

43. 数字音乐、手机媒体、动漫游戏等数字内容产品的开发系统

44. 防伪技术开发与运用

45. 核电仪控系统核心芯片及相关软件

46. 大数据、云计算、信息技术服务及国家允许范围内的区块链信息服务

47. 工业互联网网络、平台、安全硬件设备制造与软件系统开发及集成创新应用，工业互联网设备安全、控制安全、网络安全、平台安全和数据安全相关技术产品研发及应用，工业互联网网络建设与改造，标识解析体系建设与推广，工业云服务平台建设及应用

48. 宽带数字集群设备、采用时分双工（TDD）方式载波聚合的230MHz频段宽带无线数据传输设备等下一代专网通信设备，基于LTE-V2X无线通信技术的车联网直连通信设备等车联网无线通信设备

49. 灾害现场信息空地一体化获取技术研究与集成应用

50. 量子、类脑等新机理计算机系统的研究与制造

51. 先进的各类太阳能光伏电池及高纯晶体硅材料（多晶硅的综合电耗低于65kWh/kg，单晶硅光伏电池的转换效率大于22.5%，多晶硅电池的转化效率大于21.5%，碲化镉电池的转化效率大于17%，铜铟镓硒电池转化效率大于18%）

二十九、现代物流业

1. 煤炭、粮食、棉花、铁矿石、化肥、石油等重要商品现代化物流设施建设

2. 农产品物流配送设施建设，农产品、食品、药品冷链物流，食品、药品物流质量安全控制技术服务

3. 现代供应链创新与应用

4. 多式联运转运设施建设，多式联运快速转运换装设备、标准化运载单元的研发推广应用

5. 标准托盘和600mm×400mm包装基础模数推广应用，环保型、可循环利用型材质托盘的制造和使用

6. 物流信息服务技术、货物跟踪识别定位技术、智能仓储分拣配送技术、物流信息安全技术的研发与应用

7. 应急物流、逆向物流、绿色物流设施建设和运营

8. 物流公共信息平台开发及建设

9. 物流枢纽建设与运营

10. 城市物流所需的公共仓储，车辆停靠、装卸、充电等配套设施建设

三十、金融服务业

1. 农村金融服务体系建设

2. 债券发行、交易服务体系建设

3. 农业保险、责任保险、信用保险、商业健康保险、财产保险

4. 普惠金融产品研发和应用

5. 知识产权、收益权等无形资产贷款质押业务开发

6. 信用卡及网络服务

7. 人民币跨境结算、清算体系建设

8. 金融监管技术开发与应用

9. 创业投资

10. 金融机构的金融科技产品研发、应用和服务输出

11. 绿色金融服务体系建设

12. 开放银行体系安全防护

13. 融资担保服务、融资租赁服务

14. 资产证券化、不动产投资信托基金（REITs）等盘活存量资产的金融工具和金融产品开发应用

三十一、科技服务业

1. 工业设计、气象、生物、新材料、新能源、节能、环保、测绘、海洋等专业科技服务，标准化服务、计量测试、质量认证和检验检测服务、科技普及

2. 在线数据与交易处理、IT设施管理和数据中心服务，移动互联网服务，因特网会议电视及图像等电信增值服务

3. 行业（企业）管理和信息化解决方案开发、基于网络的软件服务平台、软件开发和测试服务、信息系统集成、咨询、运营维护和数据挖掘等服务业务

4. 数字音乐、手机媒体、网络出版等数字内容服务，地理、国际贸易等领域信息资源开发服务

5. 数字化技术、高拟真技术、高速计算技术等新兴文化科技支撑技术建设及服务

6. 分析、试验、测试以及相关技术咨询与研发服务，智能产品整体方案、人机工程设计、系统仿真等设计服务

7. 在线数据处理和数据安全服务，数据恢复和灾备服务，信息安全防护、网络安全应急支援服务，云计算安全服务，大数据安全服务，信息安全风险评估、认证与咨询服务，信息装备和软件安全评测服务，密码技术产品测试认证服务，信息系统等级保护安全方案设计服务

8. 科技信息交流、文献信息检索、技术咨询、技术孵化、科技成果评估、科技成果转移转化服务和科技鉴证等服务

9. 知识产权代理、转让、登记、鉴定、检索、分析、评估、运营、认证、咨询和相关投融资服务

10. 国家级工程（技术）研究中心、国家产业创新中心、国家农业高新技术产业示范区、国家农业科技园区、国家认定的企业技术中心、国家实验室、国家重点实验室、国家重大科技基础设施、高新技术创业服务中心、绿色技术创新基地平台、新产品开发设计中心、科教基础设施、产业集群综合公共服务平台、中试基地、实验基地建设

11. 信息技术外包、业务流程外包、知识流程外包等技术先进型服务

12. 智能制造系统集成应用体验验证服务

13. 工业服务：现代高端装备的维护与维修、数字化生产线改造与集成、工业服务网络平台、工业电商、智能装备远程运维管理系统、智慧工厂设备监测诊断平台、预测性维护系统、专业维修服务和供应链服务、工业管理服务［包括设备运维管理咨询、设备运维与管理服务、工业 APP 和设备管理软件（SaaS）］、数据及数字化服务（PaaS、IaaS、数据分析服务和其他创新数据服务）

14. 网络安全集成、安全维护、安全运营、风险评估、教育培训、咨询、应急响应等安全服务

15. 云计算数据中心的建设、维护、租赁等

16. 信息系统集成和物联网技术服务、运营维护服务、信息处理和存储支持服务、信息技术咨询服务、数字内容服务及其他信息技术服务

三十二、商务服务业

1. 经济、管理、信息、会计、税务、审计、法律、节能、环保等咨询与服务

2. 工程咨询服务（包括规划咨询、项目咨询、评估咨询、全过程工程咨询）

3. 资信调查与评级等信用服务体系建设

4. 资产评估、校准、检测、检验等服务

5. 产权交易服务平台

6. 广告创意、策划、设计、制作、代理、发布等广告服务

7. 会展服务（不含会展场馆建设）

8. 供应链管理服务（指基于现代信息技术对供应链中的物流、商流、信息流和资金流进行设计、规划控制和优化，将单一、分散的订单管理、采购执行、报关退税、物流管理、资金融通、数据管理、贸易商务、结算等进行一体化整合的服务）

三十三、商贸服务业

1. 现代化的农产品、生产资料市场流通设施建设

2. 种子、种苗、种畜禽和鱼苗（种）、化肥、农药、农机具、农膜等农资连锁经营及综合服务

3. 面向农村的日用品、药品、出版物等生活用品连锁经营

4. 农产品拍卖服务

5. 商贸企业的统一配送和分销网络建设

6. 利用信息技术改造提升传统商品交易市场

7. 旧货市场建设

8. 现代化二手车交易服务体系建设

9. 新农村现代流通服务网络工程建设，农资物联网应用与示范项目建设

三十四、旅游业

1. 旅游商品、旅游纪念品、旅游装备设备，以及休闲、登山、滑雪、潜水、探险等各类户外活动用品开发与营销服务

2. 文化旅游、健康旅游、乡村旅游、生态旅游、海洋旅游、森林旅游、草原旅游、工业旅游、体育旅游、红色旅游、民族风情游及其他旅游资源综合开发、基础设施建设及信息等服务

三十五、邮政业

1. 邮政储蓄网络建设

2. 邮政综合业务网建设

3. 邮件处理自动化工程

4. 寄递渠道安全监管、邮件快件时限监测、消费者申诉、满意度调查与公示、邮编及行业资费查询等公共服务和市场监管功能等邮政业公共服务信息平台建设

5. 城乡快递营业网点、门店等快递服务网点和智能快件（信包）箱、快递末端综合服务场所建设

6. 城市、区域内和区域间的快件分拣中心、转运中心、集散中心、处理枢纽等快递处理设施建设

7. 快件跟踪查询、自动分拣、运递调度、快递客服呼叫中心等快递信息系统开发与应用

8. 数据采集、集装容器、智能终端、智能化仓储、自动分拣、机械化装卸、冷链快递、AGV、无人机、无人车和绿色包装等快递技术装备的研发与应用

9. 邮件快件运输与交通运输网络融合及多式联运、运营平台等技术开发与应用

三十六、教育

1. 学前教育
2. 特殊教育
3. 职业教育
4. “互联网＋”教育，远程教育

三十七、卫生健康

1. 预防保健、卫生应急、卫生监督服务设施建设

2. 计划生育、优生优育、生殖健康咨询与服务

3. “互联网＋”医疗健康服务、医疗大数据应用

4. 卫生咨询、医疗知识等医疗信息服务和健康管理服务

5. 医疗卫生服务设施建设

6. 传染病、儿童、精神卫生专科医院和康复医院（中心）、护理院（中心、站）、安宁疗护中心、全科医疗设施建设与服务

7. 心理咨询服务

8. 中医养生保健服务

三十八、文化

1. 公共文化、文化艺术、新闻出版、广播电视电影、网络视听、文化遗产保护利用及设施建设

2. 文化创意设计服务，数字文化创意（含数字文化创意技术装备、数字文化创意软件、数字文化创意内容制作、新型媒体服务、数字文化创意内容应用服务），动漫创作、制作、传播、出版、衍生产品开发

3. 广播影视制作、发行、交易、播映、出版、衍生品开发，网络视听节目技术服务、开发

4. 新闻出版内容监管技术、版权保护技术、出版物的生产技术、出版物发行技术开发与应用，电子纸、阅读器等新闻出版新载体的技术开发、应用和产业化

5. 电影数字化服务和监管技术开发及应用

6. 非物质文化遗产保护与振兴，民族和民间艺术、传统工艺美术保护与发展，国家历史文化名城（镇、村）和文化街区、中国少数民族特色村镇保护，中华老字号的保护与发展，民族文化艺术精品的国际营销与推广

7. 文化信息资源共享工程，智慧博物馆建设，传统媒体和新兴媒体融合发展、智慧广电建设、移动多媒体广播电视、广播电视数字化、有线无线卫星广播电视网智能协同覆盖、全国有线电视网络智能化建设和互联互通平台建设

8. 语言文字技术开发与应用

9. 演艺业

三十九、体育

1. 体育管理活动
2. 体育竞赛表演活动
3. 体育健身休闲活动
4. 体育场地和设施管理
5. 体育经纪与代理、广告与会展、表演与设计服务
6. 体育教育与培训

7. 体育传媒与信息服务

8. 体育旅游、健康与康复、金融与资产管理服务

9. 体育用品及相关产品研发及制造

10. 体育用品及相关产品销售、出租与贸易代理

11. 体育场地设施建设

四十、养老与托育服务

1. 长期照护服务机构（包括养老院、老年养护院、农村养老设施等）

2. 社区养老服务骨干网

3. 养老金融产品服务业

4. 助餐助行

5. 老年教育

6. 康养旅居

7. 养老服务实训教育

8. 康复辅助器具配置服务（租赁）机构

9. 居家适老化建设及改造工程

10. 老年人力资源开发

11. 老年人健康管理和体育健身

12. 智慧健康和养老

13. 儿童早期发展（智力开发、膳食营养、心理健康）

14. 婴幼儿保育教育培训

15. 婴幼儿照护服务机构（中心）

16. 婴幼儿健康管理

17. 家庭养育支援及育儿指导

四十一、家政

1. 社区家政服务

2. 员工制家政服务

3. 家政职业教育和技能培训

4. 家政综合信息服务

5. 家政服务措施（家政服务网点）建设与运营管理

6. 家政服务标准化建设

四十二、其他服务业

1. 保障性住房建设与管理

2. 物业服务

3. 老年人、未成年人活动场所

4. 城乡社区基础服务设施及综合服务网点建设

5. 开发区、产业集聚区配套公共服务平台建设与服务

6. 社区照料服务

7. 再生资源回收利用网络体系建设

8. 婚庆服务业

9. 基层就业和社会保障服务设施建设

10. 农民工留守家属服务设施建设

11. 社会保障一卡通工程

12. 工伤康复中心建设

13. 租赁住房建设、运营和管理

14. 消费者权益保护服务

四十三、环境保护与资源节约综合利用

1. 矿山生态环境恢复工程

2. 海洋环境保护及科学开发、海洋生态修复

3. 微咸水、苦咸水、劣质水、海水的开发利用及海水淡化综合利用工程

4. 消耗臭氧层物质替代品开发与利用

5. 区域性废旧汽车、废旧电器电子产品、废旧船舶、废钢铁、废旧木材、废旧橡胶等资源循环利用基地建设

6. 流出物辐射环境监测技术工程

7. 环境监测体系工程

8. 危险废物（医疗废物）及含重金属废物安全处置技术设备开发制造及处置中心建设及运营；放射性废物、核设施退役工程安全处置技术设备开发制造及处置中心建设

9. 流动污染源（机车、船舶、汽车等）监测与防治技术

10. 城市交通噪声与振动控制技术应用

11. 电网、信息系统电磁辐射控制技术开发与应用

12. 削减和控制二噁英排放的技术开发与应用

13. 持久性有机污染物类产品的替代品开发与应用

14. 废弃持久性有机污染物类产品处置技术开发与应用

15. “三废”综合利用与治理技术、装备和工程

16. “三废”处理用生物菌种和添加剂开发与生产

17. 含汞废物的汞回收处理技术、含汞产品的替代品开发与应用

18. 废水零排放，重复用水技术应用

19. 高效、低能耗污水处理与再生技术开发

20. 城镇垃圾、农村生活垃圾、农村生活污水、污泥及其他固体废弃物减量化、资源化、无害化处理和综合利用工程

21. 废物填埋防渗技术与材料

22. 节能、节水、节材环保及资源综合利用等技术开发、应用及设备制造；为用户提供节能、环保、资源综合利用咨询、设计、评估、检测、审计、认证、诊断、融资、改造、运行管理等服务

23. 高效、节能、环保采矿、选矿技术（药剂）；低品位、复杂、难处理矿开发及综合利用技术与设备

24. 共生、伴生矿产资源综合利用技术及有价元素提取

25. 尾矿、废渣等资源综合利用及配套装备制造

26. 再生资源、建筑垃圾资源化回收利用工程和产业化

27. 废旧木材、废旧电器电子产品、废印刷电路板、废旧电池、废旧船舶、废旧农机、废塑料、废旧纺织品及纺织废料和边角料、废（碎）玻璃、废橡胶、废弃油脂等废旧物资等资源循环再利用技术、设备开发及应用

28. 废旧汽车、工程机械、矿山机械、机床产品、农业机械、船舶等废旧机电产品及零部件再利用、再制造，墨盒、有机光导鼓的再制造（再填充），退役民用大型飞机及发动机、零部件拆解、再利用、再制造

29. 综合利用技术设备：4000马力以上废钢破碎生产线；废塑料复合材料回收处理成套装备（回收率95%以上）；轻烃类石化副产物综合利用技术装备；生物质能技术装备（发电、制油、沼气）；硫回收装备（低温克劳斯法）

30. 含持久性有机污染物土壤修复技术的研发与应用

31. 削减和控制重金属排放的技术开发与应用

32. 工业难降解有机废水处理技术

33. 有毒、有机废气、恶臭高效处理技术

34. 餐厨废弃物资源化利用技术开发及设施建设

35. 碳捕集、利用与封存技术装备

36. 冰蓄冷技术及其成套设备制造

37. 电动汽车废旧动力蓄电池回收利用：梯级利用、再生利用等；废旧动力蓄电池回收利用技术装备：自动化拆解技术装备；自动化快速分选成组技术装备；电池剩余寿命及一致性评估技术装备；残余价值评估技术装备；梯次利用技术装备；正极、负极、隔膜、电解液高效再生利用及无害化处理技术装备

38. 废弃木质材料回收工程

39. 垃圾分类技术、设备、设施

40. 环境污染第三方治理

41. 挥发性有机物减量化、资源化和末端治理及监测技术

42. 废硫酸裂解回收技术

43. 工业副产盐资源化利用

44. 离子型稀土原矿绿色高效浸萃一体化技术

45. 余热回收利用先进工艺技术与设备

四十四、公共安全与应急产品

1. 气象、地震、地质、海洋、水旱灾害、城市及森林火灾灾害监测预警技术开发与应用

2. 生物灾害、动物疫情监测预警技术开发与应用

3. 堤坝、尾矿库安全自动监测报警技术开发与应用

4. 煤炭、矿山等安全生产监测报警技术开发与应用

5. 公共交通工具事故预警技术开发与应用

6. 水、土壤、空气污染物快速监测技术

与产品

7. 食品药品安全快速检验技术、仪器设备开发及应用

8. 重大流行病、新发传染病检测试剂和仪器

9. 公共场所体温异常人员快速筛查设备

10. 交通安全、城市公共安全、恐怖袭击安全、网络与信息系统安全、警用安全、特种设备安全、工程施工安全、火灾、重大危险源安全监控监测预警系统、产品技术开发与应用

11. 放射性、毒品等违禁品、核生化恐怖源等危险物品快速探测检测技术与产品

12. 危险化学品安全监测技术开发与应用

13. 应急抢险救援人员防护用品开发与应用

14. 家用应急防护产品

15. 雷电灾害新型防护技术开发与应用

16. 矿山、工程和危险化学品安全生产避险产品及设施

17. 突发事件现场信息快速测绘、存储、传输等技术及产品

18. 生命探测装备

19. 智能化、大型、特种、无人化、高性能消防灭火救援装备

20. 建（构）筑物全地形废墟救援设备

21. 应急通信、应急指挥、应急发电与电力恢复、后勤保障等全地形高机动性多功能应急救援特种车辆及设备

22. 侦检、破拆、救生、照明、排烟、堵漏、输转、洗消、提升、投送等高效救援产品

23. 航空应急救援器材及装备

24. 道路应急抢通装备及设施

25. 公共交通设施除冰雪机械及环保型除雪剂开发与应用

26. 水上（水下及深海）应急救援技术与装备

27. 车载、港口等危险化学品、油品应急设施建设及设备

28. 海上溢油及有毒有害物质泄漏应急处置技术和装备

29. 有毒有害液体快速吸纳处理技术装备、移动式医疗废物快速处理装置、危险废物特性鉴别专用仪器等突发环境灾难应急环保技术装备

30. 航空应急医疗系统，机动医疗救护系统，卫生应急消毒供应装备，生命支持、治疗、监护一体化急救与后送平台

31. 防控突发公共卫生和生物事件疫苗和药品

32. 反恐行动技术装备与侦控技术；反恐综合作战平台技术，反核恐怖机器人，应急防爆车，中型反恐排爆机器人，防爆拖车，爆炸物销毁器等

33. 紧急医疗、交通救援、工程抢险、安全生产、航空救援、网络与信息安全等应急救援社会化服务

34. 应急物流设施及服务

35. 应急咨询、评估、培训、租赁和保险服务

36. 应急物资储备基础设施建设

37. 应急救援基地、公众应急体验基础设施建设

38. 新型防火涂料、防火材料、阻火抑爆装置、建筑耐火构件

39. 森林、草原火灾自动监测报警技术开发与应用

40. 基于北斗导航卫星的安全监测系统

41. 矿山数字化技术开发与应用，安全生产模拟实训技术开发与应用，细粒尾矿模袋法堆坝安全技术

42. 地震灾害信息快速获取技术开发与应用，地震活动断层探测技术开发及应用

43. 煤矿突水水源快速判别技术开发与应用

44. 消防产品质量快速检测设备

45. 农产品及其产地环境的有害元素监测技术开发与应用

46. 生产生活用水快速安全监测设备

47. 特殊工种保护产品

48. 重要基础设施安全、社会公共安全、农林气象、生物灾害防范防护技术开发及应用

49. 煤矿瓦斯、热动力、水害等重大灾害应急救援及危险化学品风险监测、安全防控和应急处置成套技术与装备

50. 大型、多功能型工程抢险装备

51. 防汛抢险专用器材和装备
52. 人工影响天气作业系统
53. 核事故应急处置技术及装备
54. 疫情疫病检疫处置技术及装备
55. 特种设备事故救援技术与装备
56. 水旱灾害应急监测技术装备
57. 洪水干旱灾害风险智能辨识技术装备
58. 防汛抢险自组网集群应急通讯技术装备
59. 抗旱应急找水打井技术装备
60. 台风风险区划图编制技术及应用
61. 重大灾害事故应急救援基地化后勤保障重点技术装备
62. 重大事故灾害智能无人应急救援关键技术装备
63. 高原高寒地区灾害现场安置装备关键技术与装备研究应用
64. 雨雪冰冻灾害高效智能除冰除雪装备
65. 复杂环境轻型模块工程抢险装备
66. 大型高尾矿库溃坝灾害防控关键技术研究及应用示范
67. 防洪抗旱应急设施建设
68. 防汛抗旱新技术新产品开发与应用
69. 热转印标识牌生产开发与应用

四十五、民爆产品

1. 安全环保节能型工业炸药及无雷管感度的散装工业炸药；现场混装生产方式；采用乳胶基质集中制备、远程配送的现场混装生产方式；地下矿山、大型硐室、公路铁路隧道等工程应用现场混装炸药技术；民爆科研、生产、爆破服务“一体化”模式；退役火（炸）药在工业炸药中的应用，特殊用途炸药

2. 工业炸药智能化生产工艺技术及装备，工业炸药无人化车间；生产线在线监测、故障自诊断技术；现场混装生产方式的高精度装药计量技术、在线参数检测技术；现场混装生产方式全流程智能化管控平台；生产、销售（包括仓储）的信息化、可视化智能网络监管平台；废危险物料及不合格品安全、环保回收再利用的工艺技术及装备

3. 新型起爆器材；数码电子雷管；工业雷管成品防殉爆安全技术和基础雷管集约化生产、远程配送安全包装方式；数码电子雷管的电子引火元件（含电子控制模块和点火元件）集中生产远程配送模式；装药量系列化的工业导爆索

4. 高危生产工序的模块化、自动化、连续化设备，安全环保型的废品（料）销毁处理装备；火工药剂、产品的智能化生产工艺和装备，工业雷管生产线无人化车间；生产过程质量控制点工艺参数、人、机、料、环等数据的自动采集、存储和溯源分析系统；无职业危害、安全环保、信息化程度高的产品性能检测方法；工业导爆索生产过程炸药添加药、收线、盘卷、封尾、包装的自动化装备

5. 起爆具生产工艺自动化；可定期失效的稳定可控的震源药柱产品，含水炸药等在震源药柱中的应用；系列化、通用化的射孔弹产品；可靠、多样、高效、环保的人工影响天气用燃爆器材；退役火（炸）药在工业炸药制品中的应用

6. 工艺流程数据可视、生产数据在线采集、安全参数自动检测的工业炸药制品生产工艺；起爆具制造中，本质安全水平高，连续化、智能化的熔化、混药、浇注、退模等工序的工艺装备；震源药柱自动装药、自动装配的工艺装备；射孔弹自动装药、自动压制的工艺装备

7. 危险工房操作人员总人数不大于 3 人的工业炸药生产线；起爆具生产实现智能化，熔混注工房无固定作业人员，单个退模检验包装工房操作人员总人数不大于 5 人（含）的生产线；震源药柱生产实现连续化、自动化、信息化、柔性化的智能制造，1.1 级单个危险工房操作人员人数不大于 5 人的生产线；射孔弹生产实现自动化、智能化，危险工房操作人员人数不大于 6 人的生产线；人工影响天气用燃爆器材生产实现自动化、智能化，危险工房操作人员人数不大于 5 人的生产线；海上救生烟火信号等烟火信息弹制造实现药剂制备、装药工序的自动化，装配工序的机械化，人机隔离，危险工房操作人员人数不大于 5 人的生产线

四十六、人力资源和人力资本服务业

1. 人力资源与人力资本信息化建设

2. 人力资源服务与人力资本服务产业园和平台建设

3. 人力资源招聘、就业和创业指导，人力资源和社会保障事务代理，人力资源培训、劳务派遣、人力资源测评、人力资源管理咨询、人力资源服务外包、高级人才寻访、人力资源信息软件服务等人力资源服务业

4. 人力资本价值评估、评测和交易，人力资本价值统计、分析和应用，人力资本形成过程中的投资活动

5. 人力资本金融创新平台建设

6. 人力资源与人力资本市场及配套服务设施建设

7. 农村劳动力转移就业服务平台建设

四十七、人工智能

1. 人工智能芯片

2. 工业互联网、公共系统、数字化软件、智能装备系统集成化技术及应用

3. 网络基础设施、大数据基础设施、高效能计算基础设施等智能化基础设施

4. 虚拟现实（VR）、增强现实（AR）、语音语义图像识别、多传感器信息融合等技术的研发与应用

5. 无人自主系统等典型行业应用系统

6. 人工智能标准测试及知识产权服务平台

7. 智能制造关键技术装备，智能制造工厂、园区改造

8. 智能人机交互系统

9. 可穿戴设备、智能机器人、智能家居

10. 智能医疗，医疗影像辅助诊断系统

11. 智能安防，视频图像身份识别系统

12. 智能交通，智能运载工具

13. 智能教育

14. 智慧城市

15. 智能农业

第二类　限制类

一、农林业

1. 天然草场超载放牧

2. 单线5万立方米/年以下的普通刨花板、高中密度纤维板生产装置

3. 单线3万立方米/年以下的木质刨花板生产装置

4. 1000吨/年以下的松香生产项目

5. 兽用粉剂/散剂/预混剂生产线项目（持有新兽药证书的品种和自动化密闭式高效率混合生产工艺除外）

6. 转瓶培养生产方式的兽用细胞苗生产线项目（持有新兽药证书的品种和采用新技术的除外）

7. 松脂初加工项目

8. 以优质林木为原料的一次性木制品与木制包装的生产和使用以及木竹加工综合利用率偏低的木竹加工项目

9. 1万立方米/年以下的胶合板和细木工板生产线

10. 珍稀植物和古树的根雕制造业

11. 以野外资源为原料的珍贵濒危野生动植物加工

12. 不符合生态养殖要求的湖泊、水库投饵网箱养殖

13. 不利于生态环境保护的开荒性农业开发项目

14. 缺水地区、国家生态脆弱区纸浆原料林基地建设

15. 不符合国家规划及产业政策的粮食转化乙醇、食用植物油料转化生物燃料项目

16. 破坏林地、湿地、草地的开发项目

二、煤炭

1. 低于30万吨/年的煤矿（其中山西、内蒙古、陕西低于120万吨/年，宁夏低于60万吨/年），低于90万吨/年的煤与瓦斯突出矿井

2. 采用非机械化开采工艺的煤矿项目

3. 煤炭资源回收率达不到国家规定要求的煤矿项目

4. 未按国家规定程序报批矿区总体规划的煤矿项目

5. 井下回采工作面超过2个的煤矿项目

6. 开采深度超过《煤矿安全规程》规定的煤矿、产品质量达不到《商品煤质量管理暂行办法》要求的煤矿、开采技术和装备列入《煤炭生产技术与装备政策导向（2014年版）》限制目录且无法实施技术改造的煤矿

三、电力

1. 大电网覆盖范围内，发电煤耗高于300克标准煤/千瓦时的湿冷发电机组，发电煤耗高于305克标准煤/千瓦时的空冷发电机组

2. 无下泄生态流量的引水式水力发电

四、石化化工

1. 新建1000万吨/年以下常减压、150万吨/年以下催化裂化、100万吨/年以下连续重整（含芳烃抽提）、150万吨/年以下加氢裂化生产装置

2. 新建80万吨/年以下石脑油裂解制乙烯、13万吨/年以下丙烯腈、100万吨/年以下精对苯二甲酸、20万吨/年以下乙二醇、20万吨/年以下苯乙烯（干气制乙苯工艺除外）、10万吨/年以下己内酰胺、乙烯法醋酸、30万吨/年以下羰基合成法醋酸、天然气制甲醇（CO_2含量20%以上的天然气除外），100万吨/年以下煤制甲醇生产装置，丙酮氰醇法甲基丙烯酸甲酯、粮食法丙酮/丁醇、氯醇法环氧丙烷和皂化法环氧氯丙烷生产装置，300吨/年以下皂素（含水解物）生产装置

3. 新建7万吨/年以下聚丙烯、20万吨/年以下聚乙烯、乙炔法聚氯乙烯、起始规模小于30万吨/年的乙烯氧氯化法聚氯乙烯、10万吨/年以下聚苯乙烯、20万吨/年以下丙烯腈-丁二烯-苯乙烯共聚物（ABS）、3万吨/年以下普通合成胶乳-羧基丁苯胶（含丁苯胶乳）生产装置，新建、改扩建氯丁橡胶类、丁苯热塑性橡胶类、聚氨酯类和聚丙烯酸酯类中溶剂型通用胶粘剂生产装置

4. 新建纯碱（井下循环制碱、天然碱除外）、烧碱（废盐综合利用的离子膜烧碱装置除外）、30万吨/年以下硫磺制酸（单项金属离子≤100ppb的电子级硫酸除外）、20万吨/年以下硫铁矿制酸、常压法及综合法硝酸、电石（以大型先进工艺设备进行等量替换的除外）、单线产能5万吨/年以下氢氧化钾生产装置

5. 新建三聚磷酸钠、六偏磷酸钠、三氯化磷、五硫化二磷、磷酸氢钙、氯酸钠、少钙焙烧工艺重铬酸钠、电解二氧化锰、碳酸钙、无水硫酸钠（盐业联产及副产除外）、碳酸钡、硫酸钡、氢氧化钡、氯化钡、硝酸钡、碳酸锶、白炭黑（气相法除外）、氯化胆碱生产装置

6. 新建黄磷，起始规模小于3万吨/年、单线产能小于1万吨/年氰化钠（折100%），单线产能5000吨/年以下碳酸锂、氢氧化锂，干法氟化铝及单线产能2万吨/年以下无水氟化铝或中低分子比冰晶石生产装置

7. 新建以石油、天然气为原料的氮肥，采用固定层间歇气化技术合成氨，磷铵生产装置，铜洗法氨合成原料气净化工艺

8. 新建高毒、高残留以及对环境影响大的农药原药［包括氧乐果、水胺硫磷、甲基异柳磷、甲拌磷、特丁磷、杀扑磷、溴甲烷、灭多威、涕灭威、克百威、敌鼠钠、敌鼠酮、杀鼠灵、杀鼠醚、溴敌隆、溴鼠灵、肉毒素、杀虫双、灭线磷、磷化铝，有机氯类、有机锡类杀虫剂，福美类杀菌剂，复硝酚钠（钾）、氯磺隆、胺苯磺隆、甲磺隆等］生产装置

9. 新建草甘膦、毒死蜱（水相法工艺除外）、三唑磷、百草枯、百菌清、阿维菌素、吡虫啉、乙草胺（甲叉法工艺除外）、氯化苦生产装置

10. 新建硫酸法钛白粉、铅铬黄、1万吨/年以下氧化铁系颜料、溶剂型涂料（鼓励类的涂料品种和生产工艺除外）、含异氰脲酸三缩水甘油酯（TGIC）的粉末涂料生产装置

11. 新建染料、染料中间体、有机颜料、印染助剂生产装置（鼓励类及采用鼓励类技术

的除外）

12. 新建氟化氢（HF，企业下游深加工产品配套自用、电子级及湿法磷酸配套除外），新建初始规模小于20万吨/年、单套规模小于10万吨/年的甲基氯硅烷单体生产装置，10万吨/年以下（有机硅配套除外）和10万吨/年及以上、没有副产四氯化碳配套处置设施的甲烷氯化物生产装置，没有副产三氟甲烷配套处置设施的二氟一氯甲烷生产装置，可接受用途的全氟辛基磺酸及其盐类和全氟辛基磺酰氟（其余为淘汰类）、全氟辛酸（PFOA），六氟化硫（SF6，高纯级除外），特定豁免用途的六溴环十二烷（其余为淘汰类）生产装置

13. 新建斜交轮胎和力车胎（含手推车胎）、锦纶帘线、3万吨/年以下钢丝帘线、再生胶（常压连续脱硫工艺除外）、橡胶塑解剂五氯硫酚、橡胶促进剂二硫化四甲基秋兰姆（TMTD）生产装置

五、信息产业

1. 激光视盘机生产线（VCD系列整机产品）

六、钢铁

1. 钢铁联合企业未同步配套建设干熄焦、装煤、推焦除尘装置的炼焦项目；独立焦化企业未同步配套建设装煤、推焦除尘装置的炼焦项目

2. 180平方米以下烧结机（铁合金烧结机、铸造用生铁烧结机除外）

3. 有效容积400立方米以上1200立方米以下炼钢用生铁高炉；1200立方米及以上但达不到环保、能耗、安全等强制性标准的炼钢用生铁高炉

4. 公称容量30吨以上100吨以下炼钢转炉；公称容量100吨及以上但达不到环保、能耗、安全等强制性标准的炼钢转炉

5. 公称容量30吨以上100吨（合金钢50吨）以下电弧炉；公称容量100吨（合金钢50吨）及以上但达不到环保、能耗、安全等强制性标准的电弧炉

6. 1450毫米以下热轧带钢（不含特殊钢）项目

7. 30万吨/年及以下热镀锌板卷项目

8. 20万吨/年及以下彩色涂层板卷项目

9. 含铬质耐火材料

10. 普通功率和高功率石墨电极压型设备、焙烧设备和生产线

11. 直径600毫米以下或2万吨/年以下的超高功率石墨电极生产线

12. 8万吨/年以下预焙阳极（炭块）、2万吨/年以下普通阴极炭块、4万吨/年以下炭电极生产线

13. 单机120万吨/年以下的球团设备（铁合金、铸造用生铁球团除外）

14. 顶装焦炉炭化室高度＜6.0米、捣固焦炉炭化室高度＜5.5米，100万吨/年以下焦化项目；热回收焦炉捣固煤饼体积＜35立方米，企业生产能力＜100万吨/年（铸造焦＜60万吨/年）焦化项目；半焦炉单炉生产能力＜10万吨/年，企业生产能力＜100万吨/年焦化项目

15. 3000千伏安及以上，未采用热装热兑工艺的中低碳锰铁、电炉金属锰和中低微碳铬铁精炼电炉

16. 300立方米以下锰铁高炉；300立方米及以上，但焦比高于1320千克/吨的锰铁高炉；规模小于10万吨/年的锰铁高炉企业

17. 1.25万千伏安以下的硅钙合金和硅钙钡铝合金矿热电炉；1.25万千伏安及以上，但硅钙合金电耗高于11000千瓦时/吨的矿热电炉

18. 1.65万千伏安以下硅铝合金矿热电炉；1.65万千伏安及以上，但硅铝合金电耗高于9000千瓦时/吨的矿热电炉

19. 2×2.5万千伏安以下普通铁合金矿热电炉（中西部具有独立运行的小水电及矿产资源优势的国家确定的重点贫困地区，矿热电炉容量＜2×1.25万千伏安）；2×2.5万千伏安及以上，但变压器未选用有载电动多级调压的三相或三个单相节能型设备，未实现工艺操作机械化和控制自动化，硅铁电耗高于8500千瓦时/吨，工业硅电耗高于12000千瓦时/吨，电炉锰铁电耗高于2600千瓦时/吨，硅锰

合金电耗高于4200千瓦时/吨，高碳铬铁电耗高于3200千瓦时/吨，硅铬合金电耗高于4800千瓦时/吨的普通铁合金矿热电炉

20. 间断浸出、间断送液的电解金属锰浸出工艺；1万吨/年以下电解金属锰单条生产线（一台变压器），电解金属锰生产总规模为3万吨/年以下的企业

21. 厂区内无配套炼钢工序的独立热轧生产线

七、有色金属

1. 新建、扩建钨金属储量小于1万吨、年开采规模小于30万吨矿石量的钨矿开采项目（现有钨矿山的深部和边部资源开采扩建项目除外），钨、钼、锡、锑冶炼项目（符合国家环保节能等法律法规要求的项目除外）以及氧化锑、铅锡焊料生产项目，稀土采选、冶炼分离项目（符合稀土开采、冶炼分离总量控制指标要求的稀土企业集团项目除外）

2. 单系列10万吨/年规模以下粗铜冶炼项目（再生铜项目及氧化矿直接浸出项目除外）

3. 电解铝项目（产能置换项目除外）

4. 单系列5万吨/年规模以下铅冶炼项目（不新增产能的技改和环保改造项目除外）

5. 单系列10万吨/年规模以下锌冶炼项目（直接浸出除外）

6. 镁冶炼项目（综合利用项目和先进节能环保工艺技术改造项目除外）

7. 10万吨/年以下的独立铝用炭素项目

8. 新建单系列生产能力5万吨/年及以下、改扩建单系列生产能力2万吨/年及以下，以及资源利用、能源消耗、环境保护等指标达不到行业准入条件要求的再生铅项目

9. 新建、扩建原生汞矿开采项目

八、黄金

1. 日处理金精矿200吨（不含）以下的原料自供能力不足50%（不含）的独立氰化项目（生物氰化提金工艺除外）

2. 日处理矿石300吨（不含）以下的无配套采矿系统的独立黄金选矿厂项目

3. 日处理金精矿200吨（不含）以下的无配套采矿系统的独立黄金冶炼厂火法冶炼项目

4. 1500吨/日（不含）以下的无配套采矿系统的独立堆浸场项目

5. 日处理岩金矿石300吨（不含）以下的露天采选项目、100吨（不含）以下的地下采选项目

6. 年处理砂金矿砂30万（不含）立方米以下的砂金开采项目

7. 在林区、基本农田、河道中开采砂金项目

九、建材

1. 2000吨/日（不含）以下新型干法水泥熟料生产线（特种水泥生产线除外），60万吨/年（不含）以下水泥粉磨站

2. 150万平方米/年及以下的建筑陶瓷（不包括建筑琉璃制品）生产线

3. 60万件/年（不含）以下的隧道窑卫生陶瓷生产线

4. 3000万平方米/年（不含）以下的纸面石膏板生产线（西藏除外）

5. 中碱玻璃纤维池窑法拉丝生产线；单窑规模小于8万吨/年（不含）的无碱玻璃纤维粗纱池窑拉丝生产线；中碱、无碱、耐碱玻璃球窑生产线；中碱、无碱玻璃纤维代铂坩埚拉丝生产线

6. 黏土空心砖生产线（陕西、青海、甘肃、新疆、西藏、宁夏除外）

7. 15万平方米/年（不含）以下的石膏（空心）砌块生产线、单班5万立方米/年（不含）以下的混凝土小型空心砌块以及单班15万平方米/年（不含）以下的混凝土铺地砖固定式生产线、5万立方米/年（不含）以下的人造轻集料（陶粒）生产线

8. 15万立方米/年（不含）以下的加气混凝土生产线

9. 6000万标砖/年（不含）以下的烧结砖及烧结空心砌块生产线

10. 3万吨/年以下岩（矿）棉制品生产

线和 8000 吨/年以下玻璃棉制品生产线

11. 100 万米/年及以下预应力高强混凝土离心桩生产线

12. 预应力钢筒混凝土管（简称 PCCP 管）生产线（PCCP-L 型：年设计生产能力≤50 千米；PCCP-E 型：年设计生产能力≤30 千米）

十、医药

1. 新建、扩建古龙酸和维生素 C 原粉（包括药用、食品用、饲料用、化妆品用）生产装置，新建药品、食品、饲料、化妆品等用途的维生素 B_1、维生素 B_2、维生素 B_{12}、维生素 E 原料生产装置

2. 新建青霉素工业盐、6-氨基青霉烷酸（6-APA）、化学法生产 7-氨基头孢烷酸（7-ACA）、化学法生产 7-氨基-3-去乙酰氧基头孢烷酸（7-ADCA）、青霉素 V、氨苄青霉素、羟氨苄青霉素、头孢菌素 c 发酵、土霉素、四环素、氯霉素、安乃近、扑热息痛、林可霉素、庆大霉素、双氢链霉素、丁胺卡那霉素、麦迪霉素、柱晶白霉素、环丙氟哌酸、氟哌酸、氟嗪酸、利福平、咖啡因、柯柯豆碱生产装置

3. 新建紫杉醇（配套红豆杉种植除外）、植物提取法黄连素（配套黄连种植除外）生产装置

4. 新建、改扩建药用丁基橡胶塞、二步法生产输液用塑料瓶生产装置

5. 新建及改扩建原料含有尚未规模化种植或养殖的濒危动植物药材的产品生产装置

6. 新建、改扩建充汞式玻璃体温计、血压计生产装置、银汞齐齿科材料，新建 2 亿支/年以下一次性注射器、输血器、输液器生产装置

十一、机械

1. 2 臂及以下凿岩台车制造项目

2. 装岩机（立爪装岩机除外）制造项目

3. 3 立方米及以下小矿车制造项目

4. 直径 2.5 米及以下绞车制造项目

5. 直径 3.5 米及以下矿井提升机制造项目

6. 40 平方米及以下筛分机制造项目

7. 直径 700 毫米及以下旋流器制造项目

8. 800 千瓦及以下采煤机制造项目

9. 斗容 3.5 立方米及以下矿用挖掘机制造项目

10. 矿用搅拌、浓缩、过滤设备（加压式除外）制造项目

11. 仓栅车、栏板车、自卸车和普通厢式车等普通运输类专用汽车和普通运输类挂车企业项目；三轮汽车、低速电动车

12. 单缸柴油机制造项目

13. 配套单缸柴油机的皮带传动小四轮拖拉机，配套单缸柴油机的手扶拖拉机，滑动齿轮换档、排放达不到要求的 50 马力以下轮式拖拉机

14. 30 万千瓦级及以下常规燃煤火力发电设备制造项目（综合利用机组除外）

15. 6 千伏及以上（陆上用）干法交联电力电缆制造项目

16. 非数控金属切削机床制造项目

17. 6300 千牛及以下普通机械压力机制造项目

18. 非数控剪板机、折弯机、弯管机制造项目

19. 普通高速钢钻头、铣刀、锯片、丝锥、板牙项目

20. 棕刚玉、绿碳化硅、黑碳化硅等烧结块项目

21. 直径 450 毫米以下且磨削速度 40 米/秒以下的各种结合剂砂轮（钢轨打磨砂轮除外）

22. 直径 400 毫米及以下人造金刚石切割锯片制造项目

23. P0 级、直径 60 毫米以下普通微小型轴承制造项目

24. 220 千伏及以下电力变压器（非晶合金、卷铁芯等节能配电变压器除外）

25. 220 千伏及以下高、中、低压开关柜制造项目（使用环保型中压气体的绝缘开关柜以及用于爆炸性环境的防爆型开关柜除外）

26. 酸性碳钢焊条制造项目

27. 民用普通电度表制造项目

28. 8.8级以下普通低档标准紧固件制造项目

29. 一般用途固定往复活塞空气压缩机（驱动电动机功率560千瓦及以下、额定排气压力1.25兆帕及以下）制造项目

30. 普通运输集装干箱项目

31. 56英寸及以下单级中开泵制造项目

32. 通用类10兆帕及以下中低压碳钢阀门制造项目

33. 5吨/小时及以下短炉龄冲天炉

34. 有色合金六氯乙烷精炼、镁合金SF_6保护

35. 冲天炉熔化采用冶金焦

36. 无旧砂再生的水玻璃砂造型制芯工艺

37. 盐浴氮碳、硫氮碳共渗炉及盐

38. 电子管高频感应加热设备

39. 亚硝盐缓蚀、防腐剂

40. 铸/锻造用燃油加热炉

41. 锻造用燃煤加热炉

42. 手动燃气锻造炉

43. 蒸汽锤

44. 弧焊变压器

45. 含铅和含镉钎料

46. 全断面掘进机整机组装项目

47. 万吨级以上自由锻造液压机项目

48. 使用淘汰类和限制类设备及工艺生产的铸件、锻件；不采用自动化造型设备的黏土砂型铸造项目、水玻璃熔模精密铸造项目、规模小于20万吨/年的离心球墨铸铁管项目、规模小于3万吨/年的离心灰铸铁管项目

49. 动圈式和抽头式手工焊条弧焊机

50. Y系列（IP44）三相异步电动机（机座号80～355）及其派生系列，Y2系列（IP54）三相异步电动机（机座号63～355）

51. 背负式手动压缩式喷雾器

52. 背负式机动喷雾喷粉机

53. 手动插秧机

54. 青铜制品的茶叶加工机械

55. 双盘摩擦压力机

56. 含铅粉末冶金件

57. 出口船舶分段建造项目

十二、轻工

1. 聚氯乙烯普通人造革生产线

2. 年加工生皮能力20万标张牛皮以下的生产线，年加工蓝湿皮能力10万标张牛皮以下的生产线

3. 以含氢氯氟烃（HCFCs）为制冷剂、发泡剂、灭火剂、溶剂、清洗剂、加工助剂等受控用途的聚氨酯泡沫塑料生产线、连续挤出聚苯乙烯泡沫塑料（XPS）生产线以及冰箱、冰柜、汽车空调器、工业商业用冷藏、制冷设备生产线

4. 聚氯乙烯（PVC）食品保鲜包装膜

5. 普通照明白炽灯

6. 最高转速低于4000针/分钟的平缝机（不含厚料平缝机）和最高转速低于5000针/分钟的包缝机

7. 电子计价秤（准确度低于最大称量的1/3000，称量≤15千克）、电子皮带秤（准确度低于最大称量的5/1000）、电子吊秤（准确度低于最大称量的1/1000，称量≤50吨）、弹簧度盘秤（准确度低于最大称量的1/400，称量≤8千克）

8. 电子汽车衡（准确度低于最大称量的1/3000，称量≤300吨）、电子静态轨道衡（准确度低于最大称量的1/3000，称量≤150吨）、电子动态轨道衡（准确度低于最大称量的1/500，称量≤150吨）

9. 玻璃保温瓶胆生产线

10. 3万吨/年及以下的玻璃瓶罐生产线

11. 以人工操作方式制备玻璃配合料及秤量

12. 未达到日用玻璃行业清洁生产评价指标体系规定指标的玻璃窑炉

13. 羰基合成法及齐格勒法生产的脂肪醇产品

14. 热法生产三聚磷酸钠生产线

15. 单层喷枪洗衣粉生产工艺及装备、1.6吨/小时以下规模磺化装置

16. 100万吨/年以下北方海盐项目；南方海盐盐场项目；60万吨/年以下矿（井）盐项目

17. 单色金属板胶印机

18. 单条化学木浆 30 万吨/年以下、化学机械木浆 10 万吨/年以下、化学竹浆 10 万吨/年以下的生产线

19. 原糖加工项目及日处理甘蔗 5000 吨（云南地区 3000 吨）、日处理甜菜 3000 吨以下的项目

20. 酒精生产线

21. 糖精等化学合成甜味剂生产线

22. 大豆压榨及浸出项目（黑龙江、吉林、内蒙古大豆主产区除外）；东、中部地区单线日处理油菜籽、棉籽 200 吨及以下，花生 100 吨及以下的油料加工项目；西部地区单线日处理油菜籽、棉籽、花生等油料 100 吨及以下的加工项目

23. 年加工玉米 45 万吨以下、绝干收率在 98%以下玉米淀粉（蜡质玉米、高直链玉米等特种玉米年加工规模 1 万吨以下）

24. 年屠宰生猪 15 万头及以下、肉牛 1 万头及以下、肉羊 15 万只及以下、活禽 1000 万只及以下的屠宰建设项目（少数民族地区除外）

25. 3000 吨/年及以下的西式肉制品加工项目

26. 年产 2000 吨（折干）及以下酵母制品

27. 冷冻海水鱼糜生产线

28. 铅酸蓄电池生产中铸板、制粉、输粉、灌粉、和膏、涂板、刷板、配酸灌酸、外化成、称板、包板等人工作业工艺

29. 采用外化成工艺生产铅酸蓄电池

30. 年产 5 万吨以下柠檬酸生产线

31. 10 万吨/年及以下赖氨酸、苏氨酸生产线；20 万吨/年及以下谷氨酸生产线

十三、纺织

1. 单线产能小于 20 万吨/年的常规聚酯（PET）连续聚合生产装置

2. 常规聚酯的对苯二甲酸二甲酯（DMT）法生产工艺

3. 半连续纺黏胶长丝生产线

4. 间歇式氨纶聚合生产装置

5. 常规化纤长丝用锭轴长 1200 毫米及以下的半自动卷绕设备

6. 黏胶板框式过滤机

7. 单线产能≤1000 吨/年、幅宽≤2 米的常规丙纶纺粘法非织造布生产线

8. 25 公斤/小时以下梳棉机

9. 200 钳次/分钟以下的棉精梳机

10. 5 万转/分钟以下自排杂气流纺设备

11. FA502、FA503 细纱机

12. 入纬率小于 600 米/分钟的剑杆织机，入纬率小于 700 米/分钟的喷气织机，入纬率小于 900 米/分钟的喷水织机

13. 采用聚乙烯醇浆料（PVA）上浆工艺及产品（涤棉产品，纯棉的高支高密产品除外）

14. 吨原毛洗毛用水超过 20 吨的洗毛工艺与设备

15. 双宫丝和柞蚕丝的立式缫丝工艺与设备

16. 绞纱染色工艺

17. 亚氯酸钠漂白设备

18. 普通涤纶载体染色

十四、烟草

烟草制品加工项目

十五、民爆产品

1. 非人机隔离的非连续化、自动化雷管装配生产线

2. 非连续化、自动化炸药生产线

3. 高污染的起爆药生产线

4. 高能耗、高污染、低性能工业粉状炸药生产线

5. 危险等级为 1.1 级的危险品生产厂房现场操作人员总人数大于 5 人的炸药生产线

6. 危险等级为 1.1 级的危险品生产厂房现场操作人员人数大于 9 人的炸药制品生产线

7. 与雷管近距离接触的作业人员数量（含原材料和半成品作业人员，不含成品运送人员）大于 5 人的基础雷管装填生产线

十六、其他

1. 用地红线宽度（包括绿化带）超过下列标准的城市主干道路项目：小城市和重点镇40米，中等城市55米，大城市70米（200万人口以上特大城市主干道路确需超过70米的，城市总体规划中应有专项说明）

2. 用地面积超过下列标准的城市游憩集会广场项目：小城市和重点镇1公顷，中等城市2公顷，大城市3公顷，200万人口以上特大城市5公顷

3. 别墅类房地产开发项目

4. 高尔夫球场项目

5. 赛马场项目

6. 4档及以下机械式车用自动变速箱（AT）

7. 排放标准国三及以下的机动车用发动机

8. 不符合《大气污染防治法》、《水污染防治法》、《固体废物污染环境防治法》、《节约能源法》、《安全生产法》、《产品质量法》、《土地管理法》、《职业病防治法》等国家法律法规，不符合国家安全、环保、能耗、质量方面强制性标准，不符合国际环境公约等要求的工艺、技术、产品、装备

第三类　淘汰类

注：条目后括号内年份为淘汰期限，淘汰期限为2020年12月31日是指应于2020年12月31日前淘汰，其余类推；有淘汰计划的条目，根据计划进行淘汰；未标淘汰期限或淘汰计划的条目为国家产业政策已明令淘汰或立即淘汰。

一、落后生产工艺装备

（一）农林业

1. 湿法纤维板生产工艺

2. 滴水法松香生产工艺

3. 农村传统老式炉灶炕

4. 以木材、伐根为主要原料的土法活性炭生产

5. 超过生态承载力的旅游活动和药材等林产品采集

6. 严重缺水地区建设灌溉型造纸原料林基地

7. 种植前溴甲烷土壤熏蒸工艺

（二）煤炭

1. 与大型煤矿井田平面投影重叠的小煤矿

2. 山西、内蒙古、陕西、宁夏30万吨/年以下（不含30万吨/年），河北、辽宁、吉林、黑龙江、江苏、安徽、山东、河南、甘肃、青海、新疆15万吨/年以下（不含15万吨/年），其他地区9万吨/年及以下（含9万吨/年）的煤矿；长期停产停建的30万吨/年以下（不含30万吨/年）“僵尸企业”煤矿；30万吨/年以下（不含30万吨/年）冲击地压、煤与瓦斯突出等灾害严重煤矿。属于满足林区、边远山区居民生活用煤需要或承担特殊供应任务且符合资源、环保、安全、技术、能耗等标准的煤矿，经省级人民政府批准，可以暂时保留或推迟退出

3. 既无降硫措施又无达标排放用户的高硫煤炭（含硫高于3%）生产矿井，不能就地使用的高灰煤炭（灰分高于40%）生产矿井以及高砷煤炭（动力用煤中砷含量超过80μg/g，炼焦用煤中砷含量超过35μg/g）生产煤矿

4. 6AM、φM-2.5、PA-3型煤用浮选机

5. PB2、PB3、PB4型矿用隔爆高压开关

6. PG-27型真空过滤机

7. X-1型箱式压滤机

8. ZYZ、ZY3型液压支架

9. 不能实现洗煤废水闭路循环的选煤工艺、不能实现粉尘达标排放的干法选煤设备

10. 开采范围与自然保护区、风景名胜区、饮用水水源保护区重叠的煤矿（根据法律法规及国家有关文件要求进行淘汰）

（三）电力

1. 不达标的单机容量30万千瓦级及以下的常规燃煤火电机组（综合利用机组除外）、以发电为主的燃油锅炉及发电机组

（四）石化化工

1. 200万吨/年及以下常减压装置（青海

格尔木、新疆泽普装置除外)，采用明火高温加热方式生产油品的釜式蒸馏装置，废旧橡胶和塑料土法炼油工艺，焦油间歇法生产沥青，2.5万吨/年及以下的单套粗（轻）苯精制装置，5万吨/年及以下的单套煤焦油加工装置

2. 10万吨/年以下的硫铁矿制酸和硫磺制酸（边远地区除外），平炉氧化法高锰酸钾，隔膜法烧碱生产装置（作为废盐综合利用的可以保留），平炉法和大锅蒸发法硫化碱生产工艺，芒硝法硅酸钠（泡花碱）生产工艺，间歇焦炭法二硫化碳工艺

3. 单台产能5000吨/年以下和不符合准入条件的黄磷生产装置，有钙焙烧铬化合物生产装置，单线产能3000吨/年以下普通级硫酸钡、氢氧化钡、氯化钡、硝酸钡生产装置，产能1万吨/年以下氯酸钠生产装置，单台炉容量小于1.25万千伏安的电石炉及开放式电石炉，高汞催化剂（氯化汞含量6.5%以上）和使用高汞催化剂的乙炔法聚氯乙烯生产装置，使用汞或汞化合物的甲醇钠、甲醇钾、乙醇钠、乙醇钾、聚氨酯、乙醛、烧碱、生物杀虫剂和局部抗菌剂生产装置，氨钠法及氰熔体氰化钠生产工艺

4. 单线产能1万吨/年以下三聚磷酸钠、0.5万吨/年以下六偏磷酸钠、0.5万吨/年以下三氯化磷、3万吨/年以下饲料磷酸氢钙、5000吨/年以下工艺技术落后和污染严重的氢氟酸、5000吨/年以下湿法氟化铝及敞开式结晶氟盐生产装置

5. 单线产能0.3万吨/年以下氰化钠（100%氰化钠）、1万吨/年以下氢氧化钾、1.5万吨/年以下普通级白炭黑、2万吨/年以下普通级碳酸钙、10万吨/年以下普通级无水硫酸钠（盐业联产及副产除外）、0.3万吨/年以下碳酸锂和氢氧化锂、2万吨/年以下普通级碳酸钡、1.5万吨/年以下普通级碳酸锶生产装置

6. 半水煤气氨水液相脱硫、天然气常压间歇转化工艺制合成氨、一氧化碳常压变化及全中温变换（高温变换）工艺、没有配套硫磺回收装置的湿法脱硫工艺，没有配套建设吹风气余热回收、造气炉渣综合利用装置的固定层间歇式煤气化装置，没有配套工艺冷凝液水解解析装置的尿素生产设施

7. 钠法百草枯生产工艺，敌百虫碱法敌敌畏生产工艺，小包装（1公斤及以下）农药产品手工包（灌）装工艺及设备，雷蒙机法生产农药粉剂，以六氯苯为原料生产五氯酚（钠）装置

8. 用火直接加热的涂料用树脂、四氯化碳溶剂法制取氯化橡胶生产工艺，100吨/年以下皂素（含水解物）生产装置，盐酸酸解法皂素生产工艺及污染物排放不能达标的皂素生产装置，铁粉还原法工艺［4，4-二氨基二苯乙烯-二磺酸（DSD酸）、2-氨基-4-甲基-5-氯苯磺酸（CLT酸）、1-氨基-8-萘酚-3，6-二磺酸（H酸）三种产品暂缓执行］

9. 50万条/年及以下的斜交轮胎和以天然棉帘子布为骨架的轮胎、1.5万吨/年及以下的干法造粒炭黑（特种炭黑和半补强炭黑除外）、3亿只/年以下的天然胶乳安全套，橡胶硫化促进剂N-氧联二（1，2-亚乙基）-2-苯并噻唑次磺酰胺（NOBS）和橡胶防老剂D生产装置

10. 氯氟烃（CFCs）、含氢氯氟烃（HCFCs，作为自身下游化工产品的原料且不对外销售的除外），用于清洗的1，1，1-三氯乙烷（甲基氯仿），主产四氯化碳（CTC）、以四氯化碳（CTC）为加工助剂的所有产品，以PFOA为加工助剂的含氟聚合物生产工艺，含滴滴涕的涂料、采用滴滴涕为原料非封闭生产三氯杀螨醇生产装置（根据国家履行国际公约总体计划要求进行淘汰）

（五）钢铁

1. 土法炼焦（含改良焦炉）；单炉产能7.5万吨/年以下或无煤气、焦油回收利用和污水处理达不到焦化行业准入条件的半焦（兰炭）生产装置

2. 炭化室高度小于4.3米焦炉（3.8米及以上捣固焦炉除外）；未配套干熄焦装置的钢铁企业焦炉

3. 土烧结矿

4. 热烧结矿

5. 钢铁生产用环形烧结机、90平方米以下烧结机、8平方米以下球团竖炉；铁合金生产用24平方米以下带式锰矿、铬矿烧结机

6. 400立方米及以下炼钢用生铁高炉（河北2020年底前淘汰450立方米及以下炼钢用生铁高炉），200立方米及以下铁合金生产用高炉（其中锰铁高炉为100立方米及以下），200立方米及以下铸造用生铁高炉（其中配套“短流程”铸造工艺的铸造用生铁高炉为100立方米及以下）

7. 用于熔化废钢的工频和中频感应炉（根据法律法规和国家取缔“地条钢”有关要求淘汰）

8. 30吨及以下炼钢转炉（不含铁合金转炉）（河北2020年底前淘汰40吨及以下炼钢转炉，其中生产特殊质量合金钢的转炉除外）

9. 30吨及以下炼钢电弧炉（不含机械铸造，特殊质量合金钢，高温合金、精密合金等特殊合金材料用电弧炉）

10. 化铁炼钢

11. 复二重线材轧机

12. 横列式线材轧机

13. 横列式棒材及型材轧机（不含生产高温合金的轧机）

14. 叠轧薄板轧机

15. 普钢初轧机及开坯用中型轧机

16. 热轧窄带钢轧机

17. 三辊劳特式中板轧机

18. 直径76毫米以下热轧无缝管机组

19. 三辊式型线材轧机（不含特殊钢生产）

20. 环保不达标的冶金炉窑

21. 手工操作的土沥青焦油浸渍装置，矿石原料与固体原料混烧、自然通风、手工操作的土竖窑，以煤直接为燃料、烟尘净化不能达标的倒焰窑

22. 6300千伏安及以下铁合金矿热电炉，3000千伏安以下铁合金半封闭直流电炉、铁合金精炼电炉（钨铁、钒铁等特殊品种的电炉除外）

23. 蒸汽加热混捏、倒焰式焙烧炉、艾奇逊交流石墨化炉、1万千伏安及以下三相桥式整流艾奇逊直流石墨化炉及其并联机组

24. 单机产能1万吨及以下的冷轧带肋钢筋生产装备（高延性冷轧带肋钢筋生产装备除外）

25. 生产预应力钢丝的单罐拉丝机生产装备

26. 预应力钢材生产消除应力处理的铅淬火工艺

27. 煅烧石灰土窑

28. 每炉单产5吨以下的钛铁熔炼炉、用反射炉焙烧钼精矿的钼铁生产线及用反射炉还原、煅烧红矾钠、铬酐生产金属铬的生产线

29. 燃煤倒焰窑耐火材料及原料制品生产线

30. 钢铁行业用一段式固定煤气发生炉项目（不含粉煤气化炉）

31. 电解金属锰用6000千伏安及以下的整流变压器、有效容积170立方米及以下的化合槽

32. 企业生产能力＜40万吨/年热回收焦炉；未同步配套建设热能回收装置的焦炉

33. 还原二氧化锰用反射炉（包括硫酸锰厂用反射炉、矿粉厂用反射炉等）

34. 电解金属锰一次压滤用除高压隔膜压滤机以外的板框、箱式压滤机

35. 有效容积18立方米及以下轻烧反射窑

36. 有效容积30立方米及以下重烧镁砂竖窑

（六）有色金属

1. 采用马弗炉、马槽炉、横罐、小竖罐等进行焙烧、简易冷凝设施进行收尘等落后方式炼锌或生产氧化锌工艺装备

2. 采用铁锅和土灶、蒸馏罐、坩埚炉及简易冷凝收尘设施等落后方式炼汞

3. 采用土坑炉或坩埚炉焙烧、简易冷凝设施收尘等落后方式炼制氧化砷或金属砷工艺装备

4. 铝自焙电解槽及160kA以下预焙槽

5. 鼓风炉、电炉、反射炉炼铜工艺及设备

6. 烟气制酸干法净化和热浓酸洗涤技术

7. 采用地坑炉、坩埚炉、赫氏炉等落后方式炼锑

8. 采用烧结锅、烧结盘、简易高炉等落后方式炼铅工艺及设备

9. 利用坩埚炉熔炼再生铝合金、再生铅

的工艺及设备

10. 铝用湿法氟化盐项目

11. 1万吨/年以下的再生铝、再生铅项目

12. 再生有色金属生产中采用直接燃煤的反射炉项目

13. 铜线杆（黑杆）生产工艺

14. 未配套制酸及尾气吸收系统的烧结机炼铅工艺

15. 烧结-鼓风炉炼铅工艺

16. 无烟气治理措施的再生铜焚烧工艺及设备

17. 50吨以下传统固定式反射炉再生铜生产工艺及设备

18. 4吨以下反射炉再生铝生产工艺及设备

19. 离子型稀土矿堆浸和池浸工艺

20. 独居石单一矿种开发项目

21. 稀土氯化物电解制备金属工艺项目

22. 湿法生产电解用氟化稀土生产工艺

23. 2万吨（REO）/年以下混合型稀土矿山开发项目；5000吨（REO）/年以下的氟碳铈矿稀土矿山开发项目；500吨（REO）/年以下的离子型稀土矿山开发项目

24. 2000吨（REO）/年以下的稀土分离项目

25. 1500吨/年以下、电解槽电流小于5000A、电流效率低于85%的轻稀土金属冶炼项目

26. 原生汞矿开采（2032年8月16日）

（七）黄金

1. 混汞提金工艺

2. 小氰化池浸工艺、土法冶炼工艺

3. 无环保措施提取线路板中金、银、钯等贵重金属

4. 日处理能力50吨（不含）以下采选项目

5. 整体矿石汞齐化；露天焚烧汞合金或经过加工的汞合金；在居民区焚烧汞合金；在没有首先去除汞的情况下，对添加了汞的沉积物、矿石或尾矿石进行氰化物浸出

（八）建材

1. 干法中空窑（生产铝酸盐水泥等特种水泥除外），水泥机立窑，立波尔窑、湿法窑

2. 直径3米（不含）以下水泥粉磨设备（生产特种水泥除外）

3. 无覆膜塑编水泥包装袋生产线

4. 平拉工艺平板玻璃生产线（含格法）

5. 100万平方米/年（不含）以下的建筑陶瓷砖、20万件/年（不含）以下卫生陶瓷生产线

6. 建筑卫生陶瓷（不包括建筑琉璃制品）土窑、倒焰窑、多孔窑、煤烧明焰隧道窑、隔焰隧道窑、匣钵装卫生陶瓷隧道窑

7. 建筑陶瓷砖成型用的摩擦压砖机

8. 玻璃纤维陶土坩埚拉丝生产工艺与装备

9. 1000万平方米/年（不含）以下的纸面石膏板生产线

10. 500万平方米/年（不含）以下的改性沥青类防水卷材生产线；500万平方米/年（不含）以下沥青复合胎柔性防水卷材生产线；100万卷/年（不含）以下沥青纸胎油毡生产线

11. 石灰土立窑

12. 砖瓦轮窑（2020年12月31日）以及立窑、无顶轮窑、马蹄窑等土窑

13. 普通挤砖机

14. SJ1580-3000双轴、单轴制砖搅拌机

15. SQP400500-700500双辊破碎机

16. 1000型普通切条机

17. 100吨以下盘转式压砖机

18. 手工制作墙板生产线

19. 简易移动式砼砌块成型机、附着式振动成型台

20. 单班1万立方米/年以下的混凝土砌块固定式成型机、单班10万平方米/年以下的混凝土铺地砖固定式成型机

21. 人工浇筑、非机械成型的石膏（空心）砌块生产工艺

22. 真空加压法和气炼一步法石英玻璃生产工艺装备

23. 生产人造金刚石用6×6兆牛顿六面顶小型压机

24. 手工切割加气混凝土生产线、非蒸压养护加气混凝土生产线

25. 非烧结、非蒸压粉煤灰砖生产线

26. 装饰石材矿山硐室爆破开采技术、吊索式大理石土拉锯、移动式小型圆盘锯

（九）医药

1. 手工胶囊填充工艺

2. 软木塞烫腊包装药品工艺

3. 不符合GMP要求的安瓿拉丝灌封机

4. 塔式重蒸馏水器

5. 无净化设施的热风干燥箱

6. 环境、职业健康和安全不能达到国家标准的原料药生产装置

7. 铁粉还原法对乙酰氨基酚（扑热息痛）、咖啡因装置

8. 使用氯氟烃（CFCs）作为气雾剂、推进剂、抛射剂或分散剂的医药用品生产工艺（根据国家履行国际公约总体计划要求进行淘汰）

（十）机械

1. 热处理铅浴炉（用于金属丝绳及其制品的有铅液覆盖剂和负压抽风除尘环保设施的在线热处理铅浴生产线除外）

2. 热处理氯化钡盐浴炉（高温氯化钡盐浴炉暂缓淘汰）

3. TQ60、TQ80塔式起重机

4. QT16、QT20、QT25井架简易塔式起重机

5. KJ1600/1220单筒提升绞机

6. 3000千伏安以下普通棕刚玉冶炼炉

7. 4000千伏安以下固定式棕刚玉冶炼炉

8. 3000千伏安以下碳化硅冶炼炉

9. 强制驱动式简易电梯

10. 以氯氟烃（CFCs）作为膨胀剂的烟丝膨胀设备生产线

11. 砂型铸造黏土烘干砂型及型芯

12. 焦炭炉熔化有色金属

13. 砂型铸造油砂制芯

14. 重质砖炉衬台车炉

15. 中频发电机感应加热电源

16. 燃煤火焰反射加热炉

17. 铸/锻件酸洗工艺

18. 位式交流接触器温度控制柜

19. 插入电极式盐浴炉

20. 动圈式和抽头式硅整流弧焊机

21. 磁放大器式弧焊机

22. 无法安装安全保护装置的冲床

23. 无磁轭（≥0.25吨）铝壳中频感应电炉

24. 无芯工频感应电炉

（十一）船舶

1. 废旧船舶滩涂拆解工艺

2. 船长大于90米的海洋钢质船舶以及船长大于120米的内河钢质船舶的整体建造工艺

（十二）轻工

1. 单套10万吨/年以下的真空制盐装置、20万吨/年以下的湖盐和30万吨/年以下的北方海盐生产设施

2. 利用矿盐卤水、油气田水且采用平锅、滩晒制盐的生产工艺与装置

3. 2万吨/年及以下的南方海盐生产装置

4. 超薄型（厚度低于0.025毫米）塑料购物袋生产

5. 年加工生皮能力5万标张牛皮、年加工蓝湿皮能力3万标张牛皮以下的制革生产线

6. 300吨/年以下的油墨生产总装置（利用高新技术、无污染的除外）

7. 含苯类溶剂型油墨生产

8. 石灰法地池制浆设备（宣纸除外）

9. 5.1万吨/年以下的化学木浆生产线

10. 单条3.4万吨/年以下的非木浆生产线

11. 单条1万吨/年及以下、以废纸为原料的制浆生产线

12. 幅宽在1.76米及以下并且车速为120米/分以下的文化纸生产线

13. 幅宽在2米及以下并且车速为80米/分以下的白板纸、箱板纸及瓦楞纸生产线

14. 以氯氟烃（CFCs）为制冷剂和发泡剂的冰箱、冰柜、汽车空调器、工业商业用冷藏、制冷设备生产线

15. 以氯氟烃（CFCs）为发泡剂的聚氨酯、聚乙烯、聚苯乙烯泡沫塑料生产

16. 以四氯化碳（CTC）为清洗剂的生产工艺

17. 以三氟三氯乙烷（CFC-113）和甲基氯仿（TCA）为清洗剂和溶剂的生产工艺

18. 脂肪酸法制叔胺工艺，发烟硫酸磺化工艺，搅拌釜式乙氧基化工艺

19. 印铁制罐行业中的锡焊工艺

20. 燃煤和燃发生炉煤气的坩埚玻璃窑，直火式、无热风循环的玻璃退火炉

21. 机械定时行列式制瓶机

22. 生产能力150瓶/分钟以下（瓶容在250毫升及以下）的碳酸饮料生产线

23. 日处理原料乳能力（两班）20吨以下浓缩、喷雾干燥等设施；200千克/小时以下的手动及半自动液体乳灌装设备

24. 3万吨/年以下酒精生产线（废糖蜜制酒精除外）

25. 等电离交工艺的谷氨酸生产线，5万吨/年以下味精生产装置

26. 传统钙盐法柠檬酸生产装置

27. 年处理15万吨以下、总干物收率97%以下的湿法玉米淀粉生产线（特种玉米淀粉生产线除外）

28. 桥式劈半锯、敞式生猪烫毛机等生猪屠宰设备

29. 猪、牛、羊、禽手工屠宰工艺

30. 小麦粉增白剂（过氧化苯甲酰、过氧化钙）的添加工艺

31. 元素氯漂白制浆工艺

32. 铅蓄电池生产用开放式熔铅锅、开口式铅粉机

33. 管式铅蓄电池干式灌粉工艺

34. 添加白砒、三氧化二锑、含铅、含氟（全电熔窑除外）、铬矿渣及其他有害原辅材料的玻璃配合料

（十三）纺织

1. 使用时间达到30年的棉纺、毛纺、麻纺设备、机织设备

2. 辊长1000毫米以下的皮辊轧花机，锯片片数在80以下的锯齿轧花机，压力吨位在400吨以下的皮棉打包机（不含160吨、200吨短绒棉花打包机）

3. ZD647、ZD721型自动缫丝机，D101A型自动缫丝机，ZD681型立缫机，DJ561型绢精纺机，K251、K251A型丝织机等丝绸加工设备

4. Z114型小提花机

5. GE186型提花毛圈机

6. Z261型人造毛皮机

7. 未经改造的74型染整设备

8. 蒸汽加热敞开无密闭的印染平洗槽

9. R531型酸性粘胶纺丝机

10. 4万吨/年及以下粘胶常规短纤维生产线

11. 湿法氨纶生产工艺

12. 二甲基甲酰胺（DMF）溶剂法氨纶及腈纶生产工艺

13. 硝酸法腈纶常规纤维生产工艺及装置

14. 常规聚酯（PET）间歇法聚合生产工艺及设备

15. 常规涤纶长丝锭轴长900毫米及以下的半自动卷绕设备

16. 使用年限超过15年的国产和使用年限超过20年的进口印染前处理设备、拉幅和定形设备、圆网和平网印花机、连续染色机

17. 使用年限超过15年的浴比大于1∶10的棉及化纤间歇式染色设备

18. 使用直流电机驱动的印染生产线

19. 印染用铸铁结构的蒸箱和水洗设备，铸铁墙板无底蒸化机，汽蒸预热区短的L型退煮漂履带汽蒸箱

20. 螺杆挤出机直径小于或等于90mm，2000吨/年以下的涤纶再生纺短纤维生产装置

（十四）印刷

1. 全部铅排、铅印工艺

2. 全部铅印机及相关辅机

3. 照相制版机

4. ZD201、ZD301型系列单字铸字机

5. TH1型自动铸条机、ZT102型系列铸条机

6. ZDK101型字模雕刻机

7. KMD101型字模刻刀磨床

8. AZP502型半自动汉文手选铸排机、ZSY101型半自动汉文铸排机、TZP101型外文条字铸排机、ZZP101型汉文自动铸排机

9. QY401、2QY404型系列电动铅印打样机，QYSH401、2QY401、DY401型手动式铅印打样机

10. YX01、YX02、YX03型系列压纸型机，HX01、HX02、HX03、HX04型系列烘纸型机

11. PZB401型平铅版铸版机，YZB02、

YZB03、YZB04、YZB05、YZB06、YZB07 型系列铅版铸版机

12. JB01 型平铅版浇版机

13. RQ02、RQ03、RQ04 型系列铅泵熔铅炉

14. BB01 型刨版机，YGB02、YGB03、YGB04、YGB05 型圆铅版刮版机，YTB01 型圆铅版镗版机，YJB02 型圆铅版锯版机，YXB04、YXB05、YXB302 型系列圆铅版修版机

15. P401、P402 型系列四开平压印刷机，P801、P802、P803、P804 型系列八开平压印刷机

16. PE802 型双合页印刷机

17. TE102、TE105、TE108 型系列全张自动二回转平台印刷机

18. TY201 型对开单色一回转平台印刷机，TY401 型四开单色一回转平台印刷机

19. TY4201 型四开一回转双色印刷机

20. TT201、TZ201、DT201 型对开手动续纸停回转平台印刷机

21. TT202 型对开自动停回转平台印刷机，TT402、TT403、TT405、DT402 型四开自动停回转平台印刷机，TZ202 型对开半自动停回转平台印刷机，TZ401、TZS401、DT401 型四开半自动停回转平台印刷机

22. TR801 型系列立式平台印刷机

23. LP1101、LP1103 型系列平板纸全张单面轮转印刷机，LP1201 型平板纸全张双面轮转印刷机，LP4201 型平板纸四开双色轮转印刷机

24. LSB201（880mm × 1230mm）及 LS201、LS204（787mm × 1092mm）型系列卷筒纸书刊转轮印刷机

25. LB203、LB205、LB403 型卷筒纸报版轮转印刷机，LB2405、LB4405 型卷筒纸双层二组报版轮转印刷机，LBS201 型卷筒纸书、报二用轮转印刷机

26. K.M.T 型自动铸字排版机，PH-5 型汉字排字机

27. 球震打样制版机（DIAPRESS 清刷机）

28. 1985 年前生产的手动照排机、国产制版照相机

29. 离心涂布机

30. J1101 系列全张单色胶印机（印刷速度每小时 5000 张及以下）

31. J2101、PZ1920 系列对开单色胶印机（印刷速度每小时 4000 张及以下），PZ1615 系列四开单色胶印机（印刷速度每小时 4000 张及以下），YPS1920 系列双面单色胶印机（印刷速度每小时 4000 张及以下）

32. W1101 型全张自动凹版印刷机、AJ401 型卷筒纸单面四色凹版印刷机

33. DJ01 型平装胶订联动机，PRD-01、PRD-02 型平装胶订联动机，DBT-01 型平装有线订、包、烫联动机

34. 溶剂型即涂覆膜机、承印物无法降解和回收的各类覆膜机

35. QZ101、QZ201、QZ301、QZ401 型切纸机

36. MD103A 型磨刀机

（十五）民爆产品

1. 密闭式包装型乳化炸药基质冷却机

2. 密闭式包装型乳化炸药低温敏化机

3. 小直径手工单头炸药装药机

4. 轴承包覆在药剂中的混药、输送等炸药设备

5. 起爆药干燥工序采用蒸汽烘房干燥的工艺

6. 延期元件（体）制造工序采用手工装药的工艺

7. 雷管装填、装配工序及工序间的传输无可靠防殉爆措施的工艺

8. 导爆管制造工序加药装置无可靠防爆设施的生产线

9. 危险作业场所未实现远程视频监视的工业炸药和工业雷管生产线

10. 危险作业场所未实现远程视频监视的导爆索生产线

11. 采用传统轮碾方式的炸药制药工艺

12. 起爆药生产废水达不到《兵器工业水污染排放标准火工药剂》（GB 14470.2）要求排放的生产工艺

13. 乳化器出药温度大于 130℃ 的乳化工艺

14. 小直径含水炸药装药效率低于

1200kg/h、小直径粉状炸药装药效率低于800kg/h的装药机

15. 有固定操作人员的场所，噪声超过85分贝以上的炸药设备

16. 全电阻极差大于1.5Ω的电雷管（钢芯脚线长度2m）生产技术

17. 装箱产品下线未实现生产数据在线采集、及时传输的生产线

18. 全电阻极差大于1.0Ω的电雷管（钢芯脚线长度2m）生产工艺

19. 工序间无可靠防传爆措施的导爆索生产线

20. 制索工序无药量在线检测、自动联锁保护装置的导爆索生产线

21. 最大不发火电流小于0.25A的普通型电雷管生产工艺

22. 雷管装填工序未实现人机隔离的生产工艺

23. 雷管卡口、检查工序间需人工传送产品的生产工艺

24. 年产1万吨及以下的低水平工业炸药生产线

（十六）消防

1. 火灾探测器手工插焊电子元器件生产工艺

（十七）采矿

1. 集中铲装作业时人工装卸矿岩

2. 未安装捕尘装置的干式凿岩作业

3. 主要无轨运输巷道及露天采场采用人力或畜力运输矿岩

4. 地下矿山使用非阻燃电缆、风筒和输送带

5. 地下矿山主要井巷使用木支护

6. 地下矿山采用空场法采矿（无底柱采矿法）采场内人工装运作业

7. 地下矿山采用横撑支柱采矿法

8. 露天矿山采用扩壶爆破

9. 露天矿山采用掏底崩落、掏挖开采、不分层的“一面墙”开采

10. 露天矿山使用爆破方式对大块矿岩进行二次破碎

（十八）其他

1. 含有毒有害氰化物电镀工艺（电镀金、银、铜基合金及予镀铜打底工艺除外）

2. 含氰沉锌工艺

3. 实体坝连岛技术

4. 超过生态承载力的旅游活动和药材等林产品采集

5. 不符合国家现行城市生活垃圾、医疗废物和工业废物焚烧相关污染控制标准、工程技术标准以及设备标准的小型焚烧炉

6. 不符合《大气污染防治法》、《水污染防治法》、《固体废物污染环境防治法》、《节约能源法》、《安全生产法》、《产品质量法》、《土地管理法》、《职业病防治法》等国家法律法规，不符合国家安全、环保、能耗、质量方面强制性标准，不符合国际环境公约等要求的工艺、技术、产品、装备

二、落后产品

（一）石化化工

1. 改性淀粉、改性纤维、多彩内墙（树脂以硝化纤维素为主，溶剂以二甲苯为主的O/W型涂料）、氯乙烯-偏氯乙烯共聚乳液外墙、焦油型聚氨酯防水、水性聚氯乙烯焦油防水、聚乙烯醇及其缩醛类内外墙（106、107涂料等）、聚醋酸乙烯乳液类（含乙烯/醋酸乙烯酯共聚物乳液）外墙涂料

2. 有害物质含量超标准的内墙、溶剂型木器、玩具、汽车、外墙涂料，含双对氯苯基三氯乙烷、三丁基锡、全氟辛酸及其盐类、全氟辛烷磺酸、红丹等有害物质的涂料

3. 在还原条件下会裂解产生24种有害芳香胺的偶氮染料（非纺织品用的领域暂缓）、九种致癌性染料（用于与人体不直接接触的领域暂缓）

4. 含苯类、苯酚、苯甲醛和二（三）氯甲烷的脱漆剂，立德粉，聚氯乙烯建筑防水接缝材料（焦油型），107胶，瘦肉精，多氯联苯（变压器油）

5. 高毒农药产品：六六六、二溴乙烷、丁酰肼、敌枯双、除草醚、杀虫脒、毒鼠强、氟乙酰胺、氟乙酸钠、二溴氯丙烷、治螟磷（苏化203）、磷胺、甘氟、毒鼠硅、甲胺磷、对硫磷、甲基对硫磷、久效磷、硫环磷（乙基

硫环磷）、福美胂、福美甲胂及所有砷制剂、汞制剂、铅制剂、10％草甘膦水剂，甲基硫环磷、磷化钙、磷化锌、苯线磷、地虫硫磷、磷化镁、硫线磷、蝇毒磷、治螟磷、特丁硫磷、三氯杀螨醇

6. 根据国家履行国际公约总体计划要求进行淘汰的产品：氯丹、七氯、溴甲烷、滴滴涕、六氯苯、灭蚁灵、林丹、毒杀芬、艾氏剂、狄氏剂、异狄氏剂、硫丹、氟虫胺、十氯酮、α-六氯环己烷、β-六氯环己烷、多氯联苯、五氯苯、六溴联苯、四溴二苯醚和五溴二苯醚、六溴二苯醚和七溴二苯醚、六溴环十二烷（特定豁免用途为限制类）、全氟辛基磺酸及其盐类和全氟辛基磺酰氟（可接受用途为限制类）

7. 软边结构自行车胎，以棉帘线为骨架材料的普通输送带和以尼龙帘线为骨架材料的普通V带，轮胎、自行车胎、摩托车胎手工刻花硫化模具

（二）铁路

1. G60型、G17型罐车

2. P62型棚车

3. K13型矿石车

4. U60型水泥车

5. N16型、N17型平车

6. L17型粮食车

7. C62A型、C62B型敞车

8. 轨道平车（载重40吨及以下）

（三）钢铁

1. 热轧硅钢片

2. 普通松弛级别的钢丝、钢绞线

3. 热轧钢筋：牌号HRB335、HPB235

4. 使用工频或中频感应炉熔化废钢生产的钢坯（锭），及以其为原料生产的钢材产品（根据国家法律法规和国家取缔“地条钢”有关要求淘汰）

（四）有色金属

1. 铜线杆（黑杆）

（五）建材

1. 使用非耐碱玻纤或非低碱水泥生产的玻纤增强水泥（GRC）空心条板

2. 陶土坩埚拉丝玻璃纤维和制品及其增强塑料（玻璃钢）制品

3. 25A空腹钢窗

4. S-2型混凝土轨枕

5. 一次冲洗最大用水量8升以上的坐便器

6. 角闪石石棉（即蓝石棉）

7. 非机械生产的中空玻璃、双层双框各类门窗及单腔结构型的塑料门窗

8. 采用二次加热复合成型工艺生产的聚乙烯丙纶类复合防水卷材、聚乙烯丙纶复合防水卷材（聚乙烯芯材厚度在0.5mm以下）；棉涤玻纤（高碱）网格复合胎基材料、聚氯乙烯防水卷材（S型）

9. 石棉绒质离合器面片、合成火车闸瓦，石棉软木湿式离合器面片

（六）医药

1. 铅锡软膏管、单层聚烯烃软膏管（肛肠、腔道给药除外）

2. 安瓿灌装注射用无菌粉末

3. 药用天然胶塞

4. 非易折安瓿

5. 输液用聚氯乙烯（PVC）软袋（不包括腹膜透析液、冲洗液用）

（七）机械

1. T100、T100A推土机

2. ZP-Ⅱ、ZP-Ⅲ干式喷浆机

3. WP-3挖掘机

4. 0.35立方米以下的气动抓岩机

5. 矿用钢丝绳冲击式钻机

6. БY-40石油钻机

7. 直径1.98米水煤气发生炉

8. CER膜盒系列

9. 热电偶（分度号LL-2、LB-3、EU-2、EA-2、CK）

10. 热电阻（分度号BA、BA2、G）

11. DDZ-I型电动单元组合仪表

12. GGP-01A型皮带秤

13. BLR-31型称重传感器

14. WFT-081辐射感温器

15. WDH-1E、WDH-2E光电温度计，PY5型数字温度计

16. BC系列单波纹管差压计，LCH-511、YCH-211、LCH-311、YCH-311、LCH-211、YCH-511型环称式差压计

17. EWC-01A 型长图电子电位差计

18. XQWA 型条形自动平衡指示仪

19. ZL3 型 X-Y 记录仪

20. DBU-521，DBU-521C 型液位变送器

21. YB系列（机座号 63～355mm，额定电压 660V 及以下）、YBF 系列（机座号 63～160mm，额定电压 380V、660V 或 380/660V）、YBK 系列（机座号 100～355mm，额定电压 380/660V、660/1140V）隔爆型三相异步电动机

22. DZ10 系列塑壳断路器、DW10 系列框架断路器

23. CJ8 系列交流接触器

24. QC10、QC12、QC8 系列起动器

25. JR0、JR9、JR14、JR15、JR16-A、B、C、D 系列热继电器

26. 以焦炭为燃料的有色金属熔炼炉

27. GGW 系列中频无心感应熔炼炉

28. B 型、BA 型单级单吸悬臂式离心泵系列

29. F 型单级单吸耐腐蚀泵系列

30. JD 型长轴深井泵

31. KDON-3200/3200 型蓄冷器全低压流程空分设备、KDON-1500/1500 型蓄冷器（管式）全低压流程空分设备、KDON-1500/1500 型管板式全低压流程空分设备、KDON-6000/6600 型蓄冷器流程空分设备

32. 3W-0.9/7（环状阀）空气压缩机

33. C620、CA630 普通车床

34. C616、C618、C630、C640、C650 普通车床

35. X920 键槽铣床

36. B665、B665A、B665-1 牛头刨床

37. D6165、D6185 电火花成型机床

38. D5540 电脉冲机床

39. J53-400、J53-630、J53-1000 双盘摩擦压力机

40. Q11-1.6×1600 剪板机

41. Q51 汽车起重机

42. TD62 型固定带式输送机

43. 3 吨直流架线式井下矿用电机车

44. A571 单梁起重机

45. 快速断路器：DS3-10、DS3-30、DS3-50（1000A、3000A、5000A）、DS10-10、DS10-20、DS10-30（1000A、2000A、3000A）

46. SX 系列箱式电阻炉

47. 单相电度表：DD1、DD5、DD5-2、DD5-6、DD9、DD10、DD12、DD14、DD15、DD17、DD20、DD28

48. SL7-30/10 ～ SL7-1600/10、S7-30/10～S7-1600/10 配电变压器

49. 刀开关：HD6、HD3-100、HD3-200、HD3-400、HD3-600、HD3-1000、HD3-1500

50. GC 型低压锅炉给水泵，DG270-140、DG500-140、DG375-185 锅炉给水泵

51. 热动力式疏水阀：S15H-16、S19-16、S19-16C、S49H-16、S49-16C、S19H-40、S49H-40、S19H-64、S49H-64

52. 固定炉排燃煤锅炉（双层固定炉排锅炉除外）

53. L-10/8、L-10/7 型动力用往复式空气压缩机

54. 8-18 系列、9-27 系列高压离心通风机

55. X52、X62W320×150 升降台铣床

56. J31-250 机械压力机

57. TD60、TD62、TD72 型固定带式输送机

58. E135 二冲程中速柴油机（包括 2、4、6 缸三种机型），4146 柴油机

59. TY1100 型单缸立式水冷直喷式柴油机

60. 165 单缸卧式蒸发水冷、预燃室柴油机

61. 含汞开关和继电器

62. 燃油助力车

63. 低于国二排放的车用发动机

64. 机动车制动用含石棉材料的摩擦片

65. 非定型竖井罐笼，ϕ1.2 米以下（不含 ϕ1.2 米）用于升降人员的提升绞车，KJ 型矿井提升机，JKA 型矿井提升机，XKT 型矿井提升机，JTK 型矿用提升绞车，带式制动矿用提升绞车，TKD 型提升机电控装置及使用继电器结构原理的提升机电控装置，专门用于运输人员、油料的无轨胶轮车使用的干式制动器，无稳压装置的中深孔凿岩设备

66. 每小时10蒸吨及以下燃煤锅炉

67. 国三及以下排放标准营运柴油货车，采用稀薄燃烧技术和“油改气”的老旧燃气车辆

（八）船舶

1. 采用整体造船法建造的钢制运输船舶

2. 不符合规范的改装船舶和已到报废期限的船舶

3. 单壳油船

4. 挂桨机船及其发动机

（九）轻工

1. 汞电池（氧化汞原电池及电池组、锌汞电池）

2. 含汞糊式锌锰电池、含汞纸板锌锰电池、含汞圆柱型碱锰电池、含汞扣式碱锰电池

3. 含汞浆层纸、含汞锌粉

4. 开口式普通铅蓄电池、干式荷电铅蓄电池

5. 含镉高于0.002%的铅蓄电池

6. 含砷高于0.1%的铅蓄电池

7. 民用镉镍电池

8. 直排式燃气热水器

9. 螺旋升降式（铸铁）水嘴

10. 用于凹版印刷的苯胺油墨

11. 进水口低于溢流口水面、上导向直落式便器水箱配件

12. 铸铁截止阀

13. 半自动（卧式）工业用洗衣机

14. 开启式四氯乙烯干洗机和普通封闭式四氯乙烯干洗机，分体式石油干洗机和普通封闭式石油干洗机

15. 烷基酚聚氧乙烯醚（包括壬基酚聚氧乙烯醚、辛基酚聚氧乙烯醚和十二烷基酚聚氧乙烯醚等）的生产和使用

16. 一次性发泡塑料餐具、一次性塑料棉签（2020年12月31日）；含塑料微珠的日化用品（到2020年12月31日禁止生产，到2022年12月31日禁止销售）；厚度低于0.025毫米的超薄型塑料袋、厚度低于0.01毫米的聚乙烯农用地膜

17. 用于电子显示的冷阴极荧光灯和外置电极荧光灯：（1）长度较短（≤500毫米）且单支含汞量超过3.5毫克。（2）中等长度（>500毫米且≤1500毫米）且单支含汞量超过5毫克。（3）长度较长（>1500毫米）且单支含汞量超过13毫克（2020年12月31日）

18. 化妆品（含汞量超过百万分之一），包括亮肤肥皂和乳霜，不包括以汞为防腐剂且无有效安全替代防腐剂的眼部化妆品（2020年12月31日）

19. 生产含汞的气压计、湿度计、压力表、温度计（体温计除外）等非电子测量仪器（无法获得适当无汞替代品、安装在大型设备中或用于高精度测量的非电子测量设备除外）（2020年12月31日）

20. 含汞体温计和含汞血压计（2025年12月31日）

21. 含汞电池，不包括含汞量低于2%的扣式锌氧化银电池以及含汞量低于2%的扣式锌空气电池（2020年12月31日）

22. 用于普通照明用途的不超过30瓦且单支含汞量超过5毫克的紧凑型荧光灯（2020年12月31日）

23. 用于普通照明用途的直管型荧光灯：（1）低于60瓦且单支含汞量超过5毫克的直管型荧光灯（使用三基色荧光粉）。（2）低于40瓦（含40瓦）且单支含汞量超过10毫克的直管型荧光灯（使用卤磷酸盐荧光粉）（2020年12月31日）

24. 用于普通照明用途的高压汞灯（2020年12月31日）

25. 以一氟二氯乙烷（HCFC-141b）为发泡剂生产冰箱冷柜产品、冷藏集装箱产品、电热水器产品

26. 含二甲苯麝香的日用香精

（十）消防

1. 二氟一氯一溴甲烷灭火剂（简称1211灭火剂）

2. 三氟一溴甲烷灭火剂（简称1301灭火剂）（原料及必要用途除外）

3. 简易式1211灭火器

4. 手提式1211灭火器

5. 推车式1211灭火器

6. 手提式化学泡沫灭火器

7. 手提式酸碱灭火器

8. 简易式1301灭火器（必要用途除外）

9. 手提式1301灭火器（必要用途除外）

10. 推车式1301灭火器（必要用途除外）

11. 管网式1211灭火系统

12. 悬挂式1211灭火系统

13. 柜式1211灭火系统

14. 管网式1301灭火系统（必要用途除外）

15. 悬挂式1301灭火系统（必要用途除外）

16. 柜式1301灭火系统（必要用途除外）

17. PVC衬里消防水带

（十一）民爆产品

1. 不满足国内公共安全全生命周期管控标准要求的工业雷管

2. 导火索

3. 铵梯炸药

4. 纸壳雷管

（十二）其他

1. 59、69、72、TF-3型防毒面具

2. ZH15隔绝式化学氧自救器，一氧化碳过滤式自救器

3. 不符合《大气污染防治法》、《水污染防治法》、《固体废物污染环境防治法》、《节约能源法》、《安全生产法》、《产品质量法》、《土地管理法》、《职业病防治法》等国家法律法规，不符合国家安全、环保、能耗、质量方面强制性标准，不符合国际环境公约等要求的工艺、技术、产品、装备

中央定价目录

（国家发展和改革委员会令2020年第31号，国家发展和改革委员会2020年3月13日发布）

《中央定价目录》已经2019年12月18日第5次委务会议审议通过，并经国务院批准，现予公布，自2020年5月1日起施行。2015年公布的《中央定价目录》（国家发展改革委令第29号）同时废止。

中央定价目录

<table>
<tr><th>序号</th><th>项目</th><th colspan="2">定价内容</th><th>定价部门</th><th>备注</th></tr>
<tr><td>1</td><td>输配电</td><td colspan="2">省及省以上电网输配电价</td><td>国务院价格主管部门</td><td></td></tr>
<tr><td>2</td><td>油气管道运输</td><td colspan="2">跨省（自治区、直辖市）管道运输价格</td><td>国务院价格主管部门</td><td>企业内部自用管道除外</td></tr>
<tr><td rowspan="5">3</td><td rowspan="5">基础交通运输</td><td rowspan="2">铁路运输服务</td><td>中央管理企业全资及控股铁路普通旅客列车硬座、硬卧票价率</td><td>国务院价格主管部门</td><td>定价范围不包括动车组列车、社会资本投资控股新建铁路客运专线</td></tr>
<tr><td>中央管理企业全资及控股铁路大宗货物、行李运价率</td><td>国务院价格主管部门</td><td>定价范围为整车运输的煤、石油、粮食、化肥等货物和行李运价率。社会资本投资控股新建铁路货物运输除外</td></tr>
<tr><td>港口服务</td><td>沿海、长江干线主要港口及其他所有对外开放港口的垄断服务收费</td><td>国务院交通运输主管部门会同国务院价格主管部门</td><td>定价范围为船舶进出港、靠离泊和港口安保等服务</td></tr>
<tr><td rowspan="2">民航运输服务</td><td>不具备竞争条件的民航国内航线及国际航线国内段旅客票价率</td><td>国务院民用航空主管部门会同国务院价格主管部门</td><td>头等舱、公务舱除外</td></tr>
<tr><td>民航保障服务垄断环节收费</td><td>国务院民用航空主管部门</td><td>定价范围为民用机场、军民合用机场垄断环节服务收费，民航飞行校验服务收费，民航空管服务收费</td></tr>
<tr><td>4</td><td>重大水利工程供水</td><td colspan="2">中央直属及跨省（自治区、直辖市）水利工程供水价格</td><td>国务院价格主管部门</td><td>供需双方自愿协商定价的除外</td></tr>
<tr><td rowspan="5">5</td><td rowspan="5">重要邮政服务</td><td colspan="2">信函寄递资费</td><td rowspan="4">国务院价格主管部门会同国务院财政部门、国务院邮政管理部门</td><td rowspan="4"></td></tr>
<tr><td colspan="2">邮政汇兑资费</td></tr>
<tr><td colspan="2">机要通信资费</td></tr>
<tr><td colspan="2">国家规定报刊发行资费</td></tr>
<tr><td colspan="2">单件重量不超过10千克的包裹寄递资费</td><td>国务院价格主管部门会同国务院财政部门、国务院邮政管理部门</td><td>竞争性领域（含计泡包裹）除外</td></tr>
</table>

续表

序号	项目	定价内容		定价部门	备注
6	重要专业服务	商业银行基础服务收费、银行卡刷卡手续费		国务院价格主管部门会同中国人民银行、国务院银行业监管机构（具体根据职责分工确定）	定价范围为转账汇款、现金汇款、票据等商业银行基础服务，银行卡刷卡服务（收单服务费等竞争性环节除外）
7	特殊药品及血液	特殊药品	麻醉药品和第一类精神药品价格	国务院医疗保障部门	
		血液	公民临床用血的血站供应价格	国务院卫生健康部门会同国务院价格主管部门	

注：

1. 法律、行政法规明确规定实行政府定价、政府指导价的项目，自动进入本目录；法律、行政法规明确规定实行市场调节价的项目，自动退出本目录。根据价格领域简政放权、放管结合、优化服务等改革进展，定期修订本目录。

2. 本目录不包括地方定价项目，地方定价权限和适用范围由地方定价目录确定。列入本目录的定价内容，包括具体价格、收费标准、基准价及其浮动幅度，以及相关的定价机制、办法、规则等。对涉及民生的价格和收费，充分考虑社会承受能力，进行合理监管，保障困难群众生活。

3. 通过市场交易的电量价格，由市场形成。燃煤发电电价机制以及核电等尚未通过市场交易形成价格的上网电价，暂由国务院价格主管部门制定，视电力市场化改革进程适时放开由市场形成。尚未通过市场交易形成价格的销售电价暂按现行办法管理，视电力市场化改革进程适时放开由市场形成。居民、农业等优先购电电量的销售电价，由国务院价格主管部门制定定价原则和总体水平，省级价格主管部门制定具体价格水平。

4. 海上气、页岩气、煤层气、煤制气、液化天然气、直供用户用气、储气设施购销气、交易平台公开交易气，2015 年以后投产的进口管道天然气，以及具备竞争条件省份天然气的门站价格，由市场形成；其他国产陆上管道天然气和 2014 年底前投产的进口管道天然气门站价格，暂按现行价格机制管理，视天然气市场化改革进程适时放开由市场形成。成品油价格暂按现行价格形成机制，根据国际市场油价变化适时调整，将视体制改革进程全面放开由市场形成。电信网、互联网网间结算价格按《工业和信息化部关于调整固定本地电话网营业区间结算标准的通知》（工信部电管函〔2009〕243 号）等文件执行。

5. 征信服务（金融信用信息基础数据库运行机构提供的信用报告查询服务和应收账款质押登记服务）收费暂按现行办法管理，待相关事业单位分类改革、职能调整到位后，及时调整收费管理方式。国防运输价格按《中华人民共和国国防交通法》有关规定执行。

6. 社会资本投资控股新建铁路按《国家发展改革委关于放开部分铁路价格的通知》（发改价格〔2014〕2928 号）有关规定执行。

7. 行政事业性收费项目和标准的审批属于政府内部审批事项，继续按现行办法管理。

政府定价的经营服务性收费目录清单

（国家发展和改革委员会公告2019年第10号，国家发展改革委2019年12月12日发布）

按照党中央、国务院决策部署，我委对政府定价的经营服务性收费进行了清理规范，制定了《政府定价的经营服务性收费目录清单》，现予以公告。国家发展改革委2017年第24号公告同时废止。

目录清单将根据经营服务性收费改革进程实施动态调整。

附件：政府定价的经营服务性收费目录清单

附件

政府定价的经营服务性收费目录清单

类型	一级项目	二级项目	收费标准	收费文件（文号）	定价部门	行业主管部门	是否涉企	是否行政审批前置	是否涉进出口环节	定价方法（方式）	备注
	一、商业银行基础服务收费、银行卡刷卡手续费	（一）商业银行基础服务费	1. 个人跨行柜台转账汇款手续费 每笔0.2万元以下（含0.2万元），收费不超过2元； 0.2万～0.5万元（含0.5万元），不超过5元； 0.5万～1万元（含1万元），不超过10元； 1万～5万元（含5万元），不超过15元； 5万元以上，不超过0.03%，最高收费50元 2. 对公跨行柜台转账汇款手续费 每笔1万元以下（含1万元），收费不超过5元； 1万～10万元（含10万元），不超过10元； 10万～50万元（含50万元），不超过15元； 50万～100万元（含100万元），不超过20元； 100万元以上，不超过0.002%，最高收费200元 3. 个人现金汇款手续费 每笔不超过汇款金额的0.5%，最高收费50元 4. 支票手续费 每笔不超过1元 5. 支票挂失费 按票面金额0.1%（不足5元收取5元） 6. 支票工本费 每份0.4元	发改价格〔2014〕268号、发改价格规〔2017〕1250号	发展改革委、银监会	银监会	否	否	否	政府定价	
		（二）银行卡刷卡手续费	1. 银行卡刷卡交易发卡行服务费 借记卡：不高于0.35%（单笔收费金额不超过13元）； 贷记卡：不高于0.45% 2. 银行卡刷卡交易网络服务费 向发卡机构：不高于0.0325%（单笔收费金额不超过3.25元）； 向收单机构：不高于0.0325%（单笔收费金额不超过3.25元）	发改价格〔2016〕557号	发展改革委、人民银行	人民银行	是	否	否	政府指导价	

续表

类型	一级项目	二级项目	收费标准	收费文件（文号）	定价部门	行业主管部门	是否涉企	是否行政审批前置	是否涉进出口环节	定价方法（方式）	备注
	二、征信服务收费	（一）机构查询企业信用报告收费	具体收费标准详见相关文件	发改价格规〔2019〕1318号	发展改革委	人民银行	是	否	否	政府指导价	
		（二）机构查询个人信用报告收费	具体收费标准详见相关文件	发改价格规〔2019〕1318号	发展改革委	人民银行	是	否	否	政府定价	
		（三）个人柜台查询自身信用报告收费	每年前2次免费，自第3次起每次收费10元，不得另行收取纸张费、打印费等其他费用	发改价格规〔2019〕1318号	发展改革委	人民银行	否	否	否	政府定价	
		（四）应收账款质押登记收费	30元/件·年	发改价格规〔2019〕1318号	发展改革委	人民银行	是	否	否	政府定价	
		（五）应收账款质押征信登记系统变更登记收费	10元/件·次	发改价格规〔2019〕1318号	发展改革委	人民银行	是	否	否	政府定价	
		（六）应收账款质押征信登记系统异议登记收费	10元/件·次	发改价格规〔2019〕1318号	发展改革委	人民银行	是	否	否	政府定价	

续表

类型	一级项目	二级项目	收费标准	收费文件（文号）	定价部门	行业主管部门	是否涉企	是否行政审批前置	是否涉进出口环节	定价方法（方式）	备注
	三、电信网和互联网网间结算价格	具体收费项目详见相关文件	具体收费标准详见相关文件	信部电〔2003〕454 号 工信部电管函〔2009〕243 号 工信部电管〔2013〕506 号 工信部信管〔2018〕205 号	工业和信息化部	工业和信息化部	是	否	否	政府定价和政府指导价	
	四、民航垄断环节服务收费	（一）机场航空性业务收费	1. 起降费 2. 停场费 3. 客桥费 4. 旅客服务费 5. 安检费 具体收费标准详见相关文件	民航发〔2007〕159 号 民航发〔2013〕3 号 民航发〔2017〕18 号	民航局	民航局	是	否	否	政府定价和政府指导价	
		（二）机场地面服务收费	具体收费标准详见相关文件	民航发〔2017〕18 号	民航局	民航局	是	否	否	政府指导价	
		（三）民航飞行校验服务收费	具体收费标准详见相关文件	民航发〔2016〕47 号	民航局	民航局	是	否	否	政府定价	
		（四）民航空管服务收费	1. 进近指挥费 2. 航路费 具体收费标准详见相关文件	民航发〔2008〕2 号 民航发〔2012〕59 号	民航局	民航局	是	否	否	政府定价	

续表

类型	一级项目	二级项目	收费标准	收费文件（文号）	定价部门	行业主管部门	是否涉企	是否行政审批前置	是否涉进出口环节	定价方法（方式）	备注
	五、沿海、长江干线主要港口及其他所有对外开放港口的服务收费	（一）船舶进出港、靠离泊服务收费	1. 引航（移泊）费 2. 拖轮费 3. 停泊费 4. 围油栏使用费 具体收费标准详见相关文件	交水规〔2019〕2号	交通运输部、发展改革委	交通运输部	是	否	是	政府指导价	
		（二）货物港务费	具体收费标准详见相关文件	交水规〔2019〕2号	交通运输部、发展改革委	交通运输部	是	否	是	政府定价	
		（三）港口设施保安费	具体收费标准详见相关文件	交水规〔2019〕2号	交通运输部、发展改革委	交通运输部	是	否	是	政府定价	

注：

1. 商业银行基础服务费中本票手续费、本票挂失费、本票工本费、银行汇票手续费、银行汇票挂失费和银行汇票工本费6项暂停收取，免收本行个人现金转账汇款手续费，自2017年8月1日起实施；
2. 增值税税控系统产品及维护服务价格暂按现行办法管理，自2020年1月1日起放开；
3. 征信服务收费等项目，将结合事业单位分类改革研究调整收费管理方式；
4. 上述政府定价经营服务性收费项目和标准，更新时间截止到2019年底。

行政区划管理条例实施办法

（民政部令 2019 年第 65 号，民政部 2019 年 12 月 11 日发布）

第一条 根据《行政区划管理条例》（以下简称条例），制定本办法。

第二条 条例所称行政区划的变更，包括行政区划的设立、撤销，行政区划隶属关系的变更，行政区域界线的变更，人民政府驻地的迁移和行政区划名称的变更。

行政区划隶属关系的变更，是指行政区划整建制由其原上级行政区划划归另一个上级行政区划管辖。在不改变行政区划隶属关系的情况下，将行政区划整建制委托另一行政区划代管或者变更代管关系，参照行政区划隶属关系的变更办理。

行政区域界线的变更，是指将一个行政区划的部分行政区域划归另一行政区划管辖。

人民政府（派出机关）驻地的迁移，是指县级以上地方人民政府（派出机关）驻地跨下一级行政区划（派出机关管辖范围）的变更和乡、民族乡、镇人民政府、街道办事处驻地跨村（居）民委员会管辖范围的变更。

行政区划名称的变更，是指改变行政区划专名。

第三条 行政区划的设立、撤销，由拟设立行政区划或者拟撤销行政区划的上一级地方人民政府制订变更方案。在撤销的同时设立新的行政区划且行政区域不变的，可以由拟撤销行政区划的地方人民政府制订变更方案。涉及设立行政区划的，应当在变更方案中明确拟设立行政区划的名称、建制类型、隶属关系（含代管关系）、行政区域界线和人民政府驻地。涉及撤销行政区划的，应当在变更方案中明确行政区划撤销后其所辖行政区域的归属。

变更行政区划隶属关系和变更行政区域界线，由有关地方人民政府先行协商并共同制订变更方案；如未能取得一致意见时，可以由单方、多方或者共同的上一级人民政府制订变更方案。

变更人民政府驻地和变更行政区划名称，由本级地方人民政府制订变更方案。

第四条 市、市辖区设立标准的内容应当包括：人口规模结构、经济社会发展水平、资源环境承载能力、国土空间开发利用状况、基础设施建设状况和基本公共服务能力等。

拟订镇、街道设立标准，应当充分考虑本省、自治区、直辖市经济社会和城镇化发展水平、城镇体系和乡镇布局、人口规模和资源环境等情况。

组织拟订市、市辖区设立标准和镇、街道设立标准的民政部门，应当会同有关部门对标准的实施情况进行评估，并根据评估情况按照规定的权限和程序调整标准。

第五条 省、自治区、直辖市人民政府批准县、市、市辖区部分行政区域界线变更或者县、不设区的市、市辖区人民政府驻地迁移时，应当将以下备案材料一式五份径送国务院民政部门：

（一）由省、自治区、直辖市人民政府出具的备案报告；

（二）行政区划变更批复文件；

（三）申请变更行政区划的地方人民政府根据条例第十三条规定提交的行政区划变更申请材料。

第六条 省、自治区、直辖市人民政府批准镇、街道设立标准时，应当将以下材料一式五份径送国务院民政部门：

（一）由省、自治区、直辖市人民政府出具的备案报告；

（二）省、自治区、直辖市印发标准的文件、标准文本和说明。

第七条 省、自治区、直辖市人民政府报送备案的行政区划变更事项和镇、街道设立标准材料不符合本办法第五条、第六条规定的，由国务院民政部门指导补正；材料齐备合规的即为备案。

报送备案的行政区划变更事项和镇、街道

设立标准不符合条例规定的，由国务院民政部门建议省、自治区、直辖市人民政府自行纠正；或者由国务院民政部门提出处理建议，报国务院决定。

第八条 申请变更行政区划向上级人民政府提交的申请书内容应当包括：

（一）行政区划变更理由；

（二）行政区划变更方案；

（三）与行政区划变更有关的经济发展、资源环境、人文历史、地形地貌、人口、行政区域面积和隶属关系的简要情况；

（四）风险评估、专家论证、征求社会公众等意见的综合研判情况。

第九条 条例第十三条第（三）项规定的风险评估报告一般应当包括以下内容：

（一）行政区划变更的合法性、可行性、风险性和可控性；

（二）行政区划变更对当地及一定区域范围内的人口资源、经济发展、行政管理、国防安全、民族团结、文化传承、生活就业、社会保障、基层治理、公共安全、资源环境保护、实施国土空间规划、机构调整和干部职工安置等方面可能造成的影响，以及可能引发的问题；

（三）行政区划变更的主要风险源、风险点的排查情况及结果；

（四）拟采取的消除风险和应对风险的举措；

（五）风险评估结论；

（六）其他与风险评估相关的内容。

第十条 开展风险评估，可以通过舆情跟踪、重点走访、会商分析等方式，运用定性分析和定量分析等方法，对行政区划变更实施的风险进行科学预测、综合研判。

开展风险评估，可以委托专业机构、社会组织等第三方机构进行。

第十一条 条例第十三条第（四）项规定的专家论证报告一般应当包括以下内容：

（一）行政区划变更的必要性、科学性、合理性；

（二）行政区划变更的经济社会效益；

（三）行政区划变更的可行性及可能存在的风险；

（四）对行政区划变更方案及组织实施的意见建议；

（五）其他与专家论证相关的内容。

第十二条 组织专家论证，可以采取论证会、书面咨询、委托咨询论证等方式。选择专家、专业机构参与论证，应当坚持专业性、代表性和中立性，注重选择不同专业背景的专家、专业机构，不得选择与行政区划变更事项有直接利益关系的专家、专业机构参与专家论证。

县级以上地方人民政府民政部门应当根据需要建立行政区划咨询论证专家库。

第十三条 条例第十三条第（五）项规定的征求社会公众等意见报告的内容一般应当包括：

（一）征求社会公众等意见的过程和范围；

（二）社会公众等的主要意见和建议；

（三）对意见建议的处理情况；

（四）其他与征求社会公众等意见相关的内容。

第十四条 征求社会公众等意见可以采取座谈会、实地走访、书面征求意见、问卷调查等方式。

申请变更行政区划的地方人民政府应当对社会各方面提出的意见进行归纳整理、研究论证，充分采纳合理意见，完善行政区划变更方案及配套措施。

第十五条 提交条例第十三条第（六）项规定的变更前的行政区划图和变更方案示意图，应当符合下列要求：

（一）图件应为A3图幅彩色示意图；

（二）图件能够全面、真实、准确反映行政区划变更涉及的各主要因素，底图中应包括行政区划名称、人民政府驻地、行政区域界线、水系、公路、铁路等要素；

（三）行政区划轮廓线用加粗的红线表示，下级行政区划用对比明显的色块区别表示，下级行政区划间的界线用加粗的红色虚线表示，各级人民政府驻地根据级别高低采用不同大小的红色实五角星表示。

第十六条 申请变更行政区划应当拟订组织实施总体方案，与申请书一并上报审核。

组织实施总体方案一般应当包括行政区划

变更的组织领导体系及责任分工，行政区划变更的实施步骤，行政区划变更的保障措施等内容。行政区划设立、撤销和变更隶属关系的，总体方案一般还应当包括行政区划变更后发展定位、目标、方向，相关地方党政群机构设置调整，国有资产、债权债务划转，历史文化传承保护，民生保障和公共服务等方面的内容。

上级人民政府民政部门应当加强对行政区划变更事项组织实施的监督指导。

第十七条　县级以上地方人民政府民政部门在审核下级人民政府上报的行政区划变更方案时，应当根据情况自行组织或者委托第三方机构开展实地调查。

开展实地调查，可以采取听取汇报、召开座谈会、查阅资料、个别访谈、随机访或者暗访等形式进行。

第十八条　地方人民政府应当在收到上级人民政府行政区划变更批复文件后及时向社会公告审批机关批准行政区划变更的信息。法律、行政法规和国家有关规定另有规定的除外。

第十九条　行政区划变更引起行政区域界线变化的，毗邻各方人民政府应当按照审批机关批准的行政区划变更方案，依照法律、行政法规和国家有关规定，在行政区划变更完成时限内完成行政区域界线的勘定工作。

第二十条　条例第十五条规定的完成变更情况报告一般应当包括以下内容：

（一）行政区划变更批复内容落实情况；

（二）人民群众反应和舆论反响情况；

（三）行政区划变更的影响和初步效果；

（四）风险控制和处置情况；

（五）行政区划变更后需要勘定行政区域界线的，还应当报告完成界线勘定情况；

（六）其他应当报告的情况。

第二十一条　行政区划变更完成情况报告上报审批机关后3个月内，有关地方人民政府民政部门应当将更新后的行政区划图标准样图报批准行政区划变更的人民政府民政部门审核。由组织更新行政区划图的地方人民政府民政部门按照地图管理有关规定送审后向社会公布。

第二十二条　国务院民政部门组织制定各级行政区划代码编码规则。

行政区划变更信息向社会公告之日起1个月内，国务院民政部门或者省、自治区、直辖市人民政府民政部门应当根据行政区划代码编码规则，确定、公布变更后的行政区划代码。

第二十三条　省、自治区、直辖市人民政府应当在每年1月31日前，将本级及下一级人民政府1年内批准的行政区划变更事项（含派出机关变更事项）相关信息集中报送国务院民政部门。

上报的行政区划变更信息应当包括行政区划变更事项列表及相关行政区划变更批复文件。

第二十四条　上级人民政府民政部门发现下级人民政府存在违反条例规定情形的，应当建议其及时纠正，或者提出建议报本级人民政府依法处理。

第二十五条　旗、特区、林区的行政区划管理参照县执行，自治旗的行政区划管理参照自治县执行，盟的行政区划管理参照地区执行。

第二十六条　本办法自2020年1月1日起施行。

国务院关于授权和委托用地审批权的决定

（国发〔2020〕4号，国务院2020年3月1日发布）

各省、自治区、直辖市人民政府，国务院各部委、各直属机构：

为贯彻落实党的十九届四中全会和中央经济工作会议精神，根据《中华人民共和国土地管理法》相关规定，在严格保护耕地、节约集约用地的前提下，进一步深化“放管服”改革，改革土地管理制度，赋予省级人民政府更大用地自主权，现决定如下：

一、将国务院可以授权的永久基本农田以外的农用地转为建设用地审批事项授权各省、自治区、直辖市人民政府批准。自本决定发布之日起，按照《中华人民共和国土地管理法》第四十四条第三款规定，对国务院批准土地利用总体规划的城市在建设用地规模范围内，按土地利用年度计划分批次将永久基本农田以外的农用地转为建设用地的，国务院授权各省、自治区、直辖市人民政府批准；按照《中华人民共和国土地管理法》第四十四条第四款规定，对在土地利用总体规划确定的城市和村庄、集镇建设用地规模范围外，将永久基本农田以外的农用地转为建设用地的，国务院授权各省、自治区、直辖市人民政府批准。

二、试点将永久基本农田转为建设用地和国务院批准土地征收审批事项委托部分省、自治区、直辖市人民政府批准。自本决定发布之日起，对《中华人民共和国土地管理法》第四十四条第二款规定的永久基本农田转为建设用地审批事项，以及第四十六条第一款规定的永久基本农田、永久基本农田以外的耕地超过三十五公顷的、其他土地超过七十公顷的土地征收审批事项，国务院委托部分试点省、自治区、直辖市人民政府批准。首批试点省份为北京、天津、上海、江苏、浙江、安徽、广东、重庆，试点期限1年，具体实施方案由试点省份人民政府制订并报自然资源部备案。国务院将建立健全省级人民政府用地审批工作评价机制，根据各省、自治区、直辖市的土地管理水平综合评估结果，对试点省份进行动态调整，对连续排名靠后或考核不合格的试点省份，国务院将收回委托。

三、有关要求。各省、自治区、直辖市人民政府要按照法律、行政法规和有关政策规定，严格审查把关，特别要严格审查涉及占用永久基本农田、生态保护红线、自然保护区的用地，切实保护耕地，节约集约用地，盘活存量土地，维护被征地农民合法权益，确保相关用地审批权“放得下、接得住、管得好”。各省、自治区、直辖市人民政府不得将承接的用地审批权进一步授权或委托。

自然资源部要加强对各省、自治区、直辖市人民政府用地审批工作的指导和服务，明确审批要求和标准，切实提高审批质量和效率；要采取“双随机、一公开”等方式，加强对用地审批情况的监督检查，发现违规问题及时督促纠正，重大问题及时向国务院报告。

关于加快推进铁路专用线建设的指导意见

（发改基础〔2019〕1445号，国家发展改革委、自然资源部、交通运输部、国家铁路局、中国国家铁路集团有限公司2019年9月1日发布）

各省、自治区、直辖市及计划单列市、新疆生产建设兵团发展改革委、自然资源厅（局）、交通运输厅（委），各铁路监督管理局，各铁路局集团公司，国家能源集团，国家开发投资集团有限公司：

为优化调整运输结构、打赢蓝天保卫战，更好发挥铁路在综合交通运输体系中的骨干作用和绿色低碳优势，推进铁路进港口、大型工矿企业和物流园区，解决好铁路运输“最后一公里”问题，促进多式联运，降低物流成本，现就加快推进铁路专用线建设提出以下意见。

一、重要意义

专用线是解决铁路运输“最后一公里”问题的重要设施，对于减少短驳、发挥综合交通效率、提升经济社会效益具有重要作用。近年来，有关部门、地方和企业坚持以供给侧结构性改革为主线，按照高质量发展要求，着力提升综合交通运输服务水平和效益，积极推动以铁路为骨干的多式联运发展，大力发展铁路专用线，实施长江干线港口铁水联运设施联通行动计划，打通铁路“最后一公里”，畅通“微循环”，“公转铁”、铁水联运等结构调整效果初步显现。为更好落实《国务院办公厅关于印发推进运输结构调整三年行动计划（2018—2020年）的通知》（国办发〔2018〕91号）有关要求，进一步增加铁路货运量，迫切需要加快铁路专用线建设进度，实现铁路干线运输与重要港口、大型工矿企业、物流园区等的高效联通和无缝衔接。

二、总体要求

（一）指导思想。

以习近平新时代中国特色社会主义思想为指导，全面贯彻党的十九大和十九届二中、三中全会精神，按照党中央、国务院关于调整运输结构、打赢蓝天保卫战的重大决策部署，坚持以供给侧结构性改革为主线，坚持目标导向和问题导向，以推进大宗货物运输“公转铁”为主攻方向，坚持市场主体、企业实施、政府推动，充分利用既有铁路设施，加快铁路专用线建设，构建支撑多式联运更高效、运输结构更优化、降本增效更明显的铁路集疏运体系，打通铁路运输“最后一公里”，提高共建共享利用效率，提升服务水平，增加铁路货运量，降低物流成本，减少碳排放，提升运输绿色发展水平。

（二）发展目标。

到2020年，一批铁路专用线开工建设，沿海主要港口、大宗货物年运量150万吨以上的大型工矿企业、新建物流园区铁路专用线接入比例均达到80%，长江干线主要港口基本引入铁路专用线。到2025年，沿海主要港口、大宗货物年运量150万吨以上的大型工矿企业、新建物流园区铁路专用线力争接入比例均达到85%，长江干线主要港口全部实现铁路进港。

三、重点任务

（三）深入对接需求。

各省级发展改革委、自然资源厅（局）、交通运输厅（委）、地区铁路监督管理局和铁路企业牵头建立对接工作机制，按照运量前景可观、基础条件成熟、“公转铁”效果明显的原则，对接调查辖域内港口、企业、物流园区铁路专用线建设需求，梳理大宗货物年货运量150万吨以上的大型工矿企业和新建物流园区名单，研究确定铁路专用线建设总体目标，明确铁路专用线重点建设项目清单，细化明确项目推进时间节点、实施主体、资金筹措方案等。

（四）同步规划建设。

规划新建客货共线、货运专线铁路时，要充分考虑沿线铁路专用线接入需求，同步做好专用线线路走向和衔接条件的论证，鼓励铁路专用线与之同步规划设计、同期建成开通。具备同步实施条件的，新建铁路要提供有利的接轨条件，按照专用线能力需要配套建设接轨站。暂不具备同步建设条件的，新建铁路应做好接轨条件预留。结合新线铁路建设和既有线扩能改造，鼓励根据需要对既有专用线实施相关改造，尽可能盘活既有专用线资源和运能，提高利用效率。主要港口新建集装箱、大宗散货作业区原则上同步规划建设进港铁路。

（五）合理确定标准。

在保障运输安全顺畅的前提下，合理确定新建及改扩建铁路专用线建设等级和技术标准，经济适用配置站后设施设备。铁路专用线优先采用再用轨、再用枕，牵引供电可采用单路外部电源或单台牵引变压器等。办理煤炭等易产生扬尘污染的专用线，应配套建设绿色环保设施。不得随意采用设计上限标准和配置不相关的设施设备，从源头上降低专用线造价，切实减轻企业负担。专用线选址要符合国土空间规划，合理避让永久基本农田和生态保护红线，节约集约用地。

（六）简化接轨条件。

有关企业提出铁路专用线接轨需求时，接轨站所属铁路企业应无条件受理，严禁设置门槛或拒绝受理。接轨站应按照顺畅衔接的原则进行适应性改造，原则上以接轨点为界，由铁路企业根据需要改造接轨站及相关设施设备并承担其投资。铁路专用线与繁忙干线、设计时速200公里客货共线铁路车站接轨时，应综合运输安全、咽喉通过能力、工程代价等因素，充分论证设置疏解线的必要性和建设时机；与其他线路车站接轨时，原则上不设置疏解线。

（七）压缩办理时限。

进一步深化“放管服”改革，按照“最多跑一趟”的目标，精简手续、提高效率。铁路企业在受理专用线接轨申请后，原则上应在20个工作日内出具同意接轨意见，因技术原因不能接轨的需作出书面答复并提出有关建议。地方有关部门受理专用线核准申请后，应按照规定时限完成核准手续，确保专用线建设符合国家相关产业政策。省级投资主管部门负责专用线核准，并征求相关方面意见，初步设计、施工图设计等审查由企业自行决定。合理压缩铁路专用线项目前期工作周期，简化设计程序，提高审批效率，除工程地质复杂、技术难度大的项目外，原则上在可行性研究后可直接开展施工图设计。

（八）创新运维模式。

专用线产权单位自主决策、按市场化原则开展运营维护，可采取自营、委托运营等方式。进一步开放专用线代运营代维护市场，允许工程施工、装备制造、社会物流企业等参与并提供相关服务，鼓励建立区域性、专业化铁路专用线运营维护机制和企业。专用线委托铁路企业运营维护的，铁路企业应积极采用车、工、电、供一体化生产组织模式，集中集约设置生产生活设施，统筹检修工装设备运用，尽可能降低运营支出，同时参照自身运营相关作业的内部成本控制定额，在平等协商基础上，合理确定收费标准。专用线由产权单位自己运营维护的，铁路企业要加强指导，确保满足国家相关标准和规定，保障运输安全。

（九）优化运输服务。

铁路企业要加快转变理念，主动上门对接和服务企业，优化服务流程和运输组织，减少中间短驳，简化作业环节，规范收费行为，提高运输服务效率和品质，加强与港口、航运等企业合作，促进港口通过铁路进行大宗货物和集装箱集疏运。结合受委托专用线需求特点，制定针对性运输计划，鼓励企业签订长期协议，优先满足专用线运输需求。鼓励铁路企业与专用线产权单位、第三方客户加强合作，协商制定全程物流方案，为广大客户提供更直接、更方便、更高效的服务，推动铁路货运向现代物流转变。加快完善以铁水联运为重点的多式联运公共信息交换共享，实现铁路现车、装卸车、货物在途、到达预确报以及港口装卸、货物堆存、船舶进出港等铁水联运信息互联共享。

（十）提升综合效益。

鼓励铁路企业、有关企业和地方政府加强合作，按照市场化原则推进铁路专用线共建共享共用，规范线路使用、运输服务收费项目和标准，明确清算规则，规范专用线价格行为，建立适应市场变化的运价灵活动态调整机制，增强铁路专用线运输市场竞争能力，制定铁路专用线代运营代维护收费计费办法，向社会公开。加强产运销协同，开发多层次运输服务产品，提高专用线利用效率和综合效益，更好地发挥铁路运输安全、节能、环保优势，推动运输结构调整优化。

四、措施要求

（十一）强化协同推动。

省级发展改革委、自然资源厅（局）、交通运输厅（委）、地区铁路监督管理局和铁路企业要建立常态化协调机制，加强与地方及有关企业沟通协调，共同推进专用线建设，着力解决重点难点问题，每半年将有关工作推进情况报送国家发展改革委、自然资源部、交通运输部、国家铁路局和中国国家铁路集团有限公司。充分发挥铁路企业运营管理优势和企业市场主体作用，坚持市场导向，合理确定其在专用线建设的资金筹措、建设实施、资产管理、运营维护等责任。

（十二）加大支持力度。

铁路企业要强化市场和服务意识，在接轨手续办理、方案审查、工程建设、运维管理、运输组织、安全保障等方面优化服务，有关情况及时向社会主动公开。地方有关部门要简化审批程序，在要件办理、项目核准、建设施工许可、用地指标保障等方面积极支持。自然资源部将加大铁路专用线用地、用海支持力度，对重点支持项目纳入占用永久基本农田用地预审受理范围，并对符合海域管理法律法规及围填海管理政策的项目保障用海需求。国家铁路局将会同有关部门和单位加快制定完善铁路专用线标准规范，加强行业质量安全监督管理，促进铁路专用线安全优质建设。

（十三）拓宽筹资渠道。

全面开放铁路专用线投资建设、运营维护市场，支持各市场主体按照市场化原则，以股权合作方式共同建设铁路专用线。中国国家铁路集团有限公司将与有关企业加强平等协商和互利合作，积极参与铁路专用线建设。鼓励金融机构加大对铁路和多式联运企业金融服务的支持力度，积极引导社会资本以多种形式参与投资建设铁路专用线，研究进一步加大中央和地方财政性资金的支持力度。

（十四）加强督促指导。

根据发展需求和经济社会效益情况，梳理提出了2019—2020年推动先行实施的一批铁路专用线重点项目。国家发展改革委、自然资源部、交通运输部、国家铁路局、中国国家铁路集团有限公司将加强跟踪指导，及时总结和协调解决铁路专用线项目建设过程中的问题和困难，对进展滞后的项目督促有关方面重点帮助协调推进。同时，完善相关政策措施，推动有关方面加快推进项目前期工作和工程建设，尽快打通铁路运输“最后一公里”。

附件：铁路专用线重点项目（2019—2020年）

附件

铁路专用线重点项目（2019—2020年）

序号	专用线名称	省份	线路长度（公里）
1	亦庄市郊铁路（奔驰公司铁路专用线）	北京	13
2	京平物流枢纽铁路建设项目	北京	14
3	天津忠旺铝业有限公司铁路专用线	天津	10.9
4	华电国际电力股份有限公司天津开发区分公司铁路专用线	天津	1.3
5	深能保定发电有限公司铁路专用线	河北	6.8
6	河北建投遵化热电有限公司铁路专用线	河北	1.9
7	唐山松汀钢铁有限公司铁路专用线	河北	1.9
8	邯郸矿业集团鹏泰特种钢铁有限公司铁路专用线	河北	4.2
9	迁安九江线材有限责任公司专用铁路	河北	1.6
10	河北津西钢铁集团股份有限公司铁路专用线	河北	5.7
11	唐山港陆钢铁有限公司铁路专用线	河北	1.8
12	唐山曹妃甸实业港务有限公司铁路专用线	河北	2.3
13	秦皇岛宏兴钢铁有限公司铁路专用线	河北	1.5
14	迁安首钢设备结构有限公司铁路专用线	河北	1.5
15	临县锦源煤矿有限公司铁路专用线	山西	5
16	山西中炜巨田煤炭运销有限公司石城铁路专用线	山西	2.2
17	山西晋钢智造科技产业开发有限公司铁路专用线	山西	1.4
18	中煤王家岭铁路专用线	山西	1.7
19	呼伦贝尔东北阜丰生物科技有限公司铁路专用线	内蒙古	2.7

续表

序号	专用线名称	省份	线路长度（公里）
20	乌兰浩特经济技术开发区铁路专用线	内蒙古	19.3
21	内蒙古珠江投资公司铁路专用线	内蒙古	39.3
22	准格尔旗鼎峰公司铁路专用线	内蒙古	3.7
23	内蒙古华云新材料古城湾铁路专用线	内蒙古	4.5
24	博泰马场壕铁路专用线	内蒙古	2.5
25	蒙泰集团东胜东煤炭铁路专用线	内蒙古	2.6
26	黑猫煤化工呼和温都尔铁路专用线	内蒙古	5.5
27	呼鄂铁路东胜东站蒙泰集团铁路专用线	内蒙古	12.6
28	辽宁大唐国际葫芦岛热电厂铁路专用线	辽宁	4.6
29	辽宁鞍炼物流有限公司铁路专用线	辽宁	1.7
30	大连汽车码头有限公司铁路专用线	辽宁	1
31	泰康工业园区铁路专用线	黑龙江	10.2
32	南通港如皋港区铁路专用线	江苏	32
33	运河宿迁港铁路专用线	江苏	8.1
34	南京港龙潭港区铁路专用线	江苏	5.5
35	徐州港顺堤河作业区铁路专用线	江苏	11.6
36	徐州港邳州港区邳州作业区搬迁工程铁路专用线	江苏	14.1
37	上合组织（连云港）国际物流园铁路专用线	江苏	19.2
38	国家东中西区域合作示范区（徐圩新区）产业园区专用铁路	江苏	13.6
39	南通港通海港区至通州湾港区铁路专用线二期工程	江苏	24.6
40	南通港洋口港区至吕四港区铁路联络线工程	江苏	75
41	江苏中新钢铁集团铁路专用线	江苏	2.3
42	江苏徐钢集团有限公司铁路专用线	江苏	17.5
43	大丰港铁路支线	江苏	49.8
44	连云港港徐圩港区铁路专用线	江苏	63.9
45	滨海港铁路支线	江苏	48.1
46	头门港铁路支线二期头门新区至头门港段	浙江	14.5
47	浙江公铁联运综合物流园铁路专用线	浙江	0.9
48	马鞍山郑蒲港铁路专用线	安徽	38.8
49	阜阳煤基新材料产业园铁路专用线	安徽	2
50	淮北平山电厂二期工程铁路专用线	安徽	2.4
51	六安钢铁控股集团特钢有限公司铁路专用线	安徽	2.0
52	皖河新港铁路专用线一期工程	安徽	10.7
53	蚌埠临港基建投资发展有限公司铁路专用线	安徽	11.3
54	九江城西港区铁路专用线	江西	11.3
55	萍乡湘东区工业园铁路专用线	江西	5.5

续表

序号	专用线名称	省份	线路长度（公里）
56	上汽宁德基地项目铁路专用线	福建	4.7
57	坪岚铁路扩能改造工程	山东	44.8
58	临沂临港疏港铁路	山东	30
59	兖煤菏泽能化有限公司赵楼煤矿铁路专用线	山东	5.6
60	鲁西发电有限公司煤炭地下气化发电项目配套铁路专用线工程	山东	2.7
61	兖州煤业股份有限公司专用铁路改扩建工程	山东	12.2
62	临港铁路物流园支线	山东	3.5
63	山东宝道铁路物流有限公司铁路专用线	山东	7.4
64	胡集里则铁路专用线	山东	34
65	邹平交通基础设施投资有限公司铁路专用线二期工程	山东	20.5
66	兖煤菏泽能化有限公司赵楼煤矿专用铁路	山东	5.3
67	华电韶关南雄热电冷联供项目铁路专用线	广东	2.5
68	广东南海一汽大众铁路专用线	广东	0.9
69	湛江港铁路新建拆装箱服务区铁路装卸线工程	广东	1.8
70	梅州（大浦）至潮州港铁路专用线	广东	72
71	中石化北海炼油厂异地改造项目铁路专用线	广西	3.7
72	广西北部湾国际港务集团北海铁山港 1#—4# 泊位铁路专用线	广西	3.7
73	防城港北部湾港务有限公司防城港铁路第三调车场工程	广西	4.2
74	防城港钢铁基地铁路专用线	广西	10
75	防城港务集团有限公司防城港铁路第二调车场新增股道工程	广西	4.1
76	神华国华广投北海能源基地配煤堆场铁路专用线	广西	2.1
77	靖西天桂铝业有限公司铁路专用线	广西	3.8
78	华容煤炭铁水联运项目	湖南	27.3
79	神华国华永州发电厂一期工程铁路专用线	湖南	7.6
80	湖南瓦松铁路专用线	湖南	17.6
81	长沙新港（三期）铁路专用线	湖南	4.5
82	当阳至远安专用铁路	湖北	60.2
83	汉江沙洋港疏港铁路	湖北	36.9
84	荆门化工循环产业园铁路专用线	湖北	12.8
85	宜昌茅坪港疏港铁路	湖北	42.5
86	黄冈大别山发电有限责任公司专用铁路	湖北	3.3
87	华润电力（仙桃）有限公司铁路专用线	湖北	2.8
88	武汉经发粮食物流产业投资有限公司铁路专用线	湖北	3
89	伊川龙泉金亨电力铁路专用线	河南	1.5
90	安阳象道物流有限公司铁路专用线	河南	8.9
91	淮滨县淮上交通有限公司专用铁路	河南	9.7

续表

序号	专用线名称	省份	线路长度（公里）
92	辉县货运铁路专用线	河南	35
93	山西中南部铁路水冶南至安李铁路联络线工程	河南	18.3
94	晋开集团铁路专用线	河南	15.1
95	周口中心港集疏运铁路专用线	河南	10
96	四川佳吉物流有限公司铁路专用线	四川	16
97	自贡大山铺铁路物流园区铁路专用线	四川	9.5
98	神华巴蜀电力有限责任公司铁路专用线	四川	6.6
99	成都天府国际机场供油工程铁路专用线	四川	6.4
100	腾晋物流铁路专用线	云南	5.3
101	祥云县财富工业园区铁路专用线	云南	9.7
102	安宁工业园区大龙山铁路专用线	云南	27.5
103	兴义威红燃料有限责任公司威舍铁路专用线	贵州	1.6
104	榆林神华能源有限责任公司铁路专用线	陕西	5.5
105	子洲县西部能源投资有限公司铁路集运站配套铁路专用线工程	陕西	3
106	陕西弘东浩强物流有限公司铁路专用线	陕西	7.2
107	神木腾雨物流有限责任公司铁路专用线	陕西	3.7
108	宜君县鑫瑞源煤炭加工有限责任公司铁路专用线	陕西	2
109	陕煤澄合矿业王村专用铁路（王村站改建工程）	陕西	2.5
110	靖边海则滩物流中心铁路专用线	陕西	3.2
111	郭神（郭家湾—神木北）铁路专用线	陕西	25.5
112	亚华煤炭运销有限公司铁路专用线	陕西	7.3
113	榆林榆神工业区能源集运有限责任公司铁路专用线	陕西	11.7
114	榆林海荣商贸物流有限责任公司铁路专用线	陕西	5.8
115	延长石油矿业有限责任公司铁路专用线	陕西	13.9
116	榆林清水煤炭集运有限责任公司铁路专用线	陕西	2.7
117	甘肃电投常乐发电有限责任公司铁路专用线	甘肃	5.9
118	国电电力酒泉发电有限公司铁路专用线	甘肃	13
119	甘肃北神铁路物资有限公司铁路专用线	甘肃	2.1
120	新疆天足投资有限公司化工材料产业园铁路专用线	新疆	40.9
121	神华新疆能源有限红沙泉铁路专用线	新疆	19.3
122	特变电工新疆能源有限公司将军戈壁露天矿铁路专用线	新疆	9.8
123	北山矿业有限公司铁路专用线	新疆	12
124	新疆中环宝峰投资有限公司喀尔干特站铁路专用线	新疆	1.2
125	新疆宜化矿业有限公司五彩湾一号露天矿铁路专用线	新疆	4.7
126	宁夏华夏物流有限公司铁路专用线	宁夏	3
127	宁夏钢铁集团中卫热电铁路专用线	宁夏	28
合计			1586

国家发展改革委关于印发《西部陆海新通道总体规划》的通知

（发改基础〔2019〕1333 号，国家发展改革委 2019 年 8 月 2 日发布）

内蒙古自治区、广西壮族自治区、海南省、重庆市、四川省、贵州省、云南省、西藏自治区、陕西省、甘肃省、青海省、宁夏回族自治区、新疆维吾尔自治区人民政府，国务院各部委、各直属机构，中国国家铁路集团有限公司：

根据《国务院关于西部陆海新通道总体规划的批复》（国函〔2019〕67 号），现将《西部陆海新通道总体规划》（以下简称《规划》）印发你们，并就有关事项通知如下。

一、西部陆海新通道位于我国西部地区腹地，北接丝绸之路经济带，南连 21 世纪海上丝绸之路，协同衔接长江经济带，在区域协调发展格局中具有重要战略地位。要认真贯彻落实国务院的批复精神，把《规划》实施作为深化陆海双向开放、推进西部大开发形成新格局的重要举措，加快通道和物流设施建设，提升运输能力和物流发展质量效率，深化国际经济贸易合作，促进交通、物流、商贸、产业深度融合，为推动西部地区高质量发展、建设现代化经济体系提供有力支撑。

二、请相关省（区、市）人民政府切实加强组织领导，制定实施方案，深化细化配套政策措施，加强省际协商合作，确保目标任务如期完成。切实加强地方政府债务管理，防范化解重大风险。《规划》实施中涉及的重大事项、重大政策和重大项目按规定程序报批。

三、请国务院有关部门和单位按照职能分工，研究制定支持西部陆海新通道沿线发展的具体政策措施，在重大项目建设、体制机制创新等方面给予积极支持，协调解决遇到的困难和问题。

四、我委将按照国务院批复精神，会同有关部门加强对《规划》实施情况的跟踪分析，适时组织开展实施情况督查评估，研究新情况，总结新经验，解决新问题。重大问题及时向国务院报告。

西部陆海新通道总体规划

西部陆海新通道位于我国西部地区腹地，北接丝绸之路经济带，南连 21 世纪海上丝绸之路，协同衔接长江经济带，在区域协调发展格局中具有重要战略地位。为贯彻落实党中央、国务院决策部署，推进西部陆海新通道建设，制定本规划。规划期为 2019—2025 年，展望到 2035 年。

一、规划背景

（一）基本情况。

近年来，重庆、广西等西部省（区、市）积极参与共建“一带一路”，加强与新加坡等东南亚地区国家经贸合作，中新互联互通项目持续推进，通道建设取得积极成效。基本形成重庆、成都分别经贵阳、怀化、百色至北部湾港（钦州港、北海港、防城港港）的三条铁路运输线路，实现集装箱班列每日开行，并与中欧班列保持有效衔接；初步形成至中南半岛的跨境公路班车和国际铁路联运等物流组织模式；北部湾港口设施条件持续改善，航线网络不断拓展，为促进西部地区经济发展、外贸增长和产业转型升级作出了重要贡献。但与区域经济社会发展和扩大对外开放要求相比，既有通道仍存在交通运输瓶颈制约、物流成本偏高、竞争能力不强、缺乏有效产业支撑、通关便利化有待提升等突出问题。亟须加强通道建设顶层设计，研究完善总体方案，明确各阶段发展目标，协调推进国际合作，推动形成区域协调发展和对外开放新格局。

（二）重大意义。

当前，世界正处于大发展大变革大调整时期，我国发展仍处于并将长期处于重要战略机遇期。随着区域协调发展战略深入推进，西部大开发依然面临艰巨繁重任务，需要进一步强化西部地区交通基础设施建设，扩大既有通道能力，协同衔接长江经济带发展，提升物流发展质量和效率。按照高质量高标准高水平共建“一带一路”的要求，我国与东南亚等地区经贸合作更加紧密，西部地区应进一步发挥毗邻北部湾港的区位优势，提升与东南亚等地区的互联互通水平，进一步扩大对外开放。加快西部陆海新通道建设，对于充分发挥西部地区连接“一带”和“一路”的纽带作用，深化陆海双向开放，强化措施推进西部大开发形成新格局，推动区域经济高质量发展，具有重大现实意义和深远历史意义。

二、总体要求

（一）指导思想。

以习近平新时代中国特色社会主义思想为指导，全面贯彻党的十九大和十九届二中、三中全会精神，统筹推进“五位一体”总体布局，协调推进“四个全面”战略布局，坚持稳中求进工作总基调，坚持新发展理念，坚持推动高质量发展，坚持以供给侧结构性改革为主线，认真落实党中央、国务院决策部署，着力加快通道和物流设施建设，大力提升运输能力和物流发展质量效率，深化国际经济贸易合作，促进交通、物流、商贸、产业深度融合，打造交通便捷、物流高效、贸易便利、产业繁荣、机制科学、具有较强竞争力的西部陆海新通道，为推动西部地区高质量发展、建设现代化经济体系提供有力支撑。

（二）基本原则。

——创新引领、协同高效。优化通道建设与运营模式，创新协调联动机制和通道服务方式，坚持区域协同、产业联动、国际协作、协力并进，努力实现通道资源开发有度、运输服务保障有力、物流运营组织高效、区域协同发展机制创新。

——陆海统筹、双向互济。统筹陆上与海上通道发展，大力推进联程联运，秉持共商共建共享，以开放引领开发，进一步发挥陆海新通道的基础性、战略性和先导性作用，促进西部地区外向型经济与内需协调互动，拓展对外经济双向合作空间。

——贯通南北、强化辐射。对接共建“一带一路”、长江经济带发展、海南全面深化改革开放等国家战略，加强西南、西北骨干通道衔接，延伸拓展辐射范围，发挥成渝、北部湾等重点区域的枢纽辐射作用，构建通道有效支撑、战略有机衔接、南北相互促进的发展新格局，形成西部地区开发开放新动能。

——市场主导、政府推动。发挥市场在资源配置中的决定性作用，激发各类市场主体活力，积极发展新产业新业态新模式，助推相关地区产业迈向价值链中高端。更好发挥政府作用，着眼长远发展，做好顶层设计，强化规划引领，深化“放管服”改革，努力创造优良的营商环境。

（三）战略定位。

——推进西部大开发形成新格局的战略通道。发挥毗邻东南亚的区位优势，统筹国际国内两个市场两种资源，协同衔接长江经济带，以全方位开放引领西部内陆、沿海、沿江、沿边高质量开发开放。通过通道建设密切西北与西南地区的联系，促进产业合理布局和转型升级，使西部陆海新通道成为推动西部地区高质量发展的重要动力。

——连接“一带”和“一路”的陆海联动通道。纵贯我国西南地区，有机衔接丝绸之路经济带和21世纪海上丝绸之路，加强中国—中南半岛、孟中印缅、新亚欧大陆桥、中国—中亚—西亚等国际经济走廊的联系互动，使西部陆海新通道成为促进陆海内外联动、东西双向互济的桥梁和纽带。

——支撑西部地区参与国际经济合作的陆海贸易通道。支持和促进中新（重庆）战略性互联互通示范项目合作，带动东盟及相关国家和地区协商共建发展通道，共享通道资源，提升互利互惠水平，探索开拓第三方市场合作模式，深化国际经贸关系，使西部陆海新通道成为构建开放型经济体系的重要支撑。

——促进交通物流经济深度融合的综合运

输通道。发挥交通支撑引领作用，以“全链条、大平台、新业态”为指引，打造通道化、枢纽化物流网络，大力发展多式联运，汇聚物流、商流、信息流、资金流等，创新“物流+贸易+产业”运行模式，使西部陆海新通道成为交通、物流与经济深度融合的重要平台。

（四）空间布局。

统筹区域基础条件和未来发展需要，优化主通道布局，创新物流组织模式，强化区域中心城市和物流节点城市的枢纽辐射作用，发挥铁路在陆路运输中的骨干作用和港口在海上运输中的门户作用，促进形成通道引领、枢纽支撑、衔接高效、辐射带动的发展格局。

——主通道。建设自重庆经贵阳、南宁至北部湾出海口（北部湾港、洋浦港），自重庆经怀化、柳州至北部湾出海口，以及自成都经泸州（宜宾）、百色至北部湾出海口三条通路，共同形成西部陆海新通道的主通道。

——重要枢纽。着力打造国际性综合交通枢纽，充分发挥重庆位于“一带一路”和长江经济带交汇点的区位优势，建设通道物流和运营组织中心；发挥成都国家重要商贸物流中心作用，增强对通道发展的引领带动作用。建设广西北部湾国际门户港，发挥海南洋浦的区域国际集装箱枢纽港作用，提升通道出海口功能。

——核心覆盖区。围绕主通道完善西南地区综合交通运输网络，密切贵阳、南宁、昆明、遵义、柳州等西南地区重要节点城市和物流枢纽与主通道的联系，依托内陆开放型经济试验区、国家级新区、自由贸易试验区和重要口岸等，创新通道运行组织模式，提高通道整体效率和效益，有力支撑西南地区经济社会高质量发展。

——辐射延展带。强化主通道与西北地区综合运输通道的衔接，联通兰州、西宁、乌鲁木齐、西安、银川等西北重要城市。结合西北地区禀赋和特点，充分发挥铁路长距离运输优势，协调优化运输组织，加强西部陆海新通道与丝绸之路经济带的衔接，提升通道对西北地区的辐射联动作用，有力促进西部地区开发开放。

同时，注重发挥西南地区传统出海口湛江港的作用，加强通道与长江经济带的衔接。

（五）发展目标。

到2020年，一批重大铁路、物流枢纽等项目开工建设，重庆内陆国际物流分拨中心初步建成，广西北部湾港和海南洋浦港资源整合初见成效，铁海联运和多式联运“最后一公里”基本打通，通关效率大幅提高，通道物流组织水平显著提升，陆海新通道对西部大开发的支撑作用开始显现。铁海联运集装箱运量达到10万标箱，广西北部湾港、海南洋浦港集装箱吞吐量分别达到500万、100万标箱。

到2025年，经济、高效、便捷、绿色、安全的西部陆海新通道基本建成。一批重大铁路项目建成投产，主要公路瓶颈路段全面打通，形成以铁路为骨干、高等级公路为补充的陆路交通通道；具有国际影响力的北部湾深水港基本建成，广西北部湾国际门户港、海南洋浦的区域国际集装箱枢纽港地位初步确立，实现与广东湛江港协同发展；西部地区物流枢纽分工更加明确、设施更加完善，重庆内陆口岸高地基本建成，通关便利化水平和物流效率大幅提升，更好引领区域协调发展和对外开放新格局。铁海联运集装箱运量达到50万标箱，广西北部湾港、海南洋浦港集装箱吞吐量分别达到1000万、500万标箱。

到2035年，西部陆海新通道全面建成，通道运输能力更强、枢纽布局更合理、多式联运更便捷，物流服务和通关效率达到国际一流水平，物流成本大幅下降，整体发展质量显著提升，为建设现代化经济体系提供有力支撑。

三、加快运输通道建设

统筹各种运输方式，围绕建设大能力主通道和衔接国际运输通道，进一步强化铁路、公路等交通基础设施，提升沿海港口功能，着力构建完善的交通走廊。

（一）提高干线运输能力。

加快推进铁路建设。打造重庆、成都至北部湾出海口大能力铁路运输通道，实施一批干线铁路扩能改造项目，新建局部支线和联络线，畅通能力紧张“卡脖子”路段，形成东、中、西线合理分工、相互补充的铁路运输网络。中线着力提升通道能力，加快贵阳至南宁等新线建设；东线着力加快既有铁路改造提升，推进渝怀铁路增建二线等项目建设；西线加强补齐通道短板，建设黄桶至百色等铁路项目。研究建设双层集装箱运输通道。

完善公路运输网络。进一步扩大公路网覆盖面，有效扩大主通道辐射范围。加快国家高速公路、普通国省干线瓶颈路段扩能改造和待贯通路段建设，有序建设一批对通道具有重要支撑作用和通往港口、口岸的地方高速公路项目。加快电子不停车收费系统（ETC）推广应用，加快取消高速公路省界收费站，实现不停车快捷收费，提升高速公路通行效率。

专栏1　运输干线重点项目

铁路：加快贵阳至南宁铁路、叙永至毕节铁路、渝怀铁路增建二线、焦柳铁路怀化至柳州段电气化改造等项目建设，推进黄桶至百色铁路建设，改造升级湘桂铁路南宁至凭祥段、成渝铁路成都至隆昌段、隆黄铁路隆昌至叙永段，研究建设黔桂铁路增建二线、重庆至贵阳铁路等项目。

公路：加快推进G69待贯通路段、G75渝黔和南宁至钦州段扩能、G5615墨江至临沧段、G85待贯通路段等项目建设；升级G93重庆至遂宁段等。

（二）加强港口分工协作。

完善广西北部湾港功能。提升北部湾港在全国沿海港口布局中的地位，打造西部陆海新通道国际门户。钦州港重点发展集装箱运输，防城港港重点发展大宗散货和冷链集装箱运输，北海港重点发展国际邮轮、商贸和清洁型物资运输。

发挥海南洋浦港作用。推进海南港口资源整合与分工优化，支持洋浦港吸引国内外货源，发展国际中转运输业务，培育成为区域国际集装箱枢纽港。创新洋浦港管理体制机制，推进集装箱、散杂货板块公共码头资源优化整合，提升港口综合服务能力。

加强港航设施建设。积极推进钦州、洋浦等港口建设大型化、专业化、智能化集装箱泊位，提升集装箱运输服务能力；大力推进防城港等港口建设大型化干散货码头，促进干散货作业向专业化、绿色化方向发展。有序推进进港航道疏浚整治，改善通航条件。

支持湛江港建设和完善功能，发展大宗散货和冷链运输，推进大型化、专业化干散货码头建设和进港航道疏浚整治。

专栏2　港航设施重点建设项目

专用泊位：建设钦州港大榄坪南作业区自动化集装箱泊位、30万吨级油码头，北海铁山港东港区及西港区泊位；研究建设防城港港30万吨级码头、钦州港20万吨级集装箱码头；改造洋浦港集装箱码头。

航道设施：推进洋浦港进港航道等疏浚整治；研究建设钦州港20万吨级进港航道、钦州港东航道扩建、防城港港30万吨级进港航道；加快建设湛江港30万吨级进港航道。

（三）提升综合交通枢纽功能。

完善运输场站设施。加强铁路货运场站建设，新建和改扩建一批具有集装箱办理能力的铁路货运基地，增强铁路班列始发直达和集零成整的中转能力。加强公路运输场站和配套设施建设，增强货流集散的保障能力。完善提升港口货运功能，优化堆场布局，推进港口设备升级改造，提升作业效率。推动各种交通设施优化整合，大力发展一体化综合交通枢纽，提升设施运行效率。完善边境口岸站、铁路换装站及其他交通设施，提高对公路跨境运输和国际铁路联运的保障能力。

加强集疏运体系建设。统筹交通枢纽与各类园区的空间布局，按照无缝化衔接要求，加强直达港区、重点园区、大型企业的铁路专用线建设，推进装卸场站共用，打造一体化集疏运体系。加强铁路货运基地、主要港口集疏运公路建设，提高联运便捷性、安全性。推进港城融合、协调发展，合理建设重点港口城市绕城公路，减少疏港货物运输对城市交通的干扰。

专栏3　交通枢纽重点项目

运输场站：推进重庆团结村集装箱中心站、重庆鱼嘴铁路货运站、云南河口滇越货场升级改造，建设成都天府国际机场空港铁路货站、成都龙泉驿铁路货站、钦州港东站铁路集装箱办理站、昆明南亚国际陆港物流园区公铁联运项目。

集疏运体系：推进南宁—防城港铁路升级改造和钦州、北海铁山港区进港铁路专用线建设，加快重庆铁路枢纽东环线、成都铁路枢纽东南环线建设，建设洋浦港疏港公路二期工程，推进沟通广西西江至北部湾港的平陆运河研究论证。

（四）加强与周边国家设施联通。

加强连接口岸交通建设。对接中南半岛铁路网，加快推进大理至瑞丽、玉溪至磨憨等铁路建设，实施湘桂线南宁—凭祥铁路扩能改造，扩大连接口岸铁路运输能力。加强通往口岸公路的新建和改造，提高技术等级和通行能力。加强与周边国家口岸功能衔接，完善口岸相关设施。

推动与境外交通设施互联互通。加强与东盟国家合作，做好与澜沧江—湄公河、中越陆上基础设施等合作机制衔接，按照东、中、西三个方向，积极做好跨境交通基础设施改造提升，重点建设中老铁路，尽快实现设施互联互通。

四、加强物流设施建设

结合腹地经济条件、区位特点和发展需求，优化物流枢纽布局，推动物流设施整合，提高信息化水平，打造现代化物流枢纽体系，推进通道物流规模化组织、区域化集散、专业化服务和网络化运行。

（一）优化物流枢纽布局。

加强通道两端物流枢纽建设。在通道两端城市和港口，依托自由贸易试验区和保税港区等，按照陆港型、港口型、空港型、生产服务型、商贸服务型等不同物流枢纽功能定位，有序推进物流设施建设，着力提升国际物流功能。支持重庆建设内陆国际物流分拨中心，提升国际物流集散、存储、分拨、转运等功能。提升港口服务能力和铁海联运水平，完善广西北部湾港和海南洋浦港仓储、中转、分拨等物流功能。

完善通道沿线节点物流枢纽功能。在通道沿线重要节点，以开展地区分拨为主要功能，分类建设陆港型、生产服务型、商贸服务型等物流设施，完善相关服务。

积极推进陆路边境口岸枢纽建设。加强陆路边境口岸物流枢纽建设，提供国际贸易通关、国际班列集散换装和公路过境运输等服务。

专栏4 物流枢纽布局

两端枢纽：重庆、成都、广西北部湾港、海南洋浦港。

沿线枢纽：南宁、昆明、西安、贵阳、兰州、乌鲁木齐、呼和浩特、银川、西宁、湛江、遵义、柳州等。

边境口岸：防城港（东兴）、崇左（凭祥）、德宏（瑞丽）、红河（河口）、西双版纳（磨憨）等。

（二）完善物流设施及装备。

整合存量物流设施。依托便利衔接通道、物流设施优良、发展基础扎实的国家示范物流园区、大型货运场站和铁路物流基地等，优先通过统筹规划迁建等方式整合铁路专用线、专业化仓储、多式联运转运、区域分拨配送等物流设施；对迁建难度较大的分散设施，支持通过协同运作和功能匹配等方式实现统一调度、分工合理的物流功能，减少设施重复建设和低效供给，提升设施综合利用效率。

提高装备技术水平。积极推进新技术在通道沿线重点园区应用，支持重庆、成都等物流枢纽建设自动化场站、智能型仓储等智慧物流设施。加快推进现代化、信息化、智能化物流基础设施建设。优化调整高铁车站和动车货运功能，积极发展高铁快运。支持节能环保型仓储设施建设与设备、材料应用。积极推进内地重要物流枢纽“无水港”建设，高起点建设冷藏物流设施，重点发展产地冷库、流通型冷库、立体库等，加快冷藏集装箱、空铁联运集装箱等新型多样化载运工具和转运装置的研发与推广应用。

专栏5 重点培育物流园区

国家级示范物流园区：重庆西部现代物流产业园、成都铁路局城厢铁路物流基地、中国西部现代物流港（遂宁）、云南腾俊国际陆港（昆明）、甘肃（兰州）国际陆港、陕西国际航空物流港（西咸新区）、广西防城港市东湾物流园区、广西凭祥综合保税区物流园等。

大型货运场站：重庆南彭贸易物流基地、成都天府国际空铁公多式联运物流港、西部（成都）汽车物流多式联运中心、贵阳都拉营国际陆海通物流港、黔北（遵义）物流园、南宁玉洞交通物流中心、柳州西鹅铁路物流中心站等。

铁路物流基地：南宁沙井、贵阳改貌、昆明王家营西、西安新筑等。

（三）提升物流信息化水平。

加快建设公共信息平台。依托重庆运营组织中心，联合其他枢纽节点，统筹铁路、水运、海关等部门的行政管理、公共服务等方面的信息资源，建设统一开放的通道公共信息平台，开发信息查询、“一站式”政务服务、在线审批、联合实时监管等功能。加强对地方各类公共物流服务平台的引导，促进线上线下多点互动运行。加强信用体系建设，建立实施“红黑名单”制度，实行预警警示企业、惩戒失信企业、淘汰严重失信企业的机制。

支持建设市场信息平台。支持大型物流企业与供应链上下游企业加强信息标准对接，强化协同运作，建设物流信息与交易平台，围绕铁海联运等物流业务，提供信息发布、仓配管理、追踪溯源等服务。鼓励铁路与海运企业之间建立信息平台互联互通机制，实现物流订单、储运能力、货物追踪等信息及时共享。支持拓展平台功能，强化大数据服务，开发数据分析业务，为政府和市场主体提供增值服务。

五、提升通道运行与物流效率

充分发挥铁路长距离干线运输优势，加强通道物流组织模式创新，扩大开行铁路班列，积极开拓沿海港口近远洋航线，大力发展多式联运，鼓励发展物流新模式新业态，推进通关便利化，提高通道物流质量、效益和竞争力。

（一）加强物流运输组织。

优化铁路班列服务。加强货物运输组织，大力开行货物班列。鼓励推行大宗货物中长期协议运输，开行重庆、成都等至北部湾港口的高频次班列直达线和运量较大的其他物流枢纽至北部湾港口的班列直达线。鼓励其他地区结合发展需求，对接班列运输，引导货源向主通道集聚，开行至北部湾港口的班列直达线或中转线。做好国际铁路联运班列全程运行图的联合铺画，支持开行至中南半岛的国际联运班列。

织密航运服务网络。依托洋浦港积极发展国际集装箱中转业务，辐射广西北部湾港和沿海其他港口，组织开行至新加坡、越南、澳大利亚、新西兰等国家主要港口的国际中转或直达航线，培育至南亚、欧洲、美洲、中东等地区的远洋航线。依托广西北部湾港，持续开行至香港、新加坡“天天班”航线，推进常态化和规模化运营，开行至越南沿海港口的直达航线和至洋浦港的海上“穿梭巴士”。研究扩大沿海捎带和内外贸同船运输适用范围，降低货物物流成本。

加强与中欧班列、长江航运衔接。统筹铁海联运班列与中欧班列等国际铁路联运班列的对接，有效发挥西部陆海新通道衔接东南亚地区和中亚及欧洲地区的陆桥纽带作用，减少货物中转时间。统筹协调铁路班列和长江航运的运营组织，提升铁水联运组织效率，促进通道与长江航运协同发展。

扩大通道辐射范围。鼓励铁路运输企业在铁路物流基地与邻近园区、港口之间开行小编组、钟摆式、循环式的铁路货运列车。充分发挥公路短途集疏运的优势，普及公路甩挂运输。加强车货匹配，鼓励和规范公路信息港及相关平台型物流企业发展，推动向无车承运人经营主体转型。发展至中南半岛的跨境公路班车运输、航空物流和空陆联运。

（二）推动通关便利化。

深入推进通关改革。加强国际贸易“单一窗口”建设，实现一点接入、共享共用、免费申报。扩大“先期机检”“智能识别”作业试点。在防城港港、湛江港等港口探索完善大宗商品“先验放后检测”检验监管模式。支持在通道沿线铁路主要站点和重要港口合理设立直接办理货物进出境手续的查验场所。在有效监管的前提下，科学设置肉类、冰鲜水产品、水果等指定查验场地，建立口岸进口商品负面清单管理制度。优化海关特殊监管区域、保税监管场所设置。支持重庆建设内陆口岸高地。

强化国际通关合作。推动海关“经认证的经营者”（AEO）互认国际合作。探索安全智能锁在国际铁路班列和跨境公路运输中的应用。扩大中欧安全智能贸易航线试点范围，促进信息互换、监管互认和执法互助。

推进跨境运输便利化。加强与周边国家在国际道路运输、国际铁路联运、国际班轮航线、国际航空航线等方面的相互对接，推进铁路等跨境运输标准与规范的协调，加强国际运输规则衔接，推动与东盟国际货物“一站式”运输。

（三）提升多式联运效率和质量。

培育壮大多式联运经营人。引导物流企业集群发展，有序推动干线运输、多式联运、仓储物流等资源集聚，鼓励港口和航运、铁路运输企业与第三方物流企业等以资本融合、资源共享为纽带，组建多式联运专业化经营主体，搭建海铁联运平台；鼓励航运、铁路企业加快推进跨运输方式的混合所有制改革，大力发展多式联运业务。引入具有全球运营网络的承运企业、国际供应链整合供应商，培育壮大通道沿线地区的物流企业。

发挥大型企业骨干作用。鼓励大型运输企业参与通道建设运营，并在通道沿线重要枢纽设立区域总部，深度参与港口资源整合，探索海运和铁路集装箱共享管理机制，培育和拓展国内外市场网络，提升国际影响力。鼓励大型企业围绕拓展多式联运服务链条，牵头组建多种形式的企业联盟，积极发展跨区域、跨产业的集群式合作联盟。

加快推进多式联运“一单制”。以铁路为重点建立健全内外贸多式联运单证标准，优化国际多式联运单证的陆上使用环境，推动并完善国际铁路提单融资工程，使其在国际贸易中更好发挥作用，完善运输保险服务。支持企业、协会、联盟加强业务协同，推动使用货运电子运单，推动全流程互认和可追溯，依托通道内具备条件的运输线路加快开展“一单制”探索。

健全运输技术标准规范体系。健全陆上集装箱技术标准体系，加快研发45英尺等铁路宽体集装箱，探索在中国至东南亚的国际铁路联运中应用。推广条码识别、射频识别、电子赋码等信息化技术，提高物流装卸和通关效率。优先开展集装箱多式联运交接检查作业要求、集装箱设备交接单、国际集装箱运输货物交付单证等标准修订工作。鼓励国内龙头企业参与标准制定。

（四）积极发展特色物流。

大力推进冷链物流发展。用好广西、海南和东南亚地区热带水果、反季节蔬菜、海产品等农特产品丰富的优势，加快建设冷链物流体系，实现从生产到消费的全覆盖。大力发展铁路冷藏运输、冷藏集装箱多式联运，加强低成本冷藏载运箱具研发，加强全程温度记录和信息追溯，减少流通损耗，保障商品质量安全。鼓励企业建设面向城市消费的低温加工处理中心，开展冷链共同配送、“生鲜电商＋冷链宅配”等新模式。

打造现代制造业物流。发挥我国与东南亚等地区在机电产品、商用车、摩托车等领域产业互补优势，结合热点商品消费需求，以重庆、四川、广西等制造业基地为重点，面向东南亚等市场，开展跨国跨区域生产物流组织，提供覆盖制造业全产业链的物流服务。研发铁路专用车辆，发展精益物流，提升附加值。

积极发展大宗商品物流。发展金属矿石、煤炭、油品、粮食等大宗商品物流，探索煤炭、粮食等集装箱化运输，推动大宗商品物流向以国家物流枢纽为载体的集约模式转型，构建集在线交易、实物交割、物流服务、金融服务于一体的国际大宗商品交易平台，促进物流枢纽与相关生产企业仓储资源合理配置，进一步降低库存和仓储成本。

加快推进电商物流发展。鼓励和支持物流企业、互联网企业依托通道建立完善电子商务物流服务平台，构建完善的区域分拨网络。鼓励通道公共信息服务平台、市场信息平台与电商平台对接，推动实现信息互联互通。支持重庆、成都、南宁、贵阳、昆明等城市跨境电商综合试验区发展，落实跨境电商零售进口相关政策。

六、促进通道与区域经济融合发展

发挥通道对沿线经济发展的带动作用，促进区域产业结构优化升级，支持重要节点加快培育枢纽经济，优化改善营商环境，打造高品质陆海联动经济走廊，实现要素资源高效集聚与流动。

（一）发展通道经济。

推动新旧动能转换。充分发挥通道竞争优势，通过配置完善的物流设施，整合各类开发区、产业园区，引导生产要素向通道沿线更有竞争力的地区集聚。鼓励大型生产制造企业将自营物流面向社会提供物流服务。积极引导东部地区产业向通道沿线有序转移，形成一批具有较强规模效益和辐射带动作用的特色产业集聚区。实施制造强国战略，加强重大关键技术攻关，提升自主创新能力，培育一批品牌知名度高、技术水平领先、具有核心竞争力的企业集团，打造具有国际竞争力的新兴产业集群。

发展国际合作园区。积极支持通道沿线省份加强与东南亚等地区合作，加快中新、中缅、中马、中印尼等国际合作园区建设。加大对边境地区合作园区建设支持力度，推进中越、中老等跨境经济合作区建设。加强国际产能合作，强化第三方市场合作，提升园区创新能力和区域开放合作水平。

（二）培育枢纽经济。

打造高品质陆港经济区。围绕陆港型国家物流枢纽，提升铁路物流设施功能，积极推进公路港建设，打造一批现代物流中心。完善重庆、成都、昆明、贵阳、南宁等铁路口岸通关设施，拓展国际商贸流通服务功能。强化口岸枢纽建设，推动保税监管场所等建设，促进沿边地区开发开放。

加快发展航运经济。强化广西北部湾港、海南洋浦港、重庆港等航运和资源集聚功能，提升现代航运经济发展水平。依托广西北部湾港，积极推进临港工业、国际贸易发展。依托海南自由贸易港，设立洋浦航运交易所，研究建立洋浦港保税油供应中心，发展以保税船供油为特色的大宗商品贸易，培育修造船、油品加工与供应、特色产品加工和高端航运服务等产业。按照高质量发展要求，积极推进长江及珠江—西江沿线临港产业转型升级。

推进临空经济区建设。强化重庆、成都、贵阳等临空经济示范区牵引带动作用，鼓励南宁、昆明等城市发展临空经济。依托航空货运网络，积极引进发展航空设备制造及维修、电子信息等高端制造业，发展壮大航空物流、专业会展、电子商务等现代服务业，促进专业化分工和社会化协作，打造各具特色的产业集群，形成以航空运输为基础、航空关联产业为支撑的高端产业体系。

专栏6　枢纽经济建设重点
陆港经济区：重庆高新区、成都青白江经济开发区、成都经济技术开发区、昆明经济技术开发区。
临空经济区：重庆临空经济示范区、成都天府国际机场临空经济区、昆明长水临空经济区、南宁临空经济区、贵阳双龙航空港经济区。
边境经济合作区：广西东兴边境经济合作区、凭祥边境经济合作区，云南河口边境经济合作区、临沧边境经济合作区、瑞丽边境经济合作区、畹町边境经济合作区。

（三）优化营商环境。

降低制度性交易成本。以交通、物流、贸易、产业等领域为重点，深化“放管服”改革，对所有涉企经营许可事项实行“证照分离”改革，进一步压缩企业开办时间，加大审批权限下放或取消力度，优化审批流程，推行一站式审批，提高工作效率。

营造良好市场环境。完善市场准入制度和标准，清理阻碍资源要素自由流动的地方性法规，清除市场壁垒，推动劳动力、资本、技术等要素跨区域自由流动和优化配置。建立公平、开放、透明的市场规则，加强市场监管合作，建立区域间质量、资质互认制度。有效解决执法任性、重复检查等问题，消除乱收费、乱罚款、乱设卡等推高物流费用的痼疾，加快收费清单“一张网”建设，重点清理规范交通物流环节不合理收费。

七、加强通道对外开放及国际合作

进一步发挥中新互联互通项目示范作用，加强与周边国家协商合作，持续放宽外资准入，改善外商投资环境，带动相关国家共商共建共享国际陆海贸易新通道，提升我国西部地区与东南亚地区的互联互通水平。

（一）发挥中新互联互通项目示范效应。

以共建“一带一路”为统领，在中新（重庆）战略性互联互通示范项目框架下，深化中国与新加坡战略合作，加强政策沟通、设施联通、贸易畅通、资金融通、民心相通等方面实践，进一步完善基础设施，提供便捷高效转运及配套服务，加强两国海关合作，营造高效便捷的通关环境。加大开放合作力度，建立和完善国际合作协商机制，吸引和带动其他国家和地区、企业等共同参与通道建设。

（二）进一步扩大对外开放。

按照《外商投资准入特别管理措施（负面清单）》，认真落实准入前国民待遇加负面清单管理制度，营造内外资企业一视同仁、公平竞争的公正市场环境，鼓励引导外商以多种方式参与陆海新通道建设。持续推进服务业开放，深化农业、制造业开放，加快落实取消或放宽外资股比限制的政策措施。鼓励中外企业加强技术交流，保护外商企业知识产权等合法权益。

（三）用好开放合作平台。

按照“政府引导、企业主体、市场运作”原则，鼓励西部省（区、市）依托陆海新通道和自身优势，大力实施“走出去”战略，开展经贸合作。充分发挥中国国际进口博览会、中国—东盟博览会、中国—南亚博览会、中国西部国际博览会和中国西部国际投资贸易洽谈会等合作平台功能，加强与周边国家商贸合作。鼓励支持西部地区物流企业通过并购、合资、合作等方式，加强国际物流基地、分拨集散中心、海外仓等建设，加强回程货源组织，发展国际物流业务。依托中国—东盟信息港，建设中新等沿线国家和区域国际数据通道，与重庆运营组织中心协同合作，促进信息资源互联互通与共享共用。

八、保障措施

有关方面要增强“四个意识”，坚定“四个自信”，做到“两个维护”，切实加强组织领导，建立工作机制，强化统筹协调和政策引导，充分发挥市场机制作用，激发通道发展的内生动力，进一步凝聚各方合力，为通道建设提供坚实保障。

（一）加强统筹协调。

建立由发展改革委牵头，外交部、工业和信息化部、自然资源部、交通运输部、商务部、人民银行、海关总署等部门以及有关企业参加的部际联席会议制度，统筹推进西部陆海新通道建设，及时协调解决工作中存在的问题。加强省际协商合作，支持重庆市牵头建立省际协商合作机制，协商解决西部陆海新通道区域合作有关事项。《规划》实施中涉及的重大事项、重大政策和重大项目按规定程序报批。

（二）创新投融资模式。

在加强地方政府隐性债务风险和系统性金融风险防控的基础上，鼓励地方依法合规采用政府和社会资本合作（PPP）等方式，吸引国内外资本参与西部陆海新通道项目建设。积极引进大型物流企业等战略合作伙伴，参与通道投资建设与运营。鼓励各类金融机构加大支持力度，创新金融产品和融资模式，为通道相关项目提供金融支持。充分利用亚洲基础设施投资银行等平台，支持通道重大项目建设。

（三）完善支持政策。

落实土地政策，促进土地等资源节约集约利用，保障通道交通基础设施、国家物流枢纽等项目建设用地。在有效监管、风险可控的前提下，研究在西部陆海新通道沿线主要港口和内陆国家物流枢纽实施启运港退税政策的可行性。中央预算内投资、中央专项资金等按既有渠道积极支持交通及口岸等基础设施建设。遵循市场规律，建立灵活的西部陆海新通道全程运价机制，切实降低物流成本，提高新通道竞争力。

（四）强化组织实施。

相关省（区、市）要依据本规划，抓紧编制相关具体实施方案，确保总体规划的主要目标和重点任务落实到位。发展改革委要会同有关部门和地方协调推进重点任务落实，定期对重大任务和重点工程进行动态跟踪，对规划目标落实情况进行监测分析，适时对规划实施情况进行评估，总结推广各地好经验、好做法，必要时提出规划调整意见建议，重大问题及时向国务院报告。

（五）做好宣传引导。

建立健全统一协调的信息发布机制，把握正确舆论导向。充分发挥高端智库、新闻媒体和网络媒体作用，全面解读建设西部陆海新通道的重大意义、战略定位、主要目标和重点任务，合理引导社会预期。充分调动各方面的积极性、主动性、创造性，群策群力、共建共享，共同推动西部陆海新通道发展。

自然资源部关于开展全域土地综合整治试点工作的通知

（自然资发〔2019〕194号，自然资源部2019年12月10日发布）

各省、自治区、直辖市及计划单列市自然资源主管部门，新疆生产建设兵团自然资源主管部门，中国地质调查局及部其他直属单位，各派出机构，部机关各司局：

为贯彻落实习近平总书记对浙江“千村示范、万村整治”重要批示精神，按照《乡村振兴战略规划（2018—2022年）》相关部署要求，自然资源部将组织开展全域土地综合整治试点工作。有关事项通知如下。

一、目标任务

以科学合理规划为前提，以乡镇为基本实施单元（整治区域可以是乡镇全部或部分村庄），整体推进农用地整理、建设用地整理和乡村生态保护修复，优化生产、生活、生态空间格局，促进耕地保护和土地集约节约利用，改善农村人居环境，助推乡村全面振兴。到2020年，全国试点不少于300个，各省（区、市）试点原则上不超过20个。

乡镇政府负责组织统筹编制村庄规划，将整治任务、指标和布局要求落实到具体地块，确保整治区域内耕地质量有提升、新增耕地面积不少于原有耕地面积的5%，并做到建设用地总量不增加、生态保护红线不突破。

二、支持政策

整治区域内涉及永久基本农田调整的，应编制调整方案并按已有规定办理，确保新增永久基本农田面积不少于调整面积的5%，调整方案应纳入村庄规划。整治区域完成整治任务并通过验收后，更新完善永久基本农田数据库。

整治验收后腾退的建设用地，在保障试点乡镇农民安置、农村基础设施建设、公益事业等用地的前提下，重点用于农村一二三产业融合发展。节余的建设用地指标按照城乡建设用地增减挂钩政策，可在省域范围内流转。自然资源部将对试点工作予以一定的计划指标支持。

三、工作要求

省级自然资源主管部门要发挥牵头作用，制定具体实施办法。要统筹各类项目和资金，整合相关审批事项，建立相关制度和多元化投入机制，发挥农村集体组织作用。要加强实施监管，土地综合整治有关信息要纳入国土空间基础信息平台。禁止违背农民意愿搞大拆大建，禁止破坏生态环境砍树挖山填湖、占用耕地搞人造景观、破坏乡村风貌和历史文脉等，发现问题要及时纠正。

省级自然资源主管部门要根据市县申请确定试点乡镇，并于 2020 年 3 月底前报自然资源部备案。

交通运输部关于印发《推进综合交通运输大数据发展行动纲要（2020—2025 年）》的通知

（交科技发〔2019〕161 号，交通运输部 2019 年 12 月 9 日发布）

各省、自治区、直辖市、新疆生产建设兵团及计划单列市交通运输厅（局、委），部属各单位、部内各司局：

为贯彻落实习近平总书记关于网络强国的重要论述和国家大数据战略部署，推进交通运输治理体系和治理能力现代化，提升综合交通运输服务水平，加快建设交通强国，现将《推进综合交通运输大数据发展行动纲要（2020—2025 年）》印发给你们，请结合实际认真贯彻落实。

推进综合交通运输大数据发展行动纲要（2020—2025 年）

为贯彻落实习近平总书记关于网络强国的重要论述和国家大数据战略部署，加快建设交通强国，依据《国务院关于印发促进大数据发展行动纲要的通知》（国发〔2015〕50 号）、《交通强国建设纲要》等文件，特制定本纲要。

一、总体思路

以数据资源赋能交通发展为切入点，按照统筹协调、应用驱动、安全可控、多方参与的原则，聚焦基础支撑、共享开放、创新应用、安全保障、管理改革等重点环节，实施综合交通运输大数据发展“五大行动”，推动大数据与综合交通运输深度融合，有效构建综合交通大数据中心体系，为加快建设交通强国提供有力支撑。

二、主要目标

到 2025 年，力争实现以下目标：

综合交通运输大数据标准体系更加完善，基础设施、运载工具等成规模、成体系的大数据集基本建成。政务大数据有效支撑综合交通运输体系建设，交通运输行业数字化水平显著提升。综合交通运输信息资源深入共享开放。大数据在综合交通运输各业务领域应用更加广泛。大数据安全得到有力保障。符合新时代信息化发展规律的大数据体制机制取得突破。综合交通大数据中心体系基本构建，为加快建设交通强国，助力数字经济勃兴提供坚强支撑。

三、主要任务

（一）夯实大数据发展基础。

1. 完善标准规范。重点研究制定综合交通运输信息资源分类分级、脱敏、溯源、标识等标准规范，完善信息资源目录编制、采集、传输、交换共享等标准规范。不断完善各类交通运输业务数据技术规范。引导相关社会组织和产业技术联盟制定满足市场和创新需要的团体标准。（部科技司牵头负责，国家铁路局有关司局、部内各司局、各省级交通运输主管部门按职责分工负责）

2. 强化数据采集。完善修订有关交通基础设施工程建设规范，将采集设备、传输网络等信息基础设施纳入铁路、公路、港口、航道、机场、综合交通枢纽等有关交通基础设施工程建设内容，实现同步规划、同步设计、同步建设、同步运维。完善运载工具运行监测制度规范，实现对车辆、船舶、航空器等运载工具数据自动化采集。（部综合规划司、公路局、水运局、运输服务司、科技司、海事局、国家局有关司局、各省级交通运输主管部门按职责

分工负责）

3. 加强技术研发应用。推动各类交通运输基础设施、运载工具数字孪生技术研发，加快交通运输各领域建筑信息模型（BIM）技术创新，形成具有自主知识产权的应用产品。研究制定交通运输行业互联网协议第六版（IPv6）地址规划，推进第五代移动通信技术（5G）、卫星通信信息网络等在交通运输各领域的研发应用。开展综合交通运输体系下大数据关键技术研发应用。（部科技司牵头负责，国家铁路局有关司局、部内各司局、各省级交通运输主管部门按职责分工负责）

（二）深入推进大数据共享开放。

4. 完善信息资源目录体系。完善政务信息资源目录，建立覆盖多种运输方式、多级行业管理的综合交通运输信息资源目录体系，完善信息资源目录采集、更新和发布机制。开展信息资源目录合规性检测，形成完整规范的综合交通运输行业信息资源“总账本”。（部科技司牵头负责，国家局有关司局、部内各司局、各省级交通运输主管部门按职责分工负责）

5. 全面构建政务大数据。深入推进国家综合交通运输信息平台建设。升级完善交通运输信息资源共享平台，建立综合交通运输政务信息资源共享交换机制，研究开展政务信息资源质量评估，汇聚形成全覆盖、高质量的综合交通运输政务大数据。建立完善与公安、自然资源、生态环境、水利、文化和旅游、卫生健康、应急、海关、市场监管、气象等部门的政务信息资源共享交换机制，有效支撑综合交通运输政务大数据跨部门应用。（部科技司牵头负责，国家局有关司局、部内各司局、各省级交通运输主管部门按职责分工负责）

6. 推动行业数字化转型。以试点示范方式推动建立行业大数据平台。促进行业企业应用大数据、云计算等技术提高企业建设能力、运输效率和经营水平，鼓励各行业企业依法积极利用大数据开展融合应用，不断丰富行业大数据内容，推动行业企业数字化转型。（部科技司牵头负责，各省级交通运输主管部门按职责分工负责）

7. 稳步开放公共信息资源。研究完善交通运输相关领域公共信息资源开放机制，建立公共信息资源开放清单及更新制度，建立统一的综合交通运输公共信息资源开放平台，优先开放与民生紧密相关、社会需求迫切、有利于激活市场活力的公共信息资源，推动公共信息资源有序开放。（部科技司牵头负责，部内各司局配合）

8. 引导大数据开放创新。组织开展综合交通运输公共信息资源开放创新活动，支持各类主体开展大数据创新创业。推动政企数据融合创新，引导行业公共企事业单位依法开放自有公共信息资源，形成良好数据开放生态。（部科技司牵头负责，各省级交通运输主管部门按职责分工负责）

（三）全面推动大数据创新应用。

9. 构建综合性大数据分析技术模型。综合运用跨行业、跨层级交通运输大数据集，研究建立具有较强应用价值的综合性、全局性大数据分析模型，形成一系列易理解、有结论、实用性和权威性较强的大数据分析成果，有效支撑综合交通运输决策管理与服务。（部科技司牵头负责，部内各司局配合，各省级交通运输主管部门按职责分工负责）

10. 加强在服务国家战略中的应用。在服务“一带一路”建设、京津冀协同发展、长江经济带发展、粤港澳大湾区建设、长江三角洲区域一体化发展、黄河流域生态保护和高质量发展等重大国家战略中，充分利用大数据开展综合交通运输规划和实施情况评估，持续提升规划决策和评估工作的科学性。（部综合规划司牵头负责，国家局有关司局、部内各司局配合）

11. 提升安全生产监测预警能力。推动基于大数据的综合交通运输安全生产全流程监管，实现重点营运车辆、超限车辆、重点船舶及水域、重点建设工程、客运码头、危险货物港口装卸存储设施以及铁路运输、民航运行等重点领域安全生产风险的监测预警和重大风险的防范化解，利用大数据深化“平安交通”建设。（国家局有关司局、部内各司局、各省级交通运输主管部门按职责分工负责）

12. 推动应急管理综合应用。构建跨部门、跨运输方式应急管理大数据，有效掌握重点领域和区域综合交通运输运行动态，及时获取突发事件信息、应急资源和力量分布，有力支撑综合交通运输应急处置和调度指挥。（部应急办牵头负责，国家局有关司局、部内各司局、各省级交通运输主管部门按职责分工负责）

13. 加强信用监管。推动跨部门、跨行业、跨层级信用信息的归集和共享，利用大数据研究推进综合交通运输信用舆情监测、信用风险预警、信用指数分析等工作，推动信用信息在行政审批、行政检查、招投标等业务中深度应用，加快构建以信用为基础的综合交通运输新型监管机制。（部政策研究室牵头负责，国家局有关司局、部内各司局配合，各省级交通运输主管部门按职责分工负责）

14. 加快推动“互联网＋监管”。优化综合执法业务流程，推动实现行政检查、行政处罚及行政强制等执法活动全过程数字化。加快建立交通运输“互联网＋监管”系统，实现与国家“互联网＋监管”系统对接，为实现综合监管、智慧监管提供支撑。（部法制司、科技司牵头负责，部内各司局配合，各省级交通运输主管部门按职责分工负责）

15. 深化政务服务“一网通办”。依托全国一体化在线政务服务平台，深入推进交通运输政务服务“一网通办”，推动政务服务事项动态更新，完善政务服务门户，推动电子证照信息共享，逐步实现统一身份认证、统一电子印章和统一电子归档。（部科技司、办公厅、法制司牵头负责，部内各司局配合，各省级交通运输主管部门按职责分工负责）

16. 促进出行服务创新应用。鼓励各类市场主体培育“出行即服务（MaaS）”新模式，以数据衔接出行需求与服务资源。促进交通旅游服务大数据创新应用。利用大数据分析评价道路客运、公共汽电车、出租汽车、汽车分时租赁等领域新老业态发展特征，推动新老业态动能转化和融合发展。（部运输服务司、综合规划司、科技司、各省级交通运输主管部门按职责分工负责）

17. 推动货运物流数字化发展。逐步完善国家交通运输物流公共信息平台，推动全国多式联运公共信息系统建设，促进多种运输方式间数据交换共享。研究制定货运物流单据电子化相关技术标准。完善全国快件数据监测体系，为全程可跟踪、可追溯的“一站式”快递服务提供数据支撑。鼓励网络平台道路货运、车货匹配、智能航运等“互联网＋货运物流”新模式发展。建立完善道路货运行业运行监测分析体系，充分利用大数据预测发展趋势，引导货运物流行业健康发展。（部综合规划司、运输服务司、水运局、国家局有关司局、各省级交通运输主管部门按职责分工负责）

（四）加强大数据安全保障。

18. 完善数据安全保障措施。推进交通运输领域数据分类分级管理，加强重要数据和个人信息安全保护，制定数据分级安全管理、数据脱敏等制度规范。推进重要信息系统密码技术应用和重要软硬件设备自主可控。（部办公厅、科技司、各省级交通运输主管部门按职责分工负责）

19. 保障国家关键数据安全。全面识别梳理交通运输领域国家关键数据资源，将重要数据保护纳入交通运输关键信息基础设施安全规划，推进国家关键数据资源全面实现异地容灾备份，推进去标识化、云安全防护、大数据平台安全等数据安全技术普及应用。（部科技司牵头负责，部内各司局、各省级交通运输主管部门按职责分工负责）

（五）完善大数据管理体系。

20. 推动管理体制改革。加强与机构编制部门沟通，争取基于现有内设机构，研究设立或明确综合交通运输大数据发展管理部门，负责统筹推进综合交通运输大数据发展。（部科技司、人事教育司牵头负责，各省级交通运输主管部门按职责分工负责）

21. 完善技术管理体系。研究明确统一的公益性综合交通运输大数据管理与应用机构，负责综合交通运输大数据技术统筹。（部科技司、人事教育司牵头负责，各省级交通运输主管部门按职责分工负责）

四、保障措施

（一）加强组织领导。

深入学习领会和贯彻落实习近平总书记关于网络强国的重要论述，将综合交通运输大数据发展作为“一把手”工程予以推进。增强各级领导干部获取数据、分析数据、运用数据的基本功，让广大领导干部“懂得大数据，用好大数据”。

（二）加强队伍建设。

引导建立综合交通运输大数据智库，创新行业大数据人才培养机制和激励机制，引进招聘高层次人才，培育层次多样、良性流动、激励有效的专业化大数据人才队伍。

（三）加强经费保障。

发挥财政资金引导作用，加大对政务大数据建设的支持力度，鼓励设立专项资金保障大数据发展。研究利用社会资本开展大数据创新应用，引导以市场化基金、政府和社会资本合作等模式推动行业大数据市场发展。

（四）加强效果评估。

推动将综合交通运输大数据工作绩效纳入部门和单位工作评估体系，对综合交通运输大数据工作情况开展评估，以评促建，推动综合交通运输大数据不断发展。

国家标准化管理委员会关于印发《2020年全国标准化工作要点》的通知

（国标委发〔2020〕8号，国家标准化管理委员会2020年3月10日发布）

各省、自治区、直辖市及计划单列市、副省级城市、新疆生产建设兵团市场监管局（厅、委），中央网信办、中央军民融合办，国务院有关部门，中央军委装备发展部，有关人民团体，有关行业协会（联合会），市场监管总局有关直属单位：

现将《2020年全国标准化工作要点》印发给你们，请结合实际，认真贯彻落实。

2020年全国标准化工作要点

2020年是全面建成小康社会和“十三五”规划收官之年，是“十四五”谋篇布局之年，也是提升标准化治理效能之年。今年标准化工作的总体思路是：以习近平新时代中国特色社会主义思想为指导，全面贯彻党的十九大和十九届二中、三中、四中全会以及中央经济工作会议精神，认真落实中央统筹推进新冠肺炎疫情防控和经济社会发展工作部署，深入贯彻全国市场监管工作会议精神，坚持新发展理念，紧扣全面建成小康社会目标任务，围绕国家治理体系和治理能力现代化，大力推动实施标准化战略，持续深化标准化工作改革，大力推进标准制度型开放，加快构建推动高质量发展的标准体系，充分发挥标准化在国家治理体系和治理能力现代化建设中的基础性、战略性作用。

一、强化顶层设计，提升标准化工作的战略定位

（一）抓紧研究编制国家标准化战略纲要。

1. 组建包括地区、行业部门等代表参加的标准化战略纲要起草组，在充分吸收“中国标准2035”项目研究成果，充分论证和广泛听取各方意见基础上，编制《国家标准化战略纲要》。

2. 支持中国工程院开展“国家标准化发展战略研究”项目。

（二）抓好“十四五”标准化工作的谋篇布局。

3. 积极推动将实施标准化战略写入各地区、各部门“十四五”规划，把建设推动高质量发展的标准体系作为重要内容，突出标准化在国家治理体系和治理能力现代化建设中的基础性、战略性作用。

4. 结合工作实际，组织编制各地区、各部门“十四五”标准化发展规划。

（三）抓实标准化战略的互动对接。

5. 加强标准化战略与国家重大战略互动对接，准确把握创新驱动发展、乡村振兴、区域协调发展、可持续发展等国家战略对标准

化的重大需求。持续提高军民标准通用化水平。

6. 强化我国标准化战略与国际标准化战略的互动对接，助力高水平开放。

二、深化标准化改革，提升标准化发展活力

（一）完善强制性国家标准管理。

7. 做好《强制性国家标准管理办法》的宣贯实施。积极构建协同权威的强制性国家标准管理体制。

8. 加快推动有关强制性行业标准、地方标准整合为强制性国家标准，初步形成规模适度、结构合理的强制性国家标准体系。

9. 强化强制性国家标准的执法监督，保障标准的有效实施。

（二）优化推荐性国家标准的管理。

10. 严格控制推荐性国家标准规模，推荐性国家标准重点制定基础通用、与强制性国家标准配套的标准，强化标准审查，进一步提升国家标准立项和批准发布的工作效率。

11. 加大推荐性国家标准整合修订力度，探索建立国家标准复审的新型评估机制，按专业领域开展国家标准体系的再评估。

12. 进一步完善推荐性国家标准署名制度。

13. 健全新技术、新产业、新业态和新模式等方面标准快速制定机制。

14. 推进国家标准制定过程更加开放。

（三）规范行业标准的管理。

15. 加大行业标准的整合优化力度，重点制定本行业重要产品、工程技术、服务和行业管理标准，适量控制新增行业标准规模，提升单项行业标准覆盖面。

16. 探索逐步减少一般性产品和服务领域的行业标准，鼓励社会团体承接相关领域标准供给。

17. 健全行业标准备案制度，逐步公开行业标准备案信息，推进行业标准文本公开。

18. 做好行业标准复审，开展行业标准代号的评估与优化，进一步强化行业标准的有效管理。

（四）加强地方标准化工作。

19. 聚焦地方经济社会发展重点，出台一批高质量的地方标准。

20. 开展地方标准化综合改革试点的总结评估，形成可复制可推广的试点成果。

21. 大力推进京津冀、长三角、粤港澳大湾区的标准化协同发展，积极构建具有国际先进水平的雄安标准体系。

22. 深入推进百城千业万企对标达标提升行动，与采用国际标准产品标志制度的改革相衔接，鼓励引导更多企业参与对标达标提升行动。持续推进企业标准化良好行为评价和第三方评估。

23. 做好《地方标准管理办法》的宣贯实施，加强对地方标准的监督管理。

（五）推动城市标准化创新发展。

24. 开展城市标准化综合试点，探索以城市为载体，政府、社会团体、企业等共同参与的标准化工作新模式与新路径。

25. 开展都市圈与城市群国土空间规划、交通运输、生态环境保护、安全生产、应急联动等标准化工作，探索标准化促进都市圈与城市群协同发展的新模式与新路径，培育区域竞争新优势。

26. 搭建城市标准化国际交流平台，以标准化促进国内外城市间的产能合作和贸易往来。

（六）做优做强团体标准。

27. 大力实施团体标准培优计划和应用示范，聚焦新技术、新产业、新业态和新模式，扩大先进适用团体标准供给。

28. 引导和规范社会团体开展标准化工作，强化团体标准监督管理，营造团体标准健康发展的良好环境。

29. 鼓励社会团体参与国际标准化活动，加快团体标准的国际化发展。

（七）增强企业标准竞争力。

30. 进一步完善企业标准信息公共服务平台。

31. 开展2020年度企业标准“领跑者”活动。

32. 加强对企业标准的监督检查力度，提升企业标准质量水平。

三、加强标准体系建设，提升引领高质量发展的能力

（一）加强新冠肺炎疫情防控相关标准体系建设。

33. 组织开展疫情防控相关领域标准体系研究。

34. 加快研制新冠肺炎疫情防控检测方法和质量控制领域标准，推进疫情应急处置、社会防控、防护用品、疫情防控物资及产业链配套设备、城市管理、农村社区和复工复产等标准制修订工作。

35. 鼓励社会团体组织制定疫情防控相关团体标准，增加企业复工复产所需标准的有效供给。

（二）加强农业农村标准体系建设。

36. 出台加强农业农村标准化工作的行动计划，加快推进农业标准化示范推广体系，着力构建农业全产业链和绿色发展标准体系，加大农业全产业链安全、质量、服务、支撑标准研制。

37. 加大农用地土壤安全利用技术、渔业环境应急监测与生态修复、畜禽粪污资源化利用等生态农业标准制定。

38. 持续开展农业农村领域标准化试点示范项目建设，增加农村人居环境改善、村容村貌质量提升、农村户厕建设和改造、农村基本公共服务等领域标准供给，健全乡村治理标准体系，提高美丽乡村建设水平。

（三）完善食品质量和消费品质量安全标准体系。

39. 落实食品质量标准清理结论，废止、制修订一批食品质量标准和计划，推进构建食品质量标准体系。

40. 聚焦儿童用品、化妆品、纺织服装、家居用品、装饰装修产品等消费品领域，进一步完善安全标准、基础通用标准、重要产品标准和配套检测方法标准。

41. 持续开展消费品标准一致性程度评估，推动空气净化器、儿童玩具、儿童家具等重点产品国家标准与国际标准同步发展。

42. 推动老年用品、残疾人用品和家用医疗器械产品相关标准制定，研究消费品质量分等分级标准体系。完善产品质量追溯标准。

（四）推进制造业高端化标准体系建设。

43. 推动工业基础、智能制造、绿色制造、服务型制造标准体系建设。

44. 制定智能制造装备、数字化车间、智能工厂、工业软件等标准，开展细分领域智能制造标准体系建设。

45. 完善两化融合管理标准体系，推动构建工业互联网标准体系。

46. 推进自主核电标准体系建设。

47. 推进海洋工程装备及高技术船舶、先进轨道交通、智能运输系统、航空、卫星空间基础设施、商业航天等领域标准研制。

48. 开展汽车信息安全、车用操作系统、通讯协议等智能汽车标准研制。

49. 推进研制新能源汽车安全、无线充电、大功率充电、燃料电池及电池回收利用等相关标准。

50. 健全绿色包装标准体系，修订限制商品过度包装国家标准，制定包装适宜度分级评价等标准。

51. 加快钢铁、有色金属、建材、化工、民爆等标准升级换代，淘汰低端产品和落后产能。

52. 持续开展增材制造标准领航行动，研制专用材料、工艺和设备、测试方法等标准。

53. 深化新材料标准领航行动，推进碳纤维、稀土、石墨烯等领域标准研制。

54. 持续开展国家高端装备制造业标准化试点。

（五）构建新一代信息技术和生物技术标准体系。

55. 推进区块链、物联网、新型云计算、大数据、5G、新一代人工智能、新型智慧城市、地理信息等重点领域标准体系建设，编制发布相关指南文件。

56. 加快物品编码与自动识别等标准研制。研制军民通用物资和装备编码标准，推进物资编码军民通用标准体系建设。

57. 完善超高清视频、新型显示、虚拟（增强）现实、集成电路。完善网络安全标准体系，研究制定关键信息基础设施安全保护、

数据安全、个人信息保护、网络安全审查等领域网络安全国家标准。

58. 加快制修订生物样本库、工具酶、生化检测等基础标准，鼓励生物制品、先进医疗装备、生物基材料等生物技术应用领域共性和应用标准制定。

（六）健全服务业标准体系。

59. 升级生产性服务业标准体系，研制电子商务、绿色金融、社会信用、现代物流、物流信息服务、现代供应链服务等领域标准。

60. 建立并完善电子商务交易产品质量安全追溯标准体系，研制电子商务交易产品信息分类、编码标识、信息发布、质量追溯等国家标准。

61. 开展先进制造业和现代服务业融合领域标准研究、供给和标准化试点工作。

62. 出台快递绿色包装标准化工作指导意见，加快制定一批国家标准。

63. 完善生活性服务业标准体系，实施家政服务标准化试点专项行动，制修订家政服务、旅游度假区等国家标准，研制家政教育培训服务、体育旅游，以及面向数字交通应用的城市出行服务等新业态标准。

64. 建设统筹城乡的基本公共服务标准体系，在城乡社区服务、托育服务、养老服务、社会保险、公共卫生、公共文化、公共法律服务、全民健身和残疾人服务等领域研制发布一批标准。

65. 开展养老服务标准化试点专项行动，推进国家基本公共服务标准化试点建设，做好经验总结与宣传推广。

（七）强化社会治理标准化建设。

66. 优化政务服务标准体系，加快研制政务服务“好差评”、全国一体化政务服务平台、基层政务公开等标准。

67. 推进营商环境评价、市场主体保护、行政执法和监管等标准研制，开展营商环境标准化试点。

68. 制定一批消防、安全生产、地震灾害风险防治、个体防护、救援物资装备等应急管理急需标准。

69. 完善公共安全视频监控联网建设应用标准体系，推进爆炸物品安全、刑事技术等社会安全标准制定。

70. 推进气象、测绘等领域国家标准制定，完善统一社会信用代码系列标准。

（八）加快生态文明标准体系建设。

71. 制修订应对气候变化、自然资源调查监测与综合利用、绿色矿山建设、绿色产品评价、海洋调查与利用、生态保护修复、海水淡化与综合利用等领域标准。

72. 优化完善污染物排放和环境质量标准，提升能效、能耗、水效等领域标准水平，完善车辆燃料消耗量等交通节能领域标准体系。

73. 推进煤炭、油品等传统能源标准升级，健全氢能、天然气等清洁能源产储运用全链条标准体系。

74. 推动新能源发电并网、电力储能、能源互联网、港口岸电、电力需求侧管理等重要标准研制。

75. 出台富有地方特色的生态文明建设标准，支撑福建、江西、贵州、海南等生态文明试验区建设。

（九）进一步完善国家标准样品体系。

76. 开展现有国家标准样品和计划的清理工作，结合产品质量标准和检测方法标准的需求，进一步完善国家标准样品体系。

77. 围绕农业农村、消费品、资源环境、生物技术、装备与材料等重点领域加大标准样品的研制力度。

四、参与国际标准治理，提升标准国际化水平

（一）深度参与国际标准组织治理。

78. 积极履行我国担任 ISO、IEC 常任理事国职责，为 IEC 主席履职尽责做好服务支撑，在国际标准组织治理变革和治理能力提升中，分享中国实践，提出中国方案。

79. 在可持续发展、发展中国家参与、区域平衡、技术规则制定等方面，积极参与国际标准组织的议事决策，推动国际标准在国际贸易和全球治理中发挥更大作用。

（二）推动国际标准共商共建共享。

80. 充分发挥 ISO、IEC 中国国家委员会

的组织协调作用，在新能源、新材料、量子计算、数字孪生、智能制造、工业化建造及工程建设等领域，广泛开展国际合作，加快我国优势技术标准向国际转化，持续推动发布ISO、IEC标准中文版。

81. 积极参与国际标准制定，提出更多国际标准提案，推动设立新的国际标准组织技术机构，提高我国承担国际标准组织技术机构负责人、秘书处的工作能力和水平，不断为国际标准体系完善作出新贡献。

（三）促进标准互联互通。

82. 推动建立金砖国家标准化合作机制，持续深化与欧盟、非盟、东盟、东北亚、中亚、南亚的合作机制建设，加强与法、德、英、美、加、俄、沙特等国家的双边合作。

83. 加强中外标准信息交流，务实开展专业领域标准化合作，推进中外标准的相互比对、认可、采用，促进标准体系兼容。

84. 实施中国标准外文版行动计划，加快制定强制性国家标准外文版。

85. 落实标准联通共建“一带一路”行动计划，促进“一带一路”建设中标准“软联通”。

（四）积极采用国际标准。

86. 开展国际标准转化行动，推动先进适用国际标准在我国转化应用。

87. 加快疫情防控相关国际标准与国内标准的转换，推动出口产品依据标准和国内标准的衔接，支持外贸出口企业复工复产。

88. 建立国际标准跟踪转化评估工作机制，推进国家标准采标与国际标准研制同步开展。

89. 加强国际标准转化试验验证，提高国际标准转化的科学性和有效性。

五、加强科学管理，提升标准化治理效能

（一）强化标准化制度建设。

90. 加快完善标准化法配套法规制度，推动标准化法实施条例的修订，推进国家标准、行业标准、团体标准以及国家标准样品等规章制修订工作。

91. 加强对国际标准组织国内对口单位的管理，研究制定绩效考核评估办法。

92. 制定和完善各地区、各部门与标准化法相配套的制度。

93. 研究推动地方标准区域协同、设区市地方标准等管理制度建设。

（二）加强标准化与科技创新的互动支撑。

94. 积极争取科技计划对技术标准研制和应用示范的支持，健全重大科技计划项目中标准快速立项的机制。

95. 强化国家技术标准创新基地对科技研发的服务，加快科技成果向技术标准转化。

96. 加快标准验证点布局，构建标准验证技术支撑体系。开展基础通用、跨行业领域等重要国家标准的综合实验验证平台建设。

97. 组织开展中国标准创新贡献奖评选表彰活动。

（三）提升标准制修订效率。

98. 全面推行国家标准立项视频答辩制度，提升标准审评效率。加强对国家标准计划的再评估，及时调整逾期未完成计划项目。

99. 进一步优化国家标准制修订流程，细化军民通用标准制定程序，探索建立标准制修订的争端解决机制，深化审编一体化制度改革，建立项目进度定期通报制度，将国家标准制修订周期压缩至24个月。

（四）优化技术委员会管理和服务。

100. 推进技术委员会考核常态化制度化，开展2020年度技术委员会考核。

101. 选择部分领域开展标准化技术组织优化重组，加大军民标准化技术组织共建力度，更好地适应技术创新和产业发展需要。

102. 改进完善标准化工作组（SWG）机制，推动技术组织管理创新。

103. 建立国内与国际标准组织技术机构同步建设机制，实现国际国内技术机构相互对接。

（五）强化标准的实施应用。

104. 进一步发挥标准在质量基础设施中的主线作用，推进标准与计量、认证认可、检验检测协同发展，通过NQI的集成应用强化标准的有效实施。

105. 开展标准化统计指标体系研究，探

索建立标准化统计监测制度，注重标准在质量监督抽查、执法稽查、信用监管等工作中的应用实施。

106. 畅通标准实施信息反馈渠递，完善反馈平台功能，开展信息统计分析。

107. 研究制定标准实施效果评价方法，开展实施效果评估，强化评估结果应用。

（六）完善标准信息咨询服务。

108. 鼓励标准化技术组织和机构围绕企业复工复产提供标准化咨询等标准技术服务。

109. 优化国家标准全文公开系统，深化标准信息资源军民共建共享，为社会公众提供更加全面、便捷的服务。

110. 利用大数据、云计算等手段，加快标准信息服务研发和平台建设，面向政府和市场提供个性化、定制化服务。

111. 密切跟踪国际标准和国外先进标准信息，为便利经贸往来和国际产能合作，提供及时、准确的服务。

（七）加强标准化人才队伍建设。

112. 积极推动标准化教育和人才培养，支持更多高校开展标准化通识教育，鼓励有条件的高校开设标准化专业。加强标准化职业教育，培养标准化专业技能人才。

113. 完善标准化教材体系，强化标准化师资队伍建设。

114. 开展标准进校园活动，普及标准化科普宣传。积极组织开展全国性青少年标准竞赛活动。

115. 加大基层标准化管理人员培训力度，提高标准化业务能力。

116. 推进与共建“一带一路”国家的标准化教育合作。

117. 发挥国际标准化培训基地作用，开展各类国际标准化人才培训。

工业和信息化部关于推动5G加快发展的通知

（工信部通信〔2020〕49号，工业和信息化部2020年3月24日发布）

各省、自治区、直辖市及计划单列市、新疆生产建设兵团工业和信息化主管部门、无线电管理机构，各省、自治区、直辖市通信管理局，中国电信集团有限公司、中国移动通信集团有限公司、中国联合网络通信集团有限公司、中国铁塔股份有限公司、中国广播电视网络有限公司：

为深入贯彻落实习近平总书记关于推动5G网络加快发展的重要讲话精神，全力推进5G网络建设、应用推广、技术发展和安全保障，充分发挥5G新型基础设施的规模效应和带动作用，支撑经济高质量发展。现就有关事项通知如下：

一、加快5G网络建设部署

（一）加快5G网络建设进度。基础电信企业要进一步优化设备采购、查勘设计、工程建设等工作流程，抢抓工期，最大程度消除新冠肺炎疫情影响。支持基础电信企业以5G独立组网（SA）为目标，控制非独立组网（NSA）建设规模，加快推进主要城市的网络建设，并向有条件的重点县镇逐步延伸覆盖。

（二）加大基站站址资源支持。鼓励地方政府将5G网络建设所需站址等配套设施纳入各级国土空间规划，并在控制性详细规划中严格落实；在新建、改扩建公共交通、公共场所、园区、建筑物等工程时，统筹考虑5G站址部署需求；加快开放共享电力、交通、公安、市政、教育、医疗等公共设施和社会站址资源。对于支持力度大的地区，基础电信企业要加大投资，优先开展5G建设。

（三）加强电力和频率保障。支持基础电信企业加强与电力企业对接，对具备条件的基站和机房等配套设施加快由转供电改直供电；积极开展网络绿色化改造，加快先进节能技术应用推广。调整700MHz频段频率使用规划，加快实施700MHz频段5G频率使用许可；适时发布部分5G毫米波频段频率使用规划，开展5G行业（含工业互联网）专用频率规划研究，适时实施技术试验频率许可。进一步做好中频段5G基站与卫星地球站等其他无线电台（站）的干扰协调工作。

（四）推进网络共享和异网漫游。进一步深化铁塔、室内分布系统、杆路、管道及配套设施共建共享。引导基础电信企业加强协调配合，充分发挥市场机制，整合优势资源，开展5G网络共享和异网漫游，加快形成热点地区多网并存、边远地区一网托底的网络格局，打造资源集约、运行高效的5G网络。

二、丰富5G技术应用场景

（五）培育新型消费模式。鼓励基础电信企业通过套餐升级优惠、信用购机等举措，促进5G终端消费，加快用户向5G迁移。推广5G＋VR/AR、赛事直播、游戏娱乐、虚拟购物等应用，促进新型信息消费。鼓励基础电信企业、广电传媒企业和内容提供商等加强协作，丰富教育、传媒、娱乐等领域的4K/8K、VR/AR等新型多媒体内容源。

（六）推动“5G＋医疗健康”创新发展。开展5G智慧医疗系统建设，搭建5G智慧医疗示范网和医疗平台，加快5G在疫情预警、院前急救、远程诊疗、智能影像辅助诊断等方面的应用推广。进一步优化和推广5G在抗击新冠肺炎疫情中的优秀应用，推广远程体检、问诊、医疗辅助等服务，促进医疗资源共享。

（七）实施“5G＋工业互联网”512工程。打造5个产业公共服务平台，构建创新载体和公共服务能力；加快垂直领域“5G＋工业互联网”的先导应用，内网建设改造覆盖10个重点行业；打造一批“5G＋工业互联网”内网建设改造标杆网络、样板工程，形成至少20大典型工业应用场景。突破一批面向工业互联网特定需求的5G关键技术，显著提升“5G＋工业互联网”产业基础支撑能力，促进“5G＋工业互联网”融合创新发展。

（八）促进“5G＋车联网”协同发展。推动将车联网纳入国家新型信息基础设施建设工程，促进LTE-V2X规模部署。建设国家级车联网先导区，丰富应用场景，探索完善商业模式。结合5G商用部署，引导重点地区提前规划，加强跨部门协同，推动5G、LTE-V2X纳入智慧城市、智能交通建设的重要通信标准和协议。开展5G-V2X标准研制及研发验证。

（九）构建5G应用生态系统。通过5G应用产业方阵等平台，汇聚应用需求、研发、集成、资本等各方，畅通5G应用推广关键环节。组织第三届“绽放杯”5G应用征集大赛，突出应用落地实施，培育5G应用创新企业。推动5G物联网发展。以创新中心、联合研发基地、孵化平台、示范园区等为载体，推动5G在各行业各领域的融合应用创新。

三、持续加大5G技术研发力度

（十）加强5G技术和标准研发。组织开展5G行业虚拟专网研究和试点，打通标准、技术、应用、部署等关键环节。加速5G应用模组研发，支撑工业生产、可穿戴设备等泛终端规模应用。持续支持5G核心芯片、关键元器件、基础软件、仪器仪表等重点领域的研发、工程化攻关及产业化，奠定产业发展基础。

（十一）组织开展5G测试验证。基础电信企业进一步优化5GSA设备采购测试流程，根据建设计划明确测试时间表，促进相关设备加快成熟。持续开展5G增强技术研发试验，组织芯片和系统开展更广泛的互操作测试，加速技术和产业成熟。结合国家频率规划进度安排，组织开展毫米波设备和性能测试，为5G毫米波技术商用做好储备。

（十二）提升5G技术创新支撑能力。支持领先企业利用5G融合新技术，打造并提供行业云服务、能力开放平台、应用开发环境等共性平台，鼓励建设相关开源社区、开源技术基地，促进开放式应用创新。加快5G检测认证平台建设，面向5G系统、终端、服务、安全等各环节提升测试、检验、认证等服务能力，降低企业研发及应用成本。

四、着力构建5G安全保障体系

（十三）加强5G网络基础设施安全保障。加快构建5G关键信息基础设施安全保障体系，加强5G核心系统、网络切片、移动边缘计算平台等新对象的网络安全防护，建立风险动态评估、关键设备检测认证等制度和机制。研究典型应用场景下的安全防护指南和标准。试点开展5G安全监测手段建设，完善网络安全态势感知、威胁治理、事件处置、追踪溯源的安全防护体系。

（十四）强化5G网络数据安全保护。围绕5G各类典型技术和车联网、工业互联网等典型应用场景，健全完善数据安全管理制度与标准规范。建立5G典型场景数据安全风险动态评估评测机制，强化评估结果运用。合理划分网络运营商、行业服务提供商等各方数据安全和用户个人信息保护责任，明确5G环境下数据安全基线要求，加强监督执法。推动数据安全合规性评估认证，构建完善技术保障体系，切实提升5G数据安全保护水平。

（十五）培育5G网络安全产业生态。加强5G网络安全核心技术攻关和成果转化，强化安全服务供给。大力推进国家网络安全产业园区建设和试点示范，加快培育5G安全产业链关键环节领军企业，促进产业上下游中小企业发展，形成关键技术、产品和服务的一体化保障能力。积极创新5G安全治理模式，推动建设多主体参与、多部门联动、多行业协同的安全治理机制。

五、加强组织实施

（十六）加强组织领导。各单位要建立健全组织领导制度，做好各项要素保障，把加快5G发展作为当前一项重点工作来抓。加强与地方住建、交通、电力、医疗、教育等主管部门的协调配合，合力推进5G建设发展各项工作。

（十七）加强责任落实。各地工业和信息化主管部门、无线电管理机构、通信管理局要进一步加大工作力度，及时细化各项支持政策和举措，确保各项政策落到实处。各基础电信企业要发挥主体作用，做好5G研发、试验、建设、应用、安全等各项工作，全力推进5G建设发展。

（十八）加强总结交流。各单位要定期梳理经验做法，及时发现问题不足，不断调整优化工作举措，相关情况及时报送工业和信息化部。工业和信息化部将组织开展各地5G建设发展情况评估，适时发布相关推进情况。

国务院办公厅关于促进全民健身和体育消费推动体育产业高质量发展的意见

（国办发〔2019〕43号，国务院办公厅2019年9月4日发布）

各省、自治区、直辖市人民政府，国务院各部委、各直属机构：

体育产业在满足人民日益增长的美好生活需要方面发挥着不可替代的作用。在新形势下，要以习近平新时代中国特色社会主义思想为指导，强化体育产业要素保障，激发市场活力和消费热情，推动体育产业成为国民经济支柱性产业，积极实施全民健身行动，让经常参加体育锻炼成为一种生活方式。经国务院同意，现提出以下意见。

一、深化“放管服”改革，释放发展潜能

（一）深化全国性单项体育协会改革。各协会主办的体育赛事活动资源、培训项目等，符合条件的都要通过公开方式交由市场主体承办。鼓励将赛事活动承办权、场馆运营权等通过产权交易平台公开交易。（体育总局和地方人民政府负责。以下除特别指出的外均需地方

人民政府负责，不再列出）

（二）完善赛事管理服务机制。制定体育赛事活动办赛指南、参赛指引，明确举办基本条件、标准、规则和各相关主管部门的责任。建立跨部门的体育赛事活动综合服务机制或例会制度。开发体育赛事活动安全许可预受理系统，为赛事活动承办方申请许可提供便利。改进商业性体育赛事活动的安全管理措施。（体育总局、公安部负责）

（三）深化场馆运营管理改革。鼓励各地推进公共体育场馆“改造功能、改革机制”工程。政府投资新建体育场馆应委托第三方企业运营，不宜单独设立事业单位管理。支持职业体育俱乐部主场场馆优先改革。（体育总局负责）

（四）推动公共资源向体育赛事活动开放。围绕可利用的水域、空域、森林、草原等自然资源，综合考虑生态、防洪、供水安全等因素，分类制定允许开展的体育赛事活动目录，明确申请条件和程序。推动自行车、运动船艇、滑雪板等体育器材装备的公路、铁路、水运、民航便利化运输。（体育总局、公安部、自然资源部、住房城乡建设部、交通运输部、水利部、林草局、铁路局、民航局、空管办负责）

二、完善产业政策，优化发展环境

（五）落实已有税费政策。体育企业符合现行政策规定条件的，可享受研究开发费用税前加计扣除、小微企业财税优惠等政策。体育场馆自用的房产和土地，可按规定享受有关房产税和城镇土地使用税优惠。鼓励通过谈判协商、参与市场化交易等方式，确定体育场馆及健身休闲设施使用电气热的价格。（财政部、税务总局、发展改革委、能源局负责）

（六）加强知识产权保护。推动体育赛事转播权市场化运营。建立体育无形资产评估标准、完善评估制度。支持各类体育协会采用冠名、赞助、特许经营等方式开发其无形资产。（体育总局、财政部负责）

（七）加大金融支持力度。鼓励银行业金融机构开展体育企业应收账款、知识产权等质押贷款创新。引导各地政府性融资担保机构将体育企业纳入支持范围。支持符合条件的体育企业发行社会领域产业专项债券。鼓励保险机构积极开发相关保险产品。（人民银行、财政部、银保监会、发展改革委负责）

三、促进体育消费，增强发展动力

（八）优化体育消费环境。完善体育市场主体和从业人员信用记录。加大对体育市场违法违规经营行为的打击力度，规范体育市场秩序。（体育总局、发展改革委、市场监管总局负责）

（九）出台鼓励消费政策。鼓励各地采取灵活多样的市场化手段促进体育消费，丰富群众性体育赛事活动、优化参赛体验。推动公共体育场馆延长开放时间，鼓励开发健身产品、提供体育培训服务。（体育总局、发展改革委负责）

（十）开展促进体育消费试点。以体育产业规划、城市体育用地供给、社区体育设施配套、经常参加体育锻炼人数等为条件，确定一批国家体育消费试点城市。（体育总局、发展改革委、自然资源部负责）

（十一）培养终身运动习惯。实施全民健身行动，努力打造百姓身边的健身组织和“15分钟健身圈”。推行运动水平等级评定制度，根据不同项目、年龄段特点，制定专业和业余统一的等级标准，培养健身技能，增强体育消费粘性，激活健身培训市场。探索实行学生运动技能标准达标评定制度，推动每名学生熟练掌握至少1项终身受益的运动技能。广泛开展各级学校体育联赛。（体育总局、教育部负责）

四、建设场地设施，增加要素供给

（十二）优化体育产业供地。各地区在编制国土空间规划时要统筹考虑体育用地布局，在安排年度土地利用计划时，加大对体育产业新增建设用地的支持力度。利用以划拨方式取得的存量房产、土地兴办体育产业，符合《划拨用地目录》的可按划拨方式办理用地手续，不符合《划拨用地目录》的可采取协议出让方式办理。鼓励各地探索利用集体建设用地、符合条件的“四荒”（荒山、荒沟、荒丘、荒滩）土地发展体育产业。（自然资源部、林草局负责）

（十三）因地制宜建设体育设施。鼓励各类市场主体利用工业厂房、商业用房、仓储用房等既有建筑及屋顶、地下室等空间建设改造成体育设施，并允许按照体育设施设计要求，依法依规调整使用功能、租赁期限、车位配比及消防等土地、规划、设计、建设要求，实行在五年内继续按原用途和土地权利类型使用土地的过渡期政策。合理利用公园绿地、市政用地等建设足球场、篮球场、排球场等体育设施，鼓励社会资本参与投资建设并依法按约定享受相应权益。已交付的体育设施由体育部门履行监管职责，确保落实体育用途。（发展改革委、自然资源部、住房城乡建设部、体育总局等相关部门按职责分工分别负责）

（十四）加大全民健身设施建设力度。组织实施全民健身提升工程，安排中央预算内投资支持全民健身和体育产业基础设施建设。开展全国社会足球场地设施建设专项行动。（发展改革委、体育总局负责）

（十五）挖掘学校体育场地设施开放潜力。在政策范围内采取必要激励机制，支持中小学对校园体育场地设施进行社会通道改造，在课余时间和节假日向社会开放；不具备改造条件的，也应保证在课余时间和节假日向本校师生开放；新建的学校体育场地设施应在规划设计时，创造向社会开放的条件；鼓励以购买服务方式引入专业机构运营管理。严格执行学校安全管理措施，确保校园安全。（教育部、住房城乡建设部、体育总局、自然资源部负责）

（十六）规范体育场馆公共安全服务供给。建立体育场馆安保等级评价制度。制定相关安保标准，分级分类明确体育赛事安全设施和安保人员装备配备要求，推动安保业务市场化、专业化发展。到 2022 年，大型体育场馆全部完成安保等级评价。（公安部、体育总局负责）

五、加强平台支持，壮大市场主体

（十七）发挥政府资金引导带动作用。研究设立由政府出资引导、社会资本参与的中国体育产业投资基金。以省为单位制定政府购买公共体育服务目录和标准。（体育总局、财政部、发展改革委和各省级人民政府负责）

（十八）建设体育产业发展平台。促进各类体育组织与体育企业合作，打造一批知名企业和自主品牌。鼓励符合条件的中小体育企业服务平台申报国家中小企业公共服务示范平台。开展全国体育科技创新大赛。（体育总局、科技部、工业和信息化部负责）

（十九）推动体育社会组织发展。体育社会组织符合直接登记条件的，可直接向民政部门依法办理登记。重点扶持一批运行良好、积极作为的基层体育组织。（体育总局、民政部负责）

六、改善产业结构，丰富产品供给

（二十）提升体育服务业比重。大力培育健身休闲、竞赛表演、场馆服务、体育经纪、体育培训等服务业态，创新商业模式，延伸产业链条。力争到 2022 年，体育服务业增加值占体育产业增加值的比重达到 60%。加强体育服务业质量监测。（体育总局、市场监管总局负责）

（二十一）支持体育用品制造业创新发展。推动智能制造、大数据、人工智能等新兴技术在体育制造领域应用。鼓励体育企业与高校、科研院所联合创建体育用品研发制造中心。（工业和信息化部、发展改革委、体育总局负责）

（二十二）推动体育赛事职业化。着力发展现有职业联赛，鼓励有条件的运动项目举办职业赛事，合理构建职业联赛分级制度。支持成立各类职业联盟。支持校际体育赛事发展，探索商业化运营模式。发展体育经纪人队伍，挖掘体育明星市场价值。（体育总局、教育部负责）

（二十三）加快发展冰雪产业。促进冰雪产业与相关产业深度融合，合理规划、广泛调动社会力量投资建设冰雪运动场地设施。力争到 2022 年，冰雪产业总规模超过 8000 亿元，推动实现“三亿人参与冰雪运动”目标。（体

育总局负责）

（二十四）大力发展“互联网+体育”。推动电子商务平台提供体育消费服务。支持以冰雪、足球、篮球、赛车等运动项目为主体内容的智能体育赛事发展。（体育总局负责）

七、优化产业布局，促进协调发展

（二十五）打造体育产业增长极。以京津冀、长三角、粤港澳大湾区、海南等区域为重点发展体育产业，培育一批具有较大影响力的体育城市。引导在京的全国性体育组织落户河北雄安新区，支持京津体育科研院所、体育高科技企业到河北开展技术研发、中试和产业化生产。（体育总局、发展改革委和相关地方人民政府负责）

（二十六）促进区域特色体育产业发展。以资源禀赋为依托，引导足球、冰雪、山地户外、水上、汽车摩托车、航空等运动项目产业合理布局。分项目制定新一轮产业发展规划，加强相关基础设施建设，鼓励各地开发一批以攀岩、皮划艇、滑雪、滑翔伞、汽车越野等为代表的户外运动项目。支持新疆、内蒙古、东北三省等地区大力发展寒地冰雪经济。（体育总局、发展改革委负责）

（二十七）助力“一带一路”建设。以“一带一路”沿线国家为重点，发起组建国际体育产业联盟。推动在“一带一路”沿线国家举办马拉松、自行车、帆船、汽车拉力赛等系列体育赛事。（体育总局、发展改革委、外交部负责）

八、实施“体育+”行动，促进融合发展

（二十八）推动体医融合发展。将体育产业发展核心指标纳入全国卫生城市评选体系。鼓励医院培养和引进运动康复师，开展运动促进健康指导，推动形成体医融合的疾病管理和健康服务模式。完善国民体质监测指标体系，将相关指标纳入居民健康体检推荐范围。为不同人群提供有针对性的运动健身方案或运动指导服务，推广科学健身，提升健身效果。加强针对老年群体的非医疗健康干预，普及健身知识，组织开展健身活动。（卫生健康委、民政部、体育总局负责）

（二十九）鼓励体旅融合发展。探索将体育旅游纳入旅游度假区等国家和行业标准。实施体育旅游精品示范工程，打造一批有影响力的体育旅游精品线路、精品赛事和示范基地。规范和引导体育旅游示范区建设。将登山、徒步、越野跑等体育运动项目作为发展森林旅游的重要方向。（文化和旅游部、林草局、发展改革委、体育总局负责）

（三十）加快体教融合发展。通过政府购买服务等方式，引进专业教练员、退役运动员、体育培训机构等为学校体育课外训练和竞赛提供指导。鼓励各地将体育基地、运动营地等纳入青少年研学基地。完善学校体育教学、训练和竞赛体系，支持学校与体育部门建立运动员共同培养机制。以游泳、田径等项目为试点，将教育部门主办的符合要求的赛事纳入运动员技术等级评定体系。加强普通高校高水平运动队建设，将其纳入国家竞技体育后备人才培养体系。（教育部、体育总局负责）

九、强化示范引领，打造发展载体

（三十一）鼓励建设体育服务综合体。支持推出一批体育特色鲜明、服务功能完善、经济效益良好的综合体项目，稳步推进建设一批规划科学、特色突出、产业集聚的运动休闲特色小镇。（体育总局、发展改革委负责）

（三十二）加强体育产业基地建设与管理。推动形成一批运转良好、带动能力强的国家体育产业示范基地、示范单位和示范项目。（体育总局负责）

（三十三）探索体育产业创新试验区建设。培育一批试验区，鼓励和引导各地在体制机制、主体培育、融合发展等方面探索实践。利用现有资源，设立国家体育产业发展协同创新中心。（体育总局、发展改革委负责）

十、夯实产业基础，提高服务水平

（三十四）加强体育产业人才培养。鼓励

普通高校、职业院校设置体育产业相关专业，形成有效支撑体育产业发展的高层次人才培养体系。完善教练员水平评价制度。（教育部、体育总局负责）

（三十五）完善体育产业统计体系。开展体育产业统计监测，到2022年，基本形成及时、全面、准确的体育产业数据定期发布机制。（体育总局、统计局负责）

体育总局、发展改革委要加强对本意见落实情况的跟踪督促。各有关部门要强化责任落实，加强协同联动。各地区要建立相关协调机制，强化政策衔接，做到思想重视、责任到位、措施有力、确保实效。

纪检监察机关处理检举控告工作规则

（2020年1月2日中共中央政治局常委会会议审议批准，中共中央办公厅2020年1月21日发布）

第一章　总则

第一条　为了规范纪检监察机关处理检举控告工作，保障党员、群众行使监督权利，维护党员、干部合法权益，根据《中国共产党章程》、《中国共产党党内监督条例》等党内法规和《中华人民共和国宪法》、《中华人民共和国监察法》等法律，制定本规则。

第二条　坚持以马克思列宁主义、毛泽东思想、邓小平理论、“三个代表”重要思想、科学发展观、习近平新时代中国特色社会主义思想为指导，增强“四个意识”、坚定“四个自信”、做到“两个维护”，深入推进全面从严治党，贯彻纪律检查委员会和监察委员会合署办公要求，依规依纪依法处理检举控告，完善党和国家监督体系，强化对权力运行的制约和监督。

第三条　纪检监察机关应当认真处理检举控告，回应群众关切，发挥党和国家监督专责机关作用，保障党的理论和路线方针政策以及重大决策部署贯彻落实，为党风廉政建设、社会和谐稳定服务。

第四条　任何组织和个人对以下行为，有权向纪检监察机关提出检举控告：

（一）党组织、党员违反政治纪律、组织纪律、廉洁纪律、群众纪律、工作纪律、生活纪律等党的纪律行为；

（二）监察对象不依法履职，违反秉公用权、廉洁从政从业以及道德操守等规定，涉嫌贪污贿赂、滥用职权、玩忽职守、权力寻租、利益输送、徇私舞弊以及浪费国家资财等职务违法、职务犯罪行为；

（三）其他依照规定应当由纪检监察机关处理的违纪违法行为。

第五条　纪检监察机关处理检举控告工作应当遵循以下原则：

（一）实事求是。以事实为依据处理检举控告，鼓励支持检举控告人客观真实地反映情况。

（二）依规依纪依法。按照党章党规党纪和宪法法律以及信访工作有关规定处理检举控告，引导检举控告人依规依法、理性有序地反映问题。

（三）保障合法权利。贯彻“三个区分开来”要求，既保障检举控告人的监督权利，又查处诬告陷害行为，保护党员、干部干事创业积极性。

（四）分级负责、分工处理。按照管理权限受理检举控告，建立信访举报、监督检查、审查调查、案件监督管理等部门相互配合、相互制约的工作机制。

第六条　建设覆盖纪检监察系统的检举举报平台，运用互联网技术和信息化手段，畅通检举控告渠道，规范处理检举控告工作，及时发现问题线索，科学研判政治生态，更好服务群众。

第二章　检举控告的接收和受理

第七条　纪检监察机关应当接收检举控告

人通过以下方式提出的检举控告：

（一）向纪检监察机关邮寄信件反映的；

（二）到纪检监察机关指定的接待场所当面反映的；

（三）拨打纪检监察机关检举控告电话反映的；

（四）向纪检监察机关的检举控告网站、微信公众平台、手机客户端等网络举报受理平台发送电子材料反映的；

（五）通过纪检监察机关设立的其他渠道反映的。

对其他机关、部门、单位转送的属于纪检监察机关受理范围的检举控告，应当按规定予以接收。

第八条 县级以上纪检监察机关应当明确承担信访举报工作职责的部门和人员，设置接待群众的场所，公开检举控告地址、电话、网站等信息，公布有关规章制度，归口接收检举控告。

巡视巡察工作机构对收到的检举控告，按有关规定处理。

第九条 纪检监察机关应当负责任地接待来访人员，耐心听取其反映的问题，做好解疑释惑和情绪疏导工作，妥善处理问题。

建立纪检监察干部定期接访制度，有关负责人应当接待重要来访、处理重要信访问题。

第十条 纪检监察机关信访举报部门对属于受理范围的检举控告，应当进行编号登记，按规定录入检举举报平台。

对涉及同级党委管理的党员、干部以及监察对象的检举控告，应当定期梳理汇总，并向本机关主要负责人报告。

第十一条 检举控告工作按照管理权限实行分级受理：

（一）中央纪委国家监委受理反映中央委员、候补中央委员，中央纪委委员，中央管理的领导干部，党中央工作机关、党中央批准设立的党组（党委），各省、自治区、直辖市党委、纪委等涉嫌违纪或者职务违法、职务犯罪问题的检举控告。

（二）地方各级纪委监委受理反映同级党委委员、候补委员，同级纪委委员，同级党委管理的党员、干部以及监察对象，同级党委工作机关、党委批准设立的党组（党委），下一级党委、纪委等涉嫌违纪或者职务违法、职务犯罪问题的检举控告。

（三）基层纪委受理反映同级党委管理的党员，同级党委下属的各级党组织涉嫌违纪问题的检举控告；未设立纪律检查委员会的党的基层委员会，由该委员会受理检举控告。

各级纪委监委按照管理权限受理反映本机关干部涉嫌违纪或者职务违法、职务犯罪问题的检举控告。

第十二条 对反映党的组织关系在地方、干部管理权限在主管部门的党员、干部以及监察对象涉嫌违纪或者职务违法、职务犯罪问题的检举控告，由设在主管部门、有管辖权的纪检监察机关受理。地方纪检监察机关接到检举控告的，经与设在主管部门、有管辖权的纪检监察机关协调，可以按规定受理。

第十三条 纪检监察机关对反映的以下事项，不予受理：

（一）已经或者依法应当通过诉讼、仲裁、行政裁决、行政复议等途径解决的；

（二）依照有关规定，属于其他机关或者单位职责范围的；

（三）仅列举出违纪或者职务违法、职务犯罪行为名称但无实质内容的。

对前款第一项、第二项所列事项，通过来信反映的，应当及时转有关机关或者单位处理；通过来访、来电、网络举报受理平台等方式反映的，应当告知检举控告人依规依法向有权处理的机关或者单位反映。

第三章 检举控告的办理

第十四条 纪检监察机关信访举报部门经筛选，对属于本级受理的初次检举控告，应当移送本机关监督检查部门或者相关部门，并按规定将移送情况通报案件监督管理部门；对于重复检举控告，按规定登记后留存备查，并定期向有关部门通报情况。

承办部门应当指定专人负责管理，逐件登记、建立台账。

第十五条 纪检监察机关信访举报部门收到属于上级纪检监察机关受理的检举控告，应当径送本机关主要负责人，并在收到之日起5个工作日内报送上一级纪检监察机关信访举报部门；收到反映本机关主要负责人问题的检举控告，应当径送上一级纪检监察机关信访举报部门。

对属于上级纪检监察机关受理的检举控告，不得瞒报、漏报、迟报，不得扩大知情范围，不得复制、摘抄检举控告内容，不得将有关信息录入检举举报平台。

第十六条　纪检监察机关信访举报部门收到属于下级纪检监察机关受理的检举控告，应当及时予以转送。

下一级纪检监察机关对转送的检举控告，应当进行登记，在收到之日起5个工作日内完成受理或者转办工作。

第十七条　纪检监察机关监督检查部门应当对收到的检举控告进行认真甄别，对没有实质内容的检举控告或者属于其他纪检监察机关受理的检举控告，在沟通研究、经本机关分管领导批准后，按程序退回信访举报部门处理。

监督检查部门对属于本级受理的检举控告，应当结合日常监督掌握的情况，进行综合分析、适当了解，经集体研究并履行报批程序后，以谈话函询、初步核实、暂存待查、予以了结等方式处置，或者按规定移送审查调查部门处置。

第十八条　纪检监察机关监督检查、审查调查部门应当每季度向信访举报部门反馈已办结的检举控告处理结果。

反馈内容应当包括处置方式、属实情况、向检举控告人反馈情况等。

第十九条　纪检监察机关案件监督管理部门应当加强对检举控告办理情况的监督。信访举报、监督检查、审查调查部门应当定期向案件监督管理部门通报有关情况。

第四章　检查督办

第二十条　纪检监察机关信访举报部门对属于下级纪检监察机关受理的检举控告，有以下情形之一，经本机关分管领导批准，可以发函交办：

（一）在落实党中央决策部署中，存在明显违纪违法问题的；

（二）问题典型、群众反映强烈的；

（三）对检举控告问题久拖不办，造成不良影响的；

（四）其他需要交办的情形。

第二十一条　下级纪检监察机关接到交办的检举控告后，一般应当在3个月内办结，并报送核查处理情况；经本机关主要负责人批准，可以延长3个月，并向上级纪检监察机关报告。特殊情况需要再次延长办理期限的，应当报上级纪检监察机关批准。

第二十二条　对交办的检举控告，有以下情形之一，经交办机关分管领导批准，可以采取发函、听取汇报、审阅案卷、检查督促等方式督办：

（一）超过期限仍未办结的；

（二）组织不力、核查处理不认真，或者推诿敷衍的；

（三）需要补充核查、重新研究处理意见或者补报有关材料的；

（四）其他需要督办的情形。

第二十三条　检举控告承办机关对拟上报的核查处理情况，应当集体审核研究，经本机关主要负责人批准后，报上一级纪检监察机关。

第五章　实名检举控告的处理

第二十四条　检举控告人使用本人真实姓名或者本单位名称，有电话等具体联系方式的，属于实名检举控告。

纪检监察机关信访举报部门可以通过电话、面谈等方式核实是否属于实名检举控告。

第二十五条　纪检监察机关提倡、鼓励实名检举控告，对实名检举控告优先办理、优先处置、给予答复。

第二十六条　纪检监察机关信访举报部门对属于本机关受理的实名检举控告，应当在收到检举控告之日起15个工作日内告知实名检举控告人受理情况。重复检举控告的，不再告知。

第二十七条　承办的监督检查、审查调查部门应当将实名检举控告的处理结果在办结之日起15个工作日内向检举控告人反馈，并记录反馈情况。检举控告人提出异议的，承办部门应当如实记录，并予以说明；提供新的证据材料的，承办部门应当核查处理。

第二十八条 实名检举控告经查证属实，对突破重大案件起到重要作用，或者为国家、集体挽回重大经济损失的，纪检监察机关可以按规定对检举控告人予以奖励。

第二十九条 匿名检举控告，属于受理范围的，纪检监察机关应当按程序受理。

对匿名检举控告材料，不得擅自核查检举控告人的笔迹、网际协议地址（IP地址）等信息。对检举控告人涉嫌诬告陷害等违纪违法行为，确有需要采取上述方式追查其身份的，应当经设区的市级以上纪委监委批准。

第三十条 虽有署名但不是检举控告人真实姓名（单位名称）或者无法验证的检举控告，按照匿名检举控告处理。

第六章 检举控告情况的综合运用

第三十一条 纪检监察机关应当定期研判所辖地区、部门、单位检举控告情况，对反映的典型性、普遍性、苗头性问题提出有针对性的工作建议，形成综合分析报告，报上一级纪检监察机关，必要时向同级党委报告。

纪检监察机关应当根据全面从严治党、党风廉政建设和反腐败工作重点以及检举控告反映的热点问题，开展专题分析。

对问题集中、反映强烈的地区、部门、单位，可以将相关分析情况向有关党组织通报。

第三十二条 纪检监察机关应当根据巡视巡察工作机构要求，及时提供涉及被巡视巡察地区、部门、单位的检举控告情况。

第三十三条 纪检监察机关在开展日常监督工作中应当对检举控告情况进行收集、研判，综合各方面信息，全面掌握被监督单位政治生态情况和被监督对象的思想、工作、作风、生活情况，提高监督的针对性和实效性。

第三十四条 对检举控告较多的地区、部门、单位，纪检监察机关经了解核实后，发现有关党组织或者单位党风廉政建设和履行职责存在问题的，应当向其提出纪律检查建议或者监察建议，并督促整改落实。

第七章 当事人的权利和义务

第三十五条 检举控告人享有以下权利：

（一）对党组织和党员、干部以及监察对象涉嫌违纪违法的行为提出检举控告；

（二）申请与检举控告事项相关的工作人员回避；

（三）对受理机关以及处理检举控告工作人员的失职渎职等违纪违法行为提出检举控告；

（四）因检举控告致其合法权利受到威胁或者侵害的，可以提出保护申请；

（五）检举控告严重违纪违法问题，经查证属实的，按规定获得表扬或者奖励；

（六）党内法规和法律法规规定的其他权利。

第三十六条 检举控告人应当履行以下义务：

（一）如实提供所掌握的全部情况和证据，对检举控告内容的真实性负责，不得夸大、歪曲事实，不得诬告陷害他人；

（二）自觉维护社会公共秩序和信访秩序，不得损害党、国家和人民的利益以及公民个人的合法权利；

（三）接受党组织、单位的正确处理意见，不得提出党内法规和法律法规规定以外的要求；

（四）对反馈的处理结果等情况予以保密；

（五）党内法规和法律法规规定的其他义务。

第三十七条 被检举控告人应当履行以下义务：

（一）正确对待检举控告，有则改之、无则加勉，习惯在受监督和约束的环境中工作生活；

（二）相信组织、依靠组织，配合做好了解核实工作，实事求是说明问题，不得对抗审查调查；

（三）尊重检举控告人和处理检举控告工作人员，不得进行打击报复；

（四）党内法规和法律法规规定的其他义务。

第三十八条　被检举控告人享有以下权利：

（一）对被检举控告的问题作出说明、辩解；

（二）基层党组织讨论决定对自身处理、处分时，可以参加和进行申辩；

（三）申请反馈核查处理结论；

（四）对所受处理、处分不服的，可以申诉或者申请复审；

（五）对受理机关以及处理检举控告工作人员的失职渎职等违纪违法行为提出检举控告；

（六）党内法规和法律法规规定的其他权利。

第八章　诬告陷害行为的查处

第三十九条　采取捏造事实、伪造材料等方式反映问题，意图使他人受到不良政治影响、名誉损失或者责任追究的，属于诬告陷害。

认定诬告陷害，应当经设区的市级以上党委或者纪检监察机关批准。

第四十条　纪检监察机关应当加强对检举控告的分析甄别，注意发现异常检举控告行为，有重点地进行查证。属于诬告陷害的，依规依纪依法严肃处理，或者移交有关机关依法处理。

第四十一条　诬告陷害具有以下情形之一，应当从重处理：

（一）手段恶劣，造成不良影响的；

（二）严重干扰换届选举或者干部选拔任用工作的；

（三）经调查已有明确结论，仍诬告陷害他人的；

（四）强迫、唆使他人诬告陷害的；

（五）其他造成严重后果的。

第四十二条　纪检监察机关应当将查处的诬告陷害典型案件通报曝光。

第四十三条　纪检监察机关对通过诬告陷害获得的职务、职级、职称、学历、学位、奖励、资格等利益，应当建议有关组织、部门、单位按规定予以纠正。

第四十四条　对被诬告陷害的党员、干部以及监察对象，纪检监察机关、所在单位党组织应当开展思想政治工作，谈心谈话、消除顾虑，保护干事创业积极性，推动履职尽责、担当作为。

第四十五条　纪检监察机关应当区分诬告陷害和错告。属于错告的，可以对检举控告人进行教育。

第九章　工作要求和责任

第四十六条　纪检监察机关及其工作人员在处理检举控告工作中，应当强化宗旨意识，改进工作作风，注意工作方法，对于不予受理事项或者不合理诉求做好解释说明，不得自以为是、盛气凌人，不得漠视群众疾苦、对群众利益麻木不仁。

第四十七条　纪检监察机关应当建立健全检举控告保密制度，严格落实保密要求：

（一）对检举控告人的姓名（单位名称）、工作单位、住址等有关情况以及检举控告内容必须严格保密；

（二）严禁将检举控告材料、检举控告人信息转给或者告知被检举控告的组织、人员；

（三）受理检举控告或者开展核查工作，应当在不暴露检举控告人身份的情况下进行；

（四）宣传报道检举控告有功人员，涉及公开其姓名、单位等个人信息的，应当征得本人同意。

第四十八条　处理检举控告工作人员有以下情形之一，应当主动提出回避，当事人有权要求其回避，回避决定由纪检监察机关作出：

（一）本人是被检举控告人或者其近亲属的；

（二）本人或者近亲属与被检举控告问题有利害关系的；

（三）其他可能影响检举控告问题公正处理的情形。

第四十九条　检举控告人及其近亲属的人身、财产安全因检举控告而受到威胁或者侵害，并提出保护申请的，纪检监察机关应当依法、及时提供保护。必要时，纪检监察机关可以商请有关机关予以协助。

被检举控告人有危害人身安全和损害财产、名誉等打击报复行为的，依规依纪依法严肃处理。

第五十条 纪检监察机关核查认定检举控告失实、有必要予以澄清的，经本机关主要负责人批准后，可以采取以下方式予以澄清：

（一）向被检举控告人所在地区、部门、单位党委（党组）主要负责人以及本人发函说明或者当面说明；

（二）向被检举控告人所在地区、部门、单位党委（党组）通报情况；

（三）在一定范围内通报。

第五十一条 对因检举控告失实而受到错误处理、处分的，纪检监察机关应当在职权范围内予以纠正，或者向有权机关提出纠正建议。

第五十二条 纪检监察机关及其工作人员有以下情形之一，依规依纪严肃处理；涉嫌职务违法、职务犯罪的，依法追究法律责任：

（一）私存、扣压、篡改、伪造、撤换、隐匿、遗失或者私自销毁检举控告材料的；

（二）超越权限，擅自处理检举控告材料的；

（三）泄露检举控告人信息或者检举控告内容等，或者将检举控告材料转给被检举控告的组织、人员的；

（四）隐瞒、谎报、未按规定期限上报重大检举控告信息，造成严重后果的；

（五）其他违规违纪违法的情形。

利用检举控告材料谋取个人利益或者为打击报复检举控告人提供便利的，应当从重处理。

第十章　附则

第五十三条 本规则所称监督检查部门、审查调查部门，指的是纪检监察机关中履行监督检查、审查调查职能的部门和跨部门组建的审查调查组。

第五十四条 对纪检监察机关在监督检查、审查调查中发现的问题线索，审计机关、执法部门、司法机关等单位移交的信访举报以外的问题线索的处理，其他党内法规和法律法规另有规定的，从其规定。

第五十五条 纪委监委派驻（派出）机构和国有企业、高校等企事业单位纪检监察机构除执行本规则外，还应当执行党中央以及中央纪委国家监委相关规定。

第五十六条 中央军事委员会可以根据本规则，制定相关规定。

第五十七条 本规则由中央纪委国家监委负责解释。

第五十八条 本规则自发布之日起施行。此前发布的其他有关纪检监察机关处理检举控告工作的规定，凡与本规则不一致的，按照本规则执行。

最高人民法院关于审理行政协议案件若干问题的规定

（法释〔2019〕17号，最高人民法院2019年11月27日发布）

为依法公正、及时审理行政协议案件，根据《中华人民共和国行政诉讼法》等法律的规定，结合行政审判工作实际，制定本规定。

第一条 行政机关为了实现行政管理或者公共服务目标，与公民、法人或者其他组织协商订立的具有行政法上权利义务内容的协议，属于行政诉讼法第十二条第一款第十一项规定的行政协议。

第二条 公民、法人或者其他组织就下列行政协议提起行政诉讼的，人民法院应当依法受理：

（一）政府特许经营协议；

（二）土地、房屋等征收征用补偿协议；

（三）矿业权等国有自然资源使用权出让协议；

（四）政府投资的保障性住房的租赁、买卖等协议；

（五）符合本规定第一条规定的政府与社会资本合作协议；

（六）其他行政协议。

第三条 因行政机关订立的下列协议提起诉讼的，不属于人民法院行政诉讼的受案范围：

（一）行政机关之间因公务协助等事由而订立的协议；

（二）行政机关与其工作人员订立的劳动人事协议。

第四条 因行政协议的订立、履行、变更、终止等发生纠纷，公民、法人或者其他组织作为原告，以行政机关为被告提起行政诉讼的，人民法院应当依法受理。

因行政机关委托的组织订立的行政协议发生纠纷的，委托的行政机关是被告。

第五条 下列与行政协议有利害关系的公民、法人或者其他组织提起行政诉讼的，人民法院应当依法受理：

（一）参与招标、拍卖、挂牌等竞争性活动，认为行政机关应当依法与其订立行政协议但行政机关拒绝订立，或者认为行政机关与他人订立行政协议损害其合法权益的公民、法人或者其他组织；

（二）认为征收征用补偿协议损害其合法权益的被征收征用土地、房屋等不动产的用益物权人、公房承租人；

（三）其他认为行政协议的订立、履行、变更、终止等行为损害其合法权益的公民、法人或者其他组织。

第六条 人民法院受理行政协议案件后，被告就该协议的订立、履行、变更、终止等提起反诉的，人民法院不予准许。

第七条 当事人书面协议约定选择被告所在地、原告所在地、协议履行地、协议订立地、标的物所在地等与争议有实际联系地点的人民法院管辖的，人民法院从其约定，但违反级别管辖和专属管辖的除外。

第八条 公民、法人或者其他组织向人民法院提起民事诉讼，生效法律文书以涉案协议属于行政协议为由裁定不予立案或者驳回起诉，当事人又提起行政诉讼的，人民法院应当依法受理。

第九条 在行政协议案件中，行政诉讼法第四十九条第三项规定的“有具体的诉讼请求”是指：

（一）请求判决撤销行政机关变更、解除行政协议的行政行为，或者确认该行政行为违法；

（二）请求判决行政机关依法履行或者按照行政协议约定履行义务；

（三）请求判决确认行政协议的效力；

（四）请求判决行政机关依法或者按照约定订立行政协议；

（五）请求判决撤销、解除行政协议；

（六）请求判决行政机关赔偿或者补偿；

（七）其他有关行政协议的订立、履行、变更、终止等诉讼请求。

第十条 被告对于自己具有法定职权、履行法定程序、履行相应法定职责以及订立、履行、变更、解除行政协议等行为的合法性承担举证责任。

原告主张撤销、解除行政协议的，对撤销、解除行政协议的事由承担举证责任。

对行政协议是否履行发生争议的，由负有履行义务的当事人承担举证责任。

第十一条 人民法院审理行政协议案件，应当对被告订立、履行、变更、解除行政协议的行为是否具有法定职权、是否滥用职权、适用法律法规是否正确、是否遵守法定程序、是否明显不当、是否履行相应法定职责进行合法性审查。

原告认为被告未依法或者未按照约定履行行政协议的，人民法院应当针对其诉讼请求，对被告是否具有相应义务或者履行相应义务等进行审查。

第十二条 行政协议存在行政诉讼法第七十五条规定的重大且明显违法情形的，人民法院应当确认行政协议无效。

人民法院可以适用民事法律规范确认行政协议无效。

行政协议无效的原因在一审法庭辩论终结

前消除的，人民法院可以确认行政协议有效。

第十三条 法律、行政法规规定应当经过其他机关批准等程序后生效的行政协议，在一审法庭辩论终结前未获得批准的，人民法院应当确认该协议未生效。

行政协议约定被告负有履行批准程序等义务而被告未履行，原告要求被告承担赔偿责任的，人民法院应予支持。

第十四条 原告认为行政协议存在胁迫、欺诈、重大误解、显失公平等情形而请求撤销，人民法院经审理认为符合法律规定可撤销情形的，可以依法判决撤销该协议。

第十五条 行政协议无效、被撤销或者确定不发生效力后，当事人因行政协议取得的财产，人民法院应当判决予以返还；不能返还的，判决折价补偿。

因被告的原因导致行政协议被确认无效或者被撤销，可以同时判决责令被告采取补救措施；给原告造成损失的，人民法院应当判决被告予以赔偿。

第十六条 在履行行政协议过程中，可能出现严重损害国家利益、社会公共利益的情形，被告作出变更、解除协议的行政行为后，原告请求撤销该行为，人民法院经审理认为该行为合法的，判决驳回原告诉讼请求；给原告造成损失的，判决被告予以补偿。

被告变更、解除行政协议的行政行为存在行政诉讼法第七十条规定情形的，人民法院判决撤销或者部分撤销，并可以责令被告重新作出行政行为。

被告变更、解除行政协议的行政行为违法，人民法院可以依据行政诉讼法第七十八条的规定判决被告继续履行协议、采取补救措施；给原告造成损失的，判决被告予以赔偿。

第十七条 原告请求解除行政协议，人民法院认为符合约定或者法定解除情形且不损害国家利益、社会公共利益和他人合法权益的，可以判决解除该协议。

第十八条 当事人依据民事法律规范的规定行使履行抗辩权的，人民法院应予支持。

第十九条 被告未依法履行、未按照约定履行行政协议，人民法院可以依据行政诉讼法第七十八条的规定，结合原告诉讼请求，判决被告继续履行，并明确继续履行的具体内容；被告无法履行或者继续履行无实际意义的，人民法院可以判决被告采取相应的补救措施；给原告造成损失的，判决被告予以赔偿。

原告要求按照约定的违约金条款或者定金条款予以赔偿的，人民法院应予支持。

第二十条 被告明确表示或者以自己的行为表明不履行行政协议，原告在履行期限届满之前向人民法院起诉请求其承担违约责任的，人民法院应予支持。

第二十一条 被告或者其他行政机关因国家利益、社会公共利益的需要依法行使行政职权，导致原告履行不能、履行费用明显增加或者遭受损失，原告请求判令被告给予补偿的，人民法院应予支持。

第二十二条 原告以被告违约为由请求人民法院判令其承担违约责任，人民法院经审理认为行政协议无效的，应当向原告释明，并根据原告变更后的诉讼请求判决确认行政协议无效；因被告的行为造成行政协议无效的，人民法院可以依法判决被告承担赔偿责任。原告经释明后拒绝变更诉讼请求的，人民法院可以判决驳回其诉讼请求。

第二十三条 人民法院审理行政协议案件，可以依法进行调解。

人民法院进行调解时，应当遵循自愿、合法原则，不得损害国家利益、社会公共利益和他人合法权益。

第二十四条 公民、法人或者其他组织未按照行政协议约定履行义务，经催告后不履行，行政机关可以作出要求其履行协议的书面决定。公民、法人或者其他组织收到书面决定后在法定期限内未申请行政复议或者提起行政诉讼，且仍不履行，协议内容具有可执行性的，行政机关可以向人民法院申请强制执行。

法律、行政法规规定行政机关对行政协议享有监督协议履行的职权，公民、法人或者其他组织未按照约定履行义务，经催告后不履行，行政机关可以依法作出处理决定。公民、法人或者其他组织在收到该处理决定后在法定期限内未申请行政复议或者提起行政诉讼，且仍不履行，协议内容具有可执行性的，行政机关可以向人民法院申请强制执行。

第二十五条　公民、法人或者其他组织对行政机关不依法履行、未按照约定履行行政协议提起诉讼的，诉讼时效参照民事法律规范确定；对行政机关变更、解除行政协议等行政行为提起诉讼的，起诉期限依照行政诉讼法及其司法解释确定。

第二十六条　行政协议约定仲裁条款的，人民法院应当确认该条款无效，但法律、行政法规或者我国缔结、参加的国际条约另有规定的除外。

第二十七条　人民法院审理行政协议案件，应当适用行政诉讼法的规定；行政诉讼法没有规定的，参照适用民事诉讼法的规定。

人民法院审理行政协议案件，可以参照适用民事法律规范关于民事合同的相关规定。

第二十八条　2015 年 5 月 1 日后订立的行政协议发生纠纷的，适用行政诉讼法及本规定。

2015 年 5 月 1 日前订立的行政协议发生纠纷的，适用当时的法律、行政法规及司法解释。

第二十九条　本规定自 2020 年 1 月 1 日起施行。最高人民法院以前发布的司法解释与本规定不一致的，适用本规定。

国防科工局关于印发《军工涉密业务咨询服务安全保密监督管理办法》的通知

（科工安密〔2019〕1545 号，国防科工局 2019 年 12 月 31 日发布）

各省、自治区、直辖市国防科技工业管理部门，深圳市国防科工办，各军工集团公司，有关民口中央企业集团公司，局属各事业单位：

为规范军工涉密业务咨询服务安全保密监督管理，确保武器装备科研生产国家秘密安全，维护国家安全和利益，我局制定了《军工涉密业务咨询服务安全保密监督管理办法》，现印发你们，请组织实施。

军工涉密业务咨询服务安全保密监督管理办法

第一条　为加强军工涉密业务咨询服务的保密管理，确保武器装备科研生产国家秘密安全，根据《中华人民共和国保守国家秘密法》《中华人民共和国保守国家秘密法实施条例》等规定，制定本办法。

第二条　本办法适用于军工集团公司及所属承担涉密武器装备科研生产任务单位、地方军工单位（以下简称军工单位）委托法人单位和其他组织，为其提供审计、法律、证券、评估、招投标、翻译、设计、施工、监理、评价、物流、设备设施维修（检测）、展览展示等可直接涉及武器装备科研生产国家秘密的咨询服务活动（以下简称涉密业务咨询服务）。

第三条　涉密业务咨询服务安全保密工作坚持“谁委托、谁负责，谁承接、谁负责”的原则。

第四条　军工单位对本单位涉密业务咨询服务安全保密管理负主体责任，应当选择符合本办法规定条件的单位或者组织从事涉密业务咨询服务，并监督和指导其落实保密措施。

第五条　军工集团公司负责本集团内部涉密业务咨询服务的组织管理。

第六条　从事涉密业务咨询服务的单位或者组织（以下简称咨询服务单位）对承担的涉密业务咨询服务事项安全保密管理负主体责任。

咨询服务单位发现有违反国家有关安全保密法律法规、本办法规定以及保密协议的情况，可能造成国家秘密泄露时，应当立即向军工单位报告。

第七条　军工单位选择咨询服务单位，应当选择安全保密体系健全、规章制度完善、技防措施符合国家保密标准的单位。

第八条 军工单位委托涉密业务咨询服务时，应当与咨询服务单位签订保密协议，在保密协议中明确项目的密级、保密要求和保密责任，并对其履行保密协议及安全保密管理情况等进行监督指导。咨询服务单位应当书面承诺其安全保密管理符合国家安全保密法律法规和本办法的规定。

第九条 军工单位应当准确界定涉密业务咨询服务事项密级、明确密点，并严格控制国家秘密知悉范围，不得提供委托涉密业务咨询服务事项以外的涉密信息。

第十条 咨询服务单位应当具备国家安全保密法律法规规定的从事涉密业务的条件，按照规定成立保密组织和工作机构、制定完善的安全保密制度，并在涉密人员、涉密场所、涉密载体、涉密项目、协作配套、涉密会议、宣传报道、计算机信息系统和办公自动化设备管理等方面符合国家安全保密规定和标准。涉及国家安全的，按有关规定从严把握。

第十一条 咨询服务单位应当严格落实国家有关安全保密法律法规的规定，禁止以下行为：

（一）非法获取、持有、买卖、转送或者私自销毁国家秘密载体，通过普通邮政、快递等无保密措施的渠道传递国家秘密载体，非法复制、记录、存储国家秘密信息；

（二）使用非涉密计算机、非涉密存储介质存储、处理和传输涉密信息；

（三）将涉密计算机、涉密存储介质、涉密办公自动化设备接入互联网及其他公共信息网络；

（四）涉密计算机和涉密信息系统未按国家保密标准采取防止非法外联措施；

（五）涉密计算机和涉密信息系统内使用的移动存储介质，未按国家保密标准采取技术控制措施；

（六）在涉密计算机和非涉密计算机之间交叉使用存储介质；

（七）未按国家保密标准进行安全技术处理，将退出使用的涉密计算机和涉密存储介质赠送、出售、丢弃或者改作其他用途；

（八）未采取国家许可的技术措施的情况下，使用具有无线互联或者无线通信功能的设备处理涉密信息；

（九）其他有关安全保密法律法规明确禁止实施的行为。

第十二条 军工单位应当对咨询服务单位执行保密协议情况进行监督检查，并于委托项目后30个工作日内将使用的咨询机构有关情况向主管单位（部门）备案。属军工集团公司所属单位的，逐级向军工集团公司备案；属地方军工单位的，向所在地的省级国防科技工业管理部门备案。

第十三条 各军工集团公司应当建立军工涉密业务咨询服务监督管理机制，加强组织管理工作，定期组织监督检查，每年向国防科工局报告军工涉密业务咨询服务保密管理情况。具体监督管理规定由军工集团公司制定。

第十四条 国防科工局、地方国防科技工业管理部门应当按照职权范围对军工单位使用咨询服务单位的保密管理情况进行监督检查，发现违规行为及时纠正，并按照相关规定进行处理。

地方国防科技工业管理部门可在职权范围内制定具体监督管理办法。

第十五条 军工单位委托涉密业务咨询服务有下列情形之一的，国防科工局根据其情节严重程度，视情在军工系统内通报。

（一）未与咨询服务单位签订保密协议的；

（二）未对咨询服务单位履行保密协议情况进行监督检查的；

（三）向咨询服务单位提供与完成咨询服务无关的国家秘密信息的。

第十六条 咨询服务单位具有以下行为的，国防科工局根据其情节严重程度，视情在军工系统内通报。

（一）检查发现违反本办法第十一条规定行为的；

（二）拒不接受或者不按规定接受保密监督检查的；

（三）违反保密管理规定，造成承担的军工涉密业务有关国家秘密泄露的。

第十七条 涉密业务咨询服务过程中，有关单位和人员不依法履行保密责任导致发生泄密事件的，按照国家有关法律法规严肃查处；

构成犯罪的，依法追究刑事责任。

第十八条　本办法由国家国防科技工业局负责解释。涉及武器装备科研生产安全保密工作的事项，适用有关法律、行政法规的，从其规定。

第十九条　从事涉密武器装备科研生产的民口民营单位委托军工涉密咨询服务业务，参照本规定执行。

第二十条　本办法自印发之日起施行。《军工涉密业务咨询服务安全保密监督管理办法（试行）》（科工安密〔2011〕356号）和《军工涉密业务咨询服务安全保密监督管理办法实施细则》（科工安密〔2012〕105号）同时废止。